제인 버뱅크 Jane Burbank

뉴욕 대학 역사학 교수 겸 러시아·슬라브학 교수. 하버드 대학에서 역사학 박사학위를 받았고, 하버드 대학, 캘리포니아 샌타바버라 대학, 미시건 대학에서 가르쳤다. 프랑스 사회과학고등연구원, 프랑스 고등사범학교, 독일 훔볼트 대학의 초빙교수를 지냈다. 저서로 《법정에서 다툰 러시아 농민들》《인텔리겐치아와 혁명》, 편저로 《러시아 제국》 등이 있다.

프레더릭 쿠퍼 Frederick Cooper

뉴욕 대학 역사학과 교수. 예일 대학에서 역사학 박사학위를 받았고, 미시건 대학에서 가르쳤다. 프랑스 사회과학고등연구원, 프랑스 고등사범학교, 파리 7대학의 초빙교수를 지냈다. 저서로 《제국과 민족 사이의 시민권》《세계 속의 아프리카》《문제의 식민주의》, 편저로 《제국의 교훈》《노예제 이후의 사회》 등이 있다.

옮긴이 이재만

대학을 졸업하고 출판사에서 편집자로 일했다. 옮긴 책으로 《제국의 폐허에서》《영국 노동계급의 상황》《공부하는 삶》《영국 외교관, 평양에서 보낸 900일》《역사와 역사가들》(공역) 등이 있다.

식구디자인

세계제국사

EMPIRES IN WORLD HISTORY

세계제국사

제인 버뱅크 · 프레더릭 쿠퍼 지음 | **이재만** 옮김

cum libro
책과함께

일러두기 ——

1. 이 책은 Jane Burbank와 Frederick Cooper의 Empires in world history: Power and the
   politics of difference(Princeton University Press, 2010)를 완역한 것이다.
2. 인명과 지명은 외래어 표기법에 따라 표기하였다.

　　이 책은 일련의 대화에서 시작되었다. 다시 말해 우리 두 사람―
한 명은 아프리카에서 영국과 프랑스가 운영한 식민 제국들에 관한 전
문가이고, 다른 한 명은 러시아 제국과 소비에트 제국을 연구하는 역사
가다―의 대화, 우리가 미시간 대학과 훗날 뉴욕 대학에서 진행한 '유럽
과 정치적 상상' 강좌를 수강한 대학원생들과의 대화, 우리가 잘 모르는
세계의 지역들에 관한 전문가인 동료들과의 대화, 지난 10년간 북아메
리카, 유라시아, 아프리카, 오스트레일리아에서 열린 수많은 학회와 세
미나에 참석한 이들과의 대화, 그리고 우리가 뉴욕 대학 1학년 학생들을
위해 제국에 관한 강좌를 진행하면서 학생들과 나눈 대화에서 시작되었
다. 이 책은 그 시작점을 반영한다.

　가르치고 저술하면서 우리가 염두에 둔 목표는 모든 단계의 학생들을
위해, 그리고 역사에 관심 있는 독자들을 위해 복잡한 이야기를 명쾌하
게 풀어주는 동시에 학자들이 기술한 과거에 도전하는 것이었다. 우리
는 일반적인 속기법과 표지판―우리는 이것들이 실상을 호도한다고 생
각한다―에 의존하지 않고서 세계의 정치사를 바라보는 관점들을 넓히
고자 한다. 그러한 속기법과 표지판으로는 역사를 제국에서 민족국가로
이행하는 과정으로 파악하는 관점, 전근대 국가와 근대 국가를 뚜렷하게
구별하는 관점, 좋은 변화든 나쁜 변화든 변화를 일으키는 유례없이 강
력한 행위자로서의 유럽과 서구에 초점을 맞추는 관점 등이 있다. 이 책
의 형태―서사적인 동시에 해석적인 에세이―는 이러한 목표들의 소
산이다. 이 책의 배경에는 역사가들과 정치이론가들 사이에 벌어진 숱한

논쟁들, 대부분 여전히 진행 중인 논쟁들이 있으며, 우리 두 사람은 다른 맥락에서 이런 논쟁에 가담해왔다. 이 책에서 우리는 큰 그림을 그린다. 그렇지만 붓질을 할 때마다 논증하지는 않는다. 우리는 이 연구에 대단히 중요한 많은 저작들을 각주로 붙이지 않았다. 그 대신 장마다 더 읽을 거리를 제시했다.

이 책은 제국들 전부가 아니라 일부를 다룬다. 우리는 유라시아(동단의 태평양부터 서단의 대서양까지)에 폭넓게 주목했고, 아메리카와 아프리카의 제국들에도 관심을 기울였으며, 그 밖에 다른 지역들도 조금 다루었다. 물론 우리와 다른 제국들을 다루는 것도 지극히 타당한 일이지만, 우리는 유라시아에 초점을 맞춤으로써 제국의 유형을 폭넓게 제시하고, 제국들이 장기간 밀접하게 상호작용한 하나의 이야기를 전달하고자 한다. 우리가 제기하는 질문들이 다른 제국과 다른 지역을 분석할 때 유용하게 쓰이기를 기대한다. 이것은 정치경제학에 주목하는 정치에 관한 책이지 세계의 경제사—다른 저자들이 훌륭하게 다루어온 주제—에 관한 책이 아니다. 또한 제국주의를 단 하나뿐인 지배 유형으로 파악하는 책도 아니다. 오히려 우리는 상이한 제국들이 이용한 많은 방법을 탐구하고, 여러 시대를 거치는 가운데 다양한 맥락에서 제국들이 수행한 노력과 한계를 살펴본다.

용어에 관해 짧게 말하겠다. 2000년 이상을 포괄하는 이 책에서 우리는 오늘날 익숙한 나라에 속해 있기는 하지만 이제껏 정치적 경계가 몇 번이고 바뀌어온 지역을 언급해야 한다. 우리는 간혹 어떤 역사적 사건이 "오늘날 에스파냐라고 알려진 지역"이나 "오늘날 유럽이라 불리는 공간"에서 일어났다고 기술했지만, 이는 성가신 일이다. 우리는 정치적 권위와 지역 사이의 변동하는 관계를 분명히 밝히고자 노력했지만, 간단하게 표기하기 위해 오늘날 통용되는 지명을 사용했다. 우리는 어떤 국가를 행위자 겸 의사 결정자로 단순화해서 다루는 지름길을 곧잘 택하기도 했다(이를테면 "프랑스는 무엇을 하기로 결정했다"라는 식으로). 다시 말해 프랑스 내부에서 누가 그런 식으로 행동했고 누가 다르게 생각했는지를 길게 논하지 않았으며, 이를 판별하는 것이 중요할 경우에만 자세히 논했다. 그리고 대부분의 인명과 지명을 원어가 아닌 현대의 간소화된 영어 명사로 표기했다.

더욱 중요한 지름길들은 이 기획 자체에 담겨 있다. 이 책은 몇 단락마다 대학원생들이 학위논문을 쓰기에 앞서 2년 동안 공부해야 할 탐구 분야를 다룬다. 우리는 수십 년 동안 훈련하고 연구했음에도 여기서 고찰하는 지역들과 시대들 가운데 작은 부분만을 제대로 다룰 수 있었다. 인생을 몇 번이나 살면서 이 책을 쓸 수는 없으므로, 우리는 네 가지 전략을 택했다. 첫째, 전문가들이 각자의 분야를 설득력 있게 종합한 저작들(어떤 제국의 오랜 역사를 종합하거나 어떤 폭넓은 주제를 논한 책들)과 더불어 케임브리지 대학과 옥스퍼드 대학의 총서를 비롯한 역사 총서들을 참조했다. 둘째, 특정한 제국들과 그 맥락에 관한 최근 출간물들에 담긴 통찰과 새로운 사실을 이 책에 포함했다. 셋째, 전문가들이 최신 연구를 두고 논쟁하는, 제국과 식민주의에 관한 학회에 참석했다.

그런 학회를 주최한 단체를 일부 나열하자면, 미국 사회과학연구위원회(Social Science Research Council), 미국 고등연구소(School of American Research), 듀크 대학, 하버드 대학, UCLA, 텍사스 대학, 위스콘신 대학 밀워키 캠퍼스, 네덜란드 전쟁문헌연구소(Netherlands Institute for War Documentation), 프랑스 국제연구조사센터(Centre d'Études et de Recherches Internationales), 프랑스 사회과학고등연구원(École des Hautes Études en Sciences Sociales), 훔볼트 대학, 독일 역사연구소(German Historical Institute) 모스크바 지부, 중앙유럽 대학, 열린사회연구소(Open Society Institute), 러시아 과학아카데미(Russian Academy of Sciences), 보아지치 대학, 컬럼비아 대학, 뉴욕 대학(여러 번)이 있다. 우리는 오타와 대학, 시드니 대학, 브리즈번의 그리피스 대학, 태즈메이니아의 호바트 대학, 오타고 대학, 파리 고등사범학교에서 우리의 저술 일부를 발표하고 귀중한 논평을 들었다.

가장 중요한 네 번째 전략으로 우리는 동료들에게 의존했다. 식민지 문제에 관한 프레더릭 쿠퍼의 사유는 그 이전에 앤 스톨러와 수행한 공동 연구의 덕을 크게 보았고, 러시아를 바라보는 제인 버뱅크의 제국적 시각은 데이비드 란셀, 마크 폰 하겐, 아나톨리 렘네프와 수행한 공동 프로젝트에 크게 빚지고 있다. 우리는 미시간 대학에서 이 책을 공저하기 시작했고, 이곳의 유별나게 활기찬 학자 공동체는 우리가 집필에 착수하도록 도와주었다. 더 앞선 시대와 새로운 공간(이를테면 오스만 제국 같은)으로 연구를 확장하려는 우리의 관심은 파트마 뮈게 괴체크가 우리를 이스탄불로 보내준 덕에 부쩍 높아졌다. 미시간 대학의 국제연구소와 이곳 소장 데이비드 코언은 우리가 1999년과 2000년에 진행한 제국들의 역사에 관한 첫 번째 세미나를 지원해주었다. 자랑스럽게도 이 세미나에 참석했던 몇몇 학생이 제국에 관한 뛰어난 연구를 발표했고, 지금은 세계 각지에서 교수로 활동하고 있다.

뉴욕 대학으로 옮긴 뒤 제국에 관한 대형 학부생 강좌를 맡으면서 우리는 이 주제를 다루는 책을 쓰기로 마음을 더욱 굳혔다. 우리는 원고의 초고를 새로운 동료들에게 보여주었으며, 그들은 자기 분야의 최근 동향을 간추려 설명해주고, 우리를 당혹스러운 오류에서 구해주고, 우리에게 유익한 방향을 제시해주었다. 츠비 벤-도르 베니테, 로렌 벤턴, 조이 코널리, 니콜 유스터스, 카렌 쿠퍼먼, 데이비드 러든, 레슬리 퍼스, 조애나 웨일리-코언, 래리 울프에게 고마움을 전하고 싶다. 뉴욕 대학에서 제국에 관한 세미나에 참석한 대학원생들은 수많은 통찰을 제시했고, 우리의 초고를 귀찮아하지 않고 열심히 읽어주었다. 학부생들은 유익하고 도발적인 의견을 주었고, 조교들은 유효한 것과 그렇지 않은 것을 판단하는 데 도움을 주었다. 카렌 웨버는 참고문헌과 인용문, 도판을 끈덕지게 찾아주었다.

수년간 여러 대학의 동료들은 초고를 전부 또는 상당 부분 면밀히 읽어주었다. 기꺼이 읽고 논평해준 모든 동료에게 감사드리며, 특히 가장 두꺼운 원고 더미를 떠맡은 이들의 영웅적인 지원에 고마움을 전한다. 제러미 아델만, 매슈 코널리, 피터 유드손, 베아트리스 만츠, 마크 마조워, 레슬리 퍼스, 데이비드 링로즈, 캐시 링로즈, 알레산드로 스탄치아니, 윌러드 선더랜드가 그들이다. 우리의 방대한 초고를 줄여가는 동안 브리지타 반 라인베르크는 용기를 북돋아주는 편집자이자 엄격한 규율주의자 역할을 맡았다. 디미트리 카렌트니코프와 클라라 플래터는 우리를 인도하여 난관을 뚫고 적절한 삽화가 들어간 책을 만들어주었다. 셰인 켈리는 2000년 넘는 시간과 세계의 대부분을 아우르는 지도들을 능숙한 솜씨로 끈기 있게 그려주었다.

집필의 중요한 고비인 중간 지점을 지날 때 우리는 한때 고대 로마인들이 머물렀던 코모 호수에 자리 잡은 록펠러 재단의 벨라조 센터에서 한 달 동안 원고를 검토하고 토론하는 혜택을 누렸다. 10년간 함께 살다시피 한 기획을 마무리하는 몇 주 동안 우리는 새로 설립된 프랑스 낭트 고등연구소의 환대를 받았다. 낭트는 수 세기 동안 제국들 편에서 또는 제국들에 맞서 싸우고 제국의 기획에 따른 이익과 파괴를 경험한 지역이다. 다시 한 번 이 책이 탄생할 수 있게 해준 모든 사람들에게 감사드린다.

낭트, 2009년 6월

차 례

CHAPTER 1

제국의 궤도

우리는 200여 개 국가로 이루어진 세계에서 살고 있다. 각국은 저마다 주권의 상징들 ─ 국기(國旗), 유엔 의석 ─ 을 과시하고, 저마다 한 민족을 대표한다고 주장한다. 이 국가들은 크건 작건 지구 공동체의 동등한 일원으로 국제법에 의해 긴밀히 얽혀 있다. 그러나 우리가 당연하게 여기는 민족국가들의 세계는 겨우 60년 전에야 출현했다.

역사를 통틀어 대다수 사람들은 단일한 민족을 대표한다고 주장하지 않는 정치 단위에서 살아왔다. 국가와 민족을 합치시키는 것은 최근에 나타난 현상으로, 완결된 현상도 아니고 어디서나 원하는 현상도 아니다. 1990년대에 국가를 '자신의' 민족성의 표현으로 바꾸려 시도한 정치 지도자들이 등장했다. 예컨대 유고슬라비아(1차 세계대전 이후 오스만 제국과 합스부르크 제국에서 떨어져나간 영토를 모아서 만든 나라)에서, 그리고 벨기에의 식민지였던 르완다에서 그런 시도가 있었다. 동질한 민족을 만들어내려는 이런 시도들은 서로 부대끼며 살아온 수십만 명이 학살당하는 사태로 귀결되었다. 오스만 제국이 멸망한 후 중동에서는 수니파, 시아파, 쿠르드족, 팔레스타인인, 유대인들이 국가의 권위와 경계를 둘러싸고 80년 넘게 분쟁하고 있다. 심지어 사람들이 제국의 해체를 위해 투쟁하고 그런 해체를 환영한 20세기에도 세계 곳곳은 민족이란 무엇이고 누가 민족에 속하느냐는 문제를 둘러싼 갈등으로 불타올랐다.

1960년대에 프랑스, 영국을 비롯한 과거의 식민 열강(한때 세계 인구의 3분의 1가량을 포괄한 제국들)은, 고작해야 자기네 특권 일부를 유럽경제공동체(European Economic Community)에, 나중에는 유럽연합(European Union)에 양도한 것에 지나지 않았지만, 해외 영토를 대부분 포기한 이후 더욱 민족적으로 변했다. 소련과 공산주의 제국의 해체는 다른 식의 주권 이전으로 귀결되었다. 일부 신생국들은 다민족 연방, 즉 러시아 연방을 선언한 반면, 우즈베키스탄, 투르크메니스탄 같은 신생국들은 다양한 민족들을 동질한 단일민족으로 만들어내려 애썼다. 중부 유럽에서 소련 이후 등장한 국가들(체코 공화국, 헝가리, 폴란드 등)의 지도자들은 방향을 바꾸어, 재건된 권위를 일부 포기하는 대신 더 큰 정치 단위에 속할 때의 이점을 바라고 유럽연합에 가입했다.

이처럼 전 세계에서 주권을 둘러싸고 나타난 분쟁과 모호함은 역사의 궤도들이 민족국가를 향한 단일한 전진보다 복잡하다는 것을 시사한다. 제국―정복하고 통합한 사람들의 다양성을 자각적으로 유지하는 정치체―들은 인류 역사에서 오래도록 결정적인 역할을 해왔다. 지난 2000년의 대부분 기간 동안 제국들과 그 경쟁자들은 지역에서든 전세계에서든 사람들이 연계를 맺는 맥락, 즉 이주민, 정착민, 노예, 상업 대리인의 관계망 안에서 종족 공동체나 종교 공동체 들이 연계를 맺는 맥락을 창출했다. 언어와 전쟁을 통해 민족의 통일을 정치적 상상의 중심에 두려는 노력에도 불구하고 제국의 정치, 제국의 관행, 제국의 문화는 우리가 살아가는 세계를 형성해왔다.

이 책은 제국에서 시작하여 여지없이 민족국가로 귀결되는 관습적인 서사를 따르지 않는다. 오히려 우리는 고대 로마와 중국부터 오늘날까지 장구한 세월 동안 상이한 제국들이 출현하고 경쟁하며 통치 전략과 정치 이념, 소속감을 빚어온 방식들에 초점을 맞춘다. 우리는 제국의 권력 레퍼토리들을 살펴본다. 다시 말해 제국들이 다양한 공동체들을 정치체에 통합하는 한편, 그들 간의 구별을 유지하거나 그들을 서로 구별하기 위해 선택한 상이한 전략들을 살펴본다.

물론 제국이 다양성을 자발적으로 받아들인 경우는 거의 없었다. 폭력과 일상의 강압은 제국을 건설하고 운영하는 과정에서 필수적이었다. 그러나 제국들은 정복을 이익으로 바꾸기 위해 상이한 주민들을 관리해야만 했고, 그 과정에서 그들을 착취하고 통치하는 다양한 방법을 고안했다. 제국들은 포용하거나 배제하고, 보상하거나 착취하며, 권력을 분배하거나 집중하는 등 인적 자원을 저마다 다르게 동원하고 통제했다. 제국들은 연계하고 접촉할 수 있게 해주었다—그리고 그런 연계와 접촉을 통제하려 했다. 어떤 환경에서 사람들은 크고 강력한 국가에 통합되는 편이 이득이라고 보았다. 더 일반적으로 말하면, 제국은 그들이 살아가는 정치적 현실이었다. 사람들은 제국들의 경제를 지탱하는 사업에 속해 노동을 했고, 제국들이 접촉하면서 생겨난 연결망에 참여했으며, 제국의 통치와 경쟁 구도에 의해 설정된 무대에서 권력이나 성취, 혹은 그저 생존을 추구했다. 상황에 따라 사람들은 제국의 통제를 벗어나거나 침식하거나 파괴할 방도를 찾기도 했고, 직접 제국을 건설하거나 제국의 통치자 자리를 차지할 방도를 모색하기도 했다. 제국들은 20세기에 들어서도 한참 동안이나 정치적 논쟁과 혁신, 분쟁, 열망을 불러일으켰다. 심지어 오늘날에도 제국의 이름은 아닐지언정 제국의 형태는 여전히 정치적 가능성으로서 언급된다.

　제국은 내구성이 두드러지게 강한 국가 형태였다. 오스만 제국은 600년 동안 존속했고, 중국의 연이은 왕조들은 2000년 동안 이전 제국을 계승한다고 주장했다. 로마 제국은 지중해 서부에서 600년 동안 권력을 행사했고, 로마 제국의 동쪽 갈래인 비잔티움 제국은 서로마보다 1000년 더 존속했다. 로마는 20세기와 그 이후까지도 영광과 질서의 본보기로 꼽혔다. 러시아는 독특한 주민 집단들을 통치하는 제국적 방식을 오랜 세월 동안 유지해왔다. 그에 반해 민족국가는 역사의 지평선 위에 일시적으로 나타나는 현상으로 보이며, 근래 들어 제국들의 하늘 아래에서 등장한 국가 형태로서 훗날 세계의 정치적 상상을 일부만 또는 한시적으로만 사로잡았던 것으로 드러날지도 모른다.

　제국의 내구성은 민족국가가 자연스럽고 필연적이고 불가피하다는 생각에 도전하는 한편, 사람들이 좋게든 나쁘게든 정치에 관해 생각하고 국가를 조직해온 다양한 방식을 탐구할 것을 촉구한다. 제국의 역사를 탐구하는 것은 제국들을 칭송하거나 폄하하는 것을 함축하지 않는다. 오히려 과거의 가능성을 당대인들이 보았던 대로 이해함으로써 과거를 바꾸었고 우리의 현재를 만들었으며 어쩌면 미래까지 형성할 긴요한 과제와 행위를 드러내려는 것이다.

제국의 레퍼토리

이 책은 모든 시공간에 존재했던 모든 제국을 살펴보지 않는다. 우리는 그 역사가 독특하고 영향력이 있었고 많은 경우에 서로 뒤얽혔던 일군의 제국들에 초점을 맞춘다. 제국들이 모두 엇비슷했던 것은 아니다. 제국들은 다양한 통치 레퍼토리를 만들어내고 채택하고 전달했다. 이 책은 특정한 역사적 상황에서 상상하고 실행할 수 있었던 일련의 통치 전략들, 상이한 권력 구조 안에서 나타났던 분쟁, 특정한 순간에 발흥하여 점차 세계사를 바꾸어간 제국들 간의 알력에 관해 기술한다.

제국의 레퍼토리는 아무 때나 꺼낼 쓸 수 있는 도구상자도, 미리 정해둔 통치 공식도 아니었다. 제국들은 날마다 직면하는 도전에 임시방편으로 대처하기도 했지만, 동시에 습성도 가지고 있었다. 지도자들이 상상하고 실행할 수 있는 일은 과거의 관행에 따라 구체화되었고 맥락의 제약을 받았다. 다시 말해 목표가 겹치는 다른 제국들에 의해, 그리고 제국 건설자들이 탐낸 장소의 주민들에 의해 제약을 받았다. 제국들이 차지하기 위해 경쟁한 땅의 주민들은 자기들에게 유리하도록 더 강력한 정치체의 잠식에 저항하거나, 그 침입을 모면하거나 비틀 수 있었다. 제국의 레퍼토리를 지리와 역사의 제약을 받지만 혁신에 열려 있는 유연한 레퍼토리로 인식할 경우, 연속 아니면 변화, 우연성 아니면 결정론이라는 그릇된 이분법을 피할 수 있고, 오히려 제국이 어떤 조건에서 어떤 조치를 통해 전략의 요소들을 집어넣거나 빼냈는지 살펴볼 수 있다.

우리의 주장은 중요한 모든 국가가 제국이었다는 것이 아니라, 인류 역사의 대부분을 차지하는 기간 동안 제국들 자체와 제국들의 상호작용이라는 맥락에서 사람들이 자신들의 정치적 가능성을 판단하고, 자신들의 야망을 추구하고, 자신들의 사회를 구상했다는 것이다. 국가가 크건 작건, 반역자이건 국왕 지지자이건 또는 정치에 거의 신경 쓰지 않는 사람들이건, 모두 제국들의 통치 방식과 그들의 경쟁을 고려해야만 했다. 이러한 제국의 기본틀이 종언을 고했느냐는 물음은 마지막 장에서 제기할 것이다.

우리는 기원전 3세기 로마와 중국에서 시작한다. 두 나라가 최초의 제국이었기 때문이 아니라 오랫동안 후대의 제국 건설자들에게 본보기가 되었기 때문이다(위대한 선례로는 이집트인, 아시리아인, 페르시아인, 알렉산드로스 대왕의 엄청난 정복과 중국의 더 오래된 왕조들이 있다). 로마와 중국 둘 다 거대한 물리적 크기에 도달했고, 상업과 생산을 세계(양자가 각기 만들어낸 세계) 규모의 경제에 통합했고, 수 세기 동안 국가 권력을 지탱한 제도를 고안했고, 자신들의 성공을 설명하고 널리 알리기 위해 설득력 있는 문화적 틀을 개발했고, 오랫동안 제국 권력을 묵인하도록 강요했다. 두 제국의 주요한 전략은 사람들이 자신의 국가를 상상하고 그 안에서 자신의 위치를 설정하는 방식에 지속적이고도 심대한 영향을 미쳤다(중국의 전략은 충성스럽고 훈련된 관료 계급에 의존하는 것이었고, 로마의 전략은 적어도 이론적으로는 시민에게 권한을 위임하는 것이었다).

그다음으로 우리는 로마의 위치를 차지하고자 했던 제국들을 고찰할 것이다. 예컨대 타격을 받아도 금세 회복했던 비잔티움, 역동적이지만 쉽게 분열되었던 이슬람의 칼리프제 국가들, 단명한 카롤링거 왕조 등이다. 이 경쟁자들은 종교적 토대 위에 제국을 건설했으며, 이들의 역사는 국가 권력의 무기로서 전투적 유일신교의 가능성과 한계를 보여준다. 불신자를 개종시키거나 죽이고 참된 신앙을 퍼뜨리려는 충동은 기독교에서나 이슬람에서나 전사들을 동원했지만, 동시에 누구의 종교가 참된 권위이고 누구의 권력이 신으로부터 부여받은 권력이냐는 문제를 둘러싸고 제국의 분열을 야기하기도 했다.

13세기에 몽골족은 칭기즈 칸과 그의 계승자들의 치세에 근본적으로 다른 원리(종교적·문화적 차이에 대한 실용적인 접근)에 입각하여 역사상 가장 큰 육상 제국을 건설했다. 몽골의 칸들은 유목민 사회의 기술적 우위, 즉 기동성이 뛰어나고 대체로 자급자족하는 강인한 군대를 거느렸지만, 그들이 다양한 피정복민들의 기량과 자원을 재빨리 이용할 수 있었던 것은 황실 사회의 포용적인 태도 덕분이었다. 몽골족의 통치술은 위협적인 폭력을 다른 종교와 문화에 대한 보호, 그리고 개인에 충성하는 정치와 결합한 것이었다.

몽골족은 우리의 탐구에서 두 가지 이유로 매우 중요하다. 첫째, 몽골족의 통치 방식은 중국뿐 아니라 후대의 러시아 제국과 무굴 제국, 오스만 제국의 정치에도 영향을 미쳤다. 둘째, 유라시아의 서쪽 가장자리(오늘날의 유럽)의 어떤 나라도 충성과 자원을 대규모로 통제할 수 없었던 시절에, 몽골족은 흑해부터 태평양까지 무역로들을 보호했고, 대륙을 가로질러 지식, 상품, 통치술을 전파했다. 다른 제국들(오늘날의 이란이나 인도 남부, 아프리카, 기타 지역에 존재했던 제국들)은, 몽골 제국과 마찬가지로 유럽인들이 강대국 무대에 진출하기 오래전에 연결과 변화를 촉진했지만, 여기서 상세히 기술하진 않을 것이다.

오늘날 유럽으로 간주되는 지역의 사람들이 교역과 운송, 가능성의 새로운 영역에 이끌린 것은 결국 아시아의 부와 상업적 활력 때문이었다. 우리는 에스파냐, 포르투갈, 프랑스, 네덜란드, 영국의 제국들을 '유럽의 팽창'이라는 익숙한 형태로 서술하지 않는다. 15세기와 16세기의 유럽은 하나의 정치적 실체로 생각할 수 없었고, 여하튼 지리적 지역은 정치적 행위자가 아니다. 오히려 우리는 이 시기 제국들의 관계가 재편된 과정, 먼 훗날에야 결과가 명백하게 드러난 그 역동적 과정에 초점을 맞출 것이다.

'유럽'의 해양 팽창은 세 가지 조건의 산물이었다. 첫째, 가치가 높은 상품들이 중국 제국의 세력권 안에서 생산되고 교환되었다. 둘째, 오스만 제국이 지중해 동부의 바다와 육지를 지배하며 이동을 막고 있었다. 셋째, 저마다 강력한 추종자 무리를 거느린 군주, 세습군주, 귀족 들과 스스로의 권리를 지키는 도시들이 경합하던 유라시아 서부에서 통치자들은 로마식 통일을 재건할 수 없었다. 유럽 항해자들을 아시아로, 그리고 훗날 콜럼버스의 우연한 발견을 계기로 아메리카로 불러온 것은 바로 이런 권력과 자원의 전 세계적 배치 형태였다.

새로운 연계들은 결국 전 세계의 경제와 정치를 재편했다. 그러나 유럽이 홀로 지배하는 세계가 출현한 것은 먼 훗날의 일이었다. 포르투갈과 네덜란드의 제해력은 무력에 의존하여 경쟁자들의 상업 활동을 제약하는 한편, 향신료와 직물이 풍부한 동남아시아의 생산자들과 현지 권위자들에게 새로운 장거리 교역에서 일정한 몫을 보장해주었다. 해외의 요새화된 상업용 고립 영토는 유럽의 권력 레퍼토리에서 핵심 요소가 되었다. 콜럼버스의 '발견' 이후 왕실 후원자들은 두 대륙에서 권력을 공고히 다지고 아메리카 토착민들에게 노동을 강요하여 생산한 은을 공급함으로써 '에스파냐' 제국을 건설할 수 있었다. 은은 서유럽과 동남아시아 전역에서, 부유하고 상업적으로 역동적인 중국 제국 내에서 상업의 윤활유 역할을 했다.

아메리카에서 유럽 출신 정착자들, 아프리카에서 데려온 노예들, 이 노예들의 주인들은 제국 정치의 새로운 형태를 산출했다. 복속민들—토착민이든 아니든—의 독립하려는 시도, 또는 경쟁 제국들과 연합하려는 시도를 예방하는 것은 간단한 일이 아니었다. 제국 통치자들은 관계가 소원한 엘리트층의 협력을 필요로 했고, 불평등하지만 통합적인 정치체에 속하는 이들에게 국내에서, 해외에서, 그리고 둘 사이에서 위치 감각을 제공해야 했다. 그런 노력이 언제나 성공한 것은 아니어서 때로는 동화나 순응은커녕 체념적 용인조차 이끌어내지 못했다. 그리하여 우리는 제국 통치자들, 해외 정착민들, 토착민 공동체들, 강제 이주민들 사이에 끊이지 않는 긴장과 폭력적 분쟁을 목격하게 된다.

유럽에서든 다른 지역에서든 제국은 경제적 착취를 넘어서는 문제였다. 일찍이 16세기에 소수의 유럽인 선교사와 법학자들은 제국 권력의 정당한 형태와 부당한 형태를 구별했고, 토착민 사회에 대한 유럽인들의 습격을 비난했으며, 피정복민으로부터 토지와 노동력을 빼앗는 제국의 권리에 의문을 제기했다.

제국적 정복을 통해 힘을 키운 일부 유럽 국가들은 19세기에야 비로소 이웃 국가들에 비해, 그리고 세계의 다른 지역들에 비해 뚜렷한 기술적·물질적 우위를 점할 수 있었다. 제국 지배의 이 '서구적' 순간은 결코 완전하거나 안정적이지 않았다. 노예제에, 그리고 통치자와 정착민의 과잉 행위와 잔혹성에 반대하는 공중은 '과연 식민지는 인간을 착취할 수 있는 장소인가, 아니면 불공평하지만 포괄적인 정치체의 일부인가'라는 문제를 제기했다. 더욱이 중국 제국과 러시아 제국, 오스만 제국, 합스부르크 제국은 관습적인 이야기와 달리 한물간 퇴물이 아니었다. 그들은 앞장서서 경제적·문화적 도전에 대응했고, 세계의 정치에 활력을 불어넣은 갈등과 관계에서 결정적인 역할을 했다. 우리는 이 제국들의 궤도와 더불어 이들의 전통, 이들 간의 알력과 경쟁을 살펴볼 것이다.

우리는 제국마다 확연히 달랐던 방식들, 즉 육지─바다만이 아니라─를 가로질러 팽창하는 가운데 정치와 사회의 독특한 배치 형태들을 낳은 방식들도 검토할 것이다. 18세기와 19세기에 미국과 러시아는 대륙을 가로질러 지배를 확대했다. 러시아의 통치 레퍼토리(선행한 제국들과 경쟁자들로부터 물려받은 혼합 레퍼토리)는 점점 더 많은 사람들을 황제의 보살핌─그리고 물론 착취─아래 복속시키는 한편, 통합한 집단들 간의 구별을 유지하는 방식에 의존했다.

이와 다른 제국 정치에 호소한 아메리카의 혁명가들은 인민주권 사상으로 영국인 지배자들에 대항했고, 뒤이어 토머스 제퍼슨(Thomas Jefferson)의 말마따나 '자유의 제국'을 건설했다. 미합중국은 토착민들을 정복하거나 다른 제국들의 영토를 일부 획득하면서 팽창하는 가운데, 새로운 준주를 주(州)로 바꾸는 선례를 확립했고, 인디언과 노예를 정치체에서 배제했다. 그리고 북부와 남부를 각기 다르게 통치하는 문제를 둘러싸고 발발한 쓰라린 남북전쟁을 겪은 뒤에 가까스로 통합을 유지했다. 19세기 후반에 이 젊은 제국은 해외로 권력을 확대했다―그러면서도 미국인들은 대개 자국이 식민지의 통치자라는 생각을 받아들이지 않았다.

영국, 프랑스, 독일을 비롯한 유럽 국가들은 미국만큼 식민 통치에 대해 함구하진 않았고, 19세기 후반에 새로 획득한 아프리카와 아시아의 영토에서 정력적으로 식민 통치를 했다. 그렇지만 20세기 초에 이 유럽 열강은 아프리카와 아시아의 식민지를 통치하는 것이 실은 군사적 정복보다 어렵다는 것을 알아챘다. 또한 식민 열강은 이른바 후진 지역에 '문명'과 경제적 '진보'를 가져다주었다고 주장하다가 내부로부터, 경쟁 제국들로부터, 토착 엘리트층으로부터 공공연히 제기된 물음에 직면했다. 정치적·도덕적으로 옹호할 수 있는 식민주의가 과연 가능한가라는 물음이었다.

16세기와 마찬가지로 19세기와 20세기의 제국들도 서로 관계를 맺으며 존속했다. 권력의 상이한 조직들(식민지, 보호령, 자치령, 지배적 문화에 편입된 속령, 반쯤 자치하는 민족 지역)은 제국들 안에서 각기 다른 방식으로 결합되었다. 인접한 땅과 공동체뿐 아니라 멀리 떨어진 땅과 공동체까지 모두 통제하고자 한 제국들은 그 어떤 민족 정치체보다도 인적·물적 자원을 많이 동원해야 했다.

20세기에 세계 곳곳에서 제국 열강과 그 신민들을 양차 세계대전에 끌어들인 것은, 일본이 제국 시합에 참여하고 중국이 일시적으로 빠짐으로써 더더욱 첨예해진 제국들의 경쟁 구도였다. 이 제국 간 분쟁의 참혹한 결과는, 제국들 내부와 사이에서 자라난 변하기 십상인 주권 개념들과 더불어, 1940년대부터 1960년대까지 식민 제국들이 해체되는 사태의 발단이 되었다. 그러나 이런 부류의 제국이 해체된 자리에는 미국과 소련, 중국 같은 열강이 변화하는 조건에 맞추어 각자의 권력 레퍼토리를 어떻게 조정할 것이냐는 문제가 남아 있었다.

무엇이 이러한 세계 정치의 전환을 이끌어 갔을까? 일각에서는 서구에서 권리와 민족, 인민주권 같은 관념이 등장함에 따라 제국이 민족국가에 밀려났다고 주장한다. 그러나 이 주장에는 몇 가지 문제가 있다. 첫째, 인민주권과 자연권 같은 개념이 세계의 일부 지역들에서 정치적 상상을 사로잡은 때는 18세기인데, 제국들은 18세기 이후에도 한참 동안이나 존속했다. 더욱이 이런 개념들의 기원이 '민족적'이었다고 가정한다면, 정치적 변화의 중대한 역학을 놓치는 셈이다. 영국령 북아메리카와 프랑스령 카리브해, 에스파냐령 남아메리카 등지에서 정치적 목소리와 권리, 시민권을 위한 투쟁은, 이런 투쟁이 제국에 맞서는 혁명이 되기 전에 제국들 내부에서 발생했다. 이런 투쟁의 결과가 시종일관 민족적이었던 것도 아니다. 민주주의, 민족, 제국의 관계는 20세기 중엽에도 여전히 논쟁의 대상이었다.

다른 연구들은 세계사의 주요한 전환의 원인으로 '국가의 발흥'과 '근대 초기'를 꼽는데, 이 두 용어는 정상적이고 보편적인 주권, 즉 '서구식' 주권을 향해 가는 단일한 경로라는 생각과 결부되어 있다. 학자들은 이 '근대' 국가 체제가 탄생한 시점을 각기 다르게 제시해왔다. 베스트팔렌 조약이 체결된 1648년, 서양의 정치 이론의 혁신이 일어난 18세기, 미국 혁명과 프랑스 혁명이 그것이다. 그러나 시공간적으로 시야를 넓혀보면, 2000년이 넘는 세월 동안 세계의 각기 다른 지역에서 국가들이 권력을 제도화해왔음을 알 수 있다. 유럽의 국가 발전과 타지역 사람들의 '대응'에 대한 단일한 설명은 유럽과 세계의 나머지 지역에서 공통적으로 나타난 국가 권력의 장기적인 역학을 제대로 전달하지 못할 것이다.

17세기 후반과 18세기에 잉글랜드와 프랑스에서 국가가 더욱 강력해졌던 만큼, 이런 전환은 제국의 결과였지 그 반대가 아니었다. 열강이 넓은 공간을 통제하고자 노력하는 동안, 제국들은 대량으로 생산한 자원을 국가 기관들에 투입하여 재정과 군사력을 키웠다. 18세기와 19세기, 20세기에 일어난 제국들 간의 전쟁은 유럽의 제국 국가들에 도전한 혁명적 운동의 발단이 되었다.

달리 말해 제국에 관한 이 탐구는 역사의 행로를 설명하기 위해 민족과 근대성, 유럽에 대한 특수한 주장들을 배제한다. 이 책은 해석적 시론으로서 선별한 제국들의 상황에 관한 분석을 토대로 한다. 또한 이 책은 제국의 권력이 수천 년 동안 어떻게 사회와 국가를 배치하고, 야망과 상상을 고무하고, 정치적 가능성을 열어젖히거나 또는 차단했는지를 보여준다.

국가의 한 유형으로서의 제국

그렇다면 제국이란 무엇이고, 우리는 제국과 다른 정치체를 어떻게 구분하는가? 제국이란 팽창주의적이거나 한때 공간을 가로질러 팽창했던 기억을 간직한 커다란 정치 단위, 새로운 사람들을 통합하면서 구별과 위계를 유지하는 정치체다. 그에 반해 민족국가는 단일한 민족이 단일한 영토 안에서 자신들만의 정치 공동체를 구성한다는 생각에 기반을 둔다. 민족국가는 구성원들의 공통성—설령 실상은 더 복잡할지라도—을 선언하는 반면, 제국국가는 다양한 주민 집단들의 비동등성을 선언한다. 두 종류의 국가 모두 통합적이지만—둘 다 사람들이 자국 제도의 통치를 받아야 한다고 고집한다—민족국가는 국경 안쪽 사람들을 동질화하고 바깥쪽 사람들을 배제하는 반면, 제국은 공동체들에 접근하여 보통 강압적으로 지배하고 통치받는 공동체들 간의 차이를 명백히 드러낸다. 제국 개념은 정치체 내부의 서로 다른 공동체들이 다르게 통치될 것을 전제한다.

여기에서 중요한 점은 명확하게 규정된 상자들에 물건들을 집어넣는 것이 아니라는 것이다. 오히려 그 반대다. 중요한 점은 다양한 정치적 가능성들과 이 가능성들 간의 긴장과 갈등을 살펴보는 것이다. 사람들은 자신들이 속한 정치체를 다른 무언가로 바꾸려고 자주 시도했다. 고압적인 황제로부터 벗어나기 위해 공동체의 이름으로 자치를 주장하기도 했고, 제국을 만들기 위해 다른 공동체들로 권력을 확대하기도 했다. '민족'이 유의미한 권력 단위가 된 곳에서도 그들은 계속해서 제국들과 공간을 공유하고 제국들이 제기하는 도전에 대응해야 했다. 한 공동체와 한 영토의 인적·물적 자원에 의존하는 한 국가가 더 광대한 영토를 가진 세력들과의 관계에서 생존할 수 있을까? 심지어 오늘날에도 태평양의 섬들(프랑스 자치령 뉴칼레도니아)이나 카리브해의 섬들(미국 자치령 푸에르토리코) 등지의 사람들은 더 큰 단위와의 관계를 끊을 때의 이익과 불이익을 가늠하고 있다. 다양성과 정치적 야심이 존재하는 한 제국 건설은 언제나 하나의 유인이다. 그리고 제국은 통합하는 동시에 차이를 영속화하므로 언제든지 분해될 가능성이 있다. 이런 이유로 제국은 세계사에 관해 사유할 때 유용한 개념이다.

새로운 국가의 창건자들은 때로는 의식적으로 제국을 건설했다. 18세기 영국에 대항한 북아메리카 혁명가들이 그런 사례다. 20세기 후반 탈식민화한 아프리카에서처럼 신생 독립국들은 때로는 민족적 경로를 추구했고, 이내 더 큰 정치체들을 상대로 자국이 취약하다는 사실을 깨달았다. 때로는 제국 자체가 민족을 만들어내려 시도하기도 했다. 예를 들어 19세기에 영국, 프랑스, 러시아, 오스트리아–합스부르크 제국의 지도자들이 오스만의 영토에서 시도했듯이, 되도록 다른 제국의 영토에서 만들어내려 했다. 제국에서 민족으로 가는 단일한 경로는 과거에도 없었고 지금도 없으며, 그 역도 마찬가지다. 국가 권력을 조직하는 두 방법 모두 정치적 야심가들에게는 도전이자 기회였으며, 제국은 민족국가와 더 비슷한 무언가로, 민족국가는 제국과 더 비슷한 무언가로 변모할 수 있었다.

제국과 구분되는 다른 정치 형태로는 무엇이 있을까? 문화적으로 어느 정도 동질하고 대개 성별이나 연령, 지위, 친족관계에 따라 직무를 분담하는 소규모 집단은 흔히 제국의 반대물로 간주된다. 일부 학자들은 비하의 의미가 있다며 '부족(tribe)'이라는 용어를 사용하지 않지만, 다른 학자들은 유연하고 상호작용하고 정치적으로 창의적인 사회집단을 기술하기 위해 이 용어를 사용한다. 이런 의미에서 부족은 한 집단이 다른 집단을 향해 권력을 확대하고, 스스로 이름을 정하고, 때로는 사명을 부여하는 가운데 발전할 수 있다. 유라시아 스텝 지대에서 부족들은 거대한 연맹을 결성했고, 이런 연맹이 이따금 제국을 건설했다. 예컨대 13세기 몽골 제국은 부족 형성과 연맹의 정치로부터 생겨났다.

부족과 공동체, 민족이 제국을 만들어왔다는 사실은 근본적인 정치적 역학을 시사하며, 그 역학은 제국이 특정한 장소나 시대에 국한될 수 없는 이유, 수천 년 동안 모든 대륙에서 제국이 등장하고 재등장한 이유를 설명하는 데 도움을 준다. 자원과 단순한 기술에 두루 접근할 수 있는 여건에서는 작은 이점(더 큰 가족 규모, 관개 시설이나 무역로에 더 수월하게 접근할 방법, 행운, 야심 차고 노련한 통치자)만 있더라도 한 집단이 다른 집단을 지배하여 부족 왕조나 왕위가 생겨날 수 있다. 왕이나 부족장이 되려는 사람이 더욱 강력해지는 유일한 방도는 팽창이었다. 다시 말해 지지

받을 필요가 있는 내부인이 아니라 자기 영역의 외부인으로부터 동물이나 돈, 노예, 땅을 비롯한 부의 형태를 빼앗는 것이었다. 일단 이렇게 부의 원천의 외향화(外向化)가 시작되고 나면, 외부인은 강력하고 유능한 정복자에게 복속하는 편이 이익이라고 보기도 했다. 그렇게 되면 대담해진 왕이나 부족장은 새로운 복속민을 이용하여 습격 대신 규칙적인 방법으로 자원을 모으는 한편, 새로운 공동체나 영토, 무역로를 한층 빠르게 통합할 수 있었다. 부족과 왕국은 제국 건설에 필요한 재료와 유인을 제공했다.

우리는 부족과 왕국(제국과 구별되지만 제국이 될 잠재력을 지닌 정치체들)에 도시국가를 더할 수 있다. 고대 그리스의 도시국가는 후대의 일부 사회들에 정치의 모델(정치적 통합과 참여의 단위인 '폴리스')과 어휘뿐 아니라, 시민의 특정한 권리와 의무를 함축하는 시민적 덕목이라는 이념까지 전해주었다. 그러나 부족과 마찬가지로 도시국가는 균일하거나 정적이거나 고립된 실체가 아니었다. 그리스 민주정은 자유인들의 전유물이었으며 여성과 노예를 배제했다. 도시국가들은 배후지를 소유했고, 육로와 해로를 따라 무역에 참여했고, 다른 정치체들에 맞서 싸우거나 자기들끼리 싸웠다. 베네치아와 제노바처럼 상업망의 교차로에 있어 번영하거나 연계를 통제한 도시국가는 제국들에게 구미가 당기는 표적이 될 수 있었고, 제국들과 공존하거나 더 나아가 로마처럼 스스로 제국으로 변모할 수도 있었다.

팽창을 통한 부의 증대라는 정치적 논리로 말미암아 제국은 전 세계에서 권력의 주요한 형태가 되었다. 이집트의 파라오, 아시리아인, 남아시아의 굽타 왕조, 중국의 한족, 중앙아시아의 튀르크족을 비롯한 종족들, 페르시아인, 서아프리카의 만딩고족과 송가이족, 남아프리카의 줄루족, 중앙아메리카의 마야족, 남아메리카의 잉카족, 비잔티움인, 남동 유럽과 북유럽의 카롤링거 왕조, 무슬림 칼리프국 등은 모두 제국(사람들을 통합하면서도 분화하는, 커다란 팽창주의적 정치체)을 건설하기 위해 다른 정치체들을 복속시키는 유연한 전략을 구사했다.

오늘날 제국의 대안으로 자주 거론되는 것은 민족국가다. 민족국가의 이데올로기는 한 '민족'이 자치권을 주장하여 획득했다고 가정한다. 그렇지만 이는 다른 역사, 즉 국가가 제도적·문화적 주도권을 통해 스스로를 단일민족으로 생각하게끔 구성원들을 납득시킨 역사의 산물일지도 모른다. 민족국가의 뿌리를 '종족적'이라고 여기든 '시민적'이라고 여기든, 아니면 이 두 가지가 어느 정도 결합된 것이라고 여기든, 민족국가는 공통성에 기반하여 공통성을 만들어내는 한편, 민족에 포함되는 사람들과 배제되는 사람들을 확고하게 구별하고 대개 이 구별을 엄격하게 단속한다.

18세기 이래 여러 지역의 정치적 상상에서 민족이 두각을 나타냈다 할지라도, 민족국가는 18세기와 그 후에도 제국의 유일한 대안이 아니었다. 연방(federation)도 하나의 가능성이 될 수 있었다. 연방은 스위스의 경우처럼 일부 권력은 개별 정치 단위들이 보유하고 다른 일부 권력은 중앙이 보유하는 주권의 중층적 형태다. 국가연합(confederation)은 이 생각에서 한걸음 더 나아가 연합 단위 각각의 인격을 인정한다. 제13장에서 살펴보겠지만, 1950년대까지만 해도 프랑스령 서아프리카의 영향력 있는 지도자들은 프랑스와 옛 식민지들이 국가연합에 동등한 자격으로 참여하는 편이 제국을 독립적 민족국가들로 해체하는 편보다 낫다고 주장했다. 캐나다, 뉴질랜드, 오스트레일리아, 훗날 남아프리카공화국은 19세기와 20세기를 거치며 자치를 획득했음에도 '영국 연방'과의 관계를 끊지 않았다. 21세기에도 국가연합은 각기 다른 형태로 유럽과 아프리카, 유라시아 등지에서 여전히 정치적 관심을 끄는 한편, 정부의 기

능과 주권의 측면들을 정치 조직의 여러 수준들로 분배할 때의 이점을
보여주고 있다.

민족국가와 마찬가지로 부족, 왕국, 도시국가, 연방, 국가연합은 정치
적 친연성이나 행위의 '자연스러운' 단위라는 주장을 변호하지 못한다.
이 단위들은 나타났다 사라졌고, 때로는 직접 제국으로 변모했으며, 때
로는 제국들이 서로 싸우는 동안 어느 제국에 흡수되어 점차 사라지거
나 부상했다. 국가 유형 가운데 통치 원리로서의 민주정과 고정된 관계
를 맺는 유형은 없다. 기원전 3세기의 로마 공화정부터 20세기의 프랑스
에 이르기까지, 우리는 황제가 없었고 각기 다르게 통치되었고 각기 다
른 이름으로 불렸던 제국들을 마주하게 된다. 그 제국들을 통치해온 것
은 독재자, 군주, 대통령, 의회, 중앙위원회였다. 참주정은 제국에서만이
아니라 민족적으로 동질한 정치체에서도 하나의 가능성이었고, 이는 지
금도 마찬가지다.

역사 속 제국들과 관련하여 중요한 점은 정치적 전환이 일어나는 맥
락을 설정하는 능력이었다. 제국들은 복속과 풍요라는 유인에 이끌려 끊
임없이 움직였으며, 자기들끼리, 그리고 다른 부류의 국가들과 계속해서
알력이나 분쟁을 빚었다. 옛 제국에 대한 기억, 제국에 대한 거부감과 두
려움, 새로운 복합 정치체를 창건하려는 열망은 지도자와 추종자, 야심
가, 무관심한 이들, 강요당한 이들을 고무하고 제약했다.

논제

제국이 국가 형태로서 줄곧 존속해왔다 할지라도, 제국의 통치 방식이
균질했던 것은 아니다. 이 연구가 초점을 맞추는 것은 제국들이 정복을
통치로 전환한 상이한 방식들, 그리고 제국들이 사람들을 정치체에 통

합하는 일과 그들 간의 구별을 유지하는 일 사이에서 균형을 잡은 방법이다. 우리는 제국들의 궤도를 추적하는 가운데 다섯 가지 논제를 고찰한다.

제국 내부의 차이

이 책은 제국들이 차이의 정치를 구사한 방식에 초점을 맞춘다. 오늘날 다문화주의자들은 확연히 구별되는 공동체들과 각 공동체의 가치관을 인정해줄 것을 요구하는데, 우리는 차이의 정치라는 표현을 이들보다 폭넓고 중립적인 의미로 사용한다. 문화적 진정성에 근거를 두는 주장은 차이를 만드는 한 가지 방식, 정치의 한 요소일 뿐이다. 일부 제국들에서 차이의 정치는 공동체들의 다양성과 그들의 다양한 관습을 피치 못할 정상적인 현실로서 인정한다는 것을 뜻하기도 했다. 반면 다른 제국들에서 차이의 정치는 분화되지 않은 내부인들과 '미개한' 외부인들을 구별하는 엄격한 경계를 뜻했다.

19세기와 20세기의 식민 제국들에 관한 근래의 연구들은 제국 건설자들(정치 지도자와 군사 지도자는 물론 탐험가, 선교사, 과학자까지)이 식민화를 추진하는 주민들과 피식민 주민들을 '우리/그들', '자아/타자'로 구별하려 애썼다는 것을 강조한다. 이 관점에서 보면, 인종의 차이를 포함하여 어떤 차이를 만들어내거나 유지하는 것은 자연스러운 일이 아니라 의도한 일이었다. 식민 국가들, 특히 19세기와 20세기의 식민 국가들은 공간을 분리하고, 본국 사람들에게 멀리 떨어진 또 다른 고국을 제공하고, 식민지 대리인들의 '토착민화'를 예방하고, 상이한 주민들 간의 혼혈을 규제하기 위해 엄청난 노력을 기울였다.

19세기와 20세기의 기준과 유럽의 식민 틀에서 탈피하면, 사회적 차이에서 다른 의미—신민과 국가 둘 다에게—를 찾을 수 있다. 어디서나 구별이 피식민자와 식민자, 흑인과 백인이라는 이분법을 의미하는 것은 아니다. 제국은 자기들 종교를 믿고 자기들 방식대로 법을 집행하는 공동체들, 모두 제국의 주권에 복속된 공동체들의 집합체일 수도 있었다. 많은 제국들은 유사성이 아닌 충성을 목표로 삼았으며, 차이(특히 '자기' 공동체를 관리할 수 있는 지역 지도자들 간의 차이)를 인정함으로써 질서를 유지하고, 조세나 조공을 징수하고, 병사를 모집하는 역량을 강화할 수 있었다. 제국들은 뚜렷이 구별되는 공동체들의 수완과 연계를 이용하여 이익을 얻을 수 있었다. 차이는 강박이 아니라 실상과 기회이기도 했다.

이 스펙트럼의 양극단인 동질화와 차이의 인정은 완전한 형태로 꾸준히 실행된 적이 결코 없지만, 우리는 각 전략의 결과와 두 가지를 혼합한 전략의 결과에 관해 생각할 수 있다. 뒤에서 다룰 내용을 미리 소개하는 셈치고 두 가지 사례를 간략하게 살펴보자.

오래도록 존속한 로마 제국은 팽창 과정에서 발달한 뚜렷한 문화를 토대로 동질화를 지향했다. 로마는 그리스의 성취라는 위신과 지중해 일대 피정복 지역들의 관행에 의존하여 도시 설계, 예술, 문학 부문에서 식별 가능한 로마 양식을 창안했다. 로마 제국의 제도(시민권, 법적 권리, 정치 참여)는 거대한 제국 전역의 엘리트들에게 매력적인 것이었다. 로마의 방식을 배울 수 있는 사람들에게 원칙상 열려 있는 단 하나의 우월한 제국 문명이라는 관념은 로마식 통치의 본질적인 요소였다. 유사성에 의거하여 통합을 추진한 로마는 야만인과 노예 등은 배제했다.

초기에 다른 공동체의 신들을 제국의 만신전에 받아들인 로마의 관행은 훗날 일신교인 기독교가 확산됨에 따라, 특히 4세기에 기독교가 로마의 국교가 된 뒤로 위태로워졌다. 사람들을 더 강하게 제약하고 동질화하는 이런 로마 모델은 제국이 몰락하고도 오랫동안 살아남았다. 로마가 상상한, 전 세계를 환히 비추는 기독교 문명은 후대 제국들(비잔티움 제국, 카롤링거 제국, 에스파냐 제국, 포르투갈 제국 등)에게 모범이 되었다. 로마의 위치를 차지하려 애쓴 이슬람 제국들 역시 유일신을 숭배하는 통일된 종교 공동체를 만들어내기 위해 분투했다.

몽골족의 제국 전략은 이런 동질화 전략과 선명히 대비된다. 내륙 아시아의 스텝 지대 제국들은 처음부터 우월한 인물인 대칸(Great Khan)에 의해 창건되었지 고정된 수도(首都)나 중앙의 문화적·종교적 구상 위에 건설되지 않았다. 13세기 광대한 몽골 제국의 지도자들은 유라시아와 중국 양쪽으로부터 치국술을 배웠다. 몽골 제국은 불교, 유교, 기독교, 도교, 이슬람교를 비호했다. 몽골 통치자들은 유라시아 도처에서 무슬림 행정관을 고용했고, 아랍 문명, 페르시아 문명, 중국 문명이 일군 예술과 학문을 육성했다. 다양성을 정상적이고도 유용한 것으로 여긴 몽골식 제국은 유라시아의 전역과 가장자리에서 권력 레퍼토리를 바꾸어놓았다.

모든 제국은 통합과 분화에 어느 정도 의존했다. 제국들은 통치 방식들을 혼합하고 조정하고 변형할 수 있었다. 19세기 러시아와 오스만 제국의 일부 근대주의자들은 서유럽 제국들이 동유럽 제국들을 추월하는 것처럼 보이던 시기에 로마식 중앙집권화와 동질성(낙후된 지역을 개화하고 개척하는 임무)에 이끌렸다. 그러나 그런 전환—실제로 원했든 무의식적으로 채택했든—은 불완전하게 이루어질 공산이 더 컸고, 전진만 한 게 아니라 후진하기도 했다. 러시아에서 균질성을 강요하려던 개혁가들은 제국의 지분을 가진 지역 중개인들의 기득권과 경쟁적 이해관계에 부딪혔다. 그리고 몽골식 수완을 절대 허용할 수 없었던 19세기 영국 관료들은 때때로 마치 또 다른 종류의 제국인 양 행동했다. 달리 말해 그들은 화력을 집중하여 주민들을 공포로 몰아넣은 다음 허술한 행정(지역 지도자와 타협하고, 세금을 징수하고, 인색한 태도로 영국식 교육과 문화가 확산되지 않도록 경계한 행정)을 남겨둔 채 다른 지역으로 옮겨갔다.

제국의 중개인

제국 통치자들은 통합한 영토를 관리할 대리인들(총독, 장군, 세리)을 파견했다. 통치자들이 넓은 영역에 산재하는 모든 마을과 구역을 통치할 대리인들을 낮은 비용으로 넉넉히 파견할 수 있었을까? 좀처럼 그럴 수 없었다. 대부분의 경우 제국 통치자들은 피정복 사회에서 수완과 지식, 권위를 가진 대리인을 필요로 했다. 이를테면 제국에 협력하여 이득을 얻을 수 있는 엘리트나, 승리한 권력을 섬기는 편이 유리하다고 생각하는 주변부 사람들을 필요로 했다. 다른 부류의 중개인으로는 고국 출신 사람들이 있었다. 고대 로마인들이 '콜로니(colony)'라 불렀고 17세기 영어로는 '플랜테이션(plantation)'이라 부른 새로운 땅에 제국의 핵심부에 있던 사람들이 이주했다. 그렇게 고국과의 연계에 의존하여 이주한 집단들은 제국을 위해 행동할 것으로 기대되었다.

토착민 엘리트를 포섭하고 이주민을 보낸 것은 현지 중개인들의 사회적 연계에 의존하여 그들의 협력을 확보하기 위한 전략이었다. 다른 전략은 정반대였다. 바로 노예를 비롯한 사람들을 출신 공동체에서 떼어낸 뒤 오로지 제국의 주인에게만 자신의 안녕과 생존을 의탁하는 존재로 육성하여 높은 직책에 임명하는 전략이었다. 이 전략은 오스만 왕조가 효과적으로 구사했는데, 오스만 제국의 최고위 행정관들과 사령관들은 소년 시절에 가족과 강제로 떨어져 술탄의 황실에서 양육한 이들이었다. 보통 기독교도 소년들이 술탄의 관료로 육성되었는데, 이는 의존과 차이가 뒤엉킨 경우였다.

어디 출신이든 대리인에게는 규율뿐 아니라 유인책도 필요했다. 제국의 의도와 달리 현지 중개인들은 전복을 꾀할 가능성이 있었다. 중개인들은 대안적인 관계망이나 충성을 확고히 다지거나, 다른 제국에 들러붙거나, 18세기와 19세기에 아메리카 대륙에서 일부 유럽인 정착민들이 한 것처럼 반란을 일으킴으로써 제국의 목표를 교묘히 방해할 수 있었다. 제국들이 구별을 고수한 까닭에 중개인들은 지방 분권을 확립할 가능성을 높일 수 있었다. 다시 말해 불만을 품은 중개인들은 행동하는데 필요한 제도적 지원이나 문화적 지원을 구할 수 있었다. 성공적인 제국들의 산물은 보통 한결같은 충성도, 끊임없는 저항도 아니었다. 그 산물은 조건부 순응이었다.

중개인들에 초점을 맞춤으로써 우리는 오늘날 흔히 경시하거나 무시하는 정치적 관계(통치자-대리인-신민 간의 수직적 연계)를 강조하고자 한다. 우리는 민족을 수평적 관점에서 생각하는 경향이 있다. 이를테면 모든 시민은 평등하다고 생각한다. 혹은 사회를 계층화된 구조로 묘사한다. 이를테면 귀족, 엘리트, 평민, 대중, 서발턴(subaltern), 노동자, 농민, 식민자, 피식민자 등이 층을 이루는 구조를 떠올린다. 제국들에 관한 이 연구는 평등한 개인들이라는 범주 또는 중층적 집단들이라는 범주를 넘어선다. 우리는 위아래 집단들과 밀고당기는 이들, 권위 계통과 권력 계통을 변화시키되 거기에서 가끔씩만 벗어나는 이들에 주목하고자 한다.

제국의 교차로: 모방, 분쟁, 변형

제국들은 홀로 행위하지 않았다. 제국들 간의 관계는 그들의 정치와 신민들의 가능성에 대단히 중요했다. 때때로 로마와 중국의 엘리트들은 천하에 맞수가 없다고 생각했다. 국경에서 곤경을 겪기는 했지만, 그들이 보기에 이런 일은 대등한 세력이 아니라 미개하고 열등한 집단의 소행이었다. 그러나 그런 외부인들 가운데 일부(예컨대 유라시아 서부의 고트족과 동부의 흉노족)는 습격하거나 흥정을 요구해서, 또는 강력한 정착민 이웃을 섬김으로써 힘을 키웠다. 지상이든 해상이든 제국의 변경은 경쟁자들에게 기회를 제공했다. 유목민과 정착민이 교차하는 지점은 제국의 형성에 중요했는데, 각자 상대편의 기술·행정 솜씨에 의지할 수 있었기 때문이다. 깃털이 겨우 돋아난 풋내기 제국들은 기존 제국의 중심부에서 멀리 떨어진 곳에 위치한 덕에 성장하여 날아오를 수 있었다. 무역로들이 교차했으나 제국의 통제력이 별반 미치지 않던 아라비아에서 7세기에 무슬림 지도자들은 추종자들을 결속하고 한때 로마가 차지했던 영토를 향해 세력을 뻗칠 기회를 잡았다.

제국들의 교차로는 경쟁, 모방, 혁신, 그리고 전쟁과 평화를 야기했다. 제국의 파편화는 미래에 영속적인 영향을 미쳤다. 로마의 장악력이 무너진 이후 수 세기 동안 야심 찬 통치자들은 자신의 제국을 로마만큼의 규모로 통합하기를 열망했다. 샤를마뉴 대제, 카를 5세, 쉴레이만 대제, 나폴레옹, 히틀러가 그런 사람들이었다. 유럽에서 황제를 염원한 이들 중에 경쟁에서 승리하여 로마를 대체한 인물은 아무도 없었다. 새로운 단일 강대국이 형성되지 못한 가장 큰 요인은 다른 제국들의 존재였다. 예컨대 영국 제국과 러시아 제국은 한 세기 시간차를 두고서 각각 나폴레옹과 히틀러의 제국 기획을 무산시키는 데 결정적인 역할을 했다.

20세기 역사를 움직인 것은 저마다 많은 자원을 가진 소수 제국들 간의 경쟁 구도였다. 이 구도는 두 번의 세계대전을 촉발했고, 두 전쟁은 다시 강대국들 간의 경쟁을 확대하고 변형했다. 동남아시아에서 일본의 제국적 정복은 유럽의 식민 제국들에 균열을 냈고, 제국의 옛 중개인들은 그 균열을 이용하여 자신들의 국가를 얻기 위해 도전하거나 전쟁을 일으켰다. 그러나 제국들의 경쟁은 냉전과 열전(熱戰), 경제전에서 재등장하여 오늘날까지 계속되고 있다. 고대 로마와 중국부터 현재까지 제국들의 교차로, 그리고 다른 공동체들과 다른 국가들에 원거리 권력을 행사하려는 제국들의 노력은 정치와 지식, 삶을 변형해왔다.

제국의 상상계

어떤 시공간에 있든 제국 지도자들은 국가를 운영하는 수많은 방식들을 그저 상상할 수 있을 뿐이었다. 제국의 맥락과 경험은 많은 통치자들과 통치 지망자들에게 심대한 영향을 미쳤다. 일부 제국에서 종교 사상은 권력의 도덕적 토대가 되었지만 동시에 논쟁도 일으켰다. 비잔티움 제국과 이슬람 칼리프국들은 공유하는 종교적 가치로부터 신조를 이끌어낸 집단들의 도전에 직면했다. 에스파냐 제국에게 가톨릭주의는 제국을 정당화하는 동시에 교란하는 것이었다. 16세기 아메리카 대륙에서 에스파냐가 인디언들에게 자행한 폭력을 비난한 바르톨로메 데 라스 카사스(Bartolomé de las Casas)는 기독교도의 신조에 걸맞게 살아갈 것을 요청했다. 19세기에 유럽 제국들이 선언한 '문명화 사명'은 인종론과 긴장 관계를 형성했다. 선교사들과 광산 소유주들이 제국을 반드시 동일한 관점으로 바라본 것은 아니었다.

이런 이유로 정치적 상상은 우리의 탐구에서 핵심적인 문제다. 제국의 맥락에 주목하면 특정한 상황에서 상상하거나 타당해 보였던 사회관계와 제도를 이해하는 데 도움이 된다. 예를 들어 1789년 프랑스에서 혁명이 '시민'과 '민족'의 언어를 열어젖힌 결과 파리에서는 논쟁이 벌어졌고, 카리브해에서는 노예제와 인종 탄압이 만연한 섬들에 이 개념들을 적용할 수 있느냐는 쟁점을 둘러싸고 혁명이 일어났다. 러시아 제국에서 자란 사람들이 공화국들의 연방이라는 형태로 세계 최초의 공산주의 국가를 구상한 것처럼, 제국의 경험은 정치적 창의성을 고무했다. 과거—제국들이 정치적 상상을 허용하는 동시에 제한하던 시절—의 정치 이념들의 다양성과 역학은 우리에게 경고를 한다. 오늘날의 정치 구조를 너무 당연하게 받아들여 대안들을 보지 못하는 우를 범하지 말라는 것이다.

권력 레퍼토리

권위 피라미드의 꼭대기에 오른 황제들은 때때로 특정한 영토나 집단에 대한 부하들의 권리 주장을 억압하지 않고 되려 그런 주장을 자신의 기반으로 삼고자 했다. 제국의 일부 지역은 중앙이 직접 통치했지만, 다른 지역들에서는 현지 엘리트들이 주권을 일부 보유했다. 황제, 제국 총독, 그들의 부하들은 이런 권력 배치를 조정하려 했다. 제국들은 권력과 특권을 다시 배분하여 새로운 상황에 적응할 수 있는 어떤 유형이라고 규정하기 어려운 국가가 되었다. 정치적 유연성을 가진 제국들은 오랫동안 존속할 수 있었다.

우리가 강조하는 것은 유형론이 아닌 제국 권력의 레퍼토리다. 제국은 변경 가능한 정치 형태였으며, 우리는 제국이 통합과 차이를 활용한 다양한 방식들을 강조하고자 한다. 제국의 내구성은 전략들을 결합하고 변경하는 능력에 크게 의존했다. 그런 전략들은 영토 통합부터 고립 영토(enclave: 외국 영토에 완전히 둘러싸인 자국 영토) 건설까지, 중개인의 느슨한 감독부터 엄격한 하향식 통제까지, 제국의 권위를 노골적으로 주장하는 입장부터 제국처럼 행위하는 것을 부인하는 입장까지 다양했다. 단일 왕국, 도시국가, 부족, 민족국가는 변화하는 세계에 제국만큼 유연하게 대응하지 못했다.

제국들의 융통성 있는 실용적·상호작용적 역량을 감안하면, 전반적으로 보아 17세기에 주권이 근본적으로 재규정되었다고 가정하는 논증, 다시 말해 이 시기에 유럽인들이 독립적 민족국가가 될 잠재력을 지닌 국가들의 새로운 체제를 창출했다는 논증을 의심하게 된다. 정치이론가들이 이제까지 뭐라고 썼든 간에(그리고 엘리트들과 황제들이 무엇을 믿고자 했든 간에), 17세기와 그 이후에 유럽의 경계를 훌쩍 넘어서는 영역에서, 정치 권력을 분배하는 복잡한 방식은 계속 변화해왔다. 당시 세계는 불침투성 주권을 가진 당구공 같은 국가들이 서로 부딪치는 세계가 아니었으며, 이는 지금도 마찬가지다.

이에 반해 제국들의 역사를 조망함으로써 우리는 분배되는 주권, 중층적 주권, 중첩되는 주권을 그려볼 수 있다. 러시아의 예카테리나 대제는 공식적으로 여제이자 전제군주, 차르, 영주, 대공, 지휘관, 다양한 토지와 집단의 '소유자'였다. 나폴레옹은 정복한 일부 지역들에서는 현지 왕이나 공(公)을 그대로 두었지만, 다른 지역들은 자신의 유명한 지사(prefect)들을 파견하여 더 직접적으로 통치했다. 유럽 열강의 특허를 받은 사기업들은 16세기 후반부터(네덜란드의 동인도 회사, 영국의 레반트 회사와 동인도 회사) 19세기 말까지(영국 동아프리카 회사) 국가의 기능을 수행했다. 19세기와 20세기에 영국과 프랑스를 비롯한 열강은, 현지 통치자가 주권을 계속 보유하면서도 보호국인 제국에게 자신의 권력 일부를 자진해서 양도했다는 터무니없는 주장을 바탕으로 일부 지역들(모로코, 튀니지, 동아프리카 연안 일부, 베트남 일부)을 '보호령'으로 지정했다.

주권 체제의 종류와 특정한 권력 구조는 국가가 식민 제국에서 벗어나 독립하는 과정에 영향을 미칠 수 있었다. 알제리에 비해 모로코와 튀니지가 프랑스 제국에서 이탈한 과정은 폭력을 덜 수반했다. 알제리의 경우 처음에는 프랑스 공화국의 보호령이었고 나중에는 필수적인 일부였던 이 나라의 위상과 독립 과정의 폭력 사이에 큰 관련이 있었다. 중층적 주권은 가능성으로서, 때로는 현실로서 유럽 제국들 안에서 오랫동안 존속했다. 그리고 제국의 형태를 변형한 다른 지역들(이를테면 1991년에 형성된 러시아 연방)에는 조종할 수 있는 중첩된 주권이 오늘날까지도 남아 있다.

제국의 역학

근대나 전근대, 고대 같은 연대순 딱지로 제국들을 구별하는 것은 유사어를 반복하는 꼴이어서 밝혀주는 바가 별로 없지만, 제국들이 시공간에 따라 변한 것은 사실이다. 경쟁이 이념과 기술을 혁신하도록 추동하고 분쟁이 제국의 위력을 위협하거나 강화함에 따라, 제국의 역량과 전략도 덩달아 바뀌었다.

제국의 레퍼토리에서 일어난 몇 가지 핵심적인 변화는 이 책의 논증을 지탱하는 버팀목이다. 4세기 로마와 7세기 아라비아에서 일신교와 제국이 동맹을 맺고서 단일 제국, 단일 황제, 단일 신을 내세운 것은 어마어마하게 중요한 전환이었다. 기독교와 이슬람 둘 다 제국적 환경에서 발원하여 형태를 갖추었다. 기독교는 강력한 로마 제국 내부에서 등장했고, 초기에 기독교 지도자들의 권력을 제한하는 제국과 알력을 빚었다. 훗날 일부 장소에서 성직자들은 제국의 통일에 이바지했지만, 다른 장소에서 교황은 왕의 권력과 각축을 벌였다. 이슬람은 예전 제국의 가장자리에서 성장했다. 이슬람 지도자들은 종교 공동체를 일구고 뒤이어 이슬람 특유의 권력 형태를 구축할 공간을 가지고 있었다. 두 종교는 유일신을 대변할 권리를 주장하며 거듭 경쟁하면서 지하드(성전)와 십자군 원정을 초래했을뿐더러, 제국들의 내부 분열까지 일으켰다. 종교 공동체에 토대를 두는 보편 제국을 둘러싼 경쟁은 예전 로마 제국의 영역에서 1000년 넘게 이어졌다. 그리고 21세기의 한층 확대된 세계에서 다른 형태로 재등장하고 있다.

유라시아 대륙 곳곳에서 정치적 전환을 추동한 것은 제국을 형성하거나 제국과 협상하는 유목민이었다. 유목민은 일찍이 무장한 기마 전사를 전투에 활용함으로써 군사적 판돈을 올렸다. 유목민의 정치적 개입 가운데 가장 극적이고도 심대한 영향을 미친 것은 13세기 몽골족의 개입이었다. 몽골족은 정복을 통해 군사 조직과 통신 기술뿐 아니라 종교적 다원주의를 비롯한 행정 관행까지 전파했다. 몽골의 치국술은 중국의 제국 전통과 융합했으며, 러시아의 공들은 몽골 칸에게 복속하여 권력을 차지했다.

　튀르크, 비잔티움, 아랍, 몽골, 페르시아의 전통을 어렵사리 혼합하여 내구성 강하고 유연하고 변혁적인 권력을 산출한 오스만 제국은 우리 이야기의 중심부에서 등장한다. 1453년에 오스만군은 비잔티움 제국을 물리쳤고, 유럽, 인도양, 유라시아 대륙을 연결하는 무역로들이 교차하는 중요한 지역에 대한 통제력을 강화했고, 오늘날 오스트리아 빈 교외의 토지와 주민들을 아나톨리아 동부에 통합했으며, 아라비아 반도와 북아프리카를 대부분 장악했다. 그리하여 오스만 제국은 로마 제국에 버금갈 정도로 덩치를 키워 지배적인 위치를 차지했고, 그 바람에 서유럽 통치자들은 아프리카 남단을 돌아 아시아로 가는 항해를 후원할 수밖에 없었다. 제국들 간의 이런 분쟁과 도전으로 말미암아 새로운 해상 연계들이 출현했다.

　아메리카 대륙을 '발견'한 사건은 제국의 우연이었다 할지라도, 그 영향은 세계를 송두리째 바꾸어놓았다. 우선 신세계와 구세계, 대양 자체가 제국들이 오랫동안 경쟁하게 될 공간이 되었다. 유럽 제국의 해외 침공은 제국들의 세계도 교란했다. 중국과 오스만 제국은 워낙 강력한 세력이어서, 유럽 열강은 오랫동안 이들 제국의 가장자리를 조금씩 갉아먹는 데 그쳤다. 유럽인이 해안가에 나타난 뒤에도 아시아의 사회들은 수 세기 동안 문화적 일체성을 유지했고, 통치자들은 새로 온 이방인들과 유리한 거래를 했으며, 상업 엘리트들은 번영을 누리고 새로운 문물을 받아들였다. 그러나 내분이 일어나서 결국 빈틈이 드러났고, 외부인들은 그 빈틈을 파고들어 착취할 수 있었다.

신세계의 제국들(특히 아즈텍 제국과 잉카 제국)은 더 빠르고 더 철저하게 복속되었다. 아메리카 대륙에서 식민화는 우선 인구 감소와 공동체들의 광범한 재배치로 귀결되었다. 그 과정에서 아메리카 대륙의 몇몇 지역에 정착한 유럽인들과 노예가 되어 강제로 끌려온 아프리카인들이 새로운 종류의 사회들을 만들어냈다.

아메리카 대륙에서 제국들이 계속해서 파괴적 침입을 하고 자기들끼리 경쟁함에 따라 초대륙적 연계의 범위와 영향이 증대했다. 당시 에스파냐가 통치하던 오늘날의 페루와 멕시코에서 아메리카 토착민들이 채굴한 은과, 그 이후 카리브해에서 몇몇 제국들이 아프리카인 노예들을 부려 생산한 설탕은 세계 경제를 바꾸기 시작했다. 옥수수, 감자, 토마토, 쌀 같은 식용작물이 대양을 건너갔다. 제국들은 이런 활동을 통제하려 했으나 불완전하고 일시적으로 통제하는 데 그쳤다.

가장 결정적인 경제적 약진은 1800년경 영국에서 일어났다. 영국의 국내 개혁이 농업혁명과 산업혁명의 중요한 요인이었던 것만큼이나, 제국의 자원(특히 값싼 설탕)과 제국의 기획(금융 제도, 조선업, 육군과 해군)도 필수적인 요인이었다. 그전까지 무역은 어느 정도까지만 시장에 달린 문제였다. 무역은 반드시 필요한 토지와 무역로를 다른 제국과 해적, 약탈자로부터 보호하는 제국의 힘에 의존했다.

1800년까지 영국은 엄청난 경제적 이점에 힘입어 제국의 일부였던 북아메리카를 상실한 사건을 견뎌내고, 인도에 더욱 깊이 관여하고, 서인도제도에서 식민지들을 유지하고, 프랑스와 싸워 유럽을 지배하려는 나폴레옹의 야망을 좌절시키고, 그 밖에 다른 곳에서는 영국의 이해를 지키기 위해 해군력을 사용하거나 사용하겠다고 위협하면서도 '자유무역'이라는 이름으로 이해관계를 추구할 수 있었다. 유럽 제국들이 세계를 지배하는 것처럼 보이던 기간—제국의 기준으로 보면 짧은 기간—동안 영국은 두각을 나타냈다. 영국의 제국 레퍼토리는 변하고 있었다—그러나 다른 열강의 레퍼토리도 마찬가지였다. 유럽의 몇몇 경쟁국들이 영국의 산업경제를 따라잡기 시작함에 따라, 자원을 차지하려는 제국 간 경쟁은 식민지를 먼저 획득하려는 맹렬한 경주로 이어졌고, 폭력과 전쟁의 새로운 단계를 개시했다.

그러나 제국의 확장은 정치 이념을 전파하고 새로운 정치 이념을 고안하는 공간까지 변형하는 결과를 불러왔다. 16세기에 에스파냐의 인디언 학대가 비판받은 이래, 제국들은 정치적 정당성과 주권자의 권력에 관해 논쟁을 벌이는 현장이었다. 18세기 후반에는 인간, 민족, 제국의 관계가 면밀히 검토되었다. 영국에서 노예제를 반대하는 운동은 제국에서 수익성이 가장 좋은 부문을 겨냥했고, 아프리카계 노예를 착취하지 말고 제국의 신민으로 대해야 한다고 역설했다.

프랑스 혁명은 한 민족의 권리가 식민지에도 적용되는가 하는 문제를 제기했다. 이는 노예를 해방하여 프랑스 시민으로 만들어야 한다는 요구로까지 나아갈지도 모르는 문제였다. 1790년대에 프랑스 관료들은 이 문제를 둘러싸고 찬반 양론으로 나뉘었는데, 원칙적인 이유뿐 아니라 실용적인 이유도 있었다. 제국에서 '신민'의 지위는 1946년까지 때때로 논쟁의 주제였으며, 이해에 새로운 헌법은 모든 신민이 프랑스 시민의 '자질'을 지닌다고 선언했다. 하지만 이러한 변화는 '프랑스'가 동등한 사람들의 사회인가 비동등한 사람들의 사회인가라는 문제의 불확실성을 완화하기는커녕 되려 악화시켰다.

이 논쟁이 아주 오랫동안 해결되지 않고 계속된 만큼 우리는 '근대' 세계를 낳은 과정에 대한 관습적인 묘사를 꼼꼼히 따져봐야 한다. 서유럽 제국들이 돌연 제국처럼 굴기를 중단했고, 민족국가처럼 생각하기 시작했으며, 자국민에게 영광과 금전을 선사하기 위해 식민지 수집에 나섰고, 그러다가 다른 민족의 자결권을 옹호하는 이들과 부인하는 이들로 양분되는 상황에 직면했다는 주장은 정확하지 않다. 스스로를 통치하는 민족이라는 이념이 유럽 정치사상의 일부가 되기는 했지만, 제국의 '시대'는 민족화된 새로운 주권 체제나 19세기에 일반적으로 받아들여진 민족국가로 대체되지 않았다.

같은 역사와 언어, 관습에 토대를 두는 민족 기반 공동체의 언어를 이용하여 새로운 제국(예컨대 독일 제국)을 건설하자고 주장한 사람들이 간혹 있었지만, 주민들이 뒤섞여 있고 이미 기존 제국들이 주요 자원을 장악한 곳에서는 이 발상을 실행에 옮기기가 쉽지 않았다. 다종족 다종파 제국인 오스만 제국, 오스트리아-헝가리 제국, 러시아 제국은 민족 공동체의 지지를 얻을 방도를 찾으려고 분투하는 한편, 자기들끼리 그리고 다른 제국들과 경쟁했다. 민족 문제는 제국들의 경쟁과 폭발적으로 결합하여 일련의 유혈 분쟁을 촉발했다. 1850년대의 크림 전쟁, 발칸 반도에서 되풀이된 전쟁, 중국의 의화단 운동, 20세기에 독일과 일본이 독자적인 제국을 건설하려다 일어난, 훨씬 많은 인명을 앗아간 대참사가 그것이다.

지구적 규모로 경쟁하는 제국들의 변덕스러운 정치는 19세기와 20세기의 '식민' 제국들이 과거의 제국들과 다른 새로운 종류의 정치체인가라는 의문을 불러일으켰다. 일부 유럽인들은 자기네 제국들이 더 우월한 종류라고 주장했고, 레닌 같은 다른 사람들은 그 제국들이 자본주의의 (독특한) 산물이라고 보았다. 오늘날 일부 학자들의 주장에 따르면, 국내의 인민주권 가능성(더 일반적으로는 계몽주의 사상)으로 말미암아, 유럽의 정치사상가들과 통치자들은 정치체 내부인들과 스스로를 통치할 능력이 없어 보이는 외부인들을 종전보다 확실하게 구분하려 했다. 그러나 앞에서 지적한 대로 유럽인들은 제국 운영의 상당 부분을 중개인들에게 계속 맡겨야 했고, 국내 공중에게 그들이 받아들일 만한 국가관을 내놓아야 했다. 새로운 전쟁 기술과 통신 기술이 마을이나 코뮌 수준까지 반드시 침투한 것은 아니었다. 아프리카와 아시아를 향상시키고 진보시킨다는 주장은 국내와 국외에서 공히 비판을 받았다. 식민 제국들은 어째서 그들의 사명을 좀처럼 수행하지 못했는가? 어째서 토지 강탈, 강제 노동, 엄청난 폭력이 계속 자행되었는가?

신식이든 구식이든, 역사적 관점에서 보면 19세기 유럽의 식민주의는 단명했다. 예컨대 아프리카에서 유럽의 식민 통치는 대략 70년 동안 지속된 데 반해 오스만 제국의 수명은 600년이었다. 19세기 후반과 20세기의 단호한 제국주의는 유럽 민족과 비유럽인을 구별하는 이념에 입각하여 세계 질서를 공고히 하기는커녕, 식민주의의 정당성과 생존력에 관한 의문을 불러일으켰고, 신구 제국들 사이에서 더 많은 분쟁을 조장했다.

유럽의 운명을 통제하려는 열강의 오랜 경쟁은 2차 세계대전 기간에 지구적 규모로 전개되었고, 제국들의 세계를 다시 한 번 바꾸어놓았다. 일본이 동남아시아에서 유럽의 식민지들을 정복한 사건은 특히 재앙과도 같은 결과를 초래했다. 이 전쟁의 패자들은 물론이고 최종 승자들도 막대한 손실을 입었다. 패전한 독일 제국은 그 후 민족국가로서 번창했다. 일본도 마찬가지였다. 프랑스와 영국을 비롯한 다른 식민 열강은 새로운 경제적·정치적 구도를 이용하여 자신의 제국을 되살리려 애썼으나 그들이 직면한 결과는 20세기 중엽의 봉기와 감당 못할 비용뿐이었다. 아프리카와 아시아의 사람들을 제국에 포섭하여 제국 시민들을 위해 일하게 만들려는 구상은 비용이 너무 많이 들었다. 유럽 국가들은 식민지를 대부분 포기한 뒤로는 국가연합을 결성하려 했고, 오늘날까지 주권에 관한 복잡한 교섭을 거듭하고 있다.

전후 세계 질서를 재편하는 과정에서 제국으로서 팽창한 전력이 있는 두 열강인 소련과 미국이 전면에 나섰다. 소련은 다양한 '민족성들'을 인정하는 전략과 일당(一黨) 국가를 결합하여, 내부에서는 다수의 민족 집단들을 공산주의라는 그물로 덮어씌우는 한편, 외부에서는 자본주의 제국에 맞서는 도전에 불을 붙였다. 미국은 프로테스탄트의 국가답게 형식에 구애받지 않고 로마를 연상시키는 방식으로 민주주의 이념을 퍼뜨리고자 분투했고, 시장 지배력과 군사력을 결합하여 자유무역 제국주의를 실행했다. 미국인들은 전 세계가 영어를 쓰고 미국식 정치 체제를 원하고 미국 문화를 사랑하기를 기대했지만, 승리를 거두는 듯한 바로 그 순간에, 특히 한때 로마, 비잔티움, 오스만이 통치했던 지역들에서 곤경에 빠졌다.

한편 중국은 청조 황제들이 확장한 국경에 근접하는 국경과 손상되지 않은 강한 관료 체제를 가지고 있다. 또한 중국은 막대한 인구를 동원하고, 엘리트를 엄격히 통제하고, 티베트인 및 무슬림 인구와 끊임없이 충돌하고, 자국의 기업가와 전문가, 노동자를 (전향시키지 않고도) 외국으로 파견하고, 세계 곳곳에서 핵심 자원을 장악하고 있다. 중국, 러시아, 미국은 스스로를 제국으로 여기지 않지만, 세 나라를 오늘날의 모습으로 만든 것은 제국적 경로였다.

따라서 우리는 제국, 제국들의 통치 레퍼토리, 제국들의 교차하는 궤도들에 초점을 맞춤으로써 관습적인 연대기와 범주를 수정할 수 있고, 세계사의 향방이 어떻게, 언제, 어디서 바뀌었는지를 더 선명하게 볼 수 있다. 야심만만한 지도자, 중개인, 약자 들은 초국적 자원을 장악한 열강과의 관계에서 자신의 위치를 정해야 했다. 제국들이 구축한 관계망은 대양 건너편으로 끌려온 사람들을 노예로 만들고, 정착민과 유랑민을 새로운 관계로 끌어들이고, 이산(離散)을 조장하고, 국제법에 지적 원천을 제공하고, 권력에 대한 도전을 유발했다.

우리가 살아가는 이 시대에 관한 물음들이 아직 남아 있다. 제국의 정상성은 종언을 고했는가? 동질한 공동체를 만들기 위해 폭력을 행사하는 민족국가만이 유일한 대안인가? 아니면 균질성이나 위계질서를 고집하지 않고 정치적 결사의 다양한 유형을 인정할 수 있는 다른 대안이 있는가? 제국들의 역사를 주의 깊게 읽는 가운데 우리는 폭력과 오만의 극단을 마주하기도 하지만, 주권의 공유, 중층적 주권, 주권의 변형이 가능하다는 것을 상기하기도 한다. 과거는 예정된 미래로 이어지는 단일한 경로가 아니다.

CHAPTER 2

로마와
중국의 제국 통치

기원전 3세기, 드넓은 유라시아의 동쪽과 서쪽 가장자리에서 두 제국이 형태를 갖추고 있었다. 로마와 중국은 결국 광대한 공간으로 뻗어나가서 서로 멀리 떨어진 주민들을 통합했고, 그들을 통치할 효과적인 방법을 창안했고, 오늘날까지 살아남은 통치 이념을 배양했다. 로마인과 중국인이 제국을 발명한 것은 아니었다. 일찍이 기원전 제3천년기부터 이집트인은 나일 강을 낀 제국들에서 살았다. 메소포타미아, 인도, 아프리카, 아시아에서도 수백 년간 제국들이 나타났다 사라지곤 했다. 로마인들이 작은 도시를 공화국으로 정돈하고 중국에서 전국(戰國)들이 치고받던 바로 그때, 알렉산드로스 대왕은 지중해 동부에서 중앙아시아와 인도 일대로 진격하며 여러 일족과 왕국을 정복하고 있었다. 그러나 알렉산드로스의 제국은 그의 육군에 의존했고 영광스러운 12년이 지난 뒤에 그의 죽음과 더불어 소멸한 반면, 로마와 중국은 거대한 영토를 수백 년 동안 어떻게든 통제했다. 두 제국이 세계의 정치사에서 그토록 오랫동안 그토록 강한 영향을 미칠 수 있었던 것은 무엇 때문이었을까?

한 가지 답변은 로마와 중국이 다종다양한 인구를 어떻게 통치하고 활용하느냐는 근본적인 문제에 대한 효과적인 해결책을 내놓았다는 것이다. 두 제국의 전략 중 일부는 서로 비슷했지만, 다른 일부는 통치 레퍼토리를 확연히 다르게 규정했다. 로마와 중국의 제국 건설자들은 서로 다른 경제적 가능성과 위험에 당면했고, 서로 다른 정치적 전례를 활용했으며, 서로 다른 방식으로 공간을 변형하고 정복했다. 이 장에서 우리는 두 제국의 행정제도, 정당화 전략, 외부인과의 관계를 강조할 것이다.

로마가 만든 세계

로마 시대 역사가들은 무엇이 로마를 그토록 강력하고 성공적인 제국으로 만들었는지를 무척이나 궁금해하며 자기네 과거를 되돌아보았다. 기원전 167년에 인질로 잡힌 뒤 로마에서 생활한 그리스인 학자 폴리비오스는 이런 문제를 설명하고자 했다. "로마의 정체가 어떤 종류였기에 거의 전 세계가 53년여 만에 로마의 권력에 종속되는, 전례가 없는 사태가 일어났는가."(《역사(Histories)》). 로마인들은 로마의 지중해 위치가 중요하다는 것을 인정했다. 지중해에 근접한 위치, 그리스와 북아프리카의 항구, 배후지와 로마를 연결하는 원활한 통신, 온화한 기후, 농업 잠재력 등도 로마의 지리적 이점이었다. 그러나 다른 공동체들도 이 공간을 차지하려고 이미 시도했거나 시도하던 중이었다. 유럽 대부분과 북아프리카 연안 전체, 중동의 고대 제국들의 땅을 통일하여 지중해 일대에서 단일한 정치체를 만들어낸 주역은 어째서 다른 도시국가가 아니라 로마였는가?

전쟁과 법 위에 건설한 공화정

대다수 제국처럼 로마도 처음에는 정복을 했다. 그러나 통제력을 유지하고 확대하는 과제는 폭력만이 아니라 인적·경제적 자원과 중앙 권력을 계속 연결하는 일에도 달린 문제였다. 창의적인 정치 조직에 힘입어 로마는 거대한 군대로 넓은 영역을 지키고, 제국의 중앙에 협력할 유인을 제공하고, 무용(武勇)으로 뒷받침되는 설득력 있는 문화, 규칙 기반 질서, 신이 승인한 권위, 시민적 삶의 덕목을 전파했다. 로마의 정치적·문화적 혁신(시민권, 법률, 한동안 지속된 공화정, 훗날 로마에 대한 기억)은 신구 엘리트층을 통치기구와 군대로 끌어들였다. 로마는 이전 제국들의 문화적 성취를 자기네 문명으로 흡수했고 지역의 여러 종교와 법률을 수용하는 한편, 로마 신들의 지배력을 확대했고 매력적인 로마 방식(도로, 건축, 글쓰기, 축제)을 제공했다. 로마인들은 이후 2000년간 제국의 건설자, 비판자, 옹호자가 의지할 제국의 어휘, 제도, 관행을 만들어 냈다.

로마를 제국으로 나아가게 한 전쟁과 정치적 진취성부터 살펴보자. 로마의 건국자들(정처 없이 헤매는 아이네아스가 이끈 트로이의 선원 겸 병사들)과 로마의 초대 왕 로물루스(강에 버려져 죽을 처지였으나 이리의 젖을 먹고 목숨을 건졌다)의 전설은 강인성, 용맹, 대담성, 충성, 격투 등을 덕목으로 찬미했다. 로물루스는 동생 레무스를 죽였다고 전해지며, 정치 엘리트층 내부의 분쟁은 로마의 삶에서 예삿일이 되었다.

기원전 500년 무렵 로마인들은 자기네 왕을 공화정으로 대체했다. 이는 매우 중요한 정치적 혁신이었다. 우리가 로마 제국이라고 알고 있는 광대한 영토의 대부분은 기원전 2세기부터 기원후 1세기 사이에 획득한 것이다. 거의 이 기간 내내 로마는 선출된 대표들이 통치했는데, 이 사실은 제국과 공화정 통치가 양립할 수 있음을 일깨워준다. 비상시에는 독재관들이 공화정을 이끌었지만, 아우구스투스가 황제 칭호를 받은 기원전 27년에 이르러서야 비로소 선출된 지도부가 한 사람의 종신 통치에 밀려났다.

알렉산드로스는 페르시아를 무찌른 뒤에 예전 제국의 자리를 차지했으나 로마인들은 그렇게 하지 않았다. 로마인들은 이탈리아 반도 안에서 부족과 도시, 왕국을 정복하고 통합하여 제국의 공간을 마련한 뒤에야 자신들의 핵심 지역 너머로 진출했다. 거의 패배할 뻔한 적도 있었지만 수백 년에 걸친 정복은 로마인들의 충성심을 고취했고, 제국의 제도와 정신 깊숙한 곳에 군사적 가치를 심어주었다.

로마인들이 처음 정복한 영토는 오늘날의 이탈리아 지역이었다. 척추처럼 뻗은 산맥과 곡물을 생산하는 평원, 항구 도시를 포함한 이곳의 풍경은 장차 부유해질 잠재력을 품고 있었다. 이 반도의 주민은 알프스 산맥을 넘어온 북부의 갈리아인, 서북부의 에트루리아인, 로마인과 사비니인, 삼니움인을 포함한 중부의 라틴인이었고, 부츠처럼 생긴 반도의 남부와 시칠리아 섬, 사르데냐 섬, 코르시카 섬에 그리스인과 카르타고인의 식민지가 있었다.

기원전 4세기에 로마인은 세련된 에트루리아인, 약탈을 일삼는 갈리아인과 싸웠다. 로마 역사가 리비우스에 따르면, 에트루리아인(로마인이 자신들보다 교양 있다고 여긴 집단)에게 승리를 거둔 뒤 로마인은 자기네 도시를 떠나 에트루리아인의 옛 수도 베이이를 새로운 고국으로 삼을 계획이었다. 그러나 기원전 387년에 갈리아인이 로마를 대부분 불태웠을 때, 군사 지도자 카밀루스는 로마의 신들이 자리 잡은 이 도시에 머물러 '야만스러운' 적에게 우리가 후퇴한다는 인상을 주지 말자고 설득했다. 도시가 파괴된 사건이 고국에 충성하자는 호소를 낳았다.

장악하는 지역과 사람이 늘어남에 따라, 로마인들은 제국의 수도와 먼 지역들을 통치하는 과제에 맞추어 제도를 조정했다. 정치 지도자 겸 군사 지도자인 왕은 두 곳에 동시에 있을 수 없었다. 그 대신 로마인들은 집정관(콘술)을 2명 임명했는데, 최고위 정무관(magistrate)이기도 했던 두 집정관은 각자 선출되어 1년 동안 재직했다. 정무관의 권위의 원천은 로마의 군인-시민의 선출이었다. 시민들의 조직을 결성하여 그 조직의 결정을 법의 원천으로 정함으로써, 로마인들은 주권을 왕이나 천상의 수중에서 빼내 자기들 안에 두었다.

왕정에서 공화정으로 급격히 전환한 로마는 1인 통치로 되돌아가는 사태를 막기 위한 조치를 강구했다. 공화정에서 개인의 권위는 정무관 임기의 엄격한 제한과 민회의 선거권, 원로원(현직이나 전직 정무관, 기타 고위직들로 이루어진 기관)의 제약을 받았다. 이런 제도의 밑바탕을 이루고 힘을 부여한 것은, 규칙을 정하고 시행하고 변경하는 법적 절차에 순종할 의무였다. 역사가 리비우스는 로마를 가리켜 "매년 선출되는 국가의 관리들이 다스리고 개개인의 변덕이 아닌 법의 최우선 권위에 복종하는 자유로운 국가"라고 말했다《로마사(History of Rome)》).

이 법은 어디서 생겨났을까? 로마사 후기의 공화정 내내 법의 원천은 실제로나 원리적으로나 로마의 인민이었다. 집정관을 포함하는 정무관들이 구속력 있는 명령을 내리고 사법 문제를 결정하는 능력에 힘입어 입법자 역할을 맡기는 했지만, 정무관의 제의를 법률로 정하려면 시민들로 이루어진 민회의 승인을 반드시 받아야 했다. 민회는 형사 재판을 집행할 수도 있었다. 로마에서 법적 권위와 절차에 순종할 의무는 지위, 재산, 군대 계급의 위계구조와 양립 가능했다. 노예와 여성은 시민이 아니었기에 로마 주권의 참여자가 아니었다. 특정한 범주에 속하는 사람들만이 투표할 수 있었으며, 모든 시민이 정무관과 집정관으로 선출될 수 있는 것은 아니었다. 공화정 로마는 손꼽히는 부유한 가문들의 권력을 깨

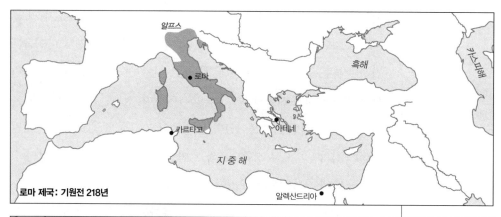

알프스
로마
카르타고
아테네
흑해
카스피해
지중해
알렉산드리아

로마 제국: 기원전 218년

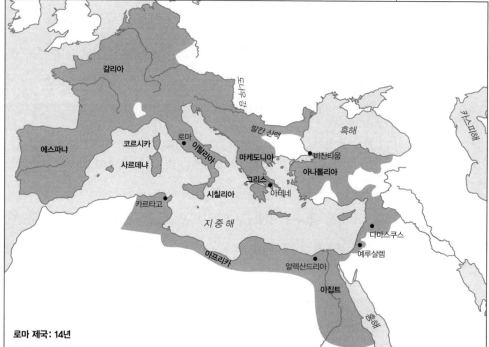

갈리아
도나우 강
에스파냐
코르시카
사르데냐
로마
이탈리아
발칸 산맥
흑해
카스피해
마케도니아
비잔티움
아나톨리아
그리스
아테네
시칠리아
카르타고
지중해
다마스쿠스
에루살렘
아프리카
알렉산드리아
아집트
홍해

로마 제국: 14년

지도 2.1
로마의 팽창과 수축

부수지 않았고, 제도화된 절차를 통해 그들의 경쟁을 억제하고 이용했다. 정무관은 군대 단위를 기반으로 하는 민회에 의해 선출되었고, 부유한 납세자는 선거에서 더 많은 영향력을 행사했다.

로마 공화정은 위계구조를 존중하는 태도, 재능에 대한 개방성, 인민

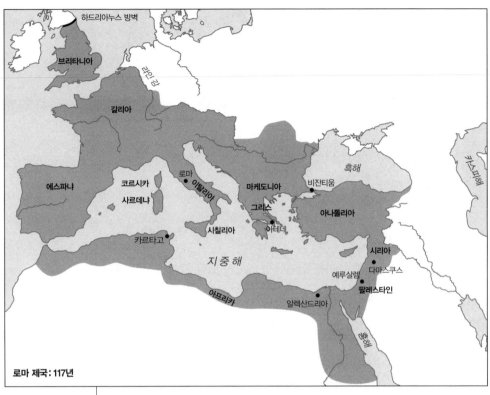

하드리아누스 방벽

브리타니아

라인 강

갈리아

에스파냐

코르시카

사르데냐

로마
이탈리아

흑해

비잔티움

마케도니아

그리스

아나톨리아

아테네

시칠리아

카르타고

지중해

시리아

다마스쿠스

예루살렘

팔레스타인

아프리카

알렉산드리아

카스피해

홍해

로마 제국: 117년

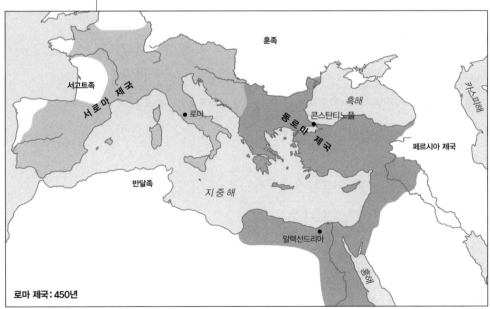

훈족

서고트족

서 로 마 제 국

로마

흑해

콘스탄티노플

동 로 마 제 국

페르시아 제국

반달족

지중해

알렉산드리아

카스피해

홍해

로마 제국: 450년

주권 원리를 결합해냈다. 기존의 재력가나 명문가의 일원, 공직자뿐 아니라 야망을 품은 신참자—대개 군사 영웅이었다—도 공화정의 여러 제도를 이용하여 자신에게 유리한 정책을 구상할 여지가 있었다. 인민과 그들이 선출한 대표들이 법을 제정한다는 일반적인 원리는 한편으로는 로마인들을 고무했으나 다른 한편으로는 누군가에 의해 조종될 수도 있었으며, 어쩌면 두 측면이 다 있었기 때문에 이 원리가 지금까지 살아남은 것인지도 모른다.

제국을 위한 제도

'임페리얼(imperial)'이라는 단어에는 역사가 있다. 로마에서 임페리움(imperium)은 본래 처형이나 매질을 명하고, 시민을 징집하고, 군사 작전 중인 군대를 지휘하는 왕의 권한을 뜻했다. 공화정 치하에서 이 권한은 집정관에게 넘어갔는데, 이는 로마의 통치에서 군사적 사안과 민간적 사안이 밀접히 연관되었음을 보여준다. 공화정에서 임페리움은 사형을 선고하거나 싸움을 명하는 권한을 뜻했다. 개인의 권한을 강박적으로 제한한 공화정에서 임페리움은 절대적 권한이 아니었다. 군대의 최고 지휘관인 집정관의 권리는 로마 외부에서만 존재하는 것이었다. 시간이 흐름에 따라 로마 시민은 체형(體刑)이나 사형을 선고받지 않을 권리를 획득했다. 로마인들은 임페리움을 행사하는 데 그치지 않았다. 그들은 이 권한의 의미를 생각했고, 이 권한의 밑바탕을 이루는 개념들을 분석했으며 이 권한의 행사를 정당화하고 변경했다.

제국 건설은 중대한 변화를 불러왔다. 기원전 241년, 집정관들이 이웃들에 맞서 군대를 이끌던 때에 새로 얻은 지역까지 군사적·법적 명령권을 확대하고 로마인과 피정복민 간의 법적 문제를 처리하기 위해 법무관(프라이토르) 직책이 고안되었다. 훗날 이탈리아를 넘어 멀리까지 통제력을 확대하면서, 로마는 법무관을 병력과 함께 파견하여 고분 고분하지 않은 지역을 관할했다. 공화정 초기에 시민들은 군대 단위인 백인대(百人隊)를 기반으로 하는 민회와 로마의 트리부스 구성원 자격을 기반으로 하는 민회에서 투표를 했다. 제국이 성장함에 따라 트리부스 인민회(Comitia Populi Tributa, 로마 시민들이 소속된 35개 트리부스 단위 민회—옮긴이)는 인민 권력의 중심이 되어갔다. 이 민회는 트리부누스라 불린 관리들을 선출하고 재판을 집행했으며, 평민(pleb)이 관련된 경우 정무관과 중재할 권한이 있었다. 인민주권 제도가 점차 변화함에 따라, 로마의 경제적 기반 팽창으로 이익을 얻은 구귀족(patrician) 가문들과 신흥 가문들은 정치적 목소리를 내고 '훌륭한 이들'로 이루어진 계층인 귀족(nobilitas)으로 융합할 수 있었다. 트리부스 인민회는 공화정에 속하지 않은 외부인들을 통합하기 위해 이용할 수 있는 제도를 제공하기도 했다.

로마인들이 이루어낸 통치의 혁신은 오늘날의 정치 어휘에도 반영되어 있다. patrician(구귀족), plebeian(평민), noble(귀족) 같은 개념은 지위에 관한 우리의 사고방식을 설정한다. senate(로마: 원로원/현대: 상원, 평의원회—옮긴이)와 committee(로마: 민회/현대: 위원회—옮긴이)도 여전히 쓰인다. 여러 나라에서 magistrate(로마: 정무관/현대: 행정장관, 지사, 치안판사—옮긴이)는 법적 기능을 수행하고, tribunal은 법정을 가리킨다. consul(로마: 집정관/현대: 영사—옮긴이)은 외교를 담당한다. 이는 로마가 모든 시대와 모든 장소에 필요한 제도를 수립했다는 것이 아니라, 정치적 형태와 이념—맥락에 따라 모방되고 변형되고 재해석되는—에 기나긴 궤도가 있음을 시사한다.

로마인들은 수도 외부를 다스리기 위해 훗날 제국 건설자들의 통치술이 될 전략들을 개발했다. 그중 하나는 로마인의 권리가 미치는 영역을 넓히는 것이었다. 이를테면 이탈리아에서 근접한 읍들은 하나로 통합되었으며, 자유인 남성은 로마 시민이 되었고 엘리트는 로마 귀족이 될 수 있었다. 로마 너머로 시민권을 확대한 것은 매우 중요한 혁신이었지만, 초기에는 라틴계의 핵심 지역 안에서도 도시들과 그 주민들에게 서로 다른 권리를 주었다. 어떤 경우에는 주민들에게 로마 시민처럼 군인으로 복무할 것을 요구하면서도 정치적 목소리를 내는 것은 허용하지 않았다. 로마인들은 이탈리아 내부에서 더 멀리 떨어진 비(非)라틴인 지역들을 정복함에 따라, 재정과 군사는 로마에 종속시키는 대신 이들 지역에 일정한 자치권을 허용했다.

로마인들은 그들이 식민지라고 부른 것을 건설함으로써 영역을 넓히기도 했다. 로마의 적이었던 카르타고 같은 지중해의 다른 강국들은 자기네 발생지에서 먼 지역에 사람들을 정착시켰다. 로마인들은 이 제국적 관행을 비틀어 저마다 고유한 시민권 제도와 군사적 기능을 가진 식민지들을 수립했다. 시민권은 식민지에서 대체 가능했다. 다시 말해 로마를 비롯한 라틴 도시들에서 보낸 이주자들은 로마에서 보유했던 권리를 포기하고 새로운 식민지의 시민이 되었다. 일반적으로 식민지는 방어가 필요한 지역에 세워졌다. 군인 겸 경작자 개개인과 그들의 가족에게 식민지에 배치되는 것은 기회(로마보다 훨씬 작은 도시에서 더 중요한 사람이 될 기회)이자 손해(로마를 떠나 변경의 전초기지로 가는 것)였다. 식민지 건설을 위해 파견된 사람들은 로마식 언어와 기대치, 경험도 함께 가져갔다.

이탈리아를 완전히 정복할 때까지 로마인들이 토지와 주민을 제국에 덧붙이는 방식은 세 가지였다. ① 병합, 제한된 시민권, 궁극적으로는 주변 라틴인들과의 동화, ② 일부 비라틴 도시와 부족의 제한된 자치, ③ 변경 지역으로 이주시킨 라틴인들의 식민지.

후대의 제국들은 팽창하고 통치하기 위해 이 전략들을 사용했다. 그렇지만 로마의 미래에 특히 중요했던 점은 비로마인들이 로마 시민권을 바라게 되었다는 사실, 동맹 도시나 식민지의 자치권보다 로마 시민권을 선호했다는 사실이었다. 기원전 91년부터 88년까지 로마의 이탈리아 동맹들은 자신들이 로마인의 권리를 완전히 갖지 못했다는 이유로 반란을 일으켰고, 완전한 권리를 얻기 위해 싸웠다. 격렬한 논쟁을 거친 뒤에 원로원은 모든 라틴인에게 시민권을 부여한다는 중대한 결정을 내렸다. 시민권 확대는 봉직에 주는 보상이자 로마에 충성하는 영역을 넓히는 수단이 되었다. 훗날 로마 외부 출신 병사는 군대에 25년간 복무하면 시민권을 얻을 수 있었다. 승리를 거둔 장군은 로마에서 먼 지역 출신인 개인들에게 시민권을 부여했다.

라틴인들이 로마 시민권을 끈질기게 요구하기 시작한 것은 로마가 이탈리아 반도 너머로 권력을 넓히면서 대성공을 거둔 뒤의 일이었다. 시칠리아의 식민지와 북아프리카 연안의 수도(오늘날의 튀니지)를 가진 강력한 맞수였던 카르타고인들을 물리치기 위해 로마인들은 바다에서 싸우는 법을 배웠다. 카르타고와의 첫 번째 전쟁(기원전 264~241년)에서 로마인들은 해전에서 여러 차례 패하면서도 결국에는 승리하여 시칠리아와 사르데냐, 코르시카를 점령했다. 기원전 202년까지 로마는 카르타고를 무찌르고 아프리카와 에스파냐에서 그들의 식민지들을 차지했다. 곧이어 로마는 동쪽으로 나아가며 마케도니아, 그리스, 아나톨리아를 정복했고, 1세기에 북서쪽으로 향하여 갈리아와 브리타니아 대부분을 정복했다. 3세기 만에 로마인들은 지중해 전역과 유럽과 근동의 배후지들로 제국을 드넓게 펼쳤다.

해외로 진출하게 되자 로마인들은 다른 제도를 창안했다. 군 지휘관이 정무관의 권한을 가지고서 속주를 통치하는 제도였다. 그런 법무관은 기원전 227년부터 146년까지 사르데냐, 시칠리아, 에스파냐, 아프리카(카르타고 주변 지역)와 마케도니아에 임명되었다. 로마의 행정체제는 '관료제 없는 통치'라고 불려왔다. 거의 모든 속주에서 권한은 단 한 명의 권위자(법무관이나 집정관)의 수중에 있었고, 그의 곁에는 친구나 가족, 그와 사적으로 연줄이 있는 사람들로 이루어진 소수의 보좌관들, 소수의 하급 관리들과 노예들이 있었다.

로마가 생각한 통치는 주로 조세(현금이나 현물)를 징수하고 병사를 동원하고 하부구조(도로와 수로)를 유지하여 제국을 결속하는 것이었다. 해외 지역에서는 로마가 단호하게 규정한 군사와 시민권의 결합 형태가 바뀌었다. 이탈리아 밖에서 총독들의 과제는 로마군을 위해 쓰일 조세를 징수하는 것이지 군인 겸 시민을 모집하는 것이 아니었다. 속주에서는 지역의 관행이 대부분 그대로 유지되었지만, 속주 엘리트들은 탐나는 특권인 로마 시민권을 부여받을 수 있었다. 이처럼 행정에 최소한으로 접근하는 방식은 로마인과 비로마인을 근본적으로 구별하도록 조장했다. 예컨대 정치적·문화적 관행을 공유한 엘리트들은 로마에 동화된 반면, 비로마인들은 저마다 제도와 생활방식이 달랐다.

로마인들은 이 구별을 법으로 표현하는 방법을 찾아냈다. 로마 외부 지역에서 로마인들은 로마 내부에서와 마찬가지로 로마법에 따라 법적 사건을 판결받을 수 있었다. 비로마인들은 일반적인 사건에 연관된 경우 대부분 자기네 당국과 상의할 수 있었다. 오늘날이라면 법 다원주의라 불릴 관행이었다. 그런데 로마인과 비로마인 사이에 사업상 문제가 발생한다면 어떻게 해결해야 할까? 이 문제를 해결하기 위해 로마인들은 민족마다 다른 복수의 민법과 모든 민족의 법(단일한 일련의 규칙들)을 구별하는 이론을 내놓았다. 후자의 법은 법무관을 통해 로마 제국의 외국인에게 적용되거나, 로마인과 비로마인의 분쟁에 적용되었다.

로마인에게 제국의 팽창은 병사에게는 약탈로 보상하고 지휘관에게는 노예와 영광, 더 많은 약탈로 보상함으로써 동기를 만들어내는 일이었다. 로마에 복속된 지방에서 총독과 그의 몇 안 되는 수하들은 현금이나 현물, 병사 형태로 조세를 징수하기 위해 지역 지도자들에게 의존해야 했다. 지역 엘리트층과의 공조—식민화와 노예화 같은—는 주민들을 새로운 관계망으로 끌어들였고, 로마인들의 장기였던 통합 활동을 위한 문화적 공간을 서서히 만들어냈다.

황제를 낳는 제국

기원전 2세기 무렵부터 제국 통치라는 과제가 공화정의 최소주의적 제도를 압도하기 시작했다. 로마의 사법기구는 특히 제국이 크게 팽창하면서 생겨난 부패 혐의에 대처할 만한 방안을 내놓지 못했다. 로마인들이 공화정의 규칙을 적용하는 영역을 확대함에 따라 장군들은 특별 권한과 더 많은 자원을 허락받았고, 지휘 기간을 늘렸으며, 때로는 수도의 통제에서 벗어났다.

공화정 로마에서 권력 투쟁은 기원전 133년 호민관 티베리우스 그라쿠스가 원로원 의원들에게 살해당한 사건을 기점으로 격화되었다. 정치적 명령권과 군사적 명령권의 단단한 결합에 힘입어 크게 팽창한 공화정은 경쟁하는 지도자들 간의 싸움에 취약해졌다. 유서 깊은 일부 원로원 가문들은 집정관 개개인의 야심에 맞서 공화정의 제도를 지키려 했다. 정복을 통해 제국의 영역을 넓히고 경쟁자들과의 전투에서 승리한 율리우스 카이사르는 스스로 왕이 되고자 한다는 혐의를 받았다. 카이사르는 과거 로마의 왕처럼 차려입었고, 관직과 권력을 축적했고, 자신을 숭배하는 신전의 개관을 허용했고, 후계자 옥타비아누스를 양자로 삼았다. 이 모든 일은 카이사르가 제국을 자기 소유물로 여기고서 통치하고 세습하려 한다는 의중을 알리는 신호였다. 기원전 44년, 원로원 의원들은 카이사르가 '종신 독재관'이라는 불길한 새 관직을 차지한 직후에 그를 암살했다.

어렵사리 로마의 첫 황제가 된 인물, 모든 것을 아우르는 우월한 법적 권위를 평생 소유한 인물은 카이사르의 양자 옥타비아누스였다. 카이사르가 죽자 옥타비아누스는 자신의 칭호에서 양자가 되기 전의 이름인 '가이우스 옥타비우스'를 빼고 군사 계급인 '임페라토르'를 집어넣고 신격화된 아버지를 연상시키는 표현을 추가하여, 권한을 부여하는 새로운 정체성인 '임페라토르 카이사르 디비 필리우스'(Imperator Caesar Divi Filius, '신군 카이사르의 아들 임페라토르'라는 뜻 ─옮긴이)라는 칭호를 만들어냈다. 기원전 27년에 원로원은 일련의 새로운 권한과 함께 '아우구스투스(Augustus)'라는 또 다른 칭호를 부여했다. 이는 본래 신들을 가리키는 칭호로서 '증대'하는 능력, 무언가를 더 좋게 만드는 능력을 암시하는 존칭이었다. 옥타비아누스는 제1시민을 뜻하는 프린켑스(princeps)가 되었고, 공화정은 로마인들이 '원수정(principate)'이라 부르게 된 것으로 대체되었다. 원수정은 단일 지도자에게 권한을 부여하는 통치 유형이었다.

공화정이 500여 년에 걸친 진보의 산물인 것과 마찬가지로, 원수정 역시 시간이 흐름에 따라 진화했다. 아우구스투스는 황제로서 41년을 살았고, 이 의학적 행운은 원수정을 강화하는 데 도움이 되었다. 양자 티베리우스는 14년에 아우구스투스를 계승했다. 비교적 평온하고 번영한 이 시기 동안 통치 제도, 전쟁, 재정, 문화는 황제의 우월한 권력과 거대한 정치체를 통치하는 데 필요한 조건에 맞추어 조정되었다. 공화정을 괴롭힌 폭력적 분쟁과 전쟁을 겪은 뒤, 로마인들은 질서라는 전망에 이끌렸다. 그들은 오래된 제도를 한층 중앙집중화된 권력 형태로 전환하는 데 동의하는 것으로 보였다. 아우구스투스 시대에 황제는 '어떤 속주를 통치하는 사람의 권한보다 우월한 권한'을 뜻하는 최고 임페리움 (imperium maius)을 보유했다. 황제란 모든 통치자들의 통치자라는 이 생각은 아시리아에 존재했고 성서에 나오는 왕 중의 왕을 채택한 것으로, 그 이후 수 세기 동안 살아남았다.

아우구스투스는 모든 공무(公務)의 최종 결정권을 가졌고, 어떤 로마 시민의 소송이든 중단할 수 있었으며, 법률을 로마인들의 표결에 부칠 수 있었다. 공화정의 주권이 더욱 침식된 상황에서 아우구스투스의 후계자 티베리우스는 민회의 선출권을 원로원에 넘겨주었다. 황제는 전쟁을 일으킬 수도 화해할 수도 있었다. 황제는 로마의 원로원과 행정기관의 수장이었으며, 어떤 법의 구속도 받지 않았다. 이 같은 권한은 14년에 황제에게 공식적으로 부여되었다. 로마인들은 법적 절차를 따라 최고 통치자에게 권한을 이양하는 결정적인 걸음을 내딛었다. 이런 공화주의적 제국의 가능성은, 국가긴급권 개념과 마찬가지로, 20세기에 접어들 때까지 기억되고 두려움의 대상이 되고 거듭 등장할 터였다.

아우구스투스는 약탈, 선물, 조세, 그리고 사유지와 황제령 속주에서 얻은 수입을 통해 막대한 부를 축적했다. 황제는 이 어마어마한 부에 힘입어 곤경에 빠진 로마의 국고를 자기 재산으로 구제할 수 있었다. 황제 소유인 거대한 땅은 파트리모니움(patrimonium)이라 불렸다. 물론 이 개념과 아버지(pater)의 연관성은 우연이 아니었다. 이 연관성은 황제가 가족의 우두머리이자 모든 로마인의 아버지 — 전설 속의 아이네아스처럼 — 임을 보여주었을 뿐 아니라, 로마 정치체에서 다른 아버지들도 중요하다는 것을 의미했다. 앞으로 우리는 제국, 아버지, 가족의 연관성 — 로마를 되돌아본 사회과학자들이 가산제(patrimonialism)라고 명명한 — 을 다시 마주할 것이다.

황제의 자원과 로마 국가의 자원을 구별하는 절대적인 기준은 없었다.

아우구스투스 후계자들의 치세에 피스쿠스(fiscus, '돈자루'라는 뜻)라 불린 관직은 황제의 사유지와 황제가 직접 통치하는 속령들을 관리했다. 초기에는 이런 지역들에서 조세를 징수한 사람들이 대부분 노예나 새로운 자유인이었다. 그렇지만 시간이 흐르면서 귀족들이 황제의 개인 보좌관이 되기 시작했으며, 그 결과 원로원에서 정무관의 권한이 더욱 약해졌고 황제의 궁정에서 복무하는 것이 한층 중요해졌다.

언제나 양날의 검이었던 군대는 황제 권한의 또 다른 중심이었다. 아우구스투스는 시민권과 군 복무 ― 상비 육군은 대부분 시민들로

도판 2.1
로마 황제 카이사르 아우구스투스(기원전 27년~기원후 14년), 기원전 30년의 조각상.

이루어졌다―를 줄곧 연결지었지만, 병력은 장군들과 함께 접경 지대로 이동시켰다. 황제는 새로운 엘리트 군단인 근위군(Praetorian guard)의 보호를 받았다. 아우구스투스는 상비 해군도 창설했다. 자기 개인의 통제력을 강화하기 위해 아우구스투스는 원로원의 특권과 인민의 투표를 우회하여, 정무관으로 선출되지 않은 기사(騎士) 계층을 군대와 속령의 고위직에 임명했다.

이런 조치는 오랫동안 의도하지 않은 결과를 낳았다. 로마 군단이 접경 지대로 옮겨가면서 한동안 수도에서는 폭력이 줄었을 뿐 아니라 제국의 변방으로 로마의 방식이 퍼져나갔다. 근위군은 황제 자리를 차지하

기 위해 경쟁하며 교대로 권모술수를 부릴 수도 있었다. 기사를 비롯한 계층들을 조종함으로써 황제는 사회의 위계질서를 지킬 수 있었지만, 동시에 새로운 부류를 제국의 엘리트층에 끌어들이기도 했다. 원칙상 황제는 단독 종신 군 사령관으로서 전군을 통솔했지만, 이 원칙은 빈번히 뒤집혔다.

아우구스투스 시대까지는 황제의 아들이나 양자가 황위를 계승할 것으로 기대되었다. 그러나 이것은 기대로 끝나기도 했는데, 아들들이 서로 싸웠고 무용이 여전히 핵심 가치였기 때문이다. 이론상 원로원은 황제를 임명했다. 그러나 실제로는 원로원 전체 또는 일부 의원들이 황제를 살해하기도 했다. 근위군 또한 황제를 살해하고 새 황제를 선포했다. 로마인들이 경제적 어려움과 내분을 겪었던 3세기에는 누가 황제가 될 것인지를 둘러싼 권력 투쟁이 군사적 성공에 따라 판가름 났다. 속주 출신인 야심만만한 군인들을 제국군과 고결한 계층에 받아들인다는 것은 로마 외부인들(셉티미우스 세베루스 같은)이 황제가 될 수 있음을 뜻했다. 체제의 개방성, 다수의 합법화 제도, 군사적 영광을 중시하는 풍조, 이것들이 황제 시해를 초래한 원인이었다. 이로 인해 235년부터 285년까지 26명이 로마 황제가 되었고, 이 가운데 단 한 명만이 황위에서 자연사했다.

제국의 경제

누가 황제가 될 것인지를 두고 빈번히 일어났던 추악한 유혈 투쟁은 제국을 결속하거나 제국의 운명을 결정한 것이 황제 개개인이 아니었음을 분명하게 알려준다(알렉산드로스 대왕의 경우와 달리). 오히려 신민들의 충성을 이끌어내고 강요한 요인들은 규모가 크고 분화된 생산적 경제, 광범한 물질적·인적 연계망, 성공적인 이데올로기 확산이었다.

로마의 경제는 용의주도한 체제가 아니라 관행들이 마구 뒤섞인 상태였다. 기계 생산이 도래하기 이전의 다른 정주 사회들과 마찬가지로, 로마의 부는 농업, 귀금속과 천연자원, 이런 재화를 다루고 수송하고 교환하는 능력에 달려 있었다. 작은 농장과 큰 사유지 둘 다 토지와 노예, 자유인 노동자, 가족에게 세습 권위를 행사하는 남자들이 운영했다. 새로운 영토를 추가하면 새로운 자원을 과세하거나 분배하거나 둘 다 할 수 있었다. 피정복민 일부에게 로마인에게 패한다는 것은 노예가 된다는 것을 뜻한 반면, 승리자 일부에게 더 많은 노예는 사유지를 경작하고 관리하는 역량이 강화된다는 것을 뜻했다. 멀리 떨어진 속주의 토지를 할당받은 원로원 의원들은 그곳과 로마의 상업적 연계를 유지하는 일에 이해관계를 갖게 되었다.

과세는 체제 전체를 운용하는 데 핵심 요소였다. 로마인들은 토지, 사람, 상속, 노예 소유, 수입품, 수출품에 세금을 매겼다. 로마가 인구조사를 실시한 목적도 징세였다. 징세는 때로는 관리가, 때로는 징세 도급인(계약을 맺고서 한 지역에서 세금을 징수한 개인)이 맡았다. 로마—그리고 앞으로 보겠지만 중국—는 2000년도 더 전에 세금을 계산하고 부과하고 징수하고 분배하는 메커니즘을 고안해냈다.

군대와 로마 시를 먹이는 것은 대규모 작전이었다. 2세기에 무장한 남자의 수는 약 40만 명까지 늘었다. 어느 이집트 사료에 따르면 병사 한 명의 하루 배급량은 대략 빵 2파운드, 고기 1.5파운드, 포도주 1쿼트, 기름 반 컵이었다. 그리고 로마가 있었다. 로마 시를 먹이는 데만 1년에 밀 20만 톤이 필요했다. 아우구스투스 시대에 로마 시의 인구는 약 100만 명이었다. 당시 로마는 세계에서 인구가 가장 많은 도시로서, 중국의 수도 장안(로마인들에게는 알려지지 않았던 도시)보다도 조금 많았다. 로마 주민의 4분의 1은 시민이고 나머지는 피부양자, 노예, 외국인이었을 것이다.

기능 면에서 로마 제국은 평화와 안보, 정치적 통일을 통해 조성된 거대한 경제적 공간이었다. 전체는 부분들의 안녕에 필수적이었다. 아프리카, 시칠리아, 사르데냐, 이집트는 로마에 곡물을 공급했다. 갈리아, 도나우 강, 발칸은 군대를 먹여살렸다. 이탈리아, 에스파냐, 갈리아 남부, 아나톨리아—모두 상업에 적극적인 지역—는 현금으로 세금을 냈고, 이 세금은 병사와 관료의 월급으로 쓰였다(지도 2.1 참조). 로마의 체제를 유지한 이들로는 제국의 관리들만이 아니라, 바다와 육지를 가로질러 구매자나 공식 공급자에게 생산품(식량, 사치품, 중요한 재료, 무기)을 수송해준 상인, 선장, 조달업자 들도 있었다.

　　크고 통합된 경제적 공간은 사람들이 살아가는 방식에 큰 영향을 미쳤다. 지역 엘리트층은 제국의 곡물을 대부분 생산하는 노예 농장을 운영했고, 제국과의 연계를 이용하여 재산을 모았다. 벽지와 미천한 사람들도 로마 통치 이전에 비해 한결 생활하기가 편안해졌다. 올리브 기름과 포도주는 배에 실려 지중해 일대로 수송되어 후대의 터키·그리스·이탈리아·프랑스·에스파냐 요리법에 영향을 미쳤다. 농민들은 기와지붕—초가지붕보다 방수가 잘되고 화재에 덜 취약했다—을 덮은 집에서 살았고, 평범한 가정도 품질 좋은 도자기를 사용했다. 빈민들은 현대의 기준으로 보면 영양이 부족했지만, 전반적으로 보아 굶주리는 경우는 드물었다. 로마 당국은 비상시에 대비하여 곡물을 비축해두었다.

　　3세기에 빈번했던 살인에 의한 황제 교체, 다양한 외부 적들(고트족을 비롯한 '야만' 부족들, 해적, 페르시아 제국)의 습격, 인플레이션이 일어나서 병사들의 급료가 줄어드는 상황 등이 로마의 안보를 위협했다. 로마의 주변부는 부족들의 습격을 받아 줄어들었는데, 그들은 로마의 방식을 속속들이 알고 있었고, 포위당한 주민들에게 '보호비'를 요구했다. 그러나 공화정 후기와 원수정의 첫 두 세기 동안 단단히 세운 골조에서 나사가 빠져 제국 체제가 흔들리기까지는 수백 년의 세월이 더 걸렸다.

매혹적인 문화

로마 제국은 수도 안팎에서 사회적 지위가 높은 사람들에게 로마의 신성한 기원, 지상에서 이룩한 장대한 위업, 우월한 생활방식을 찬양하는 문명에 참여할 기회를 제공했다. 수백 년 동안 로마 제국은 과거의 문화들을 로마의 방식으로 흡수하고 통합할 수 있었다.

도시는 물론 로마의 발명품이 아니었지만, 로마인들은 도시를 변형했고, 환경에 맞추어 바꿀 수 있는 도시 모델을 제국 전역으로 퍼뜨렸다. 교차로, 공공 시설을 갖춘 직사각형 도시 계획은 그리스인들의 전공이었다. 로마인들은 이탈리아 남부에서 그리스의 도시를 본떠 거점 도시들을 만들었고, 여기에 개선문 같은 새로운 특징을 더했다. 엄청난 양의 대리석이 로마의 건축물을 위해 조각되었다. 로마인들은 콘크리트를 이용하여 궁륭(穹窿)과 돔을 건축하고 정교하게 장식했다. 로마가 개선한 것으로는 상수도와 하수도, 공중목욕탕, 체육시설, 그리스의 모델을 받아들여 더 많은 인원을 수용할 수 있도록 바꾼, 시민들에게 구경거리를 제공한 원형경기장 등이 있었다. 주민 2만 명을 위해 커다란 목욕탕 5개를 갖추었던 도시 폼페이는 79년에 베수비우스 화산이 폭발하는 바람에 화산재에 묻혀버렸다.

법은 이런 로마 문명의 일부로서 통치의 수단이자 사회질서의 버팀목이었다. 거의 제국의 역사 내내 법은 균일한 방식으로 기록되지 않았다. 6세기에 이르러서야 동로마 제국의 수도 콘스탄티노플(제3장 참조)에서 유스티니아누스 황제가 단일한 법전을 편찬했다. 공화정 시대 이래로 로마법에서 로마적인 것이 무엇이고 어떤 역사적 판례가 강력한 판례가 되었느냐는 물음은, 법을 제정하는 방식 자체가 줄곧 적법한 정치적 관심사였던 정치체에서 전문직이 해석할 문제였다. 법령을 공포한 통치자는 로마 이전에도 있었다. 일례로 기원전 1792년부터 1750년까지 통치한 바빌로니아 왕 함무라비는 돌에 새긴 법전을 가지고 있었다. 그리스인들은 국가와 좋은 것에 관한 법률과 이론을 가지고 있었지만, 법 전문직을 만들지는 않았다. 공화정이 공간과 제도를 가장 공격적으로 확대한 기원전 2세기 중엽부터 로마에서는 법학자들이 등장하여 법률 문서를 작성하고, 정무관과 소송 당사자, 재판관에게 조언을 하고, 학생에게 학식을 전해주었다.

걸출한 로마인들은 법이 이성을 토대로 만들어졌고, 따라서 추론하는 존재인 인간은 법에 참여하고 법을 따라야 한다고 주장했다. 로마인들은 법이 특수한 국가의 규범들로 표현된다는 실용적인 주장을 폈다. 침략이나 협정 위반에 대응하는 방책으로서 전쟁을 정당화할 때, 로마의 집정관들과 황제들은 국가 간 행동에도 적용되는 규범이 있다고 상정했다. 법은 보편적으로 타당해질 수 있는 잠재력을 지닌 것이었다. 키케로는 이렇게 역설했다. "적국에게 맹세한 것은 반드시 지켜야 하지만, 적법하지 않은 (……) 전 세계의 공동 적인 해적에게 약속한 몸값은 지불하지 않아도 된다. 해적을 상대할 때는 신뢰나 맹세의 공동 토대가 없다."《의무론(De Officiis)》, Book III, Ch. XXIX, 107−옮긴이)

제국의 엘리트층에게 로마법의 선진 규범을 적용받는 것은 로마 법정에서 재판받을 권리와 마찬가지로 시민권이 가지는 매력의 하나였다. 제국의 여러 지역에서 평민들은 로마법의 규범을 적어도 일부는 알고 있었지만, 그들이 고소를 해서 정식 판결을 받을 확률은 유력자들에 비해 현저히 낮았다.

제국의 공적 생활을 형성한 것은 학식과 예술이었다. 황제들은 로마에 호화로운 건축물을 아낌없이 지었고, 지역 엘리트층은 제국의 도시에서 서로 경합하며 시민적 예술과 건축을 전시했다. 로마인들이 과거의 문명들에 찬탄했다는 것은 그리스인, 페르시아인, 이집트인의 문화적 성취를 모방하고 통합하고 자신의 기반으로 삼을 수 있었다는 뜻이다. 제국 전역에서 온 학자, 예술가, 과학자는 로마 문화 내부에 자리를 잡고서 자신의 흔적을 남겼다.

로마 팽창기에 학문과 창조력의 언어는 본래 그리스어였다. 라틴어가 수사학의 영역을 훌쩍 넘어 시와 사랑, 성(性)의 언어가 되었지만, 로마의 문화적 이상은 그리스어와 라틴어를 둘 다 배우는 것이었다. 그리스어 낱말 파이데이아(paideia)는 올바른 교육, 즉 어린 세대에게 앎을 추구하고 아름다움을 헤아리는 감성을 키우는 삶의 토대를 마련해주고, 고요한 고결함과 시민의 덕목을 가르치는 교육을 뜻했다. 아테네는 로마가 후마니타스(humanitas) 관념으로 표현한 보편적인 가치들을 나타내는, 소중하고 흡족할 만큼 오래된 상징이 되었다. 로마인들에게 판단이자 사명이었던 후마니타스는 문명화된 행위를 의미했고, 학식을 통해, 다른 사람들과 맺는 관계를 통해, 권한 행사를 제한하는 방식을 통해, 피정복민일지라도 자신의 인간적 잠재력을 깨달을 수 있게 한다는 목표를 통해 표현되었다. 후마니타스의 반대는 야만이었다. 야만인들은 도시(적어도 로마 시)에서 살지 않고, 옷을 형편없이 입고, 나쁘게 행동하고, 로마 법을 이해할 성싶지 않은 못 배운 이들이었다.

후마니타스는 확장이 가능하다는 특성이 있었다. 이론적으로나 실제적으로나 야만인은 로마의 규범을 따르고 로마의 문명 관념에 부응한다면 로마

진정한 법은 올바른 이성이며, 자연에 부합하는 것이며, 만민에게 확산되는 것이며, 늘 변함 없고, 영구히 지속되는 것입니다. (……) 로마와 아테네에서 각기 다른 것도 아니며, 지금도 앞으로도 달라지는 것이 아니라, 모든 민족을 모든 시기에 하나의 영구적이며 불변적인 법이 통제할 것이며 (……)

— 키케로, 《국가론》

인이 될 수 있었다. 후마니타스는 로마 제국의 폭력(수탈, 노예화, 약탈, 살해, 파괴)을 감추기도 했다. 그러나 후마니타스의 다른 핵심적 요소들은 자기비판 능력, 퇴보에 대한 경계, 정치적 의견에 대한 개방성이었다. 문명화된 비판자들을 포용하는 동시에 로마의 덕목을 배우지 못하는 사람들을 배척함으로써, 로마는 널리 공유하는 엘리트 문화를 만들어냈다. 그 문화는 로마 제국 및 로마의 이상과 상상적·현실적으로 연결된 세계였다.

종교

외부인을 흡수하고 바꿀지언정 완전히 동질화하지는 않은 로마 정복자들의 역량은 다른 공동체의 신앙을 대할 때 분명하게 드러났다. 초기에 로마인들은 제국의 대다수 신민들과 마찬가지로 다신교도였다 (유대인과 훗날 기독교도는 예외였다). 이미 신을 여럿 가진 로마인들은 다른 신을 손쉽게 추가할 수 있었다. 이집트의 이시스 신이나 시리아의 바알 신 같은 고대 문명의 신들은 때로는 새로운 이름으로 불리며 이탈리아에서 숭배를 받게 되었다. 로마인들이 그리스인들과 접촉하자 제우스는 유피테르로, 아테나는 미네르바로 바뀌었다. 아우구스투스는 자신을 복수의 신 마르스와 연관짓는 신전뿐 아니라 자신의 신격화된 아버지 율리우스 카이사르, 아이네아스의 어머니이자 여신인 베누스를 기리는 신전도 지었다.

정복한 지역의 신들을 '전 세계의 신전'인 로마로 가져오는 것은 로마인들의 평범한 관행이었다. 갈리아를 비롯한 속주의 새로운 도시들에서 황제 숭배를 조직하는 것은 황제 지위의 상징이었다. 어떤 신은 골칫거리였다. 기원전 187년에 원로원은 풍요와 포도주의 신 바쿠스 숭배를 금지했는데, 바쿠스 광신도들의 유혹에 이끌려 점잖은 사람들이 가정을 등

한시하고 바쿠스의 이름으로 열리는 회합에 빠져들었기 때문이다.

상상 속에서 신과 인간은 긴밀한 관계, 때로는 육욕적 관계를 맺었다. 이런 가까운 관계가 로마의 보편주의적 열망과 결합한 결과, 일부 로마인들은 전 인류를 구원할 신인(神人)을 더욱 염원하게 되었다. 이런 식으로 나사렛 예수는 탄생 전부터 예시(豫示)되었다. 이 염원은 다른 방향으로 향하기도 했다. 내전으로 지친 로마인들에게 한 세대 동안 평화를 가져다준 아우구스투스는 우러름을 받는 그럴싸한 구세주였다.

로마의 포용적인 종교 제도에 일신교는 메시아 이상으로 문젯거리였다. 자기네 신이 유일한 신이라고 믿던 유대인들은 제국이 동쪽으로 팽창해오면서 로마의 통치를 받게 되었다. 로마인들은 유대인들의 종교 관행을 허용했지만, 로마 당국과 충돌한 유대인들은 66년부터 74년 사이에 팔레스타인에서 반란을 일으켰다. 예루살렘의 유대교 사원은 파괴되었고, 유대인 다수는 자기네 종교를 가지고서 서쪽으로 향하여 북아프리카와 에스파냐, 남유럽으로 갔다. 개종을 권하는 기독교 또한 로마의 종교적 이질성과 충돌했다. 그러나 기독교도들의 보편주의적 주장과 강한 조직화 경향은 로마의 특성과 흡사했고, 제국의 마지막 수백 년 동안 문화와 정치의 전환 과정에서 결정적인 역할을 했다.

제국 후기의 새로운 정치

212년까지 로마의 통치 관행, 문명의 이념, 물질문화는 영국 제도(諸島)부터 북아프리카까지, 라인 강부터 시리아와 이집트까지 아우르는 영역의 사회들을 바꾸어놓았다. 이 영역의 사람들 대다수는 로마 세계 말고는 다른 세계를 알지 못했다. 이 세계는 통일된 정치질서로서 두 세기 더 유지되었지만—정치적 상상 속에서는 1000년 동안 살아남았다—오늘날 로마 세계를 되돌아보는 역사가들은 로마 체제의 몇 가지 약점을 찾아내곤 한다.

하나는 로마 제국이 영토 확장을 멈추었다는 것인데, 이는 새로운 자원을 분배하는 능력이 고갈된다는 것을 뜻했다. 다른 약점은 성공 자체로 말미암아 로마가 접경 지대를 따라 거주하는 부족들과 유라시아 스텝 지대에서 남동 유럽으로 이주하는 종족들의 습격 목표가 되었다는 것이다. 대체로 이런 공동체를 이끈 전사들은 제국 안에 정착하여 제국의 보조금을 나누어 갖기를 원했다. 한편 로마에서 멀찍이 떨어진 지역에서 장기간 주둔하는 병력은 권력과 더 나아가 황제 자리까지 노리는, 서로 경쟁하는 지휘관들을 지원했다. 황제들은 어쩔 수 없이 다시 군 지휘관이 되어 로마에서 동떨어진 변경 도시들을 통치하려 애썼다. 그러나 로마는 육로와 해로도 반드시 통제해야 했다. 전문화된 농업과 상업 생산은 효율적이고 안전한 수송에 의존했기 때문이다. 오랜 세월 동안 군사력과 적법한 권력의 긴밀한 결합이라는 토대 위에 건설된 제국은 바로 이 원리로 인해 서서히 허물어졌다.

3세기 로마에서 살아간 사람들은 자기네 정치체가 멸망할 줄은 생각지 못했을 것이다. 로마 지도자들은 정치 제도를 계속 혁신했고, 그중 일부는 미래의 제국들에게까지 영향을 미쳤다. 적어도 사후에 되돌아볼 때 가장 극적인 혁신은, 212년에 로마 세계의 노예를 제외한 모든 남성 거주자에게 로마 시민권을 확대한 조치였다.

앞에서 살펴본 대로 시민권은 공화정 시절부터 로마 정치의 중심이자, 충성스러운 복속자들을 제국 안으로 끌어들이는 수단이었으며, 혜택이 워낙 많아서 라틴인들이 기원전 1세기에 로마인이 되는 특권을 얻으려고 싸우기까지 했던 지위였다. 시민권 제도는 제국 통치의 가장 기본적인 메커니즘들(군 복무, 법, 군대와 법을 지탱하는 세금)을 연결하는 기능도 했다. 212년 카라칼라 황제의 시민권 확대는 부득이한 조치로 해석되어왔다. 제국의 자유인 남성 모두가 시민이 되면 그들에게 군 복무를 요구하고, 복무하지 않을 경우 대가 지불을 요구하고, 시민에게 부과하는 상속세 납부를 요구할 수 있었기 때문이다. 그러나 카라칼라의 포고령이 초점을 맞춘 것은 종교적 결속이었다. 다시 말해 카라칼라는 시민권과 더불어 로마 신들에 대한 숭배를 제국 전역으로 퍼뜨리고자 했다. 새로운 정책의 핵심에는 제국을 통합하고 일체화하려는 충동이 있었다. 로마는 군 복무, 과세, 법적 보호, 공동 신들을 통해 수천만 명(자유인 남성과 그들의 가족)을 제국의 기획 및 로마의 생활방식에 한층 직접적으로 연결하려 했다.

그러나 공동 신들과 시민권은 제국을 결속하기에 불충분했고, 어떤 사람들은 공동 신들을 받아들일 수 없었다. 유대인과 마찬가지로 기독교도는 일신교도였으며, 3세기까지 기독교는 제국의 여러 지역으로 확산된 터였다. 기독교는 로마의 통치를 받으며 형태를 갖추었고, 기독교가 내세의 보상과 처벌에 초점을 맞춘 것은 로마의 압도적인 지상 권력에 순응한 결과였다. 그러나 로마의 고난기 동안 연이은 전쟁과 야만족의 침입, 공급 불능으로 고통받던 많은 사람들이 위안과 구원을 약속하는 기독교에 의지했다. 이에 대응하여 황제들은 우선 제국이 겪는 문제의 근원적 책임을 기독교도에게 덮어씌우고, 기독교도를 로마와 그 신들에 맞서는 반역자 무리로 규정하여 불법화했다. 박해는 순교자를 낳았고, 이 종파는 계속 성장하면서 명문가 출신 로마인들까지 끌어들였다.

311년, 갈레리우스(황제의 권위가 조각난 시기에 제국을 통치한 네 황제 중 한 명)는 방침을 바꾸었다. 이 병든 황제는 기독교도에 대한 박해를 종식하는 칙령을 공표하고서 그들에게 황제들과 공동선을 위해 기도해달라고 청했다. 1년 후 황제 자리를 걸고 전투하기 전날 밤에 콘스탄티누스 아우구스투스는 병사들의 방패에 십자가 표시를 하면 이길 것이라는 꿈을 꾸었다. 승리를 거둔 후에 콘스탄티누스는 기독교를 제국의 합법화된 종교의 하나로 인정했다.

아직 문제가 한 가지 남아 있었다. 기독교도들은 다른 신들, 동물을 희생시키는 제의, 다른 신들을 기리는 신전을 용납하지 않았다. 그러나 일신교는 황제들에게 매력적인 것이기도 했다. 기독교도들의 보편주의적 주장과 그들이 수 세기 동안 투쟁하고 박해를 받아가면서 만들어낸 성직자들의 지휘 체계를 이용하여 황제들은 로마의 세속적 야망을 이룰 수 있었다. 분열된 제국을 재통일하려 애쓰던 콘스탄티누스는 신성한 보편주의와 세속적 보편주의를 조화시킬 기회를 잡았다. 다음 세기에 기독교는 로마 국교로 확립되었다. 다른 종교들은 미신이라고 공표되었고, 다른 신을 섬기는 사제들은 강등되어 세금을 물었으며, 이교도 신전들은 허물어지고 신들은 볼썽사납게 망가져 퇴출당했다. 4세기가 저물 무렵 제국의 대부분 지역에서 로마인은 곧 기독교도를 뜻했고, 다른 종교를 믿는 것은 로마 법에 따라 처벌받을 수 있는 법률 위반 행위였다.

유능한 고트족 사람은 로마인처럼 되기를 원한다. 가난한 로마인만이 고트족이 되기를 바랄 것이다.

– 동고트족 왕 테오도리쿠스

제국이 심각한 손실을 입고 가지각색 부족들의 습격을 받던 시기에 콘스탄티누스의 개종으로 로마의 정치는 눈에 띄게 경화되었다. 카라칼라의 시민권 확대 조치는 제각기 다른 종교를 믿는 공동체들을 로마 법에 종속시켰지만, 국가를 단 하나의 일신교와 연결한 조치는 설령 제국의 문화를 보편화하려는 구상이었다 할지라도, 외부인이 로마 정치체에 포용될 여지를 줄여놓았다.

로마 제국의 종언을 규정하는 것은 쉬운 일이 아닌데, 324년에 승리자 콘스탄티누스가 수도를 비잔티움으로 옮기고 이곳 지명을 콘스탄티노플로 바꾼 뒤로 동로마 제국이 옛 제국에서 빠져나가기 시작했기 때문이다(제3장). 410년에 서고트족 지도자 알라리크가 로마를 함락하기 한참 전부터 로마인들은 자기네 정치체를 결속하는 능력을 잃고 있었다. 로마인들은 변경 지역에서 대체로 게르만어를 말하는 부족들과 동맹을 맺음으로써 저비용으로 국경을 지키고자 했다. 부족민들이 로마의 권위를 위해 봉직하고 제국의 문화에 참여했다는 사실은, '야만인들'이 이 용어가 함축하는 미개한 외부인이 아니었음을 보여준다. 그들은 로마 제국에 '동참'하기를 원했다. 그러나 후대의 제국들 역시 배운 대로, 다양한 세력을 제국의 체제에 흡수하려는 노력은 주변부 사람들의 이해관계에 중앙이 꼭 필요하다는 인식이 유지되어야만, 또는 제국의 지도자가 조세와 재화를 바치도록 강요하는 권력을 가지고 있어야만 효과가 있었다. 로마는 붕괴했다기보다 황제들이 로마의 영역을 분리함에 따라, 그리고 야만족 전사들이 로마의 군사적 종복이자 예전 로마 영토의 정복자로서 주도권을 장악함에 따라 스스로를 분해한 편에 더 가까웠다.

서서히 이울어간 서로마 제국의 영토에는 수는 많지만 로마보다 훨씬 약한 세력들이 남았다. 근본적으로 모두 과거에 로마의 영향 아래 형성된 세력들이었다. 야만인 일부는 로마의 마지막 군사 지도자로 복무했고, 다른 일부는 로마의 방어가 무너졌을 때 지역 공동체를 보호하는 임무를 넘겨받았다. 제국이 분해되는 상황에서 속주는 로마의 제도를 대부분 유지했고, 로마 출신과 부족 출신이 뒤섞인 귀족층은 사회적 지위를 유지하고 크게 줄어든 자원을 통제하기 위해 애썼다. 로마의 평화가 사라짐과 동시에 제국 전역에서 돈, 기술, 사람, 생산품을 분배했던 조세 제도와 거대하고 통합된 경제도 사라졌다. 위생 체계, 기와지붕, 단단하게 구운 도자기는 수백 년 동안 북유럽과 중부 유럽에서 자취를 감추었다. 문해율이 떨어졌고, 잘 먹지 못해 소의 몸집이 작아졌다. 광산들이 작업을 중단함에 따라 이탈리아의 공기는 맑아졌다.

정복을 기반으로 지중해와 그 배후지들에 단일한 문명을 전파하려던 제국의 기획은 여러 군데 치명상을 입었다. 로마는 계획의 성공 자체로 말미암아 제국의 팽창을 저지하고 제국의 자원을 빼앗는 외부 세력이 노릴 만한 표적이 되었다. 군사 지휘권과 정치 지도력의 연관성은 공식처럼 내전을 초래했다. 기독교를 유일한 국교로 받아들인 조치는 상이한 공동체들을 흡수하여 융합하는 제국의 역량을 침식했다.

그러나 로마의 발명품 다수는 공식 제국보다 오래 살아남았고, 수백 년 후에 새로운 의미를 부여받았다. 후마니타스(문명이란 인간의 역량이자 야만인을 통치할 권리를 수반하는 내부인의 특징적인 소유물이라는 생각) 역시 아치와 원형경기장, 격자형 도시와 마찬가지로, 로마와 후대의 많은 제국들의 풍경에 흔적을 남겼다. 법과 정치적 대의기구를 통한 통치 또한 설령 실행되지 않았을지라도 이상으로서 계속 살아남았다. 한때 각양각색의 엘리트들을 로마의 문화와 정치에 결속했던 라틴어는 유럽 곳곳에서 입말을 바꾸었고, 로망스어(이탈리아어, 프랑스어, 에스파냐어, 포르투갈어)로 변형되었다. 시민권 제도(의무와 권리에 토대를 두고 한 공동체나 도시 너머로 확대할 수 있었던 제도)는 때때로 되살아나서 정치적 포용의 수단으로 재해석되었다.

콘스탄티누스의 비잔티움 제국은 주로 그리스어를 쓰는―그러나 실은 매우 다종다양한―지중해 동부 지역으로 로마에 기반을 둔 정치구조와 라틴어를 가져갔다. 동로마 제국은 1000년 더 존속했다. 몰락한 로마는 기독교와 연관된 강력한 제국적 상상계, 새로운 정복과 새로운 문명화 사명을 고취하는 원천을 남겨두었다. 지중해 도처에서 로마인들은 제국을 위한 공간, 비잔티움 황제들, 이슬람 칼리프들, 카롤링거 왕조를 비롯한 후대 세력들의 상충하는 야망이 들끓는 공간을 만들어냈다.

중국 : 제국을 위한 다른 공간

로마가 도시국가에서 공화정 제국으로 전환하고 있을 무렵, 유라시아 대륙의 반대편에서는 승리한 군주가 중국 중원의 핵심 영토를 일인 통치 하에 통일하는 데 성공했다. 수 세기 동안 인접한 경쟁자들이 서로 겨루고 음모를 꾸미고 총력전을 벌인 끝에, 기원전 221년에 진(秦)나라의 왕이 황제가 되었다. 진의 통제력은 겨우 15년 뒤에 내우외환으로 무너졌지만, 한나라 고조 유방(劉邦)은 황제권을 복원했다. 이 2명의 왕조 창건자는 현대의 정치적 어휘에 자신의 흔적을 남겼다. 진(秦, '친'으로 발음한다)은 여러 언어에서 차이나(China)로 바뀌었고, 한(漢)은 제국의 주요 민족을 뜻하게 되었다. 한의 통치자들은 진이 획득한 영토와 행정적·이데올로기적 성취를 공고히 다졌고, 400년 넘는 기간 동안 왕조의 실패, 해체기, 내란과 혁명을 견디고 살아남은 제국의 정치 문화를 발전시켰다. 2000년 넘는 세월 동안 중국의 통치자들, 통치자가 되려는 이들, 국가를 중시하는 엘리트들, 보통 사람들은 중국이란 중앙의 단일한 지도력이 올바르게 통치하는 정치 단위라는 생각을 공유해왔다.

중국 제국의 가장 명백한 특색은 거대한 땅덩이였지만, 로마의 경우와 마찬가지로 이 공간을 '사실(fact)'로 만든 것은 제국의 정치였다. 지중해와 그 배후지들로 이루어진 로마의 공간과 달리, 중국 정치체의 윤곽은 자연에 의해 뚜렷하게 정해지지 않았다. 서에서 동으로 흐르는 큰 강들은 수확량이 많은 농경에 필요한 물과 토양을 제공해줄 잠재력을 품고 있었지만, 황허 강과 양쯔 강을 안전하고 생명을 지탱하는 자원으로 만들려면 제방 건설을 비롯한 체계적인 관리가 필요했다. 북부 평원에서는 농업과 가축 사육을 둘 다 할 수 있었다. 농민들은 중부에서는 밀을, 남부에서는 쌀을 재배했다. 중국에서는 핵심 지역들을 연결하는 것마저도 쉽지가 않았다. 북에서 남으로 흐르는 수로가 없었고, 언덕이 많은 지형 때문에 육상 운송을 하기가 어렵고 비용이 많이 들었다. 상대적으로 특징이 없지만 비옥한 중부 지역은 이곳 농민들을 장악한 이들에게 보상을 주었지만, 이곳은 지배자에게 반역할 수 있거나 자기가 전부 통치하려는 도전자들에게 유망한 지형이기도 했다.

초기 로마인들은 지중해 동부의 커다란 제국들의 주변부에서 자기네 도시국가의 권력을 확장했다. 로마인들은 그리스 문명에서 영감을 얻었고 또 지중해의 다른 항구 도시들에서 치국술을 선별해 차용하기는 했지만, 비교적 빈 서판에다 혁신적인 제국 정치를 설계할 수 있었다. 이에 비해 진나라는 자국과 다른 과거와 현재에 접근할 수 있었고, 그 둘로부터 배웠다. 예를 들자면, 적어도 기원전 1750년 이래로 중국 북부와 중부에서 등장했다 사라진 제국들이 남겨놓은 행정 관행과 정치적 가능성이 있었다. 진이 통치한 왕국은 과거 제국들의 공간을 차지하려고 경쟁하고 그 제국들의 권력에 대한 기억이 남아 있던 왕국들의 하나였다. 진의 성공의 열쇠는 중앙의 통제력을 강화하기 위해 고안된 전략들을 의식적으로 고쳐서 사용한 것과 파편화의 재발을 엄격하고 무자비하게 예방한 것이었다.

중부에서 제국을 유지할 수 있었던 결정적인 요인은, 지역의 자원을 이용하여 군벌이나 도전자가 될 법한 엘리트 중개인들을 통제한 것이었다. 제국을 끊임없이 괴롭히는 이 문제를 해결하기 위해 진은 무장한 중앙집권주의를 강화하고, 국가 권력에 대한 권리를 주장하는 귀족을 제거했다. 진 왕조의 뒤를 이은 한 왕조는 지방 가문들과 타협할 수밖에 없었으며, 길게 보아 이 타협은 지방분권화라는 예측 가능한 결과를 낳았다. 신하들이 자력으로 살아갈 수 있던 공간에서 제국의 정치가 위태로울 때면, 한 왕조는 가혹한 중앙집권화와 위험한 권력 이양 사이에서 동요했다.

　도전은 제국의 북부와 서부에서도 제기되었다. 유목민과 정착민이 접하는 북부와 서부는 제국에게 수익과 전술, 곤경의 원천이었다. 유목민은 장거리 교역을 통제하고 촉진했으며(제4장 참조), 상업 연계를 통해 중국의 생산품을 사막과 스텝 지대, 산맥을 가로질러 중앙아시아와 그 너머까지 수송했다. 일찍이 유목민은 중국의 초창기 국가들에게 전쟁을 수행하고 제국을 건설할 수단(전차, 금속 기술(청동과 철), 말에 기반을 두는 군대)을 제공한 바 있었다. 유목민의 발명품인 기병—중국 보병에 맞서 효과적으로 운용되었다—은 전국(戰國)들의 경쟁에 결정적인 영향을 미쳤다. 일단 조나라가 무장 궁기병을 주력으로 채택하자 다른 왕국들도 이 선례를 따라야만 했다.

　경쟁하는 왕국들의 전쟁에서 진은 위치 덕을 보았다. 진의 근거지는 황허 강과 웨이허 강(渭河)이 교차하는 지점의 서쪽과 북쪽에 있었고, 주변 공간은 유목민들이 경쟁하는 땅이었다. 진이 세운 성벽은 이 경쟁이 정적인 방식이 아닌 물리적인 방식으로 벌어졌음을 보여준다. 진은 다진 흙과 돌로 방벽을 쌓음으로써 경계가 불분명한 공간으로 진출했고, 말을 먹일 목초지를 보호했으며, 유목민의 도전에 맞서 위아래가 뒤집힌 일종의 참호전을 치를 수 있었다. 진은 유목민의 지역으로 영토를 넓히고 나면 망루를 갖춘 성벽을 축조하여 쫓겨난 부족의 습격으로부터 내부 주민들을 보호했다. 영원히 고정될 국경을 세우는 것이 아니라 축조하고 이동하는 것이 성벽의 원리였다.

　유목민 사회 자체가 좀처럼 멈춰 있는 법이 없었다. 기원전 209년 무렵, 왕에게 버림받고서 훗날 아버지를 살해한 무자비한 통치자이자 탁월한 전술가인 묵특(冒頓)은 스텝 지대에서 북쪽과 서쪽으로 나아가며 유목민 씨족들을 거대한 연맹체(흉노 제국)로 통일했으며, 결국 흉노는 만주에서 몽골을 가로질러 알타이 산맥과 중앙아시아까지 세력을 넓혔다. 중국 제국과 흉노 제국은 처음부터 서로 뒤얽혔으며, 중국의 치국술과 이데올로기는 전쟁과 외교 측면에서 흉노와의 상호작용을 통해 형성되었다.

중국 제국의 지리는 로마의 지리와는 딴판이었다. 로마가 제국의 수도가 된 뒤로 '길'—육로든 해로든—은 다종다양한 지방들을 연결하고 각 지방의 생산품을 고정된 하나의 중심점과 연결했다. 통합된 지중해 경제와 로마의 복속자들이 부여받은 특권과 재산은, 엘리트들이 전체를 결속함으로써 계속 부유하게 살 수 있거니와 독자 노선을 택해도 얻을 것이 전혀 없음을 뜻했다. 중국의 경우 제후와 농민은 비교적 분화되지 않았으나 자력으로 살아가는 데 필요한 자원을 제공하는 중부의 농경지대를 바탕으로 중앙 당국이나 지방 당국에 대항하여 반란을 일으킬 수 있었다. 다른 한편 불안정한 서북부 변경 지방의 혼합 경제와 장거리 연계는, 직관에 반하는 것처럼 보일지도 모르지만, 중국 제국에 필수적인 원천이었다. 제국의 가장자리를 따라 살아가는 외부인들은 정치적·군사적 혁신을 유발했고, 외부 지역과의 물질적·문화적 연계를 강화했으며, 이따금 드러난 대로 제국의 왕조를 쇄신하는 새로운 피와 활력을 공급했다.

제국을 위한 도구

전국(戰國)의 왕들이 투쟁한 무대는 과거의 위대한 제국들—상(商, 기원전 1750~기원전 1027년)과 주(周, 기원전 1027~기원전 770년)—이 흔적을 남긴 지역이었다. 기원전 8세기에 주 왕조가 대부분의 영역에서 통제력을 상실한 이후, 이 왕조가 누렸던 영광에 대한 기억은 최고의 권위를 되찾으려는 왕들의 전투를 500년 동안 고취했다. 진은 경쟁국들

전국들: 기원전 240년경

황허 강
연
조
진 위 제
웨이허 강 한
양쯔 강 초
동중국해
남중국해

진 제국: 기원전 210년

──── 만리장성

흉노
황허 강
셴양
양쯔 강
동중국해
남중국해

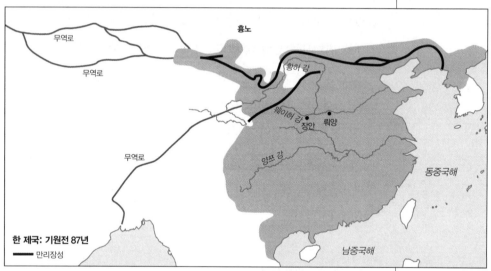

한 제국: 기원전 87년

──── 만리장성

무역로
무역로
흉노
황허 강
무역로
웨이허 강 장안 뤄양
양쯔 강
동중국해
남중국해

지도 2.2
중국 제국의 병합, 팽창,
수축

이 이용하는 고대의 방식과 전술을 선별적으로 채택하여 막강한 전쟁기
계로 변형하는 능력을 토대로 기원전 221년에 승리를 거두었다.

진(秦)의 최종 승리에 이바지한 핵심 요소는 지방 엘리트층으로부터
농민들의 요역과 충성을 빼앗는 능력이었다. 주 왕조는 종친들을 제후로

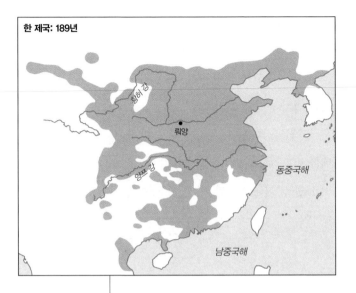

한 제국: 189년

황허 강

뤄양

양쯔 강

동중국해

남중국해

분봉하여 권력을 양도하는 봉건제에 의존했는데, 제후들은 주나라 이후로 제국 통치자를 끊임없이 괴롭힌 패턴을 따라, 자원을 축적하여 주권자의 통제를 벗어나거나 주권자에게 도전할 수 있었다. 전국 시대에 경쟁국들은 이 문제를 극복할 방책을 강구했다. 초나라는 중앙에서 임명한 관료들을 파견하여 정복한 영토를 통치했으며, 관료들은 지역의 왕족을 대체하고 주민과 자원에 대한 통계를 냈다. 진(晉)나라는 기원전 645년에 진(秦)나라와 치른 전투에서 귀족을 다수 잃은 뒤, 성읍 밖의 주민들에게 토지를 무상으로 불하했다. 이 전략은 중국 제국의 기본 원리, 즉 국가는 농민에게 토지를 배분하고 그 대가로 농민은 조세를 내고 군 복무를 하는 원리가 되었다. 로마의 경우와 달리 외부인을 국가에 통합한 이 거래는 시민권을 포함하지 않았다. 오히려 이 거래는 제일 중요한 자원(토지)과 요역을 국가에 빚지는 농민들의 세계를 만들어냈다.

대적하는 국가들은 전쟁 중에 오늘날 우리가 아는 중국 영토를 가로질러 군사 기술과 치국술을 퍼뜨렸다. 전차전(戰車戰)은 치명적인 기예로 발달했다. 진(秦)나라는 기원전 9세기에 다른 왕국을 위해 말을 기르는 속국으로 출발했다. 기원전 5세기 위나라의 통치자는 각 가구에 배분하는 토지를 표준화하여 토지 양여 제도를 합리화했고, 대규모 관개 계획에 착수했으며, 가격 변동으로부터 농민을 보호하기 위해 곡물 창고를 지었다. 한 세기 후에 진(秦)나라는 위나라의 고문들을 포섭하고 위나라의 개혁을 흡수하여 위에게 밀리던 형세를 뒤집었다.

한때 위나라 궁정에서 봉직했던 진나라의 고문 상앙(商鞅)은 토지를 사고팔 권리를 포함하여 토지에 대한 법적 권리를 농민에게 부여함으로써 자원과 충성을 장악하는 국가의 능력을 강화했다. 토지 구획은 관개 용수로와 통행로를 따라 격자 형태를 이루었고, 일정 기간의 요역 및 일정량의 조세와 연관되었다. 진은 영토를 넓히는 가운데 이 관개 체계와 균일한 구획을 새 지역들에 적용하여 전쟁기계뿐 아니라 결국에는 황제의 국가까지 먹여살린 비옥한 영역을 만들어냈다. 진의 체제는 연례 보고서, 예보, 비축량에 관한 통계 자료, 인구의 직업과 역량(나이, 건강, 노동력, 성별), 기록 관리, 표준화된 화폐와 도량형, 공훈 평가에 따라 세밀하게 조정되었다. 이렇게 진은 기원전 3세기에 사회를 철저히 감시하고 통제하는 기구를 완성했다.

> 나라가 강하고 전쟁을 하면 독이 적에게로 향한다. 그 국가는 의례나 음악, 기생하는 관료가 없을 것이고 필히 강해질 것이다.
>
> — 《상군서(商君書)》

상앙의 개혁은 3개의 기둥(주권자, 그의 법, 규제받는 사회)이 떠받치는 정치 체제를 강화했다. 통치자는 모든 법의 원천이었고, 사회의 과제는 이 법을 따르고 강화하는 것이었다. 성문화된 법(범죄와 형벌의 목록인 법)과 통치자가 법률을 제정한다는 생각은 진나라에서 새로운 것이 아니었지만, 상앙은 기존 법가(法家)를 전형적인 군국주의적 방향으로 받아들였다. 분란을 일으킬지 모른다며 권한을 부여받은 관료와 관조하는 학자를 신뢰하지 않았던 상앙은 백성들이 상호 감찰 제도를 통해 법의 집행자가 될 수 있다고 주장했고, 고발에는 상을 주고 범죄 자체와 범죄 미신고에는 가혹한 벌을 줄 것을 제안했다. 이 전략과 연관된 한 가지 주장은, 법에 관한 지식이 널리 퍼져서 어떤 관료도 재량으로 법을 뒤엎을 엄두를 내지 못해야 한다는 것이었다.

백성들이 법을 집행하는 이 하향식 규제 국가의 목표는 농업 생산과 전쟁이었다. 진의 체제는 중개인(지방 귀족, 귀족 출신 관료, 문화 전문가)을 몹시 미심쩍어했다. 군사적 공적에 대한 보상은 20등작제(二十等爵制)에 따라 결정되었다. 표준화된 토지 구획은 군사 단위와 이를 떠받치는 가구의 협력을 촉진했다. 모든 사회적 지위는 군사적 공적에 의존하게 되었고, 군 계급을 이용하여 범죄의 형벌을 합법적으로 낮출 수 있었다. 이런 연동 체제는 혈통이나 지역 권위가 아닌 공로를 보상의 기반으로 삼기 위해 고안되었다. 상앙은 자신이 주도한 수차례의 긴급 상황—그리고 권력의 사적인 요소를 폐지하려는 불가능한 노력—의 희생물이 되었다. 상앙은 태자의 스승을 법에 따라 처벌한 일로 원한을 사서 기원전 338년에 처형당했다.

진의 통치자는 농민 보병대를 증원하기 위해 경쟁 왕국의 부대를 본떠 정예 부대들을 창설했다. 기원전 3세기에 진은 정복한 영토를 단순히 차지하는 데 그치지 않고 주민들을 공격하는 정책을 택했다. 이 정책의 목적은 경쟁국이 언젠가 반격해올 가능성을 없애는 것이었다. 그 결과 어마어마한 유혈극이 벌어졌다. 기원전 260년에 진의 군대는 주요 경쟁국인 조나라의 병사 40만 명을 살해했다. 동맹을 맺은 경쟁국들이 진에 손

도판 2.2
진시황릉의 병사와 말 도용(陶俑)들. 제국의 작업장들은 병사 수천 명과 더불어 말과 전차로 이루어진 군대를 제작하여 내세까지 황제와 동행하게 했다. 도용들은 1979년 중국 시안 인근에 개관한 진시황릉박물원에 소장되어 있다.

실을 입힌 막간이 지난 후, 진은 7년 만에 나머지 6개국을 모두 물리침으로써 제국 정복을 마무리했다. 기원전 221년, 진은 어느 고문이 피력한 "여러 국가를 토벌하고 제국을 완성하고 천하를 통일하는" 목표를 달성했다.

황제의 전투적 중앙집권주의

진의 시황제 정(政)은 기원전 259년에 태어났다. 뒤이은 한 왕조의 학자들은 시황제의 출생의 정통성과 그의 생물학적 아버지의 지위를 의심했다. 정의 어머니는 거상(巨商) 여불위(呂不韋)의 애첩이었고, 이 거상이 이미 정을 임신하고 있던 그녀를 훗날 왕이 된 진의 후계자에게 바쳤다고 한다. 정의 태생에 관한 이 반(反)신화는 제국의 서열에서 입지가 모호했던 상인의 위치를 시사하는 한편, 한 왕조에 이롭도록 이전 왕조를 편리하게 깎아내렸다. 그러나 통치자가 된 정은 일신하여 중상(中傷)에서 벗어났다. 정은 스스로를 '황제(皇帝)'라 불렀는데, 이 칭호는 고대 상 제국의 가장 높은 신〔상제(上帝)〕과 속성인 황〔皇, '빛나는', '위대한', '하늘(天)의' 등을 뜻함〕을 가리켰다. 이 주장은 통치자란 질서와 법의 원천이라는 전통적 주장에 신성한 구속력을 더해주었다. 시황제는 나라 안의 신령한 고산(高山)들을 순행하며 제물을 바치고, 행적을 기록으로 남기고, 지상("해와 달이 비추는 모든 곳")에 대한 권위를 선포했다.

진 제국이 존속하려면 시황제는 확대된 자신의 영역 어디서나 보편적인 권력을 인정받아야 했다. 진 제국은 36개 군(郡)으로 나뉘었고, 군은 다시 현(縣)들로 나뉘었다. 이 행정 구역들은 중앙이 임명하고 언제든지 소환할 수 있는 관료들이 다스렸다. 각 군은 세 등급의 관료〔군수(郡守), 군승(郡丞), 군위(郡尉)〕가 감독했다. 중앙에서 임명한 관료들을 파견하여 제국을 통치한 진의 방식은 지역 엘리트층과 원로원 의원들에게 권한을 부여하여 속주를 재량껏 이용하게 한 로마의 방식과 대비된다.

진이 간단하게 바꾼 문자는 사람들이 여러 언어를 말하고 상이한 언어로 기록을 하던 각지에서 두루 쓰이며 필기와 통신을 원활하게 해주었다. 진은 새로운 화폐를 발행하고 도량형을 통일했으며, 차축의 너비까지 표준화하여 제국의 도로에서 수레가 동일한 바퀴 홈을 따라 지나가게 했다. 이 도로는 죄수나 요역을 대규모로 동원하여 확장하고 개선했다. 진의 도로망은 수도 셴양(咸陽)에서 저 멀리 내몽골과 동쪽 지방들까지 사방으로 뻗어나갔다. 수상 연결을 강화하기 위해 운하도 건설되었다.

이런 통합의 주안점은 세입과 요역, 정보를 중앙으로 모으는 것이었다. 도로를 이용하는 이동과 수송은 검문소와 통행증, 요금에 의해 통제되었다. 제국의 생명줄은 집단에 따라 불평등하게 부과한 조세였다. 상인은 농민보다 인두세를 많이 냈다. 노예 소유자는 노예 1명마다 자유인의 2배 세금을 냈다. 농민은 분배받은 토지의 면적에 따라 조정되는 수확세와 인두세를 납부했다. 남성은 병역뿐 아니라 나이와 지위에 따라 요역까지 했다. 성인 남성이 1명 넘게 있는 가구에 조세를 더 많이 물리는 규정은 생산 단위로서 핵가족을 강화했다.

이 체제에는 문관의 포괄적인 사무가 필요했다. 그러나 황제의 조신과 고문 또한 그들의 정보원처럼 통제되어야 했다. 특히 황제가 신경을 곤두세운 것은, 주나라의 제후 모델과 같은 자극제를 비롯하여 수집할 수 있는 선례가 중국의 장구한 역사에 많다는 사실이었다. 진의 대응은 과

> 예부터 백성들은 어디서나 고유한 지역 관습을 가지고 있었다. 그들은 이롭게 여기는 것도, 좋아하거나 싫어하는 것도 저마다 달랐다. (……) 성왕들이 법과 규정을 제정하여 백성의 마음을 바로잡은 까닭이 여기에 있다. (……) 모든 법과 칙령, 조례의 목표는 백성들을 가르쳐 이끌고, 방종과 패륜을 없애고 (……) 선(善)으로 돌려놓는 것이다.
>
> **– 기원전 227년에 회람된 진의 어느 군수의 서한에서 발췌**

거의 위대한 책들을 모아서 황실 도서관에 집어넣은 뒤 정부의 통제를 받는 한에서만 열람을 허용하는 것이었다. 엇비슷한 책략이 지방 엘리트 층을 통제하는 데에도 쓰였다. 황제는 자신이 감시할 수 있는 수도 셴양으로 유력 가문들을 이주시켰다. 셴양에서 옛 지역 통치자들은 대궐 같은 저택을 제공받고 고상한 문화를 향유할 기회를 누렸지만, 그들 중 다수는 과거의 영광을 되찾을 방도를 계속 모색했다.

진은 승리한 뒤부터 패배로 귀결될 조건을 빠르게 조성했다. 운하, 성벽, 도로 같은 거대한 기획은 제국의 자원을 소진했다. 진은 전쟁기계를 멈출 수 없었고, 기원전 221년 이후 수로가 많고 파편화된 남부에서, 그리고 흉노에 맞서 팽창을 계속했다. 그러나 대군(남부를 공격하는 데 50만 명)과 엄청나게 많은 강제노동 인력(시황제의 능을 짓는 데 죄수 70만 명)을 동원한 것보다는 엘리트 신하들에게 극단적인 규율을 강요한 것이 더 치명적이었을 것이다. 시황제가 죽고 나자 내전이 터졌고, 유력 가문들과 예전 왕족들, 기회주의자들이 일제히 난투극에 가담했다. 기원전 202년에 한때 술꾼이자 탕아였던 평민 출신 유방은 8년간 전쟁을 치른 뒤 진이 만든 제국에 대한 승리를 선언했다.

중국 움직이기

유방은 엘리트 신하들을 소외시킨 진의 실패를 반면교사로 삼았다. 유방은 재빨리 자신의 승리를 군 지도자들의 공으로 돌렸고, 한 왕조의 첫 황제인 고조(高祖)로서 행정의 중앙집권화를 완화했다. 고조는 제국의 동쪽 절반에서는 종속 왕국들의 지위를 복원한 반면 서쪽 지방들에서는 군현제를 유지했다. 최상위 귀족 신분인 제후왕들은 매년 황제에게 충성을 선서하고 조세 징수와 수입을 보고해야 했으며, 세입 일부를 보유할 권리를 가졌다. 군현제 지역들에서 한은 조세를 징수하여 그중 일부를 중앙에 전달하는 권한을 지닌 제2의 귀족 작위를 확립했다. 한 왕조의 장수 비결은 지나친 중앙집권화와 중개인에게 권력을 지나치게 분산하는 것을 피하고 다수의 권위 계통을 유지한 것이었다.

한 황제는 수도를 옮겼다. 처음에는 자기 가문이 뿌리를 내린 남부의 뤄양(洛陽)을 수도로 삼으려 했다가, 항우(項羽)가 잿더미로 만든 진의 옛 수도에서 멀지 않은 장안(長安)으로 정했다. 가문의 발생지를 떠나 진의 중서부로 천도한 결정은 제국 전역을 아우르는 황제의 지위를 강화했다. 고조는 자신의 비천한 과거를 둘러싼 온갖 입방아—황제의 아버지까지 모욕한—를 잠재우기 위해 자신의 친부는 용이라고 주장했다. 이 태생은 나중에 '천자(天子)'로서의 황제 숭배에 포함되었다.

황제의 정통성은 천자 태생만이 아니라 고정된 도덕적 사회질서에서 황제가 점하는 위치에도 의존했다. 공자(孔子)의 사상은 한 왕조 치세에 기록되고 체계화되고 행동 강령으로 선전되었다. 공자는 생전(기원전 551~479년)에 주 왕조의 쇠퇴에 사로잡혔다. 공자는 각자 자신의 본분을 다하는 사회의 덕목을 칭송했다. "임금은 임금답게, 신하는 신하답게, 부모는 부모답게, 자식은 자식답게." 공자의 이 말은 황제의 권한과 가부장의 권한을 동일한 틀에 집어넣었고, 진나라의 신분제에 사회적 차원을 부여했다. 무릇 인간은 신의(信義)가 있어야 하고, 충(忠)과 인(仁)을 지켜야 하고, 전통을 존중해야 하고, 항상 예(禮)를 실천해야 한다고 강조했다. 이런 가치는 로마인의 후마니타스처럼 엘리트의 교육과 이상적인 행동의 기본틀이 되었다.

중국 황제의 천명(天命)은 공자가 제창한 듯한 질서정연한 신분제와 덕스러운 문명보다 이데올로기적 가능성을 더 많이 수용할 수 있었다. 다양한 관조적 경향은 황제를 지상과 천상의 신들과 연관지으며 숭배하는 무리들과 공존할 수 있었다. 고문들과 황제들 중 일부는 도(道)를 받아들이는 쪽으로 기울었고, 다른 일부는 조화와 질서를 찾는 새로운 방법을 열어젖혔다. 종교적 문제와 관련하여 중국 제국은 로마보다 오랫동안 유연한 적응 능력을 유지할 수 있었다. 불교는 한대에 중국에 당도했고, 불상은 다른 신들의 상처럼 지역과 제국의 의례에 통합될 수 있었다.

진은 법을 매서운 통치 도구로 발전시켰다. 진의 형벌은 사형, 신체 절단형, 중노동형밖에 없었다. 한대에 일부 절단형은 폐지되어 다른 체형으로 대체되었다. 두 종류의 조치는 형을 경감할 수 있었다. 사면—보통 황실에 경사가 있을 때 한 계급 전체에 대한 사면을 공표했다—과 속형(贖刑, 돈을 내고 형을 면하는 것)이었다. 이 두 가지 경감 조치는 백성과 통치자를 연결한 반면, 공식 법규는 법에 구속되는 권위의 본질을 강조했다.

로마와 달리 한나라에서는 크고 복잡한 관료 조직이 황제권을 유지하는 데 대단히 중요했다. 박식한 인물의 조언을 듣는 전통은 야망을 품은 대신이나 황제에게 이익이자 함정이었는데, 다방면에서 조언을 들어 이득을 얻기도 했으나 아첨과 음모에 넘어갈 수도 있었기 때문이다. 출입을 제한하는 위압적인 황궁이 자리 잡은 수도에는 관료들과 그들의 부하와 하인들이 바글거렸다. 관료들은 작위 등급(기원전 23년에 18등급)에 따라 복무했고, 차등제에 따라 보수를 받았다. 태부(太傅), 삼공(三公: 행정을 총괄하는 승상, 감찰을 담당하는 어사대부, 군사를 담당하는 태위), 구경(九卿)은 물론이고 강력한 상서(尙書)들까지도 황제의 의지에 영향을 미치거나, 그 의지를 인도하거나 방해할 수 있었다. 황제의 가문도 마찬가지였고, 그중에서 황제의 어머니는 궁중의 은둔생활을 이용하여 자신의 권력을 강화할 수 있었다. 이처럼 경쟁하는 인맥들은 중앙집권적 행정의 정보와 목표, 역량을 다각화했다.

능력주의 선발은 관료의 통치에 힘을 실어주었다. 황제는 귀족이 아니라 지주의 아들들 중에서 관료를 등용했고, 기원전 124년에 태학(太學:

일종의 국립 대학)을 설립하여 학생들에게 행정 사무, 기록 관리, 유교의 이상을 가르쳤다. 기원후 1년까지 매년 100명이 시험을 통과하여 관료직에 진출했다. 지방의 젊은 남자들은 보통 관료의 천거를 받아 수도로 가서 학습을 하고 평가를 받았다. 관료 지원자들은 제국 전역에서 관직을 배정받았고, 가장 높게 평가받은 사람들은 수도에서 봉직했다.

교육은 더 높은 신분과 더 많은 재물을 얻는 길로서 새로운 피와 사상을 끌어들였고, 사회의 상향 유동성을 상당히 높여주었으며, 지방의 엘리트와 부유한 가문을 제국의 중앙으로 포섭했다. 그러나 교육은 이따금 폐단도 낳았다. 학식에 대한 특권적 접근, 시험과 관직 배정의 편파성, 등용 시험을 함께 통과한 관리들의 파벌, 도식적으로 통치하는 경향 등이 그것이었다. 지방과 지역의 엘리트층이 가장 중요하게 여겼던 관료층에 대한 보상은 중개인 지위를 이용하여 황제의 명령에 도전하려는 유혹―로마의 계승자들을 몹시 괴롭힌 문제―을 억지했다.

신분과 관직을 존중하는 태도는 사회를 정체시켰던 것이 아니라, 올라갈 수도 내려갈 수도 있는 사다리로 기능했다. 야심 찬 가문들은 관료계 안팎에 연줄을 대어 세력을 확대하고 스스로를 보호했다. 신분이 낮은 사람들은 자원을 동원하여 관료를 매수함으로써 힘 있는 지위로 진출할 수 있었다―이런 일은 농민에게는 드물었고, 상인에게는 더 흔했다. 진시황의 천한 출생을 둘러싼 비방은 진 왕조를 창건하는 과정에서 거상이 수행한 역할을 강조하는 동시에 만물의 올바른 질서를 분명하게 보여주었다. 올바른 질서는 상인이 국가를 섬기는 것이지 그 반대가 결코 아니었다.

도시의 상업 활동은 행정 통제의 대상이자 체제 전체의 에너지원이었다. 진나라와 한나라의 도시에서 시장은 격자 형태로 구획되었으며, 시장 중앙에 자리 잡은 정부 탑의 감시를 받았고, 황실의 궁전 및 정원과 엄격히 분리되었다. 진나라의 법에 따르면 팔려고 내놓은 모든 품목은 가격표에 가격을 적어야 했다. 한나라의 수도 장안에서 상업과 제조업은 고대의 쇼핑몰에 해당하는, 성벽으로 둘러싸인 거대한 시장 두 곳에서 이루어졌다. 이국적인 선물을 수집하는 통치자의 영향을 받은 한나라의 신민들은 제국의 국경 밖에서 생산한 화장품과 식품을 상당한 값을 치르고 즐길 수 있었다.

> 나와 선우는 백성의 어버이다. 지난날 우리의 속민들의 비행에서 비롯된 문제들로 우리 형제의 행복을 망쳐서는 안 된다. (……) 나와 선우는 과거의 사소한 문제들은 떨쳐버리고 함께 위대한 길을 따라가야 한다.
>
> – 한 문제(文帝), 기원전 162년

제국의 국경은 오랫동안 혁신과 위험의 원천이었다. 유목민의 활동으로 말미암아 중국 통치자들은 제국에 흡수할 수 없는 민족들에 대처할 방책을 강구해야 했다. 진나라가 한창 팽창하던 시기에 서역에서 자기네 제국을 공고히 다진 흉노 유목민들은 중국에 중대한 위협이었다.

중국 지도자들의 취약점과 자원을 뻔히 아는 흉노에 대처하는 중국의 방식은 두 가지였다. 하나는 전쟁이었다. 십진 단위로 조직되고 전장에서 식량을 자급하는 흉노의 날쌘 기병대와의 싸움에서 중국 군대는 대개 패했으며, 흉노의 최고 지도자 선우는 정예 친위대의 호위를 받으며 기병대를 노련하게 지휘했다. 다른 전략은 거래를 하는 것, 즉 대가를 지불하고 흉노와 화친하는 것이었다. 진과 한의 황제들은 두 가지 방법을 모두 시도했다. 흉노의 습격과 병사들이 유목민 편으로 탈영하는 것에 신물이 난 무관들과 대신들은 전투 찬성론에 이끌렸다. 그러나 기원전 200년에 흉노를 공격했다가 한의 황제가 포위를 당하고 화평을 간청하는 사태로 귀결된 뒤로는 혼인 동맹이 흉노와의 관계를 조정하는 주된 정책이 되었다.

이 정책의 요소는 네 가지였다. 첫째, 흉노가 원하는 중국 생산품을 보내는 것, 둘째, 한의 공주를 선우에게 시집보내는 것, 셋째, 한과 흉노를 동등한 국가로 인정하는 것, 넷째, 두 국가의 경계선으로 만리장성을 세우는 것이었다. 기원전 162년에 선우는 만리장성 북쪽 '궁수들'을 통치하고, 한의 황제는 만리장성 남쪽 정착민들을 다스린다는 조약이 체결되었다.

대등하지만 구별되는 두 제국으로 나뉜 세계는 중국 제국이 유목민 제국과 어떤 점에서 다르냐는 물음을 불러일으켰다. 학자들은 도전자들과 상반되는 중국인의 이미지, 즉 이동하지 않고 정착하여 생활하고, 고기가 아닌 곡물을 먹고, 털옷이 아닌 직물옷을 입는 이미지를 만들어냈다. 그러나 중국의 후대 역사가들이 중국인과 '오랑캐'를 서로 영원히 분쟁하는 사이로 구체화했다고 할지라도, 실제로 한나라의 명령권과 흉노의 명령권이 교차한 형태는 제국 간 외교였다. 유목민에게 그들 나름의 사회질서가 있다는 것과 그 질서를 통제하는 최선의 길은 정치적 권위를 지닌 유목민 지도자와 거래하는 것임을 인정하는 입장은 중국의 제국 전략에서 근본적인 요소가 되었다.

그러나 두 제국 모두 외교로는 충분하지 않았고, 내부의 분열과 상대편으로의 이탈을 우려해야 했다. 선우와 황제는 공히 다른 복속된 민족들 사이에서 동맹을 구했다. 이는 우리가 몇 번이고 되풀이하여 보게 될 전술이다. 무제(武帝) 재위 시기에 한나라 군대는 흉노의 측면을 공격하고자 중앙아시아로 원정을 떠나 기원전 101년에 대완국(大宛國)을 정벌했다. 흉노와 한의 경쟁은 한 세기 더 이어졌지만, 흉노가 조각나기 시작하자 복속된 민족들의 지도자들은 한과 재협상하여 복종하는 대가로 군신관계에서 특혜를 누렸다. 흉노 귀족은 조공을 바침으로써 한 황제에 대한 충성을 보여주었다. 말과 갑옷을 조공하고 중국 궁정에 인질을 보낸 흉노족은 그 보상으로 한나라의 권력 우위를 입증하는 비단과 금, 쌀,

현금 같은 선물을 후하게 받았다.

성공의 위험

제국 통치자들은 한나라의 서쪽 국경을 통제하기 위해 군대를 개편했는데, 이 조치는 길게 보면 의도하지 않은 결과를 불러왔다. 제국은 강제 병역을 중단했고, 32년에 결국 폐지했다. 농민 보병은 더는 접경 지대에서 유목민에 대적하지 못했으며, 제국은 기원전 마지막 세기 동안 농민이 낸 세금으로 대개 유목민인 직업군인을 고용했다. 황제에게 복종한 이 군인들은 변경에서 다른 유목민의 공격을 효과적으로 막아낼 수 있었다. 그러나 농민들은 병역을 면제받는 대신 세금을 내느라 다수가 빚을 지고 노비 신세가 되었으며, 지역 엘리트들은 채무자나 다루기 힘든 신병을 자기 의도대로 동원하여 권력을 강화할 수 있었다. 기원후 1세기를 여는 수십 년 동안 지나치게 중앙집권화하는 황제에 맞서 유력 가문들이 일으킨 반란은 농민들이 충성의 대상을 지방 엘리트층으로 바꿀 수 있음을 보여주었다. 이에 대응하여 한조는 유목민 부족들을 제국 내부로 이주시켜 지역의 반역을 진압하거나 예방하려 했다. 제국의 외부 방어와 내부 방어를 모두 부족장들에게 위탁한 시기에 활기를 되찾은 한조는 본거지를 동쪽으로 옮겨 뤄양에 새로운 수도를 건설했다.

두 세기 동안 한나라의 전략은 흉노의 통일을 침식했지만, 선우의 주권을 꺾은 일은 길게 보면 한나라에 재앙적인 결과를 가져왔다. 흉노의 조공이 고갈되자 변경의 유목민 병력은 정착민 인구를 습격했다. 그러자 농민들은 동쪽으로 도망쳤고, 서쪽 접경 지대에 다시 정착하라고 강제할 수 없었던 한나라는 방어력을 수도에 집중했다. 군수들에게 무관을 비롯한 관리들을 통제하고 신임 관리를 선발할 권한을 넘겨준 제국은 분권화의 파국을 향해 치달았다. 그 귀결은 대폭 축소된 중앙에서의 군벌 정치와 변경의 부대들에 대한 통제권 상실이었다. 군사적 중앙집권화의 산물이었던 제국은 농민층과의 연계를 끊고 유목민을 받아들이다가 장차 제국에 대항할 중개인들을 무장시키고야 말았다.

로마와 중국, 내부인과 외부인

한나라는 중국 제국으로서는 최악의 시나리오대로 통제력을 잃어버렸다. 다시 말해 왕조의 유목민 지지자들과 동맹들까지 분열되고 위태로워진 때에 불복종하는 군벌들의 공격을 받았다. 그러나 4세기 이후 중국 제국은 먼저 수에 의해, 뒤이어 당에 의해 재접합되었다. 튀르크계와 중국계가 섞인 당 왕조는 유목민의 군사 기술, 불교, 장거리 교역으로 정치체에 다시 활기를 불어넣었다. 중국 제국이 해체되고 재구성되는 패턴은 당나라 이후 20세기까지 계속 나타났다. 우리는 제7장에서 중국 제국 이야기를 다시 이어갈 것이다. 여기서는 제국사의 문제를 따져보자. 중국 제국은 거의 동일한 영역에서 거듭 재접합된 반면, 로마—국가로서의 로마—는 결코 되살아나지 못했다. 그 이유는 무엇인가?

먼저 유사점을 살펴보자. 두 제국은 엇비슷한 시기에 발흥했다(거대한 유라시아 대륙의 반대편에서 기원전 3세기부터 기원후 3세기까지). 중국산 생산품은 대륙을 횡단하는 육로를 따라 교환되고 지중해까지 도달했지만, 두 제국은 서로를 잘 몰랐고 각자 전 세계를 통치한다고 상상했다. 로마와 중국 모두 군사력과 농업 생산에 토대를 두었고, 이 둘을 연결하기 위해 엄격한 과세에 의존했다. 두 제국은 드넓은 공간을 연

중국 왕조(불완전한 목록)
진, 기원전 221~206년
한, 기원전 206~기원후 220년
위진남북조, 220~589년
수, 589~618년
당, 618~907년
5대10국, 907~960년
송, 960~1279년
원, 1279~1368년
명, 1368~1644년
청, 1644~1911년

결하기 위해 도로를 건설했고(중국의 도로가 로마의 도로보다 2배 길었을 것이다), 학식을 엘리트층의 속성으로 삼았고, 기품 있는 몸가짐을 함양하고 학문을 육성했으며, 인구조사를 활용했고, 조세를 바탕으로 거대한 군대와 궁정을 유지할 수 있었다. 두 제국은 막대한 인구(약 5000만~6000만 명)를 관리했고, 국가로서 수 세기 동안 존속했다. 로마와 중국의 권력 레퍼토리는 오래도록 살아남았다. 대개 기억 속에서, 때로는 현실에서. 그렇다면 이 강력하고 영향력 있는 제국들은 어떤 점에서 구별되었을까?

정치적 지형이 차이를 만들어냈다. 진나라와 한나라 지도자들의 근간은 기원전 제2천년기까지 거슬러 올라가는 주나라 왕들이 정교하게 구축하여 넓은 공간 전역에서 표명하고, 그 이후 계승국들이 서로 전쟁하는 가운데 다듬은 통치 사상이었다. 로마의 호전적 공화주의는 직접적인 정치적 선조가 없었다. 로마인들은 멀리 떨어진 지중해 동부의

도판 2.3
로마의 아치
알제리 타무가디(오늘날의 팀가드)의 로마식 트라야누스 아치. 1880년대 후반 사진. 미국 의회도서관.
중국의 만리장성
Langdon Warner의 사진, 1923~1924. Special Collections, Fine Arts Library, Harvard College Library.

강국들(그리스, 페르시아, 이집트)에서 영감을 받았으나 제국의 제도를 창안할 때는 강국들의 본보기를 중국보다 재량껏 이용했다.

정복과 과세, 보호받는 상업을 통해 로마는 지중해를 단일 세계로 바꾸었지만, 바다를 중심으로 통합된 이 경제 체제도 취약하기는 마찬가지였다. 황제와 군대가 로마에서 먼 곳으로 이주하자 이 체제는 조각나기 시작했다. 제국 구조들 간의 연결이 깨진 상황에서 로마의 분화된 경제는 쇠퇴했고, 중앙은 탈환할 가치가 없는 곳이 되었다. 콘스탄티누스는 더 유망한 공간에 제국을 재배치하기 위해 동로마로 수도를 옮겼지만(제3장), 이 결정으로 인해 서로마의 도로와 상업, 수공업, 도시 생활은 쇠퇴했다.

중국 제국은 수백 년 동안 거듭 여러 조각으로 부서졌지만, 이내 한 정복자가 조각들을 다시 붙이곤 했다. 로마와 달리 중국은 상업과 과세를 다각적인 경제와 연결하는 단일 바다의 단일 도시에 중심을 두는 제국이 아니었다. 중국 황제들은 이롭거나 필요하다고 판단할 때면 수도를 옮겼다. 중국 제국은 다른 방식으로도 끊임없이 움직였는데, 위험한 신하들을 다른 장소에 재정착시키는 것이 황제에게 닥칠지 모를 최악의 위협(지방 세력)을 통제하는 전략이었기 때문이다. 움직이는 변경에서 이루어진 유목민을 비롯한 다른 집단들과의 상호작용은 장거리 답사와 군사적 개선, 정치적 혁신에 나서도록 중국 지도자들을 자극했다.

로마인들을 로마에 묶어둔 정책과 중국 제국의 공간적 유연성은 각국의 운영 방식에 영향을 미쳤다. 로마의 정치 제도는 시민 겸 군인들이 투표권과 권한을 보유한 도시에서 발달했다. 인민주권이라는 로마 공화정의 과감한 정치 혁신은 제어하기 쉬운 도시 공간과 관련이 있었으며, 패배한 외부인들에게 시민권을 부여한다는 급진적 발상은 아주 오랫동안 수도의 명령권을 흔들지 않으면서도 제국의 팽창을 가능하게 해주었다.

다양한 기구(원로원, 정무관직, 집정관직, 민회)의 직무와 의무는 시간이 흐르면서 변했지만, 로마는 적어도 원칙적으로는 시민권과 법적 절차를 보호하겠다는 약속을 지켰다.

중국 통치자들도 법치를 내걸었지만, 로마와는 다른 가정에 입각하여 법치를 했다. 황제는 백성들에게 법률 제정을 승인해줄 것을 요청하지 않았다. 황제는 올바른 법규와 위법행위에 대한 적절한 형벌을 반포함으로써 사회에 대한 자신의 의무를 이행했다. 이 형성기에 중국의 법은 황제의 입에서 나왔다. 따라서 (법적 장소가 여러 곳인 로마의 경우와 달리) 사법부를 별도로 설치할 이유가 없었다. 법은 행정의 일부였다. 현명한 관료들은 법을 해석했을 테지만, 그들은 일종의 공개 토론장에서 논쟁을 벌이거나 여론을 조성하지 않고 황제에게 간언을 올렸다. 중국의 각 군(郡)에서는 군수와 현령, 이들의 하급 관리들이 법적 문제를 처리했다. 이 중요한 과제는 지역 귀족의 권한 밖의 일이었다.

제1장에서 시사한 대로 모든 제국은 중개인들의 복종과 충성을 확보해야만 했다. 로마와 중국은 이 과제를 해결하는 상이한 방식을 제시했고, 양국의 중개인 관리 전략은 중국은 되살아나고 로마는 끝내 되살아나지 못했던 이유의 하나였다. 중국의 핵심 제도는 관료들의 통치였다. 대적하는 왕들의 분쟁에서 생겨난 중국 제국에게 주된 위협은 처음부터 정치체를 다시 갈라놓거나 명령권을 장악할 수 있는 왕족 신하나 지방 세력이었다. 이 가능성에 대비하여 진과 한의 지도자들은 중앙집권화된 관료제를 만들어 시골까지 확대했다. 지방에서 인재를 등용하고 교육하고 시험하는 제도는 가장 뛰어나고 총명한 사람들을 제국의 행정으로 끌어들였다. 제국 엘리트들은 막대한 보상(자원, 위신, 세련된 생활방식)을 받았으며, 어쩌면 이것이 성공적인 왕조들 사이 오랜 막간 동안 중국 제국이 싸워서 차지할 만한 정치적 이상으로 남았던 이유일 것이다.

로마는 중개인들을 간접적으로 관리했다. 로마 초창기부터 군사적 탁월함은 최상위 신분까지도 올라갈 수 있는 경로의 하나였지만, 지역 엘리트들은 현지에 머물면서 공식적인 황제 숭배에 참여하고, 조세를 바치고, 로마와의 문화적·상업적 연계를 통해 향상된 생활방식을 고수할 수도 있었다. 제국은 엘리트들에게 토지, 노예, 법적 지위, 안락함을 보상으로 주었다. 원로원 의원을 배출한 명문가들과 다른 가문들은 자기네 속주 재산에 관심을 보였고, 속주에서 특권을 가진 시민층의 일부가 되어 로마인처럼 생활할 수 있었다. 그렇지만 이것은 로마 제국이 서서히 소멸한 또 하나의 이유였다. 제국의 관리가 되기 위해 기량을 익히고 제국을 되살리겠다는 동기를 지녔던 중국 엘리트층과 달리, 로마 후기의 지역 귀족은 이런 기량과 동기를 결여하고 있었다. 제국의 보상과 규율이 고갈되자 지역 엘리트층은 문화자본─법과 주권 개념을 포함한─을 현지에서 사용했고, 제국 자체가 아닌 로마의 이념을 뒷받침했다. 중국의 시작점은 지역 제후들이 정치적 주도권을 장악하고서 제국을 건설한 때였다. 로마의 종점은 지역 제후들이 자신의 길을 걸어가기로 결정한 때였다.

마지막으로 정치적 상상과 차이의 정치라는 두 가지 논제를 더 살펴보자. 두 제국은 지식을 존중했고, 서로 겹치지만 다른 방식으로 지식을 효율적으로 이용했다. 로마 지식인들은 로마의 영광을 칭송하고, 로마의 기원에 관한 영웅 신화를 창작하고, 시대에 걸맞게 로마의 문명을 재규정할 수 있었다. 또한 그들은 지방민의 부패와 몰락을 한탄함으로써 이른바 로마인의 덕목과 정치적 원칙의 효과를 유지할 수 있었다. 중국 학자들은 당대 왕조를 널리 알리고 찬미하기 위해 선대 통치자들의 덕목을 찬양했다─혹은 그 덕목에 의구심을 드러냈다. 로마의 달력은 이전 황제들의 이름을 달(月)의 이름에 포함하여 짐작건대 그들을 영원히 기렸을 것이다. 중국의 시대는 새 황제가 즉위할 때마다 새롭게 시작되었고, 즉위 연도를 기준으로 햇수를 세는 연호(年號)를 사용했다. 연호를 비롯한 관행들은 현재와 미래에 황제의 으뜸가는 지위를 나타냈다.

이런 선전 노력과 통치 관습은 신민들의 정치적 상상에 어떤 차이를 만들어냈을까? 두 경우에 노예든 자유인이든 인구의 절대다수에게 제국은 주어진 것이었고, 정치는 중앙에 더 가까운 유력자들(노예 주인, 부족 지도자, 지주, 군 지휘관)을 상대하는 것이었다. 그렇다고 해도 두 제국은 다양한 지위의 사람들이 접근하고 해석할 수 있는 소속 방식을 고안했고, 이 정치적 창작품은 세계에 그 흔적을 남겼다.

로마 시민권은 중요한 창안물이었다. 그리스 도시국가들에서 차용하여 로마에 맞게 바꾸었을 시민권 개념은 공화정에서 제도화되었고, 제국의 팽창에 힘입어 유지되었다. 로마 시 외부로 시민권을 확대하겠다는 결정과 212년에 카라칼라 황제가 제국의 자유인 성인 남성 전원에게 시민권을 확대하겠다고 한 결정은 권리와 주권을 상상하는 방식에 심대한 영향을 미쳤다. 제국 시민권에는 여러 의미가 있었다. 시민권은 의무와 보호를 수반하는 법적 지위, 긍지와 명예의 원천, 시민 개개인을 국가 권력은 물론이고 광대한 공간에 산재하는 다른 시민들과도 연결하는 유대였다. 정치체는 황제 주변의 시종들이나 황제의 권력을 노리는 경쟁자들의 내면만이 아니라 구성원 개개인의 내면에도 존재할 수 있었다. 국가 및 다른 시민들과의 이 유대를 어떻게 활성화할 수 있는가? 이 유대는 무엇을 표현하고 낳아놓을 수 있는가? 제국에게 이 유대는 어떤 의미를 가지는가? 로마 제국 시대부터 오늘날에 이르기까지 사람들은 이런 물음을 생각하고, 다시 생각하고, 제기했고, 결코 끝마치지 않았다.

로마 시민권을 갈망했다는 것은 시민권이 모두에게 주어지지 않았음을 뜻한다. 그러나 자기네 생활방식이 우월하다는 로마인들의 확고한 생각은 출생이 아무리 야만적일지라도 적절한 교육을 받으면 결국에는 누구나 후마니타스의 일원이 될 수 있다는 믿음을 동반했다. 그렇다 해도 문명이라 불릴 자격이 있는 인간 부류는 로마인뿐이었다.

중국의 황제와 대신, 무관도 자기네 문명이 우월하다고 믿었고, 중국인과 다르게 살아가는 외부인들에 직면했다. 그러나 유목민 민족들을 상대하는 중국의 방식은 자국의 위대한 창안물인 관료 통치와 상응했다. '오랑캐' 출신 중에서 선발된 지도자들은 황제의 신하나 고문이 되어 선정(善政)과 관련된 덕목들을 익힐 수 있었다. 외부인들은 집단으로서 중국의 인정을 받을 수 있었으며, 중국은 실용적인 동맹, 조공 관계, 군사적 모방을 통해 외부인들을 상대할 수 있었다. 일부 학자들은 이 상호작용을 한족과 오랑캐의 극명한 대립으로 고쳐 썼지만, 그런 서술마저도 오랑캐에게 그들의 방식이 있다는 것은 인정했다.

로마 지도자와 중국 지도자 둘 다 다종다양한 집단의 충성과 생산성을 유지하기 위해 힘썼다. 로마인들은 먼저 시민권을 확대하고 뒤이어 기독교를 채택함으로써, 공유하는 권리와 문화에 기반을 두는 단일하고 우월한 정치 공동체라는 개념을 고취했다. 정착민과 유목민의 접점에서 중국 지도자들은 균질성을 요구하지도, 분열을 초래할 여지가 있는 시민권을 제공하지도 않았다. 그러나 중국 제국은 외부 세력의 자극을 수용하여 활용했고, 제국의 외교는 외부 세력의 현실에 주의하고 그들을 적절히 존중했다. 로마와 중국은 2000년 전에 차이의 정치의 두 가지 변종을 표현했다. 정치적 소속 문제와 외부 출신자들을 어떻게 대하느냐는 문제에 대한 두 제국의 접근법은 제국 권력의 궤도에 영구적인 영향을 미쳤다.

CHAPTER 3

로마이후
: 제국, 기독교, 이슬람

로마는 후대 정치체들의 지리를 형성했고, 로마에 대한 기억은 그다음 1000년간 제국 건설자들을 강렬하게 자극했다. 한때 도처의 엘리트들이 로마의 문화와 정치에 관여했던 광대한 공간에서 야심적인 지도자들은 라틴어와 기독교, 시민적 행동주의 사상을 이용할 수 있었다. 이 장에서는 로마의 자리를 차지하려 했던 제국들을 탐구한다. 우리는 이 책을 관통하는 논제들을 고찰할 것이다. 그런 논제로는 제국의 가장자리에서 등장하는 새로운 경쟁자들, 제국적 상상계 속에 있는 과거 제국들을 모방하려는 시도, 종래 관행들을 합성하고 변형하는 일, 중개인들을 찾아내고 그들의 충성을 유지하는 문제, 되풀이되는 제국의 파편화 등이 있다. 우리는 제국들의 역사에서 나타난 주요한 혁신을 탐구한다. 그런 혁신으로는 제국 권력과 일신교의 결합, 이 결합의 기독교적 형태와 이슬람적 형태, 잠재적으로 모든 것을 아우르는 종교가 제국들의 차이의 정치에 미치는 영향 등이 있다.

4세기 후반의 로마 제국은 피정복민의 신들을 흡수하던 정치체가 아니었다. 로마 제국은 이미 기독교권이 되어 있었다. 일신교는 제국의 도구인 동시에 분립이라는 극히 현실적인 위험의 원인인 것으로 판명났다. 유일신의 유일한 지상 대변인이 황제라는 주장은 도전을 받았다. 신의 참된 대변인이 다른 사람인 것은 아닐까? 제국의 문제들—전염병부터 전투 패배까지—은 황제가 신앙을 저버렸다는 신호가 아닐까? 기독교와 이슬람은 둘 다 '책의 종교'이자 공유하는 유산을 바탕으로 하는 종교로서, 황제의 권위를 둘러싼 경쟁을 고무했다.

앞에서 보았듯이, 제국들은 맞닥뜨리는 사람들 사이의 문화적·언어적 차이에 적응할 수 있었다. 일신교가 반드시 비신자들과의 분쟁을 함축한 것은 아니었다. 무슬림, 유대인, 기독교도는 지중해 세계와 그 너머에서 서로 교역을 하거나, 그렇지 않더라도 평화롭게 상호작용할 수 있었다. 그러나 제국과 일신교의 결합은 치명적인 가능성(서로를 배척하는 문명들이 모든 것을 아우르는 구상에 입각하여 팽창주의적 경쟁을 벌일 가능성)을 수반했다. 복잡한 정치체를 통치하는 현실로 인해 이런 구상이 완화되었을까? 기독교도와 무슬림이 제국 권력을 행사함에 따라 관용과 배제라는 문제가 부각되었다.

기독교 정치체와 이슬람 정치체를 살펴보면서 우리는 두 정치체의 뒤엉킨 역사와 구조적 유사점을 확인하고자 한다. 유일신 아래 지상의 통일을 역설한 국가들은 통치자들의 원대한 포부와 변덕에 취약했다.

로마에서 콘스탄티노플로

역사상 제국 공간의 초점이었던 도시가 있다면, 그것은 '영원한 도시' 로마였다. 그러나 324년에 콘스탄티누스 황제는 비잔티움에 제2의 수도를 건설했다. 이 두 번째 수도는 처음에는 '새로운 로마'로 불렸으나 머지않아 창건자의 이름을 따서 콘스탄티노플이라 알려졌다. 제국 권위의 중심은 이제 그리스어를 쓰는 지역으로 옮겨갔지만, 제국의 다른 많은 무역도시들과 마찬가지로 비잔티움에는 다종다양한 사람들이 살았고, 통치기구의 언어는 라틴어였다. 비잔티움은 동지중해와 흑해, 아시아를 횡단하는 무역로들이 만나는 유리한 교차로에 자리 잡고 있었다. 황제는 로마를 주름잡는 가문들의 영향력에서 벗어나서 자신의 자율성을 강화하고 싶었을 것이다. 330년에 새로운 수도를 선포한 콘스탄티누스는 그리스 신화와 기독교 서사에 등장하는 인물들로 석조 기둥을 장식하여 고전 전통과 새로운 국교를 연결지었다.

동로마 제국의 종교와 권력

콘스탄티누스 치세까지만 해도 하나였던 로마 제국은 5세기 후반 들어 통치자가 다른 동로마와 서로마로 쪼개졌다. 후대 황제 몇몇은 두 로마를 다시 합치려 했으나 성공하지 못했다. 도시 로마를 포함한 서로마 제국은 5세기 말에 동고트족에 장악당했다. 황제의 권위가 무너지자 정치 권력이 조각나고, 경제적·문화적 연계가 붕괴되고, 군사적 분쟁이 일어났다. 동로마 제국은 서로마가 몰락한 뒤에야 비잔티움이라 불리게 되었다. 처음부터 동로마 제국의 궁정 문화는 라틴 유산과 그리스 문화권에 속하는 위치뿐 아니라 수백 년 동안 서로 경합했던 다른 정치체들(특히 사산조 페르시아)의 영향까지 반영했다.

비잔티움의 전성기는 6세기 유스티니아누스 1세와 테오도라 황후의 치세(527~565년)였다. 유스티니아누스는 이탈리아에서 동고트족을 물리치고 새로운 비잔티움 방식으로 로마의 통치를 복구했다. 비잔티움 군대는 반달족으로부터 북아프리카를 탈환했고, 때로는 전쟁을 벌이고, 때

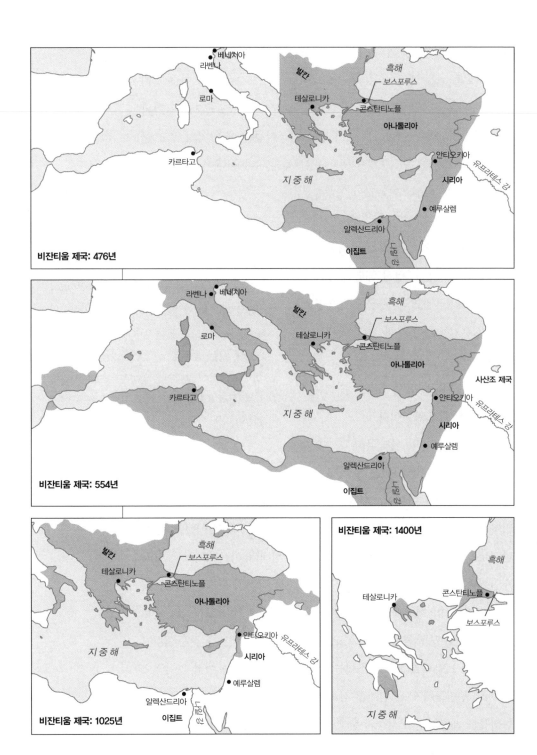

비잔티움 제국: 476년

비잔티움 제국: 554년

비잔티움 제국: 1025년

비잔티움 제국: 1400년

로는 화평을 맺음으로써 사산조 제국과 교착 상태를 유지했다. 로마는 법의 구속을 받는 제국이라는 유스티니아누스의 생각은 로마 법을 집대성하여 534년에 편찬한《로마 법 대전(corpus juris civilis)》으로 표현되었다. 유스티니아누스 법전은 로마 법을 되풀이하는 데 그치지 않고 실정에 맞게 수정했으며, 황제의 뜻을 받든 대리인(비잔티움의 법률가 트리보니아누스-옮긴이)과 기독교의 영향을 받았다. 이 법전은 신민에게 법관 앞에서 재판받을 권리를 보장하는 국가의 의무를 재확인했고, 법의 내용을 명시했다. 그러나 유스티니아누스의 성공은 그의 계승자들을 힘겹게 했다. 유스티니아누스가 일으킨 전쟁은 제국을 재정난에 빠뜨렸고, 그가 확장한 변경은 공격에 취약했기 때문이다.

동로마 제국의 인구는 극히 다양했다. 주요 어군으로는 그리스어, 라틴어, 슬라브어, 콥트어, 아랍어, 베르베르어 등이 있었다. 도시들―알렉산드리아부터 안티오키아를 거쳐 테살로니카까지―은 국제적이었고, 콘스탄티노플에서는 72개 언어가 쓰인 것으로 추정된다. 아르메니아인, 그리스인, 유대인, 라틴인은 제국의 상업 활동에서 각자의 위치를 인정받았다. 과거의 로마 제국과 마찬가지로 동로마 제국은 거점 도시들의 관계망이었으며, 여기에는 목욕탕, 학교, 교회 등 독특한 제도를 갖춘 900여 개 도시가 포함되었다. 그리스어는 예배 언어, 라틴어는 행정 언어였으나 제국 주민들에게 두 언어를 강요하려는 시도는 없었다. 시골은 잉여 농작물을 제공하여 도시들의 관계망을 지탱했지만 지역마다 집단과 언

> 법과 관례에 따라 통치받는 모든 공동체는 고유한 법의 일부, 전 인류의 공통 법의 일부를 이용한다. 한 공동체가 스스로를 통치하기 위해 제정하는 법은 특정한 국가의 법으로서 시민법이라 불린다. 그러나 선천적 이성이 전 인류를 위해 정하는 법 또한 모든 공동체 사이에서 시행되는데, 모든 공동체가 그 법을 이용하기 때문이다. 그리하여 로마인은 얼마간은 고유한 법에 따라, 얼마간은 전 인류에게 공통된 법에 따라 통치받는다.
>
> – 유스티니아누스 법전, 서언

비잔티움 황제 유스티니
아누스 1세와 그의 수행
단, 547년경. 이탈리아
라벤나에 있는 산 비탈
레 성당의 모자이크.

어가 가지각색이었고, 제국의 일부 문화에 연결되기는 했으나 그 연결이
충분하지는 않았다.

분화된 정치체에 질서와 보호를 제공하는 단일 황제를 보완한 것은 유
일신에 대한 신앙심이었다. 이제 유일신의 호소력은 지역의 열광자 무리
와 조상 숭배 수준을 넘어섰고, 유일신 숭배는 넓은 공간을 가로질러 상

호작용하는 데 필요한 도덕적 공통 기반이 되었다. 테오도시우스 1세는 이미 시작된 기독교로의 이행을 완료했다. 그는 392년에 이교 의식을 금지하고 사원을 폐쇄하고 우상을 파괴했다. 국가와 한편이 된 기독교 교회는 부유해졌다. 교회는 토지를 소유했고, 부자들로부터 기부금을 걷었고, 국가 보조금을 받아 이익을 얻었다. 수입의 일부는 빈민층을 돕는 데 쓰였지만 대부분은 교회와 예술 작품에 쓰였다. 유스티니아누스와 테오도라 치세에 건축된 콘스탄티노플의 거대한 하기아 소피아 성당은 규모와 품위의 비범한 결합을 선보였다. 유스티니아누스는 건축물 장식을 위해 제국 곳곳으로 장인들을 파견했다. (이탈리아의 아드리아해 연안에 자리 잡은) 라벤나의 교회들의 빼어난 모자이크는 유명한 사례의 하나다. 부자들의 기부를 받은 수도원들은 교회 문화를 형성했고, 수도원 간의 연계를 통해 기독교 세계를 결속했다.

기독교는 제국을 통일하는 힘이었는가? 기독교는 성경의 권위를 버팀목으로 삼아 비신자를 개종시키려 하는, 보편적인 호소력을 지닌 듯한 종교였다. 이 종교를 국가의 제도와 연결하자 참된 세계 제국(하나의 신, 하나의 제국, 하나의 황제)으로 나아갈 전망이 열렸다. 그러나 기독교는 교리에 대한 분분한 해석들을 용인하거나 억압해야만 제국을 통일하는 힘이 될 수 있었다. 더욱이 비잔티움인들이 믿는 다수의 다른 종교에도 주의해야 했다. 시간이 흐르면서 비잔티움 왕조는 종교를 대하는 몇 가지 방침을 정했다. 제국은 다신교에 적대적이었고, 일신교를 믿는 유대인에게는 비교적 관대했으며, 이슬람이 발흥한 뒤로는 전쟁이 한창일지라도 무슬림과 교역하고자 했고, 비기독교도들의 상업망에 참여할 때는 대체로 실용적인 입장을 견지했다. 제국은 기독교 내부의 차이에는 훨씬 덜 관대했다. 일찍이 325년에 콘스탄티누스는 교리를 두고 옥신각신하는 주교들의 합의를 이끌어내려 했지만, 교리 논쟁은 특히 반대자들이 이단

딱지를 감수할 때면 격렬하게 치달아 분열을 초래했다.

콘스탄티노플 총대주교는 '전 세계[고대 그리스어로는 오이쿠메네 (oikoumene)]의 총대주교'로 알려졌다. 다른 총대주교직은 알렉산드리아, 안티오키아, 예루살렘에서 확립되었고, 다른 도시들에는 주교가 있었다. 로마의 교회는 동고트족에 정복당한 뒤 독자적인 조직으로서 역경을 헤쳐나가려 했던 반면에 지중해 동부의 기독교는 비잔티움 제국에 단단히 연결되었다. 콘스탄티노플에서 황제는 스스로를 신의 유일한 지상 섭정으로 내세웠고, 기독교 총대주교를 임명하고 교회 평의회를 주재했다. 통치자의 권위와 성직자의 권위 둘 다 자주 교리 논쟁 때문에, 특히 숭배에서 성상(聖像)의 위치를 둘러싼 논쟁 때문에 분열되었다. 그럼에도 동방 교회는 별개의 실체가 되었다. 동방 교회는 로마를 본거지로 삼는 교회와의 결별을 수차례 선언했고, 1054년에 결정적으로 갈라섰다. 로마에서 교황이 샤를마뉴 대제에게 제관을 씌워준 800년 이후, 두 가지 대안적인 교회-제국 관계 유형—아울러 로마 제국에서 유래한 두 갈래의 황실 혈통—은 서로 불편한 사이가 되었다.

교회와 제국이 밀접히 연관된 결과—또한 이슬람 정치체들과 분쟁한 결과—비잔티움 제국은 신앙의 공동체로 재규정되었는데, 이는 일찍이 로마 제국이 경험하지 못한 일이었다. 이 기독교 제국은 역사와 종교 문화를 통해 서로 연결된 집단들, 중앙의 정치적 통제에 다양한 수준으로 종속된 집단들의 연합체 형태를 서서히 갖추어갔다. 교회의 영향은 제국 너머로 퍼져나갔고, 제국 안에서도 콘스탄티노플에서 멀찍이 떨어진 종교 지도자들은 사람들을 책동할 여지가 더 많았다. 9세기 무렵 비잔티움의 교회 지도자들은 라틴어 사용을 고집한 서쪽 교회 지도자들과 달리 슬라브어파 언어들로 기독교를 선전하고 있었다. 동방 교회는 결국 정통 기독교의 변종을 여럿 배출했다. 그중에서 그리스 정교회, 러시아 정교회, 아르메니아 정교회, 콥트 정교회는 비잔티움 제국보다 오래 살아 남았다. 로마 기독교는 가톨릭 교회로 진화하여 보편 교회임을 주장했지 만, 그 경계는 사실상 교황이 지닌 권한의 범위와 한도에 따라 결정되었 다. 비잔티움 왕조의 기독교 정교회는 혁신적이었고 제국의 정치에 적응 할 수 있었으며, 거대한 공간을 아우르는 유대(조직적·이데올로기적 유대) 를 만들어냈다.

비잔티움 제국은 로마의 핵심 제도—4세기 후반에 65만 명을 헤아렸 을 군대와, 이보다 훨씬 소규모였던 약 3만~4만 명의 관료 계급—를 유 지했다. 제일 중요한 점은 비잔티움 왕조가 로마인들의 과세 관행을 이 어갔다는 것이다. 과세를 통해 관료와 군인에게 보수를 지급하는 관행은 서로마 제국이 분열한 이후 출현한 정치체들에는 없는 비잔티움 제국의 특징이었다—그런 정치체에서는 왕이 인력과 물자를 보충하기 위해 지 역 제후들에게 의존했다. 콘스탄티노플은 수도교(水道橋)와 도로를 건설 하고 안정적인 주화를 공급하는 역량을 700년 넘게 보유했으며, 제국- 국가는 드넓은 공간 전역에서 일상의 관행과 사람들의 상상 안에 존재 했다.

비잔티움 황제는 (앞으로 우리가 살펴볼 내구성 강한 다른 제국들의 황제처 럼) 자원을 통제할 수 있었던 까닭에 황실 귀족이나 지역 엘리트와 일정 한 거리를 둘 수 있었다. 페르시아와 그 인근에서 궁정 관행을 받아들여 실정에 맞게 바꾼 비잔티움 왕조는 환관(宦官)을 고문, 대신, 시종으로, 특히 황제에게 접근하는 사람들을 통제하는 역할로 이용했다. 왕가의 야 망도 없고 남성이나 여성의 성별 역할에도 구애받지 않은 환관들은 캐 스린 링로즈(Kathryn Ringrose)의 말마따나 "완벽한 시종들"이었다.

영토를 확장하거나 보호하고 신민들에게 경외감을 심어주기 위해 전 투에 병력을 집중하는 능력은 대폭 확장된 제국에 반드시 필요했다. 비잔티움 제국은 방어가 단단한 보스포루스 해협에 수도가 자리 잡은 데다가 다양한 자원과 그 자원을 분배할 수단을 보유했던 까닭에, 서쪽의 로마보다 습격자, 해적, 탐욕스러운 내부인, 이주하는 집단, 침략국에 맞서 스스로를 잘 지킬 수 있었다. 비잔티움군은 해상에서 불타는 나프타를 내뿜어 적군을 공포로 몰아넣는 화염 방사기를 선박에 장착하여 해전을 혁신했다.

과거의 로마처럼 비잔티움도 접경 지대의 전사들로 상근 군인을 보완했다. 그들은 이른바 야만족(고트족, 훈족, 스키타이족, 슬라브족, 훗날 튀르크족)으로, 비잔티움 제국이 스스로를 정의할 때 자기네 반대편에 둔 부류였다. 중국 접경 지대의 유목민처럼 이 병력도 잘 조직된 커다란 제국 체제로부터 얻을 것이 많았으나 이 체제에 특별히 충성하지는 않았다. 7세기, 아랍 병력의 맹공을 받는 상황에서 비잔티움 왕조는 속주의 행정과 군사를 개편했다. 제국은 사령관이 관할하는 테마(thema)라는 구역들로 속주를 나누고 병사들에게 토지를 할당했다. 제국은 병사들의 후손도 군에 복무하고 테마의 둔전을 경작하기를 기대했다. 이 제도를 통해 비잔티움은 병사 급료를 줄이면서도 군 부대의 충성심을 유지할 수 있었다. 로마의 유산인 조세로 비용을 충당하는 군대와, 로마 이후 서유럽의 대부분 지역에서 시행된 귀족과 그 가신에 의존하는 제도를 반반씩 섞은 이 전략은 궁정과 그 도시들에 초점을 맞춘 제국으로서는 위험한 개혁이었다. 테마가 분산된 권력 중심이 되고 병사들이 자원을 제 것으로 생각할 수도 있었기 때문이다. 11세기 무렵 유력자들은 종전까지 국가가 직접적으로 운용했던 세입을 농민들로부터 징수할 권리를 획득했고, 비잔티움 체제는 로마 이후 서유럽의 체제와 더 비슷해졌다. 이민족 병력과 토지 양여 제도는 여러 제국의 통치 전략에서 유용하지만 위험한 요소였다.

비잔티움의 일상 행정은 시의회를 통해 현지의 사무를 자체 처리하는 도시들에 의존했고, 제국 통치기구는 건축물과 수도교 수리, 도시 치안 유지, 거리 청소, 시장 감독, 군인 숙소 제공 등의 과제를 시의회에 명했다. 지역민들은 시 총독(prefectus, 각자 특정 지역을 관할하는 황제 직속 행정관과 법관)의 감시를 받았다. 제국은 황제의 권한을 과시하는 의례를 거행했고, 이런 의례에서 귀족과 제국 관리는 자신의 지위를 확인하는 역할을 수행했다. 그렇지만 서민층이 이런 의례를 보고 얼마만큼 경외심을 품었을지는 알 수 없다.

비잔티움의 통치는 세 요소의 균형에 의존했다. 상벌을 내리는 황제의 능력, 예측 가능한 규제를 집행하는 관료제의 역량, 제국이 보호하는 상호작용에 대한 지역 엘리트층의 관심이었다. 제국이 고비용 전쟁을 치르고 영토를 상실할 때면 비잔티움의 도시 문화를 유지하기가 어려워졌고, 제국의 경계 내에서 다수의 방언 문화가 강해졌다.

로마처럼 콘스탄티노폴에도 명확하거나 고정된 제위 계승제가 없었다. 황제의 죽음은 군부의 지원과 민중의 환호를 차지하기 위한 엘리트 파벌들의 경쟁을 뜻했다. 황제는 다른 잠재적 지도자들에 맞서 상당한 세입을 들여 군부의 충성심을 확보해야 했다. 파벌들은 저마다 '야만족' 신병을 모집하려 했다. 비잔티움 황제들 중 일부는 제국의 변방 출신이었고, 대개 무용에 힘입어 출세 가도를 달렸다.

비잔티움처럼 거대한 제국을 다스리는 일은 대다수 농업경제에 상당한 부담이었다. 서로마 제국의 대들보는 노동력 대부분을 정치체 외부에서 충원한 커다란 노예 농장이었던 반면, 동로마 제국은 소작농인 콜로누스(colonus)에 더 의존했다. 콜로누스는 농장에 결박된 처지였고 지주에 의해 농장에서 쫓겨나기도 했다. 그들의 신분은 세습되었다. 지주들은 소작농에게서 지대를 징수하는 권리—지대를 걷어 소작농의 조세를 납부했다 —를 바탕으로 8세기까지 토지귀족의 입지를 다졌다.

제국의 연계: 기회와 취약점

비잔티움 경제는 도시의 수공업자와 상인은 물론이고 상당히 비옥한 각양각색 지역들(지중해의 올리브와 포도주 산지, 나일 강 유역, 시리아의 고지대)에서도 세금을 걷었다. 제국 통치는 도시와 농촌을 잇는 연계망을 보호했고 그로부터 힘과 결속을 끌어냈다. 비잔티움은 상업에 세금을 부과하고 무역과 수송 업무를 대부분 다른 사람들(예컨대 베네치아인)에게 맡기는 유연한 전술을 채택했다.

상호 연계는 취약성의 원인이기도 했다. 일례로 540년대에 발생한 전염병은 이집트 전역뿐 아니라 서쪽으로 에스파냐, 동쪽으로 페르시아까지 퍼져나갔다. 다른 제국들에서처럼 비잔티움의 상업 대리인들도 제국의 보호책을 이용하고 위반하는 가운데 수익을 얻고 긴장을 유발하고 이따금 분쟁을 일으켰다. 지중해 동부 전역에서 활동한 베네치아 상인들은 해로와 육로를 보호하고 제법 안정적인 통화를 공급해줄 제국 권력자들에게 기꺼이 협력했다. 1100년 직후 베네치아인들은 콘스탄티노플의 해안가에 거류지를 얻었다. 13세기에 비잔티움의 권력이 이울어가자 베네치아는 비잔티움의 영토 보전을 위협하는 경쟁국이 되었다. 그때까지 비잔티움 제국은 수백 년 동안 존속했을뿐더러 로마의 '멸망'에 뒤이은 경제 쇠퇴를 막기까지 했다. 고고학적 증거들(비잔티움 도시들의 석조 주택, 번창한 수도원들, 널리 유통된 주화, 왕성했던 올리브 기름과 포도주 교역의 흔적)은 살이 여럿 달린 비잔티움의 우산이 제공했던 경제적 이점을 드러낸다.

제위 계승 투쟁과 내란의 결과, 권력이 결집했다가 흩어지는 순환이 나타났다. 이런 중압 때문에 비잔티움은 제국 가장자리에서 외부 세력에 취약해졌다. 페르시아와 비잔티움이 전쟁을 치르다가 둘 다 약해지자, 새로운 제국인 이슬람 칼리프국은 7세기에 판도를 넓힐 기회를 잡았다. 비잔티움 제국은 시리아와 이집트에서 속주들(곡물과 조세, 연계에 반드시 필요했던 지역들)을 잃었지만, 678년에 콘스탄티노플을 노린 중대한 공격을 격퇴했고 그 후로도 습격을 거듭 물리쳤다(지도 3.1). 이 전략적 중심지를 지켜내지 못했다면, 주디스 헤린(Judith Herrin)이 추론한 대로 이슬람 제국들은 "정치적 파편화로 인해 조직적으로 방어할 가능성이 낮아졌던 7세기 동안 발칸 전역을 넘어 이탈리아와 서방에서도 이슬람이 퍼져나갔을 것이다."

이런 분쟁을 거치면서 비잔티움 제국은 크기가 대폭 줄어들었고, 제국들—지지자들에게 자원을 재분배하는 중앙의 능력에 의존하는—이 위축될 때 으레 겪는 곤경에 봉착했다. 교회의 주요한 총대주교 교구들뿐 아니라 경제적 자산까지 칼리프 왕조에게 빼앗기고 나자 비잔티움 제국은 토지세를 징수하기가 어려워졌다. 또한 줄어든 영토를 지키고 위신을 유지하기가 전보다 힘들어졌다.

그러나 비잔티움은 목숨이 하나 이상 있는 듯했다. 비잔티움은 9세기에 소생했고, 외딴 영토를 상실한 다음 바실리우스 2세 치세에 990년부터 1025년까지 또 한 번 찬란하게 되살아났다. 이 시기에 비잔티움은 발칸과 흑해 동부까지 진격했고, 시리아에서 서쪽으로 영토를 잠식해오는 이슬람을 저지했으며, 시칠리아 섬에서 침략해오는 무슬림들로부터 이탈리아 남부 영토를 지켰다. 바실리우스는 위기에 몰릴 때면 기독교도든 무슬림이든 가리지 않고 지역의 권세가들과 협상하여 그들로부터 조세를 거둬들였다. 바실리우스에게 가장 심각한 위협의 원천은 그가 정복한 공동체들이 아니라 특히 이슬람 제국을 비롯한 다른 제국들, 그리고 황제의 권력을 지켜주는 동시에 이따금 찬탈하려 시도하는 그의 장군들이었다. 바실리우스 사후에 제위 계승 문제로 힘이 약해진 비잔티움 황제들은 바실리우스처럼 충격, 경외감, 협상 타결을 결합해내지 못했고, 제국은 다시 움츠러들었다.

1071년, 튀르크계 셀주크 왕조는 비잔티움에 참혹한 패배를 안겨주어 제국의 군사 엘리트층 사이에서 한바탕 공황 상태와 내란을 유발했다. 셀주크 제국은 튀르크어 사용자들을 움직여 아나톨리아를 대부분 점령했다. 셀주크 제국이 1077년에 성지(聖地)를 장악하자 이에 발끈한 서유럽의 기사들과 왕, 교황은 기독교계의 성지를 수복하기 위해 십자군 원정을 개시했다. 콘스탄티노플은 십자군 원정보다 셀주크 왕조에 맞서 도움을 구하는 데 관심이 더 많았고, 자국을 통과하는 십자군과 결코 편한 관계가 아니었다. 1204년에 최악의 순간이 닥쳤다. 십자군은 콘스탄티노플을 유린하고 라틴 왕국을 세운 뒤에 비잔티움 통치자들을 아나톨리아로 추방해버렸다. 기독교도가 다른 기독교도를 학살하고 교회를 약탈하고 라틴인 총대주교를 임명한 결과, 라틴인들의 60년에 걸친 콘스탄티노플 지배가 시작되었다.

십자군 원정을 떠나는 기독교도와 호전적인 무슬림, 지중해의 상업망으로 이루어진 세계에서 비잔티움 제국이 그냥 사라진 것은 아니었다. 비잔티움 왕조는 후대의 제국들에, 특히 오스만 제국(제5장 참조)에 가장 뚜렷한 흔적(행정 관행, 종교와 예술 문화)을 남겼다. 비잔티움은 결국 도시 국가에 지나지 않는 처지로 전락했지만(지도 3.1) 오스만 왕조의 새로운 제국 권력에 보스포루스 해협의 수도를 함락당한 1453년까지 존속했다. 콘스탄티노플의 제국을 1100년 넘게 운영한 것은 흔히 복잡다단한 의고주의(archaism) 국가로 간주된 정치체로서는 나쁘지 않은 성과였다. 비잔티움의 다양성, 유연한 행정, 성대한 의례는 종래의 전통을 이따금 해지기는 해도 오래 입는 낙낙하고 인상적인 황제용 예복으로 바꾸어놓았다. 지중해 동부에 이 제국의 내구성과 적응력이 없었다면 세계사의 행로가 달라졌을 것이다.

제국들의 충돌? 지중해 세계의 이슬람

오늘날처럼 과거에도 '문명의 충돌'에 관해 설교한 많은 이들은 기독교도와 무슬림 사이에 구분선을 그으려고만 했지 그들이 어떤 사람들인지 기술하지 않았다. 이슬람교와 기독교는 공통의 문화적 재료에 의지했고, 둘 다 지중해와 이에 인접한 대륙들이 교차하는 지점에서 형태를 갖춘 뒤 유럽과 아프리카, 서남아시아로 세력을 넓혔다. 두 문명은 분명히 현실적으로 충돌했지만, 이 충돌은 차이보다는 유사성과, 서로 겹치는 사상과 자원, 영토 야망과 더 관련이 있었다.

기독교는 로마 제국 '내부'에서 성장했고 황제의 몫을 의당 주어야 한다고 ─ 황제 본인의 상상력을 사로잡기 오래전에 ─ 선언한 반면, 이슬람은 제국들의 '가장자리'에서, 제국들의 전통을 흡수할 만큼은 가깝고 신자들의 정치적 공동체를 구성할 만큼은 떨어진 곳에서 뿌리를 내렸다. 이슬람의 핵심 문헌(코란, 하디스, 샤리아)은 무함마드가 공동체를 제국으로 바꾼 시기에 기록되었고, 신의 법에 따라 통치하는 것을 목표로 삼는 정치체를 회고적 관점에서 규정했다. 기독교와 제국은 그리스도 이후 4세기가 지나서야 그것도 비잔티움에서 촘촘하게 뒤얽혔다. 비잔티움에서마저 황제와 총대주교는 줄곧 구별되었고, 서로마에서는 교황과 왕들이 오래도록 불화했다. 그러나 이슬람은 처음부터 제국 건설과 연관되었고, 신앙과 권력을 확장하는 역량을 갖추고 있었다.

아라비아 서부의 친족 기반 사회들은 사막을 가로질러 로마 제국과 훗날 비잔티움 제국까지 닿고 아라비아해와 인도양을 건너 남아시아와 동

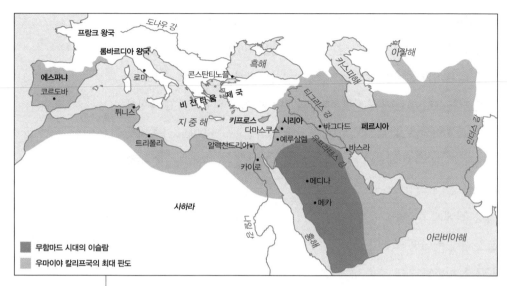

남아시아까지 닿은 무역로들에 의지하여 살아갔다. 메카는 무역망의 교차로이자 종교 집단들의 중심지였다. 메카에서는 다신교 공동체들까지 유대교와 기독교에 익숙했고, 그중 일부는 아브라함(아랍어로 이브라힘), 모세(무사), 예수(이사)를 자기네 예언자로 여겼다. 최초의 이슬람 공동체는 제국 통치술과 통합술을 배울 수 있을 만큼 로마/비잔티움과 사산 제국의 권력 중심에서 가까운 공간에서 태동했다. 메카 일대는 조밀한 인구를 먹여살릴 수 있는 곳이 아니었다—목축 한계 지역이자 농사를 짓기에는 메마른 땅이었다. 새로운 정치체가 탄생한 메카는 적어도 영토에 관해 로마식으로 생각한다면, 내구성 강한 제국 중심지가 될 만한 지리적 조건이나 사회적 조건과는 동떨어진 곳이었다. 그러나 부족 조직과 장거리 상업이 교차한 다른 장소들과 마찬가지로, 아라비아에서는 제국의 상상계가 다른 형태로 나타날 수 있었다. 다시 말해 수도가 이동하고 조각난 주민들이 통치자 개인과 정치적 비전을 중심으로 결속하는 제국이 출현할 수 있었다.

무함마드는 비잔티움의 권력이 비틀거린 시기인 570년부터 632년까지 살았다. 메카 지역에서는 영혼이 내게 말을 걸었다고 우기는 것이 드물지 않은 일이었지만, 무함마드는 모든 사람에게 복종을 요구하고 자신을 전령으로 선언한 신(아랍어로 알라)과 이야기를 나누었다고 주장했다. 유대교와 기독교 성경의 예언 전통에 토대를 둔 무함마드 추종자들은 인간의 그 어떤 제도도 매개하거나 개입하지 않은 참된 계시를 무함마드를 통해 전달받는다고 믿었다. 그들은 신에게 순종한다는 뜻에서 스스로를 무슬림이라 불렀다. 지역 지도자들은 무함마드와 그 추종자 무리를 메

> *"나는 인류 전체에게 보내졌다."*
> — 무함마드, 하디스(예언자의 말)

카에서 추방했고, 그들이 메디나로 이주한 사건인 헤지라(hegira)는 이슬람 통일의 상징이 되었다. 유일신을 믿고 그의 예언자를 공경하는 무슬림들은 새로운 공동체 움마(umma)로 통일되었다. 이 개척자들과 정치적 권위의 관계는 어떠했을까?

팽창, 공동체, 이슬람의 권위

초기에 움마─정치 공동체와 종교 공동체의 경계가 일치한─는 주민들 사이에서 차이를 영속화하는 제국의 안티테제처럼 보였다. 실제로 초기 무슬림들은 집단의 강력한 동질성과 평등을 열망했는데, 이는 부족들의 반목과 헤지라를 강요한 씨족장들의 폭정에 대한 반작용이었다. 다른 일신교처럼 이슬람도 지역 신들이 통일하지 못한, 상호 연결되어가는 세계에서 많은 사람들에게 호소했다. 초기 기독교도들과 달리 초기 무슬림들은 개종에 적극적이지 않았지만, 이슬람은 전체를 아우르는 호소력 있는 도덕적 틀을 제공했다. 이슬람의 신앙 세계의 특징은 무슬림의 기본적인 의무인 '다섯 기둥'이었다. 다섯 기둥이란 "알라

외에 다른 신은 없으며 무함마드는 알라의 예언자다"라는 신앙 고백, 하루 다섯 번의 예배, 라마단 기간의 단식, 자선, 일생에 적어도 한 번은 메카를 순례하는 것이다. 세상은 이슬람이 통치하는 평화로운 세계인 다르 알-이슬람(dar al-Islam)과 그 외부 세계인 다르 알-하르브(dar al-harb)로 나뉘었다. 로마/비잔티움 제국에서는 단일한 종교 공동체라는 생각이 느리게 발달했던 데 반해, 무함마드가 건설한 정치체는 애초부터 이 생각에 토대를 두었다. 그러나 움마 자체가 팽창하자 이 단일 공동체는 복잡해지고 분열에 취약해졌다. 움마 통치자들은 제국의 기회와 딜레마에 봉착했다.

이슬람의 법 체계인 샤리아와, 코란 및 예언자의 문헌과 언행에 대한 해석을 기반으로 하는 교리를 통해 공동체에 소속되는 데 필요한 최소 요건이 서서히 정해졌다. 이슬람의 초기 정치를 연구하는 어느 학자의 말대로 무함마드가 죽은 시점에 무슬림 공동체는 "국가의 주된 특성들을 갖춘" 상태였다. 이제 한 사람의 생각과 행동은 친족원 한 명의 책임 문제로 그치지 않고 공동체의 문제가 되었다. 처음에 이슬람은 인접한 (문화적으로 비슷하지만 정치적으로 구별되는) 아랍 부족들 사이에서 전파되었다. 이 신앙에 이끌리거나, 무슬림 지도자의 예속자가 되거나, 무슬림 군대에 포로로 잡힌 부족원은 법의 규제를 받는 공통 신념 체계에 통합될 수 있었다. 이 통합적 공동체는 종교적으로는 물론이고 정치적으로도 다른 아랍 부족들과 다른 방식으로 행동할 수 있었다.

로마 제국이 단순히 로마 시를 외부로 확장한 것이 아니었던 것과 마찬가지로, 이슬람 정치체의 팽창은 그저 메카와 메디나를 확장한 것이 아니었다. 신진 제국이 세력권을 넓힘에 따라 제도와 사상도 덩달아 진화했다. 정치 공동체와 종교 공동체의 통일이라는 무슬림의 이상은 곧장 논쟁을 불러일으켰다. 예컨대 무함마드의 직계 혈통과 그의 초기 추종자들 사이에, 종교적 순수성과 팽창의 현실성에 관한 상이한 견해들 사이에, 똑같이 보편적인 권한을 주장하는 파벌들 사이에 논쟁이 일어났다.

이슬람은 전광석화처럼 팽창했다. 메디나 인근 지역 외부를 이슬람은 흡사 제국처럼 정복했다. 다시 말해 훈련받은 정예 병사들을 중심으로 비교적 보수를 후하게 받고 지휘를 잘 따르는 군대가 아랍의 부족 동맹군과 함께 주변을 정복했다. 무함마드 생전에 이슬람은 아라비아에서 대체로 아랍인인 주민들이 비잔티움의 통치를 받으며 살아가는 지역들로 정복을 확대했다. 비잔티움 제국은 사산조 페르시아와 전쟁한 탓에 이미 시리아에서 약해진 상태였다. 예언자가 죽고 4년 후인 636년경에 비잔티움인은 시리아에서 내쫓겼고, 무슬림은 비잔티움의 관료제를 적절히 활용하여 시리아에서 행정을 확립했다. 이듬해 무슬림 병력은 전투에서 사산 제국군을 물리쳤다. 641년에는 이집트를, 10년 후에는 페르시아 서부를 공격했다. 비잔티움 제국에 타격을 입히며 판도를 넓혔음에도 아랍군은 콘스탄티노플을 함락하지는 못했다. 그러나 8세기 초까지 아랍인들은 서쪽으로는 에스파냐까지, 동쪽으로는 인도까지 도달했다. 이는 로마 제국보다도 훨씬 빠른 팽창이었다.

로마와 마찬가지로 이슬람의 지도자들도 제국 정치체를 만들어내기 위해 피정복민들의 다양성 문제와 씨름해야 했다. 예언자가 죽은 직후에 무함마드의 후계자들은, 아랍인들은 그들이 정복한 시골에 정착하지 말고 도시에 모여 살아야 한다고 결정했다. 도시에서 아랍인들은 결속을 유지하고, 군사 행동을 준비하고, 무슬림보다 비무슬림(유대인, 기독교도, 조로아스터교도 등)에게 세금을 높게 부과하여 살아갈 수 있었다. 이슬람 지도자들은 갈리아인을 비롯한 이들이 '로마인'이 되었던 식으로 '무슬림'이 되려는 지역 엘리트들의 야심에 의존하지 않았다. 오히려 무슬림 권위자들은 세금을 납부하는 비무슬림의 다른 종교 공동체들—딤마

(dhimma)라고 불렸다─의 존재를 인정했다. 이슬람 치하에서 '성서의 백성'인 유대인과 기독교도는 다신교도들보다 지위가 높았다.

그러나 이슬람은 매력적인 종교였고, 무슬림들은 보호자로서 무언가를 줄 수 있었다. 많은 개인들이 흔히 무슬림 지도자의 예속자로서 정복자 편에 합류했다. 개종과 예속을 통해 늘어난 무슬림 인구는 초기에는 대체로 아랍인이었으나 무함마드 생전에 정복을 개시한 아랍인들과는 다른 부류였다.

무슬림 초강대국의 급성장은 중앙에서 분쟁을 야기했다. 632년에 무함마드가 죽자 예언자의 혈통(무함마드는 아들이 없었으므로 그의 딸들을 통해)임을 주장하는 이들과, 예언자와 함께 메디나로 순례했던 핵심 추종자들 사이에 계승 문제가 부각되었다. 후계자 역할은 초기 추종자이자 무함마드의 장인인 아부 바크르가 맡았다. 그는 계승자를 뜻하는 칼리프(아랍어로 칼리파)라 불렸다. 그 뒤로 칼리프의 성격, 신앙의 지도자이자 백성의 통치자인 칼리프의 역할을 둘러싸고 오래도록 논쟁이 이어졌다.

칼리프의 계승과 권한을 둘러싼 긴장 관계는 곧바로 혼란을 초래했다. 제3대 칼리프 우스만(644~656년 재위)은 칼리프직을 평범한 왕위로 변질시켰다는 비판을 받았다. 우스만은 암살당했고, 무함마드의 사위 알리가 그를 계승했다. 그러자 일부 공동체 지도자들이 알리를 인정하지 않고 반기를 들어 661년까지 내란이 벌어졌다. 알리는 암살당했고, 아부 바크르의 추종자들이 권력을 잡았다. 알리의 아들 후사인이 자신이 예언자의 직계 혈통임을 내세워 칼리프직을 주장하자 680년에 다시 내란이 일어났다. 후사인 역시 암살당했다. 661년부터 680년까지 장기간 통치한 무아위야는 왕조 계승 원칙을 확정했고, 이로써 우마이야 칼리프조가 수립되었다.

이 형성기 동안 이슬람 학자인 울라마는 종교 문헌과 전통을 스스로 해석할 권위를 주장하기 시작했다. 그들은 칼리프의 종교적 명령에 간섭했고, 종교 권력과 정치 권력을 분리하는 방향으로 이슬람 역사를 다시 썼다. 우마이야 왕조가 세력을 규합하는 가운데 알리를 추종하는 경쟁 파벌은 시아파를 형성했다. 투쟁 끝에 칼리프직을 차지한 우마이야 왕조의 수니파와 시아파의 이슬람 해석은 서로 달랐다. 시아파 주장의 기반은 혈통인 반면, 수니파의 기반은 충성심과 공동체였다. 시아파의 대항은 이슬람의 일신교 성격도, 성장하는 제국의 자원도 이슬람 정치체가 어떠해야 한다는 단일한 견해를 보장하지 못한다는 것을 분명하게 보여주었다. 경쟁하는 두 전통의 일부 신봉자들은 오늘날까지도 서로 싸우고 있다.

로마인들이 시리아라 불렀던 다마스쿠스는 661년 이후 우마이야 세력의 본거지가 되었고, 메카는 영적 중심지로 남았다. 아랍군은 로마 제국의 자취를 따라 북아프리카를 가로질러 711년 에스파냐에 도달했는데, 우마이야 왕조가 정복한 지역들 중에 이 최서단 지역이 제일 나중까지 살아남았다. 베르베르족 공동체 출신인 무슬림 개종자들과 아랍인들이 뒤섞여 이곳에 정착했다. 사회적 유대가 거의 없었던 이 개종자들은 우마이야 칼리프조의 충성스러운 지지자가 되었다. 이베리아 반도—페니키아인, 켈트인, 유대인들의 정착과 로마인과 서고트족의 정복 물결이 빚어낸 다채로운 풍경—를 상당 부분 정복하는 동안 칼리프조는 남부 도시 코르도바에 근거지를 건설했다. 칼리프조는 기독교도와 유대인 주민을 제거하거나 동화시키려 들지 않았다. 이슬람 제국의 지중해 남부 평정은 741년에 힘겹게 진압한 베르베르족의 반란과 그 이후 칼리프조의 내분 때문에 중단되었다. 우마이야 왕조는 750년 무렵 제국의 핵심부인 시리아를 상실하고도 에스파냐에서 계속 살아남았다. 베르베르족에서 기원한 다른 무슬림 왕조들은 훗날 에스파냐에서 권력을 잡았고

(1086년에 무라비툰 왕조, 1147년에 무와히둔 왕조) 기독교 왕들은 13세기 들어서야 무슬림 통치자들을 에스파냐에서 몰아내기 시작했다. 이베리아에서 이슬람 통치의 최후의 보루는 1492년까지 존속했다.

북아프리카에서 아랍인들의 대규모 이주 움직임은 없었다. 북아프리카의 베르베르족은 줄곧 다른 언어를 썼고 이슬람으로 기껏해야 서서히 개종했다. 우마이야 제국 전역에서 다른 종교 집단들의 존재는 당연시되었다. 시리아에서는 그리스어가 한동안 일상 행정용 언어로 계속 쓰였다.

그런데 과연 우마이야 왕조가 종교적 위임권에 대한 기대에 부응하고 있었을까? 정복 과정에서 초기 움마의 평등주의적·공동체주의적 이상에 반하는 경향이 나타났다. 이를테면 예속인과 노예가 종속적 역할을 하게 되었고, 메카 아랍인과 비메카 아랍인, 뒤이어 아랍인과 비아랍인이 분화되었고, 제국 정부의 위계적 전통이 더 강한 비잔티움과 페르시아의 지역들이 병합되었다. 시아파는 칼리프 계승의 정통성을 부인했고, 시아파 말고도 칼리프에 반대하고 반역하는 집단들이 있었다. 제국이 팽창할수록 칼리프조의 권위는 더욱 첨예한 문제가 되었다. 칼리프는 진정한 이슬람의 보호자에서 황제로 변해가고 있는 건 아닐까? 반대파는 칼리프조의 위계적 경향성에 맞서 이슬람의 평등주의적 원리에 호소할 수 있었다.

8세기 중엽에 득세한 강력한 반란 움직임은 오늘날의 이라크와 이란, 아프가니스탄에서 지지를 받았고, 칼리프조의 정통성과 관행을 문제 삼았다. 무함마드의 친척에서 이름을 딴 아바스 가문은 750년에 다마스쿠스에서 우마이야 왕조를 몰아내고 새 왕조를 창건했다. 반란에 시아파 요소들이 있었음에도 아바스 왕조는 수니파 노선으로 복귀했고, 자신들의 명령 계통과 위계 구조를 유지하고자 했다. 아바스 왕조는 북아프리카와 지중해 동부의 예전 로마 제국 영토, 이라크와 페르시아의 예전 사산 제국 영토를 느슨하게 포괄하는 커다란 제국을 통제했다. 예언자의 영역을 다시 통일하겠다고 주장한 아바스 왕조는 적어도 명목상으로는 750년부터 1258년까지 존속했다. 또한 아바스의 권력을 상징하기 위해 설계한 계획도시 바그다드에 수도를 건설했다. 10만 명이 수도 건설에 조력했다고 한다. 아바스 제국도 다른 제국들처럼 권력의 중심을 옮길 수 있었다. 새로운 세계적 강대국의 중심이 된 바그다드는 보편주의적 열망을 품었고, 제국의 구조를 통일했으며, 예술과 문화를 찬란하게 꽃 피웠다.

로마 제국과 마찬가지로 아바스 칼리프조는 지방들을 단일한 경제 체제로 묶지 못하는 곤경을 겪었다. 아바스 제국의 가장자리 지역들은 중앙이 통제하지 못하는 경제권에 흡수되었다. 그 결과 몇몇 지역에서 새로운 왕조가 창건되었고, 특히 10세기 이집트에서 시아파 교의를 옹호하는 (예언자의 딸 파티마에서 이름을 딴) 파티마 왕조가 등장했다. 심지어 칼리프조의 핵심부인 이라크와 더 가까운 곳에서도 종파와 왕조 분쟁이 일어나 이슬람 국가들이 제국에서 이탈했다. 이 국가들은 금요 예배에서 칼리프의 이름으로 기도함으로써 아바스 왕조의 대군주 지위를 인정하기는 했으나 사실상 지역화된 왕국이었다.

아랍어권 영역 너머로 확산된 이슬람은 성과 못지않게 문제도 수반했다. 사산 왕조가 쇠락한 뒤 무슬림에 정복당한 페르시아는 아랍 문화에 결코 동화되지 않았다. 페르시아에서는 결국 시아파가 우위를 점했다. 튀르크어를 말하는 많은 종족들도 이슬람으로 개종했고, 그중 셀주크튀르크족은 11세기경부터 제국적 야망을 키워나가기 시작했다.

야망뿐 아니라 분쟁에도 직면한 칼리프들은 권력을 지키기 위해 제도적 메커니즘을 필요로 했다. 그들은 국가를 지방들로 나누어 총독과 군사 당국을 배치하고, 이슬람 법을 강요하기 위해 법원을 설치하는 등 공

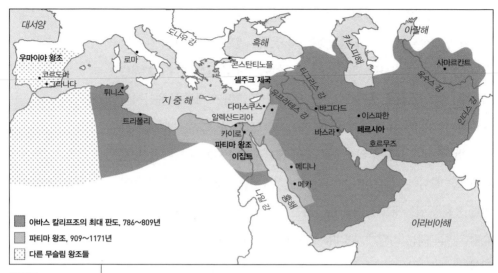

■ 아바스 칼리프조의 최대 판도, 786~809년
▨ 파티마 왕조, 909~1171년
▫ 다른 무슬림 왕조들

지도 3.3
아바스 칼리프조

식적인 통치 구조를 확립했다. 비잔티움 왕조처럼 칼리프들은 지방과 중앙에 세금을 다르게 부과하는 징세 제도를 고안했고, 세입으로 군인과 관리에게 급여를 지급했다(또는 매수했다). 그들은 정복이나 정권 탈취에 이바지한 부족들과는 덜 공식적인 합의를 맺었다.

칼리프들은 외부로 시선을 돌려 동맹 집단들만이 아니라 출신 공동체에서 이탈하여 제국의 통치에 조력할 중개인을 물색했다. 움마의 주변부나 외부 출신자들은 걸핏하면 충성심을 버리고 반역을 꾀하는 통치자의 친족과 부족을 견제할 수 있었다. 개인 예속인들(아랍어로 마왈리(mawali))은 칼리프에게 대단히 중요했다. 칼리프 개인에게 의탁한 이 참모들은 칼리프를 대신하여 보상을 분배하거나 공포를 심어줄 수 있었다. 고관과 장군 중에는 간혹 노예 출신이 있었는데, 칼리프는 이들을 어릴 때 납치하거나 사들여 궁정에서 기르고 이슬람으로 개종시켰고, 자신과의 유대를 제외한 모든 유대를 박탈했다. 일부 관직은 자신의 왕조 야망을 품지 못하는 환관들이 차지했다. 일찍이 비잔티움과 페르시아가 이와 비슷한 전략을 구사한 바 있었다.

단단히 결속된 움마에서 팽창하는 제국으로 변모한 칼리프국은 이런 식으로 비아랍인 병사들(페르시아인, 쿠르드족, 특히 튀르크계 언어를 말하는 유라시아 출신 노예)에 갈수록 의존하게 되었다. 그런 노예들은 유라시아 종족들의 비법과 수완을 전해주었다(그들은 두려움을 모르는 병사이자 탁월한 기병이었다). 서유럽 왕은 귀족과의 봉건적 주종관계에 의존한 반면, 칼리프는 사회적 지위가 없는 사람이나 친족원을 종속적 도구로 만들어 이를 통해 신민들에게 권력을 행사하는 방편에 의존했다. 특이하게도 이슬람 정치체에는 지역에 뿌리박은 유력 가문에 기반을 두는 귀족정이 없었다.

체제의 꼭대기에는 칼리프와 그의 재상(비지에르)의 극히 감정적인 상호 의존적 관계가 있었다. 아랍어 문학의 서사들은 아바스 왕조에서 제일 강력했던 칼리프 하룬 알-라시드(재위 786~809년)와 그의 재상 야햐 이븐 할리드의 긴밀한 유대를 묘사한다. 그 재상은 과거에 아바스 가문의 혁명을 도와 지지자들을 규합했던, 저 멀리 옥수스 계곡의 바르마크 가문 사람이었다. 하룬은 결국 자신의 친구인 재상을 두려워하게 되어 재상과 그의 가문을 몰살했다. 이는 황제와 중개인의 사적이지만 불평등한 관계가 얼마나 강렬하고 깨지기 쉬웠는지 보여주는 사례다. 이 사건은 흔히 도덕적인 교훈을 주는 이야기로 전해졌다. 다시 말해 권세가 지나치게 강한 재상, 칼리프와 백성 사이에 끼어드는 이기적인 외국인을 간과하는 공동체, 권력을 사사로이 휘두르다가 신하에게 눈과 귀를 닫고 백성을 돌보지 않는 칼리프에게 보내는 경고로 전해졌다.

이슬람 통치자들이 권력을 확대하는 것과 고관들이 자기 본분에서 벗어나는 것은 제국의 정치를 불안하게 만든 원인이었다. 아바스 칼리프들은 튀르크족 병사들에게 의존했는데, 이들은 9세기에 재상 임명권을 차지했고 869년에 칼리프를 살해했다. 앞에서 보았듯이, 속속 출현한 지역 왕국들은 아바스 칼리프의 종교적 권위를 기껏해야 모호하게 인정하면 서 세입을 차지했다. 이집트의 부유한 지방은 파티마 왕조 수중으로 넘 어갔다. 그리고 945년 이후 한동안 시아파의 부와이 왕조가 이라크를 통 제하자 칼리프의 역할은 수니파 공동체만의 수장으로 줄어들었다. 더욱 강한 충격을 가한 세력은 무슬림인 셀주크튀르크족이었다. 이들은 1055 년에 바그다드를 장악했고, 지도자 칭호를 술탄이라 정했으며, 아바스 칼리프에게 사실상 세속적 권력을 남겨두지 않았다. 확 쪼그라든 아바스 칼리프조는 1258년에 급팽창하는 다른 제국에게 결정타를 얻어맞았다. 내륙 아시아의 스텝 지대 출신인 몽골족은 바그다드를 다시 한 번 약탈 하고, 주민 대다수를 학살하고, 몽골식으로 통치자를 임명한 다음 추가 정복에 나섰다(제4장).

이슬람 세계 내부의 다른 칼리프조들도 비슷한 위협에 직면했다. 12세 기 말엽에 시리아 통치자의 쿠르드족 출신 사령관 살라딘은 이집트에서 파티마 왕조를 물리침으로써 시아파의 거점을 수니파 진영으로 되찾아 왔다. 살라딘은 자신의 후원자가 사망하자 직접 권력을 장악하여 이집트 와 시리아, 그리고 메카와 메디나를 포함하는 아라비아 서부에서 지배적 세력이 되었다. 살라딘은 예루살렘에서 유럽의 십자군까지 격퇴했다.

그러나 살라딘이 죽고 나자 그의 제국 기획은 계승 분쟁 때문에 유명 무실해졌다. 이 내란기 동안 대체로 튀르크족 출신인 노예 병사들은 자 기네 주인들을 제거하기로 결정했다. 맘루크라고 알려진 노예 시종 겸 병사들은 1250년에 권력을 잡았다. 과거에 십자군에게 승리를 거두었던 맘루크 왕조는 역사상 최대 규모로 손꼽히는 군사 정복 ─ 바그다드를 약탈하고 이집트로 진격하던 몽골족(제4장) ─ 을 막는 데에도 일조했다. 1260년에 몽골족은 결국 맘루크군에 저지당했다. 맘루크조는 1517년에 오스만 제국에 패배할 때까지 이집트를 통제했다(그 외 지역은 통제권을 조금 더 보유했다. 제5장 참조).

이슬람 세계의 제국을 넘어

애초에 유일신을 숭배하던 단일 공동체는 단일 제국을 건설하는 과정에서 제국 권력의 여러 중심지들로 변모했다. 이 중심지들 각각에서 지도자는 자신에게 복종하는 중개인들을 얻고자 했지만 중개인들은 자기 힘으로 국가를 장악하려는 야망을 품었고, 그 결과 둘 사이에 분쟁이 일어났다. 전성기의 제국 권력은 자원을 모아 예술과 학문을 풍성하게 꽃피울 수 있었다. 다마스쿠스와 코르도바의 우마이야 왕조, 바그다드의 아바스 왕조, 카이로의 파티마 왕조가 그런 예다. 그러나 이슬람이 개별 제국들보다 더 넓은 영역에 더 오랫동안 영향을 미친 까닭은 종교 공동체의 보편주의적 비전이 황제가 명령한 자원 집중과 결합했기 때문이다.

수 세기 동안 이슬람 세계는 헬레니즘·로마·페르시아 문화의 가장 역동적이고 창조적인 계승자였다. 경제사가들은 이슬람 공간에서 도시 섬들은 무역로를 통해 서로 연결되었고, 귀금속과 아주 다양한 상품이 이런 연계의 윤활유 구실을 했다고 말한다. 사탕수수와 벼, 목화 같은 작물들이 이런 무역로를 통해 로마 제국에 속했던 지역들로 전파되었다. 사탕수수와 목화 재배를 위해 이라크로 들어온 노예가 어찌나 많았던지 9세기에 노예 반란이 일어날 정도였다. 칼리프조들이 발행한 주화는 광대한 공간에서 표준 주화로 쓰였고 그들의 통제권 밖에서도 쓰였다. 우마이야 왕조 치세에 무슬림 에스파냐는 밀과 설탕, 과일을 생산하여 경제적으로 번창했다.

우마이야 왕조의 정복은 에스파냐에서, 특히 안달루시아에서 예술과

건축에 심대한 영향을 미쳤다. 칼리프 하룬 알-라시드 치세에 아바스 왕조의 바그다드에서는 이슬람 문학과 예술, 의학, 과학이 만개했다. '서양'이 아는 그리스 철학과 문학의 상당수는 아랍어로 번역한 것을 이슬람에 전달받은 뒤 훗날 라틴어로 재번역한 것이다. 아라비아 문화와 페르시아 문화의 만남은 새로운 문학 장르들과 철학 저작들을 낳았다. 도시 생활과 문화의 중심지 가운데 바그다드와 카이로, 코르도바에 필적할 곳은 콘스탄티노플밖에 없었다.

한편 대개 상인들이 개척하고 학자들이 닻을 내린 이산(離散)에 나선 이슬람 공동체들은 중앙아시아와 동남아시아, 중국까지 퍼져나갔다. 동남아시아를 비롯한 몇몇 지역에서 장거리 교역에 깊숙이 관여한 군주들은 이슬람으로 개종하여 내구성 강한 무슬림 정치체를 만들어냈다. 중앙아시아 도시들에서 페르시아인과 아랍인 학자들은 세계주의적인 이슬람 도시 문화를 형성했다. 이 지역은 다른 제국 건설자들의 습격에 시달렸는데, 그들 중 일부는 다신교 전통 출신이었다(제4장). 아랍어는 공간과 정치적 경계선을 가로질러 공유하는 숭배와 학식에 필요한 언어를 제공했다. 코란과 예언자의 말은 철저히 연구되었다. 예언자 시대의 무슬림 공동체는 학자들에게 기준점이었고, 칼리프조를 평가하는 잣대로 쓰일 선정(善政)의 본보기였다.

이슬람 법은 무슬림들이 어디에서 누구의 통치를 받건 그들의 사회를 규제하고 다른 사회와 상호작용할 방편을 제공했지만, 이슬람 질서가 어떠해야 하느냐는 문제는 해석과 논쟁의 주제로 남았다. 예컨대 아바스 제국 전성기의 경계마저도 이슬람 영향력의 일부, 이슬람 학자들과 무슬림 통치자들이 상상할 수 있었던 정치 형태들의 일부를 나타낸 것에 지나지 않았다.

무슬림들의 머릿속에는 상이한 움마 개념들이 있었다. 본래 움마 개념은 모든 것을 아우르는 공동체로서 내부인들은 서로 평등한 관계이고, 외부인들을 흡수하거나 격퇴하고자 했다. 움마에 관한 제국적 견해들은 크게 팽창한 공간 안에 들어온 비무슬림 공동체를 인정했고, 이슬람 통치에 개종자와 예속자, 노예를 이용했다. 그리고 움마는 텍스트와 학자들의 소통, 순례, 무슬림 간의 상업을 통해 정치적 권위를 넘어 확장된 관계망이기도 했다. 로마 이후 세계의 기독교와 마찬가지로, 이슬람도 고정된 단일한 정치 조직으로 규정할 수 없었다.

요컨대 무함마드의 종교 공동체는 널리 퍼져나갔고, 그 과정에서 이슬람 특유의 제국 형태인 칼리프국이라는 관념─그리고 이 관념을 둘러싼 의견 충돌─에 고무된 우마이야, 아바스, 파티마를 비롯한 왕조들은 이슬람의 심장부인 아라비아와 시리아, 이라크에서 북아프리카와 에스파냐, 중앙아시아와 인도로 무슬림의 영역을 넓혔다. 복수의 왕조가 이슬람 제국을 주장하는 상황은 분쟁을 낳고 팽창을 방해했다. 그러나 뒤이은 장들에서 살펴볼 것처럼 무슬림 통치의 관행은 유연했고, 무슬림 공동체의 이상은 줄곧 강력했다.

다시 새로운 로마? 샤를마뉴 대제의 가톨릭 제국

800년, 로마까지 행차한 프랑크족의 왕 샤를마뉴에게 교황은 '황제 아우구스투스'의 제관을 씌워주었다. 교회로부터 제관을 받은 왕은 로마의 영광을 기원하는 몸짓을 했다. 당시 비잔티움의 확고부동한 왕좌에는 다른 기독교도 황제가 앉아 있었고, 바그다드에서는 하룬 알-라시드가 칼리프국을 통치하고 있었다. 이 세 가지 제국 형태 가운데 샤를마뉴 제국의 토대가 가장 불안정했다. 경제적 가능성이 상대적으로 한정되었고, 훗날 유럽 대륙이라 알려진 공간은 제도 면에서 뒤죽박죽이었기 때문이다. 또한 샤를마뉴의 제국은 셋 중에 제일 단명했으며, 먼저 제국들이 만들어지고 소멸되는 과정에 관한 이야기를 우리에게 다시 들려준다.

도판 3.3
교황 레오 3세가 집행한 샤를마뉴 대제의 대관식, 로마 성 베드로 대성당, 800년. 1375~1379년에 제작된 프랑스 필사본 《프랑스 연대기 (Chroniques de France)》의 삽화. 프랑스 카스트르 시립도서관 소장.

샤를마뉴의 제국 기획은 과거 로마 제국의 공간에서 400년간 정치 권력의 분열과 재결합이 반복된 뒤에야 형태를 갖추었다. 로마가 붕괴하자 국가의 권위와 재정으로 지탱하던 하부구조(수도교, 도로, 도시 편의시설)도 쇠퇴했다. 예전 서로마 제국의 영역은 쇠락했고, 지역 영주들은 무장한 추종자들을 끌어모았으며, 지주들은 다양한 강압 수단을 이용하여 농민들로부터 잉여 생산물을 징수했다. 로마 제국의 인구 상당수가 즐겼던 소비재들의 질이 떨어졌고, 수공업자들의 시장이 줄어들었다. 지역과 지방에서 무역이 계속되었으나—일부 귀족은 부자가 되었다—경제 활동의 패턴은 매우 들쭉날쭉했고, 엘리트층은 자원 축적을 장담할 수 없게 되었다.

로마 제국은 오래도록 영향을 미쳤다. 로마의 영향으로 공통어인 라틴어가 엘리트 사이에서 확산되었고, 로망스어가 출현했으며, 기독교가 팽창했다. 또한 로마의 교황직과 더불어 넓은 영역에서 수도원 관계망과 교회 직제가 발달했다. 가장 중요한 영향은 로마에 대한 기억과 로마를 재구성할 가능성이었을 것이다. 귀족들은 왕이 되기를 열망할 수 있었고, 왕들은 제국 건설을 열망할 수 있었다. 귀족과 왕이 서로를 방해하지 않았다면 그렇게 될 수 있었을지 모른다.

왕국들을 결속한 것은 유사성에 기반을 둔 유대가 아니라 계층이 다른 사람들의 수직적 연계, 예컨대 왕과 영주, 영주와 봉신, 봉신과 농민의 연계였다. 비잔티움과 달리 전체를 포괄하는 정치 권력이 없는 상황에서 기독교는 왕족을 위한 통일적 얼개나 확실한 버팀목을 제공하지 못했다. 교황은 정치적 팽창 시합에서 여러 명의 선수의 하나에 지나지 않았고, 예전 로마 영토를 차지하려고 권모술수를 부리는 세력들(동고트족의 정복자들, 비잔티움의 재정복자들, 한때 비잔티움이 재통일하느라 힘이 미치지 못했던 로마 북쪽을 장악한 롬바르디아 왕국) 때문에 옴짝달싹 못하는 처지였다.

8세기에 프랑크족 일부가 제국의 잠재력을 현실화하는 과제에 제일 근접했다. 수 세기 후에 프랑스와 독일의 민족주의자들은 저마다 프랑크족의 위대한 왕(프랑스인에게는 샤를마뉴, 독일인에게는 카를 대제)의 후손임을 주장하며 프랑크족의 역사를 그들 말대로라면 서로 별개인 자신들의 민족성에 덧붙이려 했다. 프랑크족은 게르만어를 말하는 공동체였지만, 그들 가운데 오늘날의 프랑스에 해당하는 서단에서 살아간 집단은 로마 제국 후기의 라틴어를 익혀 장차 프랑스어로 진화할 언어를 고안했다. 동부의 프랑크족은 게르만어를 고수했다. 메로빙거 왕조의 창시자 클로비스 1세 같은 역동적인 지도자들이 통치하던 시기에 프랑크족의 일부 엘리트들은 기독교로 개종하여 기독교의 통제 영역을 넓혔다. 그러나 메로빙거 왕조는 위풍당당한 척 허세를 부렸음에도, 왕위 계승 때마다 계승자들이 영토를 분할한 탓에 크게 흔들렸다. 714년 이후에야 왕의 장군이자 궁재였던 카를 마르텔이 더 효과적인 군사 기구를 통합하여 지역들과 다른 집단들에 대한 프랑크족의 통제권을 확대할 수 있었다. 최초의 아랍 무슬림 정치체들이 대제국들의 가장자리에서 성장한 것과 마찬가지로, 프랑크족은 비잔티움 제국에서 비교적 멀리 떨어진 위치 덕에 권력을 공고히 다질 수 있었다.

그렇지만 카를 마르텔은 이슬람 제국에 부딪쳤다. 732년에 그는 도시 푸아티에 근처에서 우마이야 에스파냐의 무슬림 침공군을 물리쳤다. 카를 마르텔이 기독교 서유럽을 이슬람으로부터 구했다는 주장을 받아들일 필요는 없지만—유럽 자체가 존재하지 않았거니와 에스파냐에서 무슬림이 750년이나 더 존속했다—이 사건으로 그의 입지는 크게 강화되었다. 768년에 즉위한 뒤 프랑크 왕국에 제국 명칭을 부여하고 전력을 다해 지켜낸 인물은 피핀의 아들 샤를마뉴였다.

상당히 큰 왕국들을 통합한 것을 비롯하여 샤를마뉴가 이룩한 업적의 핵심은 언제나 군사 정복이었다. 샤를마뉴의 권력 증강은 전리품 획득과 분배에 의존했다. 샤를마뉴는 프랑크족의 핵심부인 라인란트에서 사방을 압박하여 롬바르드족, 작센족, 바이에른족 등을 물리침으로써 한때 로마에 속했던 지방들을 제국으로 편입했다.

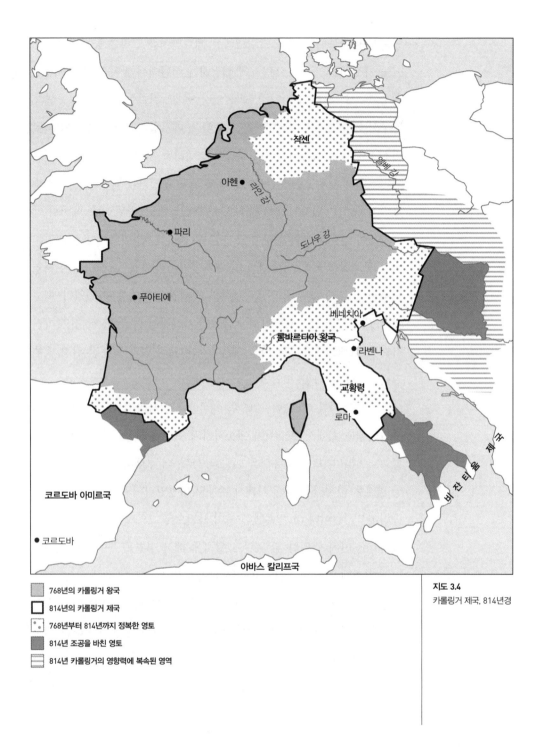

작센

아헨 ●

라인 강

● 파리

도나우 강

엘베 강

● 푸아티에

베네치아

롬바르디아 왕국

● 라벤나

교황령

● 로마

비 잔 티 움 제 국

코르도바 아미르국

● 코르도바

아바스 칼리프국

768년의 카롤링거 왕국

814년의 카롤링거 제국

768년부터 814년까지 정복한 영토

814년 조공을 바친 영토

814년 카롤링거의 영향력에 복속된 영역

지도 3.4
카롤링거 제국, 814년경

샤를마뉴가 제국을 연계한 방식은 로마식이 아니었다. 샤를마뉴는 고정된 수도를 두지 않고 요충지에 위치한 궁정들을 대규모 수행단과 함께 돌아다니며 통치했다. 그렇게 궁정을 옮겨다닐 때마다 샤를마뉴는 자신을 인상적으로 드러냄으로써 왕에게 충성을 맹세하는 영주들과 주종관계를 맺었다. 권력은 수직적으로 조직되었다. 샤를마뉴가 강자가 된 것은 저마다 종사와 수입원을 소유한 귀족들을 통솔하는 능력 덕분이었다. 전쟁에서 기병이 갈수록 중요해짐에 따라 무장할 수 있는 남자—말과 갑옷을 자급한—의 재산이 왕이나 황제 권력의 핵심 요소가 되었다.

샤를마뉴는 중개인들을 감시하고 관리하기 위해 다른 명령 계통을 마련했다. 250여 명의 '백작들'을 임명하여 그들에게 징세를 감독하고, 법령을 공포하고, 전사를 모집하고, 관할 구역을 다스리게 했다. 여기에 더해 샤를마뉴는 국왕 직속인 두 부류의 관리들, 즉 왕실 봉신과 왕실 사절에 의존했다. 이 체제는 다채로운 왕국에서 지역 언어를 잘 알고 있고 행정관으로서 지역 위계구조에 속하는 이들을 활용하는 방편의 이점을 인정했다. 카롤링거 체제는 모든 제국이 직면하는 위험(제국 중개인들이 스스로 힘을 키우는 위험)을 피하기 위한 견제와 균형 방책도 있었다. 모든 자유인은 황제에 대한 충성을 선서해야 했다. 그러나 황제와의 직접적인 관계는 정치 체제의 일부에 지나지 않았다. 누구든지 다른 누군가에게 충성할 의무가 있었기 때문이다. 복수의 충성 위계구조는 한편으로는 제국을 결속했지만, 다른 한편으로는 제국이 와해될 경우 각각의 위계구조가 나머지 위계구조들에 도전할 위험을 안고 있었다.

샤를마뉴는 다종다양한 인구로 구성된 제국에 종교적·이데올로기적 응집력을 제공하기를 열망했다. 그로서는 운이 좋게도, 그가 교황을 필요로 하는 것만큼이나 교황도 그를 필요로 했다. 교황 레오 3세는 자신의 권위를 충분히 존중하지 않는 롬바르디아 왕국에 속박당하고, 비잔티움의 도전을 받고, 교회 내부의 부패 추문으로 입지가 위태로운 상황에서 롬바르드족을 물리치고 교황직을 보호한 샤를마뉴 덕을 보았다. 양편은 황제 칭호를 수여하는 의식을 통해 쌍방에 이로운 방식으로 세속적 권위와 종교적 권위를 연결할 수 있을 것이라고 기대했다. 대관식 이듬해에 샤를마뉴는 로마에서 다섯 달을 보내며 '영원한 도시'와 자신의 유대를 강조했다.

> 그[샤를마뉴]는 로마의 사도 성 베드로 성당을 성스럽고 신성한 다른 어떤 장소보다도 소중히 여겼고, 이 성당의 금고에 막대한 금은과 보석을 수북이 쌓아놓았다. 그는 교황에게 귀한 선물을 수없이 보냈다. 치세 내내 그의 가장 절실한 소망은 자신의 보살핌과 영향력으로 도시 로마의 고대 권위를 재건하고, 성 베드로 성당을 지키고 보호하고, 자신의 저장고를 털어 이 교회를 다른 어떤 교회보다도 아름답고 풍요롭게 꾸미는 것이었다.
>
> — 아인하르트, 샤를마뉴 연대기 편자

황제 칭호와 로마와의 연계를 통해 최상위의 종교 권력과 정치 권력은 서로 화합했다. 샤를마뉴 치세에 각 백작령에는 백작만이 아니라 주교도 한 명씩 있었다. 이론상으로는 아닐지라도 실제로 주교를 임명한 것은 황제였다. 왕국 전역에 설립된 수도원들은 토지와 소농을 풍족하게 증여받았다. 샤를마뉴는 충직한 기사에게 상당한 수입을 가져다주는 수도원을 하사함으로써 제국이라는 직물을 더 단단하게 엮어줄 바늘땀을 추가했다. 샤를마뉴의 제국에는 수도원이 600개 넘게 있었다. 어느 학자가 지적한 대로, 샤를마뉴는 이런 의미에서 다음과 같이 말했을 것이다. "여기 우리 중에는 로마인이나 게르만인도 없고, 프랑크인이나 바이에른인, 아키타니아인을 위한 자리도 없다. 이곳은 기독교 제국이며 로마 제국일 수 있을 뿐 다른 제국일 수는 없다." 그러나 물론 주교들은 다른 종교 권위자들처럼 제멋대로 굴기도 했고, 교회는 자기네 목적을 위해 자원을 축적하고 이용할 수 있었다.

경제적으로 카롤링거 제국은 로마 제국과 두 가지 면에서 달랐다. 첫째, 카롤링거 제국의 지리적 무게중심은 더 이상 지중해가 아니라 오늘날의 프랑스, 벨기에, 독일이 만나는 북유럽의 라인 강이었다. 제국은 라인 강 일대의 풍족한 곡물 생산에 기반을 두었으며, 이 생산은 부를 더욱 집중시키고 사방으로 퍼져나가는 무역로들을 강화했다. 통일된 통화 제도는 상업적 연계를 촉진했다. 카롤링거 왕조는 로마 제국 전성기의 부에는 결코 필적하지 못했지만, 대략 300년부터 700년까지 쇠퇴한 해상 연계와 육상 연계를 어느 정도 되살렸다. 카롤링거 왕조는 북방 종족들(데인족, 앵글로색슨족)과, 롬바르드족을 통해 베네치아와, 발칸을 거쳐 비잔티움과, 페르시아인과 기타 집단들을 통해 유라시아와 상업적 관계를 맺음으로써 다수의 경제권과 연결되었다. 제국의 자원 가운데 교역에 적잖이 중요했던 품목은 샤를마뉴가 팽창 전쟁 중에 잡은 포로들이었다. 이들은 안정적인 노예무역로를 통해 베네치아를 비롯한 남부 항구들을 거쳐 무슬림 세계로 들어갔는데, 여기서는 농업 노동뿐 아니라 정치와 가정에서도 노예를 필요로 했다.

둘째, 로마 체제에서 노예들이 일하던 대농장(라티푼디움)은 다양한 종속 관계를 맺은 사람들이 노동하는 영지로 대부분 대체되었다. 노예제로 운영하는 영지도 있었지만, 농노와 소작농으로서 토지에 매인 농민들을 부리는 영지가 더 많았다. 성장기의 다른 제국들과 마찬가지로 처음에는 전리품 재분배가 샤를마뉴의 권력에 극히 중요했지만, 승리를 거듭할수록 변경이 점점 멀어져 군사작전을 전개하기가 어려워졌고, 내부에서 부를 축적하는 것이 더 중요해졌다. 황제는 정복과 선물, 상속을 통해 광대한 토지와 수많은 소농을 획득했다. 샤를마뉴는 조세와 통행료를 거두었는데, 로마 제국만큼 효율적으로 이용하지는 못했으나 로마와 비슷하게 세입 징수를 체계화하는 목표를 추구했다.

샤를마뉴는 법률을 제정하여 상이한 집단들의 관습을 수용하고 기록하면서도 몇 가지 법률은 제국 전역에 적용하려 시도했다. 다수의 권위

(지역 관습, 칙령, 교회법)는 법을 제국 통치의 유연한 도구로 만들어주었다.

영지 경제와 흩어져 있는 귀족들의 충성심을 유지하는 과제(로마의 자원 없이 신뢰할 만한 귀족을 만들어내는 과제)에 의존한 제국답게, 카롤링거 법은 신민들의 지위를 규정하고 그들의 관계를 규제하는 일에 세심하게 신경을 썼다. 귀족과 성직자의 지위는 맨 위였고, 노예와 농노, 소작농, 기타 종속적 경작자의 지위는 맨 아래였다. 둘 사이에 있던 중요한—그러나 줄어들고 있었을—계층인 소규모 '자유'농들은 병역뿐 아니라 인구조사에 따라 납부하는 무거운 부담까지 짊어졌는데, 납부 수준은 조세와 지대 사이 어딘가였다.

샤를마뉴는 줄곧 상이한 수직적 관계들의 정점에 있었으며, 이 관계들 사이에 싸움을 붙여 어부지리로 국가의 권위를 강하게 유지할 수 있었다. 그러나 샤를마뉴는 어부지리를 어느 정도까지만 얻었고, 계승자들은 그보다도 적게 얻었다. 유럽에서는 귀족의 특권이 제국 권력보다 내구성이 강한 것으로 판명났다.

카롤링거 왕조와 비잔티움 왕조는 간간이 화해하려고 노력했다. 샤를마뉴 치세에 교회 성직자들은 기독교계의 통일성을 인정했고 기독교의 의미에 대해 논쟁했다—합의에 도달하지는 못했다. 샤를마뉴는 비잔티움의 섭정(훗날 여제) 이레네와 혼담을 시작했다. 짝지으려는 남녀는 샤를마뉴의 아들과 이레네의 딸이었다. 이 노력이 실패로 돌아가고 몇 년 후에 샤를마뉴와 이레네 사이에 혼담이 오갔다. 그러나 결혼 동맹이 체결되면 궁정에서 자신들의 입지가 흔들릴 것을 우려한 비잔티움 고관들이 쿠데타를 일으켰다. 동쪽 제국과 서쪽 제국의 종교적 간극이 워낙 벌어진 탓에 정치적 화해를 거의 상상할 수도 없게 된 것은 먼 훗날인 11세기의 일이었다. 1204년에 십자군은 콘스탄티노플을 약탈하여 가톨릭 기독교도와 정교회 기독교도를 확실하게 갈라놓았다.

샤를마뉴와 아바스조의 칼리프 하룬 알-라시드는 잠시 동안 상대방의 권력을 현실로 인정하려 했다. 제왕에 걸맞은 선물 교환이 시작되었고, 하룬 알-라시드는 샤를마뉴에게 코끼리를 한 마리 보냈다(샤를마뉴는 원정과 군사작전에 이 코끼리를 데려갔다). 샤를마뉴는 코끼리만큼 호화로운 답례품은 아니지만 말과 사냥개, 직물을 칼리프에게 보냈다. 이 시기에 비잔티움, 이슬람, 카롤링거의 통치자들은 저마다 지상에서 신의 통치를 대표한다고 주장하면서도, 자신이 제국들의 세계의 일부임을 인정하고, 서로 상호작용하고 경계를 정하려 했다.

768년에 프랑크족의 왕이 된 샤를마뉴는 814년에 황제로서 죽었다. 비잔티움인과 무슬림은 샤를마뉴가 성취한 권력 확대를 인정하여 오늘날 우리가 유럽인이라 부르는 사람들을 '프랑크족'이라 부르기 시작했다. 샤를마뉴는 제도와 이데올로기의 혁신자였다. 로마와의 관계 때문에 드러내지는 않았으나 샤를마뉴는 제국을 궁정, 백작령, 주교구, 수도원의 망으로 재편성했다. 샤를마뉴의 행정 체제는 중국 황제의 체제와 마찬가지로 다수의 정보 계열에 의존했으나 제국의 기본 구조는 (로마나 중국과 달리) 귀족적이었고, 토지와 소농을 소유한 귀족들은 황제를 지지하고 충성을 맹세했다.

샤를마뉴는 왕가 전통에 따라 자신이 엄청나게 넓힌 영역을 아들들에게 나누어주려 했지만 그의 아들 둘이 요절한 탓에 경건왕 루트비히가 전 영역을 넘겨받았다. 루트비히 사후에 제국은 세 지역으로 쪼개졌다. 카롤링거 제국은 880년대까지 존속하다가 북부, 동부, 동남부의 적과 내부 분열을 초래한 전사 귀족들의 탐욕에 무너졌다. 그러나 정치적 격변이 쉽게 일어나는 공간에 단단히 확립한 카롤링거의 가톨릭적·귀족적 체제는 장차 유럽이라고 인식할 지역에 오래도록 흔적을 남겼다.

카롤링거 제국의 일부는 훗날 교황과 세속 통치자의 다른 협정을 통해 재통일되었다. 독일 왕 오토는 962년에 신성로마 황제로 선포되었다. 다수의 독일 왕들이 각자의 영토를 실질적으로 통치했고 교황권이 약했던 까닭에 오토의 영역은 공식 제국에 미치지 못했으며 신성로마라는 주장도 근거가 부실했다. 카롤링거 제국보다 오히려 신성로마 제국에서 귀족과 다양한 지역 통치자들(변경 태수, 백작, 공작)이 더 위협적으로 보였다. 1438년부터 선제후들은 줄곧 합스부르크 왕가에서 황제를 선출했고, 그 중 가장 역동적인 황제는 1519년에 즉위한 카를 5세였다(제5장). 그렇지만 카를 5세는 교황에게 제관을 받은 마지막 신성로마 황제였다. 이 제국은 오스만 제국에 맞서 협력하는 느슨한 국가연합—최대 300여 개 공국들로 이루어진—으로 존속했지만 그 이상의 통일은 거의 이루어내지 못했다. 1806년에 마침내 또 다른 제국, 즉 나폴레옹 제국이 신성로마 제국을 소멸시켰다(제8장).

지중해와 그 밖에 다른 먼 지역들의 경제적 자산과 유럽을 이어주었던 단단한 연계를 상실한 이후, 유럽은 제국에게 상대적으로 빈곤한 공간이 되었다. 정치적 권위는 허약하고 깨지기 십상이었으며, 농경 지대에 결부된 세입, 모두의 시선을 제국의 포상에만 묶어두기에는 부족한 자원, 유일하게 황제 칭호를 정당화할 수 있는 교회와의 긴장 관계, 독자적으로 군주 권력을 추구하는 왕들과 공들 때문에 지장을 받았다. 이런 조건에서 상이한 정치체들과 집단들을 일종의 전체를 아우르는 실체로, 다시 말해 권위를 행사하고 조정을 이루어내는 실체로 통합하기란 어려운 일이었다. 그러나 독일어를 말하는 왕들이 이탈리아에서 멀찍이 떨어진 곳에서 황제와 로마인을 자처하고자 했다는 사실은, 로마 제국에 대한 기억이 오래도록 살아남았다는 것, 라틴어를 비롯한 문화적 연계가 확산되었다는 것, 엘리트들이 자기가 속한 언어 공동체나 문화 공동체보다 넓은 세계에서 자신의 위치를 상상하는 것이 중요했다는 것을 일깨워준다.

제국들의 세계의 지하드와 십자군

하룬 알-라시드가 샤를마뉴에게 선물한 코끼리나, 카롤링거 황제와 비잔티움 여제의 불발로 끝난 결혼 동맹 시도는 울적한 때에 한숨 돌리며 곱씹어볼 만한 소재다. 선물과 혼담은 제국들의 관계를 안정화하려는 노력의 일환이었다. 이런 노력이 실패한 것은 제국들이 서로 이익을 얻으려 경쟁을 벌였다는 사실, 아울러 제국 내부에서 막후 실세들이 자신의 운명에 영향을 미칠 동맹을 이용하거나 저지하기 위해 힘썼다는 사실을 가리킨다. 널리 퍼져나간 일신교들은 기존의 이런 구조적 상황에 새로운 차원을 추가했다. 기독교와 이슬람은 제국의 통일을 위한 문화적 기반, 내부를 분열시킬 위험한 잠재력, 제국들이 서로 전쟁을 벌일 새로운 이유를 동시에 제공했다.

이슬람에서 지하드(jihad) 개념은 적어도 8세기부터 21세기까지 줄곧 논쟁거리였다. 지하드는 이슬람 신앙을 전파해야 하는 무슬림의 의무인가? 개인의 완성을 위한 내면의 투쟁을 뜻하는가? 아니면 이슬람 신앙에 저항하는 사람은 누구든지 강압이나 살해를 당하고 노예가 될 수 있음을 함축하는가? 이슬람 법학자들은 이런 물음에 대해 논쟁을 벌였지만, 사리사욕과 실용주의, 제국 정치의 이상주의에 휘둘리기는 그들도 마찬가지였다. 군사적 승리란 신의 확증이라는 관념은 로마 제국의 중요한 버팀목이었다. 그러나 무함마드가 건설하자마자 그와 함께 시리아, 이라크, 이집트에서 연전연승한 공동체의 열성은 더 일반적인 원리 — 성전(聖戰), 즉 지하드 — 를 낳았다. 성스러운 전사는 몸소 움마를 방어하고 확대했다. 그와 공동체 사이에 귀족은 없었다. 그러나 초기 칼리프조는 곧 비잔티움 제국의 상당 부분을 정복할 수 없다는 실망스러운 현실에 부딪혔다. 그러자 무슬림들 사이에 내분이 일었다. 누구를 상대로 지하드를 일으켜야 하고 누구와 공존해야 하는지가 그렇게 분명한 것은 아니었다.

십자군도 모호한 개념이었다. 지하드와 달리 십자군은 당시에 쓰이던 표현이 아니었다. 예루살렘으로 향한 서유럽의 기사 군대—1차 십자군이 1099년에 예루살렘을 함락했다—는 초기 기독교의 널리 퍼진 순례 전통에서 생겨난 무리로서 순례자 또는 원정군이라 불렸다. 십자군은 기독교의 성지에서 무슬림들에게 손실을 입혔다. 그러나 소 잃고 외양간 고치는 격이었다. 성지는 단순히 신성한 장소가 아니라 기독교가 발흥한 범지중해 세계의 일부이기도 했다. 십자군의 이데올로기는 보편적인 인간관, 즉 모두가 기독교를 받아들일 수 있고 받아들여야 하며 개종하지 않으면 살해당할 수 있다는 인간관을 함축했다. 이 이데올로기를 빼면, 십자군 원정도 지하드만큼이나 정치적 분쟁과 개인적 야망에 사로잡혔다. 정치적으로 조각났지만 기독교에 대한 믿음과 위계구조를 공유하는 세계에서 살아간 초기 십자군 전사들은 토머스 비슨(Thomas Bisson)의 말마따나 "군주에게나 어울리는 평판을 추구한 이들"이었다.

십자군 원정에서 프랑크족 기사들이 핵심 역할을 수행한 사실은 카롤링거 왕조 치하에서 이루어진 기독교의 공간적 확산—교회 성직자들이 순례와 참회 관념을 퍼뜨렸다—을 반영했다. 십자군 원정 덕분에 이 기사 계급(특히 차남들)은 의무에서 벗어나고, 스스로를 입증하고, 윗사람의 눈에 들고, 후원을 베풀고, 습격할 장소—고국에서 가까운 곳에서는 제약을 받은—를 발견하고, 새로운 토지 소유권을 얻고, 중세 기독교 내부에서 명예로운 위치를 정당화할 기회를 잡았다. 교황들은 이슬람만이 아니라 비잔티움 교회와도 대치하고, 가톨릭 귀족 및 왕들과 팽팽히 맞서고 분쟁하는 상황에서 십자군 원정을 이용하여 자신들의 제국을 확대할 길을 모색했다.

무슬림 세계의 분열도 성지와 그 밖의 지역에서 안정을 깨뜨렸다. 이슬람에 속하지만 비아랍계인 셀주크 왕조의 한 파벌이 예루살렘을 탈취한 사건은 1096년에 시작한 1차 십자군 원정을 촉발한 요인이었다. 기독교의 성지를 수복하자는 교황 우르바누스 2세의 호소에 응답한 십자군 원정은 어느 정도는 민중 운동이었고 어느 정도는 조직된 원정이었다.

당대의 대다수 군대와 마찬가지로 식량을 자급한 초기 십자군은 원정 내내 상당한 폭력과 약탈을 자행했다. 십자군과 양가적 관계였던 비잔티움은 예루살렘을 함락하기보다 콘스탄티노플을 보호할 속셈으로 셀주크 왕조에 맞서 서방 기독교도들에게 도움을 구했다. 비잔티움의 황제 교체—그리고 제위 찬탈—때문에 비잔티움은 기독교군을 일관되게 지원하지 못했다. 1204년에 십자군이 콘스탄티노플을 유린하고 비잔티움 황제를 수십 년간 아나톨리아로 쫓아버린 사건은 오래도록 쓴맛을 남겼다.

십자군은 원정 경로를 따라 '라틴 왕국들'을 건설했으며, 그중에는 1099년 예루살렘에 세운 왕국과 1204년 콘스탄티노플에 세운 왕국이 있었다. 기사들과 그 가족을 비롯한 기독교도들은 십자군 경로에 있는 도시들에 정착하여 발칸과 지중해 동부에 가톨릭 문화와 서유럽 언어들을 전파했다. 이 과정은 새로운 연계를 만들어냈으나 기독교계를 완전히 통합하지는 못했다.

십자군이 수립한 왕국들은 고분고분

적어도 그들[무슬림]은 우리 여인들을 겁탈하지 않았고, 우리 주민들을 빈곤에 빠뜨리지 않았으며, 그들의 옷을 벗겨 알몸으로 거리를 걷게 하지 않았고, 굶주림과 불로 그들을 죽이지 않았다. (……) 그러나 주님의 이름으로 성호를 긋고 우리의 종교를 공유하는 이 기독교도 사람들은 우리를 그렇게 다루었다.
— 십자군의 기독교도 연대기 편자

하지 않았다. 다시 말해 이슬람 통치자들—자기들끼리, 그리고 십자군의 왕들과 분쟁한—과 지원을 했다 말았다 하는 비잔티움 엘리트층 사이에서 양다리를 걸쳤다. 라틴 왕국 지도자들은 적수인 이슬람 통치자들처럼 자신의 행위를 종교적 관점에서 생각하고 종교 전쟁을 이용하여 평판을 쌓을 줄 알았다. 성스러운 전쟁이 성스러운 평화—기독교의 권위가 강요하는 조화 안에서 살아가는 세계 공동체—를 가져올 수 있다는 생각은 제국을 정당화하는 명분이 되었다. 그러나 이 생각은 보통 평화보다 전쟁을 더 많이 낳았다.

분열된 기독교에서 생겨난 십자군은 무슬림 권력을 파괴하거나 비잔티움을 교황권에 종속시키지는 않았지만, 무슬림과 비잔티움인의 적에 대한 생각에는 영향을 주었다. 야망을 품은 제후가 도시를 습격하는 일은 이슬람 세계와 비잔티움에서 새로운 사건이 아니었음에도, 아랍인들과 정교회 기독교도들은 승리한 십자군의 행위에 경악을 금치 못했다. 예루살렘에 들어선 십자군은 유대인들을 거리에서 도륙하고, 유대교 회당에서 산 채로 불태우고, 알-아크사 모스크의 예배자 수천 명을 학살하고, 그리스 정교회, 아르메니아 정교회, 콥트 정교회를 비롯한 동방 기독교 교회들을 공격했다. 한 세기 후에 콘스탄티노플에서 십자군은 정교회 사제들을 도륙하고, 대형 도서관들을 불사르고, 하기아 소피아와 다른 정교회 성당들을 모독하고, 비잔티움의 보물을 운반해가거나 녹여버렸다. 비잔티움과 무슬림 엘리트층에게 프랑크족 혹은 라틴족의 만행은 평범한 분쟁을 넘어서는 경험이었다.

1187년에 살라딘이 이끄는 무슬림군은 예루살렘의 십자군 왕국을 함락했다. 라틴 왕국들의 마지막 잔재는 한 세기 후에 맘루크조가 치워버렸다. 그 무렵 종교적 분열과 세속적 야망으로 말미암아 갈가리 찢긴 이 지역은 이미 새로운 제국 왕조와 조우한 터였다. 몽골족—새로운 전쟁

양상, 종파에 대한 유익한 무관심을 비롯한 새로운 제국 관행을 가져온 유라시아 민족(제4장) — 은 1258년에 바그다드를 장악했다. 그전에 몽골족은 빈의 교외까지 진격한 적이 있었다. 그들을 저지한 것은 1260년 이집트의 맘루크조뿐이었다. 기독교 제국과 이슬람 제국의 미래는 불확실해 보였다.

결론

13세기까지 보편주의 종교는 보편 제국을 낳지 못했다. 이 장에서 고찰한 세 종류의 제국 체제들은 일신교를 이용하여 제국의 구조에 내재하는 문제들, 이를테면 광대하고 분화된 공간에서 사람들의 상상력을 사로잡는 문제와 중개인을 단속하는 문제 등을 해결하고자 했다. 로마 제국은 브리타니아부터 이집트에 이르는 영역에서 제국의 통치 제도에 참여하고 스스로를 로마인으로 생각할 충분한 이유를 사람들에게 제공했다. 조각난 로마는 제국을 계승하려는 이들에게 자원을 각기 다르게 남겨주었다.

일신교는 양날의 검이라는 것이 곧 드러났다. 다시 말해 일신교는 지역성을 뛰어넘는 도덕적 틀을 제공했지만, 똑같이 보편주의에 입각하여 종교적 정당성을 주장하는 종파들에게 분립할 기회를 주기도 했다. 세 종류의 제국들은 종파 분립(가톨릭/정교회, 수니파/시아파)과 종교와 정치의 긴장 관계(교황/왕, 칼리프/움마, 황제/총대주교)에 직면했다.

중개인(예속인과 노예 대 귀족)을 대하는 양극단의 두 방법은 이슬람 제국과 기독교 제국에서 분명하게 드러났다. 비잔티움은 양극단의 중간에 있었다. 샤를마뉴는 선택의 여지가 거의 없었을 것이다. 왜냐하면 로마 제국이 해체된 이후 근 400년 동안 영주들의 정치가 단단히 뿌리를 내렸기 때문이다. 샤를마뉴는 종사(從士)와 종속 농민을 보유한 귀족을 자신의 명령 계통으로 끌어들여야 했다. 최선의 길은 다수의 수직적 권한 계통, 즉 황제에서 저마다 수하들을 거느린 백작, 봉신, 사절, 주교로 이어지는 계통에 의존하는 것이었다.

이슬람 통치자들은 견고한 귀족 문화와 씨름할 필요가 없었다. 그들은 제국의 조세를 징수하기 위해 비잔티움(로마)의 선례를 이용할 수 있었다. 시리아에서는 일찍부터 비잔티움의 조세 징수원까지 이용했다. 우마이야조와 아바스조 둘 다 귀족을 만들어내지 않으려고 무진 애를 썼고, 고위직부터 하위직까지 수행할 중개인으로 노예와 예속인을 이용했다. 두 왕조는 지역 유력자들과 협상하기도 했지만, 칼리프와 그의 권속(眷屬)의 상대적 자율성을 바탕으로 도전을 억제하는 강한 제국이 되었다.

이 제국 통치 연속체의 양극단 모두 급속한 팽창을 촉진할 수 있었지만—한쪽 극단은 중개인 역할을 하는 영주들의 추종자 집단들을 끌어들임으로써, 반대쪽 극단은 사회적 연계에서 이탈한 개인들을 끌어들임으로써—샤를마뉴의 통치는 내구성이 훨씬 약했던 탓에 쉽게 합쳐졌던 것만큼이나 쉽게 해체되었다. 이슬람의 권속 모델도 취약점이 있기는 매한가지였다. 공동 정체성 의식을 발달시킬 경우, 중개인들은 결국 이집트를 통치한 맘루크조와 마찬가지로 자기들이 직접 통치하려 들 가능성이 있었다. 비잔티움을 포함하여 모든 제국은 계승 문제를 겪었지만, 카롤링거 왕조의 귀족 중심 체제보다는 중앙에서 관리와 군대에 보수를 지급하는 체제가 세대 간 연속성을 더 잘 유지할 수 있었다.

일신교들이 충돌하는 상황에서 제국은 정치체에 속하는 사람들과 그렇지 않은 사람들, 즉 비신자를 명확히 구별하는 것처럼 보였을 것이다. 지하드와 십자군 원정은 종교적으로 균질한 제국 공동체를 위한 동원이데올로기로서 제국의 레퍼토리에 포함되었다. 그러나 실제로 제국을 운영하려면 반드시 해야 하는 일들이 있었고, 양극화된 차이의 정치를 지속하기란 불가능했다. 제국들은 로마 제국이 남긴 공간의 특징인 다양성 및 유동성과 씨름해야 했다. 비잔티움 제국과 이슬람 제국은 유대인, 기독교도, 무슬림 등을 통치했고, 이 집단들은 개개인만큼이나 공동체로서도 유용한 관계망을 제국 지도자에게 제공했다. 샤를마뉴의 세계는 설령 유스티니아누스나 하룬 알-라시드의 세계보다 종교 면에서 덜 다양했을지라도 언어 면에서는 확실히 다양했다. 후일 프랑스인, 독일인, 이탈리아인으로 간주될 사람들을 포함하고 있었던 것이다.

기독교 제국과 이슬람 제국은 동질한 보편적 정치체를 만들지는 못했으나 제국의 세력권 전역과 그 너머에서 연계망을 엮어내는 데에는 성공했다. 카롤링거 왕조는 기독교를 전파하고, 수도원을 후원하고, 그들 제국보다 오래 살아남은 교회의 위계를 구축하는 데 일조했다. 샤를마뉴의 정복과 그 이후 십자군 원정은 기사들을 광대한 공간으로 퍼뜨렸고, 그중 일부는 작센부터 예루살렘까지 곳곳에 뿌리를 내렸다. 요컨대 로버트 바틀렛(Robert Bartlett)이 말한 '귀족의 이산'을 초래했다. 그들은 계급을 구분하는 문화와 농민에게서 세입을 징수하고 종사단을 양성하는 관행을 가져갔다. 비잔티움은 유라시아 여러 지역에서 정교회들을 낳았고, 러시아 제국의 궤도에 영향을 미쳤다(제7장). 이슬람은 처음에는 정복을 통해 전파되었고 나중에는 정복한 영토 너머의 무역로를 통해 확산되었지만, 이슬람 제국들의 정치적 성공이 없었다면 그렇게 멀리까지 나아가지 못했을 것이다.

싸우며 팽창하는 제국들에서 차이의 정치를 관리하는 것은 쉬운 일이 아니었으며, 통치자들의 운명은 천차만별이었다. 역사에는 제국이 되려다 실패한 사례가 어지럽게 널려 있고, 성공한 제국들의 규모 자체가 신생 제국의 기회를 제한했다. 제국이 대개 기존 제국의 가장자리에서 발흥하거나 제국 간 분쟁이 일어나서 정국 주도권을 잡을 기회가 열린 때에 출현한 이유가 여기에 있다. 무슬림과 기독교도 모두 상대편의 위협을 이용하여 막강한 권력을 벼리려 했지만, 십자군 기사들과 이에 대응한 칼리프조들은 기독교도와 무슬림의 불화를 극복하기보다 더욱 드러냈다. 보편적인 기독교계와 전 세계를 아우르는 이슬람 움마는 열망과 폭력의 영역에서 벗어나지 못했다.

로마에서 길이 몇 갈래 뻗어나왔다. 어떤 길은 끝이 막혀 있었고, 어떤 길은 예상치 못한 교차로를 만났다. 뒤이은 장들에서 우리는 다른 장소에서 출발한 제국들을 따라갈 것이다. 그중 몇몇(11세기의 셀주크튀르크족과 13세기의 몽골족)은 지중해 동부의 무대에 출현하여 제국사의 행로를 바꾸어놓았다. 우리는 제국의 경험이 뒤섞이고 층층이 쌓인 사례들을 더 살펴볼 것이다. 이 장에서 우리는 중대한 혁신—보편주의를 지향하는 일신교와 제국의 결합—의 영향에 초점을 맞추었다. 유일신 관념은 포용과 배제라는 문제에 도덕적 열의를 덧붙였고, 황제가 주권을 주장하기 위해 걸어야 하는 판돈을 키웠다. 그러나 유일신의 이름으로 통치한 지도자들마저 집단들의 다양성 문제에 부딪혔다. 몇몇 경우에 그들은 자신의 목적을 위해 이 차이를 이용했다. 새로운 토대 위에 로마의 세계를 재건하려던 기독교 제국과 이슬람 제국의 정치를 형성한 것은 열성과 실용주의 둘 다였다.

CHAPTER 4

유라시아의 연계

: 몽골 제국들

13세기 중엽에 광대한 영역을 초토화한 정복이 제국들의 세계를 탈바꿈시켰다. 1206년에 몽골의 부족 지도자들은 한자리에 모여 칭기즈 칸을 군주로 추대했다. 1241년경, 이미 키예프를 초토화하고 폴란드를 격파하고 헝가리를 정복한 몽골군은 무시무시한 바투 칸의 지휘를 받으며 빈으로 진격하고 있었다. 35년 후에 칭기즈 칸의 손자 쿠빌라이 칸은 송 왕조의 수도를 함락했다. 숱한 도시와 왕국, 제국이 천하무적처럼 보이는 이 세력에 패하여 몰락하거나 항복했다. 단일 가족이 중국부터 흑해까지 유라시아를 최초로 통일한 것이다. 모르긴 몰라도 이런 일은 다시는 없을 것이다.

바투가 대칸 오고타이의 사망 소식을 듣고 새 지도자를 선출하기 위해 몽골로 돌아간 덕에 빈은 간신히 위기를 모면했다. 바그다드는 빈만큼 운이 좋지 못했다. 1258년에 칭기즈 칸의 손자 훌레구 휘하의 몽골군은 바그다드를 약탈하고 칼리프를 살해했다. 여기서 교훈을 얻은 흑해 연안트레비존드 왕국의 통치자는 셀주크튀르크족과 마찬가지로 몽골 황제에 복속하는 데 동의했다. 몽골군의 전쟁기계에 압도당한 살아남은 통치자들은 몽골 칸들의 궁정에 서둘러 사절을 파견했고, 수십 년 만에 천하를 뒤덮은 몽골 제국은 상인, 성직자, 학자, 직공, 관리에게 안전과 보상을 제공했다.

몽골족이 세운 제국들은 적어도 로마와 비잔티움에 비하면 장수하지 못했다. 세계사에서 몽골족이 중요한 이유는 유라시아를 가로질러 연계망을 구축했고, 제국의 기술을 채택하고 변형하여 후대 정치체들에 물려주었기 때문이다. 이 장에서 우리는 몽골족의 위력의 기원, 칭기즈 칸의 놀라운 경력, 몽골족의 권력 레퍼토리, 몽골 칸국들의 궤도, 몽골 제국들이 세계의 정치와 문화에 미친 영향을 살펴볼 것이다.

유라시아의 권력에 이르는 길

로마인들은 400년에 걸쳐 제국을 건설했다. 칭기즈 칸과 그 직계 후손은 70년 만에 더 큰 유라시아 제국을 만들었다. 장거리 전쟁에 능하고 집단들이 흩어져 사는 유라시아를 물자와 문화의 교환망으로 탈바꿈시킨 몽골 사회는 어떤 종류의 사회였을까? 유목 민족이 중국과 중앙아시아에서 부유한 도시들과 유서 깊은 문명들을 통치할 수 있었다는 것이 역설적으로 보일지도 모르지만, 몽골족은 제국에 필요한 도구들을 유목 생활 경제와 유라시아 선대 제국들의 관행에서 충분히 얻을 수 있었다.

이미 우리는 유라시아 유목민들을 접하고 그들이 중국 제국의 형성과 제도, 취약점에 미친 영향을 살펴보았다(제2장). 한나라 통치자들을 위협하여 조약을 맺고 조공을 받아낸 흉노족은 중국을 둘러싸고 중국의 방어선을 뚫고 수지맞는 거래를 요구한 다수의 유목 민족의 하나일 뿐이었다. 실크로드의 반대편에서 로마인들은 기동력이 뛰어난 적들(서쪽으로 진출한 '야만족들')을 매수하거나 용병으로 고용해야 했다. 5세기에 훈족의 위대한 지도자 아틸라는 흑해부터 중부 유럽과 북유럽에 이르는 방대한 영역을 통제했다. 아틸라는 로마인이나 고트족, 또는 둘 다와 동맹을 맺었고, 비잔티움 황제로부터 조공을 듬뿍 받았다. 로마 시에는 천만다행으로 아틸라는 452년에 이탈리아에서 돌연 침공을 중단했다. 1년 후에 아틸라가 죽자 추종자들은 "로마 세계의 두 제국을 모두 공포에 떨게 했던" 통치자에게 경의를 표했다.

흉노족과 훈족, 후대의 튀르크족과 몽골족은 핀란드부터 시베리아와 아시아 북중부를 거쳐 오늘날의 중국에 이르기까지 스텝 지대와 삼림 지대, 툰드라로 이루어진 광대하고 역사적으로 생산적인 지역에서 발흥했다. 기원전 제1천년기부터 이 지역에서는 유목민이 덜 척박한 지방에 침입하고 농경민은 유목민의 공간에 정착함에 따라 정치적 분쟁과 혁신이 일어났다. 다른 유목 제국들이 등장했다 사라진 이 무대에 나타난 몽골족은 선조로부터 배우고 선조의 전술을 채택하고 고유한 전술을 몇 가지 추가하여 군사적 우위를 점했다.

조직된 기동력은 유라시아 스텝 지대(완만하게 오르내리는 평원을 높은 산맥과 물줄기가 간간이 가로막고, 기온이 겨울에는 섭씨 영하 40도까지 내려가고 여름에는 38도 이상까지 올라가는 지대)에서 생활하는 데 결정적인 요소였다. 유목민들은 넓게 흩어져 사는 주민들에게 부족한 자원을 분배하는 일, 스텝 지대의 산물인 풀을 먹고서 목자에게 음식과 옷, 거처, 이동 수단, 교환 가능한 물품 등을 제공하는 동물을 데리고 돌아다니는 일에 숙달하게 되었다.

유목민은 말과 양을 제일 중시했지만 소와 염소, 낙타도 길렀다. 키가 작고 강인한 프르제발스키 말(19세기에 이 말을 '발견'한 러시아인의 이름에서 비롯된 명칭)은 눈 아래 풀을 먹기 위해 땅을 파고 하루에 약 100킬로미터까지 달릴 수 있었다. 말은 젖을 제공했고 이동 수단으로 쓰였으며, 죽은 말은 고기와 가죽을 제공했다. 비상시에 유목민은 말의 피를 뽑아 그대로 마셨다. 이 관습 탓에 유목민은 영원한 악평에 시달리고 있다. 그들은 마유를 발효시켜 쿠미스라는 술을 빚었다. 양은 고기와 옷을 만들 가죽, 이동식 집인 유르트를 덮을 양모를 제공했다. 스텝 지대의 풀은 이 모든 동물을 1년 내내 먹일 만큼 빠르게 자라지 않았으므로 유목민은 계절따라 이동을 했다. 여름 목초지와 겨울 목초지의 거리는 대개 160킬로미터 이상이었다.

유목민은 장거리 목축을 통해 필수품을 대부분 자급할 수 있었으나 유라시아의 접경 지대에는 그들이 탐낼 만한 생산물이 있었다. 이를테면 유목민의 식단을 보완할 곡물, 무기를 만들 금속, 사용하거나 거래할 차와 비단 같은 사치품이 있었다. 유목민 제국들은 정착민의 기술 일부를 스스로 터득했고—쇠 녹이기는 유목민의 장기였다—직공과 장인을 중시했다. 중국과 다른 지역들까지 닿는 실크로드의 교역을 통제하고 보호하는 것은 귀중한 상품을 얻는 또 다른 방법이었다. 유라시아에서 유목민과 정착민은 1000년간 교역과 외교, 결혼을 하고, 공간을 일부 공유하고, 꽤나 강렬한 습격과 전쟁을 하면서 상호작용했다. 상황이 급박하게 돌아갈 때면 유목민은 막강한 군사 기술을 발휘하여 이웃들을 제압할 수 있었다.

유목민은 탁월한 기마술로 기억되고 있지만, 독특한 유라시아식 제국을 만들어낸 것은 유목민의 인맥 관리술이었다. 유목민 가족의 생존에는 동물만이 아니라 넓은 지역에 걸쳐 유지할 수 있는 다른 집단과의 인맥도 필요했다. 시간이 흐르면서 성공적으로 동맹을 맺은 가족들은 한 부족을 이루었다. 유라시아의 한 부족은 단일 조상의 후손들로 이루어진다고 추정되었지만, 사실 부족들은 다양한 부류의 합류자들에 열려 있었다. 남자들은 '의형제 관계'인 안다(anda)를 맺는 관행을 통해 강력한 남자의 '형제'가 되어 다른 부족에 들어갈 수 있었다. 또는 자신의 혈통을 저버리고 다른 사람의 누케르(nöker, 맹우)가 되기로 결심할 수도 있었다. 유목민은 족외혼으로 다른 부족과 동맹을 맺기도 했다. 다른 부족에서 여자를 데려오는 경우도 있었고, 외국의 공주를 아내로 맞는 경우도 있었다.

이런 관행들을 이용하여 유목민은 혈족을 넘어 동맹을 맺을 수 있었다. 부족들 전체가 보호를 받기 위해, 또는 싸움에서 패하여 다른 부족에 복속되기도 했다. 동맹은 의형제 관계, 충성스러운 봉직, 혼인을 통해 굳건해질 수 있었다. 부족장들의 실용적 동맹은 세력권이 넓고 강력한 초부족 연맹으로 발돋움하기도 했다. 이런 결사를 통해 유목민은 이동로와 목초지를 보호하고, 외부 세력을 강탈 및 약탈하거나 정복할 방편을 마련할 수 있었다. 그런데 초부족 연맹을 통솔하는 역할, 연맹을 동원하여 자원을 획득하고 분배하는 역할을 누가 맡아야 했을까? 달리 말해 누가 스텝 지대의 우두머리가 될 수 있었을까?

몽골족이 제국 권력이 되기 한참 전에 내륙 아시아의 튀르크계 민족들은 최고 통치자를 뜻하는 낱말을 만들었다. 중국부터 중앙아시아까지 뻗은 튀르크계 제국들(552~734년)에서 통치자는 카간이라 불렸다. 뒤이은 유라시아 세력들(몽골의 위구르족, 캅카스의 하자르족, 볼가 강 유역의 불가르족)은 카간을 변형한 칭호를 채택했고, 그중의 하나가 칸이었다. 칸의 통치는 하늘과 그 아래에서 살아가는 유목민들의 최고신인 텡그리의 천명(天命)이라고 상상되었다.

그러나 앞에서 보았듯이 하늘의 호의는 다양하게 해석될 여지가 있었고, 특히 황제를 선출할 때 그러했다. 로마인들은 선거, 세습, 입양, 암살, 내전 등 여러 방식으로 황제를 선출했다. 이슬람 정치체들은 무함마드의 유산을 두고 싸웠다. 몽골족은 스텝 지대 선조들을 좇아 전사 자격과 혈통을 결합했다. 조지프 플레처(Joseph Fletcher)는 아일랜드의 왕위 계승 관행인 태니스트리(tanistry)라는 용어로 몽골족의 제도를 표현했다. 몽골족의 최고 군주가 죽으면 그의 아들들과 형제들은 경쟁자 관계가 되어 정상에 서기 위해 서로 싸우고 협상해야 했다. 이 제도는 형제애를 북돋지는 않았지만—형제 살해가 그 특징이었다—타당한 추정에 근거를 두고 있었다. 어쩌다 장남으로 태어난 인물이 아니라 최고 군주의 확대가족 중에 전쟁과 외교에 가장 뛰어난 인물이 몽골족을 이끌어야 한다는 추정이었다.

칸이 되려는 경쟁은 잠재적인 동맹 및 부하와의 전투 또는 거래를 수반하기도 했다. 결과가 웬만큼 뻔할 때에는 대집회인 쿠릴타이를 열어 새로운 지도자를 선포했다. 이 제도—구속력 있는 중대한 결정을 내리는 부족장들의 집회—는 아프가니스탄을 비롯한 유라시아의 일부 정치 공간들에서 아직도 계승되고 있다. 칸 사후에 벌어진 분쟁은 계승 위기가 아니라 최적임자를 가리는 정상적이고 엄격한 절차였다. 칸은 최고 군주의 가족의 일원이어야 했고, 계승 경쟁에서 이겨야 했으며, 다른 주요 지도자들에 의해 선출되어야 했다.

이 제도는 카리스마를 요구하고 만들어냈다. 칸과 그의 혈통의 특별한 자질은 하늘이 내린 행운(튀르크어로 쿠트(qut))의 상징으로 해석되었다. 유라시아의 다른 유목민들과 마찬가지로, 몽골족은 인간이 말을 걸고 호소하고 달랠 수 있는 신령들이 이 세상에 가득하다고 믿었다. 이런 믿음은 다른 종교들을 쉽사리 수용했다. 기독교도들—비잔티움 치하에서 교리 투쟁에 패한 종파들을 포함하여—과 불교도들은 유목민 통치자의 보호를 받았다. 몽골족은 텡그리를 만물을 아우르는 우월한 신으로 숭배했고, 높은 장소는 하늘과 가깝기에 신성하다고 생각했다. 몽골족의 영적 조력자는 샤먼, 즉 신령들과 접촉하고 그들의 도움을 받는 특별한 능력을 지닌 인간이었다. 노련한 지도자는 샤먼에 의존하기도 했고, 직접 신들에게 다가가기도 했다. 당대의 지중해 제국들과 달리 스텝 지대 통치자들은 제도화된 교회, 종파 분립에 따른 혼란, 일신교의 배타성에 속박되지 않았다.

유라시아 민족들은 제국을 만들고 습격하고 분할하고 제국에 도전한 경험이 있었다. 한 왕조가 몰락한 이후 쪼개지고 통일되기를 수차례 반복한 중국은 경쟁관계인 유목 집단들과 반(半)정착 집단들에게 여전히 탐나는 대상이었다. 튀르크계 칸국들은 수 왕조(581~617년)와 당 왕조(618~907년)가 중국 제국을 재통일하고 운영하려 애쓰는 동안 수익이 많이 나는 실크로드를 간헐적으로 통제했다. 8세기에 칸국들이 와해되어 튀르크계 집단들이 비잔티움을 비롯한 제국들을 향해 서쪽으로 이동한 이후, 위구르족 연맹은 당나라를 도와 왕조의 적(안녹산과 사사명 등이 일으킨 '안사의 난'을 말한다—옮긴이)을 진압하고 그 대가로 막대한 양의 비단을 받아냈다.

960년에 창건된 송 왕조는 중국 경제의 발전과 팽창, 방향 전환을 감독했다. 항구 도시들을 통한 수출과 동남아시아와의 번창하는 무역에서 얻는 이익이 대륙을 횡단하는 무역로에서 얻는 이익보다 많았다. 송대에 중국 인구는 폭발적으로 증가하여 1억 명이 넘었다. 그러나 송나라 역시 또 다른 유목 제국(러시아인은 키타이, 유럽인은 캐세이라고 부르는 거란족으로, 중국은 실크로드를 탐욕스럽게 보호한 거란족을 여러 이름으로 음차하여 기록했다)에 의존하거나 맞서 싸워야 했다. 거란족은 유라시아의 통치 레퍼토리에 우편 제도[몽골어로 '잠(jam)'이라 하며 역참(驛站) 제도를 말한다—옮긴이]와 통치자의 이동식 본영(本營)인 오르도(ordo)를 추가했다.

거란족과 그 이후의 여진족은 몽골계 종족으로, 송나라로부터 큰 지방들을 빼앗아 북중국에 자기네 왕조인 요 왕조(916~1121년)와 금 왕조(1115~1234)를 창건했다. 몽골족은 만주의 삼림 지대에서도 유래했으며, 여기서 훗날 몽골이라고 불리게 된 지역으로 서진한 다음 거란족의 통제를 받았다. 이 몽골에서 칭기즈 칸의 조상들은 유목 부족을 이루었다. 이 부족은 고유한 토템 동물 조상(푸른 늑대와 암사슴)과 성산(聖山) 부르칸 칼둔을 섬겼다. 그러나 훗날 가장 중요하게 작용한 것은 이 부족을 비롯한 유라시아 민족들이 축적한 정치적 경험이었다.

정복에 가장 중요한 것은 물론 군대였다. 거란족과 여진족은 훨씬 전에 창안된 제도들, 이를테면 흉노족의 군 십진제와 통치자의 친위대(제2장) 등을 활용했다. 전사들은 십호(十戶)에 속했고, 십호들이 모여 백호, 천호, 만호를 이루었다. 칭기즈 칸은 같은 부족 전사들을 나누어 서로 다른 단위에 재배치하는 식으로 십진 기반 단위들을 세심하게 조정했다. 병사 개개인은 자기 단위의 병사들 모두에게 책임을 졌다. 한 명이 실패하면 전원이 처벌받았다.

몽골군의 훈련은 아주 어린 시절부터 말을 타고, 사냥을 운동처럼 즐기고, 씨족이나 군 단위의 장(長)에게 복종하는 스텝 지대 생활을 통해 자연스레 이루어졌다. 짧은 등자를 사용한 몽골 기병은 빠르고 기동력이 뛰어났다. 몽골 전사는 달리는 말 위에서 뒤를 돌아 활을 쏠 수 있었는데, 이는 몽골의 정복 이후 예술가들이 즐겨 그린 주제였다. 다른 전술로는 거짓 퇴각, 지리멸렬한 추격을 유도하여 궤멸시키는 책략, 가짜 군영, 말에 앉힌 허수아비 등이 있었다. 몽골족의 가공할 기본 무기는 굽은 나무 활대에 힘줄과 뼈를 겹겹이 붙여 만든 복합궁이었다. 그렇지만 몽골족은 정복 과정에서 무장한 창기병, 중국산 화포, 화약 같은 신무기도 추가했다.

도판 4.1
몽골의 기마 전사들, 라시
드 앗-딘의 《집사(集史)》
(1310년경)의 페르시아어
필사본(1430년대)에 실
린 삽화. 프랑스 국립도서
관, 동양 필사본.

　　13세기 초 몽골족의 수는 수십만 명을 넘지 않았지만 칭기즈 칸의 말

년에 그의 군대에는 약 13만 명의 병사가 있었다. 이는 전성기 로마군의

3분의 1에서 4분의 1 규모였다. 이처럼 그다지 많지 않은 인구가 13세기

에 세계 말의 절반가량을 통제했다. 유목 생활은 사회 전체가 전쟁에 동

원될 수 있음을 뜻했다. 여자들은 보급품을 가지고 군사작전을 따라갔고 이따금 남자들과 함께 싸웠다. 군사작전의 목적은 귀향이 아니었다. 전쟁의 주안점은 약탈, 전리품 분배, 더 많은 전리품을 얻기 위한 진격이었다. 몽골군은 식량을 가져갔고 전투에 앞서 모아두었다. 그들은 어디서 물을 찾아야 하는지 알았다. 보급로에서 멀어지더라도 그들에게는 말의 피를 비롯한 비상식량이 있었다. 이 모든 것은 칭기즈 칸이 군대를 규합한 뒤 무시무시한 병력을 통솔했음을 뜻한다.

몽골식 제국 만들기

지금까지 우리는 황제보다 제국의 제도, 상상계, 권력 레퍼토리를 강조했다. 칭기즈 칸은 이런 흐름에서 벗어나 주목할 가치가 있는 통치자다. 그의 인생사가 유라시아 정치 관행의 기본 요소뿐 아니라 사유화된 가산제(家産制)에서 지도자의 중대한 역할까지 예증하기 때문이다. 칭기즈 칸은 권좌에 오르는 동안 신비감을 만들어냈다. 넘을 수 없어 보이는 역경을 극복한 것은 칭기즈 칸의 '행운'의 증거였고 그의 전설과 숭배의 일부가 되었다.

1167년 무렵, 한 유목민 집단의 우두머리이나 강력하지는 않은 집안에서 사내아이 테무진이 태어났다. 테무진의 아버지 이수게이는 막강한 케레이트족 연맹의 지도자 토그릴과 안다(의형제) 사이였다. 테무진의 어머니 후엘룬은 다른 씨족 출신이었으나 이수게이에게 납치당하여 그와 혼인을 했다. 테무진은 아주 어린 나이에 어머니 부족의 소녀 부르테와 약혼했다. 이 가운데 어떤 사실도 비범하거나 특별히 유망하지 않았다. 테무진의 운명은 그의 아버지가 타타르족에게 독살당한 뒤 갑작스레 위태로워졌다. 테무진 가족은 아버지의 씨족에게 버림받았다. 테무진과 어머니, 그녀의 자식들은 직접 먹을 것을 찾아 목숨을 부지해야 했다.

이런 불길한 환경에서 테무진은 친구와 적, 희생자를 불러온 단호한 개성을 드러냈다. 테무진은 친동생과 함께 배다른 형제를 죽였다. 1180년에 테무진은 과거에 아버지와 동맹 관계였던 씨족에 붙잡혀 거의 살해당할 뻔했다. 이 불상사를 겪은 뒤에 테무진은 아버지의 의형제 토그릴에게 부르테의 결혼 선물을 바치고 복속했다. 스텝 지대의 뛰어난 지도자 토그릴을 섬기고, 기독교도와 불교도를 모두 보호하는 튀르크계 케레이트족과 함께 생활함으로써 테무진은 새로운 자원을 얻었다. 테무진은 그를 따르기 위해 자기 부족을 떠난 충직한 누케르들과 안다—어릴 적 친구로 사회적 지위가 높고 자기 수하들을 거느린 자무카—를 얻었다. 이 동맹들은 부르테가 메르키트족에게 납치되었을 때 도움이 되었다. 테무진과 그의 동맹 토그릴과 자무카, 그들의 추종자들은 메르키트족을 물리치고 부르테를 되찾아왔고, 잔혹하게 앙갚음을 했다. 테무진은 족장 지위를 획득했다.

1190년경까지 몇몇 씨족장들은 테무진을 칸으로 선출했고, 전시와 평시에 칸에게 복종하고 전리품 분배를 칸에게 맡기겠다고 약속했다. 테무진은 선조들의 제도를 개혁하기 시작했다. 예컨대 최측근 사령관들뿐 아니라 장인들과 요리사들까지 더해 친위대를 보강했다. 테무진과 그의 예전 안다인 자무카는 각자 족장으로서 3만여 명의 전사를 통솔하는 스텝 지대의 맞수가 되었다. 1187년에 자무카에게 패한 뒤 테무진은 북중국으로 달아났다. 테무진은 휘하 전사들을 동원하여 금 왕조와 자신의 후원자 토그릴을 지원했다. 금 황제는 토그릴에게 왕한(王汗, 몽골어로는 옹칸-옮긴이) 칭호를 하사하고 테무진의 지위를 강화했다. 금나라에 복속한 테무진은 여진족의 관행과 탐나는 부를 가진 중국을 접했다.

위대한 지도자가 되어 스텝 지대로 돌아온 테무진은 맞수들을 제거하

지도 4.1
몽골 제국, 1227년

거나 자기 휘하로 끌어들이는 과제에 착수했다. 테무진은 옛 동지 자무카를 전술로 이기고 어린 시절 적들을 물리쳤다. 그러나 테무진은 옛 상관인 옹 칸에게 맞서다가 다시 한 번 만주로 후퇴해야 했다. 테무진은 결국 토그릴을 물리쳐 전장에서 사망하게 하고 자무카를 죽였다. 최상위 권력을 무시무시하게 과시한 테무진은 자신의 샤먼도 처형했다.

1206년 스텝 지대 지도자들은 대규모 쿠릴타이에 참석하여 테무진을 칭기즈 칸으로 추대했다. 로마의 존칭 아우구스투스처럼 칭기즈는 선대의 상위 칸들과 자신을 구별하기 위해 창안한 칭호였다. 테무진은 천신(天神) 텡그리에 대응하는 신성한 존재를 가리키는 칭호를 골랐다. 칭기즈는 지상을 통치하는 영(靈)이었다. 그리고 칭기즈 칸은 전 세계의 군주였다.

오랜 여정 내내 칭기즈 칸은 유목민의 정치술을 실행하고 그 한계를 넘어섰다. 부족에게 버림받은 어머니와 함께 풀뿌리를 캐어 먹었던 칭기즈 칸은 잇따라 기민하게 동맹을 맺고 적을 무자비하게 습격하는 가운데 익숙한 제도(의형제, 복속 맹세, 족외혼, 보복 의무, 봉직, 보상)를 활용하여

황제가 되었다. 그는 충분히 강해지고 나자 규칙을 위반했고, 씨족 유대
를 단절하는 것을 주된 전술로 삼았다. 혈통에 구애받지 않는 개인적 충
성을 지독하게 강요한 그는 자신과 가장 가까운 남자 친척들 다수를 처
형하거나 처형하겠다고 위협했다. 그는 반란을 꾀한 부하들을 도륙한 뒤
남은 가족들을 자기 감시 아래 두었다. 칭기즈 칸은 전사의 카리스마를
과시하면서 자신이 "소와 말을 치는 이들과 똑같은 옷을 입고 똑같은 음
식을 먹고", "나의 병사들을 형제인 양" 보살핀다고 자랑스레 말했다. 이
제 칭기즈 칸은 자신의 명을 가차없이 수행하는 부하들에게 하사하는

풍족한 보상에 토대를 둔 충성의 정치를 위해 전진해야 했다.

가장 명백한 표적은 곡물, 아마포, 면직물, 청동과 구리, 거울, 금, 공단(貢緞), 곡주, 그리고 궁극의 사치품인 비단을 가진 중국이었다. 13세기 중국 제국은 매력적이었고 분열되어 있었으며 취약했다. 송나라 황제들은 무역과 도시화를 촉진하고 과학, 공학(화약), 예술, 문화적 생산(가동활자 같은)의 혁신을 장려하며 중국 남부를 다스렸고, 북부는 금 왕조가 통치했다. 그러나 과거 스텝 지대 지도자들과 다른 전술을 추구한 칭기즈 칸은 우선 자신의 핵심부에서 골칫거리인 지역들로, 그리고 특히 수익성 좋은 실크로드를 비롯한 무역로의 세력들로 주의를 돌렸다.

칭기즈 칸은 아들 주치를 보내 시베리아의 부족들을 복속시켰고, 자신은 예전에 자무카를 지원했던 부족들을 몰아냈다. 몇몇 집단은 재앙의 조짐을 보고서 튀르크계 위구르족처럼 자진해서 복속했다. 위구르족의 문자는 몽골족에게 그들의 정복과 칭기즈 칸의 법령을 기록할 수단이 되었다. 그런 다음 칭기즈 칸은 1209년에 몽골 핵심부와 중국 영토 사이에 자리 잡은 탕구트 제국 정벌에 나섰다. 탕구트 지도자는 1210년에 항복했고 평화를 보장받기 위해 막대한 조공을 바쳤다. 그렇지만 그는 몽골군에 합류할 병력 파견을 거부했는데, 이는 훗날 끔찍한 실수인 것으로 판명났다. 핵심부를 통일한 칭기즈 칸은 금 왕조에 전쟁을 선포한 뒤 지난한 군사작전 끝에 1215년 오늘날의 베이징 근처에 있던 금나라 수도 중도(中都)를 함락했다. 그 결과 금 왕조는 조공을 더 많이 바치고 칭기즈 칸에게 신부를 보내야 했다. 칭기즈 칸은 과거에 자신을 비호해준 세력들을 정복하면서 출발점으로 되돌아가고 있었다.

이처럼 북중국에서 중대한 성공을 거둔 뒤 칭기즈 칸은 방향을 틀어 서쪽으로 움직이기 시작했다. 서방 원정 중에 칭기즈 칸은 도전자들을 물리쳤고, 다른 종교에 무관심한 몽골족을 환영하는 무슬림들을 비롯한 부하들을 얻었다. 칭기즈 칸은 내륙 아시아의 세력들을 정복하고 나서 오늘날 이란 지역의 부유한 통치자였던 호라즘 왕국의 샤에게 외교적 제안을 했다. 이란인 역사가이자 몽골 문관인 라시드 앗-딘에 따르면 이 제안의 일부는 이러했다. "우리는 어려울 때 서로를 원조하고 지지하기로, 참변으로부터 대상로(隊商路)를 보호하여 세계 안녕의 기반인 번창하는 교역에 몸담은 상인들이 이곳저곳을 자유롭게 오갈 수 있게 보장하기로 약속해야 한다." 불행히도 호라즘의 샤와 그의 신민들은 이 메시지를 진지하게 받아들이지 않고 오히려 얕보았다. 그들은 칭기즈 칸의 사절단과 상인들을 처형했다.

그러자 칭기즈 칸은 정복한 지역들에서 대군을 소집하여 1219년에 중앙아시아를 덮쳤다. 몽골의 통치에 복속하지 않은 도시들은 끔찍한 보복을 당했다. 남자는 체계적으로 처형당했고 부녀자는 노예가 되었다. 귀한 기술을 가진 장인들은 몽골의 궁정으로 보내 봉직하게 했다. 신령들에 다가가는 유용한 능력을 지닌 성직자들도 살려두어 몽골에 대항하는 성전이 일어날 가능성을 낮추었다.

1221년에 칭기즈 칸은 오늘날의 이란과 아프가니스탄을 가로질러 인더스 강까지 원정을 확대했다. 몽골 병력 일부는 캅카스, 우크라이나, 볼가 강까지 계속 진격했다. 이 병력은 4년 동안 2만여 킬로미터를 이동하면서 조지아족, 우크라이나의 킵차크족, 키예프 루시의 공후들, 볼가 강 일대의 불가르족에게 패배를 안겨주었다. 그러나 칭기즈 칸은 포위의 한계와 위험에 민감했다. 그는 인도 안으로 들어가지 않고 마지막이 될 원정을 위해 몽골로 돌아갔다.

이 무렵 지상의 황제에 등극한 칭기즈 칸은 세상을 떠나고 싶지 않았다. 그가 조언을 구한 도교 승려들은 쾌락(사냥, 음탕한 행위, 술 취함)을 포기하면 수명을 늘릴 수 있다고 말했다. 칭기즈 칸은 호사스럽게 살지 않았으나 과음—몽골족이 특히 좋아한 여가활동—을 했고 숱하게 많은 여자들과 잠자리를 가졌다. 첫째 부인 부르테가 가정에서 줄곧 가장 강력한 여인이긴 했지만 칭기즈 칸은 전쟁과 외교를 통해 많은 부인과 첩을 얻었다. 이 여인들 중 일부는 아들들과 총애하는 전사들에게 주었다. 몽골족이 전리품으로 얻은 부인들은 부르테처럼 새로운 가정에서 강력한 행위자가 될 수 있었다. 외부 집단의 여성과 복혼하는 몽골족의 일부 다처제 관행과 전쟁 승리의 결합은 오늘날의 세계에 그들의 후손이 널리 퍼져 있음을 뜻한다.

칭기즈 칸은 보복 원정 중에 생을 마쳤다. 1226년에 칭기즈 칸은 과거에 병력 지원을 거절했던 숙적 탕구트족 원정을 시작했다. 이듬해 칭기즈 칸은 죽었고—정확히 어떻게 죽었는지는 아직까지 논쟁거리다—몽골군은 칭기즈 칸을 기리기 위해 탕구트 도시 닝샤(寧夏)의 주민 전원을 살해했다. 칭기즈 칸의 시신은 비밀리에 운반되어 몽골로 돌아갔다. 칭기즈 칸은 권좌에 오르는 동안 숭배했던 성산 부르칸 칼둔 근처에 묻혔다. 무덤은 알아보지 못하게 위장되었고, 그 일대는 금지된 성소(聖所)가 되었다.

칭기즈 칸은 유라시아의 종전 이데올로기, 제도, 치국술을 대부분 발전시켰다. 고난을 이겨내고 맞수를 꺾어서 신성한 아우라를 입증한 이 스텝 지대 사령관은 기동력이 뛰어나고 자급자족하는 조직된 군대, 통합적인 혼인 전략을 통해 확대된 왕조의 세력권, 보호받는 상인, 장인, 성직자가 가져다준 이익과 미인과 안보, 다양한 수입원(교역, 조공, 전쟁, 과세), 수입과 분배량, 법령을 기록할 문자 같은 이점들—요컨대 분열을 낳는 일신교의 배타성을 뺀 국가의 속성들—을 누렸다. 제도적 관점에서 보면, 13세기 유라시아는 이 시기에 유럽에서는 사라지고 있던 제국의 성분들을 제공했다. 그러나 이 대륙은 대칸의 통치 아래 부족, 도시, 연맹,

다른 제국들을 단일한 정치체로 엮어낼—또는 강제로 통합할—개인을 앗아갔다.

팍스 몽골리카

어떻게 폭력적 정복이 몇몇 역사가들이 말한 13세기 후반 '몽골의 평화'를 가져올 수 있었을까? 칭기즈 칸이 호라즘의 샤에게 제안했던 '번창하는 교역'이 이 시기에 유라시아에서 실제로 이루어졌다. 후대와 마찬가지로 이 시대에도 경제적 연계를 넓힌 것은 무력이었다. 저절로 '글로벌' 시장이 생기지는 않는 법이다. 그러나 몽골족의 초기 유린을 견딘 생존자들은 스텝 지대와 그 접경 지대 인근에서 (과거에 로마인들이 판도를 넓혔을 때처럼) 상업과 문화를 확장하고 새로운 정치적 가능성과 상상계를 열어젖힐 수 있었다. 몽골 통치자와 관료들, 기타 부하들은 평화에 힘입어 후대의 제국들에 오래도록 영향을 미칠 통치 레퍼토리들을 합성할 수 있었다.

그러나 먼저 평화가 있어야 했다. 칭기즈 칸 사후에 대륙을 횡단하는 제국은 서로 안정적인 합의를 맺은 몽골 지도자들에 의존했다. 태니스트리제의 잠재적 폭발성을 잘 알았던 칭기즈 칸은 셋째 아들 오고타이를 후계자로 공표하고 다른 아들들에게 서면으로 이 선택을 지지하게 했다. 1229년, 잠시 권력 다툼을 거친 뒤 칭기즈 칸의 주요 자손들과 관리들은 대규모 쿠릴타이에 참석하여 오고타이를 대칸으로 확정했다. 칭기즈 칸 가족의 일원들(아들들, 살아 있는 형제들, 적어도 딸 한 명)은 저마다 통치할 집단과 영토인 울루스(ulus)를 분배받았고, 대칸은 울루스들 전체를 조정하는 권한을 행사했다.

유라시아 정치의 현실주의적 전통에 따라 장남은 칭기즈 칸의 목초지중에서 제일 먼 목초지를 할당받았다. 칭기즈 칸 시대에 이는 '몽골의 발굽이 밟은 최서단'을 뜻했다. 이는 동유럽 사람들에게는 불길한 배분이었다. 볼가 강 서쪽 스텝 지대는 칭기즈 칸의 장남 주치가 분배받고 그의 아들 바투가 물려받은 울루스의 일부가 되었다. 차남은 중앙아시아의 땅을 받았다. 막내아들 툴루이는 몽골의 심장부를 받았다. 대칸 오고타이는 과거에 칭기즈 칸—아울러 그의 행운—이 방문했던 카라코룸의 새 몽골 수도에 성벽과 궁전을 건설하기 시작했다. 칭기즈 칸의 가장 가까운 자손들 간의 거북하고 이따금 중단된 통일은 13세기 중엽까지 지속되었다. 이 정도면 제국이 진정으로 대륙을 횡단하는 형태를 갖추기에 충분한 시간이었다.

몽골 팽창의 제2단계는 1차 정복에서 이용한 공포와 외교를 결합한 형태였다. 몽골족은 동방에서 금 왕조를 겨냥한 원정을 계속하여 1234년에 북중국 정복을 마무리했다. 몽골족은 야망을 품은 라마승들과 유대를 다진 후 1250년에 티베트 일부를 병합했다. 송 왕조의 남중국을 정복하는 원정은 최대 난관이었지만, 칭기즈 칸의 손자 쿠빌라이 칸은 중국인 참모들의 도움을 받아 대대적인 준비를 마치고서 마침내 1279년에 송 왕조를 무너뜨리고 원(元)을 창건했다. 일본 원정에 몇 차례 실패한 뒤 몽골족은 태평양에 막혀 더 나아가지 못했다.

세계의 반대편에서는 야망의 한계선이 그렇게 분명하지 않았다. 1236년에 칭기즈 칸의 손자 바투는 몽골군을 이끌고 우랄 산맥 서쪽으로 향했다. 이 병력은 5년 만에 우크라이나, 폴란드, 헝가리까지 밀고 들어갔다. 앞에서 보았듯이, 몽골군의 파죽지세는 대칸 오고타이가 죽는 바람에 바투가 몽골로 돌아가고서야 멈추었다. 후일 바투는 자신이 정복한 스텝 지대 지역에 울루스를 수립했다. 이 울루스는 초원, 흑해와 카스피해, 볼가 강과의 연계, 대륙을 횡단하는 무역로를 가지고 있었다. 바투는 자신의 영역을 킵차크한국(汗國)이라 명명했는데, 과거에 이 지역을 통제했으나 이제는 몽골족의 막강한 권력에 복속한 튀르크계 킵차크족을 상기시키는 이름이었다. 킵차크한국은 금장한국(金帳汗國)으로도 알려졌다(제7장).

중국과 금장한국 사이에서 몽골족은 칭기즈 칸의 계승자들이 분배받은 다른 두 지역에 대한 통제권을 강화했다. 1251년에 대칸으로 선출된 몽케는 동생 훌라구에게 칭기즈 칸이 시작한 서남아시아 정벌을 완수하라고 명령했다. 훌라구는 시아파에 속하는 이스마일파를 토벌한 다음 아바스조를 공격했다(제3장). 훌라구는 바그다드를 포위하여 정복했으며, 전하는 바에 따르면 칼리프와 도시 주민 20만 명을 살해했다고 한다. 이집트를 향해 진격한 훌라구의 군대는 결국 맘루크 술탄의 군대에 저지당했다. 훌라구는 이라크와 이란을 근거지로 삼은 일한국의 초대 칸이 되었다. 아랄해에서 동쪽으로 팽창한 넷째 울루스(칭기즈 칸의 차남 차가타이의 울루스)는 호라즘의 무역로 도시들을 포괄하고 다른 세 몽골 영역(일한국, 금장한국, 원나라)을 서로 연결해주었다.

이렇듯 몽골 평화의 한 가지 원천은 더 많은 전쟁—유라시아 대부분을 칭기즈 칸 혈통 통치자들에게 복속시킨 전쟁—이었다. 그러나 다른 원천은 외교였다. 아르메니아족 통치자 같은 현명한 통치자들과 모스크바 인근 루시(키예프)의 공후들처럼 통치자가 되려는 이들은 몽골 칸에 복속함으로써 보호를 받고 때로는 엄청난 부까지 얻을 수 있음을 배웠다(제7장). 권력의 중추인 몽골 황실은 40년 넘게 영역을 분할하여 통치했다. 칭기즈 칸의 후손들은 대칸을 선출하기에 앞서 매번 태니스트리제를 대규모로 실행하는 가운데 수년간 서로에게 계략을 쓰고 술수를 부렸지만, 결국 울루스의 원칙에서 총력전을 피할 방도를 찾았다.

칭기즈 가의 네 왕조는 정복을 통해 등장했다. 볼가 강변의 사라이에

수도를 둔 주치 후손들의 금장한국, 대략 오늘날의 우즈베키스탄과 겹치는 이웃나라 차가타이한국, 훌라구의 후손들이 통치한 페르시아의 일한국, 역사에 길이 남은 쿠빌라이가 1260년부터 1294년까지 이끈 중국의 원 왕조가 그 네 왕조였다. 칭기즈 칸 사후에 초대 대칸에 오른 오고타이의 아들들은 계승 투쟁에서 실패하여 결국 영토를 잃었다. 칭기즈 칸의 막내아들 툴루이의 후손들(훌라구와 쿠빌라이)은 한층 성공을 거두어 커다란 4개의 칸국 중 둘을 창건했다.

우리는 1260년경에 몽골 제국이 복수로 존재했다고 말할 수 있다. 1259년에 대칸 몽케가 죽자 중국에 있던 쿠빌라이는 쿠릴타이를 기다리지 않았고, 도리어 추종자들의 추대를 받아 스스로 대칸임을 선언했다. 쿠빌라이는 '칸의 도시'라는 뜻에서 칸발리크(후대의 베이징)라 부른 곳에 자신의 수도를 세웠다. 각 칸국의 몽골 통치자들은 유라시아의 정치 원칙에서 힘을 얻으면서도 피정복민들의 관리 전략을 채택했다. 동부와 서부의 연결을 촉진하고, 문화와 인구 구성, 치국술, 상업을 변형하고, 나날이 넓어지는 세계에서 새로운 열망을 불러일으킨 것은 단일한 공식 제국이 아니라 몽골의 통치 방식이었다.

몽골의 방식

"제국은 말등에서 만들어졌을지라도 말등에서 다스리지는 못한다." 대 칸 오고타이는 이렇게 말했다고 한다. 의심할 나위 없이 오고타이는 이 말을 더 오랫동안 제국 통치 문제를 경험한 중국인 참모들로부터 받아 들였을 것이다. 당면 과제가 정복에서 통치로 바뀜에 따라 몽골족은 지 역 중개인들에게 의존했고 그들을 통제하는 방식을 개발했다. 칸국들 에서 몽골의 주권은 종교, 예술적 표현, 학문, 편의시설 같은 지역 환경 에 적응할 수 있다는 점에서 차별화되었지만, 유라시아의 권력 레퍼토 리의 특정한 요소들을 완강히 고수한다는 점에서도 차별화되었다.

중국에서 칸은 황제로 변신해야 했다. 몽골족은 정복을 통해 중국 북 부와 남부를 재통일하고 티베트를 추가함으로써 중국의 판도를 최대로 넓혔다. 일찍이 중국인 참모들을 발탁했던 쿠빌라이는 보편적 통치자로 서의 지위를 강조하기 위해 자신의 성격을 탈색하는 강력한 황실 전통 을 재빨리 채택했다. 이전 왕조들의 이름이 지리를 가리키던 것에 반해 원(元)은 '만천하의 기원'을 뜻했다. 이 이름은 몽골족이 중국 지역 출신 이 아니라는 곤란한 사실로부터 주의를 돌려놓았다. 쿠빌라이는 1272년 에 포고문을 통해 자신의 제위를 선포했다. 이 인상적인 포고문은 원이 천명(天命)을 정당하게 물려받았고 천명에 영광을 가져다줄 것이라는 근거를 학구적인 중국인 관료들에게 제공했다.

몽골족은 정복한 모든 지역에서 칸의 제도와 명령을 유지하거나 필요 에 따라 바꾸었다. 확장 가능한 두 번째 통치 기술은 효율적인 과세를 위 해 반드시 필요한 인구 등록이었다. 정복 이전에 위구르인 고문들은 표기 체계와 전문 비서 업무를 몽골족에 제공한 바 있었다. 1252년에 대칸 몽케는 중국에서 당대까지 최대 규모의 인구조사를 지시했다. 인구조사는 루시(키예프) 공후들의 땅을 포함한 킵차크한국에서 정리되었다. 몽골군을 조직한 십진제는 인구를 집계하는 데 응용되고 병사를 징집하는 데 쓰였다. 루시에서 관료들은 '백인'의 우두머리나 '만인'의 우두머리 같은 칭호를 받았다. 몽골족은 인두세, 교역세, 가축세 등의 다양한 조세를 이용했고, 대륙을 횡단하는 전문 인력의 보고를 받아 제국의 지역들에서 징세 방식을 조정했다. 일한국의 칸들이 통치한 지역에서는 인두세가 누진 적용되어 부자가 빈자보다 7배가량 많이 냈다.

몽골족의 자원 징수 방식은 실용적이었지만—어떤 집단을 돕기 위해 조세를 면제해주거나, 한 집단의 힘을 키워 다른 집단을 처벌하기도 했다—거의 모든 경우에 정복한 지역에서 명령을 수행하고 세액이나 물자를 징수하고 운반할 중개인을 필요로 했다. 유목민 지도자들은 지역 당국이 초래할 위험을 확실히 알고 있었다. 즉 그들은 복속 상태에서 벗어나 군주로 변모할 가능성이 있었다. 몽골족은 양날의 검인 간접 통치에 전략적으로 대응했다. 군사 계급은 대부분 몽골인으로 채우는 반면에 관료직은 민간인에게 열어두고, 두 부류의 신하 모두 개인적 유대를 통해 상위의 권위자와 연결하는 전략이었다. 이처럼 두 부류를 분리하고 종속시키는 제도를 통해 몽골족은 각 지역에서 박식한 인력을 이용하면서도 그들에게 권력을 지나치게 양도하지 않을 수 있었다.

몽골의 중개인 관리법에는 제국을 순회하게 하면서 특정 지역의 요구에 맞추어 행정 관행을 꼼꼼히 조정하는 방법이 있었다. 칭기즈 칸이 오늘날의 이란을 처음 습격하여 초토화한 이후 페르시아인, 위구르인, 몽골 아족, 유대인은 이 지역의 고위 관료로 등용되었다. 그러나 훗날 일칸들의 통치기에 행정은 대부분 유서 깊은 페르시아 가문들의 수중으로 되돌아갔다. 중국에서 몽골족은 상당히 발달한 행정 전통을 가진 중국인 중개인들에 의존하는 방안을 더 경계했다. 원나라 통치자들은 지역에서 조세를 징수하는 필수 업무는 하위 관리에게 맡기고 최고위 관직에는 색목인(色目人, 중앙아시아와 중동 출신 무슬림, 위구르인, 몽골 아족)을 고용했다. 최고위 관직들이 줄곧 비중국인의 몫이었던 탓에 원대의 한족 엘리트들이 문예를 꽃피웠던 것인지도 모른다. 개인적 충성을 중시하고 관료계를 멀리한 원 왕조는 중국인 관료를 선발하는 과거제를 1238년부터 1315년까지 중단했다.

정치의 최고 수준에서 몽골 제국들은 유라시아의 왕조 원칙을 계속 지켰다. 황제(칸)는 반드시 칭기즈 칸의 자손, 즉 칭기즈 칸 가족의 후손이어야 했다. 그러나 왕조를 섬기는 사람들은 이 규칙의 제약을 받지 않았다. 통치기구는 출신과 종교가 제각각인 개인들에게 열려 있었으며, 이들은 과거 몽골의 군 지휘관들처럼 통치자에게 가장 쓸모 있는 존재가 되려고 서로 경쟁하기도 했다.

정복기에 몽골 지도자들은 분명 비잔티움, 이슬람, 카롤링거 제국의 통치자들에 비해 종교에 개의치 않는 것처럼 보였다. 훨씬 나중에 일부 유럽인들이 여러 종교에 대한 몽골의 태도를 '관용'이라 해석한 것은 일신교의 선결 조건과는 전혀 다른 조건에서, 이를테면 유라시아인들의 영적 조언자에 대한 관심, 몽골족이 정복한 영토에 존재하던 여러 신앙, 족외혼을 통한 실용적 정치 등에서 유래했다. 일례로 칭기즈 칸은 승전 이후 영토를 안정시키는 조치의 일환으로 아들 툴루이와 토그릴 칸의 질녀의 혼인을 주선했다. 이 여성 소르칵타니는 비잔티움의 교파 분쟁에서 패배한 기독교도 집단인 네스토리우스파의 일원이었다. 소르칵타니는 대칸에 즉위한 몽케와 쿠빌라이, 이란을 정복한 훌라구를 낳았다. 몽골 지도자들은 종교 지도자들과 친분을 맺고 그들을 자기 궁정으로 데려갔으며, 교회 수입에 세금을 물리지 않았다. 몽골 통치 초기에 일한국에서는 불교도, 몇몇 종파의 기독교도, 유대인, 무슬림 모두가 번창했다.

시간이 흐르면서 많은 몽골인은 여러 종교로 개종했다. 일한국의 칸 올제이투(재위 1304~1316년)는 인생의 여러 시기에 샤머니즘 신자, 불교도, 기독교도, 수니파 무슬림, 시아파 무슬림이었을 것이다. 몽골족은 티베트의 불교 권위자들과 친분을 쌓았고, 중국에서 불교도를 보호했다. 대칸 쿠빌라이는 불교도가 되었다. 더 널리 알려진 몽골족의 개종은 이슬람으로의 개종이었다. 1258년에 훌라구가 아바스 칼리프조를 파괴한 뒤 이 지역에서 이슬람은 희망이 없어 보였다. 그러나 한 세대 만에 페르시아의 몽골 통치자들은 그들의 추종자 다수와 마찬가지로 무슬림이 되었다. 이 선택은 일한국의 칸들과 그 후계자들 치하에서 만개한 이슬람 문화의 밑거름이 되었다.

법은 몽골의 통치 방식의 일부였다. 칭기즈 칸은 일찍이 권좌에 오르는 동안 글을 아는 종복들과 포로들로부터 법적 규제 관행을 받아들였다. 칭기즈 칸은 양자 시키 쿠투쿠로 하여금 자신이 부하들에게 분배한 땅과 부족을 '파란 책'에 기록하게 했다. 칭기즈 칸의 명령도 기록되고 보존되었을 것으로 추정된다. 칭기즈 칸의 대야사(대법령)의 법전으로 알려진 텍스트는 남아 있지 않지만, 앞에서 로마인들과 관련하여 살펴보았듯이 법은 몇 가지 방식으로 통치 기능—일군의 규칙으로서, 판결을 내리는 방식으로서, 재판관과 법학자의 관심사로서—을 할 수 있다. 몽골 칸들은 법률을 공포하여 합법적인 판결을 내릴 수 있게 해주었다.

당대인들이 쓴 몽골 통치사에서 칸은 무슬림, 유대인, 기독교도 권위자들을 포함한 고문들의 조언을 받는 정의의 집행자로 묘사된다. 몽골 땅에서 종교나 부족의 권위자들은 대부분의 법적 판결을 직접 선고하여 복속 집단 내부의 분쟁을 해결할 것으로 기대되었다. 몽골족은 국가와 직접 관련이 없는 범죄를 처벌할 권한을 기꺼이 양도하는 이런 입장을 중국에서도—부정적으로—드러냈다. 예컨대 원 왕조는 이전 왕조들과 달리 형법전을 편찬하지 않았다. 조약 체결 관행과 복속·항복·교환의 조건을 협상하려는 태도는 몽골족의 법률 문화, 즉 충성 선언에 토대를 두고 계약으로 뒷받침한 법률 문화의 측면이기도 했다.

유라시아 전역에 걸쳐 칸, 관료, 상인, 여행자와 이들의 무역 상대를 연결한 방대한 무역로도 몽골의 방식에 속했다. 실크로드는 신속하게 통신할 수 있는 매개 고속도로가 되었다. 1234년에 대칸 오고타이가 확립한 역참제는 짐을 실은 말이 하루 안에 수월하게 달릴 수 있었던 거리인 40킬로미터에서 48킬로미터마다 역참을 설치하여 운영한 제도였다. 역참은 공인된 이용자(외교 사절, 황제의 명령을 전달하는 급사, 상인)에게 말과 보급품을 제공했다. 역참 이용자는 통행을 공식 승인받았음을 입증하는 몽골어가 새겨진 패자(牌子)를 소지했다. 이 패자는 지금의 여권 제도의 조상이다. 역참은 다기능 시설이었다. 상인을 통제하고 세금을 부과하는 한편, 공식 전령이 하루에 320여 킬로미터까지 주파할 수 있도록 말을 바꿔주었다. 몽골족은 북중국에서 거란족이 운영했던 제도인 급체포(急遞鋪)를 대륙을 횡단하는 통제, 과세, 무역의 관계망으로 바꾸었다.

태평양부터 지중해와 발트해까지 뻗은 몽골의 연계는 머나먼 거리를 가로질러 지식, 사상, 기술을 대대적으로 전파할 수 있게 해주었다. 페르시아의 불교도들, 중국의 무슬림 조언자들, 광범한 영역에서 포교를 한 다양한 기독교도들은 13세기와 14세기에 다시 대규모로 뒤섞인 사람들과 종교들의 일부였다. 정주하는 사람들의 식사와 요리법, 의학과 지리학 지식, 예술과 건축 환경마저도 대륙을 가로지르는 접촉과 이동으로 말미암아 크게 바뀌었다. 1246년 대규모 쿠릴타이에서 몽골 엘리트들은 고깃국과 발효된 마유를 먹었지만, 한 세기 후에 원나라 통치자들은 통밀빵, 파스타, 병아리콩, 호두, 아몬드, 피스타치오, 가지, 꿀, 시럽으로 식사할 수 있었다. 그들의 오랜 비상식량인 양고기는 향신료로 간을 하고 양념에 재워두었다가 구운 다음 후머스(병아리콩을 익혀 으깨고 양념한 중동 음식-옮긴이) 위에 담아서 내올 수 있었다! 중동의 요리법이 요리사와 함께 아시아로 전해졌다. 조리법 전파는 쌍방향으로 이루어졌다. 중국에서 주식인 쌀은 일한국의 가잔 치세에 페르시아 엘리트들이 먹고 싶어 하는 음식이 되었다.

몽골은 다양한 의학 체계(중국인, 고려인, 티베트인, 무슬림, 네스토리우스파 기독교도 등의 의학 체계)를 이용하는 방식을 확립했다. 일한국의 중국인 의사들은 침술, 약초 연고와 수은 치료를 선호하고 맥을 짚어 진단을 내렸다. 의학의 영향도 쌍방향이었다. 11세기 초에 중앙아시아에서 편찬된 이븐 시나(아비센나)의《의학 정전》은 1273년에 원나라 황실 서고의 장서목록에 올라 있었다. 그렇지만 이 지식은 질병이 스텝 지대를 횡단했을 때 도움이 되지 않았다. 병마가 가장 참혹한 피해를 입힌 때는 중국에서 역병이 창궐하고 유럽에서 흑사병이 맹위를 떨친 14세기 중엽이었다. 예나 지금이나 여행자들이 가져온 것이 언제나 이롭지는 않았다.

땅과 하늘에 관한 지식을 갈망한 몽골족은 지도 제작과 천문학에 자금을 댔다. 원 왕조는 무슬림 지도 제작자들이 근무하는 비서감(秘書監)을 후원했다. 이 14세기 전문가들은 당시 유럽인들이 아시아의 윤곽을 알았던 것보다 정확하게 아프리카와 지중해의 형태를 알았다. 13세기 후반기에 일한국의 칸들은 채유타일 모자이크로 장식한 돔(페르시아, 중국, 튀르크의 여러 무늬와 기술을 합성한 양식)으로 도시들을 개수함으로써 건축 붐을 촉발했다. 일한국에서는 필사본 삽화와 캘리그래피도 융성했다. 일한국 칸들은 페르시아의 품격 있는 서사시에 탄복했고, 역사와 이야기를 장식하기 위해 중국인 화가들을 고용했다. 유목민이 발명한 실용적인 예술 형식인 카펫 제작은 아시아 곳곳에서 더욱 정교해지고 확산되었다. 가장 탁월한 예술가와 장인, 학자를 자기 궁정으로 끌어모은 몽골 통치자들이 보여준 대로, 이런 폭발적인 예술 생산의 핵심은 부와 후원, 그리고 예술 전통들의 혼합이었다.

이 문화적 폭발의 토대는 몽골의 평화가 배양한 경제적 팽창이었다. 몽골족은 상업 활동에 투자하고, 유라시아를 가로지르는 고속 운송 및 통신 체계를 유지하고, 상인과 장인을 보호하고, 관행으로 분쟁을 해결함으로써 장거리 교역을 실행하고 상상할 지평을 넓혀주었다. 몽골족은 중국인과 달리 상인에 대한 양가감정을 드러내지 않았다. 오히려 몽골의 규제 체제에는 장거리 교역을 촉진하고 지역의 생산성을 북돋는 제도들이 포함되었으며, 그중에는 국가와 개인 사업가들이 맺는 일종의 동업자 관계도 있었다. 베네치아와 제노바의 상인들뿐 아니라 흑해 항구의 관리들까지도 상인에 우호적이고 세계주의적이며 권리를 양도하는 몽골의 관행 덕분에 유라시아의 상업과 지중해 동부를 연결하면서 이익을 얻었다.

몽골족은 종교 단체들을 보호하고, 상이한 문화들과 독특한 사회 집단들을 포용하고, 교역과 문화적 교류를 촉진함으로써, 마침내 전 세계를 연구할 수 있는 여건을 당대 학자들에게 마련해주었다. 라시드 앗-딘은 1310년경에 집필을 마친 《집사》에서 오직 몽골의 통치 아래에서만 "세계 전역의 모든 사람들과 갖가지 계층의 인류에 대한 정황과 설명"이 가능해졌다고 썼다. 그의 목적은 각 공동체(성서의 선지자들, 무함마드, 칼리프조, 몽골족, 튀르크족, 중국인, 유대인, 인도인, 프랑크족)의 문헌과 지혜를 검토하여 "유례가 없는 책의 집성", 즉 "각종 역사서들의 결집"을 만들어내는 것이었다.

라시드 앗-딘의 인류 관념은 복합적이었다. 세계는 저마다 지식과 민음, 학자와 출전을 가진 상이한 공동체들로 이루어져 있었다. 즉 세계는 사다리나 층계가 아닌 집합체였다. 이런 제국적 상상(공동체들이 연결되면서도 분화되는, 따라서 풍요로운 세계에 관한 구상)은 라시드 앗-딘 같은 야심 찬 사람들을 다른 지식 전문가들과 연결해주었다. 전체를 결속한 것은 몽골 칸들의 보호와 후원이었다.

붕괴와 재현

몽골의 연계를 통해 전파된 기술들은 몽골 제국들이 자취를 감춘 뒤에도 오랫동안 세계의 정치적·경제적·문화적 틀을 변형했다. 그러나 칭기즈 왕조가 조율하는 체제로서의 거대한 제국은 고작 몇십 년 동안 존속하는 데 그쳤다. 제국의 와해는 지난날 제국을 그토록 공격적으로 만든 요인과 관련이 있었다. 몽골 권력은 전사와 추종자에게 분배하는 자원에 의존했다. 이 체제는 팽창해야 했다. 충성할 대상을 바꾼 선택은 칭기즈 칸의 성공에 필수적이었으나 그의 제국을 찢어놓을 수도 있었다. 울루스들의 분립은 몽골의 최후를 늦추었을지 모르지만, 몽골 지도자들은 자기 지역에 정착하면서 적수들에 대한 전술적 우위와 자기들끼리 일치단결할 동기를 잃어버렸다. 몽골의 칸국들끼리 전쟁을 벌일 가능성은 이 유목민 제국의 가장자리에서 전쟁이 일어날 가능성만큼이나 높아졌다.

네 칸국 중에 정주 생활에 제일 물든 칸국이 제일 먼저 굴복했다. 1256년부터 1335년까지 통치한 일한국은 유라시아식 두 군사 강국—이집트에 수립된 맘루크조(제3장)와 몽골족의 금장한국(제7장)—사이에 끼어 있었다. 맘루크조와 금장한국은 흑해와 콘스탄티노플을 거쳐 이집트로 이어지는 수익성 좋은 교역을 위해 화친을 맺었다. 이제 무슬림 세력이 된 일한국은 여러 '프랑크족'과 동맹을 맺었으나 별반 효과가 없었다. 일한국의 마지막 통치자 아부 사이드는 맘루크조와 화해하기까지 했다. 그러나 1335년 이 왕조는 스스로의 원칙에 의해 무너졌다. 아부 사이드는 아내가 많았음에도 아들을 낳지 못했다. 엎친 데 덮친 격으로 그의 사후에 벌어진 권력 투쟁에서 황실 확대가족의 어떤 후보자도 확실한 승자로 발돋움하지 못했다. 그가 통제했던 영토는 40년 만에 쪼개졌다. 일한국에 살았던 몽골족 다수는 그 일대의 튀르크계 무슬림 부족들에 흡수되었다.

원 왕조는 30년 더 존속했다. 여기서 정복자 쿠빌라이의 몽골 후손들은 다른 권력 지형에 직면했다. 쿠빌라이는 중국의 북부, 중부, 남부를 단일 황제 아래 합쳐놓았다. 진나라와 한나라(제2장) 시대와 마찬가지로 문제는 그런 상태를 어떻게 유지하느냐였다. 원 왕조의 통제력은 양방향에서 위협을 받았다. 북부에서는 몽골 군벌들이 웅거했고, 남부에서는 농민과 불교도가 반란을 일으켰다. 원 왕조의 마지막 통치자 토곤 티무르(순제)는 비몽골계 왕조인 명조를 세운 중국인 변절자에 의해 베이징에서 내쫓겼다(제7장).

유라시아에서 경쟁이 치열한 가장자리에서 가장 먼 중부에 자리 잡은 두 칸국은 각자의 방식으로 더 오랫동안 살아남았다. 킵차크한국(금장한국)은 칭기즈 칸의 손자 바투의 치세에 말을 기르고 교역하기에 이상적인 지형으로 세력을 넓혔다. 여러 공후들이 권력을 두고 경쟁하고 몽골에 복속된 주권의 잠재력을 깨달아가고 있던 농경 지대(미래의 러시아)에서 멀지 않은 곳이었다(제7장). 또한 이 지형은 모든 방향의 주요 무역로들에서 충분히 가까운 위치였다. 킵차크한국의 볼가 강 유역 수도〔구(舊) 사라이와 후일의 신(新) 사라이〕는 어마어마하게 부유해졌다. 바투의 형제 베르케 칸(재위 1257~1267년)은 이슬람으로 개종했고, 후일 우즈베크 칸

(재위 1313~1341년) 치세에 금장한국은 무슬림 세력이 되었다. 금장한국은 과거에 나라를 하나로 합쳤던 원리에 의해 조각이 났다. 야망을 품은 유능한 지도자들이 군주와 갈라서고, 새로이 제휴를 맺고, 오스만튀르크 같은 외부인과 동맹하고(제5장), 칸국과 그 부를 공격했다. 1438년부터 금장한국은 볼가 강 유역과 흑해 북쪽 스텝 지대에서 개별 칸국들로 해체되었다. 이 칸국들은 다음 350년간 점차—대부분 폭력적으로—다른 제국들에 통합되었다.

중앙아시아의 차가타이 울루스는 13세기 후반에 트란스옥시아나와 모굴리스탄으로 양분되었고, 결국 부족 단위와 군사 단위—저마다 도시 지역, 농업 지역과 변변찮은 연계를 맺은—로 이루어진 느슨한 연맹들로 분해되었다. 목축 생활 전통과 임시변통의 동맹 전통을 잘 보존한 이 지역은 최후의 위대한 몽골 정복자를 배출했다. 14세기 말 티무르—몽골인 가계에서 무슬림으로 태어난 튀르크어 사용자—는 싸움을 통해 최고 명령권을 차지하고 단기간이나마 유라시아 대부분을 무자비하게 정복한 칭기즈 칸의 위업을 재현했다.

티무르는 경쟁관계인 권위자들을 능란하게 이용했다. 다른 부족원, 과거의 적, 울루스 외부의 공격자와 동맹을 맺고서 자기 부족의 지도자뿐 아니라 예전 경쟁자와 후원자까지 물리쳤다. 1380년까지 티무르는 차가타이 울루스를 개인적으로 통제하고 기막힌 시설들을 갖춘 수도 사마르칸트를 차지했다. 이어서 티무르는 인상적인 폭력으로 페르시아와 아프가니스탄 전역, 캅카스 산맥, 금장한국의 영토, 인도 북부를 복속시켰다. 티무르의 군대는 1393년에 바그다드를 함락했고, 1396년에 사라이를 유린했으며, 1398년에 델리를 약탈했다. 1402년, 티무르는 아나톨리아에서 오스만군을 물리쳐 위대한 정복자 바예지드 1세의 경력에 종지부를 찍었다(제5장). 카스티야의 엔리케 3세, 프랑스의 샤를 6세, 잉글랜드

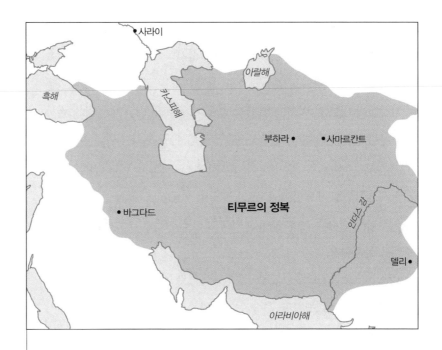

사라이

아랄해

흑해

카스피해

부하라 •   • 사마르칸트

티무르의 정복

• 바그다드

인더스 강

델리 •

아라비아해

의 헨리 4세는 티무르의 승리를 축하했다. 티무르는 중국 정벌을 개시했으나, 1405년 원정 도중에 죽었다.

칭기즈 칸에 대한 기억과 자신을 연관짓는 일에 신경을 쓴 티무르는 유년기의 역경과 궁핍, 패배나 다름없는 퇴각, 신과의 직접적인 접촉 등을 환기시켰다. 그러나 티무르는 칭기즈 칸의 가계가 아니었던 까닭에 몽골족이 단단히 뿌리내린 강한 왕조 전통과 단절하려는 사람으로 비칠 수도 있었다. 이 문제에 대처하기 위해 티무르는 칭기즈 칸의 후손을 차가타이 울루스의 명목상 수장으로 옹립했고, 왕가의 아들을 낳을 수 있는 칭기즈 칸 가문의 여성을 아내로 맞았다. 이 노력은 성공을 거두어 중앙아시아와 남아시아 곳곳에서 칭기스 칸의 혈통임을 주장하는 이들이 여럿 등장했다. 티무르의 칭기즈 칸 가문의 후손 중에 바부르는 1525년 인도에서 무굴 제국을 창건했다.

왕가의 혈통만으로는 티무르 제국을 결속할 수 없었다. 티무르는 자신의 명령권을 증손자에게 유증했지만 제국은 곧장 네 지역으로, 뒤이어 더 많은 지역으로 쪼개졌고, 15년 동안 경쟁자들은 영역을 두고 격전을 벌였다. 티무르는 칭기즈 칸처럼 여러 부족과 지역 출신인 군 사령관들로 자신을 둘러쌌고, 칭기즈 칸처럼 전쟁 기계를 계속 돌리기 위해 정복에 따른 보상을 이용했다. 티무르는 몽골족의 이중 통치 전략(현지 행정관들과 몽골족 군 사령관들)을 강화하기 위해 부족 지도자들을 고향에서 먼 곳에 체계적으로 재배치했고, 출신 지역이 서로 다른 병사들을 섞어 새로운 지휘관 휘하의 혼성 부대를 편성했으며, 문관과 무관 임명을 자신이 계속 통제했다.

이처럼 지역 관계망을 깨뜨려 권한을 극도로 개인화하는 전략은 티무르 본인에게는 주효했지만, 추종자를 동원하고 보상을 제공하는 후계자들의 능력을 침해했다. 티무르 제국은 충성 대상을 계속 바꾸는 유동적인 정치와 여러 부족장들 간의 경쟁관계로 되돌아갔다. 아프가니스탄은 그때부터 지금까지 이곳을 관리하려는 제국들을 괴롭히고 있다. 티무르 이후에도 전능한 단일 통치자가 이끄는 개인적인 제국의 신비감은 강력하게 작용했다. 이 주권 개념은 티무르의 무참한 폭력과, 뒤이어 그가 강요했던 질서에 대한 기억을 통해 후대로 전해졌다.

몽골이 중요한 이유

막강한 단일 주권자가 정복하고 보호하는 제국이 광범하고 풍요로운 평화를 가져올 가능성은 몽골족이 중앙아시아와 그 인접 지역의 정치적 상상에 이바지한 것들 중 하나다. 대칸이 현지의 아들이 아니라 먼 곳에서 온 왕족 정복자라는 사실은 스텝 지대, 사막 지대, 산악 지대에 넓게 흩어져 사는 주민들의 경험에 부합했다. 몽골 통치자들은 일단 승리를 거두고 나면 주민들의 종교 관행을 그대로 허용했고, 대부분의 통치 업무를 지역 당국에 맡겼다. 칸국들이 교차하는 지점의 관직은 세련된 행정관들이 맡았는데, 그들은 몽골의 통제력이 흔들릴 때면 다른 지도자를 섬기기도 했다. 몽골의 일부 칸들은 이슬람으로 개종하여 칭기즈 칸 가문의 통치권과 페르시아의 영향을 받은 도시 중심적 문예 문화의 공생을 도왔다. 칸국들에서 권력이 누수됨에 따라 수공업자와 건축가의 기술과 설계는 다른 지역들로 반출되었다.

몽골 제국들은 빠르게 조각나긴 했으나 유라시아를 통합하여 후대의 정치체들에 그 흔적을 남겼다. 몽골족의 종교 제도 보호, 고정된 중심이나 핵심 인구 없이 차이를 인정하는 태도를 바탕으로 통치하는 관행, 주권자의 통제 수단으로서 장려한 개인화된 충성심, 충성 대상에 따라 유동적인 정치, 실용적인 복속, 조약 체결 등의 레퍼토리는 칭기즈 칸의 제국이 해체된 뒤에도 오랫동안 활용되었다.

유라시아 주변 세계 또한 크게 변형되었다. 앞으로 보겠지만 몽골의 경험을 계승한 몇몇은 위대한 정복자들이 해결하지 못했던 내구성 문제를 극복했고, 몽골 전통과 다른 전통을 합성하여 오래 지속된 커다란 제국들—오스만 제국, 러시아 제국, 중국 제국—을 건설하거나 재건했다. 티무르의 후손들은 250년 넘게 다수의 민족들을 통치했고, 다종다양한 인구에게 종교를 강요하지 않고도 상업적 연계를 강화했다. 몽골이 감독하며 발달시킨 교역과 통신은 통치자, 상인, 탐험가에게 새로운 전망을 열어주었다. 두 세기 전에 대륙을 횡단한 마르코 폴로의 저술을 탐독한 뒤, 크리스토퍼 콜럼버스는 대칸의 땅을 향해 항해를 시작했다.

CHAPTER 5

지중해 너머
: 오스만 제국과 에스파냐 제국

몽골족이 로마인보다 더 짧은 기간에 더 큰 제국을 건설하긴 했지만, 칸들은 전체 공간을 오랫동안 결속할 제도를 창안하지 못했다. 오스만 왕조는 유라시아의 관행과 동지중해 및 그 배후지의 제국 창안물을 섞어서 바로 이 과제를 해냈다. 지중해의 서쪽 끝에서는 다른 타개책을 찾은 통치자들이 오늘날의 오스트리아, 독일, 벨기에, 네덜란드, 프랑스, 이탈리아, 그리고 중앙아메리카와 남아메리카의 일부에 해당하는 요소들을 얼기설기 엮어서 복합 제국을 만들어냈다. 합스부르크 왕조는 유럽 내부의 분열하는 경향성을 극복하지 못했지만, 아메리카 대륙에서 유망한 지형과 오스만 세력을 우회할 길을 발견했다. 오스만 왕조와 합스부르크 왕조는 새로운 종류의 제국을 창출했고, 그 과정에서 제국의 통치자와 신민의 관계, 통치자와 중개인의 관계에 관한 새로운 질문들을 열어젖혔다. 이 장에서는 서로 분쟁하는 가운데 각자의 방식으로 세력을 확대한 두 제국을 살펴본다.

우리의 주역들 중에는 위대한 제국 건설자 2명이 포함된다. 1520년부터 1566년까지 재위한 오스만 술탄 쉴레이만 대제, 1516년부터 유럽과 아메리카의 여러 세습령의 통치자였고 1519년부터 1556년까지 신성로마 제국의 황제였던 카를 5세가 그들이다. 이들의 경쟁은 서로 다른 신앙으로 인해, 한때 로마가 통치했던 영역을 둘러싼 소유권 분쟁으로 인해 더욱 격화되었다. 두 지도자 모두 그들 왕조가 알려진 세계를 전부 통치하리라는 예언자의 미래상에 고무되었다. 오스만 왕조는 1453년에 제2의 로마인 콘스탄티노플을 정복하고 쉴레이만 치세에 영역을 확대하면서 자신들이 알렉산드로스 대왕까지 거슬러 올라가는 운명을 실현하고 있다고 보았다. 합스부르크 왕조에게 1492년 그라나다의 마지막 무슬림 칼리프를 물리친 사건과, 에스파냐 왕국들과 신성로마 제국을 통합한 사건은 보편적인 기독교 제국으로 가는 단계였다.

카를 5세는 새로운 로마 건설을 갈망했지만, 그의 권력은 로마가 남겨 놓은 변덕스러운 정치로부터 벗어났다. 많은 군주들과 왕들은 기독교라는 공동 토대 위에서 수 세기 동안 권력 다툼을 벌였다. 쉴레이만은 더 많은 요소들이 혼합된 제국의 풍경에서 가능성을 키워나갔다. 오스만군은 비잔티움의 영토를 탈취하고 그 너머로 뻗어가면서 다양한 제국들(몽골인, 튀르크인, 페르시아인, 아랍인, 로마인의 제국들)의 과거에 의존했다. 오스만 정치체는 지중해의 일신교 제국들보다 포용적이었고, 몽골의 칸국들보다 내구성이 강했다. 오스만 제국에 가로막

이 황제들 카를과 쉴레이만은 로마인들만큼이나 많은 것을 소유했다. (……) 둘 다 세계의 왕이자 군주가 되고자 했지만, 우리의 죄 때문에 카를보다 쉴레이만이 원하는 바를 이루고 술책을 부리는 데 더 성공했다. 둘은 나이가 얼추 같았으나 운명은 달랐다. 둘 다 똑같이 전쟁에 몰두했지만 에스파냐인보다 튀르크인이 계획 달성에 더 성공했다. 그들이 더 전쟁의 질서와 규율에 헌신했고, 그들이 더 나은 조언을 받았고, 그들이 더 돈을 효율적으로 이용했다.

— 로페스 데 코마라, 콘키스타도르(정복자) 코르테스의
연대기 편자, 1540년대

히고 자기 영역 내부에서는 귀족들에게 속박당한 에스파냐의 군주들은 다른 방향, 즉 해외에서 제국의 힘의 새로운 원천을 찾았다. 제6장에서는 에스파냐, 포르투갈, 네덜란드, 잉글랜드, 프랑스 같은 해양 제국들이 판도를 넓히려 노력한 과정을 검토할 것이다. 이 제국들이 불러온 결과는 제국 설계자들이 애초에 구상했던 수준을 훌쩍 넘어서는 것이었다.

이 장에서 우리는 제국 권력을 조직하는 두 가지 방식에 초점을 맞춘다. 오스만 제국의 황제는 일부러 오스만 사회 외부에서 선발하여 궁정에 통합한 수하들을 통해 통치했다(데브시르메 제도). 합스부르크령 에스파냐의 황제는 제국의 노력에 이바지할ᅳ또는 제국의 노력에 반하여 이용될 가능성이 있는ᅳ추종자 무리를 거느린 유력자들로부터 군사력을 동원했다. 오스만의 통치권은 토지귀족의 권력에서 비교적 자유로웠

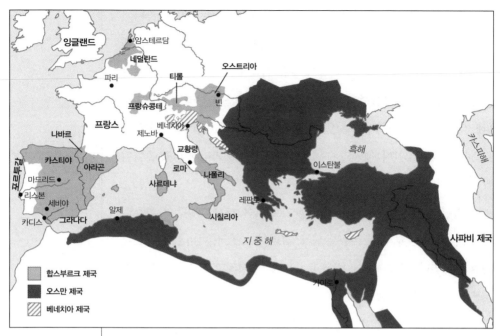

지도 5.1
합스부르크 제국과 오
만 제국, 16세기

던 까닭에 제국의 주민들을 유연하게 다룰 수 있었다. 오스만 왕조는 다

양한 문화 집단의 지도자들을 행정 관료로 포섭하고 종교가 다른 신민

들에 대한 보호(그리고 권리)를 확대했다. 이에 반해 에스파냐의 통치는

종교적 차이를 유별나게 용납하지 않았다.

제국은 다른 공동체들을 모조리 정복하겠다고 작정한 공동체로부터

자라나지 않는다. 오스만 제국은 특별히 튀르크적이지 않았고, 합스부르

크 제국은 특별히 에스파냐적이지 않았다. 두 사회 모두 제국 건설 과정

에서 재형성되었다.

복합 군주정과 '에스파냐' 제국의 기원

에스파냐는 제국을 일으키기에 알맞은 곳이 아니었다. 에스파냐는 산맥

을 경계로 문화적으로나 정치적으로나 독자 노선을 걷는 지방들로 나뉘었다. 마지막 이슬람 통치자는 1492년에야 그라나다에서 쫓겨났다. 벨라스케스의 우아한 그림들은 제국의 영광기를 이끈 합스부르크 가문 황제들의 푸른 눈과 금발, 주걱턱을 보여준다. 이 가문의 뿌리는 이베리아 반도가 아닌 유럽 중북부에 있었다. 에스파냐 제국은 강하고 통일된 영토에서 움트지 않았다. 제국의 수뇌부가 특별히 에스파냐적인 것도 아니었다.

로마인들이 히스파니아라고 불렀던 이 지역은 15세기 후반에 카스티야 왕국, 아라곤 왕국, 포르투갈 왕국, 그라나다 왕국, 나바르 왕국으로 나뉜 상태였다. 그라나다의 무슬림 왕을 뺀 나머지 지도자들을 통합한 것은 가톨릭교와 서로 공유하는 군주정의 규칙에 대한 신념이었다. 정치적 권한 승계—모반이나 형제 살해 같은 통상적인 예선전을 치르기도 했다—에서 핵심 개념은 가계였고, 새로운 왕은 토지만이 아니라 지방 영주에서 농민으로 이어지는 모든 위계적 관계까지 물려받았다. 왕의 '관할권'은 실은 복속된 유력자들의 권리를 인정하는 계약이었다. 카를 5세는 이 유대를 떠받치기 위해 자신의 제국을 계속해서 순회했다.

영주는 자기 토지에 무장한 가신들과 농민들을 보유했고, 따라서 권력과 수입을 둘 다 가지고 있었다. 영주는 자신을 보호해주거나 새로운 인구를 복속시킬 힘을 주는 왕에게 충성을 맹세하기도 했지만, 왕이 개인 추종자나 토지를 너무 많이 차지하지 못하게 막으려 들기도 했다. 따라서 왕은 고분고분하지 않은 영주들의 재산과 사람에 대한 권리를 속박해야만 했다. 왕가의 주권은 중층적 종속 관계(왕에서 유력자와 하위 영주를 거쳐 병사와 농민으로 이어지는 관계)에 기반을 두었다. 왕가들이 정략 결혼을 통해 양가—반드시 같은 언어를 말하지는 않았다—와 토지—반드시 맞닿지는 않았다—를 결합하는 경우 존 H. 엘리엇(John H. Elliott)

이 말한 '복합 군주정(composite monarchy)'이 탄생할 수 있었다.

레콘키스타에서 합스부르크 제국으로

1469년에 아라곤의 왕위 계승자, 시칠리아와 사르데냐의 왕, 나폴리 왕위 주장자인 페르난도와 카스티야의 상속녀 이사벨이 결혼하여 인접하지만 별개인 두 왕국이 통합되었다. 이 사건은 프랑스 왕과 포르투갈 왕에게는 불운이었다. 역시 이사벨과 동맹 맺기를 원했던 그들은 페르난도의 '획득물'을 둘러싸고 전쟁을 일으켰다. 아라곤보다 인구가 6배 많은 카스티야는 그야말로 횡재였지만, 결혼으로 두 군주정이 단일 정치체가 된 것은 아니었다. 결혼 계약서에는 이사벨이 죽으면 카스티야 소유권은 남편이 아닌 그녀의 후손들에게 넘어간다고 명시되어 있었다.

그렇다 해도 이 결혼은 시점이 좋았고, 국왕 부부는 특히 기민했다. 그들은 마침내 그라나다를 타도한 공격을 주도했다. 그들은 카스티야와 아라곤의 병사들뿐 아니라 특히 페르난도가 가톨릭 유럽 곳곳과 맺은 연계에도 의지했다. 예컨대 그들 군대는 스위스 용병을 고용했고, 독일인 기술자들이 정비한 이탈리아제 대포를 사용했다. 훗날 레콘키스타(reconquista, '재정복'을 뜻하며 '국토 회복 운동'으로 옮기기도 한다. 711년에 이슬람 세력이 그라나다를 함락한 이후 1492년까지 이베리아 반도 북부의 가톨릭 왕국들이 남부의 이슬람 국가를 축출하기까지의 과정을 말한다—옮긴이)라는 별칭이 붙은 무슬림 통치자들과의 싸움은 가톨릭교도들에게 공통체 의식을 고무했고, 페르난도와 이사벨이 의기양양하게 그라나다에 입성한 이후 연합 왕국의 정통성은 군건해졌다. 1494년에 교황은 왕조 권력의 원칙과 기독교를 혼합하여 페르난도와 이사벨을 '가톨릭 공동 왕'으로 선언했다.

승리와 더불어 에스파냐 정치체에는 비가톨릭 요소를 제거하려는 바람이 불었다. 개종 아니면 축출이라는 선택에 직면한 유대인 약 20만 명은 에스파냐를 떠났다. 그중 다수는 종교적 다양성을 포용한 오스만 제국에 정착했다. 그라나다의 무슬림들은 처음에는 신앙을 지킬 수 있었으나 1502년 이후 개종하지 않을 거면 그라나다를 떠나라는 명령을 받았다. 이따금 일어난 반란과 오스만과의 고질적인 전쟁 탓에 무슬림 개종자들은 충성을 의심받았다. 유대인들은 먼저 그라나다에서, 1609년에는 에스파냐의 모든 왕국에서 추방당했다. 대략 30만 명을 상실한 이 사건은 에스파냐의 경제 성장에 거의 보탬이 되지 않았다. 강요당한 개종자들과 더 일반적으로는 이단자들의 진정성을 우려한 에스파냐 군주정은 교황의 권한을 부여받아 종교재판 제도를 창안했고, 이 제도로 정통 믿음과 행위를 단속했다. 종교재판은 1834년에야 완전히 폐지되었다.

이베리아 경제를 지탱하는 대들보는 대지주였지만, 카스티야와 아라곤의 도시들도 넓은 토지와 군주에 복속된 형태의 주권을 가지고 있었다. 시민권은 로마 시대에 제국 전역에서 통했던 중요성을 상실했다. 이제 관건은 지역의 제도였다. 시민은 도시의 기존 시민들에게 받아들여져야 했고, 그로써 권리와 의무를 보장받을 수 있었다. 귀족과 지방자치체의 자율성은 군주와 신민 사이를 방해했다. 따라서 이미 레콘키스타를 위해 병력을 동원할 때 분명하게 드러난 대로 카스티야와 아라곤 너머에서 인적·물적 자원을 찾아야 했다.

페니키아인과 그리스인이 개척하고 로마인이 개발하고 근래에 제노바 같은 도시국가의 사람들이 활성화한 해로와 상업적 연계는 수 세기 동안 지중해 세계의 일부였다. 제노바인들은 카스티야와 아라곤에게 주요 은행가였고, 지중해에서 오스만군과 싸우는 데 기여했으며, 에스파냐의 가장 유명한 선원인 크리스토퍼 콜럼버스를 후원했다. 카스티야와 아라곤은 이탈리아의 다른 도시와 독일 도시의 은행가들로부터 자금을 융통했다.

그러나 오스만이 동지중해에서 판도를 넓히고 16세기 들어 북아프리카를 통해 서쪽으로 팽창한 까닭에 이 바다에서 에스파냐의 기회는 제한되었다. 에스파냐의 왕국들은 이웃들과 포르투갈의 맞수들에도 신경을 쓰면서 해외로 진출하려는 그들에 대응해야 했다(제6장). 1480년대에 카스티야와 아라곤의 병력은 인근 대서양으로 과감하게 진출하여 카나리아 제도에 도달했다. 이 식민지는 사탕수수를 비롯하여 교역할 만한 작물들을 생산했다. 카나리아 제도의 식민지 개척자로는 에스파냐인 외에도 포르투갈인, 이탈리아인, 카탈루냐인, 바스크인, 유대인이 있었다. 아프리카 출신 노예는 곧 농업노동의 주축이 되었다. 식민지 개척자들은 훗날 아메리카 대륙의 토착민에게 사용하는 몇몇 경멸어(이교도, 벌거숭이, 야만인)로 카나리아의 피정복 주민을 묘사했다.

1504년에 이사벨 여왕이 죽자 그녀의 딸이자 합스부르크 가문 펠리페 공의 아내인 후아나가 여왕 칭호를 물려받았다. 홀아비가 된 페르난도는 프랑스 왕의 질녀와 재혼했다. 왕조 혼란기를 거친 뒤 1516년에 후아나와 펠리페의 아들이 카스티야 왕으로 선포되었다. 4년 후에 그는 신성로마 제국의 황제가 되어 카를 5세로 즉위했다. 당시 16세였던 카를은 합스부르크 세력권인 벨기에에 있었다. 그전까지 카를은 에스파냐와 연계가 거의 없었다. 카를의 최측근 조언자들과 군 지도자들은 네덜란드, 부르고뉴, 이탈리아 출신이었다. 카를의 여자 친척인 헝가리의 마리어('오스트리아의 마리어'라고도 한다—옮긴이)와 포르투갈의 후아나는 그의 치세 대부분 동안 네덜란드와 에스파냐의 섭정으로 활동했다. 카를은 합스부르크가의 부계에서 풍성한 유산을 상속받았고, 그의 칭호는 수년 내에 신성로마 황제(제3장)에 더해 카스티야 왕, 아라곤 왕, 부르고뉴 공작, 바르셀로나 백작까지 포함하게 되었다. 카를은 포르투갈 통치자의 딸과 결혼했다. 카를은 40년이라는 유난히 긴 재위기 가운데 근 16년을 에스파냐에서 보냈다.

이처럼 카를의 복합 군주정을 지탱한 것은 왕조와 물질의 연계망이었다. 이탈리아의 세습령과 네덜란드의 세습령은 카를 5세의 제국에 필수적이었지만, 둘 다 단일한 정치체에 통합되지는 않았다. 황제는 이 두 지역의 금융업자들, 자신의 여러 세습령 전역의 병사들과 선원들, 그 너머의 용병들에 의존했다. 유럽 안에서 카를의 제국은 군사적으로 공격적이지 않았는데, 결혼과 상속 정치를 통해 이미 크고 풍족한—그러나 인접하지는 않은—세습령들을 물려받았기 때문이다. 황제의 과제는 이 지역들을 계속 통제하는 것이었고, 이를 위해 스스로 통치하려는 지역 엘리트들, 모든 것을 집어삼킬 가능성이 있는 합스부르크가의 권력을 억제하려는 군주들의 동맹, 특히 프랑스의 왕처럼 직접 제국을 건설하려는 시도를 막아야 했다.

황제 권한을 유지하는 일은 독일의 세습령 중 일부가 개신교로 개종하기 시작하자 한층 복잡해졌다(1517년에 마르틴 루터가 유명한 95개조 논제를 제시했다). 개종은 기독교 군주정의 통합 원칙에 도전하고 신성로마 제국의 일체성을 위협했다. 프랑스는 가톨릭 국가였음에도 합스부르크가로부터 위협을 받는 독일 개신교도들, 덴마크인들, 이탈리아 공들뿐 아니라 심지어 오스만 제국과도 동맹관계를 구축할 수 있었다. 합스부르크가는 잉글랜드, 페르시아—오스만을 괴롭히기 위해—와 동맹을 맺고자 했다. 종교를 넘어선 이런 협력은 실용적이고 일관성이 없었지만, 유럽 제국들, 즉 저마다 복합적이거나 이질적이고 저마다 대륙 공간을 지배하거나 다른 누군가가 지배하는 것을 저지하고자 한 제국들의 정치의 일부였다. 합스부르크 세속령에서 종교 문제는 자율성을 획득하려는 지방 엘리트층의 노력과 뒤섞였으며, 특히 네덜란드 엘리트층 대부분이 개신교로 개종한 16세기 중엽에 그러했다. 네덜란드 반란은 황제의 부를 빨아들이는 구멍이 되었다. 유럽 사회의 분열성은 복합 제국을 유지하는 일을 제국을 얼기설기 엮는 일보다 더 어렵게 만든 원인이었다.

고비용의 전쟁과 유럽 내 복속된 정치체들로부터 수입을 징수하는 난제 때문에 카를 5세와 그의 계승자 펠리페 2세는 최대 맞수인 오스만 제국과의 경쟁에서 불리한 상황이었다. 오스만 제국은 과거에 로마 제국, 비잔티움 제국, 이슬람 제국의 영토였던 북아프리카를 차지하여 비교적 느슨한 지배 형태를 확립하고, 지역 유력자들과 동맹을 맺고, 1519년에 서쪽의 알제리까지 도달했다. 발칸에서 북진한 오스만군은 1529년에 빈을 포위했다. 합스부르크가로서는 오스만군이 헝가리를 넘어오지 못하고 에스파냐를 침공하지 못하도록 예방하는 것이 최선책이었다. 합스부르크가는 오스만 함대를 지중해 동부에 묶어두고(그러나 오스만과 연관된 약탈선은 막지 못했다) 1580년대에 몇 차례 허술한 휴전 협정을 맺는 데 성공했다. 합스부르크가는 조각보 같은 제국의 여러 측면을 방어하느라 빈에서 동쪽으로, 또는 북아프리카에서 남쪽으로 팽창하지 못했다.

마침내 합스부르크 제국에 새로운 자원, 새로운 영토, 새로운 사람들을 가져다줄 돌파구는 해외에서 열렸다. 페르난도와 이사벨의 후원을 받아 중국행 항해에 나선 사람들이 의도치 않게 아메리카 대륙에 당도했던 것이다. 에스파냐 왕은 콜럼버스가 정박한 카리브 제도의 유용성을 더디게 알아챘지만, 1520년대에 아즈텍 제국과 잉카 제국에서 은과 금이 발견되자 해외 모험사업이 한층 중요해졌다. 아메리카 은광들의 진가가 드러난 1550년대에 이르자 에스파냐가 수지맞는 무언가를 차지했다는 사실이 분명해졌다.

해외에서 시작은 대수롭지 않았으나 합스부르크 군주정은 국내 자원보다 해외 자원을 통제하기에 더 유리한 위치에 있었다. 에스파냐 제국 건설자들에게 핵심 과제는 제국의 다양한 부분들을 중앙에 계속 의존하게 만들 제도를 고안하는 것이었다. 이 과정에서 해외 제국만 건설된 것이 아니라 에스파냐 자체가 형성되었다.

유럽과 아메리카 대륙의 제국

콜럼버스의 발견에 자극받은 경쟁 세력들은 이제 훨씬 커 보이는 세계에 대한 자신의 권리를 역설했다. 1494년에 에스파냐와 포르투갈은 교황의 도움을 받아 지구를 한 바퀴 도는 선을 경계로 영향권을 나누기로 합의했다(토르데시야스 조약—옮긴이). 포르투갈의 몫은 아시아, 아프리카와 모험사업이 집중된 훗날의 브라질이었고, 에스파냐는 카리브해, 남아메리카와 중앙아메리카 대부분을 얻었다(지도 6.1). 가톨릭 군주들은 보편주의적 비전(가톨릭 세계)을 공유하면서도 정치적으로 관리할 공간을 협상하고 나누어야 했다.

가톨릭 교회도 가톨릭 군주도 혼자 힘으로는 이 지구적 비전에 뚜렷한 실체성을 부여할 수 없었다. 에스파냐 제국의 팽창은 왕의 깃발을 꽂을 자금과 군사력을 마련한 개인 모험가들에 의존했다. 에르난 코르테스는 수백 명과 함께 1519년에 아즈텍 문명을 공격했고, 프란시스코 피사로는 1531년부터 1533년까지 잉카 문명을 정복했다. 1519년부터 1522년까지 에스파냐의 이름으로 지구를 최초로 일주한 사람은 그전에 포르투갈 왕의 지원을 받는 데 실패했던 포르투갈인 페르디난드 마젤란이었다. 모험가들은 약탈의 전망에 이끌려 카리브해로 향했고, 정복자들은 금과 은에 대한 소식을 듣고서 본토로 향했다. 더 규칙적으로 정착하고 자원을 짜내는 형태는 나중에 발달했다.

카를 5세의 목적은 이런 모험사업에서 얻는 이익이 군주정에 보탬이 되게 하는 것이었다. 계승자 펠리페 2세는 이 목적을 카를 5세보다 더 적극적으로 추구했다. 특히 1550년 이후 배편으로 에스파냐로 수송된 아메리카의 금과 은은 유럽에서 에스파냐 제국을 유지하는 데 반드시 필요했는데, 합스부르크 왕조가 전쟁과 반란 탓에 독일, 이탈리아, 네덜란드의 은행가들에게 빚을 졌기 때문이다. 신세계의 금속과 기타 생산물은 더 넓은 금융망과 상업망의 요소가 되었다. 아메리카에서 실려온 금과 은은 유럽이 아시아와 교역하는 데에도 중요했다. 전반적으로 유럽 세력들은 중국이나 인도 상인에게 향신료와 직물 등의 생산물을 구입하는 쪽이었지 그들에게 무언가를 파는 데에는 거의 관심이 없었기 때문이다.

1500년부터 1800년까지 세계 은의 약 80퍼센트는 에스파냐령 아메리카에서 채굴되었다(다른 주요 생산자는 일본이었다). 합스부르크 왕조가 할 일은 유럽으로 들어오는 모든 상품(은은 물론 설탕도)과 아메리카 대륙으로 가는 모든 수출품이 에스파냐의 항구를 통과하게 만드는 것이었다. 은화 주조는 면밀히 통제되었고, 제국이 순도를 규제한 덕분에 에스파냐의 페소화는 상업이 팽창하는 시대에 가장 중요한 국제 통화가 되었다. 에스파냐 왕실은 독점적 무역 구조를 고집했다. 모든 상선은 카디스 항을 통과해야 했다. 나중에 이 독점권은 세비야로 이전되었다. 이 카스티야 도시의 관리들은 무역을 엄중히 감시하여 세입을 징수했다.

아메리카 대륙에서 정착이 약탈과 물물교환을 대체하고 유럽인들이 옛 제국들의 정복된 중심지 너머에 도달함에 따라 에스파냐 왕실은 산재한 토지와 주민을 통합할 방편을 고안했다. 유럽 안에서 권한을 세분하는 일에 베테랑이었던 에스파냐 통치자들은 두 층위의 행정, 즉 부왕령(副王領, viceroyalty, 아메리카 대륙에서 에스파냐 왕의 권한을 대행한 부왕이 통치한 영역—옮긴이)과 아우디엔시아(audiencia, 아메리카 대륙에서 사법과 행정 기능을 수행하고 부왕의 권한을 경계한 기관—옮긴이)를 이용하여 영

대 서 양

과달라하라
1548

멕시코
1527

아바나

산토도밍고
1511

누에바에스파냐
부왕령

멕시코시티

산토도밍고

카리브해

과테말라
1542

파나마
1538

산타페 데
보고타
1549

키토
1563

리마
1542

쿠스코

차르카스
1565

토르데시아스 조약 경계선(1494)

태 평 양

페루 부왕령

칠레
1565

토를 분할했다. 식민지에서 에스파냐 왕실은 유럽에서 맞닥뜨리는 제약에서 어느 정도 자유로웠다. 다시 말해 입지가 탄탄하고 자기 사람들과 토지를 거느린 유력자들이나 각양각색의 구조를 가진 도시들을 존중할 필요가 없었다. 신세계는 카스티야의 영토로 간주되었고, 황제는 신세계의 행정직에 카스티야 사람만 임명했다. 그러나 아메리카 대륙에서 군주의 권한 행사에 제한이 없었던 것은 아니다. 군주는 이주 정착민, 토착민, 노예, 혼합 인구와 먼 거리에 대한 통제권을 유지하고 여기에 더해 분열을 초래할 가능성이 있는 지역 행정관, 토착민 중개인, 상인 과두세력, 교회 기구까지 관리해야 하는 난제에 직면했다.

초기에 정착민은 신세계로 서서히 건너갔다. 아메리카 대륙에 도착한 에스파냐인은 1570년까지 12만 명 정도였을 것이고, 1650년까지 40만 명을 조금 웃돌았을 것이다. 에스파냐 왕실은 아메리카에서도 통제력을 행사하려 했고, 16세기 말에 '에스파냐 왕국들'의 신민만이 아메리카행 배를 탈 수 있다고 포고했다. 이 복수형은 에스파냐가 단일 국가가 아니라 근거지는 에스파냐이지만 이제 아메리카 대륙으로 판도를 넓힌 왕국들의 혼합체였음을 분명히 보여준다.

신세계에서 자립한 야심적인 사람들이 어째서 국왕의 통제에 복종하려 했을까? 다른 곳에서와 마찬가지로 에스파냐령 아메리카에서도 제국에 대한 정착민들의 지지는 조건부 지지였다. 그러나 16세기에는 자율성보다 정치적 연계를 추구할 타당한 이유가 있었다. 다른 제국들이 위협을 가하는 상황에서 정착민들은 강한 보호자를 필요로 했다. 더욱이 세계 시장은 자기조정 능력이 없었고, 장거리 무역은 상업적인 모험인 것 못지않게 군사적인 모험이었다. 장거리 무역에 관여하는 행위자가 늘어남에 따라—그리하여 무역이 '시장처럼' 변해감에 따라—그중 일부가 상품을 무력으로 빼앗기 시작했다. 해적들이 기승을 부리자 무역업자들은 보호를 더욱 요하게 되었다. 매년 아메리카에서 에스파냐로 은을 수송하는 선박들을 호송하는 선단을 통해 왕실은 어느 정도는 보호를 제공하려 했고, 어느 정도는 무역을 통제하려 했다. 에스파냐 제국은 피정복민들에 둘러싸여 생활하는 기독교도들에게 문명적·정신적 연계도 제공했다. 대서양 건너편의 너른 공간으로 퍼져나가는 정착민 인구에게 에스파냐는 도시나 지방의 문화보다 심원하고 보편주의적인 무언가를 제공했다. 간단히 말해 정착민들은 군주정의 독점적 무역 관행과 행정 권한을 묵인함으로써 많은 것을 얻을 수 있었다. 적어도 정착민에게 는 제국이 납득할 만한 존재였다. 반면 토착민과 노예에게 제국이 어떤 의미였는지는 다음 장에서 고찰하겠다.

에스파냐 제국은 행정적·사법적 구조이자 일군의 상업적·감정적 유 대가 되었다. 해외의 성장하는 모험사업뿐 아니라 신성로마 제국과 합 스부르크가의 다양한 유럽 정치체들까지 관리하는 것은 벅찬 과제였거 니와, 네덜란드의 반항성과 독일어권 지역들의 도전 때문에 더욱 힘겨 운 문제가 되었다. 카를 5세는 죽음을 2년 앞둔 1556년에 퇴위하면서 자 신의 영역을 나누기로 결정했다. 카를의 동생 페르디난트 1세가 중부 유 럽의 합스부르크 영지를 물려받았다. 합스부르크 제국의 이 갈래는 훗날 종교 전쟁으로 발기발기 찢기고 개신교 군주들에게 영토의 상당 부분을 빼앗겼지만, 결국 더 세계주의적인 생존 양식을 받아들여 1918년까지 존속했다(제11장). 카를 5세의 나머지 세습령들은 그의 아들 펠리페 2세 에게 돌아갔다. 펠리페의 영역은 카스티야, 아라곤, 밀라노, 나폴리, 시칠 리아, 네덜란드, 그리고 아메리카 대륙을 포함했다.

펠리페 2세는 아버지와 달리 주로 에스파냐에 머물렀다. 펠리페는 황 제를 자칭하지 않았다. 1554년, 왕위를 계승하기 얼마 전에 펠리페는 헨 리 8세의 딸로서 한 해 전에 잉글랜드의 여왕이 된 메리 튜더(메리 1세) 와 결혼했다. 1558년에 메리가 때이른 죽음을 맞기 전까지 펠리페는 잉 글랜드 왕을 칭할 수 있었다. 그렇지만 잉글랜드를 통치하지는 못했고, 결혼 협정에 따라 왕위를 물려받을 수도 없었다. 왕조 계승을 둘러싼 우 여곡절과 내분 끝에 잉글랜드의 다음 왕위는 엘리자베스 1세에게 돌 아갔다(그녀는 펠리페의 적이 되었다). 포르투갈 왕조에 위기가 닥친 결과 1580년에 유럽의 중요한 지역과 해외의 상당히 가치 있는 식민지들이 합스부르크가의 펠리페 계통의 차지가 되었지만(제6장), 펠리페 2세와 그의 계승자들은 1640년까지 이들 지역을 에스파냐에 통합하지 않은 채 별도로 통치했다. 펠리페 치세에 에스파냐는 필리핀도 정복했다. 이제 펠리페의 단일 왕조는 포르투갈, 에스파냐, 오늘날의 이탈리아와 네덜란드 일부, 대서양·태평양·인도양의 항구 도시들, 브라질부터 멕시코까지 아메리카 영토를 통치하게 되었다. 이로써 당대인들이 말한 '세계의 네 모서리'(서쪽의 아메리카, 북쪽의 유럽, 동쪽의 아시아, 남쪽의 아프리카—옮긴이)가 가톨릭 군주정의 관할 아래 놓이게 되었다. 이제 군주정만이 아니라 선교사, 무역상, 관료, 모험가까지 전 세계에 걸친 관계망 안에서 활동하는 가운데 다종다양한 집단들을 통치하고 개종시키고 그들과 거래를 하고 있었다. 아울러 다른 집단에 비전을 강요하는 그들의 역량은 한계에 부딪치고 있었다.

펠리페는 지킬 것이 많았다. 지중해에서 펠리페의 해군은 동맹들의 도움을 받아 1571년 레판토에서 벌어진 대전투에서 오스만군에 승리를 거두었지만, 이 패배로 오스만 세력이 오랫동안 움츠러들었던 것은 아니다. 펠리페는 1580년대와 1590년대에 근거지인 아라곤에서 봉기에 직면했으며(그의 계승자들은 카탈루냐에서 봉기에 직면하게 된다), 1566년부터 네덜란드에서는 장차 80년간 이어질 반란이 시작되었다. 가톨릭교도에 맞선 개신교도의 이 반란—자율적 성격의 엘리트층뿐 아니라 호전적인 서민층도 가담했다—은 복합 군주정의 체제와 북유럽의 곡물과 목재, 기타 상품들에 대한 에스파냐의 접근권을 위협했다. 네덜란드의 항거는 수십 년 동안 부글부글 끓다가 이따금 폭발했고, 에스파냐의 상업을 끊임없이 차단하진 않았으나 끊임없이 고비용을 초래했다.

유럽의 지도를 다시 그리려던 펠리페가 연출한 최대 장관은 해상에서 존재감을 드러내기 시작한 개신교 경쟁자(잉글랜드)를 제거하려던 시도였다. 1588년에 에스파냐의 아르마다(armada: 펠리페 2세가 편성한 일명

'무적함대')가 성공을 거두었다면 세계사가 달라졌을 것이다. 아르마다는 승리할 뻔했으나 결국 잉글랜드 함대에 패했다. 다른 한편 펠리페는 총독과 이주 정착민을 둘 다 통제함으로써 아메리카 제국에 대한 카스티야의 지배력을 공고히 했다. 펠리페에게 가장 심각한 문제는 비용을 전부 지불하는 것, 특히 잉글랜드와 전투를 하고 네덜란드를 방어하느라 빚진 돈을 갚는 것이었다. 아메리카의 은은 펠리페의 재정에 극히 중요했지만, 1590년대 들어 아메리카의 (대규모 인구 감소에 뒤이은) 노동력 부족으로 인해, 아울러 무역을 독점하려는 에스파냐의 노력을 우회하거나 자기들끼리 사업을 하려는 정착민들의 동향으로 인해 왕실 수입은 줄어들고 있었다. 1596년에 에스파냐는 은행가들에 대한 지불을 중단했고(이런 일이 처음은 아니었다), 결국 부채 상환을 연기하기로 합의했다.

> 에스파냐는 암소를 길렀고 나머지 유럽은 그 우유를 마셨다.
>
> — 사무엘 푸펜도르프, 17세기 법학자 겸 철학자

1598년에 펠리페 2세는 대양을 가로지르는 광대한 제국을 남긴 채 죽었다. 외국 영토에 둘러싸인 채로 무역에 주력한 포르투갈 제국과 훗날 네덜란드 제국 이상으로, 에스파냐 제국은 유럽에 기반을 두고 유럽에서 중심 위치를 유지하는 일에 열중한 군주정 치하에서 유럽 외부 지역들과 비유럽인 집단들을 통합했다. 그러나 정작 유럽 안에는 이 제국이 움직일 수 있는 공간이 거의 없었다.

카를 5세와 펠리페 2세 둘 다 유럽에서 지방 엘리트층의 권리를 무력화하지도, 이 권리에 수반하는 토지 자원과 인적 자원을 빼앗지도, 복합군주정의 변덕스러운 왕위 계승 방식, 결혼, 반란을 극복하지도 못했다. 두 통치자 모두 자신이 완전히 통제할 수 없던 유럽의 교환망(네덜란드와 제노바의 금융업자, 스위스 용병, 교황권)에 줄곧 속박되었다. 영토에 대한 펠리페의 권한은 유럽의 다른 세습령보다 아메리카와 필리핀, 에스파냐에서 가장 실질적이었다. 에스파냐 왕실은 이 지역들을 전부 연결하는 요소였다.

다음 장에서 우리는 해외에서 제국 권력이 얼마나 강했고 그 한계는 어떠했는지를 살펴볼 것이다. 이 장에서 우리는 합스부르크 왕조가 어떻게 유연한 조정과 유럽의 여러 지역에서 이용한 자금, 인력, 자원을 바탕으로 유럽 내부와 그 바깥에서 정치적 판도를 급속히 확대할 수 있었는지, 아울러 어떻게 그처럼 넓은 영역을 아우르는 육상·해상 제국을 관리하고 비용을 지불하는 난제를 초래했는지를 살펴보았다. 카를 5세와 그의 계승자들은 초기의 약속, 즉 단일한 가톨릭 군주 아래 옛 서로마 제국을 통합하겠다는 약속을 이행하지 못했다. 그들은 다른 무언가를 달성했다. 그들은 일군의 새로운 장거리 연계들을 만들었고, 유럽인들이 칠레부터 필리핀까지 그들의 세계를 상상하는 방식을 재규정했고, 에스파냐를 그 상상계의 중심에 두었다.

오스만 제국 만들기

오스만 왕조는 제국의 교차로에서 흥기했다. 그들은 '서양'과 충돌한 '동양' 세력이 아니라 서로 연결된 유럽 대륙, 아시아 대륙, 아프리카 대륙에 존재했던 과거의 제국들과 당대의 도전자들로부터 여러 전략을 받아들여 환경에 맞게 혼합한 정치적 형성물이었다.

지리적으로 오스만 왕조는 한 가지, 어쩌면 두 가지 강점이 있었다. 합스부르크 왕조가 해외 모험사업에서 무언가를 얻기 전까지만 해도 오스만 왕조의 환경이 더 풍족하고 다채로웠다. 중앙아시아, 이집트, 인도와 연결된 지중해 동부의 육로와 해로는 폭넓은 정치적 경험, 사회적 관행,

부의 원천을 제공했다. 이런 재료를 이용하여 오스만 왕조는 거대한 육상·해상 제국을 만들어냈다. 오스만 제국은 광대한 땅덩이를 가진 영토 제국이자, 장거리·단거리 무역로 위에 자리 잡은 항구들과 상업 중심지들에 기반을 둔 교차로 제국이었다. 이 제국을 결속하는 데에는 오스만 왕조가 권좌에 오르기까지 오랫동안 익힌 기술들이 필요했다.

유라시아 노선들의 재조합

오스만 왕조는 비잔티움의 통치력이 휘청거린 마지막 수백 년 동안 아나톨리아에서 엎치락뒤치락한 다수의 튀르크계 집단들 가운데 가장 성공한 집단이었다. 앞에서 살펴보았듯이, 오스만 왕조가 부상하기에 앞서 내륙 아시아의 혼란으로 말미암아 튀르크계 유목민의 물결이 수백 년 동안 중앙아시아와 아시아의 가장자리까지 밀어닥쳤다(제4장). 목축민의 아나톨리아 이주는 튀르크계 셀주크 왕조가 1055년에 바그다드를 공략하고 다른 집단들이 넘어온 이후 한층 격렬해졌다. 야심만만한 부족장들에게는 동맹을 맺거나 끊을 기회, 유망한 지배자들을 섬길 기회, 그리고 십자군, 비잔티움 황제, 지방 통치자, 베네치아의 상인과 해군, 아랍 칼리프, 몽골 칸에 의해, 아울러 이들 모두에게 항거하거나 복속한 집단들에 의해 끊임없이 다시 그려진 정치 지형에서 지배자를 대체할 기회가 충분히 많았다.

오스만 왕조의 창시자 오스만은 비잔티움 영역에서 마르마라해 남쪽의 육지로 둘러싸인 비티니아 지방에서 습격자, 전사, 부족장으로서 부와 명성을 향한 여정을 시작했다. 비잔티움 왕조의 주요 관심사가 될 만큼 중심 지역은 아니었으나 소도시와 촌락이 산재했던 비티니아는 대망을 품은 족장들에게 분명히 기회를 제공했다. 1320년대 중반까지 오스만은 비잔티움의 소규모 군대를 패퇴시키고 비잔티움의 요새를 몇 군데 점령했다. 1326년에 오스만의 아들 오르한은 오스만의 첫 수도가 된 도시 부르사를 함락했다. 비잔티움의 권력 투쟁에서 오르한은 승자를 지지했고, 그의 딸(요한네스 6세의 딸 테오도라―옮긴이)과 결혼했으며, 갈리폴리의 영토를 하사받았다. 이로써 튀르크족은 아나톨리아에서 트라키아로 건너가기 시작했다. 1362년 무렵 오르한은 아시아와 유럽 양편(아나톨리아 서부, 다르다넬스 해협 연안, 에게해 북부)에서 도시들과 연안 지역들을 통제하고 있었다.

제국을 만드는 과정에서 오스만과 그의 후손들은 그리스와 라틴 도시들의 시민 문화, 기독교도·무슬림·유대인을 비롯한 종교 집단들이 고안한 제도, 비잔티움의 봉건적 주종관계, 아랍 제국들의 군사·행정 관행 등에 의존했다. 오스만 왕조는 유라시아의 선조들로부터는 행운과 천상의 축복, 입법 능력을 지닌 우월한 지도자인 카간 또는 칸이라는 이상, 족외혼과 전략적 결혼, 동맹을 맺거나 복속하는 유연한 정치를 받아들였다. 그러나 제국 건설의 마지막 단계는 위태로웠다. 오스만의 증손자 바예지드는 비잔티움 황제 마누엘 2세와 세르비아 공 스테판 라자레비치를 가신으로 삼고, 불가리아의 차르를 물리치고, 자신에 맞서 연합한 십자군을 격파하고, 유프라테스 강을 향해 아나톨리아 깊숙이 진격한 이후, 유라시아의 또 다른 정복자와 맞닥뜨렸다. 튀르크어를 말하는 무슬림으로 몽골 제국을 탁월하게 재건한 티무르(제4장 참조)는 바예지드에 복속하던 부족장들과 그 추종자 무리를 오스만군의 영향권에서 이탈시키고 전투 끝에 바예지드를 생포했다. 바예지드는 1402년에 옥사했다.

육로와 해로로 연결된 제국

오스만의 잇단 통치자들과 고문들은 느리고 평탄하지 않았던 제국 건설 과정에서 경험을 반추하고, 다른 집단의 전술을 흡수하고, 새로

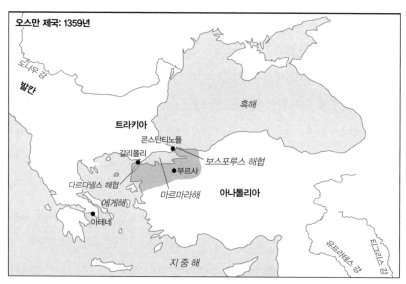

오스만 제국: 1359년

발칸

도나우 강

트라키아

흑해

콘스탄티노플

갈리폴리

보스포루스 해협

다르다넬스 해협

부르사

마르마라해

아나톨리아

에게해

아테네

지중해

유프라테스 강

티그리스 강

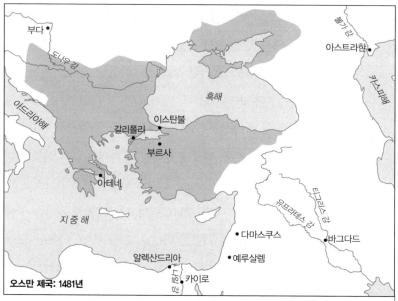

부다

볼가 강

아스트라한

도나우 강

카스피해

아드리아해

흑해

이스탄불

갈리폴리

부르사

아테네

티그리스 강

유프라테스 강

지중해

다마스쿠스

바그다드

알렉산드리아

예루살렘

나일 강

카이로

오스만 제국: 1481년

이 주도권을 잡을 수 있었을 것이다. 그 결과 오스만 제국은 일단 권력을
확보하고 나자 1922년까지 존속할 수 있었다. 바예지드의 패배 이후 반
세기 동안 그의 후손들은 잃어버린 영토를 재정복하고 합쳐서 더 크고

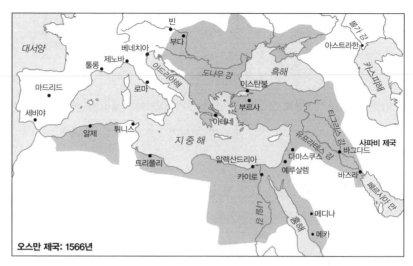

오스만 제국: 1566년

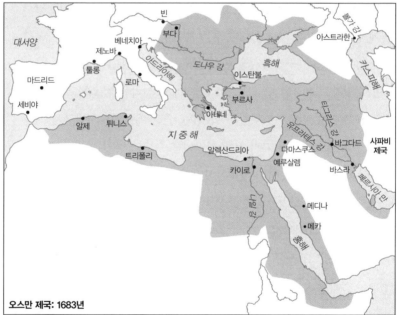

오스만 제국: 1683년

회복력이 더 강한 제국을 건설했다. 그 과정에서 오스만 제국은 전략적 결혼(예컨대 1435년 세르비아 공주 마라와의 결혼)을 하고 변절한 성전사들과 다른 벼락출세자들이 주도한 반란을 진압하는 등의 전술을 구사했다.

제국의 통제력은 네 가지 조건이 발생할 때 가장 취약했다. 첫째 통치자의 아들들이 권력을 다툴 때, 둘째 적과 반란을 꾀하는 가신이 양편에서 제국을 동시에 공격할 때, 셋째 오스만 해군이 기술 면에서 앞서는 베네치아군과 겨룰 때, 넷째 오스만 술탄의 친위군인 예니체리가 직접 권력을 장악하기로 결심할 때였다. 오스만 지도자들은 이 모든 위협에 대처할 전략을 개발했다.

오스만 제국 건설자들의 한 가지 필수 과제는 그들 세계의 황제 도시 콘스탄티노플을 차지하는 것이었다. 육지와 바다 양쪽에서 콘스탄티노플 공략에 돌입한 오스만 제국은 그리스인 선원, 세르비아인 병사, 헝가리인 대포 개발자 등을 효율적으로 이용했다. 그에 앞서 오스만 왕조는 에게해의 연안 지역과 섬—아울러 현지 전문가와 장인—을 차지하여 항해에 필요한 기능과 기술을 개발해둔 터였다. 오스만 제국은 다르다넬스 해협을 장악할 수 있는 갈리폴리에서 선박을 건조했고, 보스포루스 해협에 요새를 2개 세웠다. 1453년 술탄 메흐메드 2세가 군대를 콘스탄티노플로 진격시키기 전에 비잔티움 수도의 양편은 이미 오스만의 배들에 의해 차단되어 있었다. 비잔티움이 유명한 부유하는 쇠사슬로 수도를 지키려 하자 오스만군은 바퀴 달린 받침대에 배를 얹어서 콘스탄티노플 북쪽 산등성이의 반대편으로 운반한 다음 쇠사슬 안쪽의 항구에 내려놓았다. 곧이어 오스만군은 콘스탄티노플 성벽을 돌파했다. 1100년 넘게 존속해오던 동로마 제국은 종언을 고했다.

이로써 오스만은 육지와 바다를 하나의 정치체로 통합하는 데 성공했으며, 이 정치체는 이윽고 아나톨리아, 발칸, 트라키아, 동지중해 연안, 흑해, 에게해를 단일한 제국 공간으로 감싸안았다. 흑해에서 적대적인 해적들을 소탕한 뒤, 오스만 통치자들은 영토와 무역을 확실하게 규제하고 이용할 수 있었다.

보스포루스 해협을 장악한 오스만 왕조는 다양한 집단들이 계속 무역을 하고 합당한 대가를 얻을 수 있도록 보장했다. 아나톨리아는 지중해 각지의 상인들을 유혹했고, 그들의 존재에 자극받은 농민들은 목화를 비롯하여 수출할 작물을 길렀다. 아시아에서 오는 육상 무역로들은 흑해를 통과했고, 베네치아인과 제노바인 등은 이 연계를 지중해 일대로 확대했다. 그리스 상인들은 지중해 전역을 돌아다녔는데, 그중 다수는 오스만의 신민이었다. 대체로 구자라트인, 아랍인을 비롯한 무슬림 상인들, 그리고 아르메니아인과 유대인 무역상들의 수중에 있던 인도양 무역로들은 페르시아 만과 홍해의 무역로들과 연결되었다. 홍해, 나일 강, 지중해로 연결되는 이집트는 유라시아 교역망의 핵심 교차로였고, 1517년에 오스만의 속주가 되었다. 오스만 제국은 이집트에서 북아프리카 연안을 따라 에스파냐에서 멀지 않은 알제까지 세력을 확대하면서 부족, 식민지, 왕국, 토후국, 경쟁 제국을 대체하거나 통합했다. 오스만 제국이 유럽, 중앙아시아, 북아프리카, 인도 사이의 연계를 통제한 탓에 유럽 항해사들은 아프리카 남단을 돌아가야 했다. 그러나 이 장거리 항해 시도로 인해 오스만의 해로와 육로가 쇠퇴한 것은 결코 아니었다.

　이런 광범한 연결망들의 기능을 유지하려면 군사력과 법 둘 다 필요했다(전자는 항구들을 통제하고 도시들에 명령을 내리기 위해, 후자는 무역을 수행하는 사람들을 보호하기 위해). 유대인, 아르메니아인, 그리스인을 비롯한 집단들 간의 종교적 유대와 친족관계는 다른 집단들과의 접점이 불분명한 곳에서 넓은 영역에 걸쳐 오랫동안 정보와 신용, 아울러 신뢰를 주고받을 메커니즘을 제공했다. 오스만 제국은 종교적으로 규정된 공동체들이 법적 문제를 대부분 스스로 해결하고 그들 나름의 지도력을 발휘하는 것을 허용했다(술탄의 종주권을 인정하고, 세금을 납부하고, 평화를 지키는 한에서). 오스만 제국이 이산(離散)과 이익을 인정한 덕분에 상인들은 무역·수송·문화의 교차로들을 연결할 수 있었다. 한편 아나톨리아, 발칸, 시리아, 나일 계곡은 행정기구의 비용을 충당하는 데 일조한 농업 자원과 세입을 제공했다. 지역 엘리트들 사이에 균질한 문화를 강요하지 않고 정치체를 위해 다양성을 활용한 것은 오스만 제국의 두드러진 특징이었다.

오스만의 포용적인 경제는 서유럽 제국들이 강요하려 시도했던 독점과 대비된다. 에스파냐령 아메리카와 세비야를 왕래하던 은 호송선단은 후자의 예다. 오스만의 다각적 접근법과 다수의 연결망을 위협한 것은 제국의 성분들이 자기들 활동에 중앙이 불필요하다고 생각하거나 다른 세력들과 더 나은 거래를 할 가능성이었다. 변절과 통제권을 둘러싼 전쟁은 동부와 서부, 중부에서 오스만 왕조를 괴롭혔다. 앞에서 보았듯이 합스부르크가는 지중해 일대에서 항구와 영토를 차지하기 위해 오스만 왕조와 수없이 싸웠고, 베네치아는 오스만 제국의 동맹과 적 사이를 왔다 갔다 했다. 동부에서 한동안 오스만의 주적은 비단을 생산하고 육상 연계가 지나는 지역인 이란의 사파비 제국(1502~1722년)이었다. 오스만 왕조는 무슬림이지만 시아파인 사파비 왕조에게는 종교적 관용을 베풀지 않았다(제3장). 서유럽의 사례와 마찬가지로 이른바 보편적인 종교 공동체에서, 이 경우에는 이슬람의 집에서 내분을 벌인 두 제국은 서로 숨통을 조이고 야망을 제약했다. 종교적 동기가 있었든 없었든, 오스만의 광대한 공간 곳곳에서 다양한 부류의 반란자들(해적들, 접경 지대의 공들, 산적들)은 어느 정도 재량껏 행동하려 했다.

육상과 해상 연계가 가져다주는 부와 이 연계를 보호해야 할 필요성 때문에 오스만 왕조는 자신들이 만들어낸 세계에 계속 초점을 맞추어야 했다. 16세기와 17세기에 오스만 국가는 갈수록 경쟁이 치열해지는 대서양 무역이나 희망봉을 돌아가는 무역에 구태여 끼어들 이유가 없었다.

오스만 제국은 그 자체로 잘 굴러가고 있었다.

왕위 계승의 성 정치

왕조를 지키려면 행운과 혁신이 필요했다. 몽골-튀르크식 제위 계승은 실질적인 연합체 건설자와 전사-지도자를 배출하는 데에는 기막히게 좋지만 제국을 하나로 결속하는 데에는 끔찍한 방식이었다. 오스만 1세의 계승자는 아버지 사후에 38년을 더 살았는데, 이 오랜 재위기는 제국의 발흥에 그야말로 대통운이었다. 오스만 계승의 첫 번째 규칙은 배타적이고 신성하고 유라시아인에게 익숙한 것이었다. 다시 말해 왕조의 일원만이 죽은 술탄의 자리를 차지할 수 있었고, 술탄의 아들들 누구라도 아버지를 계승할 자격이 있었다. 그러나 오스만의 계승은 한 가지 중요한 측면에서 몽골의 관행과 달랐다. 오스만 왕조의 형제들은 자기들끼리 영역을 나누고 상위 군주인 대칸을 선출하지 않았다. 모든 경쟁자가 전체를 걸고서 싸웠다. 제국이 되어가는 과정에서 몇 차례 결정적인 순간에 통치자의 죽음은 아들들 사이에 엄청난 권력 투쟁을 야기했고, 그렇게 전쟁이 벌어지면 비잔티움, 발칸, 아나톨리아의 지도자들과 후대의 사파비 왕조는 각자의 이해관계에 따라 어느 한쪽을 편들었다.

오스만의 형제들이 부하의 군대 및 동맹과 함께 전쟁을 치르는 가운데 왕조의 기술이 한 가지 등장했다. 바로 형제 살해였다. 무라드 1세는 1362년에 즉위한 뒤 형제를 모조리 살해함으로써 본보기를 확립했다. 무라드 2세가 1451년에 죽었을 때, 그의 아들 메흐메드 2세에게는 어머니가 다른 형제가 있었다. 메흐메드 2세는 술탄이 되자마자 아직 젖먹이인 이복동생을 죽이라고 명령했다. 16세기에는 서거한 술탄의 장례 행렬—신임 술탄이 제위에 오른 뒤에야 거행되었다—을 어린 왕자의 시신을 담은 작은 관들이 뒤따르곤 했다. 급기야 '세계의 좋은 질서'라는 명목으로 왕조의 형제 살해를 정당화하는 법이 제정되었다.

이 왕자들은 누구였던가? 제국 건설 초기 수백 년 동안 오스만의 술탄들과 왕자들은 탐나는 지역의 엘리트 가문들—대개 그리스인과 기독교도를 비롯한 비오스만인이었다—과 결혼했다. 결혼의 목적은 동맹관계를 구축하고 가문 부하들의 관계망을 만들어내는 것이었다. 그러나 이런 정략 결혼으로 후사를 본 경우는 드물었다. 술탄 무라드 2세의 미망인인 세르비아 공주 마라가 비잔티움 황제 콘스탄티누스 11세의 배우자로 고려되고 있을 때, 한 외교관은 관련 파벌들에게 마라가 술탄과 "동침하지 않았다"라고 귀띔해주었다. 이런 식의 결혼이 쓸모가 있었던 무라드 2세 시대 이후, 오스만 왕조는 정략 결혼을 중단하고 술탄의 축첩제를 편들었다.

술탄의 후계자를 정실부인 대신 첩이 낳게 되자 무슬림 가족법과 튀르크-몽골의 족외혼이 합쳐져 새로운 종류의 왕조 안보 체제가 형성되었다. 이 체제는 서유럽 왕족의 가문 간 정치와 크게 달랐다. 당대의 이슬람법에 따르면, 남성은 소유한 자원에 따라 아내를 최대 4명, 첩은 무한정 둘 수 있었다. 적자는 결혼한 본부인이 낳은 자식이었지만, 주인이 원할 경우 첩의 자식도 적자가 되었다. 노예의 자식이 적자가 되면 그 어머니는 특권을 얻었고, 주인이 죽고 나면 자유인이 되었다. 술탄의 경우 첩의 아들들은 행운과 어머니의 지도에 힘입어 제위에 오를 수 있었다.

이슬람의 규칙을 더욱 비튼 다른 규칙은 술탄의 성생활을 제약했다. 술탄의 배우자는 잠재적 계승자를 출산하고 나면 술탄과 다시 동침할 수 없었고, 술탄 겸 살인자 후보인 왕자와 함께 지방으로 갔다. 그런 뒤 왕자들은 지방장관이 되었다. 차기 술탄이 되려는 경쟁은 어느 정도 공평하게 이루어졌다. 정실부인에게서 난 아들은 없었고 모두가 각기 다른 노예 첩이 낳은 아들이었다.

이 어머니들은 오스만의 황실 하렘에서 수완을 배웠다. 중국의 황궁과 마찬가지로 술탄의 궁전은 안보와 격리 수준이 다른 여러 겹의 구역들로 이루어진 일종의 신성한 장소였다. 궁전의 바깥뜰은 공중에 개방되었고, 안뜰은 관료와 사절을 접견하는 구역이었으며, 그다음 첫 번째 하렘에서는 황제를 보필하기 위해 선발된 소년들이 환관 후견인들에게 훈련을 받았고, 제일 안쪽에는 역시 환관들의 경호를 받는 술탄의 가족 하렘이 있었다. 하렘에서 생활하는 여성들, 특히 술탄의 어머니 발리데 술탄(valide sultan)과 애첩 하세키 술탄(haseki sultan)은 오스만 권력의 중심에 있었다. 발리데 술탄은 자기 아들의 이해관계를 출생 때부터 지켰고, 아들의 출세와 생존을 위해 음모를 꾸몄으며, 아들에게 조언을 하고, 때로는 제위 계승 투쟁기에 술탄 후보자들에게 조건을 내걸었다.

오스만의 계승 관행은 술탄의 통제력을 강화했다. 축첩제를 통해 후사를 보게 되자 그러지 않았다면 단일했을 왕조 가계에 새로운 피—보통 기독교도 포로 출신이었다—가 흘러들었고, 권력을 지닌 여성 연장자들이 오스만의 변종 태니스트리제에 관여하게 되었다. 술탄의 축첩제는 제국의 전형적인 문제, 즉 부하들을 통제하는 문제에 대처하는 방법이기도 했다. 오스만의 기민한 결혼은 정복하고 팽창하던 시절에는 도움이 되었지만, 제국이 거대한 형태를 갖춘 후로는 동맹들과 여전히 강력한 가문들이 위험한 결과를 불러올 여지가 있었다. 술탄들은 인척을 왕조에서 차단함으로써 권력에 도전할 수 있는 집단 전체를 제거했다.

술탄의 딸들의 결혼이 다시 중요해졌는데, 결혼을 통해 엘리트층에 대한 술탄의 통제력을 강화하려 했기 때문이다. 15세기 중엽부터 (노예 여성에게서 태어난) 공주들과 하렘의 첩들은 술탄의 가장 강력한 시종들과 결혼하기 시작했다. 그리하여 재상을 위시한 권력자들, 제위를 위협할 가능성이 있는 남자들은 '앙혼'(仰婚, 자신보다 신분이나 지위가 높은 사람과의 혼인—옮긴이)을 통해 왕가의 일원이 되었지만, 결혼 과정에서 그들의 위치는 매우 종속적이었다. 하렘의 여성과 결혼할 남성은 그에 앞서 모든 아내와 이혼해야 했고, 결혼 후에는 술탄의 사위인 다마드(damad)가 되었다. 그의 자식들은 왕족이 되지 못했다.

오스만 왕조의 후사 생산 제도는 서유럽식 군주 결혼의 함정—아울러 끝나지 않을 것만 같은 전쟁과 위대한 오페라의 소재가 될 상황—을 피했다. 그러나 술탄의 규칙마저 위반한 사례들이 있었다. 술탄 본인이 위반한 경우도 있으며, 특히 술탄 쉴레이만 1세와 록셀라나 또는 휘렘이라고도 알려진 여성 알렉산드라 리소브스카가 유달리 규칙을 어겼다. 휘렘은 당시 폴란드 제국에 속했던 우크라이나 서부 출신 기독교도였다. 타타르족에게 포로로 잡힌 그녀는 아마도 쉴레이만이 즉위한 1520년에 술탄에게 진상되었을 것이다. 술탄 쉴레이만은 이미 다른 첩에게서 아들을 하나 얻은 터였지만 이내 휘렘과 사랑에 빠졌다. 1521년에 그들의 첫 아이가 태어난 뒤 쉴레이만은 다른 잠자리 상대를 모두 거부하고 첩들은 죄다 시종과 총신에게 시집보냄으로써 하렘을 분개하게 했다. 쉴레이만은 10년간 휘렘과의 사이에서 적어도 6명의 자식을 낳았다. 1534년 무렵 쉴레이만은 규칙을 재차 어기고서 휘렘과 결혼했다.

하렘의 다른 강력한 여성들과 마찬가지로 휘렘은 술탄의 정보원, 외교관, 선전원 역할을 했다. 휘렘은 제국들 간의 평화를 도모하기 위해 폴란드 왕 지기스문트 1세, 사파비조 군주의 누이와 개인적으로 서신을 주고받았다. 경건한 행동을 하라는 이슬람의 명령에 따라 휘렘은 자신에게 할당된 토지와 조세 수입으로 건축 계획에 자금을 댔으며, 그렇게 건축한 시설 중에는 이스탄불의 유명한 공중목욕탕과 모스크가 있었다. 이처럼 몽골-튀르크의 오랜 전통(강력한 첫째 부인과 칸의 어머니)은 다양한 요소들을 종합한 오스만 제국에서 활기를 되찾았다.

술탄의 노예들

황실 하렘의 첩들만이 제국의 고위직에 봉직한 노예였던 것은 아
니다. 군 지휘관, 해군 제독, 지방장관, 재무 관료와 조세 관료의 수장, 각
료회의〔디반(divan)〕참석자 등은 술탄 개인의 노예인 쿨(kul)이기도 했
다. 제국을 건설한 수백 년 동안 오스만 왕조는 노예제의 가장 기본적인
요소—개인을 그의 사회적 환경에서 분리하는 것—를 통치 수법으로
받아들였다.

노예제는 오스만의 핵심 지역에서 널리 퍼졌다. 이슬람 법이 무슬림
의 노예화나 무슬림의 땅에서 보호받으며 살아가는 기독교도의 노예화
를 금했으므로 무슬림 통치자들은 외부에서 노예를 구해야 했다. 대부분
'슬라브족'인 노예들은 오래전부터 흑해 북쪽에서 지중해와 북아프리카,
중앙아시아로 수출되어온 터였고, 이 지역들에서 승리한 군대가 패배한
집단을 노예로 삼기도 했다. 노예는 노동자, 가내 하인, 병사 등으로 다양
하게 이용되었다. 아바스 왕조와 셀주크 왕조 둘 다 군대에서 노예 부대
를 운용했고, 13세기에 몽골의 진격을 저지한 맘루크(병사 노예를 가리키
는 아바스조의 용어에서 유래한 이름) 왕조는 그들 자신이 노예 병사였다(제
3장). 1517년에 맘루크 왕조를 물리친 오스만 왕조는 병사와 고관을 충
원할 새로운 방법을 공들여 고안했다.

노예를 노린 습격은 오스만의 변동하는 접경 지대에서, 특히 캅카스
지역에서 활황 사업이었다. 그러나 제국이 영토를 통합함에 따라 노예
공급원이 고갈되자 오스만 왕조는 이슬람의 금지 규정을 완화하고 제국
내부에서 술탄을 섬길 이들을 충원하고자 했다. 대체로 기독교도 소년들
을 징발한 이 제도는 14세기부터 18세기까지 데브시르메(devshirme, '모

으다' 또는 '모집하다'라는 뜻)라고 불렸다. 오스만의 공동체들은 고작 8세인 소년들을 일정한 수만큼 술탄의 관료에게 공출해야 했다. 외아들은 '모집'되지 않았는데, 하나뿐인 아들을 데려갈 경우 세금을 납부할 자원이 아버지에게 남지 않을 터였기 때문이다. 튀르크인은 다른 이유로 선발되지 않았다. 노예가 되지 않은 나머지 무슬림 가족이 세금 면제 같은 특권을 얻기 위해 술탄과 돈독한 관계라고 주장할 가능성이 있었기 때문이다. 기독교도를 선발한 주된 이유는 궁전 외부인인 소년들을 술탄의 하인으로 삼기 위해서였다. 술탄이 오스만의 강력한 가문과 배우자의 동맹을 막기 위해 노예 첩들에게서 후계자를 생산한 것과 같은 이유였다.

데브시르메 충원 절차는 엄격한 규제를 받았다. 소년들은 집합하고 등록하고 이스탄불까지 행진하고 할례한 다음 각자의 운명을 결정할 선택을 받았다. 소년 대다수는 친위군인 예니체리가 되기 위해 수년 동안 훈련을 받았다. 맘루크 노예 병사를 본뜬 듯한 예니체리는 발칸의 기독교도들 중에서 충원했다. 술탄의 가문과 통치기구에서 봉직할 인재로 발탁된 더 적은 수의 소년들은 궁전 안으로 사라졌다. 거기서 그들은 환관 후견인들의 감독을 받았고, 남들 앞에서 침묵을 지켜야 했고, 이슬람의 가르침과 법, 오스만의 언어, 통치 엘리트층의 기예와 무예를 교육받았다. 그중 두각을 나타낸 일부는 술탄의 최고위 신하(지방장관, 외교관, 각료)가 되거나 제국의 최고위직 행정관인 재상까지 되었다.

궁전으로 붙잡혀간 소년들에게 데브시르메는 신분을 높여 기독교도 농민 가족의 꿈을 실현할 방도였다. 술탄에게는 종속된 외부인 중에서 선발한 소년을 행정과 군사 엘리트로 양성하는 것이 제국 권력을 유지하기 위한 혁신적인 방책이었다. 위대한 각료나 고문은 모두 술탄의 피조물이었고, 술탄에 의해 해고되거나 대체될 수 있었다. 쉴레이만 1세는 각기 다른 재상을 8명 두었다. 그처럼 강력한 이들을 처형하는 것은 왕

도판 5.2

데브시르메: 술탄을 위해 봉직할 소년들을 선발하던 제도. 오스만 관료(높은 모자를 쓰고 앉아 있는 사람)가 개인 소지품이 담긴 가방을 든 어린이들에 관한 정보 기록을 감독하고, 주민들이 그 모습을 구경하고 있다. 배경은 이곳이 발칸의 기독교도 마을임을 보여준다. 《쉴레이만: 삽화로 보는 쉴레이만 대제의 역사 (Suleymanname: The Illustrated History of Suleyman the Magnificent)》에 수록된 삽화, 톱카프 궁전 박물관 소장.

족의 형제 살해만큼이나 흔한 관행이었다. 두 관행 모두 초점은 살아남은 이들의 마음이었다.

황실의 축첩제와 '모집'하여 개종시킨 기독교도 소년들 가운데 최고위 고문들을 발탁한 제도는 술탄이 스스로 만든 가문을 통해 통치했음을 뜻한다. 귀족 가문들과의 결속에서 벗어나서 자신의 의지에 종속된 관료들의 조언을 받는 술탄은 극단적인 형태의 가산제를 개인 노예들에게 행사했고, 그들을 통해 제국에 행사했다.

봉직 엘리트 통합하기

자유롭지 못한 종속된 관료들의 이 체제에는 두 가지 약점이 있었다. 다른 제국들도 괴롭힌 첫 번째 약점은 친위군이 무장해야 했고, 호전적이어야 했으며, 술탄 근처에 머물러야 했다는 것이다. 전투 중에 예니체리는 전장 중앙에서 술탄을 에워싸서 그의 생존을 보장했다. 예니체리는 궁전으로 돌아온 후에도 술탄을 보호했지만, 그에게 등을 돌릴 수도 있었다. 술탄 오스만 2세는 지나치게 가혹한 처벌 제도를 운영하고, 예니체리의 의향과 달리 폴란드와 전쟁을 계속하겠다고 고집하고, 부패한 고문들에 대한 처형을 거부하고, 전하는 바에 따르면 다른 병력으로 예니체리를 대체할 계획을 세우는 등 갖가지 방식으로 예니체리를 성나게 하다가 1622년에 친위군에게 암살당했다.

두 번째 약점은 우리가 지중해 서부와 중국에서 관찰한 전형적인 제국 시나리오 때문에 생겨났다. 오스만 왕조는 반역할 가능성이 있고 탐욕스러운 귀족들이 지방에서 단단히 뿌리내리지 못하게 하는 한편 제국을 방어하기 위해 충분한 세입과 병사를 모아야 했다. 제국이 팽창한 초기 수백 년 동안 술탄들은 유력 가문들을 다루기 위해 그들을 근거지에서 이주시키고 먼 지역의 영주로 삼았다. 그러나 지역 영주들을 통제하는 문제는 16세기 후반에 제국이 최대 크기로 성장함에 따라 다시 불거졌다. 그와 동시에 제국을 방어하는 데 비용이 한층 많이 들었는데, 군사 전략과 기술의 혁신(특히 이동 가능한 화포와 새로운 선박 설계)이 일어나 오스만의 육군과 해군을 재정비할 자금이 필요했기 때문이다.

오스만 왕조는 자원을 얻으면서도 제국 엘리트들의 충성심과 효율성을 유지하고 그들이 지역에서 지나치게 번성하지 못하게 막아야 하는 문제에 몇 가지 대응책을 내놓았다. 첫 번째 원칙은 모든 토지는 술탄의 소유로서 술탄이 뜻대로 분배하고 규제한다는 이론에서 이끌어냈다. 군사적 봉사를 대가로 토지를 할당한 비잔티움의 체제(제3장)를 기반으로 삼아, 오스만 왕조는 토지 구획 겸 행정 구역인 티마르에서 조세와 수수료를 거두어 직접 사용할 수 있는 권한을 군인 시종들에게 부여했다. 16세기 후반 무렵에는 이 체제가 징세 청부(일티잠(iltizam), 일정한 지역에서 일정한 기간 동안 징세할 권리를 경매에 부쳐 판매한 제도−옮긴이)로 대체되고 있었으며, 이스탄불의 궁정 관료들은 징세권을 판매하여 수입을 올렸다. 징세 청부는 새로운 자원을 창출하지 못했지만, 엘리트들에게 술탄의 후원을 구할 타당한 이유가 되었다.

두 번째 원칙은 관직의 비영구성이었다. 술탄은 충성스럽게 봉직하는 이에게는 상을 주고 무능력자에게는 벌을 주면서 관료를 마음대로 교체할 수 있었다. 관직 임명권은 반란 세력을 체제의 일부로 만드는 데에도 유용했다. 강력한 비적단이 자신들을 인적·물적 자원을 거두는 적법한 징수원으로 삼아주기를 술탄에게 청원하는 등 국가의 관료제에 참여할 길을 흥정하려 했다는 사실은 오스만 관료계가 매력적이었다는 증거다.

제국이 너무나 컸던 까닭에, 오스만 술탄들은 한 가지 방법으로는 중개인들을 통치하거나 통제할 수 없었다. 술탄의 개인화된 권위는 유연성, 타협, 실용주의를 촉진했다. 오스만 왕조는 방어하기 어려운 접경 지대에서는 지역 통치자들이 각자 칭호와 명령권을 갖는 것을 인정했다. 이를테면 궁정 통치 체제로는 부족장들을 결코 제약할 수 없던 쿠르디

스탄에서 그렇게 했다. 중심부에 더 가
까운 지역에서는 현지 유력자들이 확
고히 자리 잡는 것을 막기 위해 강력한
씨족을 먼 곳으로 이주시키고, 고위직
에 외부인을 충원하고, 총독(왕자나 술
탄의 고위 노예가 수행했다)을 임명하고,
지방의 경계선을 교묘히 활용하거나

> "이 노예는 이듬해 봄에 5000명을 데리고 군사
> 작전에 참가할 테니 알레포의 주장관으로 임명
> 해주기를 청원한다. 또한 술탄의 호의로 전술
> 한 지방에 더해 재상직까지 받는다면 군사작전
> 에 1만 명을 데려가겠다고 약속한다."
>
> – 칸볼라도글루 알리 파샤(Canboladoglu Ali Pasha), 1606년

변경했다. 그러나 시간이 흐르면서 유력 가문들은 자신의 이익을 위해
권력과의 연계를 이용했고, 이에 대응하여 오스만 통치자들은 지역 엘
리트들을 제국의 통치 계급에 통합하고 귀족들에게 국가의 수익성 좋은
자리를 맡겼다. 이처럼 오스만 왕조는 유력자들을 관료계에 흡수함으로
써 국가 외부에서 결속 관계가 강화되는 사태를 미연에 방지했다. 오스
만 체제의 가장 효과적인 도구는 후한 보상이었다. 이 체제에서 관료가
되는 것은 수지맞는 일이었다.

다종파 정치체 보호하기

조세와 신병을 공납할 때를 빼면 평민이 술탄의 통치기구를 직접
대면하는 것은 드문 일이었다. 국가의 관직에 포섭되지 않은 절대다수
신민들에게 제국은 과연 어떤 기능을 제공했을까?

오스만 왕조는 자기네 제국을 '잘 보호받는 영역'이라 불렀는데, 이는
신민들을 보호해야 하는 술탄의 책무를 강조한 표현이었다. 오스만의 보
호책 중 하나는 정치체 외부 세력이나 내부 비적의 공격으로부터 신민
들을 방어하는 것이었다. 오스만의 법은 제국의 다종다양한 신민들에게
다른 보호책도 제공했다. 다양한 분파의 기독교도, 유대인, 기타 비무슬
림 신민들은 자기네 공동체 지도자의 법적 권한에 따라 가족 문제와 종

교 문제를 해결했다. 이 집단들과 이들의 각기 다른 법적 관행을 술탄의 전체를 아우르는 권한과 연결한 것은 사적·공적 유대였다. 랍비장(長), 그리스 정교회의 대주교, 아르메니아 정교회와 다른 기독교 집단의 지도자는 술탄의 증서를 수령하는 직책을 보유했다. 이들은 술탄에게 봉직하는 대가로 세금을 면제받고 다양한 수입과 자원에 대한 권리를 얻었다. 여러 신앙의 성직자를 보호하고 활용하는 관행, 즉 몽골을 비롯한 다른 제국들의 관행은 오스만 체제의 일부가 되었다.

제국의 종교들 중에서 수위에 오르기까지 이슬람은 수백 년에 걸쳐 팽창과 분쟁─흔히 다른 무슬림 지도자들과─을 했다. 오스만 왕조가 처음 등장한 아나톨리아 영토에는 다양한 가르침과 영적 지도자를 따르는 기독교와 이슬람 공동체들이 흩어져 있었다. 기독교도 군벌을 비롯하여 정복하거나 동맹을 맺은 통치자들과의 실용적인 관계, 호전적 이슬람에 매몰되지 않고 다른 전통들을 선별적으로 받아들여 응용하는 방침은 오스만 1세, 오르한 1세와 그 후손들이 제국을 확대하는 데 도움이 되었다. 오스만 왕조는 일찍이 아바스 왕조, 셀주크 왕조, 일한국의 칸들이 일구어놓은 이슬람-이란의 행정 문화에 자신들의 흔적을 더하는 한편, 비잔티움 도시의 유력한 기독교도들과 발칸의 귀족들을 오스만의 엘리트층으로 끌어들였다. 승리한 오스만 전사들은 기독교도 포로들에게 이슬람으로 개종하거나 살해당하거나 양자 택일할 것을 요구하지 않았다. 그들은 한층 실용적으로 접근했다. 포로의 몸값을 요구하는가 하면 때로는 이슬람으로 개종한 노예를 해방시켜주었고, 패배한 기독교도 귀족을 지방관으로 임명하여 먼 지방으로 파견했다. 게다가 이슬람으로의 개종은 강압 없이, 오스만 왕조의 제국 기획이 성공함에 따라 활짝 열린 가능성에 사람들이 반응하는 가운데 이루어졌다.

아들들 이름을 예수, 모세, 솔로몬, 무함마드라고 지은 바예지드 1세

(재위 1389~1402년)의 치세는 기독교도와 무슬림이 가장 화합한 시기였다. 바예지드의 수도 부르사에서는 예수와 무함마드가 똑같이 훌륭한 예언자라는 무슬림 설교자의 주장에 대해 논쟁하는 것이 가능했다. 그러나 이런 융합적인 종교 문화는 1416년에 어려운 시험대에 올랐다. 이해에 오스만의 통치에 맞서 심각한 반란(셰이크 베드레딘의 반란 —옮긴이)이 전개되는 동안 아나톨리아의 데르비시(dervish, 수피즘을 추구하는 금욕적인 무슬림 —옮긴이) 뵈르클뤼체 무스타파(Börklüce Mustafa)는 종교를 하나로 통합하려는 의향을 표출했다. 그는 기독교도와 무슬림의 평등과 공동체의 재산 공유를 옹호했다. 그는 오스만군을 두 차례 물리쳤으나 "남녀노소를 가리지 않고 한 사람도 남김없이 모조리 죽였다"라고 하는 메흐메드 1세의 재상인 바예지드 파샤에게 무자비하게 진압되었다. 1430년대부터는 왕조의 종교인 이슬람과 오스만 엘리트층이 새로이 강조되었다.

수년간 사파비 왕조—시아파 왕조인 자신들이 이란의 수도에서 이슬람을 지도해야 한다고 주장했다—와 전쟁을 치른 뒤 술탄 셀림 1세(재위 1512~1520년)는 1516년 아나톨리아에서 사파비 왕조의 통치에 종지부를 찍었다. 셀림은 곧이어 맘루크 왕조와 싸워 이 왕조의 술탄을 전사시켰다. 셀림의 연이은 승전에 힘입어 오스만 왕조는 이집트, 시리아, 레바논, 팔레스타인, 아라비아 반도에서 광대한 영토를 새로 획득했으며, 그중에는 성도(聖都)인 예루살렘과 메디나, 메카도 있었다. 이제 셀림은 이슬람의 수호자, 다른 모든 무슬림 군주보다 우월한 군주라고 자칭할 수 있었다. 이 주장이 겨냥한 대상은 기독교도가 아니라 오스만 왕조의 무슬림 경쟁자들, 즉 사파비 왕조를 비롯하여 신성한 영감이나 권위를 주장한 이들이었다.

서유럽 기독교 지도자들의 경우와 마찬가지로, 황제가 신앙의 수호자임을 자임하는 것은 왕조에 이로울 수도 해로울 수도 있었다. 술탄 셀림 이래로 수백 년간 벼락출세자와 야심만만한 부하를 비롯한 도전자들, 특히 가장 끈질기게 도전한 시아파 사파비 왕조는, 참된 신앙을 위해 싸우는 이슬람 전사—가지(gazi)—에 대한 숭배와 이슬람의 지도력을 둘러싼 경쟁을 이용하여 오스만 왕조에 타격을 줄 수 있었다. 그러나 많은 지역에서 술탄의 권위는 이슬람 법관을 감시하는 등 술탄이 이슬람의 문제들을 감독하고 지도한 덕분에 강화되었다.

이슬람 법(샤리아)은 단일한 법률 체계가 아니라, 코란과 예언자의 말에 근거하여 법률에 대한 해석을 두고 경쟁하는 법학파들의 전통이었다. 오스만 왕조는 수니파에 속하는 하나피 학파(셀주크 왕조 치하의 아나톨리아에서 우세했던 학파)를 채택했고, 이 전통에 속하는 법관들을 양성할 대학 체계를 확립했다. 이 법관들은 무슬림 대다수의 법적 문제를 판결할 책임을 맡았다. 그러나 샤리아는 제국의 많은 과제를 처리하기에 역부족이었는데, 특히 심각한 사회적 위법 행위도 파벌들 간의 민사상 문제로 처리했기 때문이다. 오스만 왕조는 신민을 보호하고 아울러 과세와 재산 문제를 규제하는 술탄의 역할을 수행하기 위해 다른 종류의 법—카눈(kanun)—도 운용했다.

오스만의 카눈은 세금을 내는 대다수 신민들과 술탄의 시종으로서 국가로부터 봉급을 받거나 토지를 할당받는 아스케리(askeri)를 구별했다. 아스케리는 일반 법원이 아닌 술탄 관료에게 판결을 받았다. 기병을 비롯한 술탄의 하인, 술탄의 남성 노예와 여성 노예, 법관, 교수, 율법학자와 그들의 가족들은 체형이나 사형을 내릴 수 있는 술탄의 법적 권한에 종속되었다. 이처럼 제국의 인구를 상이한 권리를 지닌 납세자와 술탄의 시종으로 나눈 것은 납세하는 시민층으로 인구를 포괄하려 했던 로마 제국의 이상과 현저히 대비된다.

오스만의 법은 전체를 아우르는 중앙 권력의 공인을 받은 법적 제도들(세속·이슬람·기타 종교들의 법률과 관행)의 체계였다. 이런 이질성은 법을 성문화할 때 반영되었다. 오스만의 1499년 법전은 법령 모음, 지역별 법정 기록부, 파트와(fatwa: 이슬람 신학자가 법적 문제에 대해 내놓는 의견—옮긴이)와 기타 규정에 근거하여 제국 전역의 납세 의무를 기록했다. 서로 신앙이 다른 사람들 사이에 생긴 가벼운 법적 문제는 종교 당국의 판결을 받는 방식으로 해결할 수 있었다. 오스만 법의 보편적인 측면은 대다수 신민들이 어떤 식으로든 법정에 접근할 수 있다는 것이었지만, 모든 사건과 모든 사람이 로마/비잔티움 제국에서 유스티니아누스 황제가 편찬했던 것과 같은 단일한 법전에 의거하여 판결받았던 것은 아니다.

차이를 인정하는 원칙은 비무슬림들이 거주하는 광대한 영토를 통치하고, 이산하는 소수집단을 흡수하고, 다른 제국들의 종교적 불관용에 대항하는 오스만 제국의 역량에 매우 중요했다. 발칸과 헝가리에서 오스만 법은 그리스인, 세르비아인, 개신교 기독교도에게 권리를 주었는데, 이는 가톨릭을 믿는 합스부르크 왕가나 폴란드 통치자라면 상상도 못할 일이었을 것이다. 무슬림만이 아니라 종교재판이 열리는 동안 에스파냐에서 추방당한 유대인도 오스만 제국에서 새로운 보금자리를 찾고 법적 지위를 보호받을 수 있었다. 술탄들은 자신의 목표를 위해 기독교계의 내분을 이용했다. 쉴레이만 1세는 군사적 모험을 위해 프랑스 왕과 협력했고, 그의 계승자들은 합스부르크 왕가를 약화시키기 위해 잉글랜드의 개신교도 여왕 엘리자베스와 거래하고 협상했다.

오스만 왕조는 우리와 다른 집단은 그들 자신의 법에 따라 판결받아야 한다는 생각을 제국에서 생활하는 외국인들에게 적용했다. 이 관행의 모델은 갈라타(이스탄불에서 제노바인이 거류하던 구역)에 대한 처우였다. 술탄 메흐메드 2세의 1453년 법령은 제노바인이 그들 내부 문제에 판결을 내리는 것을 허용했다. 이런 식의 협정은 오스만의 영역 곳곳에 상인 거류지를 가지고 있던 다양한 세력들에게로 확대되었다. '치외법권'은 오스만―그리고 오스만에 앞서 비잔티움―의 관행에서 유래한 것이다. 오스만 왕조는 자신들이 유럽인―오스만인은 그들을 프랑크족이라 불렀다―을 보호하는 대신 다른 곳에서는 현지 주권자가 오스만 상인이 자리 잡을 수 있도록 보호해야 한다고 주장했다. 오스만 왕조는 이른바 치외법권 협정(capitulation, '외국의' 법적 절차에 권리를 부여하는 것)을 맺고 상인과 외교관에 대한 보호를 역설함으로써 유럽인의 국제적 관행에 유라시아의 기존 외교 원칙을 전해주었다.

결론: 두 제국의 이야기

신성로마 황제, 카스티야와 아라곤의 왕 카를 5세(재위 1516~1556년)와 오스만 술탄, '입법자', 왕 중의 왕(카이사르) 쉴레이만 1세(재위 1520~1566년)는 공히 로마 제국의 위용과 규모를 되찾기를 열망했다. 카를 5세는 교황과의 관계가 결코 좋지는 않았지만, 로마의 기독교적 과거와 자신의 연결고리가 명백하다고 보았다. 그러나 자신이 로마를 계승했다는 쉴레이만의 주장도 카를의 주장만큼이나 논리적이었다. 오스만 왕조는 동로마 제국을 이끌던 비잔티움 왕조를 물리치고 대체했으며, 로마의 지중해 공간을 상당 부분 정복했고, 발칸에서 기독교도의 보호자 역할을 넘겨받았다. 코르테스가 아즈텍 왕국을 정복하는 동안 오스만 왕조는 시리아, 팔레스타인, 이집트, 아라비아로 팽창했다. 16세기 중엽 오스만 왕조는 유럽의 3분의 1과 지중해 연안 지대의 2분의 1을 통치하고 있었다. 더욱이 세 일신교 가운데 제일 늦게 출현한 이슬람은 유대교와 기독교의 후임이었으며, 오스만 왕조는 선대의 이슬람과 기독교 통치자 대다수와 달리, 제국 중앙의 지상권을 양보하지 않으면서도 이 종파들과 그 변종들 대부분을 법과 행정을 통해 인정할 방법을 찾아 냈다. 특히 에스파냐 종교재판의 배타적인 이데올로기와 비교할 때, 술탄이 보호하는 포용적인 정치체보다 더 제국다운 정치체(전체를 아우르는 보편적인 정치체)가 과연 무엇이었겠는가?

그동안 기독교는 유럽에서 갈가리 찢어지고 있었다. 프랑스는 특히 1560년대와 1570년대에 격렬한 종교 전쟁에 휩싸였고, 네덜란드는 80년 전쟁(1568~1648년)을 치렀으며, 잉글랜드와 스코틀랜드는 갈등을 빚었다. 이슬람의 위협을 상정하며 그에 맞서 일치단결하는 시늉을 했음에도, 종교적 배타성과 제국적 야망의 혼합물에 중독된 유럽의 권력 주장자들은 동방 기독교도와 서방 기독교도, 개신교도와 가톨릭교도로 갈라져 엄청난 유혈극을 벌였다. 1570년대의 장 보댕 같은 몇몇 정치사상가는 유력자의 권력과 종파 투쟁을 넘어 군주정 영토국가가 출현할 수 있다고 상상했지만, 복합 제국들과 그 경쟁자들의 현실은 그와 딴판이었다.

오스만 제국과 에스파냐 제국은 수십 년 동안 지상전과 해전을 벌이며 자웅을 겨루었다. 카를 5세는 결코 알제리에서 오스만을 몰아내지도, 때때로 오스만과 동맹을 맺은 해적들이 지중해 서부에서 에스파냐 선박을 공격하는 것을 저지하지도 못했다. 합스부르크 영역의 동쪽 끝에서는 오스만군이 빈의 외곽까지 진격했다. 카를과 그의 동생으로 합스부르크가의 오스트리아 왕이었던 페르디난트는 헝가리를 두고 쉴레이만과 격렬하게 싸웠지만, 결국 1547년에 페르디난트는 헝가리 왕이 되겠다던 주장을 포기하고 헝가리 영토 일부를 통치하는 대가로 오스만 왕조에 조공을 바칠 수밖에 없었다. 카를을 황제가 아닌 '에스파냐 왕'으로 일컬은 이 조약에 근거하여 쉴레이만은 자신이 '로마인들의 카이사르'라고 주장할 수 있었다.

그러나 쉴레이만에게도 제국의 동쪽 가장자리에 골칫거리가 있었다. 이슬람의 지상권을 주장하는 사파비 왕조였다. 두 이슬람 세력 사이에 낀 다루기 힘든 접경 지대는 오스만의 통제에 공공연히 반항했다. 16세기 중엽에 카를 5세는 쉴레이만의 적수인 사파비 왕조의 샤와 동맹을 맺으려 시도했고, 그에 맞서 쉴레이만은 프랑스 왕(1520년대 후반부터 1550년대까지)과 독일의 개신교 공들을 지원했다. 오스만 왕조는 합스부르크 왕조와 싸우는 프랑스를 돕기 위해 1543년에 해군을 파견했고, 오스만 함대는 쉴레이만의 요청에 따라 프랑스가 식량을 공급한 툴롱에서 겨울을 났다. 카를과 펠리페 2세는 오스만이 에스파냐를 침공할까 봐 두려워했다. 1556년에 카를이 퇴위하고도 예전 서로마 제국의 영역을 둘러싼 경쟁 구도는 바뀌지 않았다. 쉴레이만은 1566년 헝가리에서 마지막 원정 중에 죽었다. 그럼에도 그의 군대는 헝가리에서 승리를 거두었다. 1570년대에 두 대제국이 총력전에서 물러난 데에는 도전 세력과 기회가 둘 다 영향을 미쳤다. 오스만 왕조는 반란 세력을 진압하는 한편, 아랍어권 지역에서 얻는 이익을 공고히 다져야 했고, 합스부르크 왕조는 아메리카 대륙에서 수익성 좋은 사업을 진행하는 한편, 프랑스와 분쟁하고, 유럽의 영역에서 사나운 국가들을 결속하는 난제에 대처해야 했다.

지위가 오르내리긴 했으나 남동 유럽과 지중해에서 오스만 왕조가 최고 권력자였다는 것은 놀랄 일이 아니다. 쉴레이만은 1520년대에 거의 9만 명을 헤아리는 상비군, 분봉한 토지로 유지하는 기병대, 군대의 핵심 병력이자 술탄의 개인 친위군인 예니체리를 거느리고 있었다. 카를 5세를 비롯한 서유럽 통치자들은 엄청난 비용을 들여가며 지역 유력자나 용병을 통해 군대를 모집해야 했다. 쉴레이만의 치세 막바지에 오스만 제국의 영역은 부다에서 메카까지, 알제에서 바스라까지 뻗어 있었다.

오스만 제국은 잠재적 벼락출세자들을 끌어들이고 규율하고 견제하는 통치 체제를 통해 막대한 자원을 동원할 수 있었다. 이 자립적인 혼성 정치체에 맞서 에스파냐 제국은 성마른 예속자들을 상대하고 영역 외부의 상인들에게 빚을 져가면서 버겁게 싸워야 했다.

오스만 왕조의 지전략적(地戰略的) 이점과 통치하기 힘든 제국 영역에 대한 에스파냐의 대응은 해외 팽창이었다. 에스파냐 제국은 원양 항해 교역으로 얼마간 성공을 거두었지만, 유럽에서 통제력을 지킨다는 것은 돈이 에스파냐에 머무르지 않는다는 뜻이었다. 쉴레이만 치세에 오스만 왕조도 1541년에 인도의 무굴 왕조로 함대를 파견하는 등 세력을 넓히려 했다. 그러나 더 우수한 선박을 보유한 포르투갈인을 인도양 무역로에서 몰아낼 수는 없었다. 카를도 쉴레이만도, 선견지명이 뛰어난 그들의 고문도 해외 무역과 제국의 장기적인 결과를 예측하지 못했다. 그들이 알았던 것은 상대편 권력의 크기와 자기편 권력의 한계였다.

에스파냐 제국과 오스만 제국, 그리고 두 제국의 성취를 되돌아보자. 카를 5세와 그의 직계 계승자들은 처음보다 훨씬 '에스파냐적'이 된 제국을 구축했다. 유럽에서 주권의 변동성 때문에 제약을 받은 그들은 공동 군주에 대한 복종, 종교적 친연성, 국가의 강제력과 행정력, 다른 제국들에 대한 방위를 통해 유럽의 에스파냐와 아메리카의 분파를 결속했다. 에스파냐어는 아메리카 전역에서 패권적 언어가 되었고, 왕에게 임명받은 카스티야인들은 카를의 유럽 영역보다 아메리카에서 더 많은 권한을 행사했으며, 가톨릭주의가 공동 종교로 강요되었다. 하나의 교회와 하나의 왕조 사이, 아울러 군주정과 토지를 소유한 유력자들 사이의 거북한 상호작용은 새로운 대륙들로 확대된 단일한 기독교 유럽 문명에 기반을 두는 새로운 보편주의가 도래할 것을, 아울러 이 과정을 누가 통제할지 불확실한 상황이 도래할 것을 알리는 전조였다. 오스만 왕조에게 보편 제국의 근본적 원칙은 술탄이 통치하는 체제의 실용적인 포용성, 신민들의 기존 종교 관행과 관례에 대한 보호, 이슬람 법과 제국 법의 절묘한 혼합, 이상적으로는 어떠한 가문의 영구적인 권력과도 분리된 관료제 등이었다.

이 상이한 전략들은 제국 권력을 조직하는 두 가지 상반된 방법을 고찰하도록 이끈다. 막스 베버가 말한 '이념형(ideal type)'은 실제 정치 체제의 복잡다단한 작동을 드러내지는 않지만, 통치자가 직면하는 더 폭넓은 문제들과 그에 대한 다수의—그러나 제한된—해결책을 생각하는 데 도움을 준다. 우리는 실제 정치체들은 두 가지 원칙을 모두 이용한다는 사실을 유념하면서, 계급 위계질서 체제와 가산제적 통치 체제를 대비할 것이다.

계급 위계질서 모델에서 빈민을 포함하는 평민들은 서로 공통된 경험을 바탕으로 유대를 형성한다. 귀족들은 서로의 지위에 대한 상호 인정과 자신들의 특권(토지와 무기를 소유하고, 왕의 궁정에 출입하고, 아랫사람에게 존중받을 권리)을 뒷받침하는 사회적·법적 체제에 의존한다. 계급 위계질서는 특정 계급 내부의 강한 유대와 그보다 약한 계급 간의 유대를 함축한다. 왕이나 황제 지망자에게 귀족이 누리는 특권은 유용하기도 하고 문제이기도 하다. 귀족의 특권은 통치에 필요한 인력과 자금을 한데 모으고, 외부 경쟁자의 접근을 막고, 기층민에게 계속 일을 시키고 질서를 지키게 하는 데에는 유용하다. 문제인 까닭은 귀족들이 힘을 합쳐 왕의 권력을 제약할 수 있기 때문이다.

가산제 모델에서 권력은 가족에서 가문으로 확대된다. 왕은 자기 사람들의 아버지로서 그들에게 보호를 제공하고 경의를 기대한다. 왕은 지지자들과 직접적·수직적 유대를 맺고자 하고, 지지자들은 다시 자신의 종속자들과 개인적 유대를 형성한다. 가산제 통치자는 자신의 다양한 예속자들 간의 유대를 최소화하려 한다. 계급 모델이 수평적 유대를 강조한다면, 가산제 모델은 수직적 유대에 의존한다. 가산제 통치자는 예속자들이 그들의 종속자들을 이끌고 이탈하는 상황, 이를테면 경쟁관계인 통치자에게 합류하거나 새로운 왕 밑에서 가산제를 복제하는 상황을 제일 두려워한다. 가산제 통치자는 더 작은 정치 단위나 경쟁 단위에서는 구할 수 없는 자원을 제공해야만 한다. 그의 전략은 이런 수직적 연계들이 자신에게 수렴되도록 하는

> 튀르크 왕국 전체는 한 군주에 의해 지배되고 다른 사람들은 모두 그의 하인에 불과할 뿐입니다. 그 왕국은 산자크(sanjak)라는 행정 지역들로 나뉘는데, 술탄은 각 지역에 행정관들을 파견하고, 자기 뜻에 따라 그들을 교체하거나 이동시킵니다. 그러나 프랑스 왕은 수많은 세습 제후들에 둘러싸여 있으며, 그 제후들은 각 지역에서 자신을 인정하고 자신에게 충성을 바치는 신민들을 거느리고 있습니다. 제후들은 저마다 고유한 세습적인 특권을 가지고 있으며, 그 특권은 왕도 위험을 감수하지 않는 한 건드릴 수 없습니다.
>
> — 마키아벨리, 《군주론》 제4장

동시에 수직적이든 수평적이든 다른 사회적 유대가 전혀 없는 직접적 종속자들을 획득하여 자신의 가문을 강화하는 것이다.

카를 5세와 쉴레이만 1세의 제국에는 계급 체제의 요소와 가산제 체제의 요소가 둘 다 있었지만, 카를의 제국은 유럽에서 계급 위계질서 모델에 더 가깝게 작동했고, 쉴레이만의 제국은 가산제 모델에 더 가깝게 작동했다. 카를은 비교적 균질한 종교와 법 제도에 의존하여 안정적인 계급 위계질서를 유지하고 그 안에서 자신의 우월한 지위를 인정받았다. 그러나 카를은 자기 권력의 물질적 또는 이데올로기적 기반을 완전히 통제하지는 못했다. 카를은 도시들의 자각적인 시민 질서, 추종자들을 거느린 무장한 유력자들, 권위를 지키려 애쓰지만 기독교의 내분 탓에 곤경에 처한 교회와 함께 통치해야 했다. 그에 반해 오스만 술탄은 서로 분리되는 상이한 종교적·법적·문화적 집단들과 연계를 맺고서 이 연계를 통해 통치했다.

유럽과 아메리카 영토에서 에스파냐 제국이 취한 형태는 로마까지 ─ 그리고 서부에서 로마가 분해된 방식까지 ─ 거슬러 올라간다. 애초에 로마의 권력이 다양한 요소들을 합성하고 흡수하는 과정을 거치며 생겨났음에도, 제국 후기의 로마는 어디에서든 식별할 수 있는 단일한 로마 문화를 창출했다. 이는 보통 사람들의 일상생활에 고르게 침투하지는 못했지만 엘리트들에게는 대단히 설득력 있는 문화였다. 로마의 방식을 채택한 이들은 속주에서의 높은 지위, 제국의 제도적 구조 내에서의 사회적 유동성 등을 보상으로 받았다. 제국의 중앙이 자원에 대한 통제력을 상실하고 해체됨에 따라 귀족들은 지역을 한층 중시하며 생존을 위해 토지와 농민에 매달렸고, 또 자기 주변에 한층 신경을 쓰면서 다른 유력자와 동맹을 맺거나 유망한 인물에게 복속하여 보호를 받고자 했다. 로마 서부에서는 수 세기 동안 이런 변덕스러운 폭력과 조건부 충성이 횡행했다.

그런 까닭에 예전 서로마 제국의 영역에서 황제가 되려는 사람들은, 수평적 친연성 때문에 권력의 제약을 받는 난국을 타개하기 위해 가산제적 전략에 의지해야 했다. 이는 벅찬 과제였다. 에스파냐의 많은 유력자들이 상당한 토지 수입과 다수의 무장한 남자들을 거느린 까닭에 ─ 그리고 합스부르크가를 지지할 가능성이 있는 다른 이들도 비슷한 자원을 가지고 있었던 까닭에 ─ 계급 위계질서를 타파하기란 극히 어려운 일이었다. 유력자들과 지역 공동체들은 공히 가산제적 원칙보다 귀족제적 원칙을 유지하려 했고, 이를 위해 권위 있는 지위에 '자기' 사람을 앉히려는 황제의 권한을 제한하려 했다.

유럽의 대서양 쪽 가장자리에서는 멀리서 제국을 건설하는 방안이 더 매력적으로 보였다. 아메리카 대륙은 에스파냐 군주와 카스티야 엘리트가 유력자들의 권력을 우회할 수 있는 곳이었다. 부왕령과 아우디엔시아 제도(그리고 이 제도의 직책을 맡을 사람들을 왕이 임명하는 것)는 국내에서 못하는 일을 해외에서 하려는 시도, 몽골 칸이나 오스만 술탄이 사용한 것과 비슷한 수단으로 제국을 한층 가산제적인 방식으로 통치하려는 시도였다. 이제 문제는 기독교도 유럽인들이 창안한 이 제도가 얼마나 효율적일 것인가였다. 이 제도를 통해 아메리카 대륙의 토착민과 이주 정착민에게 권위를 지속적으로 행사할 수 있을 것인가?

오스만 왕조는 사뭇 다른 공간에서 제국을 창건했다. 그들은 아나톨리아에서 시작했고, 처음부터 지역 제후들이 출신지에 머무르지 못하도록 다른 곳으로 이주시켰다. 오스만 제국의 문화적 배열(cultural configuration)은 특히 비잔티움 왕조를 무너뜨린 후에 더욱 다채로워졌다. 오스만 왕조는 무역 전초기지들, 유서 깊은 도시들, 토지를 소유한 군벌들, 순회 상인들의 이산을 통치했다. 이 문화적 배열을 결속한 오스만의 비결은 배열을 균일하게 바꾼 것이 아니라, 술탄을 정점으로 하여 수직적이고 단단하게 얽매인 관료들을 통해 감시를 하면서도 상이한 공동체들이 상이한 방식으로 자기네 일을 처리할 수 있게 놔둔 것이었다. 결정적인 제도는 가산제, 즉 술탄의 가문이었다. 오스만의 가산제는 중요한 변화를 이루어내기는 했으나 튀르크·몽골·페르시아·아랍 세계의 구조와 유사한 구조에 기반을 두고 있었다. 노예 첩을 통해 후계자를 낳고 최고위 고문과 친위군을 튀르크계 무슬림 인구 외부에서 충원한 제도는 귀족에 맞서기 위한 술탄의 보루였다. 수뇌부와 심지어 술탄의 일부 혈족까지 외부에서 구함으로써 오스만 왕조는 독자적인 지위와 자원을 주장할 수도 있는 사회 계층의 형성을 예방했다.

또한 오스만 가산제는 각기 고유한 법과 믿음, 언어, 지도자를 가진 다종다양한 공동체 내부의 위계질서를 인정했다. 이슬람이 반드시 기독교보다 관용을 조정하는 데 도움이 되었던 것은 아니며 —지하드와 십자군 운동은 공통점이 많다 — 오스만 제국 안팎에서 무슬림의 분열은 지상에 드리운 신의 그림자임을 자처하는 술탄을 위협했다. 그러나 오스만 왕조는 서유럽과 달리 교황권 노선을 따라 제도화된 종교 권력을 상대할 필요가 없었다. 유라시아의 실용적 통치 모델들을 기반으로 삼고 비잔티움의 다문화 공간을 점령한 술탄은 칼리프 지위를 얻고도 다른 공동체들의 종교를 보호할 수 있었다.

카를 5세 시대의 에스파냐 왕조도, 쉴레이만 1세 시대의 오스만 왕조도 제국을 통치하면서 발생하는 온갖 위험을 피할 수는 없었다. 그러나 두 왕조는 로마 제국이 통제력을 잃기 시작한 이래 지중해에 기반을 둔 제국 건설자들이 직면했던 한계에서 벗어났다. 한 황제는 지중해 동부 일대에서 육지와 바다에 대한 권력을 군건히 다졌고, 다른 황제는 대서양 건너편을 바라보기 시작했다. 두 황제의 노력은 수 세기 동안 서로 다른 방향에서 권력의 지형을 그렸다.

CHAPTER 6

대양 경제와 식민 사회
: 유럽, 아시아, 아메리카

15세기와 16세기에 서유럽에서 바다 건너편을 향해 출항한 세력들의 목표는 '상인 제국'이나 '서양 식민주의'를 창출하는 것이 아니었다. 그들은 제후와 군주의 반목, 종교 분쟁, 지중해 동부를 차단한 오스만 왕조 때문에 원대한 야망을 마음껏 펼칠 수 없게 되자 대륙의 경계 밖에서 부를 찾고자 했다.

항해자들의 야망은 그들이 알고 있던 권력과 교역의 세계에 따라 구체화되었다. 콜럼버스는 몽골인, 아랍인, 유대인을 비롯한 집단들이 형성하고 유지한 유라시아의 연계망에 고무되어 매혹적인 대칸의 제국을 찾아 나섰다. 콜럼버스는 중국 황실과 의사소통하기 위해 통역사(기독교로 개종한 유대인으로 아랍어를 구사했다)를 데려갔다. 콜럼버스와 선원들이 중국 대신 카리브해의 한 섬에 도착했을 때, 어느 '유럽인' 탐험가는 '아메리카' 사람에게 우선 이슬람의 언어로 말을 걸었다.

콜럼버스 같은 사람들의 관점이 당대의 세계 질서를 반영했다 할지라도, 이 항해자들의 행동은 그들의 의도를 훌쩍 뛰어넘는 결과를 불러왔다. 아시아의 상업망에 접근하려 경쟁하던 유럽 강국들은 상업망의 요충지들에 무장된 중계항을 건설하고 서서히 정치적 권위와 정착지를 넓혀가기 시작했다. 새로운 대륙이 우연히 발견되었고, 새로운 식민화 형태들이 고안되었다. 대서양 횡단 무역은 1510년부터 1550년까지 8배 성장하고, 1610년까지 다시 3배 성장했다.

15세기 말부터 아시아에서 존재감을 키워간 유럽은 아시아를 장거리 무역에 '개방'하는 결과가 아니라, 포르투갈인과 그 이후 네덜란드인, 영국인, 프랑스인 무역상과 기업, 국가 행위자가 추진한 새로운 종류의 군사화된 상업이 인도양과 동남아시아의 기존 경제 체제에 침입하는 결과를 초래했다. 16세기에 무굴 왕조가 인도 대부분에 대한 장악력을 강화하고 17세기에 명 왕조가 제국을 확장하고 만주에서 중국의 통치를 재건한 것에 비하면, 16세기와 17세기에 유럽인이 아시아에서 요새화된 중계항과 (몇몇 지역에서) 더 큰 정착지를 건설한 것은 위태로운 시도였다. 유럽이 건설한 해상 제국들의 혁신과 한계를 이해하려면, 19세기 유럽 열강의 분명한 지배력을 '유럽의 팽창'이라는 단일한 이야기에 거꾸로 투영하는 편보다는, 유럽인들의 정치적·경제적 행위—아메리카, 아프리카, 아시아에서 각기 다른 결과를 낳은—를 당대에 전개된 대로 살펴보는 편이 낫다.

몇몇 역사가들의 주장대로 16세기는 유럽사에서 '가장 호전적인' 세기였다. 지역 제후들 간의 폭력은 전보다 완화되었지만, 자신의 우세를 지키거나 역설하는 소수 제국들 간의 분쟁은 기독교도와 무슬림 사이, 가톨릭교도와 개신교 사이의 종교 분쟁으로 인해 악화되었다. 유럽 제국들 간의 경쟁은 삼중의 역학을 촉진했다. 첫째, 경제적 자원을 제국의 울타리 안에 두려는 움직임, 둘째, 기술을 혁신하고 국가가 인적·재정적 자원을 통제함으로써 군사력을 증강하려는 움직임, 셋째, 이 자원을 제국의 공간 전역에, 궁극적으로는 세계의 대양들 전역에 배치하려는 움직임이었다.

해상 제국들은 장거리 상업로를 확보하려는 악착같은 노력(자기 제국의 상업로는 확대하고 다른 제국의 상업로는 방해하려는 노력)의 결과물이었다. 이 노력의 핵심은 무장한 상선, 그리고 아프리카, 아시아, 아메리카에서 확립하고 무력으로 유지한 일련의 제도였다. 그런 제도로는 제국들이 경제망의 핵심 교차로를 통제하기 위해 고립 영토에 건설한 무역 식민지, 소수의 식민자들이 현지 노동력이나 수입한 노동력을 동원하여 착취한 플랜테이션 식민지, 유럽인 이주민들이 토착민들을 밀어내거나 대량 살상하거나 새로운 종류의 사회질서인 식민지 상황에 강제로 통합한 정착지 등이 있었다.

이 장에서 우리는 유럽에서 발전한 제국들이 지중해 지역을 넘어 대양들을 횡단함에 따라 서로 상호작용하고 분쟁하는 방식에 일어난 주요한 변화를 강조한다. 우리는 제국 건설자들이 고립 영토 전략, 플랜테이션 전략, 정착지 전략을 조합하고 배열한 방식을 포함하여 제국 권력의 레퍼토리들을 살펴본다. 그리고 우리는 해상 제국들의 권력의 한계를 지적한다. 예컨대 제국들 간의 파괴적인 분쟁, 특히 중개인을 제어할 때 드러난 내부 약점들, 아시아와 아프리카에서 각 정치체와 관계망의 힘과 적응력이 어떠했는지를 살펴본다.

무역용 고립 영토와 연결망, 플랜테이션과 광산, 농업 정착지는 유럽인 신참자들이 토착민들, 그리고 대서양 양안을 연결하는 체제의 한 부분에서 다른 부분으로 이동한 노예들을 맞닥뜨리는 장소였다. 그전까지 세계에서 장거리 연계에 가장 적게 관여했던 아메리카 대륙은 인구학적·정치적·문화적으로 식민화의 파멸적인 영향을 경험했다. 그러나 아메리카에서조차 제국 건설자들은 종래의 경제적·사회적 조직 형태를 말살하거나 이질적인 요소들로 이루어진 영토를 계속 통제하기 위해 중개인—유럽인 그리고/또는 토착인—을 필요로 하는 현실에서 벗어날 수 없었다.

행정관과 성직자를 비롯한 제국의 유럽인 대리인들은 시간이 흘러도 변하지 않는 문화적 진정성(cultural authenticity)에 매몰되어 살아가는 토착민이 아니라, 제국을 비롯한 정치체들에서 사회적 상호작용과 정치를 이미 경험한 사람들을 대면했다. 이런 대면에서 생겨난 패턴에 반영된 것은 유럽이 강요한 권위만이 아니었다. 그 패턴에는 자기가 가진 모든 것을 포기하지 않은 채 새로운 가능성을 활용하고자 했던 토착민들의 진취성도 반영되었다.

누군가는 15세기 후반과 16세기의 유럽인 제국 건설자들을 바다의 몽골족이라 부를지도 모르겠다(그들의 강점은 기동력, 자원을 집중하는 능력, 특수한 상황에 맞추어 조정하는 군사 기술이었다). 그들은 진입할 수 있는 지역은 진입하고 장벽이 높은 지역은 피했다. 그들은 몽골족의 역량, 즉 마주치는 사람들과 실용적으로 상호작용하는 역량은 갖추고 있지 않았다. 종교와 종족의 차이를 단호히 구별하는 견해들이 해외에서 나타났지만, 그런 구별선을 넘나드는 혼합체도 나타났을 뿐 아니라, 정당한 통치를 확립하려 애쓰던 제국들 내부에서는 차이가 착취와 모욕을 정당화할 수 있는가를 둘러싸고 논쟁이 벌어졌다.

이 장에서는 서로 교차하고 중첩된 몇 갈래의 역사를 살펴본다. 다시 말해 강압, 상업, 개종의 역사, 밖으로 확장하다 한계에 직면한 제국들의 역사, 아주 먼 거리에서 다수의 공간에 권력을 행사하려 시도한 제국들이 초래한 누적적이고 대개 의도하지 않았던 결과의 역사를 말한다.

다중심 무역 세계?

인도양과 동남아시아의 바다는 오래전부터 (인도 서부) 구자라트에서 온 인도인, (아라비아 남부) 하드라마우트에서 온 아랍인, 유대인, 아르메니아인, 중국인, 말레이인 등 출신이 다양한 상인들이 부지런히 드나들던 공간이었다. 호르무즈, 말라카, 마닐라 같은 중계항 도시들은 상인 공동체들 각각에게 도시 내부의 일정한 구역과 종족에 따라 조직된 다른 무역망들과의 연계 같은 상업 기반을 제공했다. 이런 중계항들은 때로는 작은 정치체들(이탈리아의 도시국가나 발트해 연안의 한자동맹과 비슷한)에 속했지만, 그중 일부는 무역을 장려하면서도 무역에 직접 관여하지 않았던 무굴 왕조 같은 제국 통치자들의 지배를 받았다. 동남아시아로 확산된 이슬람은 법과 공동 이해의 틀을 제공하는 한편, 말레이 반도와 인도네시아 군도의 무역로를 따라 술탄국들이 성장하도록 촉진했다(이 국가들이 서로 혹은 인접한 국가들과 분쟁하지 않았던 것은 아니다). 크기가 상당한 왕국들은 본토에, 특히 버마(미얀마)와 태국에 뿌리를 내렸고, 상업의 팽창에서 이익을 얻으면서도 상업을 지배하려 들지 않았다. 유럽인이 인도양과 중국해에 도착하기 전에 이 지역에서는 '자유무역'이 융성하고 있었다.

15세기까지 오스만 왕조는 흑해와 지중해 동부, 아라비아에 안락하게 자리 잡은 채로 동남아시아와 유럽을 연결하는 중요한 병목 지역을 통제했다. 오스만은 확대되는 후추와 향신료 무역뿐 아니라 중국산 비단과 도자기, 인도산 직물에서도 이익을 얻었다. 그에 반해 유럽은 팔 만한 물건이 별로 없었다. 16세기에 유럽인들이 늘어나는 수입품의 대금을 지불할 수 있었던 것은, 아시아 무역의 활력과 안정적인 교환 수단의 필요성(중국에서는 오랫동안 지폐를 사용하고 있었다)에 맞추어 은 수요가

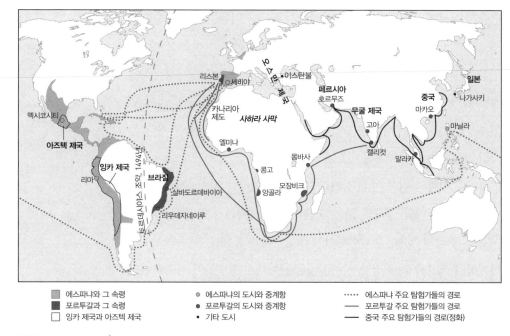

지도 6.1
15세기 말과 16세기 초
에스파냐와 포르투갈의
탐험과 정복

높아지는 상황에서 아메리카산 상품, 즉 은이 유럽으로 유입되었기 때문이다.

아시아의 최대 제국 행위자는 해외 무역에 양면적인 태도를 보였다. 명 제국은 조세 기반인 막대한 농민층에 초점을 맞추었고, 유라시아를 가로지르는 광범한 육로 상업에 관여했고, 중국 북부와 서부 변경에서 유목민의 침입을 우려했고, 인접 국가들을 복속시키거나 위압하고자 했다. 위대한 제독 정화(鄭和)—황실 환관—는 1405년부터 1433년까지 서쪽으로 동아프리카까지 항해했는데, 이는 포르투갈인이 동아프리카에 도착하기도 전에 이루어낸 성취였다. 정화의 항해는 어느 정도는 탐험이었고, 어느 정도는 상업이었으며, 어느 정도는 권력 과시였다. 그러나 중국 정부는 그런 원정에 종지부를 찍고 한동안 중국인의 해외 상업 참여를 금지했으며, 외국인이든 다른 누구든 바다를 통해 무역하는 것을 엄중히 감시했다. 명나라가 해상 팽창에서 물러난 이유는 일종의 수수께끼이지만, 공간적 맥락과 정치적 맥락 둘 다 중요하다는 것을 보여주는 인상적인 사례다. 15세기에 유럽 탐험가들은 조각난 대륙의 가장자리에서 출발했으며, 그들의 통치자들은 지역과 지방의 권력 구조 밖에서 수입과 권위의 새로운 원천을 찾았다. 중국 통치자들은 해외로 가거나 국가의 자원을 해군에 투자할 필요가 없었다.

그러나 정화의 원정 이후 장거리 무역을 후원하는 것이 중국 제국의 야망은 아니었지만, 중국의 많은 개인과 가족은 계속 장거리 무역에 관여했다. 중국 상인들은 동남아시아에서 활발하게 활동했다. 그중 일부는 마닐라나 말라카 등에 정착했는데, 자국 근처에서 상인들이 자주적이고 풍족한 집단으로 변모하는 것을 중국 정부가 경계했기 때문이다. 국가가 해외 무역에 투자하지 않았음에도 중국 경제는 동남아시아의 해상 교역(비단, 도자기, 차 같은 탐나는 상품을 수출한)에서 주요한 요소였다.

서유럽인들에게 중대한 쟁점은 동양에서 유럽으로 상품을 가져오는 것이 아니었다. 이미 육로가 번창하고 있었고 해로라고 해서 반드시 비용이 덜 드는 것도 아니었다. 관건은 통제였다. 유럽이 장거리 해상 교역에 대한 투자를 늘려간 과정은 본질적으로 정치적 이야기, 즉 자신의 연계는 확립하고 보호하면서 다른 이들의 연계는 방해하거나 파괴한 이야기였다.

군주, 상인, 유럽의 해상 제국들

로마부터 유라시아를 거쳐 중국에 이르기까지, 우리는 통치자들과 통치자 지망자들에게 외부 자원을 획득하는 것이 자기 사회와의 관계에서 입지를 강화하는 데 중요했음을 살펴보았다. 이제 우리는 국내의 사회적 긴장 관계가 해외의 경제적 주도권으로 변환된 두 가지 방식을 살펴보려 한다. 하나는 15세기에 자국 귀족과 거리를 두고 영토와 관계망, 해외에서 생기는 수입을 통제하려 시도한 포르투갈 군주가 후원한 방식이다. 다른 하나는 대략 한 세기 후에 군주정이 아니라 상인 기업과 부유하고 무역에 주력한 네덜란드 엘리트층이 시작한 방식이다. 15세기와 16세기의 포르투갈과 17세기의 네덜란드 둘 다 제한된 권력—오스만 제국이나 중국은 말할 것도 없고 합스부르크가의 에스파냐와 비교해도—과 적은 인구를 가진 작은 국가였다. 양국은 불가피하게 외부로 진출했고, 장거리 상업망을 개척하여 단기간에 결실을 거둘 수 있었다. 그렇지만 이 새로운 형태의 제국을 유지하는 길은 험난했다.

오늘날 역사가들은 포르투갈의 이름으로 수행한 초기 해상 탐험과 무역, 정복의 설계자로서 돔 페드루(Dom Pedro: 포르투갈 왕 페드루 1세 – 옮긴이)가 그의 더 유명한 동생 항해왕자 엔히크에 버금가는 역할을 했다고 본다. 요점은 동일하다. 포르투갈 군주정은 부와 권력의 원천을 외부에서 찾을 필요가 있었다. 엔히크는 1415년에 북아프리카까지 진출한 군사 원정을 주도했으나 그보다 멀리 나아가지는 못했다. 포르투갈 탐험가들은 다른 집단들의 지식을 적절히 활용했다. 북유럽의 가로돛 범선과 지중해의 삼각돛 범선을 결합한 그들의 캐러벨 선은 속도가 빠르면서도 조종이 가능했다. 자기나침반은 중국의 성과였고, 아스트롤라베는 아랍 항해자들이 완성했다. 항해와 지리 지식은 과거에 몽골의 평화 덕분에 유라시아의 무역 체제들을 연결할 수 있었던(제4장) 이탈리아 선원들이 포르투갈에 전해주었다.

1434년에 서아프리카 원정을 시작한 포르투갈은 1444년에 베르데 곶(지금의 세네갈)에 도달했다. 초기 무역의 초점은 아프리카 향신료였다. 아프리카 향신료가 아시아 향신료 무역에 밀려 빛을 잃은 것은 나중의 일이었다. 포르투갈은 1440년대부터 노예를 팔아 수입을 올렸지만, 중요한 품목은 연안에서 약간 떨어진 곳에서 아프리카인이 채굴하는 금이었다. 포르투갈은 해상 연계를 이용하여 무슬림이 통제하는 사하라 횡단 금 무역을 우회할 수 있었으며, 1480년대까지 서아프리카 연안의 무역 '성(城)들'은 핵심 중계항이 되었다. 이 지역에서는 포르투갈인들이 아프리카 연안의 동쪽과 남쪽에서 공급한 노예들을 수입했다. 포르투갈인들은 대서양 동쪽의 섬들, 이를테면 마데이라 제도, 카나리아 제도(에스파냐에 빼앗기기 전까지), 아조레스 제도, 그리고 훗날 상투메 섬, 프린시페 섬, 페르난도포 섬 등지에 작은 식민지도 세웠다.

포르투갈 왕은 두 해외 무역 관리 기관, 즉 카사 다 기네(Casa da Guiné)와 카사 다 미나(Casa da Mina)를 설립하고 이를 통해 아프리카 노예무역을 했다. 이 체제는 포르투갈의 고립 영토와 거래를 하는 토착민 통치자들에 의존했으며, 지역 지도자들은 현지 분쟁에 유용한 이익과 무기 때문에 이 체제에 이끌렸다. 중앙아프리카의 콩고 왕국에서는 포르투갈에서 온 가톨릭 선교사들의 활동으로 왕이 가톨릭으로 개종한 결과, 토착 정치체와 유럽의 해상망을 잇는 연계에 문화적 차원이 더해졌다.

섬 식민지들에서 소규모로 시작한 설탕 재배는 곧 포르투갈의 통제에서 벗어났고 결국 세계 경제를 탈바꿈시켰다. 사탕수수는 과거에 제국들을 통해 전파된 역사, 즉 페르시아와 메소포타미아를 거쳐 이집트로 전해지고, 10세기에 무슬림을 통해 지중해 세계와 에스파냐에 소개된 역사가 있었다. 두 가지 제국적 기획(에스파냐보다 사탕수수 재배에 적합한 지역을 점령하는 기획과 노예 획득을 체계화하는 기획)과 더불어 사탕수수는 약진을 이루었다. 아프리카 중계항에서 포르투갈의 대서양 무역은 특히 에스파냐령 카리브해와 포르투갈령 브라질에서 설탕을 재배하기 시작한

후부터 갈수록 노예 획득에 초점을 맞추었다. 1595년부터 에스파냐 정부는 포르투갈 상인에게 신세계 식민지에 노예를 독점 공급할 권리를 주는 아시엔토(asiento) 협정을 맺었다. 17세기에는 포르투갈의 방비가 견고한 앙골라 기지에서 노예무역이 발달하는 가운데, 아프리카의 군국주의화하는 왕국들과 아메리카 플랜테이션 단지가 더욱 단단히 결합되었다. 그 대가로 토착민들은 서아프리카와 중앙아프리카의 넓은 지역 전역에서 무시무시한 폭력에 휘둘려야 했다.

애초부터 진짜 보배는 동쪽으로 더 먼 곳에, 다른 사람들의 무역 체제에 있었다. 포르투갈 탐험가 바스코 다 가마는 1497년에 아프리카를 돌아 인도까지 항해했고, 거기서 구자라트인, 아랍인, 말레이인, 중국인 등이 관리하는 상업망을 목격했다. 그들은 아프리카 생산물(상아)과 아시아 상품(향신료)을 남아시아와 동남아시아의 다른 지역들뿐 아니라 유럽과 중국으로까지 운송했다. 포르투갈 함대가 할 수 있었던 일은 힘(선박과 대포)을 집중하여 유망한 장소의 주민들에게 손해를 입히고 겁을 주고 요새를 건설하고 내륙에서 가져온 생산물을 구입하는 것이었다. 포르투갈의 고립 영토 제국이 존속할 수 있었던 것은 어느 정도는 화포와 요새 설계 부문에서 일어난 혁신 덕분이었지만, 포르투갈이 지속적으로 성공을 거두려면 제국과의 연계에서 이익을 얻는 현지인들 중 적어도 일부에게 의존해야 했다.

서아프리카의 엘미나에서 동아프리카의 모잠비크와 몸바사, 페르시아만의 호르무즈, 서인도의 고아, 말레이 반도의 말라카, 중국의 마카오에 이르기까지, 무역용 고립 영토의 핵심은 요새화된 교역소인 페이토리아(feitoria)였다. 에스파냐 군주정과 마찬가지로, 해외 식민지에서 포르투갈 통치자들은 국내에서는 불가능한 방식으로 국가 기관들을 발전시킬 수 있었다. 군사·사법·교회 지도자들에 둘러싸인 강력한 부왕은 동남아프리카부터 중국 연안에 이르는 공간에서 에스타도 다 인디아(Estado da India), 즉 무역용 고립 영토들과 병력들의 관계망을 통치했다. 리스본에서는 카사 다 인디아(Casa da India)가 아시아산 수입품을 계속 독점했다.

이 유형의 제국은 전략적 요충지의 페이토리아뿐 아니라 값나가는 상품을 이미 생산하고 거래하고 있던 사람들에게 제국을 필요한 존재로 만드는 일에도 의존했다. 실은 포르투갈이 인도양에 출현한 뒤로도 아시아 내부 무역의 규모가 아시아와 유럽 간 무역의 규모보다 훨씬 컸다. 포르투갈의 무장선과 요새화된 고립 영토는 통행세를 갈취하는 폭력단과 비슷했고, 출신 지역이 다양한 인도양 무역상들은 수수료를 지불하고 이 체제에서 얻을 수 있는 것을 얻어갔다. 이 관행은 과거에 유라시아 등지에서 무역로를 따라 살던 집단들이 공물을 뜯어가는 관행을 상기시켰지만, 포르투갈 왕들은 자기네 전략을 정당화하기 위해 교황 칙서에 대한 해석에 근거하여 기발한 이론을 내놓았다. 그 이론에 따르면 포르투갈은 '바다의 군주'로서 독점을 선언하고, 세금을 부과하고, 통행증을 발급하고, 법적 절차를 통해 권위를 강요할 권리가 있었다. 전 세계를 상대로 단언한 이 주장의 이면에는 포르투갈의 훨씬 좁은 실권 영역이 있었다. 포르투갈은 체제의 핵심 지점들에서만 권력을 집중할 수 있었을 뿐 다른 곳에서는 살금살금 다녀야 했다. 포르투갈의 전성기였던 16세기에도 아시아의 다른 제국들(무굴 제국, 아체 왕국, 버마와 태국의 제국들)은 강력한 군대를 보유했고 빠르게 성장했다. 그러나 포르투갈의 상업이 다른 제국들에 쓸모 있는 상품(총기, 마침내 아시아로 유입된 신세계의 은 등)을 제공하는 한, 여러 제국들의 노력은 공존할 수 있었다.

포르투갈 제국의 미래는 개인 침범자들과 경쟁 제국들을 막아내고 고립 영토들을 통솔하는 과제에 달려 있었다. 중계항들은 현지 통치자에게 취약했다. 예를 들어 1622년에 사파비 왕조는 호르무즈를 탈취했고, 1638년에 일본은 포르투갈인 공동체를 추방했다. 그럼에도 포르투갈은 아시아의 관계망에 밀고들어간 최초의 유럽 세력으로서 잠시 성공을 누렸다. 포르투갈 왕들은 본국의 유력자들과 무관한 자원을 얻으려던 바람을 충족할 수 있었다. 일례로 1520년대에 주앙 3세의 수입의 절반은 해외 무역에서 발생했다. 한동안 리스본은 아시아와 아프리카에서 유럽으로 향하는 향신료 무역의 중심점이었다.

무역 항해를 여러 차례 지원할 자금이 없었던 포르투갈 국왕은 상업 거점들에 독점권을 주었고, 이 거점들을 통해 출신이 제각각인 무역상들을 '카사' 체제와 고립 영토에 묶어두려 했으며 또 묶어둘 수 있었다. 그러나 고립 영토 자체는 관료들(다수가 포르투갈 귀족의 차남이었다)그리고 군인들과 선원들(대부분 포르투갈인이 아니었고 대개 현지에서 충원했다)에 의존했다. 중개인 문제도 극심했다. 행정관들은 고립 영토의 식민지를 자신의 영지로 바꾸고 무역을 단독으로 할 수 있었다. 식민지의 포르투갈인들은 현지인과 결혼했고, 현지 관습에 적응했으며, 갈수록 본국에 덜 구애받는 '포르투갈적' 사회를 형성하기 시작했다. 유럽의 작은 왕국은 이런 구도 덕분에 광대한 제국을 운영하고 몇몇 지역에서는 수 세기 동안 존속할 수 있었지만, 다른 한편으로 리스본의 군주정은 이 구도 때문에 수입과 통제력을 유지하는 데 더 애를 먹었다. 중국의 관료 체제나 오스만 왕조와 같은 가문이 없었던 포르투갈 제국은 가산제 전략에 의존했다(제5장). 그 결과 왕에게서 관직과 명령권을 분배받은 엘리트들이 고립 영토 식민지에서 후원의 중심이 되었다.

　일부 학자들은 고립 영토 제국이 포르투갈 특유의 제국으로서 정착을 지향한 에스파냐 제국과 대비된다고 본다. 아시아에 포르투갈인 수가 아주 적었던 것은 사실이다. 17세기에 행정관과 병사를 합해 1만 명쯤 있었을 것이다. 포르투갈 본국에는 해외로 보낼 정착민이 거의 없었다. 그러나 해상 제국은 바다에 머무르지 않았다. 다시 말해 포르투갈 제국의 레퍼토리는 기회가 열림에 따라 확대되었다. 식민자 개척자들은 모잠비크의 잠베지 강 유역(지도 6.1)과 실론 섬(6.2)에서 큰 농장을 일구었다. 포르투갈인들은 인도 중계항의 배후지로 이주하기도 했다. 해상 제국의 고립 영토 가운데 이례적으로 가장 영토가 넓은 브라질은 정말로 거대했다. 이곳은 동남아시아보다 인구 밀도가 훨씬 낮았는데, 포르투갈 이주자들이 달고 온 각종 질병 때문에 인구가 더욱 줄어들었다. 토착 정치권력은 장애물이 아니었거니와 포르투갈에서 브라질은 아시아보다 훨씬 가까웠다. 포르투갈의 대서양 횡단 연계는 결정적인 인적 요인, 즉 노예 노동을 제공했다. 브라질 북동부는 아메리카 대륙 최초로 대규모 설탕 플랜테이션 식민지가 되었다. 1690년대부터 브라질 남동부 미나스 제라이스에서 새로이 금광 붐이 일어나자 아프리카계 노예 수요는 더욱 많아졌다. 18세기 중엽까지 100만 명 이상의 아프리카인이 브라질로 끌려갔다.

여기서 우리는 제국의 역학을 보게 된다. 포르투갈은 아프리카의 고립 영토, 대양과 대륙을 넘나드는 강압과 상업을 통해 획득한 자원과 경험을 바탕으로 아메리카 대륙의 커다란 영토를 정복하여 차지했고, 뒤이어 아프리카인의 노동, 아메리카의 토지, 유럽의 시장을 연계하여 이익을 얻었다. 유럽인의 관점에서 보면 실제로 노예를 생포하는 일은 무대 밖에서, 아프리카 정치체들이 전쟁을 벌이고 습격하는 와중에 일어났다. 그러나 플랜테이션 식민지에서 노예들을 감독하고, 혁명으로부터 지키고, 달아난 노예들이 배후지에서 형성한 공동체를 견제하려면 빈틈없는 현역 병력이 필요했다. 전원 예속된 노예들을 중심으로 건설한 플랜테이션 단지는 고립 영토 제국과도, 정착지와도 다른 공간이었다.

브라질, 그중에서도 설탕을 생산한 북동부는 거의 300년간 세계 최대의 노예 구매자였다. 포르투갈─훗날 네덜란드, 프랑스, 잉글랜드도─은 초기에 노예 구입과 수송, 플랜테이션 생산, 설탕 공급이 제국 내부에서 이루어지게 유도하려 했고, 이를 위해 무역상들에게 군주정과의 유대라는 호의를 베풀고, 선별한 기업들에게 특허장을 발급하고, 수출입에 관세를 부과했다. 그러나 곧 제국의 상업 통제를 위협하는 일반적인 요인들이 출현했다. 침범자들과 서로 단결한 무역상들이 제국의 사업 일부에 간섭하는가 하면 다른 제국들이 무력 공격을 가했고, 유럽의 본국에서보다 갈수록 풍족해진 정착민들이 자율성을 강화해갔다. 브라질의 경우 마지막 요인이 두드러졌다. 브라질에 기반을 둔 무역상들은 포르투갈에 충성할 의무가 있었지만 본국 정부와 무관하게 활동하면서 아프리카와의 직접적 연계를 구축하기 시작했다. 부유한 식민지는 자신을 낳은 유럽 기반 군주정에 그늘을 드리우기 시작했다.

브라질의 영토 제국은 카리브해 설탕 플랜테이션과의 경쟁과 훗날 네덜란드의 공격 때문에 고통을 겪기는 했지만, 포르투갈 해상 제국의 교차로와 관계망보다는 방어하기가 용이했다. 무장한 상업을 유지하는 데에는 많은 비용이 들어가며 후원은 전 세계에 걸쳐 사업을 운영하는 효율적인 방법이 아니다. 게다가 다른 제국들이 포르투갈의 발자취를 뒤따르고 있었다.

포르투갈은 유럽 내부의 제국 간 정치에도 휘말렸다. 포르투갈은 1494년에 교황의 중재를 받아 에스파냐와 체결한 조약, 즉 두 가톨릭 강국의 이익 영역을 나눈 조약으로 이익을 얻고 있었다(제5장). 그러나 포르투갈 왕위가 합스부르크가로 넘어간 시기(1580~1640년)에 포르투갈은 에스파냐의 적들 ― 잉글랜드(1588년에 패배한 아르마다는 리스본에서 출항했다)와 펠리페 2세에 반란을 일으킨, 합스부르크가의 영지 네덜란드 ― 에 붙들려 옴짝달싹 못했다. 이들과의 전쟁은 포르투갈의 수입을 고갈시키고 상업을 망쳐놓았다.

합스부르크가와 네덜란드 양측이 단절을 받아들이는 데에는 근 60년이 걸렸지만, 1590년대까지 네덜란드 대부분은 사실상 독립했다. 네덜란드 엘리트층은 포르투갈의 이해관계와 정면으로 충돌하는 새로운 종류의 제국을 발달시키기 시작했다.

네덜란드 도시들, 특히 안트베르펜과 암스테르담은 합스부르크가의 통치를 받던 시절에 이미 경제 중심지가 되어 있었다. 네덜란드는 은행업과 직물 제조업을 통해, 그리고 북유럽과 남유럽, 잉글랜드와 유럽 대륙, 발트해/북해 지역들을 연결한 무역망들을 수렴한 데 힘입어 자본과 상업 기술을 축적할 수 있었다. 아메리카의 부가 에스파냐를 통과하던 시기에도 그 부는 대부분 네덜란드로 유입되었다. 1581년에 네덜란드 도시들의 엘리트층은 에스파냐로부터 독립을 선언하고 연합주를 결성했다. 그들은 전체를 통솔할 군주(오라녜 공 빌렘)를 옹립했으나 대부분의 권력은 주별 의회와 연합주 의회의 수중에 남겨두었다. 유럽의 모든 강국이 중앙 통치자와 귀족 또는 지방 엘리트층 간의 알력을 경험하는 동안, 네덜란드는 서로 맞물린 가문들과 주들에 권력을 분산하는 쪽으로 기울었다. 이는 16세기에 군주정을 점점 강화한 프랑스나, 왕이 귀족 권력과 거리를 두기 위해 해외로 눈길을 돌린 에스파냐와 대비되는 행보였다.

네덜란드의 각 주에서는 소수의 유력자들이 친족관계, 결혼 동맹, 대리인 지위를 이용하여 자원을 자기 수중에 두었다. 야심 차고 상업을 중시한 이 가문들은 장거리 항해를 후원하기 위해 자금을 공동 출자할 방안을 강구했고, 결국 1602년에 네덜란드 동인도 회사(Vereenigde Oost-Indische Compagnie:VOC)를 결성했다. 이 합작 주식회사는 6개 도시 각각의 주주들을 대표하는 17인 위원회가 경영했다. 제국을 만든 것은 네덜란드 국가가 아니라 동인도 회사였으며, 이 회사의 방법은 자본을 축적하는 합작 주식회사의 역량과 포르투갈이 개척한 무장한 강압적 상업의 메커니즘을 결합하는 것이었다.

네덜란드 동인도 회사는 제국 시합에 참여해야만 했다. 네덜란드가 에스파냐와 분쟁하고 따라서 1580년부터 포르투갈과 분쟁한 탓에 리스본의 향신료 시장이 네덜란드 무역상들에게 닫혔기 때문이다. 향신료 제도(오늘날 인도네시아의 몰루카 제도—옮긴이)로 무장한 상선단을 파견한 네덜란드 동인도 회사는 당시 무역 체제의 극동에서 토착민 생산자들을 조심스럽게 상대해야 했다. 그렇지만 이 체제 한복판에서 네덜란드 동인도 회사는 포르투갈 상인 제국의 선박과 중계항을 공격하는 등 한층 호전적이었다. 1619년 자바 섬의 소도시 자야카르타(오늘날의 자카르타로, 네덜란드 통치기에는 바타비아라고 불렸다)에 근거지를 마련한 이후, 네덜란드 동인도 회사는 1641년에 포르투갈로부터 동남아시아 무역의 핵심 중계항인 말라카를 빼앗는 획기적인 성과를 거두었다.

당시 인도네시아 군도는 여러 개의 왕국 또는 술탄국으로 갈라져 있었다. 이 국가들 대다수는 한 세기 전이나 더 오래전부터 무슬림 국가였으며, 인도인, 중국인, 말레이인 무역상을 통해 동남아시아 대부분을 포함하고 중국까지 닿는 상업권들과 관계를 맺고 있었다. 네덜란드 동인도 회사는 지역 통치자들에게 장거리 상업 연계와, 어느 역사가의 말마따나 "그들이 인도네시아의 자기 귀퉁이에서 나름의 야망을 달성하기 위해 이용할 수 있었던 완력과 돈"을 제공했다. 바타비아는 인근 도시들에 그림자를 드리우기 시작했는데, 일례로 이 도시의 인구는 1624년에 8000명에서 1670년에 13만 명으로 증가했다. 네덜란드 동인도 회사는 점차 지역 통치자들을 압박하여 핵심 수출 품목들에 대한 독점권을 얻어내고, 자기네 인력으로 후추를 비롯한 향신료를 더 많이 재배하고, 회사에 노동력을 공급할 수 있었다. 네덜란드 동인도 회사는 자기들의 독점 관행에 협력하지 않는다는 이유로 향신료 나무를 파괴하고 공동체 전체를 학살하기도 했다. 이 회사는 1620년대에 향신료 제도 거의 전역에서 육두구 독점을 확립했고, 1650년대에는 정향까지 독점했다. 18세기까지 동인도 회사는 노예 노동을 이용하여 자기네 농장에서 작물도 재배했다. 이 체제는 유럽 연계에 대한 동인도 회사의 독점과 말라카 일대의 중국인, 말레이인, 인도인, 자바인 관계망에 의존했다.

네덜란드 동인도 회사는 바타비아에 본사, 벵골, 실론, 말라카, 태국, 중국, 타이완에 주요 교역소를 설치하고, 희망봉(남아프리카)에 장기 항해를 위한 보급기지를 두고서 포르투갈 중계항의 무역상들보다 더 역동적

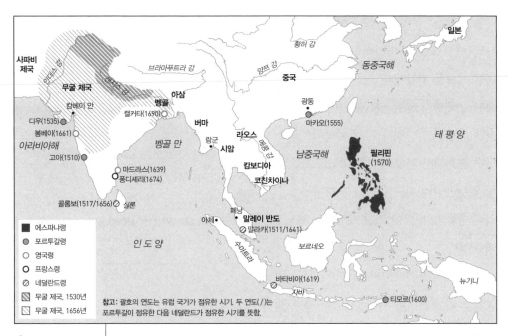

지도 6.2
16세기와 17세기의 남
아시아와 동남아시아

으로 사업을 운영했다. 포르투갈이나 에스파냐의 왕과 달리, 네덜란드 동인도 회사는 귀족의 공세를 어떻게 막아낼지 걱정할 필요가 없었다. 네덜란드 국가는 이 회사에 특허장을 주어 대개 주권과 연관된 회사의 직무를 이행하는 것을 합법화했다. 그런 직무로는 중계항을 점령하고 훗날 영토 통제권을 확대하기 위해 물리력을 사용하는 일, 그런 영토를 통치하고 치안을 유지하는 일, 외국 주권자와 교섭하는 일 등이 있었다. 이런 직무를 이행함에 따라 네덜란드 동인도 회사는 영리 사업을 계속 하면서도 갈수록 국가처럼 보이기 시작했다.

1669년까지 네덜란드 동인도 회사는 세계에서 가장 부유한 법인인 동시에 상선 150척과 군함 40척을 소유하고 민간인 5만 명과 군인 1만 명을 고용한 동남아시아의 인상적인 군사력이었다. 동인도에서 벌어들인 이 회사의 엄청난 부는 17세기 암스테르담의 사교생활과 예술을 꽃피운 자양분이었다. 이 회사는 자바와 수마트라—주민 대부분이 이슬람으로 개종했음에도 분열되었다—에서 지역 왕국들과 싸웠고, 바타비아를 탈환하려는 기도를 진압했다. 또한 갈수록 분화된 중계항 사회를 감독했는데, 여기서는 네덜란드 남성과 현지 여성이 상당수 결혼해서 혼혈 자녀를 낳았고, 그중 일부는 아버지 연줄을 이용하여 상업 경쟁을 벌이는 이 거친 세계에서 출세를 했다.

네덜란드 동인도 회사의 성공에 관한 M. 포슬스웨이트(M. Postlethwayt)의 말: "그 회사는 전제적이고, 일종의 주권과 지배권을 부여받았고 (……) 직권으로 화해 또는 전쟁을 하고, 법을 집행하고 (……) 식민지를 개척하고, 방어시설을 짓고, 병력을 징집하고, 대규모 군대와 수비대를 유지하고, 함대를 의장(艤裝)하고, 큰돈을 번다."

– 《무역과 상업 대사전 1751년판(Universal Dictionary of Trade and Commerce of 1751)》의 항목

모든 제국과 마찬가지로 네덜란드 동인도 회사는 대리인과 중개인—네덜란드인이든 토착민이든—을 이 체제의 정점에 묶어두어야 했다. 이 문제는 네덜란드와 바타비아 사이의 거리와 동남아시아 중계항들 사이의 거리 때문에 특히 심각해졌다. 초기의 위험 요소는 대리인들이었는데, 이들은 토착 상인 및 생산자와 네덜란드 동인도 회사를 연결하는 관계망을 이용하여 편법으로 이익을 챙길 수 있었다. 나중에 영국 동인도 회사가 뱅골에 자리 잡은 뒤로는 변절이 위험 요소였다. 다시 말해 영국 동인도 회사에서 더 많은 보수를 제시할 경우 대리인과 중개인이 이 경쟁자에게 상품과 연계를 넘겨줄 가능성이 네덜란드 동인도 회사를 위협했다.

두 번째 약점은 한때의 강점에서, 즉 네덜란드 동인도 회사의 유연한 자금 조달과 경영에서 비롯되었다. 사기업인 네덜란드 동인도 회사는 국가들(특히 네덜란드보다 크고 중앙집권화된 국가들)만큼 군사적 자원을 동원할 수 없었다. 그리고 독점을 강요하는 전략은 네덜란드 동인도 회사에게는 높은 군사비 지출을 뜻했고, 동남아시아 곳곳에서 이 회사의 통제를 받는 농민과 생산자에게는 수출 작물의 낮은 가격과 수입품의 높은 가격을 뜻했다. 네덜란드 동인도 회사는 카리브해부터 중국해에 이르는 공간에서 영국과 분쟁하느라 큰 타격을 입었다. 이 회사는 방어를 강화하고 더 공격적인 활동에 들어가는 비용을 납세자에게 전가할 수 없었다. 게다가 국가와 달리 개인 투자자들은 상황이 안 좋을 경우 출구 전략을 택할 수 있었다. 그들은 다른 장소에서, 또는 다른 관계망을 통해 거금을 벌어들일 수 있었다.

18세기 들어 경쟁이 가열되는 상황에서 네덜란드 동인도 회사는 제국의 전략과 자원 레퍼토리를 더욱 다양하고 효율적으로 사용하는 영국의 역량(이 장에서 곧 논할 것이다)을 결여하고 있었다. 영국이 무역 규제와 해군력을 이용하여 대서양 무역 대부분과 북해/발트해 루트를 차지함에 따라 네덜란드는 1720년대부터 쇠퇴하기 시작했다. 1780년대 영국-네덜란드 전쟁이 벌어지는 동안 네덜란드 동인도 회사는 선박과 시장을 상실했다. 1798년에 네덜란드 동인도 회사는 파산했다. 이 회사가 지배했던 자바와 수마트라 등지는 결국 네덜란드 국가의 식민지가 되었다.

포르투갈인과 네덜란드인은 중국 제국이나 오스만 제국과 같은 규모와 내부 응집력 없이, 자신들이 가진 최선의 방책을 구사했다. 그들은 기동력, 숙달된 항해 기술, 자본을 구하는 방법, 장거리 상업의 요충지에 물리력을 집중하는 능력 등을 이용했다. 관계망과 교차로로 이루어진 포르투갈 제국은 한층 유연하고 자원이 풍부한 네덜란드 법인에 취약했고, 다시 네덜란드 동인도 회사는 강력한 국가들과 경쟁하기에 역부족이었다. 그러나 쇠락하기에 앞서 두 제국은 동남아시아 대부분과 대서양 일부에서 정치적·경제적 관계를 선구적으로 재구축했다. 포르투갈과 네덜란드의 해외 사업은 식민지 상황을 낳았다.

해외 제국 형성기의 토지, 사회, 도덕
: 아메리카 대륙의 에스파냐

유럽에 기반을 둔 복합 군주정으로서의 '에스파냐 제국'은 이미 살펴보았다(제5장). 이제 해외로 초점을 옮겨, 포르투갈과 네덜란드가 해상 사업을 벌이던 시기에 아시아로 가는 새로운 해로를 찾기 위해 시작했으나 결국 아메리카 해안에 닿은 에스파냐의 제국 기획을 검토하고자 한다. 에스파냐 왕실은 해외 상업을 운영하지도 지원하지도 않았지만, 그 상업의 결실이 카디스나 세비야를 거쳐가게 함으로써 결실의 일부를 차지하고자 했다. 에스파냐 왕실은 해외 영토를 카스티야의 부왕령으로 다스리고 '에스파냐 왕국' 사람들에게 아메리카 정착을 권하기는 했지만, 가톨릭 군주정에 토착민을 통합하려는 왕실의 이해관계와, 토착민을 착취하려는 정복자와 정착민의 욕구가 언제나 일치했던 것은 아니다.

콜럼버스는 2차 카리브행 항해에 식민자 1500명을 데려갔다. 이들은 이슬람과 교전하고 카나리아 제도를 정복하는 과정에서 피정복민을 이교도 또는 열등자로 간주하는 데 익숙해진 무리였다. 초기 식민자들은 현지 자원을 약탈했고, 뒤이어 질병이 카나리아 제도 주민들에게 큰 타격을 입혔다. 에스파냐 정부는 곧 정착 패턴을 규칙화하고 농업 생산을 장려하려 했다. 에스파냐 총독들은 토착민 족장의 중개를 통해 노동력을 공급받으려 했으나 정복하는 과정에서 주민을 대량 살상했던 탓에 인근 섬들에서 노동력을 구해야 했다. 에스파냐는 여러 작물을 시험해본 뒤 1515년 무렵부터 설탕에 주력하기 시작했다. 수년 후에 카리브해의 토지와 아프리카인의 노동이 결합되면서 설탕 생산량이 급증했다. 그사이에 식민화를 추동한 것은 한층 직접적으로 획득할 수 있는 부, 즉 금과 은에 대한 수요였다.

아메리카 본토를 정복한 과정은 유럽인들의 남성다운 무용담처럼 전해지곤 한다. 이를테면 에스파냐인 600여 명이 아즈텍 제국을 무찔렀고 (1519~1521년), 그 이후 200명이 안 되는 정복자들이 잉카 제국을 정복했으며(1531~1533년), 둘 다 일어날 법하지 않은 일이었다는 식이다. 그렇지만 두 차례 정복 모두 선진 무기, 말, 기동력의 도움을 받았다. 에스파냐인들이 가져간 질병도 토착민들이 패한 원인으로 꼽힌다. 일례로 아즈텍 제국의 수도는 코르테스가 마지막으로 포위하기 직전에 천연두의 공격을 받았다.

신속한 정복에 대한 '쇠와 균' 설명(재레드 다이아몬드의 저서 《총, 균, 쇠》에서 제시된 설명을 가리킨다 –옮긴이)에 모든 전문가가 납득하는 것은 아니다. 신참자들의 기술적 우위는 불충분했고 어쨌거나 일시적인 우위였다. 사망률 격차는 오랜 기간을 두고 벌어졌지 외부인들이 강습한 순간에 벌어지지 않았다. 제국들의 고질적인 취약점을 생각해보면 상황을 이해하는 데 도움이 된다. 당시 아즈텍과 잉카는 비교적 근래에 형성된 제국으로서 중앙에 고도로 집중된 권력과 부를 가지고 있었고, 완전히 동화되지 않은 사람들과 제국 가장자리에서 자주 폭력적 분쟁을 벌이고 있었다. 유럽인들이 도착했을 때, 토착민들은 그들이 적인지 신인지 악령인지, 아니면 억압적인 세력에 맞설 유익한 동맹이 될 수 있는지 알지 못했다. 토착민 통치자들은 장차 어떤 사태가 닥칠지 알 길이 없는 불확실성 때문에 효과적으로 대응하기가 어려웠다. 코르테스와 피사로는 불만을 품은 사람들 중

정복의 동기에 관한 두 에스파냐인의 견해:

코르테스 군대 소속으로 아즈텍 제국과 싸운 군인 베르날 디아스(Bernal Diaz)가 편지에 쓴 자신의 목표: *"신과 국왕 폐하를 섬기기 위해, 어둠 속에 있는 이들에게 빛을 비추기 위해, 아울러 부자가 되기 위해."*

잉카 제국 정복자 피사로는 페루에서 신앙을 전파하는 종교적 의무 문제를 제기한 성직자에게 이렇게 대답했다. *"나는 여기에 그런 이유로 오지 않았습니다. 나는 그들의 금을 빼앗으러 왔습니다."*

에서 동맹군을 모집하여 군대의 규모를 아즈텍과 잉카의 병력만큼이나 키울 수 있었다. 에스파냐와 동맹한 토착민 병력이 있었고 아즈텍 황제 몬테수마 2세가 수차례 주저했음에도, 에스파냐군은 아즈텍 제국과의 전투에서 궁지에 몰리기도 했다.

아즈텍 제국보다 중앙집권화된 잉카 제국을 정복할 때에도 에스파냐는 잉카 권력 체제에서 배제된 토착민들과 동맹을 맺고 지원을 받았다. 유럽인 침략군과 그 동맹군은 기습, 기만, 기동력, 대담성에 힘입어 잉카 황제를 살해하고, 황제 권력의 상징들을 모독하고, 막대한 양의 금과 은을 가로챌 수 있었다. 잉카 사회 전체를 복속시키는 데에는 훨씬 더 많은 시간이 걸렸다.

인구 격감은 아즈텍이나 잉카가 패한 원인은 아니었을지라도 그 결과이기는 했다. 많은 곳을 돌아다닌 에스파냐인들은 아메리카 대륙의 토착민들보다 더 다양한 질병들에 대한 면역력을 가지고 있었다. 몇몇 추정치에 따르면 정복 이후 50년 동안 멕시코 인구는 2500만 명에서 265만 명으로, 페루 인구는 900만 명에서 130만 명으로 급감했지만, 다른 주장에 따르면 기준 수치는 가설에 근거한 수치이며 질병의 영향은 수치화하기가 어렵다. 그럼에도 정복 이후 광범한 고통이 뒤따랐다는 사실은 논쟁의 여지가 없다.

정복자들은 아즈텍과 잉카 사회의 상층을 파괴하고 하층을 착취했지만, 중간층은 신중하게 다루어야 했다. 정복자들은 아즈텍과 잉카 정치체의 중앙집권화로 위계적 관계에 길들여진 인구를 넘겨받을 수 있었다. 공물—인구 감소로 인해 막대한 부담이었다—을 징수하고 특히 금광과 은광에 투입할 노동력을 모으려면 토착민 중개인들이 필요했다. 과거에 잉카 통치자와 지역 공동체 사이에서 중개인으로 활동했던 이들이 대체로 에스파냐인을 위해 비슷한 역할을 맡았다. 그들은 카시케

(cacique, 에스파냐령 아메리카의 지방 토호—옮긴이)로서 공물에서 자기 몫을 취했지만 대개 토착민들에 대한 강제 징수를 완화하려 했다. 안데스 지역의 인디언 공동체들은 결국 미타(mita) 체제에 따라 은광의 가혹한 여건에서 일할 남자들을 윤번제로 보낼 것을 강요받았고, 그 결과 성인 남성 7명 중 1명이 매년 부역을 가야 했다. 에스파냐인들은 잉카의 가산 제적 위계질서를 용도에 맞게 바꾸고는 백성들에게 자원을 재분배한 잉카의 역할은 거의 이행하지 않았다.

잉카 왕족 일부는 처음에는 에스파냐에 협조했지만 곧 에스파냐의 오만한 태도와 신성한 상징들을 모욕하는 행태에 분개했다. 1536년과 1537년에 망코 잉카는 에스파냐에 대항할 토착민을 5만 명까지 결집하여 유서 깊은 수도를 포위 공격했으나 동맹군 일부가 변절하는 바람에 전투에서 패했다. 토착민의 반란과 음모는 1570년대까지 계속되었다.

멕시코에서 코르테스의 병력과 함께 출발했던 남성 침략자들의 상당 수는 토착민 엘리트의 딸과 결혼하여—또는 적어도 자식을 낳아—메스티사헤(mestizaje, 혼혈) 과정을 개시했다. 잉카 제국과 에스파냐의 정복을 기록한 유명한 연대기 편자 가르실라소 데 라 베가(Garcilaso de la Vega)는 콘키스타도르(에스파냐 정복자)와 잉카 공주의 아들이었으며, 자신이 메스티소(mestizo, 라틴아메리카 토착민과 유럽인의 혼혈인—옮긴이) 태생임을 자랑스레 드러냈다. 그러나 피식민 사회는 분열된 사회였다. 엘리트층은 국가 권력의 중심부에 집중된 반면, 토착민 공동체들은 주로 노동과 공물을 요구하는 식민화를 경험했다. 이 집단들은 대체로 동화되지 않았고 빈곤했다. 다른 혼혈인 부류는 전쟁과 질병, 착취로 인해 사회적 위치가 뒤바뀐 사람들이었다. 아프리카계 노예들은 별개 집단이었지만, 에스파냐 정착민들은 결혼이나 강간, 또는 둘 사이 무언가를 통해 아프리카인 다수와 결합하여 또 다른 혼혈인 부류를 낳았다. 에스파냐 당

도판 6.2

〈라스 카스타스(Las Castas, 인종들)〉. 18세기 작자 미상 회화. 에스파냐인, 인디언, 아프리카인 부모와 그들 자녀의 각기 다른 조합을 보여주는 연작의 일부. 에스파냐령 아메리카의 예술가들이 자주 그렸던 주제다. 그림들은 다음 사실을 알려준다. 카스티소(인디언과 에스파냐인의 아들)와 에스파냐 여성의 자녀는 에스파냐인이다. 에스파냐인 남성과 흑인(무어인) 여성의 자녀는 물라토(mulatto)다. 치노(chino, 흑인 남성과 에스파냐인 여성의 자녀)와 인디언 여성의 자녀는 살타 아트라스(salta atras)다. 살타 아트라스와 물라토의 자녀는 로보(lobo)다. 멕시코 테포초틀란의 국립 부왕령 박물관.

국과 교회는 인디언과 정착민을 분리하기 위해 행정 구조, 즉 인디언 공화국(República de los Indios)을 유지하려 했지만, 현실에서 사회적 범주들은 쪼개지고 중첩되었다.

정착한 인구가 더 적은 중남아메리카의 저지대가 어떤 면에서는 잉카 고지대보다 정복하기가 어려웠다. 습격 부대, 무역상, 선교사, 토지를 수탈한 정착민은 오늘날의 칠레부터 캘리포니아에 이르는 저지대를 서서히 불균등하게 변형시켰다. 여기서는 저항과 반란이 빈발했다. 말을 획득한 뒤로 인디언들은 한결 효과적으로 반격할 수 있었다. 그들은 스스로를 지키기 위해 학대 사건에 대한 소송을 제기하는 식으로 에스파냐의 문화적 자원을 이용할 수도 있었다. 몇몇 장소에서, 일례로 칠레 남부에서 침략자들은 1590년대까지도 자신들의 뜻을 강요하지 못했다. 다른 곳에서 에스파냐 지도자들은 공물과 노동에 대한 기대치를 낮추는 법, 공동체들에 상당한 자율성을 허용하는 법, 함께 일할 중개인을 물색하는 법을 배웠다. 에스파냐인들은 자신들도 일조한 저지대의 낮은 인구 밀도에 적응해야 했다.

넓은 공간에 산재한 주민들에게 권위를 행사하는 데 필요한 사람들을 적당한 비용으로 부리는 것은 쉬운 일이 아니었다. 임시로 사용할 생각이었던 한 가지 해결책은 엔코미엔다(encomienda) 제도였다. 영주가 종속민에게 권위를 행사하는 유럽의 제도를 참고한 엔코미엔다는 사실상 인디언들에 대한 통치를 위임한 제도였다. 에스파냐 왕은 엔코멘데로(encomendero)라 불리는 수임자들에게 일정한 토지 구획—대개 아주 넓었다—에서 공물을 징수하고 노동을 요구할 권리를 주는 한편, 군주를 지키고 토착민들에게 기독교 신앙을 가르칠 의무를 부여했다. 이런 식으로 토지와 인구를 분할하자 토착 정치 단위들이 쪼개지고 엔코멘데로에 대한 종속이 심화되었다. 엔코멘데로는 공물이나 노동력을 모으기 위해 친족 집단의 우두머리나 지역 족장의 협조를 필요로 했으며, 이들 토착민 지도자는 엔코멘데로와 흥정하는 것 외에 다른 선택지가 거의 없었다. 엔코멘데로들은 왕실 관료와 먼 곳에 있는 왕의 이해관계보다 자신의 이해관계를 교묘히 우선하기도 했다. 1542년에 에스파냐 왕은 엔코미엔다를 비세습 제도로 바꾸려고 시도했으나 성공하지 못했다.

에스파냐 군주정은 멕시코에 정착한 에스파냐인들에게 일군의 권리와 의무를 위임함으로써 제국에 필요한 중개인 가운데 일부를 자국 이주민으로 충원하는 한편, 아메리카 토착민들을 정치적 위계질서에 통합했다. 에스파냐령 아메리카 곳곳에서 엔코미엔다는 서로 다른 방향으로 진화했다. 예컨대 어떤 곳에서는 토지를 가진 계급이 종속된 노동자와 농민을 통솔하는 형태로 진화했고, 또 어떤 곳에서는 토착민 주민, 에스파냐인 주민, 메스티소 주민이 뒤섞인 불평등한 공동체 형태로 진화했다. 이 형태들은 국가의 감시를 받는 정도가 각기 달랐다. 엔코미엔다의 인디언들, 일정한 일체성을 유지한 토착민 공동체들, 에스파냐와 긴밀한 관계를 유지한 고위직 엘리트들, 저지대 플랜테이션의 노예들, 고지대 공동체의 농민들, 변경에서 소를 치는 개인주의적인 목자들은 공통된 히스패닉 문화가 아니라 제국의 질서와 기독교에 대한 애착이 제각각인 파편화된 사회를 이루었다.

앞에서 보았듯이(제5장), 에스파냐 군주정은 전체 기획(선박 건조, 군대 무장, 무역 사업에 출자)에 자금을 대기 위해 대체로 에스파냐 외부의 자본에 의존했다. 외부에서 자본을 조달하고, 유럽 영토를 방어하느라 군주정이 빚을 지고, 신세계의 정착민들이 원하는 소비재를 구하기 위해 에스파냐 밖의 공급원에 의존한 결과, 아메리카의 금광과 은광에서 나온 에스파냐의 막대한 소득은 이베리아 반도를 거쳐 네덜란드와 독일로 넘어갔다. 에스파냐 왕실의 몫(아메리카에서 수출하는 금은 가운데 왕이 갖는 이른바 '5분의 1세')은 1550년대까지 꽤나 많았고 유럽과 해외의 영토를 방어하는 데 쓰였지만, 에스파냐 내부의 자본은 변변찮았고, 국내 경제 구조를 개선하려는 노력은 더더욱 변변찮았다. 네덜란드를 합스부르크 가의 우리 안에 두기 위한 전쟁이 격렬해짐에 따라, 에스파냐는 페루와 멕시코의 은을 가지고도 1596년에 파산을 피하지 못했다.

16세기에는 정복자들이 가톨릭 제국을 건설하고 있다는 폭넓은 합의가 있었지만 그 제국의 의미에 관한 생각은 제각각이었다. 신앙을 전파하기 위해 장기 캠페인을 시작한 선교사들은 우상 숭배 및 희생제와 싸웠다. 토착민 사회의 신성한 공간들은 체계적으로 파괴되었다. 토착 종교가 잉카나 마야, 아즈텍 통치자의 권위와 연결되어 있던 까닭에, 정복을 당하자 토착 종교 관례의 일관성이 약해졌다. 팽창하는 에스파냐령 아메리카의 가장자리를 따라 자리 잡은 선교소들은 토착민을 개종시키는 장소였을 뿐 아니라 농업 전초기지이기도 했다. 여기서 성직자들은 자기 땅에 사는 인디언들을 아직 복속되지 않은 다른 인디언들의 호소나 위협으로부터, 아울러 혹시 있을지 모르는 엔코멘데로의 가혹한 월권으로부터 지키는 가운데, 생산적이고 고분고분한 기독교도 농민층으로 주조해내려 했다.

에스파냐 군주정은 다른 사안과 마찬가지로 종교 문제도 국내보다 아메리카에서 한층 엄격히 통제하고자 성직자 임명을 감독하고 그들의 활동을 감시하려 했지만, 교회의 전도 제도와 행정 위계질서는 결코 일치하지 않았다. 에스파냐 국가는 1571년 이후 인디언을 종교재판에서 면제해주기는 했지만, 토착민에게 신앙을 전파하는 것뿐 아니라 강요하는 것까지 목표로 삼는 다른 제도들, 이를테면 토착민 주교 총대리, 인디언 신앙 재판소, 토착민 법원 등을 장려했다. 아프리카 노예들의 전통 의례도 교회와 국가가 억압하고자 한 표적이었다.

개종한 인디언이 선교사의 의도대로 반드시 순종적인 기독교도가 된 것은 아니었다. 지역의 종교 관행은 잉카 숭배와 같은 왕족 숭배보다 오래 지속되었다. 상호작용이 낳은 것은 가톨릭 종교 관행과 토착 종교 관행을 혼합하여 일원화한 관행보다는, 지역에 따라 들쭉날쭉한 종교적 믿음과 관행이었다. 다신교도 인디언들은 성인 숭배와 같은 기독교의 요소들을 자기들 관행에 흡수했다. 일부 인디언들은 제한적이나마 전도 교육을 받으며 익힌 기술을 이용하여 교회의 위계질서에 진입하려 시도하거나, 나우아틀어 성가를 로마자로 표기하거나 페루 연대기를 에스파냐어와 케추아어를 혼합한 언어로 고쳐 쓸 수 있었다. 토착민 태생으로 박식한 가톨릭 신학자가 된 사람들도 있었다. 강압적인 식민지 상황에서 개종은 에스파냐가 지배하는 문화 체제에 적응하는 데, 또는 에스파냐 지배의 필연성과 정상성이 거짓임을 드러내는 토착 기억과 집단 의례를 보존하는 데 도움이 되었다.

에스파냐 왕실은 유럽보다 아메리카에서 국가의 제도와 통치를 더욱 효율적으로 설계했다. 왕실은 에스파냐령 아메리카를 관할하는 행정기관을 창설했으며, 이 조직은 부왕령들로 나뉘고 부왕령은 다시 아우디엔시아들로 나뉘었다(지도 5.2 참조). 군주정은 이 행정기관의 관직들을 이론상 왕의 은혜를 입은 카스티야인들의 수중에 두었다. 국새가 찍힌 군주정의 법률과 법령은 대서양을 건너 위계질서의 아래쪽까지 전달되었다. 당시 로마 법—기독교의 목표에 물든—의 영향을 많이 받은 에스파냐 법학자들은 그런 법과 제도를 임페리움 개념(제2장)과 관련하여 해석했다. 인디언들은 제국의 상징적·제도적 구조에 통합되었고, 그 구조를 이용하여 가혹한 조세나 노동력 징발을 막아내려 시도할 수 있었다—그리고 제한된 성공을 거두었다. 그 이면에는 반란을 일으킬 위험이 도사리고 있었으며, 그 위험은 이따금 반란으로 터져나왔다. 이런 반란 역시 관료들로 하여금 그들 지배의 한계를 깨닫게 한 요인이었다.

식민 세계는 에스파냐 왕국 출신 정착민들이 늘어남에 따라 서서히 변모했다. 1500년부터 1650년까지 에스파냐인 43만 7000명과 포르투갈인 10만 명이 신세계로 향했는데, 이는 두 제국의 아시아 전초기지들로 간 사람들보다 훨씬 많은 수였다. 노예무역도 아메리카의 인구학을 바꾸어놓았다. 1560년까지 에스파냐령 아메리카에서 아프리카인이 에스파냐인보다 많아졌으며, 브라질의 노예무역은 이보다도 규모가 컸다. 노예들은 두 국가 아메리카령의 여러 지역으로 가기는 했지만, 카리브 제도와 브라질 북부 같은 소수의 플랜테이션 지역들에 집중되었다. 식민 사회의 상이한 조각들은 상이한 기억(아프리카, 토착 제국, 에스파냐에 대한 기억)에 의지했다.

정복지의 토착민들을 착취하는 행위는 착취를 시작한 직후부터 이의 제기에 부딪혔다. 사제들은 이사벨 여왕을 설득하여 카리브 제도에서 인디언의 노예화를 멈추려 했다. 인디언에 대한 에스파냐의 처우를 가장 부단하게, 그리고 널리 알린 인물은 1510년대부터 1560년대까지 비판을 제기한 도미니크회 수도사 바르톨로메 데 라스 카사스였다. 그는 식민지와 본국이 함께 단일한 정치체, 도덕적 공간을 구성한다고 가정했다. 그의 논증의 두 가지 입각점은 인디언의 영혼을 구원할 의무를 선언하면서도 그들의 신체를 학대하는 가톨릭의 위선과, 인디언에 공감하는 자세였다. 라스 카사스는 인디언의 문명적 성취, 특히 그들의 제국을 중시했다. 그의 논증은 그가 보기에 동일한 성취를 이루지 못한 아프리카인에게는 적용되지 않았으며, 왕의 신민은 모두 동등하다는 생각을 함축하지 않았다. 그러나 식민지가 참된 구성원과 그들을 섬기는 사람들로 선명하게 나뉜다고 보지는 않았다. 라스 카사스는 신민들의 제국—군주 및 기독교 문명과 서로 다른, 동등하지 않은 관계를 맺어온 사람들의 제국—을 구상했다.

1542년의 법률(인디언의 노예화를 반대한 과거 교황의 성명서에 의존하고 라스 카사스가 불러일으킨 논쟁에 어느 정도 대응한 법률)은 엔코멘데로가 토착민을 착취하는 것을 제한하고자 했다. 결코 시행되지 않은 이 칙령은 악덕이 미덕에 바친 경의였다. 다음 세기

까지, 인디언의 종교에 공감한 라스 카사스의 글이 일으킨 반향은 갈수록 약해졌다. 이 시기에 에스파냐령 아메리카에서는 국가와 교회 모두 권위를 강화했고, 더 많은 정착민과 메스티소가 한때 토착민으로 이루어졌던 공동체에 들어가서 집단을 변모시켰다. 그러나 인디언 학대에 대한 라스 카사스의 고발은 그 후로도 유감스러울 만큼 유의미한 비판이었다. 에스파냐뿐 아니라 유럽의 다른 맥락에서도(라스 카사스의 책은 1583년에 영어로 번역되었다) 제국 비판자들은 이 고발을 환기시켰다.

마드리드나 세비아에서는 '아메리카 대륙'을 점령하거나 착취하겠다는 결정을 내린 적이 없었다. 콘키스타도르들은 자체 병력을 모집했고, 그 병력이 과하게 많았던 적은 없었다. 해외의 선원, 정착민, 관료에게 제국은 기회를 제공했다. 제국은 군주정에게 국내에서 실시할 수 없는 국가 제도를 해외에서 구축할 방편을 제공했다. 그러나 수백만 명의 새로운 사람들(아시아인, 아프리카인, 아메리카인)이 제국에 통합됨에 따라 그들을 열등자 범주로 다룰 수 있는지, 착취할 수 있는지, 그들이 위계질서와 군주정, 기독교 보편주의에 토대를 둔 제국 사회의 일부가 될 수 있는지

를 둘러싼 논쟁이 벌어졌다.

기업, 농장주, 정착민, 국가
: 영국 제국 만들기

영국 제국의 이야기가 제국을 건설하고 자본주의를 운용하는 영국 방식의 필연적인 승리로 보이는 때는 역사를 거꾸로 읽을 때뿐이다. 16세기에 영국 군주정은 해외 모험사업에 자원을 쏟아부을 의향이 거의 없었다. 상인들은 다른 나라들이 통제하는 공간을 가로지르며—예컨대 베네치아, 동지중해, 중앙아시아를 통해—상품을 가지고 잉글랜드를 드나들고 있었다. 무역과 개종 권고를 대중화하려던 리처드 해클루트와 새뮤얼 퍼처스 같은 선전원들의 노력은 이렇다 할 반향을 일으키지 못했다. '영국'이라는 관념은 1707년에 스코틀랜드를 합병하기 전만 해도 별다른 의미가 없었고, 16세기와 17세기에 '제국'이라는 낱말은 어떠한 상위 권위와도 무관하게 '그 자체로 온전한' 잉글랜드를 가리켰다.

　그러나 제국 건설은, 다른 국가들이 이미 뛰어든 상황에서, 공급로를 잃어버릴 위험을 감수하고라도 참가해야만 하고 이겨야만 하는 시합이었다. 잉글랜드가 이 시합을 잘 해내리라는 것은 오랫동안 분명하게 드러나지 않았다. 1588년에 에스파냐 아르마다(무적함대)는 영국 해군에 거의 승리할 뻔했다. 한 세기 후에 영국 군주정은 네덜란드가 개신교 쪽 왕위 주장자인 오라녜 공 빌렘을 편들어 그를 왕좌에 앉히는 데 성공했을 정도로, 개신교 파벌과 가톨릭 파벌로 분열되어 곤경을 겪고 있었다. 더욱이 가톨릭 국가인 프랑스는 줄곧 만만찮은 경쟁자였다. 프랑스는 유럽에서 가장 많은 인구를 거느린 군주국이었으며, 프랑스 왕들은 넓은 영토에 강력한 가산제적 권력을 행사하는 한편 지방 귀족과 출세를 열망하는 엘리트에게 관직을 할당(또는 판매)하여 권력을 단단히 지켰다. 영국 해협 건너편의 위협적인 존재인 프랑스는 북아메리카에 무역 식민지와 정착지, 카리브해에 플랜테이션 식민지, 인도에 전초기지를 세우는 방안까지 고려하고 있었다.

영국 제국을 만든 것은 저마다 다른 속셈을 가진 행위자들이었다. 잉글랜드 해적들은 때로는 군주의 묵인 아래 포르투갈과 에스파냐의 선박을 습격했다. 무역상들은 자력으로 과감히 모험에 나섰으나 타국의 활동을 구속하는 다른 제국들의 정책과 충돌하지 않으려면 어느 정도까지만 나아갈 수 있었다. 영국의 제국 궤도를 검토하기 위해 우리는 영국 본토의 제국, 사기업의 역할, 정착지의 식민지, 플랜테이션 식민지를 살펴볼 것이다.

스코틀랜드 왕국 통합(1707년에 완결된 과정)이 가져온 결과는 스코틀랜드 엘리트들이 영국 체제에 이해관계를 갖게 되었다는 것이다. 반역 기질이 다분한 스코틀랜드 하층계급은 스코틀랜드 귀족이 영국 군주정에 더욱 협조하게 된 이유였다. 해외의 제국이 스코틀랜드인 다수—상층계급만이 아니라—에게 국내에서 누리는 것보다 더 나은 역할과 이익을 주지 않았다면, 통합 과정이 그리 원활하지 않았을지도 모른다. 한동안 잉글랜드의 제임스 1세 겸 스코틀랜드의 제임스 6세는 스스로를 '브리튼 섬 전역의 황제'라고 칭했지만, 그는 잉글랜드 법과 스코틀랜드 법 또는 잉글랜드 교회와 스코틀랜드 교회, 잉글랜드 고유의 역사관과 스코틀랜드 고유의 역사관을 통합할 수 없었다. 그렇다고 자기 영역의 복수성을 인정할 수도 없었다. 그래서 그는 두 왕국, 웨일스를 더하면 세 왕국의 왕이라는 데 만족했다.

웨일스는 스코틀랜드와 닮았으면서도 조금 더 자제하는 지방이었지만, 가톨릭을 믿는 아일랜드는 사뭇 다르고 잉글랜드에 더욱 철저히 복종하도록 강요당한 정치체였다. 잉글랜드인 개신교도 유력자들은 그들이 '플랜테이션'이라 부른 것을 아일랜드에 조성하고서는, 잉글랜드와 웨일스, 스코틀랜드의 개신교도 정착민들을 데려다가 이 커다란 토지 구획의 소작인으로 삼았다. 영국 정부와 개신교도 엘리트들은 이런 플랜테이션을 통해 뒤처진 아일랜드인의 역량 이상으로 생산량을 높일 수 있거니와, 과거에 로마가 식민화를 통해 브리튼인을 개화시켰던 것처럼 아일랜드인을 개화시킬 수 있을 것이라고 주장했다. 1585년부터 시작한 어느 계획은 잉글랜드인 지주 35명과 정착민 2만 명을 끌어들였으며, 1641년까지 자그마치 10만 명이 아일랜드해를 건너갔다. 여기서 쓰인 플랜테이션이라는 낱말은 로마 제국의 '식민지'를 상기시킨다. 다시 말해 사람들을 한 장소에서 다른 장소로 이식하고, 혹여 그 공간에 대한 권리를 주장할 경우 무시하거나 억압한 정책을 떠올리게 한다.

아일랜드에서 영국 엘리트층은 차이와 복속의 정치를 고안해냈다. 잉글랜드인이나 스코틀랜드인 정착민을 토지에 눌러앉힌 이 조치에 함축된 입장은, 수많은 제국에게 멸시당한 '유목민'과 마찬가지로 아일랜드의 가톨릭교도에게는 토지에 대한 진짜 권리나 애착이 없다는 것이었다. 더욱이 아일랜드에서 가톨릭주의 — '교황 짓거리(popery)'라고 불렸다—는 가혹한 차별을 받았다. 영국의 '타자성'은 아일랜드해를 건너가기 시작했으며, 잉글랜드의 제도가 아일랜드에서 어느 정도 복제되는 동안 영향력 있는 자리(특히 아일랜드 의회)는 개신교도들의 차지였다. 아일랜드 가톨릭교도들은 영국 제국의 일부, 더러 이용할 수 있는 노동 공급원, 다른 활자들의 질서를 깨뜨리는 외톨이 활자가 되었다. 영국 정부는 가톨릭 국가인 프랑스와 음모를 꾸밀지 모르는 아일랜드 반역자를 두려워했고, 19세기 이전부터 아일랜드인 다수가 영국군에 복무하기는 했으나 19세기 들어서야 공식적으로 아일랜드인 병사의 영국군 입대를 허용했다. 결국 아일랜드인 병사들은 인도에서 영국 군사력의 대들보가 되었다.

식민화의 두 번째 방식은 특허 회사들이 제시했다. 19세기에 인도는 영국 왕실의 보석으로 간주되었으나 1858년까지는 영국 군주의 직접 통치를 받지 않았다. 인도를 식민화한 것은 사기업인 영국 동인도 회사(British East India Company)였다. 1599년에 설립된 영국 동인도 회사는, 에스파냐와 포르투갈이 지중해 일대를 지배할 수 없다는 것이 분명해진 후에 동지중해에 진출했던 레반트 회사(1581년 설립)의 발자취를 따랐다. 레반트 회사와 잉글랜드 관료들은 오스만 제국과 통상 협정을 교섭했고, 화포 제작에 쓰일 주석과 납을 오스만 왕조에 기꺼이 공급했다. 이것을 두고 가톨릭 합스부르크가에 대항하여 영국 여왕과 오스만 술탄이 잠시 논의한 개신교-무슬림 동맹이었다고 단정하기는 어렵지만, 제국 간 연계를 함축하는 상업적 모험이었던 것만은 확실하다. 1600년에 영국 동인도 회사는 엘리자베스 1세로부터 특허를 받아 희망봉 동쪽에서 잉글랜드의 무역을 독점할 권리를 얻었다. 이 회사의 초기 주주 125명은 네덜란드 동인도 회사와 경쟁하기 시작했고, 동남아시아에서는 네덜란드 회사의 권력과 관계망에 대적할 수 없었으나 인도에서는 능히 대적할 수 있었다.

인도에서 영국 동인도 회사는 오스만 제국보다도 인구가 훨씬 많은 또 다른 제국을 맞닥뜨렸다. 티무르 혈통의 마지막 몽골 황제의 후손인 무굴 왕조는 종교가 다양하지만 주로 힌두교를 믿는 인구 위에 이슬람의 권위와 페르시아의 영향을 받은 엘리트 문화를 한 층 더 쌓았다. 무굴 황제들은 몽골의 방식을 따라 토착민 종교 지도자들과 지역 유력자들에게 상당한 재량권을 남겨두었다. 무굴 왕조 이전에 인도 아대륙은 여러 층의 제국 건설을 경험한 바 있었고, 특히 남부에는 오래된 관행들이 존속하고 있었다. 특정 가문들은 제국 통치자를 섬기며 재산을 모으고 장거리 연계를 확대할 수도 있었다. 유럽인들이 인도양에 처음 출현했을 때, 무굴 제국은 여전히 형성 중이었다. 무굴 제국은 1570년대 초에 서인도의 구자라트를 정복했고, 몇 년 후에 벵골을 점령했다(지도 6.2 참조).

무굴 제국은 무엇보다 육상 제국이었고, 왕조와 관계가 좋은 제국 치하의 대규모 인구는 넉넉한 수입원이었다. 무굴 제국은 도로, 신용 기관과 금융 기관, 넓은 영역에 대한 안보를 제공했다. 이 시대의 오스만 술탄들이 아르메니아인, 그리스인, 유대인을 비롯한 비무슬림 상인들이 장악한 상업 활동을 흡족한 눈길로 지켜보았던 것과 마찬가지로, 대다수 무굴 황제들은 구자라트인 같은 진취적인 무역상들이 사업을 운영하도록 기꺼이 놓아두었다. 그러나 그런 집단과 개인은 새로운 보호자가 나타났을 때 충성의 대상을 바꿀 수 있었다.

영국 동인도 회사는 유럽의 중요한 시장과의 직접적 관계를 바탕으로 무굴 황제와 지방 유력자들에게 가치 있는 무언가를 제공할 수 있었다. 인도 엘리트들이 제공하는 조건부 편의는 동인도 회사의 사업에 반드시 필요했다. 동인도 회사는 한 세기가 넘도록 무굴의 주권에 도전하지 않았다. 동인도 회사가 초기에 거둔 소소한 성공은 인도인 생산자와 무역상, 현지 신용 거래에서 비롯되었다. 동인도 회사가 수출한 중요한 품목으로는 당대 인도의 산업이 생산한 대성공작인 면직물 외에 비단, 인디고 염료, 초석(硝石), 차 등이 있었다. 이 회사는 영국의 인도 무역을 독점하여—처음에는 영국 정부의 승인을 받아서, 나중에는 경쟁자들을 매수해서 지켜냈다—이익을 얻었고, 무굴 황제의 핵심 항구들에서 무역 독점권을 얻으려 했다.

영국 동인도 회사는 17세기 말까지도 무엇보다 무역 회사였다. 아울러 성공 가도를 달리는, 합자 회사와 장거리 사업의 모델이었다. 캘커타, 마드라스, 봄베이의 요새화된 교역소에서 동인도 회사 대리인들은 무굴 왕조가 제국에 복속된 정치체들에 대한 장악력을 잃어가고 있음을 알아챘다. 동인도 회사는 그 정치체들 중에서 동맹을 골랐고, 무굴 황제에게 계속 수입을 제공하면서 거래를 넓혀갔다.

인도인들은 서기와 회계원으로 동인도 회사에서 일하기도 했고, 인도 내부와 그 너머(아프리카, 아라비아, 페르시아, 러시아, 중국, 동남아시아)의 자기네 상업망에 간접적으로 참여하기도 했다. 인도 엘리트들도 영국산 생산품을 구입하기는 했지만, 영국—아울러 유럽 일반—이 아시아에 제공하는 것보다 아시아가 유럽에 제공하는 것이 더 많았으며, 그런 까닭에 아시아의 다른 지역에서처럼 상업 거래를 완결하려면 아메리카의 은이 필요했다. 동인도 회사는 자기들이 네덜란드인의 상업 활동에 끼어들었던 것처럼 누군가(특히 프랑스인) 이 구도에 끼어드는 상황을 크게 우려했다.

'회사원들'은 동인도 회사가 아시아의 무역망에 끼어든 덕에 큰 수익을 올렸고, 상당한 이익을 본국으로 송금했다. 스코틀랜드인들은 동인도 회사의 대리인 중에서 두드러졌으며, 그들의 성공은 스코틀랜드의 많은 가문들이 영국 제국의 이익을 받아들이는 데 일조했다. 아메리카의 여러 지역을 에스파냐적으로 만들려 했던 콘키스타도르 및 부왕과 달리, 동인도 회사의 사업을 운영한 사람들은 인도를 '영국적'으로 만들려 들지 않았다. 18세기 후반에 다른 제국들이 다른 곳에서 시행한 강압적인 행정·재정 정책과 동인도 회사의 관행이 점차 닮아가고 나서야, 이 회사의 토착민 정책이 영국 왕과 의회에 중대한 문제가 되었다(제8장).

영국은 제국의 회사 모델(독점을 규정하고 정부 기능의 사적 집행을 합법화하는 정부의 특허장뿐 아니라 비용을 대부분 부담하는 자본 시장의 지원까지 받는 모델)을 세계의 다른 지역들에서도 사용했다. 왕립 아프리카 회사

(Royal Africa Company, 1663년 설립)는 외항선, 아프리카의 '재외 상관', 카리브해의 영국 식민지에 노예를 공급하는 자금으로 이루어진 하부 구조를 개발했다. 그러나 허가받지 않은 민간 상인들이 무역을 확대하고 가격을 낮추는 데 성공하자, 영국 군주는 노예 공급을 둘러싼 경쟁을 허용하는 편이 플랜테이션 체제 전체의 이해관계에 더 이롭다고 결론지었다.

버지니아 회사(Virginia Company, 1606년 설립)는 또 다른 유형의 식민화인 북아메리카 정착을 주도적으로 개시하고 필요한 자본을 댔다. 대부분 명문가 출신이었던 투자자들은 자기들이 신세계에서 '연합체(commonwealth)'—로마 제국 후기의 탐욕과 부패보다 공화정 로마의 덕목들을 더 많이 반영하는 유덕한 정치 공동체—를 만들어내고 있다고 생각했다. 당시 결핍과 분쟁으로 얼룩진 초기 버지니아에서 왕실 특허장의 제약을 받는 이런 모델을 과연 실행할 수 있을지는 분명하지 않았다. 처음에 영국 군주는 버지니아 회사에 임페리움(영국 법학자들이 로마 법에서 차용한 개념으로, 통치할 권리)이 아닌 도미니움(dominium, 영토를 영유할 권리)을 주었다. 정착지의 법과 관행은 시간이 흐르고 경험을 쌓고 토착민과 대립하는 과정을 거치고서야 임페리움으로 진화해갔다.

그때도 영국 군주정은 북아메리카 정착을 개시하기보다는 회사들, 개인들, 반국교적인 종교 단체들이 활기를 불어넣은 과정을 통제하려 애쓴 쪽에 더 가까웠다. 그러나 국가의 역할은 두 가지 측면에서 정착지 형성에 중요했다. 첫째, 1490년대에 교황이 에스파냐 군주에게 대서양 서쪽의 모든 토지에 대한 소유권을 양도했다고 에스파냐가 역설하던 상황에서, 영국 군주의 개입은 그에 맞설 법적 논증을 제공했다. 영국 법학자들은 그 토지가 양도 가능한 교황 소유의 토지였다는 점을 부인했고, 문명국의 '실효적' 점유만이 임페리움을 창출한다고 주장했다. 이 논증은 북아메리카에서 인간과 토지에 대한 권력 행사의 근거가 된 동시에 그런 권력 행사를 부추겼다. 둘째, 국가는 그런 주장에 실체성을 부여하기 위해 외교력과 군사력을 이용할 가능성이 있었다. 18세기 내내 계속된 영국과 프랑스(이따금 에스파냐와 동맹을 맺었다)의 전쟁은 이런 해외 토지를 '점유'하려는 싸움의 일환이었다.

북아메리카의 '플랜테이션'은 민간 자금에 의존했으나 발전이 더디고 취약했다. 플랜테이션은 이익 비슷한 무언가를 아주 느리게 얻었다. 버지니아의 경우 1625년에 버지니아 회사가 소멸한 뒤에야, 담배와 계약제 노역, 노예제(식민지 건설자들의 '공화정' 이념과의 연관성이 의심스러운 요인들)에 힘입어 이익이 발생했다. 그러나 영국령 북아메리카로 향하는 이주 물결은 에스파냐에서 에스파냐령 아메리카로 향하는 이주 물결보다 꾸준하고 규모도 컸다. 초기 항해 이후 80여 년 후에 영국령 북아메리카에는 유럽 출신이 약 25만 명 살고 있었던 데 비해, 초기 항해 이후 엇비슷한 기간 후에 에스파냐령 아메리카에는 유럽 출신 15만 명이 훨씬 넓은 영역에 흩어져 살고 있었다. 그렇지만 에스파냐는 에스파냐 제국 '안'에서 토착민의 위치를 영국보다 훨씬 인정했다.

아즈텍 제국과 잉카 제국에 대한 콘키스타도르들의 극적인 습격과 달리, 인디언 사회들이 한층 분권화되어 있던 북아메리카에서는 어느 역사가의 표현처럼 식민화 과정이 '침공'보다 '침투'에 더 가까웠다. 초기 정착민들은 원주민 사회를 어떻게 대할지 정하지 못했다. 버지니아 정착민들은 크고 강력한 인디언 연맹의 이름이자 지도자였던 포와탄을 황제로, 자신의 우월한 권위를 인정할 것을 많은 공동체들에 강요하는 통치자로 인식했다. 그들 눈에 다른 인디언들은 아일랜드인과 마찬가지로 토지에 진정으로 정착하지 못하는 유목민으로 보였고, 일부 정착민들은 그런 토지를 "야수와 야만인으로 가득한, 흉측하고 황폐한 미개지"—따라서 누

루퍼트 하우스
(허드슨 만 회사의 교역소)
1668

타두삭 요새(1600)
퀘벡(1608)
누벨프랑스의 수도
트루아리비에르(1634)
뉴펀들랜드

헤드슨 만
슈피리어 호
노바스코샤 주
생장 섬
루아얄 섬

뉴벨
프랑스

프롱트낙
요새(1673)

미시간 호
휴런 호

나이아가라 온타리오 호
요새(1679)
올버니(1664)
뉴욕 주

퐁샤르트랭
요새(1701)
이리 호
코네티컷 주

펜실베이니아 주

필라델피아(1682)
뉴욕(암스테르담 요새로 시작, 1626)
뉴헤이븐(1640)
뉴저지 주

메릴랜드 주

오하이오 강

미주리 강
미시시피 강

델라웨어 주

버지니아 주

제임스타운(1607)

매사추세츠 주
보스턴(1630)
플리머스(1620)
프로비던스(1636)
로드아일랜드 주

대 서 양

테네시 강
노스캐롤라이나 주

프뤼돔
요새(1682)
사우스캐롤라이나 주

루이지애나 주

영국인 정착지
프랑스인 정착지
에스파냐인 정착지

지도 6.3
17세기 북아메리카 정착

구든지 울타리와 농장으로 자기 소유임을 입증할 수 있는 땅―로 묘사
했다.

그러나 현실에서 정착민들은 오랜 세월 교역 상대로서 인디언들을 필
요로 했고, 그들을 몰아낼 힘이 없었다. 몇몇 인디언 공동체들은 정착민
집단과의 관계를 복속이 아닌 호혜 관계로 여겼다. 이따금 인디언들은
정착민들의 학대에 맞서 잉글랜드 왕의 권위에 호소했으나 별로 소용이

없었다. 식민 정부는 인디언에게서 토지를 구입해야 한다는 주장을 결국 받아들였지만, 토지에 대한 개념이 다르고 식민자들이 압력을 가하는 상황에서 토지를 사고파는 시장은 '자유'시장과 거리가 멀었다. 사우스캐롤라이나와 버지니아의 노예에 기반을 둔 쌀과 담배 플랜테이션부터 북동부의 곡물 농업과 어업, 내륙의 모피 무역에 이르기까지, 식민자들은 생소한 자연적·사회적 지리와 경제적 가능성에 적응해야 했다. 인디언 농민, 덫사냥꾼, 사냥꾼과의 암묵적인 이해관계와 교역 관계가 없었다면, 신생 정착지들은 뿌리내리지 못했을지도 모른다.

아메리카 본토의 식민지들이 작은 발판을 마련하고 있을 무렵 영국은 1655년에 에스파냐로부터 귀중한 자메이카를 빼앗는 등 카리브 제도를 차지하고 있었다. 초기에 에스파냐를 비롯한 경쟁국들을 괴롭히기 위한 기지로 쓰였던 카리브 제도는 사탕수수 재배가 도입되고 아프리카 노예가 대규모로 수입되면서 완전히 바뀌었다. 1650년만 해도 아메리카 대륙과 섬의 정착민 대다수가 백인이었지만, 1700년경에는 백인과 흑인의 비율이 본토에서는 7.5 대 1, 서인도 제도에서는 1 대 3.6이었다. 플랜테이션 섬은 아주 다른 종류의 식민지였다. 이 주제는 뒤에서 다시 다룰 것이다.

정착민, 설탕 농장주, 회사, 무역상, 인디언, 노예, 해적으로, 아울러 오랫동안 염원해온 행정 교구나 새로운 고향에서 살게 된 잉글랜드인, 스코틀랜드인, 웨일스인, 아일랜드인으로 이루어진 이런 모체를 어떤 종류의 국가가 통합할 수 있었을까? 바로 권력을 행사할 강력한 수단을 갖춘 국가였다. 무엇보다 넓은 공간에, 그리고 만만찮은 경쟁자들을 상대로 권력을 행사해야 했기 때문이다. 그리고 복잡한 사회 구성 때문에 이 국가는 다른 공동체를 다르게 통치해야 하는 제국의 통상적인 문제뿐 아니라, 같은 공동체라 생각하지만 서로 다른 장소에서 살아가는 사람들을 통치해야 하는 과제에도 직면했다.

제국이 된 영국 정치체는 스스로를 강화하여 존 브루어(John Brewer)가 말한 재정-군사 국가로 변모할 수단을 얻었을 뿐 아니라 그렇게 변모해야만 했다. 재정-군사 국가란 전쟁과 해로 보호에 초점을 맞추고, 공적 영역과 사적 영역에서의 대규모 지출에 자금을 대기 위해 높은 수준의 과세 제도와 강력한 금융 기관을 갖춘 국가를 뜻한다. 18세기에 영국 정부의 연간 지출의 75~85퍼센트는 군대나 지난 전쟁의 채무를 상환하는 데 들어갔다. 영국에서는 특히 재산과 관련한 법률을 집행할 수 있는 재정 행정과 사법부가 발달했다.

재정-군사 국가로서 영국은 포르투갈 군주정만큼 해외 무역에 직접 참여할 필요가 없었고 그럴 의향도 없었다. 또한 네덜란드 국가가 네덜란드 동인도 회사와 긴밀하게 얽혔던 만큼 영국 동인도 회사와 뒤얽히지도 않았다. 오히려 영국은 무역과 정착에 대한 지원(군사적·법적·외교적 지원)을 의회의 규제적 권위와 결합함으로써 제국 경제의 다양한 요소들이 영국 자체를 통해 서로 연결되게 했다. 1650년대와 1660년대의 항해법들은 아시아, 아프리카, 아메리카의 상품이 외국 선박을 통해 영국으로 수입되는 것을 금지했으며, 그에 힘입어 영국 상사들은 재수출 사업을 지배하고, 발트해 및 북해 지역과 유럽 대륙 사이 무역을 성장하는 대서양 무역과 연결할 수 있었다. 영국 내에서 국가는 독점을 지지하던 쪽에서 경쟁을 허용하는 쪽으로 입장을 바꾸었다. 이처럼 영국 국가는 스스로 세계의 상업 순환에 진입함으로써 국내 경제와 해외 경제의 연계를 강화하고 자국의 재정 건전성을 높였다. 네덜란드 국가는 영국과 같은 강압적·규제적 권력을 결여하고 있었는데, 이 사실은 네덜란드에서 국가와 회사의 연계가 제국 권위의 팽창으로 이어지지 못한 이유를 설명하는 데 도움을 준다.

에스파냐 군주정과 마찬가지로 영국 정부는 아메리카에서 국가 권력의 표지이자 실체인 제도적 기구—총독, 법원, 대서양 횡단 무역을 감독할 무역과 플랜테이션 위원회(Board of Trade and Plantations, 17세기 초에 임시 위원회로 발족하여 점차 무역부로 발전했다 –옮긴이) — 를 수립기를 열망했다. 식민지가 다양한 영유지들로 이루어진 복합 군주정의 일부라는 듯이, 왕들은 식민 행정에 대한 군주의 권리를 역설했다.

그런 국가는 상인과 정착민에게 많은 것을 제공하는 대신 그들을 규제하고 과세를 했다. 그와 더불어 얼마만큼의 주권이 어떤 집단의 수중에 있느냐는 물음이 런던뿐 아니라 제국의 다른 지역들에서도 제기되었다. 유산계급은 1640년대와 1680년대에 '영국' 혁명을 거치면서 중요한 권력을 지닌 자리—왕의 의지를 견제하는 의회에서, 재산을 가진 유권자들이 운영하는 지역 정부에서, 신민을 유산자 배심원단 앞에 세우는 사법체계에서—를 차지했다. 이 시기에 등장한 헌장들과 해석들은 사실상 영국의 '헌법'—기본적인 법을 공유할 수 있다는 신념에 근거하는, 단일하지 않은 다수의 문서—이 되었다. 이 법은 시간이 갈수록 왕이 부여하는 것이 아니라 정치체 자체에서 연원하는 것으로 인식되었다.

늘어나고 있던 해외 정착민 인구는 '영국인의 권리'를 자신들은 갖지 말아야 하는 이유를 알지 못했다. 그들은 재산을 보호받고 통치에 참여할 권리에 관한 생각을 바다 건너편으로 가져갔다. 런던은 해외 정착민들의 시민적 참여를 바라면서도 견제했다. 런던은 현지 행정 비용—영국에서 파견한 행정관들의 봉급을 포함하여—을 식민지에서 해결해야 한다고 주장했지만, 식민지들은 세금을 징수하면서 통치 경험을 쌓았다. 영국이 제국에 더 많은 것을 요구했을 때, 식민자들은 그런 요구가 중층적 주권 안에서 자신들의 위치를 모욕하는 처사라고 생각했다. 1680년대에 제임스 2세는 식민지 지주들과의 연줄이 적은 총독을 임명하는 등

서인도 제도의 식민지는 물론 북아메리카의 식민지까지 더욱 엄격하게 통제하려고 했다. 이 때문에 식민지들은 1688년에서 1689년까지 본국에서 일어난 명예혁명을 지지하게 되었다. 명예혁명 이후 영국 의회가 식민지에 세금을 매길 권리를 계속 주장했을 때, 정착민들은 자기들은 왕의 신민이지 의회의 신민이 아니라고 주장했고, 왕실 특허장을 인용하고 자신들을 대표하는 의원이 없다는 사실을 지적했다. 영국이 제국을 통해 스스로를 규정하던 바로 그 순간에도, 권리와 정치 참여라는 쟁점은 이 불균등한 공간 곳곳에서 언젠가 폭발할 긴장 상태를 만들어내고 있었다.

제국에서 노예의 위치는 한동안 너무도 명백했다. 인디언의 위치는 그보다 덜 분명했다. 에스파냐령 아메리카에는 제아무리 결함이 많았다 해도 인디언을 통합하려는 통치기구가 있었지만, 영국령 아메리카에는 그런 것이 없었다. 본토 식민지들의 가장자리에는 아직 복속되지 않은—그리고 귀중한 교역 상대인—인디언들이 있었다. 식민지 내부의 인디언들은 왕의 보호를 주장할 수 있었다. 프랑스 제국과 에스파냐 제국이 북아메리카 대륙에서 활동하던 시기에 인디언 정치체들은 소중한 동맹으로서 제국들의 동맹 요청을 받았고, 제국들을 싸움 붙여 어부지리를 얻을 수 있었다. 인디언들의 상황은 18세기 중엽에 영국이 경쟁국들을 물리친 결과 악화되었고, 미국이 독립한 결과 더더욱 악화되었다. 이 주제는 제8장과 제9장에서 다룰 것이다.

영국 제국은 17세기 프랑스보다 식민지들에 자율성을 많이 주었고, 영국의 국내 경제와 제국 경제는 프랑스와 포르투갈, 에스파냐의 경우보다 역동적으로 상호작용했다. 17세기 말까지 영국은 토착민, 정착민, 노예를 상대로 각기 다르게 상호작용하고 통치하고 착취하는 일련의 방법들을 개발했다. 그리고 영국 지도자들은 의도하지 않았음에도, 제국 전역에 걸쳐 자신들에게 도전할 가능성이 있는 영역을 만들어냈다.

노예무역, 노예제, 그리고 제국

영국 제국과 프랑스 제국에서, 그리고 포르투갈 제국과 에스파냐 제국의
일부 지역에서 제국에 이익을 가져다준 것은 노예제였고, 노예제를 가
능하게 만든 것은 제국이었다. 대규모 설탕 플랜테이션은 브라질 북동부
에서 개척했지만, 영국과 프랑스가 갈수록 설탕 경제의 역동적인 참여자
가 되어갔다. 아메리카에서 수입한 아프리카 인력 총원은 1500년만 해
도 연간 1000명 이하였으나 1600년에는 연간 1만 명을 넘어섰고, 1700
년대에는 대부분 6만 명 이상이었다. 노예무역은 대서양을 횡단하는 다
른 모든 형태의 이주를 무색하게 했다. 대서양을 건넌 사람들 중 노예의
비중은 16세기에는 약 25퍼센트, 17세기에는 60퍼센트, 18세기에는 75
퍼센트 이상이었다. 영국령 카리브해, 특히 자메이카는 주요 종착지였
고, 카리브해의 프랑스령 섬들도 마찬가지였으며, 그중에서도 생도맹그
섬이 가장 악명 높았다. 노예 사망률이 끔찍이 높았기 때문에 농장주들
의 노예 욕구는 끝이 없었다. 영국의 경우, 설탕 식민지들이 대서양 사업
전체를 굴러가게 했다. 사탕수수에 매달리는 노동자 수가 늘어남에 따라
생겨난 식량 수요는 17세기 후반 뉴잉글랜드의 식량 수출 경제를 자극
했다. 한편 중국과 인도에서 들여온 차에 넣어 먹는 설탕은 영국에서 산
업노동자들이 섭취하는 칼로리의 상당 부분을 제공하기 시작했으며, 그
들이 생산한 상품은 북아메리카와 카리브해는 물론이고 아프리카를 포
함하여 영국 제국 너머의 시장으로 팔려나갔다.

　제국은 이동하는 정치적 형태였던 까닭에 잠재적인 노동자가 거주하
지 않거나 가려고 하지 않는 곳에서 노동 수요를 창출했다. 노예화는 누

군가를 본래 위치에서 쫓아내는 과정(그의 사회적 뿌리에서 멀어지게 하는 과정)이다. 일찍이 이 과정은 우리가 살펴본 몇몇 제국들에서 노예를 쓸모 있는 존재로, 평범한 하인은 물론이고 군인과 고관으로도 만들었고, 또 고대 그리스와 로마 시대부터 제국들에서, 아울러 아프리카와 아시아의 다양한 환경에서 노예를 노동 단위로 만들었다. 그러나 노예제를 전례 없는 규모로 키운 것은 제국들이 팽창(특히 생태적으로 풍요롭고 인구학적으로 허약한 아메리카 열대 지방으로의 팽창)을 통해 형성한 연계였다. 제국 권력은 노예 노동 체제를 창출할 때는 물론이고 유지할 때에도 결정적으로 중요했다. 노예 반란을 저지하거나 진압하려면, 또한 토지와 노예, 가공 기계, 선박을 다른 제국이나 해적으로부터 지키려면 조직된 무력이 필요했다. 카리브해의 설탕 섬들은 이 모든 위협에 시달렸다.

제8장에서 우리는 제국 및 노예제와 자본주의 발전의 관계를 고찰할 것이다. 여기서는 해상 제국들의 경계 너머에서, 즉 아프리카에서 제국의 노예제 연계가 어떤 사태를 함축했는지를 살펴보자. 노예제와 노예 무역은 15세기와 16세기 이전부터 아프리카에 존재했지만, 대서양 횡단 연계가 발달한 이후만큼 규모가 크지는 않았다. 아프리카 대부분 지역에서는 사회적·지리적 이유로 앨버트 허쉬만(Albert Hirschman)이 말한 '출구 선택지'가 비교적 열려 있었다. 몇몇 지역들은 풍요로운 사회를 지탱할 자원을 제공했지만, 그 주변에도 생존에 충분한 자원을 제공하는 지역들이 있었다. 그리고 아프리카의 친족 구조에서 이동은 집단적으로 이루어졌다. 왕이 되려는 사람은 자기 공동체에서 자원을 너무 많이 짜내려 할 경우 신민들이 도망가거나 힘을 합쳐 복속에 저항하여 곤경에 처하곤 했다. 권력은 자기 사회 외부 사람들을 통제하고 착취하는 일에, 그리고 본래 집단에서 이탈한 추종자를 끌어들이거나 외부인에게 봉사를 강요하는 일에 달려 있었다.

이제 역사들의 비극적인 얽힘을 마주할 때다. 새로 얻은 토지를 경작하기로 결심한 유럽인들은 다른 어딘가에서 노동력을 구해와야 했다. 아프리카의 몇몇 지역에서 왕들은 다른 누군가의 인적 자산을 빼앗아 자원(총, 금속, 의류, 그 밖의 재분배 가능한 물품)을 얻을 수 있었다. 아프리카 정치체들이 다른 정치체를 습격하여 노예들을 사로잡고 외부 구매자에게 팔아넘기면서 노예를 구하는 일뿐 아니라 감독하는 일까지 다루어야 할 사안이 되었다. 시간이 흐르면서 포로를 거래하는 해외 판로로 말미암아 아프리카에서 가장 군사화된 국가들(아샨티, 다호메이, 오요, 베냉)이 유리한 입장이 되었고, 더욱 효율적인 노예무역 메커니즘이 생겨났다. 몇몇 왕국이 먼저 군사화에 나선 상황에서 이 선례를 따르지 않은 이웃 나라들은 위기에 몰렸다. 전쟁 포로를 판매할 기회는 노예를 사로잡고 매매하는 광대한 체제를 만들어낸 힘이었다. 아프리카 노예무역은 초기에 대서양 제국 체제 바깥인 아프리카에서 자행한 강압 행위에 의존하기는 했지만, 이 무역을 움직인 것은 노동력을 구하려는 제국 체제의 욕구, 대서양 횡단 무역의 메커니즘, 그리고 식민 사회로 끌려온 거대한 노동력을 규율할 수 있는 제도를 구축한 제국-국가들의 역량이었다.

연계, 영토, 제국

16세기에 세계의 지역들은 서로 더 연결되었지만, 이것은 어떤 국가가 마음먹고 달성한 결과가 아니었다. 포르투갈, 에스파냐, 네덜란드, 프랑스, 영국의 후원을 받은 국가 권력은 정착지의 새로운 상품과 새로운 토지를 얻기 위해서만이 아니라, 다른 국가들이 이런 자원을 차지하지 못하게 막기 위해서도 이용되었다. 어떤 제국 체제도 원하는 대로 독점을 유지할 수 없었지만, 제국 체제들이 서로에게 압력을 가하며 덩달아 해외 제국을 건설하도록 몰아갔던 것은 사실이다. 어떤 제국(혹은 회고적 관점에서 이 제국들에 통일성을 부여하고 싶다면, 유럽 제국들 일반)도 실제로 세계를 준거 틀로 삼을 수 없었다. 오스만 제국과 중국 제국은 유럽의 그물로 잡기에는 너무 강력했으며, 아프리카 내륙은 접근이 불가능했다. 아시아뿐 아니라 아프리카에서도 유럽의 해상 제국들은 유럽인이 통제하지 못하거나 잘 알지 못하는 현지 상업망과의 연계에 의존했다. 18세기에 세계는 아직까지 다극 세계였다.

우리는 16세기를 '세계화'의 구현태로 둔갑시키지 않도록 주의해야 한다. 그보다는 연계의 역사에 관해 생각함으로써 이 시기의 특정한 변화에 초점을 맞출 수 있다. 제국의 관점에서 우리는 먼저 세계 곳곳에서 이루어진 권력과 상업의 재편을 검토하고, 이어서 주권의 성격에 일어난 변화와 그 변화의 한계를 살펴볼 것이다.

옛 서로마 지역에서 제국 패권을 되살리려던 야심 찬 세력들은 유럽과 그 너머 바다에서 자원을 둘러싸고 경쟁하게 되었다. 유럽 제국들은 세계 곳곳에서 다양한 정치체들과 (때로는 폭력적으로) 상호작용했지만, 그런 상호작용은 그들 간의 경쟁 구도에서 일어났다. 이 시합에 모든 제국이 참가하진 않았다. 오스만 제국과 중국 제국은 참가하지 않고도 오랫동안 번영할 수 있었다.

경쟁하는 제국들은 새로운 권력 레퍼토리를 고안해야 했다. 결정적인 수단은 선박 건조, 항해, 군비를 혁신하는 것이었다. 무역용 고립 영토, 회사의 독점, 플랜테이션, 정착지의 식민지는 해외 제국들의 주요소가 되었다. 유럽의 제국 건설자들은 극심한 파괴를 초래하기도 했다. 그렇다 해도 토착민들은 이따금 타협을 이끌어내고, 제국들을 싸움 붙여 어부지리를 얻고, 새로운 도구와 작물을 얻을 교역 기회를 잡았으며, 가끔은 침략자들의 종교와 사회적 관행에서 자기들 것과 혼합할 무언가를 발견했다.

이 기간에 세계의 지역들은 더 긴밀하게 연결되었다. 제국들의 활동은 무역로의 길이(예를 들어 암스테르담에서 바타비아까지)를 확대했고, 한 대륙에서 채굴하는 은이 다른 대륙의 통화 체제에서 결정적인 화폐가 될 정도로 시장들 간의 관계를 강화했다.

제국들의 팽창하는 인맥은 권력의 경로와 틈새에서 무역을 하는 공동체들(그리스인, 아르메니아인, 유대인, 아랍인, 구자라트인)에도 기회를 주었다. 무역망을 통해 세계 각지로 전달된 것은 상품만이 아니었다. 무역망은 페스트부터 매독과 천연두에 이르기까지 각종 질병은 말할 것도 없고 유전자(인간, 작물, 동물의 유전자) 역시 실어날랐다. 상업적 연계는 사상과 사회적 관행도 전달했다. 기독교만이 아니라 일찍이 인도양을 건넜던 이슬람도 교역로를 따라 더욱 빠르게 전파되었다. 무슬림들의 연례 메카 순례에 더해 학자들의 관계망도 사람들의 공간 이동을 계속 추동했다. 해상 제국들은 독점적 목표와 관행을 지향했음에도 자신들이 구축한 인맥이나 관행을 통제할 수 없었다. 연결망들이 중첩된 곳에서 해상 제국들이 서로 뒤얽혀 단일한 문화적·물질적 연계 패턴을 형성한 것도 아니었다.

누군가는 과거를 되돌아보면서 서유럽 제국들의 취약성(서로 간의 치명적인 경쟁)이야말로 군사·행정 역량을 키우도록 추동한 요인이었고, 오스만과 중국은 길게 보면 과거의 성공에 발목이 잡혔다고 말할지도 모르겠다. 18세기 초에는 아무도 그것을 알지 못했다. 당대인들이 알았던 것은 자신이 제국들의 세계에 살고 있다는 것, 그리고 중국부터 포르투갈까지 모든 제국이 동원 가능한 물질적·가상적 수단을 이용하여 권력을 구축하고 유지하기 위해 분투하고 있다는 것이었다.

이런 환경에서 제국들은 여느 때처럼 중개인들과 함께 일해야 했고,

사람들을 통합하면서도 분화하기 위해 곡예하듯이 차이의 정치를 구사해야 했다. 아시아에서 유럽 제국들은 좋든 싫든 무굴 황제부터 현지의 무역상, 생산자, 채권자에 이르기까지 다양한 지역 세력들과 상호작용할 수밖에 없었다. 유럽 제국들은 이따금 공동체 전체를 파괴했지만— 향신료를 독점하기 위해 네덜란드가 했던 것처럼—그 결과 체제의 효율성이 반드시 높아진 것은 아니었다. 강압에는 비용이 많이 들었다. 에스파냐 통치자들은 아메리카에서 식민화 과정의 의도적·비의도적 파괴로 인해 노동력 부족에 직면했다. 그러나 제국 공간은 자초한 문제를 해결할 방안 역시 제공했다. 그 해결책이란 다른 종류의 노동력을, 이 경우에는 아프리카 노예를 다른 대륙에서 수입하는 것이었다.

야망을 품은 어떤 제국(포르투갈부터 영국과 무굴까지)이 제국을 운영하는 비용과 부담을 덜 수 있다고 생각하며 '자유'시장의 규칙을 따르려 했다면, 곧장 무대에서 구석으로 밀려나거나 아예 사라졌을 것이다. 그러므로 '경제 발전'이나 '서구의 발흥' 같은 이야기를 하는 것은 우리에게 별반 도움이 되지 않는다.

도움이 안 되기는 '주권' 이론들도 매한가지다. 그 이론들은 국가들이 실제로 존재한 방식, 즉 다양한 인구와 영토의 자원을 동원하도록 서로 강요한 방식에 초점을 맞추지 않은 채 국가를 추상적으로 다룬다. 일부 학자들은 영토가 아니라 군주에 대한 개인적 충성(아마도 영주들과 유력자들의 위계질서를 통해)과 관련된 전근대의 정치와, 정치체를 경계가 정해진 영토로 규정하는 정치를 깔끔하게 구별한다. 이 장에서 우리가 논하는 시기는 그런 이행기의 주요 후보다. 그러나 우리는 세계를 시대들로 나누기보다는 영토성과 주권에 대한 대안적인 개념들이 공존하고 논쟁하고 투쟁했다는 것을 인식해야 한다. 어느 정치 행위자의 영토에 대한 주장이나 어느 정치사상가의 속지주의에 대한 단언을, 한 시대에 대한 규정이나 정치적 관행 이행기의 특징에 대한 규정과 혼동해서는 안된다.

16세기부터 18세기 사이에 가장 극적으로 변한 것은 통치자가 정해진 영토를 통제하는 수준이 아니라, 권력을 행사하는 공간의 규모였다. 아메리카에서 포르투갈 왕과 에스파냐 왕은 국내에서는 세울 수 없었던 기구, 즉 영토와 무역을 군주가 직접 통제하는 기구를 설립했다. 18세기 초에 영국에서 발달한 재정-군사 국가는 해외 모험사업에서 동기를 얻었고, 이 사업 덕분에 작동할 수 있었다. 영국은 에스파냐, 네덜란드, 프랑스 제국과 대서양부터 인도양까지 경쟁했으며, 이는 곧 세계 각지에서 해로를 통해 아메리카의 설탕 플랜테이션과 인도의 무역 전초기지와 연결되는 경제적 과정들의 중심을 차지하는 것이 국가의 주요 업무였음을 뜻한다(항해법들이 그 증거다). 루이 14세 치하의 프랑스 국가는 다른 어떤 국가 못지않게 국내를 단단히 옭아매는 체제를 만들어냈는데, 어느 정도는 군주정이 통치해야 하는 영역(당시 '육각형'이라 불린 프랑스 영토)이 비교적 작았기 때문이다. 그러나 당시 프랑스 역시 제국들 사이에서 제국처럼 행동했고, 해외에서 모험사업을 벌이고 분쟁했으며, 인접한 국가들을 상대로 왕조 정치를 펼쳤고, 지방 엘리트와의 가산제적 관계에 의존했으며, 따라서 '절대주의 군주정'이라는 명칭이 암시하는 것보다 덜 절대적이었다.

유럽 국가들은 세계 제국이라는 맥락에서 스스로를 재편해야 했지만, 누군가는 유럽 내부에서 일어난 변화의 정도를 쉽게 과장할 수도 있을 것이다. 베스트팔렌 조약(1648년)은 흔히 새로운 체제의 시작으로, 유럽의 주요 세력들이 각국의 영토 주권을 상호 인정하는 원칙을 받아들인 사건으로 알려져 있다. 그러나 이 조약은 알려진 것보다는 덜 혁신적이었고 영향을 덜 미쳤다. 베스트팔렌에서 유럽 세력들(신성로마 황제, 신성로마 제국의 공들, 프랑스 왕, 스웨덴 왕)은 오래도록 계속된 종교·왕조 분쟁(독일에서의 30년 전쟁, 또는 합스부르크 에스파냐와 네덜란드 간의 80년 전쟁)을 끝내려 했다. 네덜란드는 독립을 이루었다(그러나 네덜란드는 이미 동인도 제도에서 다른 종류의 주권을 발명하고 있었다). 신성로마 제국의 300여 공들은 각자의 영토 주권을 인정받았지만, 이 제국은 전체를 아우르는 정치적 실체로서, 연방과 제국 사이의 무언가로서 158년 더 존속했다. 스웨덴과 프랑스는 새 영토를 양도받았으나 그 영토의 주민들이 반드시 같은 언어를 말하거나 국가에 충성한 것은 아니었다.

베스트팔렌 조약에 서명한 국가들은 아주 국가적이지도, 경계가 명확하지도 않았으며, 그다음 300년 동안 제국적 야망을 추구했고 그 야망에 시달렸다. 1648년 이후로도 서로 다르고 동등하지 않은 다양한 국가 형태들(프랑스와 에스파냐 같은 강한 군주국, 네덜란드의 상인 공화국, 폴란드의 귀족 공화국, 스위스 연방, 이탈리아의 상인 공화국들)이 오랫동안 존속했다. 유럽에는 여전히 교황, 황제, 왕, 공작, 백작, 주교, 도시 행정관, 지주가 있었다. 황제들은 예전처럼 서로 상호작용했고, 영유지의 구성 요소들을 둘러싸고 싸우거나 그 요소들을 주고받았다. 프랑스는 전반적으로 영국의 맞수였으나 이따금 네덜란드 연합주에 맞서 영국과 동맹을 맺었다. 네덜란드는 1688년부터 1689년까지의 영국 내전기에 한 파벌이 다른 파벌을 내쫓는 것을 지원했다. 1700년에는 프랑스의 부르봉 왕조가 에스파냐 왕실이 되어 새로운 왕조 결합이 이루어졌다.

베스트팔렌 조약은 가톨릭교도, 루터교도, 칼뱅교도 사이에서 종교적 관용을 증진하는 한편 개종을 통해 '자기' 영토의 종교적 제휴 관계를 바꾸려는 공들의 능력을 제한할 것으로 추정되었다. 그러나 종교적 투쟁은 멈추지 않았으며, 주권의 속지주의는 1648년에 새로운 것도 아니었고 그 후로도 존중받지 못했다. 황제가 왕에게, 왕이 공에게 행사하는 중층적 주권은 19세기 유럽에서 여전히 실행 가능한 선택지였으며, 앞으로 보겠지만 20세기에는 중층적 주권의 새로운 형태들이 고안되었다. '베스트팔렌 주권'의 이념(다른 동등한 국가들과 상호작용하는, 경계가 정해진 통일 국가들의 세계)은 1648년보다 1948년과 더 관련이 있었다(제13장).

대등하지 않고 불안정한 복합 제국들의 상호작용은 외교와 법을 혁신하도록 압박했다. 앞에서 살펴본 대로(제5장) 오스만 왕조는 외국인 공동체에 그들의 자체 규칙에 따라 통치할 권리를 주었고, 다른 나라에서 오스만의 대사와 대사관이 보호받아야 한다고 강력히 주장했다. 네덜란드 동인도 회사와 영국 동인도 회사가 서로 공세를 취할 무렵, 휴고 그로티우스(Hugo Grotius)는 인도양의 해상 전통(열린 고속도로로서의 바다)을 차용하여 《해양 자유론(Mare liberum)》(1609년)을 썼다. 그러나 인도양은 15세기보다 17세기에 덜 자유로웠다. 한편 무굴 제국에서 상업 활동을 방해하거나 증진하는 현지 주권자들의 역량에 직면한 유럽인들은 교회법의 규칙을 어기고서 비기독교 세력들과 조약을 맺고 교섭 상대들의 정당성을 인정했다. 훗날 '국제법'이라 알려지게 된 규범의 이런 혁신들은 제국들과 다양한 법 전통들(로마, 기독교, 오스만, 무슬림, 무굴의 법 전통)사이의 접점에서 일어났다. 외교와 법은 동등한 국가들의 관계를 규제하는 데 초점을 맞추기는커녕 대단히 불공평한 세계에 정당성과 질서를 부여했다.

제국은 언제나 다른 집단을 다르게 통치한다는 것을 함축했지만, 여기에 더해 아메리카의 제국들은 차이의 정치가 어떠해야 하느냐는 논쟁을 명시적으로 이끌어냈다. 라스 카사스는 아메리카 토착민들이 가톨릭 제국에 포함되며 비록 개종 대상일지라도 그들은 문명 지위를 인정받을 자격이 있다고 역설했다. 아메리카 식민지들은 동일성의 정치에 의지했다. 다시 말해 지리적 이동으로 인해 영국인으로서의 권리가 줄어드는 것은 아니라고 역설했다. 두 주장 모두 노예를 노동 단위로 간주했을 뿐 노예에 크게 신경 쓰지 않았지만, 대다수 제국들은 노예주들이 사회질서의 일원으로서 존중받기를 원한다면 지켜야 할 최소한의 행동 수칙을 입발림으로나마 지지했다. 제국의 제도는 복속민 일부에게 지역 당국과 지주에 맞서 왕에게 보호를 요청할 작은 기회를 주었다. 물론 그들을 엘리트층의 탐욕과 만행으로부터 지켜주기에는 턱없이 부족한 기회였다. 그러나 제국의 모든 엘리트가 피정복민이나 노예들이 실컷 모욕당하고 착취당하기 위해 존재한다고 생각했던 것은 아니다. 통합과 분화의 관계가 미래에도 반드시 똑같지는 않을 터였다.

15세기부터 17세기까지 제국들이 세계 도처에서 판도를 넓힌 과정은 단단하게 조직된 유럽이 한마음으로 이루어낸 정복이 아니라 다면적인 전환 과정이었다. 통치자가 권력을 확대하고 중개인을 구하고 위계질서를 조종함에 따라 사회와 정치체는 분열되고 재편되고 새로 생겨났다. 그 와중에 바르톨로메 데 라스 카사스 같은 소수는 잠시 멈추어 질문을 던졌다. 우리가 무슨 짓을 했는가?

CHAPTER 7

스텝 지대 너머
: 러시아와 중국의 제국 건설

    유럽에서 통치자들이 이웃 국가들의 영토에 손을 뻗고, 지역 귀족의 영역 너머로 나아가고, 자원을 얻기 위해 대륙 외부로 진출하는 동안, 두 제국―젊은 제국과 아주 오래된 제국―은 유라시아의 드넓은 공간에서 통치권을 확대하고자 했다. 러시아 탐험가들은 모스크바(15세기부터 제국 권력의 중심으로서 몸집을 키워온 도시)에서 동쪽으로 볼가 강 너머까지 나아가다가 반대 방향에서 다가오던 다른 제국과 맞닥뜨렸다. 17세기에 청 왕조가 재통일한 중국은 서쪽과 북쪽으로 뻗어나가 시베리아까지 진출했다. 두 제국 사이에는 몽골족을 위시한 유목 부족들이 있었으며, 이들은 방목지 경로, 정주하는 이웃과의 무역 독점, 초부족적 지도력을 두고 서로 경쟁했다(제4장).

    바다에서처럼 육지에서도 제국 간 경쟁은 제국의 지리와 정치를 변모시켰다. 에스파냐 제국과 영국 제국이 대양들을 통제하려고 경합하는 동안, 로마노프 왕조의 러시아와 청 왕조의 중국은 유목민 도전자들을 집어삼키고 유라시아 중부에서 제국 건설에 필요한 공간에 경계를 쳤다. 이 장에서는 9세기부터 표트르 대제 치세까지의 러시아 제국과, 원 왕조가 무너진 때부터 18세기까지의 중국을 살펴볼 것이다. 우리는 러시아와 중국의 통치자들이 어떻게 새로운 전략을 통치 레퍼토리에 섞어 넣었는지, 어떻게 차이를 제국의 자산으로 바꾸었는지를 중점적으로 다룰 것이다. 끝부분에서는 몽골, 중국, 러시아 세 제국이 중앙아시아와 티베트 고원에서 마주친 과정을 살펴볼 것이다.

러시아의 유라시아 제국

루시의 길

중국에 비하면 러시아는 신흥 국가이자 있을 법하지 않은 국가였다. 러시아 정치체는 14세기와 15세기에 어떤 강대국도 크게 신경 쓰지 않던 이름 없는 지역에서 형태를 갖추었다. 세계 정치의 중심에서 벗어난 지중해 인근의 위치가 로마의 팽창을 보호했던 것과 마찬가지로, 세계 정치의 주무대에서 멀리 떨어진 위치는 러시아 공의 씨족들이 드네프르 강과 볼가 강 사이의 삼림 지대에서 교묘한 술책으로 근소한 우위를 점하는 데 도움이 되었다. 야심 찬 공들은 권세를 얻는 동안 몇몇 제국들이 구사한 전략에 의존할 수 있었다. 튀르크와 비잔티움, 몽골 치국술의 요소들을 결합함으로써, 러시아 지도자들은 숲과 습지, 흩어져 방랑하는 인구로 이루어진 공간에서 제국 형성의 시동을 걸 수 있었다.

러시아는 9세기 키예프에서 국가를 세운 전사 공들로부터 나라의 이름과 제국 문화의 속성 일부를 받아들였다. 바이킹족이 유럽 해안을 분주히 습격하는 동안 루시의 뱃사공들은 동쪽에서 운명을 개척했다. 루시는 전쟁 중인 국가들과 경쟁 중인 영주들을 피해가면서, 발트해에서 출발하여 볼가 강을 따라 카스피해까지 가는 경로와, 돈 강을 따라 흑해까지 갔다가 드네프르 강을 통해 되돌아오는 경로를 개척했다. 루시는 탐험 도중에 튀르크계 민족들을 마주쳤는데, 그들은 공격적이고 기동력 있는 씨족에 유용한 기술들을 가지고 있었다. 루시의 노력은 (부와 시장, 유라시아를 횡단하는 상업에 접근하는 수단을 가진) 비잔티움 제국까지 도달하여 결실을 맺었다. 루시가 가로지른 삼림 지대는 수출 가능한 상품(호박, 모피, 꿀, 밀랍, 재목, 피치)과 수출 가능한 사람(고대 이래로 붙잡히거나 사고팔린 노예)을 제공했다. 900년까지 루시는 습격하고 무역하고 운송을 통제하여 부를 쌓았다. 수도 키예프에서 루시 공들은 스스로 유럽식 통치 왕조로 변모했으며, 이 왕조는 주변 일대의 슬라브계 농민들, 드네프르 강변의 번창하는 도시로 몰려든 직인들과 확연히 구분되었다.

루시 공들은 '류리크의 아들들'을 뜻하는 류리크 왕조로 알려졌다. 수백 년 후에 기독교도 연대기 편자들이 기록한 류리크 왕조의 창건 전설은 외부인 집단이 어떻게 통치자가 되었는지를 설명해준다. "류리크와 그의 형제들은 슬라브계 부족들로부터 그들의 토지를 통치하고 그들 사이를 화평하게 해달라는 청을 받았다." 먼 곳에서 와서 평화를 이루고 지킬 수 있는 지도자는 이 일대에서 제국을 상상할 때 빠지지 않는 요소가 되었다. 튀르크계 카간들(제4장)과 마찬가지로 루시 공들은 왕위를 방계로, 즉 형제에서 형제로 계승했다. 그러면서도 이론적으로는 형제 개개인에게 통치할 공국을 주는 한편 왕실의 보석인 키예프를 얻을 차례를 기다리게 함으로써 골육상쟁을 누그러뜨렸다. 공들에게는 저마다 무장한 추종자들이 있었다. 이런 종속적인 보호자 패거리를 거느린 채 공들은 서로 상당한 폭력을 주고받으면서 공국들을 순번제로 이동했다(키예프 루시의 복잡한 족보 서열 계승 원칙인 로타 제도를 말한다. 키예프 루시는 단일 국가가 아니라 10여 개의 공국이 연합한 형태였으며, 이 공국들 사이에는 서열

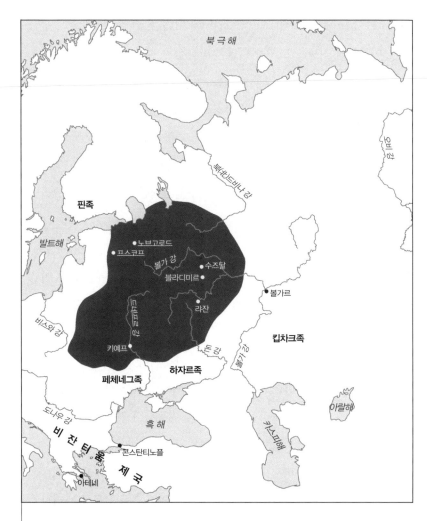

지도 내 지명:
북극해 · 오비 강 · 뒤나(드비나) 강 · 핀족 · 발트해 · 노브고로드 · 프스코프 · 볼가 강 · 수즈달 · 블라디미르 · 볼가르 · 드네프르 강 · 라잔 · 킵차크족 · 비스와 강 · 키예프 · 돈 강 · 볼가 강 · 페체네그족 · 하자르족 · 도나우 강 · 아랄해 · 카스피해 · 흑해 · 비잔틴 제국 · 콘스탄티노플 · 아테네

이 있었다. 키예프의 대공이 죽으면 로타 제도에 따라 그다음 서열인 공이 키예프로 이동하고, 나머지 공들도 자기 서열에 해당하는 다른 공국들로 연쇄 이동했다 ─옮긴이).

키예프에서 통치가 안정됨에 따라 루시인들은 권력을 공고히 다지기 위해 국교를 확립하는 익숙한 전략에 의지했다. 슬라브인들과 마찬가지로 다신교도였던 루시인들은 초기 로마인들과 흡사하게 처음에는 다양한 신들을 받아들이고 통합했다. 루시의 가장 위대한 지도자 블라디미르

(재위 980~1015년)는 키예프의 어느 언덕에 고대 노르웨이인, 핀족, 슬라브인, 이란인의 신들을 모시는 넉넉한 만신전을 지었다. 아마도 콘스탄티노플에서의 만남에서 영향을 받았을 텐데, 훗날 블라디미르는 일신교로 돌아섰고, 어떤 종교를 택할지 결정해야 했다. 장엄한 의례와 건축을 선보이는 비잔티움은 동방 기독교 덕분에 더욱 강해진 제국 권력의 빛나는 본보기였다. 다른 후보로는 흑해 북쪽의 하자르족 유목민이 채택한 신앙인 유대교, 서쪽에서 온 상인들이 신앙을 고백한 라틴 기독교, 그리고 이슬람교가 있었다.

러시아 연대기들은 블라디미르가 결정을 내린 이야기를 말해준다. 유대교는 국가를 잃어버린 패배한 민족의 종교이기 때문에 거부되었다. 이슬람은 금주 때문에 탈락했다. 연대기는 "음주는 러시아인의 기쁨"이라고 말한다. 일부일처제 기독교는 또 다른 문제를 제기했는데, 블라디미르는 아내를 하나 이상 두었고 첩도 많았기 때문이다. 결국 국가적 이유들이 승리한 것이 분명한데, 블라디미르가 동방 기독교로 개종하자마자 아내들과 첩들을 포기하고 비잔티움 황제의 여동생과 결혼했기 때문이다. 어쩌면 술이 섹스를 이겼는지도 모른다.

블라디미르는 988년에 드네프르 강에서 키예프 사람들에게 세례를 준 비잔티움 성직자들을 환대했다. 콘스탄티노플은 교회 업무를 관리할 수좌대주교를 파견했다. 비잔티움 성직자들은 슬라브어로 번역한 다음 특별히 발명한 키릴 문자로 기록한 성서를 가져갔다. 9세기에 동방 교회는 몇몇 언어들(주로 라틴어)만 하느님 말씀을 표현하기에 알맞다고 고집하는 로마식 원칙을 거부했다. 그렇게 선택한 다언어 기독교는 비잔티움의 제국 야망에 안성맞춤이었고(제3장), 나중에 루시에도 유익한 결과를 가져왔다. 그러나 과거의 로마인들과 마찬가지로 블라디미르가 선택했다고 해서 모든 사람이 곧장 기독교로 개종한 것은 아니었다. 슬라브계 인구는 자기네 지역 신들을 계속 숭배했고, 이따금 강제 개종에 대항하여 반란을 일으켰으며, 수 세기 동안 종교 관행들을 다양하게 합성했다.

비잔티움식 기독교는 도시 키예프와 그 통치자들의 문화적 레퍼토리를 변형했다. 루시 공들의 건설 계획은 건축가, 성상(聖像) 화가, 대장장이, 석공, 도공, 금세공인, 은세공인, 타일 제작자를 키예프로 끌어들였다. 노브고로드, 수즈달, 블라디미르 같은 북쪽의 도시들에서는 교회가 건설되고 성화 화풍이 발달했다. 루시 영토에서 성직자들은 성인전, 연대기, 설교문을 제공했다. 이중 일부는 그리스어에서 번역되었고, 다른 일부는 지역 성직자들이 창작했다.

그러나 종교는 루시의 제국 건설을 지탱하기에 충분하지 않았다. 첫째, 로타 제도로 인해 계승 투쟁이 계속 벌어졌다. 루시 공들은 친족을 뛰어넘거나 대체하고자 스텝 지역 출신 유목민이나 침입자와 동맹을 맺었다. 둘째, 1204년 십자군에 약탈을 당한 콘스탄티노플이 흔들리기 시작하자 상업의 교점들에 기반을 둔 키예프의 경제가 움츠러들었다. 왕조에 균열이 난 데다 경제까지 침체된 상황에서 유라시아를 가로지른 몽골족이 류리크 왕조의 영역을 초토화하기 시작하자, 루시 공들은 신참자들을 도저히 당해낼 수가 없었다. 공국들은 하나씩 패했고, 키예프는 1240년에 포위되고 정복당했다.

칸의 대리인들

몽골의 정복을 기점으로 루시 땅에서 키예프가 상위 권위를 주장하던 시절이 끝나고 새로운 제국 역학이 시작되었다. 몽골의 지도자이자 칭기즈 칸의 손자인 바투가 1242년에 대칸 선출에 참여하기 위해 군대를 데리고 몽골로 돌아간 이후(제4장), 잔존한 류리크 왕조는 공국들로 되돌아갔고 뒤이어 이웃들과 전쟁을 벌였다. 공들 중 최강자는 북부 도시 노브고로드와 프스코프의 지도자 알렉산드르 넵스키였다. 그는 1240년에 발트해로 이어지는 무역로를 탈취하려던 스웨덴의 시도와 1242년에 튜튼 기사단의 침공을 격퇴했다.

계승 문제를 정리한 몽골족이 다시 루시를 공격한 뒤로는 결과적으로 류리크 왕조의 치국술을 강화한 정치적 조정의 시대가 찾아왔다. 대칸 오고타이가 죽은 후 바투는 아버지 주치의 울루스를 할당받아 이름을 킵차크한국으로, 나중에 다시 금장한국으로 바꾸었다(제4장). 1243년 무렵부터 14세기 후반까지 몽골족이 통치한 이 칸국은 키예프, 블라디미르, 미래의 모스크바, 볼가 강과 드네프르 강의 무역로에 권력을 휘둘렀다. 바투의 수도 사라이는 무역로를 몽골족에 이롭도록 통제하기 쉬운 볼가 강변에 자리하고 있었다. 그러나 칸국 세력권 서쪽의 삼림 지방들은 몽골족에게 매력적이지 않았다. 몽골족은 권한을 위임받은 관리들—대개 지역 당국의 지원을 받았다—에 의지하여 이 지방들을 통치하고 착취했다. 몽골은 대군주로서 류리크 왕조에게 다시 한 번 기회를 주었다. 류리크 공들은 각자 작은 도시를 기반으로 칸의 환심을 사고, 칸을 위해 세금을 걷고, 키예프 시대처럼 나머지 공들보다 지위가 높은 대공이 되기 위해 서로 경쟁했다.

몽골 칸들은 유라시아식 승인을 이용하여 류리크 왕조가 통치자 지위를 회복하도록 도왔다. 각 지역의 공은 사라이까지 가서 자기 영역에 대한 권위를 승인받았다. 공들이 충성을 맹세하고 모피와 가축, 노예, 은을 선물한 대가로, 칸은 이아르리크(iarlyk)라는 권한 특허증을 주었다. 첫 번째 이아르리크는 1243년에 블라디미르의 소도시에서 온 야로슬라프 프세볼로도비치에게 하사되었다. 칸에게 복종하는 것은 선택의 문제가 아니었다. 공이 합당한 복종 의례를 행하지 않으면 처형되었다. 몽골인과 루시인은 둘 다 지도력을 왕조에 일임했다. 몽골 칸들은 모두 칭기즈 왕조에 속했고, 루시 공들은 모두 류리크 왕조의 일원이었다. 류리크 공들 사이에 분쟁이 발생하면 칸에게 중재를 청했다. 칸을 섬긴 뒤로 공들은 조세 징수관으로서 세금 일부를 착복할 수 있었다. 최고의 거래를 달성하는 방법은 칸의 가족과 결혼하는 것이었다.

몽골의 정복 이후 동방 기독교 성직자들은 곧 어느 쪽이 더 용맹한지 알게 되었다. 정교회는 사라이에 주교를 배치했다. 류리크 공들과 마찬가지로, 울루스에서 정교회 성직자들은 몽골족으로부터 권한을 부여받고, 보호를 누리고, 교회에 세금을 면제해준 덕에 이익을 보았다. 13세기와 14세기 동안 기독교 사제들은 칸의 안녕을 위해 기도했고, 교회 지도자들은 사라이로 가서 칸과 그의 가족을 지원했다. 키예프의 중요성이 낮아짐에 따라 이전에 루시 땅에 있던 정교회 교계 조직은 우선 블라디미르에, 그 이후 14세기 초에 모스크바에 재배치되었다.

모스크바 지방의 공들은 세 가지 제국 노선의 교차로에서 제국을 건설하려 했다. 조상인 루시인들로부터 그들은 왕조의 정통성을 물려받았다. 비잔티움 왕조로부터는 슬라브어 성서로 기록된, 이용하기 편한 동방 기독교를 물려받았다. 그리고 직접 경험을 통해 몽골 주권자들로부터 분산된 인구를 관리하고 그들에 의지하여 살아가는 법을 배웠다. 모스크바는 지도자들이 이 전통들을 선택하고 변형하여 합성적이고, 회복력이 있고, 스스로를 조정하는 제국 정치를 창출함에 따라 신흥 세력으로 대두했다.

모스크바의 통치

모스크바 공들은 가장 두각을 나타낸 조상 다닐의 이름을 따서 다닐로비치라고 불리곤 한다. 알렉산드르 넵스키의 아들인 다닐은 1263년에 몽골 칸으로부터 모스크바 공으로 임명되었다. 다닐의 아들 유리 또한 몽골족의 충직한 하인이었다. 유리는 2년 동안 사라이에 머물던 중에 1317년 우즈베크 칸의 누이와 결혼했고, 1년 후 블라디미르 대공에 임명되었다. 다닐로비치 가문의 땅은 모스크바에 집중되었고, 강변에 가문의 성채(크렘린)가 있었다. 류리크 왕조의 다양한 가문들이 몽골족과 수십 년 동안 우세한 권력을 두고 서로 경쟁한 이후, 다닐로비치 가문이 토지를 고수하고, 다른 공국들로 통치를 확대하고, 제국으로 나아가는 데 가장 성공했다.

공으로서 생존하는 데 가장 필수적인 첫 번째 요소는 몽골 칸으로부터 계속 은혜를 받는 것이었으며, 이를 위해 다닐로비치 가문은 칸을 매수하고, 의례를 거행하고, 군사 원정에 병력을 보탰다. 두 번째, 다닐로비치 가문은 세금을 매길 무언가가 필요했으나 그들 영

키예프와 모스크바의 주요 통치자들의 재위 기간
블라디미르 대공(980~1015년)
야로슬라프 대공(1019~1054년)
블라디미르 모노마흐 대공(1113~1125년)
알렉산드르 넵스키, 블라디미르 공
　　(1252~1263년)
유리 다닐로비치, 블라디미르 대공
　　(1318~1322년)
이반 1세 '돈주머니', 블라디미르 대공
　　(1328~1341년)

모스크바 대공들
드미트리 돈스코이(1359~1389년)
바실리 1세(1389~1425년)
바실리 2세(1425~1462년)
이반 3세 '대제'(1462~1505년)
바실리 3세(1505~1533년)
이반 4세 '뇌제'(1533~1584년)

역에는 자원이 별로 없고 인구가 적었으므로, 모스크바의 기반을 확대하여 더 많은 땅과 강, 사람, 북부와의 연계와 훗날 볼가 강 하류와의 연계를 그들의 통제 아래 두어야 했다. 세 번째, 다닐로비치 가문은 결혼 정치에 능했다. 그들은 아들들을 칸국과 맺어주는 한편, 딸들을 경쟁관계인 공들의 아들에게 시집보내는 데 용케 성공했다. 몽골족의 족외혼을 가부장제에 가깝게 변형한 결혼을 통해 다닐로비치 가문은 자기네 가산제적 명령권의 범위 안으로 다른 류리크 왕조 가문들을 끌어들였다. 마지막으로 모스크바 공들은 왕조의 후사 생산 경주에서 운이 좋았

다. 그들은 가문 권력을 강화하는 데 이롭도록 장수했으나 아들을 많이 낳지는 않았다. 이 사실은 다닐로비치 가문이 자손들에게 영토를 분할하던 관습—키예프 엘리트층을 산산조각낸 과정—을 중단할 수 있었음을 뜻한다.

킵차크한국은 동쪽으로의 무역을 완전히 장악하고 있던 까닭에 야심만만한 제국 건설자들의 주요 표적이었다. 이 취약점은 모스크바 대공국의 앞날에 도움이 되었다. 특히 1395년에 티무르가 사라이를 철저히 파괴한 이후(제4장), 모스크바 대공들은 세금을 직접 차지하고 복속민들에게 조공을 요구하기 시작했다. 15세기 중엽까지 킵차크한국은 네 부분(카잔한국, 아스트라한국, 크림한국, 킵차크한국의 잔존 세력)으로 나뉘었다. 1462년 이후로 킵차크 칸은 모스크바 대공을 임명하지 않았다.

그다음 두 세기에 걸쳐 포르투갈, 에스파냐, 네덜란드, 영국의 대리인들이 대양 도처에서 고립 영토와 정착지를 건설하는 동안, 모스크바 대공들은 육상에서 사면팔방으로 사람과 자원에 대한 통제력을 확대하며 다종족·다종파 제국을 형성하고 있었다. 제국의 핵심 지역에는 핀족과 슬라브족, 그리고 모스크바 대공국에 통합되기 전에 대부분 이교도였던 부족들이 거주했다. 사회 위계질서의 최상층에는 여러 출신이 섞여 있었는데, 몽골족 가문들이 모스크바 대공국의 공직에 들어와 있었기 때문이다.

1478년에 노브고로드와 그 배후지를 정복한 결과 더 많은 핀족 집단들이 모스크바의 통치를 받게 되었다. 러시아인들은 이 북부 지방과 발트해 접근권을 놓고 다른 팽창주의 세력들(리보니아인, 스웨덴인, 폴란드인)과 겨루어야 했다. 1430년에 리투아니아 대공 비타우타스가 죽자 이 대공의 가문과 결혼한 사이였던 모스크바 대공국의 주민들은 서쪽으로 팽창할 기회를 잡았다. 그들은 슬라브계 인구와 영토를 통합하는 길고 힘

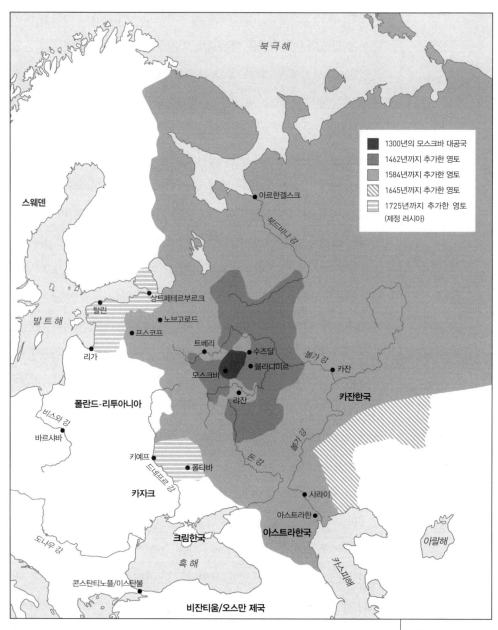

북극해

스웨덴

아르한겔스크

드비나 강

발트해

상트페테르부르크

탈린

노브고로드

프스코프

리가

트베리

수즈달

볼가 강

블라디미르

모스크바

카잔

카잔한국

폴란드-리투아니아

랴잔

비스와 강

바르샤바

키예프

돈 강

드네프르 강

폴타바

카자크

사라이

크림한국

아스트라한

아스트라한국

아랄해

도나우 강

흑해

카스피해

콘스탄티노플/이스탄불

비잔티움/오스만 제국

	1300년의 모스크바 대공국
	1462년까지 추가한 영토
	1584년까지 추가한 영토
	1645년까지 추가한 영토
	1725년까지 추가한 영토 (제정 러시아)

지도 7.2
러시아의 팽창

겨운 노정을 시작했는데, 이들 인구와 영토는 동맹국 폴란드와 함께 모스크바의 길을 계속 가로막은 리투아니아가 통치하고 있었다. 우크라이나는 17세기 중엽에 이 지역 카자크들과의 협정을 통해 러시아에 병합되었다. 대공국이 서쪽으로 팽창하자 로마 가톨릭은 모스크바의 통치를 받게 되었다. 모스크바 대공국이 흑해와 그 연계를 궁극적인 목표로 삼은 남쪽에서는 오스만 세력이 러시아의 성장을 제약했다.

모스크바 대공국 주민들에게 가장 유망한 방향은 동쪽이었다. 러시아 군인, 모험가, 상인은 모피를 찾아 시베리아를 가로질러 나아가면서 토착민들에게 모스크바의 주권에 복종하고, 조공을 바치고, 병력과 요새를 지원할 것을 강요했다. 볼가 강을 따라 중앙아시아까지 이어지는 남동쪽에서 그들의 목표는 무역로를 통제하는 것이었다. 성마른 몽골 칸국들이 서로 권리를 주장한 지역들에서 모스크바는 옛 주권자를 상대로 판세를 뒤엎을 수 있었다.

모스크바 대공은 자신의 후보자를 타타르 왕위에 앉혀서 볼가 강변의 카잔한국을 흡수하려 했다. 이 시도가 실패하고 칸이 모스크바에 맞서 동맹을 구하자 이반 4세(뇌제)는 카잔한국을 공격했다. 1552년에 카잔을 정복함으로써 모스크바국은 더욱 다양한 사람들로 이루어진 정치체가 되었다. 카잔한국의 엘리트층은 타타르족 무슬림이었고, 주민들은 튀르크어족, 핀-우그르어족, 기타 어족의 언어를 사용했다. 일부는 무슬림, 일부는 범신론자, 소수는 기독교도였다. 이반은 모스크바의 후보자를 아스트라한의 칸으로 만들고 나중에 이 칸국을 병합하는 등 계속해서 스텝 지대의 정치를 뒤집었다. 이제 모스크바는 볼가 강과 스텝 지대의 아시아 무역로 사이(한때 킵차크한국이 번영했던 곳)에서 중요한 연계를 직접 차지하고자 했다.

모스크바 공들은 정복, 조공, 농민에 대한 과세, 무역 통제를 통해 제국을 건설할 재료를 얻었다. 그러나 과연 그들이 통제권을 수 세대 넘게 지킬 수 있었을까? 그들의 두 가지 모델(몽골 왕조의 태니스트리제와 류리크 왕조의 방계 계승)은 일반적으로 유라시아 왕조의 영지를 갈라놓은 경쟁자들의 폭력적인 권력 투쟁을 해결할 방안을 내놓지 못했다. 이와 관련한 제국의 더 일반적인 문제도 있었다. 왕조 주권자에 대한 엘리트들의 충성을 어떻게 유지하느냐는 문제였다. 시간이 흐르면서 러시아인들은 중개인을 통치자에게 붙들어놓는 매우 효과적인 방법들을 고안했다.

모스크바 공들은 팽창하는 정치체에 끌려들어온 엘리트들에게 결혼 동맹 관습을 확대함으로써 결정적인 혁신을 이루어냈다. 새로운 씨족들의 우두머리는 보야르(boyar, 상층 귀족 ─옮긴이)였고, 씨족들은 관직 배정을 결정하는 서열을 이루었다. 보야르들의 협의회는 통치자에게 집단으로 조언을 했다. 대공들은 복속 씨족의 여성과 결혼했으며, 이 관행은 여성의 가문 전체를 왕조에 접붙여 왕조의 이해관계를 그들의 사활이 걸린 문제로 만들었다. 대공은 다닐로비치 가문만이 될 수 있었다. 이 결혼 제도의 가장 큰 취약점은 가문의 낮은 생식력이었다. 대공이 아들을 낳지 못하거나, 정신박약아나 단명하는 아들을 얻을 경우(제국을 심각한 위험에 빠뜨릴 수 있었고 실제로 빠뜨렸던 우발적 사태) 과거에 로타 제도에서 자산이었던 것이 되려 약점이 되었다.

두 번째 전술은 투박한 물질 공세였다. 과거의 킵차크 칸들과 마찬가지로, 모스크바 대공들은 자신이 팽창하는 영토 전체의 주인이라고 선언하면서도, 충성과 봉직을 조건으로 구엘리트와 신엘리트 둘 다에게 넓은 토지를 나누어주었다. 러시아의 역사 대부분 동안 통치기구의 근간은 두 가지 가산제적 원칙, 즉 모든 자원에 대한 통치자의 궁극적인 소유권과 조건부 토지 양여였다. 대공 개인의 종속자로서 자기 가족을 위해 착취할 토지와 사람을 할당받은 엘리트들은 서로 단결하여 귀족을 형성할 가망이 별로 없었다. 의식을 치르는 동안 보야르들은 대공 앞에서 바닥에 이마를 대고 자신을 '노예'라고 칭했다. 제국이 팽창함에 따라 이런 부류의 노예는 대공에게서 자원을 할당받아 부자가 될 수 있었다.

대공들은 결혼과 토지 양여를 통해 엘리트들을 모스크바에 붙들어놓긴 했지만, 평민들을 상대로는 방어를 해주고 조세를 강제로 징수한 것이 고작이었다. 궁정과 평민 사이의 정신적·의례적 연계를 제공한 것은 점차 제국의 이데올로기로 변모해간 동방 정교회였다. 특히 1453년에 콘스탄티노플이 오스만군에 함락된 이후 칸국들이 약해짐에 따라, 정교회 성직자들은 교회의 덩치를 키우기 위해 모스크바 대공국 쪽으로 돌아섰다. 1448년에 콘스탄티노플 총대주교의 승인을 받는 성가신 절차 없이, 랴잔 출신 주교가 모스크바의 수좌대주교로 선출되었다. 물론 정교회 성직자들은 과거의 몽골족처럼 모스크바 대공국 사람들이 정교회를 호의적으로 대해주기를 바랐다.

모스크바 대공들이 예전 주인들보다 우세해 보이자, 비잔티움의 선례에서 영향을 받은 성직자들은 교회를 모스크바 군주의 막후 세력으로 만들고자 했다. 이를 위해서는 제국의 상징들을 유라시아 양식에서 기독교 양식으로 바꾸고 모스크바가 더 편리하게 이용할 수 있는 과거를 제시해야 했다. 성직자들은 러시아 통치자들을 위해 만족스러운 계보를 만들어내고는 모스크바 대공들이 비잔티움 황제들로부터 권위를 부여받았고 그들이 아우구스투스 카이사르의 후손이라고 주장했다. 모스크바가 대두하는 데 결정적이었던 칸들의 대군주 지위는 '타타르의 족쇄'로 바뀌었다.

대공으로서 소수집단을 통치하던 이반 4세는 1547년에 카이사르를 뜻하는 차르(tsar)라는 새 칭호를 채택함으로써 자신을 과거의 로마와 연결했다. 800년에 대관식을 거행한 샤를마뉴 대제도, 이반 4세의 동시대인이었던 카를 5세와 쉴레이만도, 19세기 독일의 카이저들도 스스로를 로마 제국과 연결지었다. 훗날 러시아 차르들은 비잔티움에서 완전한 통치자를 뜻하는 '전제군주'를 자신의 호칭에 추가했다. 차르의 왕관은 비잔티움 황제 콘스탄티누스 9세 모노마쿠스에서 유래했다는 뜻에서 '모노마흐의 모자'

라고 불리게 되었다. 그렇지만 사실 이 왕관은 중앙아시아에서 제작되었고, 모스크바 성직자들이 효과적으로 유포한 허위 정보였을 뿐 비잔티움과 아무런 관련도 없었다.

1589년에 모스크바 지도자들은 교섭을 통해 모스크바의 수좌대주교를 러시아 자체 동방 정교회의 총대주교로 바꾸는 데 성공했다. 그에 앞서 몽골의 쿠릴타이와 비슷한 전국 의회〔러시아어로는 젬스키 소보르(zemskii sobor)라고 하며, 16세기와 17세기에 차르가 소집한 일종의 신분제 의회다 - 옮긴이〕를 소집한 이후, 차르는 1550년에 새로운 법전을 발행하여 모든 신민이 명예와 안녕을 지키기 위해 차르에게 호소할 수 있는 권리를 명시했다. 몽골의 칸은 카이사르 겸 이슬람이 믿는 신의 종으로 변모한 바 있었다. 차르는 전제군주가 지도하고 교회가 인도하는 기독교 공동체의 이미지를 신민들에게 제시했다.

가산제적 제국 견고하게 만들기

모스크바국의 세 기둥은 차르 중심의 씨족 정치, 토지 양여 제도, 통합 이데올로기를 가진 교회였다. 차르의 엘리트 봉직자들을 가산제로 계속 규율하는 것은 모스크바의 제국 궤도에 결정적으로 중요했다. 앞에서 보았듯이 서유럽의 산재한 귀족들은 당시 왕과 황제의 열망을 효과적으로 억제할 수 있었던 반면, 오스만 왕조는 귀족이 형성되어 권력을 잡지 못하도록 국가의 수뇌부를 조정했다. 이와 다른 경로를 택한 모스크바는 전제군주에 의존하면서도 제국 기획에 관여하는 귀족을 만들어내는 데 성공했다.

엘리트 봉직자들의 충성을 유지하는 데에는 토지 양여가 관건이었으므로, 팽창은 모스크바의 제국 메커니즘의 윤활유이자 연료였다. 새 지방들과 그곳의 자원 — 대개 중앙의 자원보다 풍부했다 — 은 차르와 그의 가족, 차르의 봉직자들뿐 아니라 성직자들까지 지탱했다. 그러나 성장은 취약점도 수반했다. 모스크바국은 판도를 넓히다가 제국이 되려는 야망을 품은 다른 세력들, 이를테면 스웨덴, 폴란드-리투아니아, 오스만 제국, 중국, 몽골, 기타 스텝 지대의 부족 연맹 등과 맞닥뜨렸다. 저마다 문화가 다른 다수의 집단들을 성공리에 정복했더라도, 그중 일부가 모스크바와 다른 제국들을 싸움 붙이기도 했다.

16세기 후반, 모스크바의 독특한 가산제는 차르 본인이 촉발한 위기를 겪은 뒤 거의 붕괴할 뻔했다. 경외심을 불러일으킨다는 뜻에서 '뇌제'(러시아로 그로즈니(groznyi))라는 별명이 붙은 이반 4세는 나라를 두 부분으로 나누었다. 그중 한 부분은 보야르와 교회가 운영하게 하고, 다른 부분은 자신의 왕당파가 운영하게 했다. 이 전술과 더불어 이반이 칭기즈 가문의 칸을 잠시 왕위에 앉히고(이반은 1575년에 갑자기 타타르의 칸 시메온을 명목상 통치자로 내세우고 그에게 충성하는 척했다-옮긴이), 정교회의 도덕적 인도를 거부하고, 적을 무참히 처형한 조치는 자기 개인의 패권을 역설하고 성직자와 보야르의 권력을 깨부수려는 몽골식 시도였다. 통치자로서 이반이 저지른 최악의 잘못은 그의 직계 가족과 관련이 있다. 이반은 홧김에 황태자를 때려 죽인 것으로 추정되며, 그 결과 '종지기' 표도르 1세(교회들을 돌아다니며 종 치는 것을 좋아하여 이런 별명이 붙었다-옮긴이)라 불린 정신박약한 아들이 유일한 후계자로 남게 되었다. 1598년에 표도르 1세의 죽음을 끝으로 류리크 왕조는 단절되었다.

이 무렵 러시아의 체제는 모스크바 공들의 결혼 정책을 비롯한 자기 보존적 요소들을 갖추고 있었다. 보야르들은 자기네 무리 중에서 한 명(누이가 표도르 1세와 결혼했던 보리스 고두노프)을 차르로 선출했다. 그러나 보리스는 류리크 왕조의 일원이 아니었던 까닭에 왕조의 정통성을 결여하고 있었다. 표도르가 서거하자 러시아 엘리트들(이반 4세 치하에서 고통받았던 사람들과, 이반과 운명을 함께했던 사람들 모두)뿐 아니라 외부 세력들(차르들이 축적한 러시아의 땅과 부를 탐내던 폴란드와 스웨덴)까지도 대규모 권력 투쟁에 뛰어들었다. 동란 시대(1584~1613년) 동안 왕가 혈통의 이데올로기가 강력한 동원력이라는 것이 드러났다. 이반 4세의 아들 드미트리라고 참칭한 두 사람은 왕가의 후광을 이용하여 왕위에 오르려 했다(가짜 드미트리라고 하며, 이 가운데 첫 번째 인물은 실제로 차르로 즉위했으나 곧 실각했다-옮긴이). 수년 동안 파괴적인 전쟁을 치른 뒤에 보야르들은 겨우 16세인 데다 그리 대단하지 않은 씨족 출신인 미하일 로마노프를 새 차르로 선출했다. 이 두 가지 특색을 마음에 들어한 다른 가문들은 미하일을 차르로 정하는 데 동의했다. 새로운 왕조는 유전적으로는 아

러시아의 차르와 왕조, 1547~1725년
류리크 왕조(다닐로비치)
이반 4세(대공 1533~1547년, 차르 1547~1584년)
표도르 이바노비치 '종지기'(1584~1598년)

1584~1613년: 동란 시대
보리스 고두노프, 섭정을 하다가 보야르로서 차르에 즉위; 내전, 드미트리 참칭자들, 스웨덴과 폴란드의 침공

로마노프 왕조
미하일 로마노프(1613~1645년)
알렉세이 미하일로비치(1645~1676년)
표도르 3세(1676~1682년)
표트르 1세와 이반 5세(1682~1689년)
표트르 1세(1689~1725년)

널지언정(예카테리나 대제가 부부관계에 어려움을 겪었기 때문에) 원칙적으로는 1917년까지 존속했다.

동란 시대 이후 반세기 동안 로마노프 왕조는 노동과 관련한 새로운 법으로 러시아 귀족 씨족들의 요구에 부응했다. 차르와 귀족은 둘 다 백성들을 '그들의' 땅에서 일하게 할 수가 없어서 골치를 썩고 있었는데, 농민들이 제국의 팽창하는 영토를 향해 짐을 꾸려서 훌쩍 이주하는 성향이 있었고, 거기에는 그들에게 기꺼이 일을 시킬 다른 누군가가 있었기 때문이다. 국가는 귀족의 불평에 응답하여 우선 농민들이 부동산을 떠날 권리를 제한한 다음 1649년에 아예 폐지했다. 권리를 재할당한 이 조치는 차르와 귀족이 합의한 거래(농노와 충성을 주고받은 거래)였다.

농민의 이동을 제한한 것은 귀족들에게 차르를 지지할 충분한 이유가 되었다. 그렇지만 러시아 제국의 다른 중개인이었던 고위 성직자들은 어떠했을까? 정교회는 로마 교황의 제도화된 권위를 상대하지 않아도 되게 해주는 한편 화합 이데올로기, 갈등을 조정하는 의례, 선교 노력으로 차르에게 어마어마한 도움을 주었다. 그러나 몽골족의 보호를 받은 이래로 교회는 자체 부동산, 자체 소작농, 자체 법정을 소유했고, 1589년 후로는 이따금 거드름을 피운 총대주교까지 두고 있었다. 로마노프 왕조의 두 번째 차르인 알렉세이 미하일로비치의 재위기(1645~1676년)에 정교회는 내분으로 약해졌다. 처음에 알렉세이는 군림하려 드는 총대주교 니콘을 지지했다. 니콘은 러시아 정교회를 '순화'하고자 그리스의 뿌리로 되돌아가고, 러시아의 관행을 키예프 고위 성직자들의 관행에 맞추어 조정하고, 모스크바의 우크라이나 팽창을 편리하게 조장하려 했다. 그렇지만 러시아에서 국내식 의례를 없애려는 운동은 니콘에 반발하고 '오랜 믿음'을 지지하는 저항을 유발했다. 차르 알렉세이는 인기 없는 총대주교의 성직을 박탈하면서도 그의 개혁을 유지하는 절묘한 수완을 발휘했다. 이로써 차르의 권위는 강화되었고, 분열된 교회의 권위는 약해졌으며, 성직자들은 규율에 복종하게 되었다.

혼합체에 유럽 더하기

러시아 역사에 관한 관습적인 서사에서 표트르 대제는 위대한 서구주의자 역할을 맡는다. 다시 말해 서구의 기술을 습득하고 유럽성(性)을 지향하는 러시아의 완전히 새로운 노선을 개시한 차르로 등장한다. 그리고 이런 서사에 맞추어 표트르 이래 수백 년 동안의 러시아는 '후진적인' 나라, 느린 속도로 유럽을 '따라잡은' 나라로 설명된다. 이 관점의 한 가지 문제는 러시아가 따라잡으려 했다는 그 '유럽'이 하나의 자각적인 전체가 아니라 많은 국가와 사회, 문화 들로 이루어진 장소였다는 것이다. 지구 각지에서 서로 상호작용해온 제국들의 다양한 과거를 포함하는 더 세계적인 관점에서 보면, 표트르가 그의 조언자, 관료, 복속자 들과 함께 러시아의 종전 제국 노선을 계속 따라갔다는 것, 여러 요소들을 실용적으로 흡수하고 혼합하며 진화해온 러시아식 통치의 관행을 응용했다는 것을 알 수 있다.

알렉세이 미하일로비치의 아들로 태어난 표트르 대제는 아버지의 두 아내의 씨족들 간에 벌어진 살인적인 투쟁에서 살아남았다. 표트르는 이복형과 차르 직위를 공유하다가 1696년에 24세의 나이로 단독 차르가 되었다. 소년기에 표트르는 모스크바의 외국인 구역에서 거주했고, '서구'의 기술, 특히 선박 건조술, 항해술, 수학, 군사 전략에 열광했다. 표트르는 차르가 된 후 유럽을 두 차례 여행했고, 그중 한 번은 신분을 속이고 네덜란드에서 조선(造船) 견습공으로 일하기도 했다. 매년 20가구마다 병사 1명을 징집한 제도를 포함한 개혁 대부분은 그의 군사적 야심에서 비롯되었다. 초기에 열세에 몰리기도 했으나 수십 년간 전투를 지

속한 끝에, 표트르는 스웨덴을 물리치고 발트해에서 러시아의 항구를 확보하는 주요 목표를 달성했다. 표트르가 러시아의 다른 주적인 오스만 제국과의 전투에서 이기고 돌아왔을 때, 모스크바에는 율리우스 카이사르의 경구인 "왔노라, 보았노라, 이겼노라"로 장식한 로마 양식 아치가 건설되어 있었다.

도판 7.1
1696년, 전년에 이어 다시 아조프 요새를 함락 중인 표트르 대제. 표트르는 부동항을 얻기 위해 오스만 제국이 버티고 있는 흑해로 진출했다. 중앙 해군 박물관, 상트페테르부르크

표트르의 혁신 중 다수는 그가 유럽의 다양한 국가들에서 목격한 관행에 매료되었음을 분명하게 보여준다. 보야르 두마(boyar duma, 러시아 대공과 차르가 자문과 협력을 구한 귀족 위원회 –옮긴이)를 원로원으로 대체한 것, 1721년 (교회가 아니라) 이 원로원을 통해 자신이 '황제'임을 선언한 것, 학술원을 설립한 것, 러시아 최초의 신문을 발행한 것, 관등표(Table of Ranks)를 이용하여 국가 봉직을 분류한 것, 행정기구를 콜레기야(collegia)로 재편한 것 등이 그런 혁신의 사례들이다.

그러나 경쟁 세력들의 군사적·문화적 자원을 획득하려 했던 것은 새롭거나 특별히 러시아적인 시도가 전혀 아니었다. 러시아적이었던 것은 표트르가 목표를 추구하는 방식이었다. 분열을 초래하는 엄청난 조치들 — 자기 성인(聖人)을 기리는 이름을 붙인 새로운 수도(상트페테르부르크)를 건설한 것, 다른 곳에 뿌리내리고 살던 귀족들에게 새 수도에 저택

을 지으라고 요구한 것, 턱수염을 깎은 것, 혼성 무도회를 준비한 것 ─ 을 명령한 표트르의 역량은 장기간 축적한 제국 권력에서, 특히 제국 엘리트층을 성공적으로 규율한 경험에서 유래했다.

유럽 통치자들과 달리 표트르는 자신의 다종파 제국을 기독교 제국으로 바꾸려고 시도하지 않았다. 이반 4세처럼 표트르는 성직자와 고위 귀족 둘 다에 대한 자신의 최고 권위를 과시했다. 또한 종려 주일에 차르가 총대주교의 말을 끌고서 붉은 광장을 가로지르던 관행(차르가 신의 뜻에 복종함을 상징하던 의식)을 중단했다. 표트르는 마음 맞는 친구들과 함께 난폭한 의례─'유다들의 교단', 조롱감인 군주 겸 교황, 가장(假裝) 결혼식, 성사(聖事)에 대한 음란한 패러디─를 거행했는데, 성직자들과 장차 귀족이 되려는 사람들에게 자신이 자문관의 권위를 거칠게 다룰 수 있음을 보여주려는 의도였던 것으로 보인다.

표트르는 이처럼 성직자들에게 인격적 굴욕을 주는 의식을 행정 개혁으로 뒷받침하기 위해 교회의 재산을 관리하고 교회에 징세를 하는 관직을 창설했다. 1721년, 표트르는 성직자가 지킬 규칙을 담은 헌장을 공표하고 총대주교를 신성종무원(Holy Synod)으로 대체했다. 교회는 반격하지 않았다. 세속 관료들과 마찬가지로 성직자들은 황제 개인의 보호하고 보상하고 처벌하는 권력을 인정했다. 그렇지만 민중은 정교회의 관행을 요란하게 조롱하는 표트르를 흉보았고, 저 이상한 차르가 혹시 적그리스도는 아닐지 의심했다. 표트르가 정교회 의식을 공공연히 불이행한 결과, 제국의 나머지 기간 동안 분리파 신도들과 참된 차르임을 참칭하는 자들이 계속해서 등장했다.

표트르의 진취적인 문화적 개혁(특히 봉직자에게 교양을 요구한 것)은 대부분 무척이나 매력적인 것으로 판명되었다. 유럽 건축가들이 가정 공간과 도시 공간을 새로운 형태로 바꾸었으며, 극장과 학술원, 박물관, 외국어 학습이 오락과 학식을 변혁했다. 유럽 여러 시대의 작풍(作風)들이 유라시아의 종전 모티프들에 섞이거나 덧입혀졌고, 그 결과 오늘날에 보아도 화려하고 당혹스러운 혼합 양식이 탄생했다. 러시아 엘리트들은 더 넓은 문명 세계와의 연결고리로서 '서구식' 태도를 함양하여 제국의 하층민들을 상대로 입지를 강화했다.

그러나 표트르가 가산제적 권력에 대한 귀족의 생각을 거스르는 데에는 한계가 있었다. 표트르는 차르가 자기 후계자를 지명할 자유를 확립하려 했다. 또한 귀족들이 모든 아들에게 토지를 나누어 양도하는 것을 불법화했는데, 이는 자손 각각에게 먹고살 방편을 주는 키예프/몽골/모스크바국의 오래된 관행에 반대하고 잉글랜드의 장자 상속제를 본뜬 개혁 조치였다. 표트르가 죽고 나자 귀족들은 이 두 가지 혁신을 고의로 방해했다. 18세기의 나머지 기간 동안 귀족의 최고위 가문들은 어떻게든 협의, 암살, 음모를 통해 자신들에게 가장 이로울 법한 황제나 여제를 지지하고, 자신들을 속박하고자 안간힘을 쓰는 차르를 제거하거나 저지했다. 제국이 팽창한 덕에 러시아 가문들은 자식들에게 토지 재산을 더 쉽게 나누어줄 수 있었다.

표트르는 임종한 1725년까지 온순해진 엘리트들의 도움을 받아 키예프, 몽골, 비잔티움의 요소와 서유럽의 관행을 흡수하거나 조작하거나 거부했고, 이런 요소와 관행을 변형하여 다른 국가들이 크고 위협적인 세력으로 인식할 만큼 강력한 제국 체제를 형성했다. 통치 원리로서 가산제는 계급을 회유하는 데 성공했다(제5장 결론 참조). 귀족들은 왕에게 봉직하는 대가로 토지와 노동력을 할당받았다. 그들은 전제정에서 벗어나려 하기는커녕 황제에 가까이 다가가거나 최고위 공직에 연줄을 대려고 분투했다. 강하게 잔존하던 몽골식 치국술은 황제와 봉직자의 관계를 굴절시켰다. 고위 관료, 귀족, 성직자 들은 모두 자신의 지위를 위해 사적인 명령 계통에 의존했다.

러시아의 공식 이데올로기는 세속적 주장과 신정적(神政的) 주장을 혼합한 형태였다. 황제는 신민들에게 권리와 재화를 할당하는 입법자였다. 정교회는 황제의 규칙에 따라 운영되었다. 귀족들은 필요에 따라 정교회와 '서구' 문화를 뒤섞고, 프랑스인 가정교사를 고용하여 자녀를 가르치고, 외국 책을 읽고, 스스로를 교양인으로 여길 수 있었다. 공식 종교로서 정교회가 수위에 있기는 했지만, 제국의 다종다양한 인구는 갖가지 방식으로 신을 숭배했다. 러시아 제국에서 살아간 사람들은 이 가운데 그 무엇도 기이하거나 문제적이라고 보지 않았다. 이 제국의 두드러진 특징은 '유럽'과 달랐던 것이 아니라, 다양한 제국 문화들을 효과적이고도 실용적으로 혼합한 것이었다.

중국: 제국 치국술의 단속적 진화

비교적 어린 제국이었음에도 아마 그 흡수 능력 덕분에, 러시아 제국은 힘겹게나마 15세기 중엽부터 간간이 모스크바 공국에서 밖으로 영토를 넓히고 두 왕조(류리크 왕조와 로마노프 왕조) 치하에서 정치적 일관성을 유지할 수 있었다. 나이가 훨씬 많은 중국 제국은 영토 장악력과 왕조의 연속성을 러시아만큼 일관되게 유지하지 못했다. 국가가 산산이 부서지고 재편되고 개혁되고 수도가 이전되는 와중에 중국 제국을 유지한 것은 강력한 제국 전통과 자각적이고 정교한 치국술이었다. 왕조가 흥망할 때면 계승자들은 훈련받은 관료들의 조언을 받아 천명(天命)을 주장했다.

중국의 제국 궤도를 유지하는 데에는 조정(調停), 혁신과 더불어 대개 연속성이라는 환영이 필요했다. 중국사를 보는 한 가지 시각은 비(非)한

지도 7.3
원 제국, 명 제국, 청 제국

304 | 세계제국사

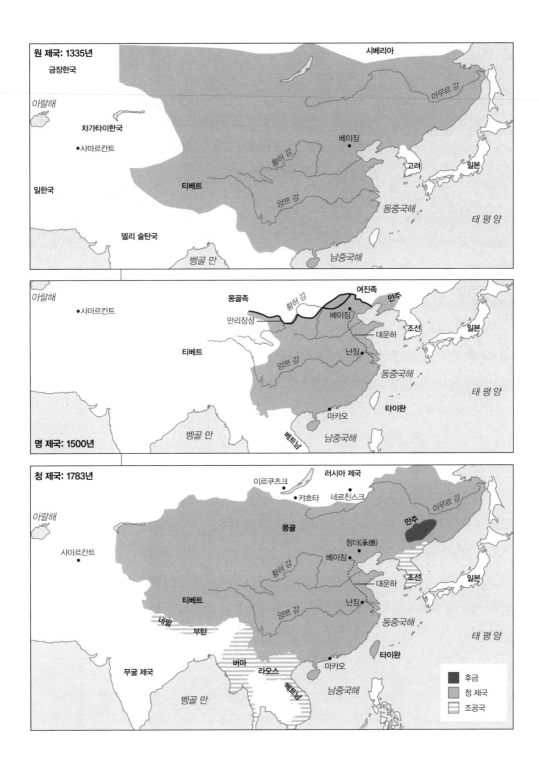

Map labels:

원 제국: 1335년

금장한국
시베리아
아랄해
차가타이한국
•사마르칸트
일한국
티베트
베이징
황허 강
양쯔 강
고려
일본
동중국해
태 평 양
아무르 강
델리 술탄국
벵골 만
남중국해

명 제국: 1500년

아랄해
•사마르칸트
몽골족
황허 강
여진족
만주
만리장성
베이징
대운하
난징
티베트
양쯔 강
조선
일본
동중국해
태 평 양
마카오
타이완
베트남
벵골 만
남중국해

청 제국: 1783년

러시아 제국
이르쿠츠크
•캬흐타
네르친스크
아랄해
몽골
만주
아무르 강
사마르칸트
청더(承德)
베이징
황허 강
대운하
조선
일본
티베트
양쯔 강
난징
동중국해
태 평 양
네팔
부탄
버마
라오스
마카오
타이완
무굴 제국
벵골 만
베트남
남중국해

후금
청 제국
조공국

도판 7.2
건륭제(재위 1736~1795년)에게 조공품으로 말을 진상하는 카자흐 사절단. 후대 왕조들은 고대 중국에서 시작된
조공제를 이용했다. 1715년 중국에 도착하여 베이징에서 궁중 화가로 임명된 예수회 선교사 카스틸리오네의 작품
합살극공마도(哈薩克貢馬圖)(부분)이다. 파리 기메 동양 미술관.

족 통치자들이 즉각 '중국화'되었다고, 다시 말해 과거에 '중국'에서 수
립된 제도와 규범에 흡수되었다고 주장한다. 민족화된 동질성에 관한 이
논제는 러시아가 스스로 다민족 거주지임을 표방한 것과 확연히 대비된
다. 그러나 사실 중국 제국의 궤도는 비한족 민족들과 상호작용했고, 문
화적 차이에 주의했으며, 어느 정도는 이런 이유 때문에 역동적이었다.

이 절에서는 원나라와 명나라의 통치를 간략하게 고찰한 다음, 중국에
접근하기를 열망하던 신흥 왕조가 제위를 차지하고 차이의 정치를 효과
적으로 변형해낸 17세기와 18세기에 초점을 맞출 것이다. 청(만주)의 황
제들은 중국의 공간을 어떤 선대 황제보다도 멀리까지 확대했고, 덩치가
커진 제국 내부의 문화적 분열 상태를 제국을 통치하는 기술로 바꾸어
놓았다.

계승 왕조: 원과 명

앞에서 보았듯이(제4장), 칭기즈 칸의 손자 쿠빌라이는 북중국을 정복한 뒤 남중국의 송 왕조를 물리쳤고, 수도를 북부로 옮기고서 베이징으로 개명했고, 새로운 통치 왕조인 원(1279~1368년)을 창건했다. 원 왕조는 통신망 발달을 촉진하고, 응용 기술의 가치를 인정하고, 상업을 장려함으로써 사업 활동을 뒷받침했을뿐더러 면직물과 비단 생산까지 개선했다. 원은 과거에 탕구트족이 통치했던 서부, 진나라가 통치했던 북부, 송나라가 통치했던 남부를 평정하여 제국을 재통일하고 세력권을 대폭 넓혔다.

원은 사회적 지위를 나타내는 뚜렷한 표지를 그대로 두면서도 제국의 새로운 우선순위에 따라 새로 서열을 정하는 식으로 중국 방식과 몽골 방식을 혼합했다. 몽골 전사들의 사회적 신분이 가장 높았고, 서아시아와 중앙아시아 출신으로 징세관과 행정관으로 봉직한 무슬림이 그다음이었으며, 몽골의 통치를 더 오래 경험한 북중국인이 그 아래, 남중국의 송나라 출신 중국인이 그 아래였다. 이와 동시에 원은 전 국토를 지방들로 분할하여 중앙에서 임명한 관료와 군 지휘관에게 지방 통치를 맡기는 식으로 통치를 체계화하려 했다.

이전 왕조들과 마찬가지로, 원 왕조는 접경 지대에서 유목민을 상대해야 했다. 몽골 전사들이 내부에서 중국을 보호했으므로 이제 문제는 강력한 약탈자들을 매수하는 것이 아니라, 원에 말을 계속 공급하는 유목 부족들에게 보상하는 것이었다. 황제는 새로운 역할을 맡았다. 곡물과 현금, 동물을 부족 지도자들에게 특별히 하사하는 역할이었다. 그러면 그 지도자들이 이 자원을 사용하여 자신의 복속민들을 도울—아울러 통제할—수 있었다. 원은 이 가산제적 전술(일종의 역방향 조공제)로 외부의 유목민 집단을 황제에게 간청하는 무리로 만들어 멀리서 간편하게 그들을 종속시켰다.

원은 장차 중국의 장기 제국 기획으로 변모할 과제에 착수했다. 바로 티베트를 통제하는 일이었다. 몽골족에게 육체적으로 힘겨운 이 지형에서 원은 종교를 전략적으로 보호하는 정책을 적용했다. 쿠빌라이 칸은 송 왕조를 마침내 물리치기에 앞서 티베트 라마승 파스파를 비호한 바 있었다. 파스파는 쿠빌라이가 만천하의 불교도 통치자라고 선언했고, 몽골어를 기록할 문자를 창안했다. 쿠빌라이는 1270년에 파스파를 티베트의 제사(帝師)로 봉했고, 정치적 복속과 더불어 당연히 세금을 받는 대가로 자기 대리인의 종교적 권위를 지지했다. 제국을 통치하는 기술로서 '라마승-후원자' 제도에는 부정적인 면이 있었다. 이 제도로 인해 불교도 파벌들, 출세 지향적인 몽골인들(상당수가 불교도였다), 그리고 후대 황제들 간에 투쟁이 일어날 여지가 생겼다.

원 왕조를 더욱 직접적으로 위협한 것은 통치 씨족 왕자들이 벌이는 몽골식 내분과 중국의 농업 자원이 부실하게 관리되는 실태였다. 최상층의 분열과 농민층에 대한 지나친 과세는 중국 제국의 근본적인 난제(중개인들이 자원을 바탕으로 중앙에서 독립하거나 중앙 정복을 시도한 전례가 있는 생산 지대에서 정치체를 결속하는 것)를 억제하는 원 왕조의 역량을 약화시켰다. 1350년대에 원의 권력은 농민 반란, 불교도들의 음모, 야심만만한 역도의 도전을 받았다. 빈곤한 소작농 가정에서 태어나서 탁발승이 되었다가 훗날 세상에 불만을 품은 선비들의 조언을 들은 어느 카리스마 있는 인물이 이 난투에 뛰어들었다. 17년간 종군하면서 처음에는 경쟁자들과 연합했다가 나중에는 전투를 치러 격파하거나 살해한 뒤, 주원장은 새 왕조 명(明)을 창건하고 연호를 홍무(洪武)로 정했다. 주원장은 1368년부터 1398년까지 통치했다.

홍무제가 권력을 군건히 다지자 원의 일부 전사 엘리트들은 추종자들과 함께 몽골로 되돌아갔고, 거기서 중국의 새로운 지도자와 종전의 조공 관계 관행을 재확립했다. 명 황제는 패배한 원 왕조를 '오랑캐'로 간주하는 수를 쓰면서 그들이 말년에 착취와 분열을 일삼은 까닭을 몽골 출신 탓으로 돌렸다. 홍무제는 수도를 남부 양쯔 강변의 난징으로 재차 옮겼고, 몽골이 통제하는 대륙 횡단 무역을 중단했으며, 간편한 지폐를 은화로 대체했다. 명은 원이 대부분 폐지했던 과거제를 되살렸다.

그러나 명의 반외세 전략은 철저하지도 꾸준하지도 않았다. 영락제(재위 1403~1424년) 치세에 수도는 다시 베이징으로 옮겨갔다. 영락제는 화려한 자금성을 짓는 등 쿠빌라이의 수도를 강화했다. 원의 경제 관행에 잠시 반발했을 뿐, 명은 다시 기술 혁신과 상업을 장려했다(다만 원보다 국내 지방들을 연결하는 일에 더 초점을 맞추었다). 곡물 생산량과 운반량을 늘리는 일을 중시한 명은 황허 이남 지역과 베이징을 잇는 대운하를 건설하고 유지하는 데 자원을 쏟아부었다. 앞에서 살펴본 대로(제6장), 명은 초기에 중국해 주변부터 인도양을 가로질러 페르시아 만, 아라비아, 아프리카까지 진출한 해군 원정을 지원했다.

영토의 경계에 속박당한 유럽 지도자들과 달리, 명 왕조는 장거리 항해에 뒤이어 해외 식민지나 고립 영토를 건설하지 않았다. 그럴 필요가 없었기 때문이다. 그들은 토착민 족장과 부족을 복속시키는 한편, 중국인 농민을 점차 평화가 찾아든 지역으로 이주시키는 익숙한 방법을 이용하여, 남쪽과 서쪽으로 통제력을 확대했다. 명은 동남아시아에 이미 정착해 살던 중국인 상인 공동체들로부터, 아울러 마카오에서 지대를 납부하던 포르투갈인들로부터 이익을 얻었고, 그러면서도 직접 통치하거나 해적과 싸우는 부담을 짊어질 필요가 없었다. 원 왕조가 시작한 베트남 정벌과 티베트에서 강요한 라마승-후원자 제도는 명의 제국 기획의 일부로 남았다.

두 세기 반 동안 명은 기막히게 부유하고 창의적인 문명, 세계의 많은 지역들에 식기(도자기)와 음료(차), 사치스러운 직물(비단)을 공급한 문명을 다스렸다. 유럽인들이 중국 생산품과 맞바꾸어야 했던 것은 아메리카 제국 건설의 산물인 은이었다. 송과 당, 그 이전 왕조들과 마찬가지로, 명에게 제국의 주요 과제는 국내의 경제적·사회적 공간과 더불어 제국 가장자리에서 유목민 연맹의 요구와 혼란을 관리하는 것이었다.

명조는 한족 출신임을 강조하면서도 선대의 황제와 고문, 군 지도자가 만들어놓은 갖가지 통치 관행에 의존했다. 명은 원이 이용한 지방 구조를 유지했고, 관료 통치 전통과 제국의 법치 전통을 재천명했다. 폭넓은 문해력과 인쇄술은 제국의 의제에 도움이 되었다. 국가는 중앙과 지방의 관보 발행을 후원했으며, 먼 지역으로 파견된 관료들은 '토착민'에 관한 민족지를 썼다. 명의 관료제는 세계 최대 규모로 성장했다.

중국인 가문들은 아들이 관료제의 최고위직까지 진급하기를 염원할 수 있었지만, 그것 말고도 가문의 번영을 도모할 다른 점잖은 방도가 있었다. 대지주들은 통합된 국내 시장에 판매할 음식과 원료를 생산하여 부자가 되었고, 상인들은 도시와 소도시에서 높은 생활수준을 누렸다. 제국의 행정기구는 자체 제조업을 운영했다. 중앙아시아와 인도에서 유래한 무늬를 수입품인 코발트 안료를 사용하여 그린 명나라의 청화백자는 중국의 문화적 혼합성을 구현한 작품이었다. 새로운 생산 공정(일종의 조립 라인 조직) 덕분에 도공들은 국내 시장은 물론 국외 시장에서도 판매할 막대한 양의 도자기를 생산할 수 있었다. 명은 원의 종교적 다원주의를 유지했다. 무슬림, 유대인, 기독교도는 각자의 신을 각자의 방식으로 숭배할 수 있었다. 모스크, 절, 도교 사원, 공자 사당은 명대의 문화적 풍경의 일부였다.

거대한 공간의 경제를 성공적으로 통합함에 따라, 명나라의 생활방식은 로마의 지중해 제국에서 일어났던 변화를 상기시킬 정도로 바뀌었다. 로마 제국에서와 마찬가지로, 명 제국에서 빈민들은 형편이 별반 나아지지 않은 반면, 엘리트들은 번영을 누리고 세련된 태도를 몸에 익혔다. 원 왕조가 장려했던 활기찬 도시 문화는 명조 치하에서 학식과 창의성의 역동적인 혼합물로 바뀌었다. 소년들은 오랫동안 과거를 치를 기량을 습득했다. 예술가들은 소설과 악극 등 새로운 장르를 만들어냈다. 엘리트들은 실내를 우아하게 설계한 쾌적한 저택에서 살면서 세련된 요리를 음미하고 그림과 시를 논했다. 지체 높은 가문의 여성들은 문예를 함양했다. 고급 매춘부들은 시와 음악에 조예가 깊을 것으로 기대되었다. 여러 산업은 문화 시장을 위해 서적용 목판화, 종이, 먹 등을 생산했다. 유럽에서 온 방문객들은 수준 높은 도시생활을 보고 감탄을 금치 못했다. 세계 각지에서 명나라의 취향과 생산품(옻칠한 병풍, 수묵화, 양단, 그리고 물론 도자기)은 사치품의 기준이 되어 상인들을 당대의 가장 부유한 제국으로 끌어당겼다.

명의 실족과 만주족의 형성

로마의 사례와 마찬가지로, 명대에 가장 눈에 띈 문제들은 습격자가 재화에 이끌린 제국의 가장자리와 관련이 있었다. 기다란 태평양 연안(중국의 상업이 동남아시아, 해안에서 가까운 섬들, 먼 외국과의 교역을 통해 번창한 곳)은 무장을 잘 갖춘 왜구, 잡다한 해구(海寇), 그리고 중국, 일본, 포르투갈의 통제를 피해 달아난 무리들의 습격을 받았다. 유목민과 경계를 접한 서쪽과 북쪽에서 명은 다투기 좋아하는 부족들을 통합하거나 달래거나, 또는 둘 다 해야 했다. 선대 왕조들(제2장)과 마찬가지로, 명은 군대를 싸우게 하거나, 외부인이 싸움을 걸어오지 못하게 하거나, 내부와 외부의 적과 싸울 때 외부인의 도움을 받기 위해 자원을 모아 보수를 지불해야 했다. 종전처럼 이 과제의 수행 여부는 과세와 징세관을 관리하는 일에 달려 있었다.

명은 어마어마한 관리 문제, 즉 세계 인구에서 상당한 비중을 차지하는 백성들에게 충성과 생산량 일부를 요구해야 하는 문제에 직면했다. 명나라 관료제와 엄청난 규모의 궁정을 지탱하기 위해 농민층과 기타 집단들은 많은 세금을 부담해야 했다. 기후 변화(소빙하기의 낮은 기온)와 전염병(외부인과의 접촉이 늘어난 결과였을 것이다), 거대한 관개 시설로도 감당하지 못한 홍수처럼 어찌하기 어려운 곤경도 제국을 압박했다. 이 모든 요인은 농촌을 들썽거리고 믿지 못할 곳으로 만들 수 있었다. 그러나 이 가운데 그 무엇도 교양 있는 운영자들과 세련된 도시인들을 갖춘, 세계에서 가장 부유한 세력을 파멸시킬 것처럼 보이지 않았을 것이다.

이 체제의 약점은 황제, 그리고 황제와 관료들의 관계였다. 16세기 후반부터 명나라 엘리트층은 내부의 균열을 드러내기 시작했다. 만력제(재위 1572~1620년)는 자금성에 틀어박혀 지내면서 국사에 초연한 황제의 신비감을 극도로 조성했다. 설상가상으로 만력제는 대신들과 학자들의 의견을 아예 듣지 않고 환관들에게 의지하여 그들을 자신과 관료제를 잇는 통로로 삼았다. 이 기회를 붙잡아 권력 위계에 끼어든 환관들은 봉직에 대한 사례비를 요구했고, 수입원을 수탈하고 관료와 지방관이 걷는 세입을 착복했다. 학자들은 훈련받은 관료층을 통해 통치하는 전통을 단절시키려는 환관들에게 반격을 가했다. 동림당(東林黨)은 유교의 덕목으로 돌아갈 것을 요청했지만, 이 비판 운동은 17세기 초에 환관파에게 탄압을 당했다. 이름난 관료들이 체포되고 살해되고 자살하자 궁정은 신뢰를 잃었고, 그 여파로 왕조도 민심을 잃었다. 이 사태는 제국 권력 유지의 관건이 무엇인지를 분명히 보여준다. 황제의 중개인들은 당장의 이해관계보다 직분을 우선해야 한다. 중국 학자들은 이를 이해했고, 궁중 환관들은 그렇지 않았다.

명조에 치명타를 입힌 것은 제국 가장자리의 부족들이었는데, 그들은 갈수록 중국의 부를 탐냈고 중국에서 얻을 것이 더욱 많았다. 명은 처음부터 익숙한 위험(만리장성 북쪽과 서쪽의 몽골 부족들)을 우려하여 이에 대처하려 했다. 북쪽으로 오늘날의 만주 지역까지 팽창하고 이곳의 다양한 여진 부족들을 통제한 명은 몽골족과 여진족 간의 오랜 경쟁 관계를 이용하는 동시에 동맹인 조선과의 연계를 굳건히 할 수 있을 것으로 전망했다. '느슨한 고삐' 전략[일정한 자치를 허용하는 소수민족 정책인 기미제(羈縻制)를 말한다—옮긴이]을 구사한 영락제는 15세기 초에 만주로 병력을 보내 부족 지도자들을 복속시키고 여진족을 군단과 수비대에 편입시켰다. 여진 부족장들은 명조로부터 이런 군사 하위 단위의 지도자 칭호를 받았다.

느슨한 고삐 전략은 여진족을 위시한 부족들이 명과 교역할 권한을 얻고 조공관계를 맺기 위해 우위를 다툴 여지를 남겨두었다. 명의 경제가 성장함에 따라 이런 상업 기회와 군사 보수는 초부족 연맹이 자라날 양분이 되었는데, 이것이야말로 명이 가장 피해야 할 상황이었다. 16세기 후반에 여진 부족 출신의 명석한 전략가 누르하치는 명의 군사작전 도중에 자신의 아버지와 할아버지가 우연히 살해당한 사건을 교묘하게 이용했다. 누르하치는 부친과 조부의 죽음에 대한 배상을 받기 위해 명의 몇몇 복속자들이 가지고 있던 교역과 조공 허가권을 빼앗았다.

누르하치는 곧 여진족과 명 사이의 모든 교역을 독점했고, 몽골과 여진을 비롯한 부족들을 자신의 영향권으로 끌어들였다. 만주를 넘어 훨씬 넓은 공간으로 나아간 누르하치는 결혼 동맹, 조약, 군사력을 통해 명령권을 강화했다. 1616년에 누르하치는 자신의 제국을 건국했다. 국호는 '금(金)'으로 정했는데, 이는 원 왕조 이전에 북중국을 통치했던 여진 왕조를 상기시키는 이름이었다(제4장). 명은 누르하치의 위협을 너무 늦게 알아차렸다. 1619년, 누르하치는 10만 명이 넘는 명군을 격퇴하고 중국 접경의 몇몇 도시를 함락했다.

누르하치가 택한 제국의 이름은 그의 가계(家系)가 아니라 종전 전통들의 혼합체를 가리켰다. 누르하치 부족의 언어가 예전 여진족의 언어와 다르다는 사실은 과거 왕조의 위엄을 빌리는 데 걸림돌이 되지 않았다. 당시 종족은 오늘날 우리가 인식하는 용어대로 고정되어 있지 않았다. 중요한 것은 우월한 대군주 지위와 고귀한 태생이었다. 누르하치는 왕조의 이름을 '금'으로 정했을 뿐 아니라, 몽골에서 통제력을 확대하는 가운데 1606년에 칸이라는 칭호까지 얻었고, 나중에 '현명한', '존귀한', '개명된' 등등의 수식어를 붙여 이 칭호를 강화했다. '금'과 '칸'은 둘 다 제국의 영광을 떠올리게 했고, 누르하치의 명령권 아래 여진족과 만주족이 통합되었음을 알렸다.

누르하치는 제국의 가장 결정적인 제도인 군대를 명이 만주에 설치한 군단과 수비대에서 '팔기(八旗)' 제도로 재편했다. 여진족 병사들과 그 가족을 고유한 깃발을 가진 개별 단위들로 조직한 이 제도는 종전의 종족 집단들을 갈라놓는 한편 황제와 기군들을 바퀴살처럼 연결해주었다. 기군 사령관들은 누르하치의 자문단의 일원이었다. 칭기즈 칸과 티무르가 기존의 충성심을 깨부수려 했던 시도를 상기시키는 이 제도는 종래의 제국 관행들을 합성한 또 다른 사례였다. 유목민 방식대로 기군에는 병사의 가족이 포함되었지만, 각 병사는 생계를 위해 경작할 일정한 면적의 토지도 할당받았다. 이 새로운 전쟁기계는 금의 두 번째 칸인 홍타이지(皇太極)에게 조선을 정복하여(1638년) 금의 젊은 제국을 더욱 넓힐 수단을 제공했다.

홍타이지는 아버지가 서거하자 일반적인 계승 경쟁을 거쳐 칸으로 선출되었다. 누르하치의 나머지 자식들과 달리 홍타이지는 글을 알았다. 홍타이지는 자신이 권좌에 오르도록 도운 한족 고문들의 조언을 받아 중국의 행정기구를 본뜬 관료제를 수립했고, 2개의 기군(한족 병사와 그 가족의 기군과, 몽골인 병사와 그 가족의 기군)을 신설하고, 몽골아문(1638년에 이번원으로 개칭 ─옮긴이)을 설치했다(1634년). 홍타이지는 누르하치의 명명(命名) 전술에서 한걸음 더 나아가 여진족과 왕조의 이름을 다시 지었다. 1635년부터 모든 여진족은 만주족이라 불리게 되었다. 1636년, 패배한 몽골 칸의 미망인에게서 원 왕조 황제들의 인장을 받은 뒤에 홍타이지는 통치 왕조를 청(淸)으로 개명함으로써 한때 명에 복속했던 여진족의 과거를 말끔히 지워버렸다. 이제 청 왕조는 만주인, 몽골인, 조선인 등 끝이 없는 목록의 최고 군주인 황제였다. 중국의 '느슨한 고삐'를 움켜쥔 누르하치와 홍타이지(청 태종)는 하나의 종족(만주족)과 하나의 왕조(청)와 하나의 제국을 만들어냈다.

명 왕조가 통제력을 잃고 허물어져가자 중국의 황실 세계의 중심으로 가는 길이 열렸다. 1644년, 한족 모반자가 베이징을 점령하자 낙담한 명 황제(숭정제)가 자살한 뒤, 명 왕조에 충성하는 어느 장군(오삼계)은 청에게 병력을 파견하여 함께 수도를 탈환할 것을 제안했다. 당시 청의 황제는 홍타이지의 아홉 번째 아들(순치제)인 5세 소년이었고, 황제의 숙부 도르곤(多爾袞)이 섭정을 하고 있었다. 기회를 포착한 도르곤은 만주인·몽골인·한인 기군으로 이루어진 청군을 지휘하여 중국으로 진격해 들어가서 수도를 되찾았고, 명과의 동맹을 파기했고 중국에서 떠나지 않았다.

청 왕조는 천명을 주장하며 중국을 재통일하는 익숙한 과제에 착수했다. 팔기군은 그다음 반세기에 걸쳐 청군이 반명(反明) 반란군과 명에 충성하는 황족과 저항군을 격퇴하고 뒤이어 타이완, 몽골과 티베트 대부분, 중앙아시아 지역들을 정복하면서 진가를 입증했다. 18세기 말까지 청은 명에게서 넘겨받은 영토를 2배로 늘림으로써 중국을 러시아 다음 가는 큰 나라로 만들었다. 청 제국의 인구는 폭증하여—실제 증가율이 논쟁거리이기는 하지만—1850년에 4억 2000만 명에 도달했다. 청 왕조는 267년 동안 존속했다.

만주족의 통치

청은 중국의 제국 전통의 또 다른 변형태를 합성해냈다. 중국 통치기구의 핵심 요소들(입법자 황제와 그의 광범한 관료제)은 한족과 만주족을 뚜렷이 구별한 청의 정책으로 인해 변형되었다. 청은 제국의 모든 민족을 보호하는 황제의 역할을 강화하는 등 제국을 종래와 다르게 운영했다.

청 왕조는 제위 찬탈에 저항한 세력들을 근절한 뒤 우선 유라시아식 제국들이 흔히 겪는 문제(황제의 자손이나 다른 귀족이 이끄는 하위 단위들로 제국이 쪼개지는 사태)를 예방했다. 삼번의 난(三藩之亂, 1673~1681년)은 제국의 생존에 결정적인 시운전이었다. 세 지역의 지도자들은 과거에 만주족 정복자들을 도운 대가로 거대한 영지를 하사받은 한족 무장이었다. 이들 삼번은 각자의 영지를 사유지로 상속하려 했지만(그럴 경우 중국은 서유럽처럼 왕국들로 분해될 수도 있었다) 젊은 강희제(재위 1661~1722년)는 그것을 용납할 마음이 없었다. 청은 군사적 재정복이라는 궂은일을 수행한 끝에 항명자들이 권리를 주장한 세 지역을 폐했다.

장차 청 제국의 파편화를 막을 핵심 요소는 팔기제, 철저한 군사력 장악, 군사 조직, 그리고 사회 구조와 통치기구에 도입한 종족 분리 정책이었다. 만주족 기인(旗人)들은 수비대와 읍락에 파견되어 복무했고, 거기서 한족 정착지와 구별되는 거주지에서 생활했으며, 곡물과 무기, 개인

지출에 필요한 보조금, 말 사육비를 받았다. 이와 동시에 기인들은 베이징과의 유대를 유지해야 했다. 베이징의 성내(城內)에는 만주족 기인들만 거주했다. 만주인들은 중국 도시들의 중심부로 이주하면서 기존의 한족 주민들을 쫓아냈는데, 도시생활의 이런 변화를 거치면서 새로운 질서가 겉으로 드러나고 형태를 갖추고 단단해졌다.

프레더릭 웨이크먼(Frederic Wakeman)이 '만주족의 아파르트헤이트'라고 부른 청의 종족 분리 제도는 한족 대다수를 겨냥하지 않았다. 이 제도는 과거 중국의 통치자들뿐 아니라 전사 연맹의 군사력에 토대를 둔 오스만 제국을 비롯한 제국들도 직면했던 특정한 문제에 초점을 맞추었다. 제국의 경계 밖에서 습격과 교역으로 생계를 꾸려온 군대를 어떻게 하면 제국 안에서 약탈하지 않고 살아가는 믿음직한 병력으로 바꿀 수 있을까? 청의 해결책은 유목적·관료제적·종족적이었다. 청은 제국에서 거처를 옮겨다니고 토지를 하사받아 생활하는 단위로 군인들을 조직함으로써, 병력의 기동성을 유지하면서도 그들을 황제와 궁정에 묶어두었다. 만주족 기인들은 어려서부터 무예를 익히고 용맹하게 살아갈 것으로 기대되었지만, 이제는 거대한 제국의 목표에, 즉 그저 정복하는 것이 아니라 정착하고 방어하고 치안을 유지하는 목표에 이바지해야 했다.

종족 분리 정책이 한족보다 만주족을 통제하는 데 더 역점을 두기는 했지만, 한족 또한 청의 제국 체제의 일부가 되었다. 만주족 기인들과 만주족 군대는 한족으로 편성된 녹영군(綠營軍)과 나란히 존재했다. 만주족 군인들과 한족 행정관들은 황제에게 두 가지 정보·연계 체계를 제공했고, 서로를 염탐할 수 있었다. 이는 티무르의 이중 통치기구의 다른 버전이라고 할 수 있다. 종족 분리 원칙에 입각하여 병존한 두 가지 위계질서는 황제에게로 권력을 집중했다.

청은 관직들이 병립하는 제도를 창안하여 관료제의 최상위 수준에 한족과 만주족을 둘 다 등용할 수 있었다. 이를테면 가장 높은 관직에 만주족 한 명, 한족 한 명을 임명하고, 두 번째로 높은 관직에 만주족 한 명, 한족 한 명을 임명하는 식이었다. 이런 조건에서 과거제를 보존하려면 교육 수준이 더 높은 한족과 경쟁하는 만주족을 돕기 위해 일종의 소수 집단 우대 프로그램(과거를 준비하는 과정과 편파적인 채점)이 필요했다. 만주족 응시자보다 한족 응시자가 많았으므로 만주족이 상대적으로 특혜를 받기는 했지만, 학식이 출중한 한족은 과거제를 통과하여 고위 관직에 오를 수 있었다. 과거제는 권력에 이르는 유일한 길이 아니었다. 전투에서 승리를 거두면 그 보상으로 높은 품계를 받을 수 있었고, 이 또한 만주족에게 이익이 되었다.

황제의 천하

이런 상황에서 종족 기준을 사용하는 것은 평등 침해가 아니라 ─청 사회는 서열과 차이에 토대를 두었다─상이한 집단들을 황제의 통치 아래로 끌어들이고, 제국의 행정기관에 속하는 각 집단의 야심 찬 구성원들을 활용하고 통제하는 방법이었다. 명 왕조와 원 왕조, 그 이전 왕조들은 '외부인'을 중국에 섞어 넣는 선례를 남겼다. 이를테면 '자기' 집단을 관리할 것으로 예상되는 족장을 복속시키고, 한족 지역에서 비중국인 행정관을 고용하고, 접경 지대 출신인 유망한 개인을 관료제로 끌어들였다. 명대 관료들은 민(民, 중국인 신민)과 만(蠻, 외부인)을 가르는 이분법적 관념과, 외부인이 중국의 방식을 원하고 또 습득할 수 있을 것이라는 로마식 관념 사이에서 흔들렸다. 문명의 위계─물론 중국인이 꼭대기에 있는─에 관한 이론들은 미개한 외국인들의 다양한 집단을 묘사했지만, 명 왕조는 비중국인 집단의 지도자 개개인을 활용하고 그들에게 보상을 주는 데 주저하지 않았다.

외부인들에게 보상을 주는 것과 그들의 통치를 받는 것은 별개였다. 청 왕조는 이 난제에 전술적으로 탁월한 해결책을 내놓았다. 첫째, 청 왕조는 차이의 정치를 이용하여 고유한 만주 방식을 확립했다. 둘째, 황제를 중국의 다양한 인구 전체의 보호자로 양성함으로써, 뚜렷이 다른 문화들이라는 관념을 이데올로기적 이점으로 바꾸어놓았다. 홍타이지의 후손들은 민족들의 세계를 통치하는 만인의 칸의 특성을 중국 황제에 부여했다. 황제의 지도 아래 하나로 묶이는 청 제국의 '가족' 관념은, 부계의 권위를 중시하는 유교의 원칙과 가족원 간의 차이를 고수하는 태도를 결합한 것이었다.

가족 가치에 호소하면서도 청 왕조는 장자에게 왕위를 물려주는 명 왕조의 관행을 따르지 않았다. 1722년에 종래의 계승 규칙을 철폐한 러시아의 표트르 대제와 마찬가지로, 강희제는 가장 적합한 계승자를 선택할 권리를 차지했다. 강희제는 예측 못한 유전적 변이(중국 방식에서는 흔한 일이었다)와 전면적인 유라시아식 태니스트리제의 위험으로부터 어렵게 얻은 제국을 지키고 싶었던 것인지도 모른다. 청 왕조는 이 두 가지 모델을 거부하고 자신의 후계자를 마음대로 지명할 수 있는 황제의 초(超)가부장적 개입주의를 지지했으며, 이로써 황자들의 신경과 조신들의 충성을 권력의 원천에 계속 붙들어두었다. 가부장적 가산제는 관료계에도 적용되었다. 다시 말해 황제 주변의 고문과 대신 자리는 황제의 변덕에 따라 달라졌다. 청조 황제들은 서신을 쓰고 상주문을 읽고 거기에 주를 다는 등 신하들과 친히 소통하는 데 아주 많은 시간을 할애했다.

다종족으로 구성된 제국에 걸맞게 청조는 포고령을 적어도 두 언어(만주어와 한어)로 기록했고, 흔히 세 언어, 때로는 네 언어로 기록했다. 그런 언어에는 몽골어, 티베트어, 그리고 중앙아시아의 무슬림 다수가 사용하는 아랍어 문자로 표기한 튀르크어족 언어인 위구르어가 포함되었다. 청조는《몽골비사(蒙古秘史)》등의 저술을 몽골어로 발행했을 뿐 아니라 티베트어 시와 종교 텍스트의 발행도 후원했다. 강희제는 만주어, 몽골어, 한어를 알았고, 건륭제(재위 1736~1795년)는 티베트어까지 알았다.

초기 수십 년 동안 청의 황제들과 만주족은 둘 다 소설이나 시 같은 중국 문화에 이끌리면서도 이를 경계했다. 1654년에 순치제는 한어 지지를 철회한다는 듯이 이렇게 썼다. "한어 글공부를 되돌아보니, 중국 관습에 물들어 우리의 오래된 만주어 어법을 시나브로 잃을지도 모르겠다." 그러나 이 입장은 지속되지 않았다. 통치기구의 고위 관료들은 서로, 그리고 황제와 효율적으로 소통해야 했다. 1725년에 한어 습득은 모든 고위 관료의 의무가 되었다. 1800년까지 왕실은 만주어를 기인의 구어로 보존하려는 싸움에서 패했고, 만주어는 베이징의 교화된 세계에서 갈수록 덜 쓰이게 되었다. 그러나 이런 점진적인 변화가 종족적 아파르트헤이트의 종식을 뜻하지는 않았는데, 기인들이 나머지 사람들과 구별되는, 일종의 만주어를 변형한 중국어를 말하기 시작했기 때문이다.

언어는 청 제국에서 차이를 나타내는 한 가지 표지였지만, 머리 모양, 의복, 신체 변형으로도 서로 다른 특성을 드러내거나 강요하거나 이용하거나 약화할 수 있었다. 중국을 정복한 이후 초기에 만주족은 균일성 정책을 시도했다. 섭정 도르곤은 모든 한족 남성에게 앞머리를 밀고 뒷머리를 한 '갈래'로 땋는 만주식 변발을 할 것을 명령했다(이로 인해 "머리카락을 지키고 머리를 잃든지 머리카락을 잃고 머리를 지키든지 하라"는 비꼬는 표현이 생겨났다). 도르곤은 만주식 의복도 강요하려 했다. 전사에 어울리지 않게 소매가 길고 품이 넉넉한 명나라식 도포를 옷깃이 높고 어깨 부분을 여미는 만주식 옷으로 바꾸라는 명령이 떨어졌다. 이 정책은 길게 보면 대체로 성공적이었으나 모두에게 적용되지는 않았다. 만주족은 무슬림이 다수 거주하는 서쪽에서 새 영토를 정복한 뒤 무슬림에게는 만주식 머리 모양을 채택할 의무를 면제해주었다.

머리카락은 당연히 여성에게도 중요했다. 발도 마찬가지였다. 유목민 사회의 활동적인 역할에 알맞도록 만주족 여성들은 발을 동여매지 않았다. 중국을 통제하게 된 청은 전족(纏足)을 금지하려 했다. 그러나 한족은 이를 받아들이지 않았다. 한족 가문들에게 작은 발은 여성의 아름다움과 안녕의 상징으로 남았다. 청은 1668년에 이 정책을 포기했고, 전족은 문화적 표지가 되었다. 한족 여성은 전족을 했고, 만주족 여성은 하지 않았다. 이 차이의 표지는 패션의 강력한 힘에 의해 약화되었다. 만주족 여성들은 맵시는 나지 않지만 자연스러운 큰 발을 겉옷 아래 지면에서 들어 올리는, 말발굽 모양의 높은 굽이 달린 신발을 발명해냈다. 이 신발을 신으면 전족을 한 한족 여성처럼 비틀거리며 걸어야 했다.

만주족 여성들은 독특한 법적 권리도 가지고 있었는데, 이 역시 유목민의 성별 제도에서 유래했을 것이다. 가부장적인 한족은 미망인의 재혼을 단념시킨 반면, 만주족은 젊은 과부가 새 가정을 꾸리도록 격려했다. 청은 두 규범을 모두 합법화함으로써 만주족이 자녀를 더 많이 낳는 데 유리한, 만주족과 한족을 분화하는 출산 제도를 확립할 수 있었다. 나중에 18세기 들어 종족 분리 체제로 진입할 길이 열리자, 정숙하게 지내는 미망인의 규범이 한족 여성과 만주족 여성 모두에게 적용되었다.

모스크바국 왕조와 마찬가지로 청조는 결혼을 이용하여 통치를 강화했지만, 청의 경우 그 목표는 소수 집단인 만주족이 다수 집단인 한족과 뒤섞여 사라지는 사태를 방지하는 것이었다. 만주족 남성은 한족 여성을 두 번째 부인과 첩으로 삼을 수 있었지만, 만주족 여성이 한족 남성과 결혼하는 것은 금지되었다. 미혼인 만주족(한족은 제외) 기인 여성들은 후궁을 뜻하는 '수녀(秀女)' 선발에 참가해야만 했다. 선발된 여성들은 황궁에서 황제를 섬겼고, 5년이 지나면 만주족 엘리트에게 시집을 가거나, 황제의 비빈(妃嬪)이 되거나, 집으로 돌아갈 수 있었다. 가정으로 돌아간 여성들은 팔기 도통(都統)의 허락을 받아야만 결혼할 수 있었다. 이 제한적인 결혼 제도는 청조가 적어도 만주족 기인들과 관련해서는 몽골식 족외혼에서 돌아섰음을 알리는 신호였다.

원조와 명조처럼 청조 역시 예술을 존중하고 장려하는 한편, 예술에 만주족 고유의 군사적 특징을 남겼다. 청 황제들은 의례적인 스포츠로서 사냥술을 연마했으며, 대규모 사냥 여행, 군사작전, 황제의 순시(巡視)는 그림으로 재현되었다. 정사(正史)는 제국의 단일 가족 이야기에 더해 선견지명이 돋보이는 황제의 영웅적인 지도력을 상술하고 윤색했다. 기념 사원, 청더(承德)의 피서산장(避暑山莊)과 주변 사원, 다양한 문자를 새긴 거대한 석조 기념비, 군사에 관한 황제의 글을 묶은 편찬물 등은 모두 전쟁에서 승리하여 영토를 넓히고 뒤이어 다양한 집단을 포용하는 데 성공한 황제의 신비감을 고취했다.

유교는 다양한 인구를 황제가 이끄는 제국의 한 가족으로 끌어들이는 정치에 유용한 가부장적 도덕론을 제공했다. 강희제는 한족의 문화적 요체를 자신의 공식 포고문에 담아내고자 1670년에 성유16조(聖諭十六條)를 반포했다. 이 칙유로 강희제는 위계적 복종, 관대함, 검약, 근면 같은 유교의 도덕적 가치를 요약하고자 했다.

원조와 명조의 다종교 정책을 이어받은 청조는 자신들의 의제를 방해하지 않는 한 이슬람, 불교, 도교, 기독교 신자가 신앙생활을 하고 사원을 짓는 것을 허용했다. 강희제는 예수회 조언자

천제(天帝)는 천 자체다. (……) 이 제국에는 천을 숭배하고 천을 위해 제물을 바치는 사원이 있다. (……) 우리 만주인에게는 천을 숭배하는 우리 나름의 의례가 있다. 몽골인, 한인, 러시아인, 유럽인에게도 천을 숭배하는 그들 나름의 의례가 있다. (……) 모두가 천을 숭배하는 고유한 방식을 가지고 있다.

─ 옹정제, 1727년

들을 환영하고 그들을 지도 제작자, 번역자, 의료 전문가로 고용했지만, 중국의 기독교도들에 대한 교황의 권위는 인정하지 않았다. 종교에 대한 청조의 태도는 황실의 기질과 짝을 이루었다. 청의 황제는 상이한 신앙들을 보호할 수 있었지만 외부 권력은 그럴 수 없었다. 청조는 티베트에서 이 전술을 거꾸로 사용하여, 달라이 라마와의 라마승-후원자 관계를 되살림으로써 이 지역에서 청조의 이해관계를 증진하려 했다.

청조는 결코 몽골의 공식 종교를 선포하지 않았고, 오히려 만주에서 가져온 샤머니즘적 관행과, 신성한 운명과 황족의 출중한 무예를 연결짓는 의례를 융합했다. 몽골 통치자들과 마찬가지로, 청조의 종교적 취향은 절충적이었다. 옹정제(재위 1723~1735년)는 몇몇 학파의 종교 전문가들에게 자문을 받은 열렬한 불교도였다. 황제들은 도교 또한 실천했다.

청의 법적 관행 역시 체제의 근간을 이루는 원리인 차이의 정치와 보편적 통치를 결합한 것이었다. 황제의 법은 모두에게 동일하지 않았다. 기인들은 일부 법률을 위반해도 행정 당국에 복종할 필요가 없었고, 특정한 신분의 학자들은 체형(體刑)을 면제받았고, 접경 지대의 다양한 집단들은 특별한 사법권을 적용받았다. 청의 법에서 보편적인 측면은 러시아의 경우처럼 모든 신민이 궁극적으로 황제와 그의 규칙의 보호를 받는다는 것이었다. 오스만 술탄과 마찬가지로 청 황제는 이론상 모든 사형의 결정자로 상정되었다. 청나라 영토에서는 외국인도 청나라 법을 적용받았는데, 이는 외부인과의 다툼에서 쟁점이 되었다. 중국 연안의 분주한 항구들에서 거래하는 영국인, 프랑스인, 미국인 상인들은 (이스탄불에서처럼) 자기네 난폭한 선원들이 특별한 대우를 받기를 기대했다. 그러나 이런 기대에 아랑곳하지 않고 청 황제는 범법자를 자신의 법정에 인계하지 않을 경우 외국과의 모든 무역을 중단하는 것도 마다하지 않았다.

외국인이 관련된 송사에서 드러났듯이, 유럽 제국들에서 발달한 법과 법학의 개념들은 청나라 사법제도의 토대를 이루는 요소들과 충돌했다. 청나라의 재판관(청나라에는 재판관이 따로 있지 않고 현의 우두머리인 지현이 수사관, 판사, 배심원의 역할을 모두 수행했다—옮긴이)들은 황제가 임명했고, 법정 절차에 변호사가 없었으며, 법정 관료들이 법을 해석했다. 서구인들에게 충격적이었던 또 한 가지 사실은 돈으로 판결을 바꿀 수 있다는 것이었다. 외부인들이 어떻게 생각했든, 중국에서는 법이 모든 신민을 보호하고 그 법의 원천은 황제였다.

시간이 흐름에 따라 청의 종족 차이 제도와 보편적인 황제권은 의도하지 않은 결과를 낳았다. 앞에서 보았듯이, 만주족 여성들은 한족처럼 맵시 있게 보이려고 무진 애쓰고 만주족 기인 남성들은 말을 타는 생활보다 '한족' 문화를 더 매력적으로 여길 가능성이 있었다. 실내화를 신고 돌아다니고, 화살 만드는 법을 잊어버리고, 비단과 검은담비 모피로 치장하고, 악극과 경극, 또는 더 나쁜 일에 시간을 지나치게 허비하는 등 기인 남성들이 유약해지고 있다는 불평이 정복 직후부터 터져나왔다. 이와 반대로 야심 찬 한족 남성들은 특권을 누리는 만주족 팔기에 진입하려 시도할 수 있었고, 이는 국가의 예산 부담을 가중시키는 결과를 가져왔다. 이론상 한족 장군의 소관은 보급품 준비이고 만주족 장군의 소관은 전투에서 병력을 지휘하는 것이었지만, 전장의 여건상 만주족 장군들이 준비 업무를 떠맡고 한족 장군들이 군 지휘관이 되었다. 체제의 꼭대기에서 한족과 만주족 지도자들은 황제의 군기처(軍機處)에 함께 앉아 있었다.

이런 교차 경향이 생겨난 까닭은 민족 분리 체제의 결함 때문이 아니라 체제를 운영하는 사람들 때문이었다. 집단별로 묶인 민족들을 대표하고 제국의 인구를 하나의 다문화 가족으로 상징적으로 통일한 청의 체제는 왕조 말기까지 존속했을 뿐 아니라, 청조의 뒤를 이은 민족주의자들과 제국 건설자들에게 표적과 도구를 동시에 제공했다.

제국의 공간 둘러막기

17세기 말엽에 청은 대륙을 가로지르며 밀어닥치는 다른 세력(청과 마찬가지로 튀르크계와 몽골계 유목민들을 복속시키고 유라시아에 대한 장악력을 강화하려 분투하는 러시아의 군대, 탐험가, 외교관)과 부딪히고 있었다. 이 제국들이 공간을 둘러싸고 충돌한 시기는 로마 시대 이래로 황제들과 그 복속자들이 영토를 두고 경쟁해온 유럽의 경우보다는 훨씬 늦었고, 제국들 간의 영토 경계가 19세기 들어서도 한참 동안 봉합되지 않은 아메리카의 경우보다는 일렀다(제9장).

대륙 제국이 되려는 이 경쟁에서 청의 주요 인물은 강희제(康熙帝)였다. 동시대인이었던 표트르 대제와 마찬가지로, 강희제는 소년 시절에 즉위했고 섭정들의 지배를 받았다. 아버지 순치제는 천연두로 죽었는데, 궁정의 권력자들에게는 병마를 견디고 살아남은 이 아들이 좋은 선택으로 보였다(청은 천연두 예방법을 개발했으며, 이 기술은 훗날 유럽의 예방 노력을 고무했다). 16세에 젊은 황제는 우두머리 섭정을 체포하고 문제가 많은 관료들을 축출하고서 명령권을 차지했다. 앞에서 보았듯이, 강희제는 삼번을 성공리에 물리쳐 제국의 영역이 쪼개지는 사태를 미연에 방지했다.

남은 생애 동안 강희제는 제국을 넓히기 위해 가능한 거의 모든 방면으로 정벌을 떠났다. 동쪽에서 강희제는 제국의 연안 도시들을 못살게 굴었던 한족 반역자 가문이 통치하는 타이완으로 해군 원정대를 파견했다. 1683년, 타이완은 중국의 성(省) 체제에 통합되었다. 청조는 해외로 더 멀리 나아가거나 타이완에서 동남아시아의 연해로 공식 통제를 확대하려 들지 않았다. 오히려 청조는 외국 수입품에 과세했고, 포르투갈인이 마카오에서 무역 중계지를 유지하고 그 대가를 지불하도록 허용했고, 항구 도시에 세관을 설치하여 프랑스인, 덴마크인, 영국인, 네덜란드인, 그리고 마침내 미국인 상인들과 그들의 회사를 통제하려 했다(제6장, 제10장).

북쪽과 서쪽에서 청은 더 강해 보이는 두 경쟁자를 맞닥뜨렸다. 러시아와, 몽골의 뛰어난 칸들 중에 마지막이었

던 갈단(Galdan, 재위 1671~1697년)이 통치한 준가르였다. 강희제는 러시아 제국을 상대로 극적인 선수를 쳤다. 17세기 초부터 러시아인들은 중국에서 교역할 권리를 얻고자 했고, 또 자기들 요새가 있는 아무르 강지역으로 이주하여 청군과 몇 차례 전투를 치렀다. 인구가 희박한 이 지역에서는 러시아와 청 모두 자국의 조공 징수제에서 도망친 이들 때문에 곤경을 겪은 바 있었다. 몇 차례 불상사와 모욕을 주고받은 뒤, 두 경쟁자는 협력하는 편이 낫다는 것을 깨달았다. 협력하면 쌍방이 도망자들을 돌려보내고 장거리 무역으로 이득을 얻을 수 있을 터였다. 1689년에 청의 예수회 조언자들과 몽골족 통역들의 도움을 받아 러시아 대표단과 청 대표단은 네르친스크에서 만나 조약을 체결했다. 이로써 양국은 국경

을 정했고, 각자 자기네 경계선 안쪽의 사람들에게 조공 의무를 지우자는 데 동의했다. 예비 국경은 러시아어, 한어, 만주어, 몽골어, 라틴어로 표시되었다. 러시아와 청은 둘 다 지도를 작성하여 점령지의 경계를 분명히 밝혔다. 교황이 두 가톨릭 제국의 아메리카 경계선을 정한 사례에 상응하는 이 사례를 이 네르친스크 조약으로 볼 수 있을지도 모르겠다.

네르친스크 조약을 체결하여 북쪽의 안전을 확보한 청은 갈단과 준가르를 향해 진격할 수 있었다. 이전 부족장들처럼 갈단은 중국 접경 지대에서 무역 권한을 독점하려 시도한 적이 있었다. 갈단은 한때 라마승 교육을 받았고 티베트의 고승들과 가까운 사이였다. 갈단이 달라이 라마를 후원하는 청에 도전하자 협상, 개입, 충성 뒤집기, 표리부동, 추종자를 이탈시키려는 노력 등 적을 없애기 위한 청의 익숙한 작전이 뒤따랐다.

청은 갈단과 경쟁 관계인 몽골 부족장들의 도움을 받아 1690년에 갈단을 공격했다. 갈단 역시 청의 복속자들 사이의 균열을 이용했고, 아마도 유독자살로 생을 마감한 듯한 1697년까지 7년 동안 청군을 붙잡아두었다. 강희제는 베이징에서 "마침내 몽골의 위협을 제거"한 것을 축하했다. 애써 노력한 끝에 준가르 경쟁자들 가운데 한 명으로부터 갈단의 유골을 받아낸 강희제는 이 칸의 뼈를 분쇄하여 바람결에 흩뿌렸다.

청은 갈단을 토벌함으로써 장차 신장(新疆)이 될 지방에 거주하는 튀르크계와 몽골계 집단들을 더 강하게 장악하고 티베트에 계속 개입할 길을 열었다. 그럼에도 준가르는 청을 계속 괴롭히고 청의 통제에서 벗어났다. 준가르의 수장 갈단 체렝(재위 1727~1745년)이 청의 맞수인 러시아 제국에게 지원을 요청하는 고전적인 전술을 시도했을 때, 두 제국의 국경 협정이 효과를 발휘했다. 네르친스크 조약의 원칙은 1727년에 체결된 캬흐타 조약으로 확정되었고, 양국의 국경이 경계석들로 표시되었다. 4200킬로미터에 달하는 경계선을 기준으로 러시아는 시베리아와 만주의 유목민들을 통제하고, 중국은 몽골계 칼카족을 책임지게 되었다. 두 제국은 상대의 적을 보호하거나 국경을 넘어 도망친 망명자들을 돕지 않기로 했다.

준가르 지도자가 반청 반란에 다른 몽골 집단들을 끌어들인 이후인 1757년에야 건륭제(재위 1736~1795년)는 준가르 섬멸을 명했다. 패배한 지도자를 공식 복속시키고 계산적으로 처리하던 청이 이례적으로 이런 결정을 내린 것은 새로운 영토 현실에 부합하는 것이었다. 청은 서쪽 변경에서 더는 몽골족이나 기타 동맹에 의존하지 않았다. 유라시아 중부의 유목민들은 이미 두 제국에 삼켜진 처지였다.

몽골, 러시아, 청의 경쟁자들은 모두 유라시아에서, 다시 말해 제국을 가졌거나 제국이 되려는 열망을 가졌던 유목민과 정착민이 교차한 지점들에서 발달한 전술에 의지했다. 러시아와 청은 제각기 육로와 해로로 유럽 제국들과 상호작용하고 자국 세력권에 속하는 몽골족을 관리하는 데 열중하다가 협상을 통해 서로의 차이를 조정했다. 유라시아 유목민의 전통적인 자원(실용적인 동맹 정치와 기마 전사의 자립적인 기동력)에 의존한 준가르는 몽골족이 400년 동안 누려온 기술적 우위를 17세기에 잃어버렸다. 복잡한 경제와 외부 연계를 보유한 러시아와 중국은 자진해서 복속하는 집단에게 더 많은 것을 제공했다. 두 세력은 결국 제각기 세련되게 변형한 유라시아 보편 제국을 유목민에게 강요할 수 있는 군사력을 획득했다.

승리한 두 제국은 내란, 왕조의 실패, 외세의 습격을 견디고 살아남았고, 그럴 때마다 선대 제국들이 활용했던 요소를 되살렸다. 다른 성공적인 제국들과 마찬가지로 두 제국은 서로 다르고 흔히 멀리 떨어져 있는 주민 집단들을 통제하는 동시에 복속민들을 제국 기획에 단단히 묶어두는 데 가까스로 성공했다. 반란자들은 이들 제국을 차지하려 했지 파괴

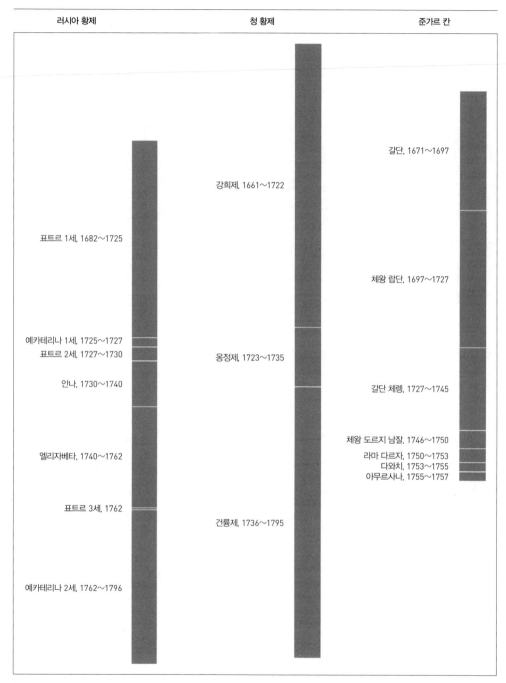

러시아 황제	청 황제	준가르 칸
		갈단, 1671~1697
	강희제, 1661~1722	
표트르 1세, 1682~1725		체왕 랍단, 1697~1727
예카테리나 1세, 1725~1727		
표트르 2세, 1727~1730	옹정제, 1723~1735	
안나, 1730~1740		갈단 체렝, 1727~1745
엘리자베타, 1740~1762		체왕 도르지 남잘, 1746~1750
		라마 다르자, 1750~1753
		다와치, 1753~1755
		아무르사나, 1755~1757
표트르 3세, 1762	건륭제, 1736~1795	
예카테리나 2세, 1762~1796		

표 7.1 러시아, 청, 준가르의 지도자들: 유라시아에서 한 세기 동안 충돌한 제국들

하려 들지 않았다. 젊은 러시아 제국과 오래된 중국 제국이 성공할 수 있었던 핵심 요인은 통치 관행들을 창의적으로 혼합한 것, 중개인 문제에 독특한 해결책을 내놓은 것, 차이를 이용하여 제국의 권력을 강화한 것이었다.

러시아 왕조에게 핵심 조직은 씨족과 결혼 정치, 토지 양여제, 황제의 총애를 통해 통치자와 유대를 맺는 종속적인 귀족이었다. 이 집단에 진입하는 일은 종족에 따라 결정되지 않았다. 타타르족은 제국의 형성기부터 러시아 귀족에 속했고, 나중에 독일인, 폴란드인과 다른 많은 이들이 귀족에 합류했다. 제국 생활의 정상적인 사실로서 차이를 받아들인 결과, 러시아의 가산제적 통치는 한층 유연해졌다. 분배할 새로운 토지가 존재하는 한, 제국 엘리트층은 기존 엘리트와 마찬가지로 주권자와의 개인적인 유대를 통해 새로운 엘리트를 흡수할 수 있었다. 이는 몽골 칸들의 가산제를 러시아의 영토 기회에 알맞게 창의적으로 바꾼 전략이었다. 게다가 러시아의 주권자는 유럽의 귀족에게 위협받을 일도 없었다.

청은 러시아와 다른 요소들을 혼합했다. 청은 귀족 지주보다는 관료에, 그리고 오랜 세월에 걸쳐 유기적으로 구성되고 다듬어진 치국술에 의존했다. 고대 중국의 문화적 질서라는 이상은 만주족 정복자들이 중국의 제도를 장악하고 한족 관료들이 새로운 통치자를 돕는 것을 막지 못했다. 청조가 활용한 한 가지 유라시아적 요소는 군대와 민간의 명령 계통을 능란하게 조종한 것이었다. 또한 러시아 왕조와 마찬가지로 청조는 권력, 불명예, 삶과 죽음의 궁극적인 원천인 황제와 엘리트의 개인적인 유대를 구축했다. 청조는 뚜렷이 구별되는 종족 단위들을 만들고 만주족과 한족을 어느 정도 분리하는 등, 팔기제를 이용하여 차이의 도구를 날카롭게 다듬었다.

차이를 제거하지 않고 조정한 것은 두 체제의 현저한 특징이었다. 두 제국 체제는 가톨릭과 개신교 제국들의 종교적 통일 기획과는 근본적으로 다른 유연한 이데올로기를 발전시켰다. 러시아 통치자들은 정교회를 장려하면서도 자신의 통제 아래 두었고, 일찍이 무슬림 영토로 세력을 넓혔으며, 그들을 기독교도로 개종시키려 하지 않았다(제9장 참조). 청조는 신성한 정당화는 천명(天命)으로 충분하다고 보았다. 청 황제들은 자신의 신앙을 바꾸었고, 제국 내부의 다양한 종교 집단들을 보호했으며, 외부의 종교 지도자들을 열심히 비호했다.

두 체제는 유라시아 기원을 감추는 신화를 만들어냈다. 러시아 통치자들은 특히 스텝 지대를 정복한 후로는 몽골에 복속했던 과거를 인정하지 않았다. 청 제국 통치자들은 자신들의 차별성을 역설하면서도 정치적 전통을 실제보다 훨씬 연속적인 전통인 양 내세웠다. 그럼에도 두 제국은 유라시아의 가닥들을 제국의 치국술로 엮어냈다. 러시아의 황제와 청의 황제는 저마다 만인의 칸처럼 상이한 집단들을 통치하고, 법을 제정하고, 교육받은 관료들에 의존하고, 충직한 봉직자들에게 관직과 특권을 하사하고, 그들을 마음대로 제거하고, 외부인들을 실용적으로 다루고, 서로 구별되는 공동체들을 자신의 상위 명령권을 구성하는 요소로 여겼다.

CHAPTER 8

혁명 시대의
제국, 민족, 시민권

　　제6장에서 우리는 17세기 유럽에서 주권의 혁명이 일어나지 않 았다고 주장했다. 통치자, 인민, 영토의 관계는 여전히 모호하고 변동이 심했다. 18세기 들어 주권 '관념'들의 혁명이 일어났다. 혁명과 제국을 연관짓기란 어려운 일인데, 우리의 혁명들이 아주 혁명적이기를 우리가 바라기 때문이다. 교과서에서는 왕과 황제의 '시대(epoch)'가 민족국가 와 인민주권의 '시대'에 밀려났다고 말한다. 그러나 새로운 주권 관념들 이 중요했던 까닭은 바로 그것들이 해외 제국에서만큼이나 유럽 안에서 도 기존의 제도 및 관행과 달랐기 때문이다. 그 관념들은 그 자체로 논 증이었고, 논쟁을 조장했다. 유럽에서 군주와 귀족의 특권은 18세기 내 내 '인민'이 주장하는 권리 및 발언권과 긴장 관계였다. 1789년 프랑스 혁명에서 공화정체 원리가 공표된 뒤, 프랑스는 한 세기의 3분의 1 동안 공화정 국가였고, 거의 이 기간 내내 왕이나 황제를 자처하는 남자들의 통치를 받았다. 누가 주권자인가 하는 문제는 20세기 중엽까지도 해결

되지 않았다.

18세기 들어 정치 이념들의 새로운 무기고는 비제국, 즉 단일민족이 주권을 행사하는 단일 영토를 '상상'할 수 있게 해주었다. 본디 그런 상상계가 나타난 곳은 유럽 안에서 민족적으로 규정된 정치체들이 아니라 훨씬 크고 불확실한 공간이었다. 제국은 18세기와 19세기 전반에 일어난 혁명들의 희생물이 아니라 그 무대였다.

그러나 정치적 대안들의 성격은 제국들 안에서—그리고 제국들에 맞서—근본적으로 바뀌었다. 런던이나 파리처럼 부—어느 정도는 해외 무역과 수익성 좋은 설탕 식민지에서 벌어들인—와 상인, 직인, 소(小)귀족이 물밀듯이 몰려든 도시들에서 발전한 새로운 상호작용 정치는 군주정 체제들이 구축해놓은 수직적 관계의 패턴을 깨뜨렸고, '권리'가 저 높은 곳에서 나와 특정한 개인이나 집단에 주어진다는 생각에 도전했다. 영국과 프랑스를 비롯한 국가들의 정치사상가들은 주권이 '인민'에게 부여되고, 통치자의 권위는 이 인민으로부터 나오며, 통치자는 그 권위를 표현하기 위해 고안된 제도를 통해 인민의 의지에 응답해야 한다고 주장했다. 인민은 그들이 한 정치체에 속한다는 사실에서 유래하는 권리를 가지며, 이 권리가 통치자의 선택을 제약한다는 주장이었다.

제국이라는 맥락에서 자연권과 사회계약 관념은 새로운 질문을 던졌다. 시민권은 '민족적'(단일한 언어·문화·영토 공동체임을 자처하는 한 집단에 초점을 맞추는 입장)인가, 아니면 '제국적'(한 국가의 인구를 구성하는 다양한 집단을 아우르는 입장)인가? 혹은 국가 제도에 참여시키는 방법으로 적어도 제국의 일부 지역에서 민족 공동체를 만들어낼 수 있는가? 양극의 입장(제국의 모든 사람에게 시민의 지위를 주어 전부 동화시키는 입장과, 피식민 인구를 한 민족을 섬기는, 권리 없고 착취 가능한 대상으로 격하시키는 입장) 가운데 어느 쪽도 전폭적인 지지를 받지 못했다. 한 제국의 서로 다른 지역들에서 살아가는, 태생이 제각각인 사람들에게 정확히 어떤 권리가 어느 정도나 있느냐는 것은 화급을 요하는 문제가 되었다.

이 장에서 우리는 서로 연관된 일련의 혁명들을 살펴본다. 혁명의 소용돌이는 제국 간 분쟁 중에, 즉 일각에서 최초의 세계 전쟁으로 여기는 7년 전쟁(1756~1763년) 중에 시작되었다. 하노버 왕조와 영국이 프로이센과 한편이 되고 오스트리아, 러시아(초기), 스웨덴, 작센, 포르투갈, 에스파냐가 프랑스와 한편이 되어 싸운 이 전쟁은 아메리카와 인도에서, 바다에서, 그리고 유럽에서 벌어졌다. 이 전쟁의 비용으로 말미암아 승전국 영국은 해외 속령들에서 통제를 강화하여 더 많은 자원을 징발해야 했고, 이를 위해 북아메리카 13개 식민지에서 엘리트층의 분노를 자아내며 자원을 더 많이 동원했을 뿐 아니라 인도에서도 영토를 더욱 강하게 통제했다. 식민지들을 잃고 전쟁 부채를 떠안은 프랑스는 국내를 더욱 압박하는 한편, 남아 있는 식민지 중에서 수익성이 가장 좋은 생도맹그에 더욱 의존해야 했다. 이 두 가지 움직임은 혁명적 상황으로 가는 중요한 발걸음이었다. 영국과 마찬가지로 에스파냐는 아메리카 식민지들에 대한 통제를 규칙화하고 심화하기 위해 '개혁'이 필요하다고 보았다. 프랑스에서 혁명의 역학은 나폴레옹이 또 다른 제국을 정력적으로 건설하는 상황으로 귀결되었다. 나폴레옹의 에스파냐 정복은 유럽 본국의 엘리트들과 에스파냐령 아메리카의 엘리트들 사이에 투쟁을 촉발했고, 다시 이 투쟁은 다른 혁명적 동원 시도들을 조장했다. 1756년에 외교관들이 제국 간 전쟁이 발발하지 않도록 한층 조심했다면 영국 제국, 프랑스 제국, 에스파냐 제국에서 혁명이 일어나지 않았을지도 모르고, 적어도 실제 역사와는 다른 시기에 다른 형태로 일어났을 것이다.

프랑스에서 혁명의 결과는 군주정의 죽음이었지 제국의 죽음이 아니었다. 인간과 시민의 권리를 제국의 다른 인간 범주들로 확대할 것이냐는 물음은 회피할 수 없는 문제가 되었다. 영국령 북아메리카의 혁명은 군주정과 영국 제국에게서 13개 식민지를 앗아갔지만, 정치를 형성하는 제국의 권력까지 앗아가지는 않았다. 미국의 애국자들은 '자유의 제국'을 선포했다—그러나 제국의 모든 사람이 그 자유를 누린다는 뜻은 아니었다(제9장). 설령 국가의 '민족적' 이념들이 에스파냐령 아메리카에서 발생한 혁명들의 원인이기보다 오히려 결과였다 해도, 그런 이념들은 일부 야심 찬 지도자들이 독자적 제국을 선포하는 것을 단념시키지도 못했고, 과거 제국의 산물인 위계질서와 문화적 차이를 둘러싼 첨예한 긴장을 해소하지도 못했다. 브라질이 포르투갈 제국에서 벗어난 방법은 브라질 자체가 제국—리스본에서 통치하는 왕가의 일족 치하에서—임을 선언하는 것이었다.

이 시대를 혁명적으로 만든 것은 주어진 결과가 아닌 과정이었다. 새로운 이념, 새로운 가능성, 새로운 투쟁이 부각되는 가운데 제국들은 여전히 오래된 문제, 이를테면 다른 제국들과의 관계 속에서 행위하는 문제나, 다종다양한 공간 전역을 날마다 관리할 엘리트를 충원하는 문제와 씨름하고 있었다. 민족 중심 역사관에서, 다시 말해 역사가 한 '민족'과 한 국가를 일치시키는 방향으로 여지없이 나아간다는 가정에서 벗어나면, 우리는 민주정, 시민권, 민족성이 실제로 무엇을 뜻했는지, 아울러 이런 개념들이 언제, 어디서, 누구에게 적용되었는지에 관한 오래된 논쟁들(제국들 내부에서, 경쟁하는 제국들 사이에서, 제국들에 대항하여 힘을 결집하는 과정에서 제기된 논쟁들)에 초점을 맞출 수 있다.

우리는 미국 독립기념일과 바스티유 데이(Bastille Day, 프랑스 혁명 기념일 −옮긴이)에 경축하는, 의도적으로 만들어낸 혁명 형태들만이 아니라, 다른 혁명 형태들을 고찰할 필요가 있다. 달리 말해 18세기와 19세기의 산업혁명과 농업혁명, 자본주의의 폭발적 발전을 고찰해야 한다. 일

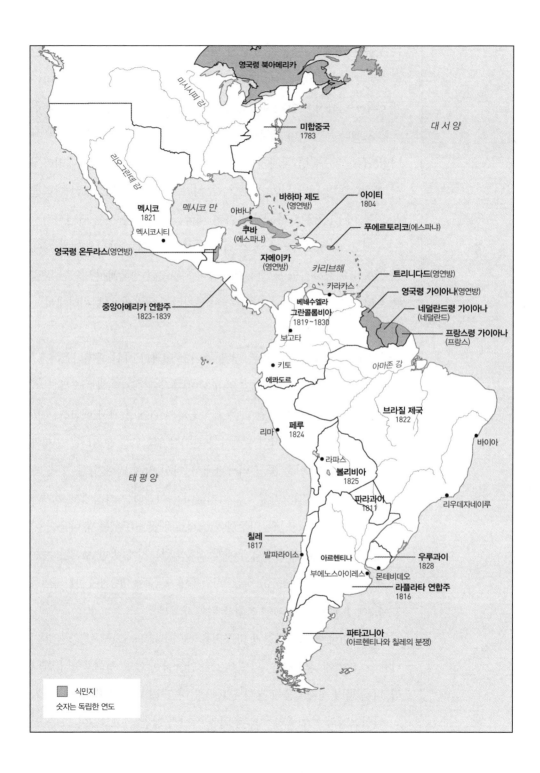

영국령 북아메리카

미시시피 강

리오그란데 강

미합중국
1783

대 서 양

멕시코
1821

멕시코 만

아바나

바하마 제도
(영연방)

아이티
1804

푸에르토리코(에스파냐)

멕시코시티

쿠바
(에스파냐)

영국령 온두라스(영연방)

자메이카
(영연방)

카리브해

트리니다드(영연방)

카라카스

영국령 가이아나(영연방)

중앙아메리카 연합주
1823-1839

베네수엘라
그란콜롬비아
1819~1830

네덜란드령 가이아나
(네덜란드)

프랑스령 가이아나
(프랑스)

보고타

키토

에콰도르

아마존 강

브라질 제국
1822

페루
1824

리마

바이아

라파스

볼리비아
1825

파라과이
1811

리우데자네이루

칠레
1817

발파라이소

아르헨티나

부에노스아이레스

몬테비데오

우루과이
1828

라플라타 연합주
1816

태 평 양

파타고니아
(아르헨티나와 칠레의 분쟁)

식민지

숫자는 독립한 연도

부 정치사상가와 활동가는 제국주의가 자본주의에서 자라난다고 생각했지만, 앞에서 보았듯이 정치적 형태로서의 제국은 자본주의 시대에 새롭게 등장한 것이 아니었다. 제국이 어떻게 자본주의를 형성했느냐는 물음과 자본주의가 어떻게 제국을 형성했느냐는 물음은 경제적 과정과 정치적 과정의 상호작용을 다른 시각으로 바라보도록 자극한다. 우리의 이야기는 18세기까지 유럽 국가들이 팽창하는 동시에 장거리 연계를 제약하려 했고, 다른 사람들, 특히 아시아인들이 선도한 생산과 상업에서 이익을 얻었고, 다른 제국들, 그중에서도 직접 급습하기엔 너무나 강력했던 오스만 제국과 중국 제국을 피해가며 활동했고, 아프리카와 동남아시아의 대부분 지역에서 내륙으로 뚫고 들어가지 못했음을 보여주었다. 유럽에서, 특히 영국에서 자본주의의 발전과 이에 수반된 부의 증대와 기술 개선은 유럽의 방식과 중국, 러시아, 오스만 제국을 포함하는 나머지 세계의 방식을 갈라놓은 원인이었는가? 이 경제적 전환은 제국 간 영향과 경쟁에 관한 이야기를 새로운 방향으로 끌고 갔는가?

자본주의를 단순히 시장 교환으로 여겨서는 안 된다. 그렇다고 임금노동에 기반을 두는 생산 체제로 이해할 수도 없다. 자본주의는 상상의 소산이기도 했다. 정치의 자연스러운 단위라는 '민족'의 표면 아래에 분쟁으로 점철된 복잡한 역사가 있는 것과 마찬가지로, 자본주의 발전은 상품과 노동의 새로운 시장을 낳은 역사적 과정이자, 그런 시장을 '자연스러운' 시장으로 보이게 만든 이데올로기적 과정이었다. 18세기와 19세기에 제국들이 충돌하고 경쟁함에 따라, 어떤 형태의 정치적·경제적 행위가 정상적이고 정당한 행위인가라는 물음이 첨예한 문제가 되었다. 우리는 제10장에서 임금노동을 영국 사회의 규준으로 만든 과정이 임금노동을 다른 노동 형태들(특히 노예제)과 구분한 과정에 의존했다는 것, 그리고 한 종류의 노동을 다른 종류의 노동과 구별한 이 과정이 영국 제국의 공간에서 진행되었다는 것을 논증할 것이다.

우리는 이 장에서 국가에 대한 권리와 의무를 지닌 프랑스 '시민' 개념이 프랑스 제국의 공간에서 고안되었음을 논증한다. 미국 혁명과 프랑스 혁명을 거치며 관성력을 얻은 정치 이념들은 누가 어떤 권리를 어떤 위치에서 갖느냐는 문제를 둘러싸고 오래도록 이어진 투쟁 과정에서 당파들에게 투쟁 수단을 제공했다. 혁명의 시대는 이런 물음들에 확실한 답을 주지 않았다. 아래에서 우리는 18세기 후반과 19세기 전반의 혁명들에서 제국이 담당했던 모호하지만 지속적인 역할을 검토하고, 제국 내부에서 이 체제에 맞서 스스로를 규정한 정치 운동들을 살펴본다.

프랑스-아이티 혁명

프랑스 혁명에 관한 산더미 같은 학식은 거의 전부 국가 프랑스에 초점을 맞추는 탓에 식민지들에서 일어난 혁명은 시야에서 사라지다시피 한다. 그러나 1789년 혁명이 시작될 무렵 생도맹그는 서구 세계에서 소비되는 설탕과 커피의 절반을 생산하는 식민지로서, 프랑스의 경제와 유산자 엘리트에게 어마어마하게 중요했다. 혁명은 순식간에 제국의 문제가 되었다.

제정 유럽의 민족과 혁명

오늘날 학자들은 프랑스 혁명을 어느 행위자 집단—부르주아지이건 서민 계층이건—의 산물이 아니라, 제각기 다른 이해관계와 욕구를 가진 다수 행위자들이 상호작용하며 밀고 나아간 역동적인 과정으로 여긴다. 혁명 전까지 프랑스의 강력한 군주정은 전 국토에서 국가 제도를, 그리고 엘리트와의 가산제적 유대를 18세기 유럽의 대다수 나라들보다 집중적으로 발전시켰다. 그러나 귀족은 국왕의 권력에, 귀족이 아닌 유산자는 귀족의 특권에, 농민은 지주에게 바치는 소작료와 봉사에 분통을 터뜨렸다. 기존의 위계적이고 가부장적인 프랑스 사회상과 왕족 및 귀족의 후원은, 스스로를 소비자이자 사교 공간(카페, 살롱, 정치 집회 같은)의 적극적 참여자로 여기는 도시 전문직이나 엘리트 여성이 자신감을 높여가는 현실에 갈수록 들어맞지 않게 되었다. 잡지, 신문, 책, 가십지는 글을 아는 인구와, 큰 소리로 낭독하는 이런 텍스트를 들은 청중들에게 계몽주의 사상가들의 이념을 증식시키고 퍼뜨렸다. 이렇게 정치적 논쟁의 맥락이 넓어짐에 따라 '시민' 개념이 부각되었다.

프랑스 구체제는 다른 유럽 국가들 이상으로 시민과 '외국인'을 구별했지만, 프랑스 행정관들은 시민을 국가 주권의 원천이 아닌 대상으로 여겼다. 18세기 후반 정치활동가들은 다른 시각을 발전시켰다. 그들은 고대 그리스의 폴리스, 로마 공화정, 르네상스 시대 도시국가의 선례를 거론하면서 정치적으로 관여하는 시민에 관한 더 오래된 이념들에 의지했다. 과거와 마찬가지로 정치화된 시민권의 이상(理想)은 인구 전체를 포괄하지 않았는데, 그 이상이 시민의 일에 적극 관여할 능력과 의지를 함축했기 때문이다. 파리의 '군중'은 몇 차례 정치 지도자들을 급진적인 방향으로 몰아갔으며, 엘리트 개혁가들은 몇 차례 이념을 한계까지 밀어붙였다.

프랑스에서 혁명 운동은 국내의 정치적 의식과 조직의 변화만이 아니라 제국 간 분쟁의 압박에 의해서도 촉발되었다. 프랑스는 1756~1763년의 7년 전쟁에서 패함과 더불어 카리브해 식민지들을 상실하고 남아시아 식민지들의 전초기지를 몇 군데만 남기고 몽땅 잃었지만, 지독할 정도로 수익을 짜낸 설탕 섬들, 특히 생도맹그는 놓치지 않았다. 승전국과 패전국에게 남은 것은 막대한 빚이었다. 영국은 식민지에서 자원을 더 많이 뜯어낼 수라도 있었지만—이는 영국 지도자들이 예상하지 못한 결과를 불러왔다—프랑스는 국내로 시선을 돌려야 했다.

세금 인상 요구가 프랑스 위계질서를 따라 내려가자 그에 대한 저항이 위쪽으로 솟구쳤다. 취약하고 협력이 필요했던 루이 16세는 1789년에 자문 회의인 삼부회를 소집했다. 권력을 점점 강화한 프랑스 왕들은 1614년 이래 삼부회를 소집한 적이 없었다. 프랑스 사회를 구성하는 세 신분(성직자, 귀족, 평민)의 대표들은 삼부회의 옛 의결 조건을 거부했고, 삼부회를 제헌국민의회로 바꾸었다. 여기서 주권자는 왕이 아니라 인민이라는 주장이 제기되었다.

1789년 7월 14일, 군중이 바스티유 감옥을 습격하여 파괴했고, 그러는 사이 농촌 곳곳에서는 많은 농민들이 지대 납부를 거부하고 영지를 약탈했다. 국민의회는 사실상 정부가 되어가고 있었다. 국민의회는 농촌의 봉건제를 폐지하고 봉건적 권리 체계를 개혁했다. 8월에 국민의회는 〈인간과 시민의 권리 선언〉을 채택했다. 이 선언에 따르면 "모든 주권의 근원은 본질적으로 국민에게 있다. 어떤 단체나 어떤 개인도 명백히 국민에게서 유래하지 않는 권력을 행사할 수 없다." 이 선언은 법 앞의 평등과 대의정체를 강조했다. 그런데 프랑스 국민이란 무엇이었을까?

프랑스 혁명은 곧 유럽 정치의 비민족적 성격에 부딪혔다. 오스트리아(마리-앙투아네트 왕비의 모국)와 프로이센은 1791년에 프랑스를 침공하겠다며 위협했다. 이 위협은 "조국은 위기에 처해 있다(la patrie en danger)"(1792년 7월 11일 프랑스 의회의 선언문—옮긴이)라는 프랑스 인민의 의식과 시민 의용군을 모집하려는 노력을 촉발했다. 그러나 민족 이념은 충분히 무르익지 않았다. 1793년에 이르러 병사를 충원하는 과정에서 시민권 정신에 강제력이 더해졌고, 체계적인 징집이 뒤따랐다. 외세의 위협과 국내 혁명 정권의 급진화(왕과 왕비를 처형한 것을 포함하여)

는 언제라도 폭발할 수 있는 혼합물의 일부였으며, 이 불안정한 상황은 결국 테러와 반(反)테러의 물결을 일으키고 곧이어 종전보다 보수적인 방향 전환을 초래했다. 그사이에 프랑스는 한 국가이자 공화정이라는 것과 프랑스 헌법이 선포되었고, 공화주의 이데올로기(이때 이래로 사람들이 거듭 호소하는 동시에 위반해온 이데올로기)를 신주 모시듯 하는 혁명적 저술이 넘치도록 출판되었다. 권력은 선출된 대표를 통해 이를 행사하는 인민에게 있었고, 국가는 분할이 불가능한 하나였으며, 국가의 핵심 원리는 자유, 평등, 형제애였다.

이는 새로운 종류의 주권을 과감히 역설한 것이었지만, 동등한 시민들 내부의 경계는 처음부터 갈등을 빚었다. 여성은 시민으로 간주되었지만, '능동적' 시민으로 간주되지는 않았다(여성은 1944년까지 투표권을 갖지 못했다). 공화주의의 이상이 정치적 평등뿐 아니라 경제적·사회적 평등까지 함축하는지는 논쟁거리였다. 많은 유산자들은 무산자들이 정치에 지나치게 참여할 경우 자신들의 이해관계만이 아니라 사회질서까지 위협할 것이라며 두려워했다. 혼란에 대한 두려움이라는 가림막 뒤에서 한층 권위주의적인 정부는 탈혁명 정치를 구상하기 시작했다. 새로 출범한 총재정부는 1797년의 선거 패배를 받아들이지 않았다. 긴장이 고조되는 와중에 1799년에 총재정부는 친위 쿠데타를 일으키고 나폴레옹 보나파르트 장군을 불러들였다. 나폴레옹은 1804년에 스스로 황제임을 선언하여 혁명의 어휘를 깜짝 놀랄 만큼 뒤엎었다.

프랑스 제국의 시민권과 차이의 정치

이제 프랑스 혁명 이야기에서 보통 빠지는 것을 살펴보자. 우리는 유럽 프랑스 둘레에 명확한 선을 그을 수 없다. 계몽주의 철학도, 혁명적 실천도 누가 프랑스 인민을 구성하느냐는 문제, 또는 유럽 프랑스와 해외 프랑스의 관계가 어떠하느냐는 문제에 분명한 생각을 내놓지 못했다. 일부 정치사상가들은 이성을 사회에 적용한다고 주장하며 인간 집단들을 분류했고, 그로써 아프리카인과 아시아인이 시민 생활에 참여할 수 없는 이유를 설명했다. 다른 사상가들은 사람들 간의 특수성을 인정하지 않았고, 보편성에 관한 자신의 이념을 모든 사람에게 적용해야 한다고 상정했다. 또 다른 사상가들은 계몽된 이성을 사용하여 인간의 차이에 관한 더 미묘한 견해를 내놓았다.

드니 디드로는 보편적 가치를 옹호하는 행위는 상이한 문화들 각각의 일체성을 인정하는 입장을 함축한다고 생각했다. 디드로가 보기에 유럽인이 다른 집단을 식민화할 권리를 주장하는 것은 정당하지 못한 행위(유럽 국가들의 도덕적 파산의 상징)였다. 앙리 그레구아르(Henri Grégoire) 신부는 당시 실행 중이던 식민화에 반대했다. 그는 노예제에는 질색했으나 다른 집단을 개종하거나 '문명화'하는 것은 반대하지 않았다. 1788년, 계몽주의의 주요 인물들은 프랑스 제국에 속하는 노예들의 대의를 변호하기 위해 흑인우호협회를 설립했다. 이 협회의 이론가들과 활동가들은 문화적 차이의 중요성에는 동의하지 않으면서도 모든 인간의 근본적인 평등을 받아들였고, 식민지 사람들을 마음대로 노예로 만들거나 착취할 수 있다는 생각에 반대했다. 대부분의 노예제 폐지론자들은 제국의 경제를 저열한 관행에서 떼어놓으면서도 사회적 격변을 초래하지 않을 점진적인 노예 해방을 선호했다.

그러나 파리 지식인들이 식민지와 혁명의 관계에 관심을 쏟은 유일한 집단은 아니었다. 생도맹그의 백인 농장주들은 시민권 원칙을 일정한 자치를 요구하는 주장으로 바꾸었다. 파리로 파견된 그들의 대표단은 식민지 안에서 재산 문제와 사회적 지위 문제를 규제할 권한을 식민지 의회에 달라는 로비를 벌였고, 노예와 자유인, 아프리카인과 유럽인이 섞여 있는 식민지를 통치하는 원칙과 프랑스 본국을 통치하는 원칙이 동일할 수는 없다고 역설했다. 그러나 파리의 혁명의회는 유색인, 즉 보통 프랑스인 아버지와 노예가 되었거나 노예에서 해방된 어머니 사이에서 태어난, 자산과 노예를 소유한 카리브해 주민들의 주장도 들어야 했다. 생도맹그에서 그들은 플랜테이션의 3분의 1과 노예의 4분의 1을 소유한 실세 집단이었다. 그리고 그들 다수는 돈이나 교육, 파리와의 연계가 부족하지 않았다. 그들은 시민권을 피부색에 따라 제한해서는 안 된다고 역설했다. 파리의 의회는 결정을 미루며 시간을 끌었다.

파리 혁명가들을 포함하여 모든 관련자는 1791년 8월에 노예들이 이 소란에 가담하자 자신의 입장을 다시 생각해야 했다. 생도맹그 노예의 3분의 2는 아프리카 태생이었고, 파리에서 일어난 사건들에 대한 지식뿐 아니라 아프리카인의 종교적 친연성을 매개로 형성된 관계망 역시 노예 반란을 일으킨 요인이었다. 반란자들은 플랜테이션에 불을 지르고 생도맹그 섬 전역에서 농장주들을 살해했다. 생도맹그 혁명은 곧 복수의 동시다발적 투쟁으로, 즉 왕당파와 애국파, 백인과 유색인, 노예와 노예 주인 간의 투쟁으로 바뀌었다. 각 범주의 하위 집단들은 충성할 대상을 자주 바꿔가면서 이따금 다른 집단과 동맹을 맺었다.

혁명 국가는 귀중한 식민지를 왕당파의 반혁명이나 영국, 에스파냐 같은 경쟁 제국에 빼앗길 사태를 두려워했다. 이제 유색인들은 프랑스 공화국의 지도자들에게 반드시 필요한 동맹으로 간주되었다. 1792년 3월, 파리 정부는 모든 자유인이 동등한 정치적 권리를 가진 프랑스 시민임을 선언하기로 합의했다. 1794년, 프랑스 시민의 일원인 장-밥티스트 벨리는 생도맹그의 대표로서 프랑스 제헌국민의회의 의석을 얻었다. 당시 제국의 시민권으로 가는 문은 약간 열려 있었다.

프랑스 정부가 노예들의 지지를 얻지 않고는 다면적 분쟁을 통제할 수 없다고 판단함에 따라 이 문은 더 열렸다. 1793년에 생도맹그의 공화국 판무관은 노예들을 해방시키고 그들이 시민임을 선언하기로 결정했다. 혁명의 역학이 더 급진적인 단계로 진입한 상황에서 파리는 판무관의 포고령을 비준하고 이듬해 그 포고령을 다른 식민지들로 확대했다. 1795년 헌법은 식민지들이 프랑스의 '필수적인 부분'임을 선언했다. 프랑스는 한동안 시민들의 제국이 되었다.

군대를 강화하기 위해 노예를 필요로 한 것은 제국들의 역사에서 별반 새롭지 않은 일이었다. 이슬람 제국들과 다른 제국들이 이 전술을 구사한 선례가 있었다. 과거에 카리브해에서 경쟁하던 제국들도 노예 전사들을 동원한 바 있었다. 그러나 당시 프랑스의 실용성에 부합한 시민권은 진정으로 새로운 원칙이었다. 전투 노예들이 주인에게 종속되었던 것과 달리, 생도맹그의 해방노예들이 프랑스 군대에 참여한 것은 그들의 새로운 지위와 관련이 있었다.

이처럼 생도맹그 혁명은 제국에 반대하는 운동이기에 앞서 제국 안에서 자유에 찬성하는 운동이었다. 가장 존경받던 노예 지도자인 투생 루베르튀르는 이런 상황의 모호한 점들을 체현한 인물이었다. 글을 아는 노련한 해방노예였던 투생은 노예 반란에 일찍부터 가담하여 빠르게 지도자로 부상했다. 투생은 에스파냐와 동맹하는 방안을 한동안 고려했으

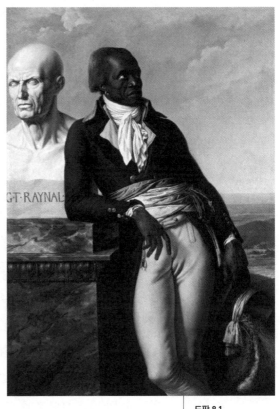

나 에스파냐가 아닌 프랑스가 노예제 폐지 쪽으로 움직이자 프랑스 편으로 돌아서서 공화국의 장교가 되었고, 1797년경에 프랑스령 생도맹그의 실질적인 통치자가 되어 왕당파, 경쟁 제국들과 싸우고 해방노예들이 새로이 주장하는 자유(liberty)를 옹호했다. 1801년에 투생은 프랑스에 대한 충성을 공언하면서도 생도맹그를 위해 새로운 헌법을 제정했다.

프랑스 지도자들도 투생도 설탕 생산이 끝나는 상황을 원하지 않았고, 적어도 해방노예들이 '자유로운' 노동자의 자기 규율을 익히기 전까지는 지주와 관료가 그들을 빈틈없이 감독하는 방안 외에 대안이 없다고 생각했다. 이 방안에 해방노예들이 전부 동의한 것은 아니었다. 생도맹그 혁명 안에는 노동과 자율성 같은 쟁점을 둘러싼 폭동뿐 아니라, 해방노예들이 스스로 노동하는 생활을 통제하려다가, 또는 국가가 자신들을 백인 시민과 동등하게 대해야 한다(예컨대 관료가 이름, 결혼, 사망을 기록할 때)고 주장하다가 발생한 일상의 투쟁도 있었다.

생도맹그 사람들의 행위로 말미암아 파리 혁명가들이 시민권의 의미를 다시 생각하게 되었다 할지라도, 유럽 제국들의 역학은 식민지들에 막대한 영향을 미쳤다. 권좌에 오른 나폴레옹은 제국 전체를 포괄하는 시민권 쪽으로 비틀거리며 나아가던 행보를 뒤집었다. 해외 제국에서 나폴레옹은 철두철미한 복고주의자였는데, 이런 입장에는 카리브해에 정착한 구체제 사람들(그중에는 그의 첫 아내 조제핀의 노예 소유주 가족이 있었다)과의 사적인 관계가 영향을 미쳤다. 나폴레옹은 혁명 이전 식민지들의 특별한 지위만 복구하려 했던 것이 아니라 노예제까지 부활시키려 했다. 1802년에 나폴레옹은 바로 이 목적을 위해 생도맹그에 군대를 파견했다. 여전히 제국의 시민권이라는 틀 안에서 행동하고 있던 투생의 항복을 유도했을 정도로, 나폴레옹은 자신의 진의를 숨겼다. 투생은 프랑스로 압송되어 곧 죽었다. 프랑스 안에서 해방을 구상한 투생의 노력을 좌절시킨 것은 나폴레옹의 제국적 구상이었지 민족적 구상이나 공화주의적 구상이 아니었다.

노예 출신인 다른 장군들은 싸움을 이어갔다. 해방노예 군대와 극심한 황열병이 나폴레옹 군대를 동시에 공격하자 대황제라도 도저히 감당할 수가 없었다. 1803년에 나폴레옹은 생도맹그를 포기했다. 이듬해 승리자들은 아이티 공화국을 선포했다.

혁명 제국 안에서 자유와 시민권을 쟁취하려던 투쟁은 이처럼 아이티가 제국에서 빠져나가는 사태로 끝이 났다. 프랑스의 다른 설탕 식민지로서 반란을 저지당한 과들루프와 마르티니크는 노예제를 40년이나 더 견뎌야만 했다. 그런 뒤에야 프랑스 본국에서 다시 혁명적 상황이 조성되고 플랜테이션 식민지들에서 연달아 반란이 일어난 결과, 프랑스 제국의 나머지 노예들이 확실히 시민으로 인정되었다.

아이티의 독립은 세계의 제국들에게 새로운 문제를 제기했다. 아이티는 해방과 탈식민화의 선봉일까? 아니면 아프리카 노예들에 대한 통제력을 상실할 위험의 상징일까? 프랑스뿐 아니라 다른 제국적 국가들도 아이티를 선봉이 아니라 따돌림당하는 집단으로 묶어둘 유력한 이유가 있었다. 1825년에야 프랑스는 아이티를 주권국가로 조건부 인정했는데, 이마저도 프랑스가 입었다고 주장하는 손실을 아이티가 보상하기로 합의한 뒤의 일이었다. 1838년에야 프랑스는 마침내 아이티의 독립을 완전히 인정했다. 미합중국은 남북전쟁이 한창이던 1862년에 아이티를 인정했다.

영국의 노예 식민지였던 트리니다드에서 태어난 C. L. R. 제임스는 1938년에 생도맹그 혁명을 다룬 유명한 역사서 《블랙 자코뱅(Black Jacobins)》을 썼다. 이 시기에 제임스는 아이티를 다시 해방운동의 선봉에 세우려 했고, 아이티를 본보기로 삼아 전 세계 식민주의의 종식을 주장했다. 1946년에 대의원으로 선출되어 파리의 프랑스 입법기관으로 파견된 아프리카 정치 지도자 레오폴 셍고르(Léopold Sénghor)는 150년 전에 프랑스가 흑인 노예들의 시민권을 인정하던 순간을 상기시켰다. 셍고르는 다른 의원들을 설득하여 혁명기 프랑스의 약속을 되살리고, 식민지의 모든 신민을 프랑스 본국의 시민과 같은 권리를 지니는 시민으로 바꾸려 애쓰고 있었다. 1789년부터 1804년까지의 프랑스-아이티 혁명은 시민권과 자유의 관계—제국 내부와 너머에서—에 관한 물음들을 세계에 제기했다. 이 쟁점들은 지금까지도 논쟁거리다.

나폴레옹

오늘날 나폴레옹은 파리의 호화로운 묘에 안치되어 있다. 여기서 수 킬로미터 떨어진 곳에 나폴레옹이 자기 자신을, 그리고 유럽 대부분을 정복한 자신의 영예로운 전투를 기념하여 건축한 개선문이 있다. 후대의 프랑스 민족은 나폴레옹의 전설을 독차지했다. 그러나 회고적 관점에서 프랑스 민족국가를 주장할 때 나폴레옹의 역사는 거북스러운 부분이다. 나폴레옹의 정복(전성기에는 유럽 인구의 약 40퍼센트까지 포괄했다)은 잘 알려져 있으니 두 가지 물음에 집중하자. 나폴레옹 제국은 덜 귀족적·위계적이고 더 중앙집권적·관료제적인, 혁명 이후의 새로운 제국 정치 개념을 대변했는가? 나폴레옹 치하에서 프랑스 제국은 얼마나 프랑스적이었는가?

새로운 종류의 제국이었다는 주장의 근거는, 나폴레옹이 계몽주의 시대의 합리주의를 바탕으로 논리적으로 계획하고 통합하여 중앙집권적 행정 체제를 구축하고, 사회적 지위와 무관하게 능력과 국가에 대한 충성을 기준으로 관료를 선발하려 했다는 것이다. 국가의 관료들을 인

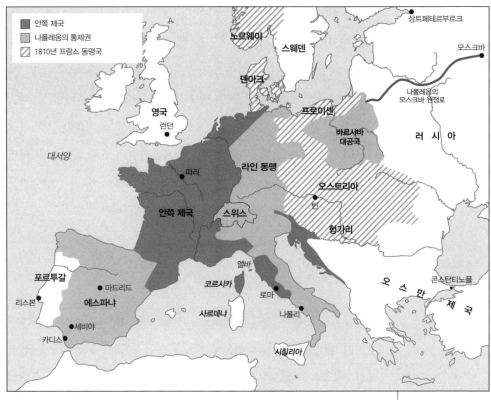

지도에 표시된 지명들:

상트페테르부르크
모스크바
노르웨이
스웨덴
나폴레옹의 모스크바 원정로
덴마크
프로이센
러시아
영국
런던
바르샤바 대공국
대서양
파리
라인 동맹
오스트리아
빈
안쪽 제국
스위스
헝가리
엘바
콘스탄티노플
오스만 제국
포르투갈
마드리드
코르시카
로마
리스본
에스파냐
사르데냐
나폴리
세비야
카디스
시칠리아

범례:
안쪽 제국
나폴레옹의 통제권
1810년 프랑스 동맹국

지도 8.2
유럽의 나폴레옹 제국

도하고 프랑스 인구의 자아 개념을 형성하는 역할은 학문(지리학, 지도학, 통계학, 민족지학 등)이 수행할 터였다. 단일한 사법제도를 통해 사회를 규정하고 감독하는 국가의 역할은 나폴레옹 법전으로 구현되었다. 이 법전은 6세기 유스티니아누스의 법전(제3장)보다 체계적이며, 사법기관이 공법이든 사법이든 일관되고 불편부당하게, 무엇보다도 예측 가능하게 적용해야 한다고 명시했다. 세금을 많이 걷기는 했지만 토지를 체계적으로 등록한 까닭에 과세의 토대는 투명했다. 귀족과 성직자의 뿌리 깊은 특권, 혁명 이전 군주정의 전횡과 부패, 지역의 엘리트와 전통을 존중하는 태도 등은 시민과 주권자의 직접적인 관계로 대체될 것이었다. 나폴레옹은 자신이 표방하는, 유럽 전체를 아우르는 황제권의 유일한 상징적 경쟁자(오래전부터 권력이 없었던), 즉 신성로마 제국을 해체했다. 나폴레옹은 물론 민주주의자가 아닌 독재자였지만, 지금 논하는 주장에 따르면 그의 제국 체제는 지도자를 중심으로 단결한 프랑스 시민이라는 이상과 합리적 관료제라는 이상을 구현하고 있었다. 이 두 이상은 유럽을 가로질러 러시아 땅까지 확산된 계몽주의와 혁명의 산물이었다.

이와 반대로 나폴레옹이 종전의 제국 방식으로 역행했다는 주장은 우선 나폴레옹이 과거에서 끄집어낸 국가 권력의 상징을 거론한다. 그중에서 다른 무엇보다 두드러졌던 상징은 나폴레옹이 황제 칭호를 받아들이고, 왕좌와 예복, 왕관을 공적으로 드러내 보이고, 교황을 설득하여 대관식을 거행한 것이었다(나폴레옹이 교황의 손에서 황제관을 넘겨받아 자기 머리에 직접 얹는 식으로 대관식을 비틀기는 했지만). 나폴레옹의 개선문들이 로마의 유산을 표방했던 것과 꼭 마찬가지로 이 모든 상징은 1000년 전 샤를마뉴의 대관식을 의도적으로 고스란히 되풀이한 것이었다.

귀족정체와 단절한다는 프랑스 혁명의 결정은 두 가지 근본적인 방식에 의해 손상되었다. 첫 번째, 나폴레옹이 구체제에서 직위를 보유했던 이들을 상당수 포함하는 다수의 장군과 주요 지지자에게 귀족 작위와 양도 재산(dotation, 체제에 봉직한 이들에게 준 재산으로 남계(男系) 상속이 가능했다)을 배분했다. 나폴레옹은 정복한 일부 영토에서도 엘리트들에게 귀족 작위와 재산을 배분하여 어느 학자가 '황제의 귀족'이라 부른 집단을 만들어냈다(또는 다시 만들어냈다). 두 번째, 나폴레옹이 정복한 지역에서 황제들의 또 다른 고전적 전략, 즉 장소에 따라 달리 통치하는 전략을 사용했다. 이 전략은 어떤 환경(예컨대 이탈리아 북부)에서는 새 영토를 프랑스의 기본적인 행정 구조에 통합하고 표준화된 법률과 관료제의 관행을 강요하는 것을 의미했지만, 다른 환경(예컨대 바르샤바 대공국)에서는 지역 귀족을 대체하기보다 그들과 협력하는 것을 의미했다. 이런 전략은 프랑스 혁명이 고취한 평등 개념에 위배되었다. 그리고 나폴레옹 법전은 시민들의 가정에서 남성의 권위를 강화하는 가부장적인 법전이었다.

제국의 시각에서 보면 연속 아니면 변화라는 그릇된 이분법을 피할 수 있다. 나폴레옹은 어느 제국이나 마주하는 난제, 즉 패배한 왕과 공(公)을 흡수할 필요성과 체계적인 상명하달식 권위를 비교하여 평가하는 문제, 균질화된 엘리트층을 만들어내는 방안과 제국의 각 부분을 따로따로 통치하는 방안 사이의 어느 지점에서 실행 가능한 전략을 찾아야 하는 문제에 직면했다. 나폴레옹에 앞서 세계 곳곳의 다른 황제들은 이런저런 방식으로 사회에서 떼어놓은 관료들을 이용하려 했고, 중국인들은 계몽주의 시대 한참 전에 신중하게 등용하고 교육하는 관료층을 개척했다. 나폴레옹은 제국의 고전적인 전략들에 새로운 통치 사상을 섞어넣었다.

마이클 브로어스(Michael Broers)는 나폴레옹이 문명화·중앙집권화·관료제화 통치 모델을 가장 엄격하게 강요하는 '안쪽 제국(inner empire, 오늘날의 프랑스에 방데 지역, 네덜란드, 라인 강 일대, 스위스, 이탈리아 북부 대부분을 더한 제국)'을 구상했다고 주장한다. 그런 다음 지역 귀족들

도판 8.2
제위에 앉은 나폴레옹, 장-오귀스트-도미니크 앵그르, 1806년. 파리 군사 박물관.

이 훨씬 중요한 역할을 하고 나폴레옹의 개혁이 특히 귀족의 특권과 관련하여 희석된 '바깥쪽 제국(outer empire)'이 건설되었다. 나폴레옹은 자기 친척들(형제인 조제프를 나폴리와 에스파냐에, 루이를 네덜란드에, 제롬을 베스트팔렌에, 매부 조아생 뮈라를 베르크 대공국에)을 군주로 임명했다. 라인 동맹의 16인 공들은 명목상 저마다 특정한 영토를 책임졌고, 헐겁게 뭉친 각 영토는 나폴레옹의 관료들과 느슨하게 얽혀 있었다. 나폴레옹은 사실상 더 작은 왕국들이나 공국들을 더 큰 단위들로, 모두 나폴레옹 제국의 보호를 받는 단위들로 연방화하고 있었다.

권위자의 다양한 소식통—로마 모델을 본뜬 지사(prefect)들이 정보를 위로, 명령을 아래로 전달하는, 주요하지만 유일하지는 않은 수단이었다—은 예전과 마찬가지로 황제가 왕 중의 왕인 구조를 위해 일했다. 나폴레옹의 잠재적인 동맹이나 하위 군주, 적 중에는 나름대로 제국을 표방하는 합스부르크가가 있었다. 합스부르크 통치자들은 때로는 나폴레옹과 싸웠고, 때로는 그의 우세한 권력을 인정하며 동맹을 맺었다. 나폴레옹은 조제핀과 이혼한 후 합스부르크가의 공주를 아내로 맞았다. 합스부르크가가 표방한 제국 지위는 나폴레옹의 군사적 지배로 말미암아 공허해졌다. 그러나 오스트리아의 엘리트층에게 나폴레옹은 측면의 오스만 제국이나 러시아 제국보다 나은, 감수하거나 통치받을 만한 황제였다.

나폴레옹의 기구의 핵심은 군대 유지였다. 국가를 위해 복무하는 시민군이라는 혁명적 이상은 나폴레옹이 권력을 잡기 전부터 이미 훼손되었다. 인민이 국가를 위해 싸운 까닭은 그래야만 하기 때문이었다. 나폴레옹은 (한 세기 전 러시아의 표트르 1세처럼) 징병제를 체계화했다. 이 조치는 국가 권력(군사·행정 권력)이 마을 수준까지 침투하는 결과를 초래했는데, 필요한 병사 대다수를 농촌 지역에서 징집해야 했기 때문이다. 나폴레옹은 지사가 행정을 집행하는 각 구역에 군사화된 경찰력인 헌병대를 추가로 배치했다.

징병제는 나폴레옹 이전 프랑스만이 아니라 나폴레옹이 정복한 영토에서도 시행되었다. 징병제에 대한 저항은 라인 강 일대, 이탈리아 일부, 베스트팔렌처럼 비프랑스어권 지역들보다 프랑스 중부의 산지 마을들에서 더 강했다. 대체로 보아 국가 기구는 저항을 진압하고 프랑스적이기보다 제국적인 군대를 만들어냈다. 1812년에 러시아를 공격한 거대한 군대 중에 3분의 1만이 '프랑스' 출신이었다.

이 사실은 우리를 두 번째 질문으로 이끈다. 이 제국은 얼마나 프랑스적이었는가? 행정 언어는 프랑스어였고, 비프랑스어권 지역들에서 지사와 군 당국자로 임명된 사람들의 다수가 프랑스 출신이었다. 현지 엘리트들은 이런 직위를 차지한 프랑스인들이 규정한 역할에 서서히 가담했다. 일부 저자들은 이탈리아 같은 지역들에서 프랑스가 강요한 '문화적 제국주의'에 관해 말한다. 그들에 따르면 나폴레옹의 관료들은 그곳의 주민들이 뒤처져 있으며 성직자와 반동적인 귀족에게 문명화의 영향(프랑스 법전, 유능한 공무원, 과학적 태도)을 미칠 필요가 있다고 생각했다. 그러나 '프랑스'의 많은 지역들도 이탈리아어나 독일어를 사용한 지역들과 동시에 '문명화'되고 있었다. 프랑스는 자국 서부의 방데 지역을 소란스럽고 위험한 곳으로 간주하여 가볍게 통치했고, 폴란드 또한 귀족을 흡수하기 위해 가볍게 통치했다.

일부 피정복 영토에서 엘리트들은 로마 시대 이래로 많은 제국들이 택한 경로(조건부 순응)를 따라갈 타당한 이유를 발견했다. 나폴레옹 행정의 합리화 측면은 적어도 자유주의와 상업을 중시하는 특정한 사람들에게는 한동안 호소했다. 그들은 이 행정의 반귀족적·반성직자적 측면을 받아들였다. 그러나 나폴레옹은 안정된 사회질서와 지주 지위—왕당파

및 봉건적 지주는 아닐지언정—를 강하게 동일시했으며, 지주 엘리트들은 나폴레옹에 대항하는 전쟁보다 나폴레옹 치하의 평화를 선호할 이유가 있었다. 나폴레옹을 환영했던 많은 자유주의자들은 그의 체제에 환멸을 느끼게 되었고, 일부는 국가적인 이유로 프랑스의 통치에 저항했다. 에스파냐는 침략군에 맞서는 광범한 게릴라 전쟁에 가장 근접한 국가일 테지만, 이곳에서마저 동원된 병력의 일부는 농민을 수탈하는 에스파냐 엘리트들을 겨냥했다. 에스파냐 각 지방의 전사들은 지속적이고 일관된 방식으로 연합하지 못했고, 나폴레옹에 대항한 '에스파냐'의 군사작전의 일부는 영국 장군들이 지휘했다.

나폴레옹의 제국은 때로는 해외 제국이 아닌 대륙 제국으로 보인다. 그러나 이는 나폴레옹의 해외 모험이 성공하지 못했기 때문일 뿐이다. 노예, 해방노예, 유색 자유인으로 이루어진 생도맹그의 오합지졸 군대는 프랑스 제국의 적들, 아메리카 상인들, 그리고 열대 미생물의 도움을 받아 민족 해방운동을 일으켰고, 해방운동으로는 유일하게 나폴레옹에게 참패를 안겨주었다. 그 이전인 1798년에 나폴레옹이 감행한 다른 해외 모험인 이집트 정복은 오래 가지 못했다. 영국이 개입하여 오스만 제국이 이 영토를 되찾는 데 일조했다. 이집트에서 나폴레옹은 자신의 황제 계보를 파라오들로까지 소급하려 했고, '낙후된' 오스만 제국의 일부에 과학과 합리적 통치를 도입하려 했다. 또한 나폴레옹은 생도맹그와 루이지애나를 기반으로 카리브해와 멕시코 만 전역으로 제국을 확대하고자 했다. 이집트에서도 생도맹그에서도 나폴레옹은 의도한 결과를 얻지 못했다. 1803년에 나폴레옹은 다른 제국 구상에 투입할 현금을 마련하기 위해 루이지애나를 미국에 매각하면서 이렇게 말했다고 한다. "빌어먹을 설탕, 빌어먹을 커피, 빌어먹을 식민지!"

나폴레옹이 패배한 원인으로 지나친 세력 확장을 꼽는 것은 관습적이고 불충분한 설명이다. 제국들의 역사에는 지나친 확장과 그렇지 않은 확장을 구별하는 명확한 선이 없다. 나폴레옹은 중부 유럽의 자원을 이용하려 했고 실제로 상당한 성공을 거두었지만, 러시아 역시 시베리아와 우크라이나의 자원을 동원할 수 있었고, 영국도 해외 영토뿐 아니라 세계 최고의 해군을 가지고 있었다. 나폴레옹은 제국의 반동적 권력에 맞서 분출한 국가적 감정이 아니라 다른 제국들, 특히 영국 제국과 러시아 제국에 패했다. 1812년 러시아 침공이 완패로 끝난 이후 나폴레옹 군대가 통제력을 잃어감에 따라, 제국의 구성 요소들은 스스로를 정치적으로 존속 가능한 실체로, 군주정이나 왕가의 인물을 중심으로 종전과 사뭇 다른 형태로 재편되기 시작했다. 나폴레옹 치하에서 주변의 작은 단위들을 흡수했던 바덴 대공국과 바이에른 왕국 같은 정치체들은 한층 강하고 한층 공고한 실체로 부상했다. 1813년에 프로이센 왕은 나폴레옹에 맞서 전투를 준비할 때 '독일인'이 아니라 '브란덴부르크인, 프로이센인, 슐레지엔인, 포메라니아인, 리투아니아인'에게 호소했다.

프랑스에 가장 밀접히 통합되었던 제국의 구성 요소들(이탈리아 북부, 라인 동맹, 저지대 국가들)은 통치 엘리트층의 직업화를 비롯하여 나폴레옹 제국의 영향을 가장 깊숙이 경험했다. 나폴레옹이 패배하자 그에게 복속되었거나 그에 맞서는 동맹으로 스스로를 재편했던 정치체들은 일정 수준의 연맹을 결성할 수 있었다. 행정과 법전 편찬을 규칙화하려는 나폴레옹의 계획에 휩쓸렸던 유럽 전역의 엘리트들은 그 이후 정치의 행로에 영향을 미쳤다. 나폴레옹 이후에도 유럽은 계속해서 소수의 강력한 행위자들, 즉 오스트리아, 프로이센, 영국, 그리고 이전처럼 프랑스의 지배를 받았다. 1815년 빈에서 열린 강화 교섭은 이 군주정 체제를 더욱 강화했다. 주요 승전국들은 황제를 그대로 두었고, 프랑스는 혁명이 일어나고 근 25년이 지나 왕정으로 되돌아갔다.

나폴레옹의 정복, 그의 정부, 그의 패배는 국가들의 건설 과정에 심대한 영향을 미쳤다. 그러나 나폴레옹 제국에서 국가와 민족은 일치하지 않았고, 나폴레옹과 싸운 적들도 국가와 민족을 하나로 합치지 못했다. 나폴레옹은 유럽을 하나의 광대한 제국으로 통합하는 목표에 근접한 마지막 통치자가 아니었으며, 19세기 후반의 제국 건설자들은 해외를 바라보기는 했으나 그들의 행위는 여전히 유럽에 중심을 둔 소수의 제국-국가들이 벌이는 경쟁의 일부였다. 프랑스는 군주정, 혁명, 새로운 공화정(1848~1852년)을 거친 뒤 나폴레옹 3세(나폴레옹 1세의 조카)가 이끄는, 제2제국임을 자칭하는 체제가 되었다. 제2제국은 1870년까지 존속했고, 제1제국과 마찬가지로 다른 제국에 의해, 이번에는 새로 통일된 독일 제국에 의해 최후를 맞았다. 두 나폴레옹의 흥망은 제국-국가들로 이루어진 유럽을 남겼다. 이 국가들은 시민의 목소리와 군주의 권력을 다양하게 혼합했고, 인접하거나 떨어진 영토와 문화적으로 가지각색인 인구를 결합했다(제11장).

영국 제국의 자본주의와 혁명

우리는 제6장에서 '영국'이 단일 집단의 일관된 기획으로서 대두한 것이 아니라, 점차 하나로 묶인 국가와 민간의 다양한 진취적 요소들로부터, 이를테면 영국 제도(諸島)의 복합 군주정, 해적질, 특허 회사, 무역용 고립 영토, 플랜테이션 식민지, 해외의 정착 식민지 같은 요소들로부터 대두했음을 살펴보았다. 강력한 금융기관과 연관된 '재정-군사' 국가는 해군에 필요한 수입을 제공했으며, 해군은 정착지와 무역로를 보호하는 한편 세계 상업의 태반이 영국의 선박과 항구를 통해 이루어지게 할 수 있었다. 영국 역시 내분을 겪기는 했지만, 대체로 토지를 가진 젠트리와 귀족을 대표한 의회는 왕권을 제한함으로써 왕실의 제국 건설과 유력자들의 이해관계가 충돌하지 않고 서로 보완하게 해주었다. 영국은 1688년 내전 이후 '의회 속의 왕'에 의한 통치를 공고히 하고 장기간 프랑스와 일련의 전쟁—유럽을 지배하고 어떻게든 영국에 가톨릭 왕을 앉히려는 루이 14세의 시도에 대항하여—을 치르는 가운데, 해외의 다양한 모험과 국내의 사회경제적 변화를 관리할 수 있는 정부를 발전시켰다.

잉글랜드, 제국, 자본주의 경제의 발전

영국 제국에게 18세기는 여러 가지 의미에서 혁명적인 세기였다. 해외의 플랜테이션 노예제와 국내 농업·상업의 발전은 설탕 경제가 보기 드물게 팽창하는 동안 단단히 연결되었다. 사기업에 의해 느릿하게 진행되던 인도 식민화는 왕실이 더 면밀히 감독하는 영토 통합 과정으로 확대되었다. 북아메리카 식민지들에서 일어난 혁명은 제국의 한계와 더불어 영국 정치의 원칙이 대양을 가로질러 얼마만큼 확산되었는지도 드러냈다.

자본주의 발전을 주도한 영국의 역할과 영국의 제국 권력(1780년대에 북아메리카의 13개 식민지를 상실한 것을 고려하더라도) 사이에는 어떤 연관성이 있는가? 케네스 포머란츠(Kenneth Pomeranz)는 중국 제국의 경제와 영국 제국의 경제, 즉 유라시아 도처와 연계된 커다란 육상 제국의 경제와 바다에서 힘을 끌어내는 제국의 경제를 명확하게 비교하여 제시한다. 포머란츠는 18세기 초만 해도 경제 성장과 산업 발전의 잠재력이 두 제국에서—특히 심장부에서—두드러지게 다르지 않았다고 주장한다. 두 제국의 농업, 수공업, 상업 조직, 금융 메커니즘은 대략 비슷했다. '대분기(great divergence)'는 18세기 말에 일어났다.

노예무역과 설탕 생산을 통해 축적한 자본—당시 상당히 많았다—

은 두 제국의 상이한 궤도를 설명하지 못한다. 영국 경제를 밀고 나아간 것은 본국 자원과 제국 자원의 상보성이었다. 사탕수수는 카리브해에서 재배되었고, 노동력은 아프리카에서 실려왔다. 그런 까닭에 영국에서 노동자를 먹이는 일은 국내 토지와 노동력의 한계로 인한 제약을 받지 않았다. 제국의 또 다른 산물인 차와 더불어 설탕은 노동자들을 면직물 공장에 장시간 묶어두는 데 큰 몫을 했다(설탕이 있었기에 영국은 감자, 곡물, 사탕무 같은 대안적인 열량원에 자원을 쏟지 않아도 되었다). 노동자들의 옷감으로 쓰인 목화도 설탕과 비슷한 역할을 했다. 영국에서 다른 섬유들을 재배할 수도 있었지만, 19세기 초에 미국 남부에서 노예가 생산한 목화는 영국 제도(諸島)의 토지나 영국 본국의 노동력을 필요로 하지 않았다.

중국의 제국 체제는 토지에서 세금을 징수하는 방식을 지향했고, 토지와 노동 둘 다 체제 내부에 있었다. 영국이 한결 쉽게 구할 수 있었던 석탄이 영국 산업의 성장에 중요하게 작용하기는 했지만, 영국이 뚜렷한 우위를 점할 수 있었던 것은 토지와 노동의 기회비용을 해외에 전가하는 역량 덕분이었다. 다른 차이점들이 영향을 미치기 시작한 것은 오로지 영국이 해양 제국이었기 때문이다. 예를 들어 영국이 이용한 합자회사들이 국내 제조업에 큰 이점을 안겨주지 않았음에도 영국은 상품을 운송하기 위해, 그리고 강압적인 장거리 사업 활동을 지탱하는 군사 역량을 유지하기 위해 많은 자원을 동원했다.

영국은 서인도 제도, 북아메리카, 인도의 속령들뿐 아니라 세계의 여러 지역에서 실려오는 상품들을 재분배하는 중심지로 자리매김했다. 1770년대에 영국은 수입품과 수출품의 절반 이상을 유럽 외부 지역들과 거래했다. 금융·상업 조직과 더불어 산업이 발달하는 가운데, 영국의 경제력은 갈수록 스스로를 영속화하는 힘이 되어갔다. 영국은 북아메리카 식민지들을 잃고도 무역을 유지하고, 귀중한 설탕 섬들을 고수하고,

아시아에서 세력권의 너비와 깊이를 더할 수 있었다. 18세기 말엽에 영국의 산업 부문들은 아메리카, 아프리카, 아시아의 사람들이 구입하려는 상품들을 생산하고 있었다.

영국 경제의 궤도를 플랜테이션 노예제를 비롯한 제국의 모험사업의 결과로만 볼 수는 없다. 노예제가 결정적 요인이었다면, 이 측면에서 선구적인 제국이었던 포르투갈이나 에스파냐가 산업화를 선도했어야 한다. 영국이 제국을 그토록 생산적으로 이용한 이유를 설명하는 것은 본국 요인들과 제국 요인들의 공생이었다. 에스파냐와 포르투갈처럼 국내 경제의 역동성이 낮은 제국에서는 식민지에 상품을 수출해서 얻는 수익 대부분이 제국 영토 외부의 금융기관들에게 돌아갔다. 포르투갈과 에스파냐는 지주 귀족과 이들에 종속된 농민층으로 이루어진 체제에서 벗어나기까지 오랜 시간이 걸렸고, 프랑스의 농민층은 자기 토지에서 상대적으로 입지가 탄탄했다. 영국의 경우 17세기와 18세기에 지주들은 소작농을 비롯한 경작자의 토지 접근권을 축소하고 농업에 임금노동을 더 많이 이용했다.

카를 마르크스—썩 내키지는 않았을지언정 자본주의가 가져온 물질적 성공을 상당히 존중했다—의 해석에 따르면, 자본주의 체제의 특징은 단순히 자유로운 시장이 아니라 생산자 대다수를 생산수단으로부터 분리했다는 것이다. 토지 접근권 전체를 폭력적으로 빼앗긴 영국의 소농들은 자신이 유일하게 가진 노동력을 판매할 수밖에 없었고, 토지와 공장의 소유자들이 그 노동력을 구입했다. 자본주의는 길게 보아 가내 생산이나 농노제, 노예제(오늘날 누군가는 여기에 공산주의를 추가할 수도 있겠다)보다 성공적이었는데, 자본주의로 말미암아 생산수단의 소유자들이 노동자를 고용하고 노동력을 효율적으로 이용하는 경쟁을 벌여야 했기 때문이다.

노동자를 고용하는 자산 소유자들의 능력과 필요성은 시장이나 강압적 권력의 자동적인 결과가 아니었다. 그 결과는 소유권에 정당성을 부여할 수 있는 사법·정치 제도에 달려 있었다. 영국은 수차례 내전을 견뎌내고 자원을 동원하여 에스파냐 제국, 프랑스 제국과 싸운 끝에 견고하게 제도화된 국가 체제를 구축했다. 이 체제는 에스파냐의 보수적인 귀족 특권과 프랑스 군주정의 중앙집권주의를 절충한 것이었다. 영국의 상인계급은 네덜란드의 상인계급만큼 기업가 정신이 충만한 부류는 아니었지만, 더 강한 국가를 가지고 있었다. 영국은 유연한 권력 레퍼토리를 개발할 수 있었으며, 한동안 어떤 경쟁자도 이 레퍼토리를 손에 넣지 못했다.

제국 권력과 미국 혁명

그레이트브리튼 섬을 중심에 둔 상업 연계망은 에드먼드 버크(Edmund Burke)가 말한 "강력하고 기이할 정도로 가지각색인 무리", 즉 노예를 소유한 설탕 생산자, 뉴잉글랜드의 농장주, 인도의 태수, 선원, 어민, 상인, 농민, 노예를 한 덩어리로 묶었다. 북아메리카 식민지의 유럽인 인구는 1700년에서 1770년 사이에 25만 명에서 215만 명(영국 본국 인구의 4분의 1 이상)으로 늘었다. 잉글랜드와 웨일스에서 13개 식민지로 보낸 수출품은 정치적 분쟁이 한창이던 1735년에서 1785년 사이에 3배 증가했다. "해가 지지 않는 이 광대한 제국"이라는 말이 처음 쓰인 때는 1773년이었다. 잉글랜드의 일부 저자들은 스스로를 로마 공화정의 후계자로 보았다. 데이비드 아미티지(David Armitage)가 지적했듯이, 영국 국가는 "오로지 본국의 성취도, 전적으로 지방의 성취도 아니었다. 그것은 영국 제국에 관해 서로 공유하는 개념이었다."

카리브해처럼 노예가 수적으로 우세한 곳에서 노예 반란(아울러 부유한 섬들이 다른 제국들에 취약한 상황)을 두려워한 백인들은 제국과의 연계를 보장받으려 했다. 북아메리카에서 상당히 많은 토착민 인구에 직면한 정착민들은 제국과 관련하여 상충하는 복수의 선택지를 가지고 있었다. 토착 부족들은 위험할 수도 있었고, 따라서 제국군의 주둔이 필요했다. 다른 한편으로 토착민들은 제국 경제 안에서 보완적 역할을 하는 유용한 교역 상대이기도 했다. 그러나 토착민의 토지는 정착민에게 탐나는 것이었고, 결국 이것이 제국 당국을 분쟁으로 끌어들이게 되었다. 영국 정부는 식민지 내부의 토착민을 왕의 신민으로 여겼고, 식민지 경계 밖의 부족을 왕의 '보호'를 받는 존재로 보았다. 7년 전쟁―이 전쟁에서 프랑스와 영국은 인디언 집단들과 동맹을 맺으려 다투었고, 반대편에 가담한 인디언들과 싸웠다―이후 영국 정부는 서쪽에 선을 하나 긋고서 식민자들이 그 너머에 정착하는 것을 금했으며, 이로써 토지를 둘러싼 충돌을 분산하는 한편 인디언과 교섭할 모든 권리를 왕실―지역 정부가 아니라―이 보유하고자 했다. 이 규정은 정착민과 정부 간 분쟁의 씨앗이 되었으며, 비옥한 내륙 골짜기의 토지를 구입하거나 차지하기를 열망하는 정착민들이 규정을 거듭 위반함에 따라 갈수록 사태가 악화되었다.

영국 제국을 영국적으로, 동시에 제국으로 만들었던 이념은 결국 제국에 맞서는 반란을 조장했다. 영국인 크리올들은 유산자를 위한 의회 통치 제도가 유산자가 거주하는 곳이라면 제국 어디서든 재현되리라 기대했다. 그들의 기대는 어느 정도 충족되었지만, 식민지의 입법기관은 작은 의회보다 임시변통한 발명품에 더 가까웠다. 존 애덤스(John Adams)는 영국의 수도가 북아메리카에 위치할 수도 있다고 시사하기까지 했다. 아메리카 식민자들은 만일 원하던 권한을 얻었다면 영국 제국을 국가연합으로 바꾸었을지도 모른다. 그리고 이 연합을 구성하는 국가들은 저마다 고유한 통치 제도, 고유한 정치적 일체감, 그리고 조지 워싱턴을 비

도판 8.3
〈아메리카 목구멍에 차 밀어넣기〉, 폴 리비어(Paul Revere)의 삽화, 1774년 《로열 아메리칸 매거진(Royal American Magazine)》에 수록. 영국 남자들이 '자유의 여인(Lady Liberty)'을 제압하는 동안 영국 총리가 그녀의 목구멍으로 차를 들이붓고 있다. 브리타니아(진정으로 영국적인 것의 상징)는 이 광경을 차마 보지 못한다. 1773년 보스턴 차 사건에 대한 영국의 보복에 항의하는 풍자화다. 보스턴 차 사건 자체가 뉴잉글랜드의 소비자들에게 영국 동인도 회사가 운송한 차를 구매할 것을 강요한 영국의 정책, 즉 아메리카 상인들에게 피해를 입힌 제한 조치에 저항한 사건이었다.

롯한 이들이 아메리카 내륙의 하곡을 통제하려던 시도가 분명히 보여준 대로, 고유한 제국적 야망을 가졌을 것이다.

　그렇지만 이런 해결책은 로마법을 아는 영국 법률가들이 '임페리움 인 임페리오(imperium in imperio)'라고 부른 것, 즉 제국 안의 제국을 만들어낼 위험이 있었다. 식민자들은 혁명 전야까지 영국과의 연계를 소중히 여겼지만, 그 연계의 조건에는 동의하지 않았으며, 적어도 일정한 지방 통치를 확립하고 자기네 권리를 인정받기를 원했다. 일부 식민자들은, 솔직하지 않은 주장이었을 테지만, 정착지를 건설할 특허장을 받은 만큼 자신들은 왕의 신민이지 의회의 신민이 아니라고 주장했다. 의회는 다르게 생각했고, 과세권이 오직 의회에게 있다는 입장을 굽히지 않았으며, 그러면서도 항해법 등을 통해 상업을 규제하는 것이 제국의 다양한 부분들을 영국 자체에 묶어두는 데 반드시 필요하다고 보았다. 1756년부터 1763년까지 전쟁을 치르고, 인도에서 동인도 회사의 공격적 태도를 뒷받침하고, 아메리카 토착민과 분쟁하느라 막대한 빚을 진 런던은 관료들의 행정 통제력을 강화하는 동시에 세율(북아메리카 신민들에게 요구하는 세율을 포함하여)을 높였다. 미국 반란에 관한 전설에 포함된 설탕법(1764년)과 인지세법(1765년)은 이처럼 제국 전체에 걸친 재정 문제의 일환이었다. 아메리카 대륙의 엘리트들(제국 체제에 꼭 필요한 중개인이었던 상인, 변호사, 대지주)은 이런 조치로 인해 가장 직접적인 영향을 받았고, 저항이 확대되도록 주도하여 결국 전쟁을 야기했다.

제국의 관점에서 보면 미국 혁명은 영국의 내전이었다. 13개 식민지의 거주자 다수는 영국 왕실에 조건부 순응을 할 정도로 영국 제도의 형제들과 스스로를 강하게 동일시하거나 제국과 자신의 이익이 일치한다고 여겼다. 왕당파는 이 전쟁의 중요한 차원이었다. 모든 실질적인 제국과 마찬가지로 영국은 분화를 이용하여 속령들을 지키려 했다. 이를테면 노예들에게 주인을 버리고 영국을 위해 싸워 자유를 얻으라는 식으로 선동했다. 노예들 또한 왕당파를 자처했고, 왕당파가 전쟁에서 패한 후에도 많은 노예들은 노바스코샤나 시에라리온과 제국적 연계를 유지하는 노선을 따랐다. 영국은 1756~1763년에 프랑스와 전쟁했던 때처럼 인디언 동맹을 구하는 데 얼마간 성공했으며, 이로써 많은 반란자들은 인디언을 적으로 여기게 되었다. 더 넓은 관점에서 보면 미국 혁명은 또 다른 제국 간 전쟁으로 변모했는데, 프랑스와 에스파냐가 반란군 편에 가담하여 카리브해와 플로리다의 일부 영토를 차지하고, 영국 병력의 주의를 서인도 제도로 돌려놓고, 군대를 증강하고 재보급하기 어려울 정도로 영국 해군에 도전했기 때문이다. 두 제국은 전쟁의 결과에 중요한 영향을 미쳤다.

반란군의 지도자들은 통일을 바라는 마음에 계급 차이를 무시한 채 재산이 많지 않더라도 백인 정착자들은 아메리카 정치 공동체의 일부라고 천명했다. 그렇게 하면서 인종 간 구분은 더욱 선명하게 했다. 애국적 투쟁은 가난한 백인과 부유한 백인을 화합하게 했다. 노예들의 운명은 일하는 것이었다(제9장).

1763년에 맞수인 프랑스 제국에 승리를 거두고 얼마 지나지 않아 식민지의 반란군에게 패배를 당하자 영국 지도자들은 제국의 한계와 씨름할 수밖에 없었다. 영국의 권력을 대양 건너편에 이식하는(영국 신민들을 정착시키는) 확실한 길처럼 보이던 것이 제국의 해묵은 문제와 충돌한 상황이었다. 그 문제란 중개인들이 본국과의 이데올로기적·정치적 친연성을 이용하여 기존 연계를 버리고 새로운 방향으로 비튼다는 것이었다.

미국 혁명 이후의 제국

결국 영국 통치자들은 의회 주권을 희생해가며 크리올 반란자들의 요구를 수용할 마음도, 그들을 제국의 우리 안으로 도로 데려오기 위해 전쟁을 계속하면서 비용을 부담할 마음도 없었다. 그러나 북아메리카 식민지들을 상실함으로써 세수를 빼앗기고 나서도, 영국은 대서양 양편의 상업적 이해관계에서 이익을 얻기 위해 미국인들과 무역을 계속했다. 친척으로 이루어진 제국을 잃은 영국에게 남은 것은 인구가 덜 조밀하고 덜 부유한 정착민 식민지인 캐나다, 주민 대다수가 노예인 카리브해의 섬들, 그리고 사기업과의 협정을 통해 확보한 인도 일부였다. 영국인 다수에게 남아 있는 제국을 결속하는 과제는 공통의 '영국성'에 호소하는 방식보다는 그들이 판단하기에 후진적인 사람들이나 전제적인 엘리트들에게 직접 권력을 행사하는 방식에 달린 일처럼 보였다. 그러나 이처럼 제국을 종전보다 모질게 통제하는 영국의 능력은 계속해서

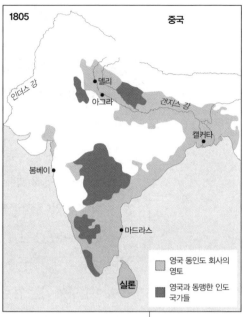

지도 8.3
인도, 1767년과 1805년

제약을 받았는데, 제국 사업의 일정 지분을 현지 엘리트들에게 주어야 했고, 가장 억압받는 노예 사회에서마저 반란이 일어날 위험이 있었고, 제국 기득권층의 적어도 일부는 제국의 정치적·도덕적 생존력이 정치체 안에서 모든 신민의 위치를 인정하는 일에 달려 있다고 확신했기 때문이다.

인도는 영국의 한층 철저한 식민화의 초점이 되었다. 아울러 식민지에 더욱 깊이 개입하는 것이 영국의 정치 제도에 어떤 의미인가라는, 날로 어려워지는 물음들도 인도에 초점을 맞추었다. 느릿한 식민화는 18세기 중엽 이후 훨씬 빠르게 진행되기 시작했다. 1756년에 벵골 태수는 동인도 회사를 거의 내쫓을 뻔했다. 이 사건을 계기로 동인도 회사는 군사 역량과 현지 동맹을 이용하여 1757년의 플라시 전투에서 벵골 통치자들에게 완승을 거두었다. 한편 영국은 7년 전쟁을 치르는 동안 새로운 군사 자원을 인도에 대량으로 전달했고, 이에 힘입어 동인도 회사와 그 인도 동맹은 남아시아를 지배하려는 경쟁에서 프랑스와 그 인도 동맹을 물리칠 수 있었다. 영국의 요구 수준은 더욱 높아졌다.

무굴 황제는 자신의 권력이 약해지고 동인도 회사의 권력이 강해지는 상황에서 1765년 벵골, 비하르, 오리사에서 징세할 권리인 디와니(diwani)를 동인도 회사에 넘겨주었다. 이로써 동인도 회사는 인도에서 농업(쌀과 수출 작물) 수확량과 직물업을 비롯한 산업, 그리고 세련된 상업·금융 엘리트로 유명한 지역에서 약 2000만 명으로부터 세입을 거둘 수 있게 되었다. '인도 주민'으로 규정된 지역민 대다수는 동인도 회사가 감독하는 법원들의 사법권을 적용받았다. 그렇지만 이들 법원은 영국 법이 아니라 관료들이 이슬람 법 또는 힌두 법이라 여기는 법을 집행했다. 이때부터 인도 아대륙의 많은 지역에서 정부의 업무(사실상의 주권 행사)

도판 8.4
1765년 영국 동인도 회사의 지도자 로버트 클라이브가 벵골, 비하르, 오리사의 토지 세입을 받고 있다. 벤저민 웨스트(Benjamin West)의 작품. 런던 영국 박물관.

는 줄곧 영리 활동이었다.

성공의 관건은 피지배인들에게 비용을 전가하는 것이었다. 영국 동인도 회사는 현지에서 세포이라 알려진 병사를 모집했다. 인도의 정치적 지도는 동인도 회사가 벵골을 중심으로 넓혀가는 통치 영역, 무굴 제국이 계속 통치하는 지역, 독립적인 제후국 등으로 쪼개진 상태였다. 예를 들어 인도 남부에서 동인도 회사는 하이데라바드의 통치자와 공모하여 마이소르 왕국의 강력한 티푸 술탄에 맞섰고, 1799년에 티푸가 살해당하고 마이소르가 우방이 될 때까지 수차례 전쟁을 벌였다. 그러나 봄베이와 마드라스에서 세력을 넓히려던 동인도 회사의 시도는 1756~1763년 전쟁의 부채가 늘어날 것을 우려한 영국 정부에 의해, 토착 정치체들의 힘에 의해, 그리고 협력 관계인 통치자들마저 동인도 회사의 행위에 설정한 한계에 의해 제약을 받았다. 동인도 회사는 무굴 제국이 영향력을 미치는 곳에서는 무굴의 제도와 무굴 황제의 정통성을 이용하려 했고, 조세를 징수하기 위해 토착민 관료들의 위계질서에 의존하고 그들에게 협력의 대가를 두둑히 주었다. 동인도 회사는 원래의 조직(상업에 종사하는 합작 회사)을 유지하면서도 조세를 징수하고, 지역의 유력자들과 조약을 체결하거나 전쟁을 벌이고, 사법권을 행사하는 등 점점 더 국가처럼 행동했다. 이런 반(半)독점적 무역 제도와 본질적으로 비시장적인 징세 과정을 통해 동인도 회사의 사람들 몇몇은 유명한 부자가 되었다.

동인도 회사가 권력을 더 노골적으로 사용하는 상황은 서서히 영국에 영향을 미쳤다. 영국 정부는 1770년대부터 이 회사를 더 진지하게 감독했으며, 인도는 영국 엘리트들이 상상하는 세계의 일부가 되었다. 1750년부터 1785년까지 영국에서는 인도 관련 문헌이 300종 이상 발행되었다. 식민화 제도는 남용되었다. 16세기 에스파냐의 라스 카사스처럼 18세기 영국의 에드먼드 버크는, 제국이란 통치자에게 책임을 추궁하는 도덕적 공간이라는 가정에 입각하여 동인도 회사의 권력 남용에 반대하는 운동을 벌였다. 버크는 1773년부터 인도 총독을 맡은 워런 헤이스팅스(Warren Hastings)를 고발했다. 민간인에 대한 잔혹행위를 묵인하고, 현지 통치자들로부터 돈을 갈취하고, 인도를 가난하게 만들고, 제 주머니를 채웠다는 이유였다.

헤이스팅스는 영국 의회에서 심문을 받았다(7년 동안 이어졌다). 결국 헤이스팅스는 무죄를 선고받았지만, 미국 혁명 직후에 제기된 버크의 고발은 영국이 어떤 종류의 제국을 통치하고 있느냐에 관한 일련의 질문을 던졌다. 영국 정부는 새로운 인도 총독(미국 반란군과의 마지막 전투에서 패한 장본인인 콘월리스 경)을 임명하고 동인도 회사에 조세 징수 방법을 규칙화할 것을 요구하는 등 이 회사의 운용 절차를 깨끗이 손질하려 했다. 이른바 1793년의 영구 세율제는 지주인 자민다르(zamindar)들이 국가에 납부하는 지세를 고정했고, 빚 때문에 토지를 팔아넘기는 일이 없도록 이 지세를 소작농들로부터 징수하여 납부하게 했다. 중개인이 필요했던 영국 관료들은 인도 사회에서 위계질서가 경직되는 데 일조했다(그러고도 인도 사회가 위계적이라고 비판하면 그만이었다). 우리는 제10장에서 이 전략의 장기적인 결과를 다시 살펴볼 것이다.

영국 제국을 통치하는 방식을 문제 삼은 기득권자가 버크만은 아니었다. 애덤 스미스도 동인도 회사에, 더 일반적으로는 제국과 노예제를 비판했다. 스미스는 제한되지 않은 열린 시장들이 발전하는 편이 장기적으로 영국에 이롭다고 보았다. 영국의 생활방식이 과연 진보에 이르는 유일한 길인지 확신하지 못한 스미스는 비유럽 사회들에 더 공감하는 겸손한 태도와 다른 유럽 정치체들에 덜 호전적인 태도를 지지했다. 노예제와 노예무역에 반대하는 운동은 18세기의 마지막 20년 동안에 발전했으며, 그 시작은 영국의 노예무역 참여를 근절하라며 의회에 보낸 청원서들이었다. 이 같은 도전들은, 제국에서 일어나는 모든 일은 설령 그 일이 먼 곳에 사는 사람들에게 영향을 미치고 그들이 왕의 잉글랜드인 또는 스코틀랜드인 신민들과 문화적 친연성이 별로 없더라도, 국내의 관심사라는 것을 분명하게 보여주었다.

한편 영국이 싸워야 할 다른 황제들과 제국들도 있었다. 프랑스 혁명, 영국 안에서 귀족과 군주정의 적들에게 호소할 잠재력이 있는 급진적인 주권 모델들의 발전, 뒤이어 1799년부터 1815년까지 재개된 프랑스의 제국 건설은 영국의 제국 성취에 도전했다. 영국 제도(諸島) 밖에서 얻은 자원과, 광대한 대양 공간에서 상업을 보호하기 위해 일찍이 발달한 영국의 해군은 나폴레옹의 제국 구상을 견제하고 궁극적으로 물리치는 데 아주 중요했다.

나폴레옹에게 승리를 거둔 영국은 지중해에서 새로운 자산(몰타 섬, 이집트에서의 영향력 증대)을 얻었고, 남아프리카, 실론, 인도 일부, 자바, 카리브해에서 새로운 영토—나폴레옹에 복속했던 네덜란드로부터—를 빼앗았다. 영국은 북아메리카와 프랑스에서 나타난 공화주의와 시민권의 실례를 보고도 태도를 누그러뜨리기는커녕, 어렵사리 보유하고 확대해온 커다란 제국에 대한 권한을 더욱 강화하려 했다.

1798년 반란을 일으킨 아일랜드는 1800년 통합법과 더불어 영국에 더 완전히 통합되었다. 이 법은 개신교도가 지배하던 아일랜드 의회를 폐지하고 아일랜드 대표들을 런던으로 데려왔다. 런던 의회에서 그들은 소수였다. 가톨릭교도들은 1829년 '가톨릭교도 해방' 전까지 의회를 대표하지 못했고, 그 후로도 그들 대다수는 재산 자격 때문에 투표할 수가 없었다. 잉글랜드에는 빈민 구제—확실히 인색했다—가 있었지만 아일랜드에는 없었고, 잉글랜드에서 이 지원을 구하는 아일랜드인은 국외로 추방당할 수도 있었다. 아일랜드는 식민지도, 나라도, 통합된 왕국도 아니었다. 아일랜드는 캐나다나 자메이카와도 비슷하지 않았다. 아일랜드는 다른 집단을 다르게 통치하는 제국의 일부였다.

18세기 후반에 영국 왕실은 동인도 회사가 획득하여 확대하고 있던 영토를 더 직접적으로 통제하기 시작했다. 그 이후 영국은 나폴레옹을 물리치고 도전받지 않는 제해권을 획득했다. 19세기 초 수십 년 동안 영국은 영토 일부를 더 면밀히 통치하는 일과 공식적으로 독립한 국가들을 상대로 경제력을 행사하는 일(제10장) 사이에서 균형을 잡을 수 있었다. 영국 지도자들은 다른 어느 곳보다도 북아메리카에서 제국의 직접 통제에 위험한 측면이 있다는 것을 배웠다. 카리브해와 인도에서는 제국-국가가 내포하는 복속과 통합 사이의 긴장 상태가 겉으로 드러나기 시작했다. 제국과 자본주의의 긴밀한 결합이 전례 없이 활기찬 경제를 산출하는 가운데, 영국 치하의 파괴적인 관행들에 대한 의문이 제기되고 있었다.

에스파냐령 아메리카의 제국, 민족, 정치적 상상

제국—명목상 제국이든 실제 제국이든—은 프랑스 혁명이나 미국 혁명과 더불어 유럽에서 사라지지 않았고, 신생 독립국 미합중국에서 야망의 대상이 되었다. 그렇다 해도 '민족국가'가 제국의 대안으로 부상하지 않았을까? 베네딕트 앤더슨(Benedict Anderson)의 해석에 따르면, 북아메리카와 남아메리카의 '크리올 혁명'은 민족주의의 도가니였으며, 이는 크리올들(식민지에 정착한 유럽인의 자손)이 런던이나 마드리드의 제국 중심을 우회하여 변화하는 '순회로들'을 따라 이동한 사실을 반영하는 결과였다. 각 식민지 내부에서 발달한 신문들은 민족적 상상을 강화했다. 제국은 더 이상 크리올들의 정치적 담론의 틀을 형성하지 못했고, '상상의 공동체'(앤더슨의 유명한 표현)는 결국 아메리카 대륙에서 그들의 식민 영토가 되었다.

그러나 이 시기에 민족 공동체들은 정치적 상상의 한 요소일 뿐이었다. 생도맹그 혁명과 13개 식민지 혁명을 통해 살펴보았듯이, 정치적 동원자들은 제국의 어법을 사용했고, 제국의 제도에 초점을 맞추었다. 분리 독립은 제국의 분쟁이 해결될 수 없다는 것이 드러나고서야 비로소 새로운 목표가 되었다. 남아메리카에서도 앤더슨이 동등한 시민들로 이루어지는 민족을 만들어내는 요인으로 꼽는 '수평적' 친연성보다 식민화의 산물인 분화된 사회가 더 두드러졌다. 자유인과 노예의 관계, 세계주의적인 엘리트와 지방색이 강한 농민의 관계는 수직적 사회질서의 본질적인 부분이었다. 민족주의는 불평등한 사회질서를 변호하는 이데올로기로서 등장했지만, 제국이라는 국가 형태 안에서 제국 구조가 분쟁을 관리하는 데 실패하고 나서야 등장했다.

에스파냐령 아메리카의 크리올 혁명(1809~1825년)은 영국령 북아메리카의 혁명처럼 제국의 틀 내부의 투쟁으로 시작되었다. 그러나 에스파냐 제국의 틀은 의회가 아닌 군주정이 만든 것이었다. 크리올 혁명 이전에 에스파냐 군주정(제5장 참조)은 대서양 양안에서 충성의 초점이었다. 유럽에서 제국 권력을 '개혁'하고 공고히 하려던 에스파냐의 시도는 북아메리카의 사례처럼 해외 분쟁으로 귀결되었다. 1700년부터 재위한 부르봉 왕조는 더 이상 복합 군주정에 적합하지 않았다. 영국과 프랑스처럼 7년 전쟁을 치르면서 많은 빚을 진 부르봉 왕조는 아라곤과 카스티야를 비롯한 지방들을 더 직접적으로 관할하고 재정을 더 강하게 통제했다. 에스파냐령 아메리카에서 부르봉 왕조는 대체로 인디언이 거주하던 지역들에 더 깊숙이 개입하여 국가 관료와 인디언 엘리트 간의 암묵적 양해를 깨뜨렸다. 유럽인과 메스티소 태생 정착민들은 인디언의 땅으로 이주해 들어가서 긴장 상태를 조성했고, 결국 1780년대에 대규모 반란이 수차례 일어나 진압 과정에서 막대한 인명이 손실되었다.

1790년대에 유럽에서 진행된 장기전으로 말미암아 아메리카 대륙의 긴장 상태를 억제하는 데 필요한 비용이 늘어났다. 에스파냐 국가는 더는 팽창하지 못하는 제국을 점점 더 쥐어짤 수밖에 없었다. 19세기 초 에스파냐령 아메리카에서 진취적인 엘리트들이 제일 먼저 중상주의 체제의 제약을 완화하고자 했다. 그들이 택한 방법은 에스파냐의 항구 카디스의 상인들이 지배하는 단일한 통제 메커니즘을 통해서가 아니라 주요 무역 중계지들의 길드를 통해 상업에 참여하는 사람들을 규제하는 것이었다. 개혁가들은 대서양 양안을 잇는 개인적 관계망, 친족 관계망, 신용 거래망을 통해 경제적 유대에 새로이 활력을 불어넣고자 했다.

나폴레옹은 직격타를 가해 이미 너덜거리던 에스파냐 제국의 구조를 갈가리 찢어놓았다. 나폴레옹은 1808년에 에스파냐를 정복하고서 자기 형을 왕으로 앉혔다. 나폴레옹의 권력을 피해 카디스로 달아난 에스파냐 지도자들은 의회(Cortes)를 설립하여 에스파냐 국가의 외양을 유지하려 했다. 해외의 에스파냐 신민들로서는 제국의 후원 연계와 중상주의 무역 체제가 위태로워질 사태를 두려워하고도 남을 상황이었다. 프랑스 혁명과 영국 의회 통치의 선례에서 에스파냐 군주정과 나폴레옹 제국의 대안을 찾을 수 있었겠지만, 에스파냐령 아메리카의 엘리트들은 아이티식 혁명의 위험도 두려워했다. 에스파냐령 아메리카 대부분에서 노예는 카리브해 노예만큼 수가 많지 않았으며, 노예제는 노동을 관리하는 위계적 제도의 일부였다. 인구 중에는 인디언, 아프리카인, 유럽인 등 서로 태생이 다르고 지위가 크게 차이 나는 집단들이 섞여 있었다. 대체로 크리올 엘리트들은 현지 관행에 익숙한 만큼 자기들이 유럽 출신 에스파냐인들보다 위계질서를 더 잘 관리할 수 있다고 생각했다.

에스파냐 의회에서는 반도인들(이베리아 반도 태생)과 아메리카 대표들이 의석을 배분하는 문제, 식민지 출신 비(非)백인 또는 혼혈인의 수를 어떻게 셀 것이냐는 문제, 헌법 조항 문제, 무역을 통제하는 문제 등을 두고 충돌했다. 군주정과 의회가 돈이 없고 약했던 까닭에 이 쟁점들은 갈수록 제로섬 게임이 되어갔다. 반도인들은 자기들이 도리어 식민지들에 의해, 완전히 '에스파냐적'이지 않은 이들에 의해 식민화될지 모른다며 두려워했다. 우리는 제국이 재편된 다른 시기들을 살펴보면서 이와 비슷한 두려움을 접할 것이다. 예컨대 프랑스인들은 1940년대라는 늦은 시기에도 식민지 신민들이 파리에서 정치적 발언권을 높여달라고 요구하자 이런 두려움을 드러냈다(제13장).

아메리카 에스파냐인들에게 유럽 에스파냐는 갈수록 쓸모없고 부담스러운 존재가 되어갔다. 그렇게 되어간 순서가 중요하다. 누에바에스파냐, 누에바그라나다, 또는 아메리카의 다른 영토에서는 '민족' 감정이 공고해진 적이 없었다. 오히려 제국 안에서 더 완전한 발언권을 요구하는 단계에서 지역 자율성을 주장하는 단계로, 다시 에스파냐로부터의 분리 독립을 광범하게 요구하는 단계로 나아가는 점진적인 움직임이 있었다. 카디스 의회는 포용 의사를 표시하며 제국을 결속하려 했고, 1812년에 "에스파냐 민족은 두 반구의 모든 에스파냐인의 연합이다"라고 선언했다. 이 공식 선언은 답을 주기보다 의문을 불러일으켰다. 인디언은 공식적으로 에스파냐 민족에 포함되었지만 대등한 조건으로 민족에 참여하지 못했고, 아프리카계는 배제되었다. 더욱이 의회는 반도인들이 고집하는 통제력을 포기하지 않고는 해외 에스파냐인들의 경제적·정치적 요구를 수용할 수 없었다. 1814년 왕위에 복귀한 페르난도 7세는 타협이 아닌 탄압 확대—1812년 자유주의적 헌법의 정당성을 부정했다—로 분쟁에 대응했다.

에스파냐 제국을 다시 결합하는 문제를 둘러싸고 논란이 확대됨에 따라 제국에서 이탈하려는 노력이 아메리카에서 뿌리를 내렸다. 시몬 볼리바르(Simon Bolivar)는 에스파냐어를 사용하는 아메리카 국가들을 건설하는 정력적인 기획의 지도자로 등장했고, 이성적으로 질서 잡힌 진보와 자유라는 계몽주의의 이상을 추구했다. 볼리바르의 비전은 배타적이기도 했다. 에스파냐어를 말하지 않거나 엘리트의 가치를 공유하지 않는 사람들은 새로운 질서에 완전히 참여하지 못할 것이었다.

아메리카 대륙에는 여전히 이베리아 반도 에스파냐의 지지자들뿐 아니라 군사·행정제도까지 있었다. 그 결과는 내전, 다시 말해 아메리카 대륙 각지에서 발생한 일련의 분쟁이었다. 분리 독립을 막으려는 에스파냐의 노력은 불가피하게 도를 넘었고, 한때 제국을 지지하고 결속했던 많은 이들을 멀어지게 했다. 이 분쟁은 식민 사회 내부의 긴장, 특히 대단히 불평등한 사회 구조를 둘러싼 긴장을 드러냈다. 양편이 노예들을 자기편으로 끌어들이려고 애씀에 따라 에스파냐령 아메리카 본토에서는 노예제를 옹호할 수 없게 되었다. 노예제가 폐기된 이유는 자유주의 원리가 확산되거나 노예 반란이 일어났기 때문이 아니라, 노예들이 혁명적 분쟁에 가담하는 데 따른 결과를 노예주들과 정치 지도자들이 억제할 수 없었기 때문이다. 이 본토에서 볼리바르를 비롯한 이들은 다양한 병력을 동원하여 1820년대까지 전투를 치렀다.

에스파냐가 버틸 수 있었던 곳은 놀랄 것도 없이 플랜테이션 섬들, 쿠바, 푸에르토리코였다. 생도맹그 노예들이 해방된 뒤 경쟁이 줄어든 덕에 노예제의 규모가 커지고 집중도가 높아진 이런 곳에서는(제10장에서 논할 테지만, 나중에 영국이 노예무역을 폐지한 덕에 더욱 힘을 얻었다) 노예제를 유지하는 데 제국 정부의 보호가 반드시 필요했다.

재정이 쪼들린 제정 에스파냐의 정부는 서서히 이울었고 결국 크리올 군대가 승리를 거두었다(지도 8.1 참조). 그 결과는 지리적 통일(에스파냐어를 사용하는 아메리카 국가들의 연방)도, 동등한 사람들로 이루어진 독립 공화국들도 아니었다. 1820년대 라틴아메리카 각국의 헌법은 혼성 문서였다. 다시 말해 이들 헌법은 노예제의 종식을 기정 사실로 받아들이고 인디언과 어느 정도 타협하면서도, 지나친 민주주의와 지나친 문화적 다원성으로부터 신생 공화국을 지키려 했다. 그러나 제국들이 서로 세력 균형을 이루는 상황에서 하나의 옛 제국에서 등장한 다수의 독립국들은 중요한 결과를 초래했다. 신생국들(프랑스, 러시아, 미국의 지도자들이 두려워한 바로 그 국가들)에는 영국의 자본과 상업이 침투할 여지가 많았다. 앞으로 보겠지만, 영국의 제국 레퍼토리는 이제 경제력에 더 역점을 두었으며 그 배후에는 영국 해군의 위협이 있었다.

브라질에서는 다르게 전개되었다. 아메리카에서 에스파냐 엘리트들이 추구하던 자율성을 브라질 엘리트들은 19세기 초에 이미 가지고 있었다. 브라질이 당장이라도 모국을 압도할 것처럼 보였다. 선구적인 설탕 경제를 통해 유럽의 포르투갈은 창출하지 못한 자본을 창출한 브라질은 노예선을 마련하여 아프리카와 직접 무역을 했다. 나폴레옹이 포르투갈을 점령하자 포르투갈 왕은 브라질에서 왕위에 올랐고, 이로써 브라질은 본국 없는 식민지가 되었다. 브라질의 경제력은 계속 성장했다(브라질은 19세기 전반기에 세계 최대의 노예 수입국이었다). 나폴레옹이 패하고 한참 후에 포르투갈이 군주국을 재건하려 들자 왕가는 분열되었다. 브라질인 다수는 자신들이 이미 제국의 중심이 되었다고 생각하고 있었다. 브라질에 머물기로 결정한 돔 페드루는 포르투갈을 친척에게 넘겨주었고, 브라질은 전쟁을 치르지 않고 독립국이 되었다. 1822년, 돔 페드루는 브라질의 황제로 즉위했다(옛 제국이 낳은 두 번째 제국, 노예를 소유한 과두정이 통치하는 거대한 국가였다). 이는 사회 혁명과는 거리가 멀었다. 베네수엘라, 아르헨티나를 비롯한 주변국의 엘리트층과 마찬가지로, 뒤이은 수십 년 동안 브라질 엘리트층은 독립으로 귀결된 투쟁 과정에서 나타나는 분쟁을 억제할 수 있는 민족 이데올로기를 만들어내는 데 공을 들였다.

정치적 가능성, 정치적 긴장

중국의 공산주의 지도자 저우언라이(周恩來)는 프랑스 혁명의 정치적 중요성을 묻는 질문에 "아직 말하기에 이르다"라고 대답했다고 한다. 대다수 논자들은 그렇게 신중하지 않았다. 프랑스 혁명과 아메리카 대륙의 혁명들은 각국에서 건국 신화로 변형되었고, 지금은 시민권, 국민경제, 민족 이념의 등장을 알린 표지로 간주된다. 그러나 당대에 이 혁명들의 교훈은 결론이 난 교훈이 아니었다. 프랑스 혁명이 일어나자 혁명가들이 옹호하는 자유의 가치가 유럽에 자리 잡은 한 국가만이 아니라 초대륙적 제국에도 적용될 것처럼 보였다. 그리하여 아프리카 태생 노예들이 유럽 태생 시민들에 합류할 것처럼 보였다. 그러나 실제로는 혁명에 뒤이어 아이티가 독립하고 프랑스의 다른 섬들에서 나폴레옹이 노예제를 복구했으며, 시민들의 제국이라는 가능성은 한동안 배척되었다.

　미합중국을 창건한 애국자들은 스스로 정치 공동체를 구성한 사람들이 집단의 운명을 결정할 권리를 가진다고 선언하면서도, 이 권리가 노예에게도 있다는 것을 부인하고 인디언에게서 그런 권리를 빼앗았다. 미합중국은 18세기 영국 제국보다도 정력적으로 인디언 정복전을 수행했다(제9장). 아메리카 대륙에서 일어난 혁명들의 발단은 영국의 자유나 프랑스의 시민권, 에스파냐의 군주정 같은 이념에 의지하여 제국 정치체 내에서 주권과 권력을 재정의하려는 움직임이었지만, 그 결말은 재편된 제국들과 함께 세계의 공간을 공유하는 신생국들이었다. 영국, 프랑스, 에스파냐 제국에서 국가들이 분리 독립한 결과는 동등한 민족들로 이루어진 세계도, 동등한 시민들로 이루어진 민족들도 아니었다.

미국이나 콜롬비아, 아이티 같은 국가들이 제국적 맥락에서 등장했을 뿐 사람들이 사전에 두루 받아들인 민족 이념에서 생겨나지 않았다고 해서, 향후 이 국가들의 중요성이나 영향력이 줄어들었던 것은 아니다. 각국은 고유한 방식으로 주권국가를 구성하는 '인민'의 가능성을 규정했다. 각국 인민들은 투쟁의 복잡성(정치 공동체를 만들어낼 때 피할 수 없는 배제 문제, 장차 어떤 공동체가 될지 모르는 불확실성)으로 말미암아 자유, 민족, 주권, 인민의 의미에 관해 거듭 논쟁을 벌여야 했다. 인민주권은 서유럽에서 널리 용인된 규범이 결코 아니었으며, 제국들의 해외 공간에서는 권리를 가진 개인이라는 이념이 사람들 사이에 퍼지기 쉬운 주장이 될지 아니면 선택받은 소수가 빈틈없이 수호하는 주장이 될지 불확실했다.

제국의 유인과 습성은 줄곧 이 문제에 내놓는 상이한 해답들의 맥락—프랑스, 미국, 남아메리카 국가들, 영국 제국 등에서—을 이루었다. 혁명 이후 프랑스는 1790년대에 잠시 단념했던 식민지 복속을 재개했고, 1815년까지 이어질 새로운 제국적 모험을 시작했다. 미국은 영국 왕의 속박에서 벗어났고, 인디언에게서 빼앗은 영토에 노예를 정착시켰다. 남아메리카 국가들은 토착민을 동등한 인간으로 대하지 않았으며,

영국 제국은 세계 각지에서 폭넓은 전략 레퍼토리를 이용할 수 있었다. 민족은 세계 정치에서 상상할 수 있는 하나의 가능성이 되어 있었다. 그러나 프랑스, 영국, 에스파냐, 미국의 지도자들은 자신의 정치적 세력권을 국경으로 한정하기를 원하지 않았다. 그렇지만 그들은 인민주권 이념이 대양을 건너 퍼져나가 유럽 태생 정착민, 노예, 토착민에게 새로운 언어를 제공하는 것을 막을 수도 없었다. 그 언어는 제국 반대론을 펴기 위해 이용할 수 있는 수단의 하나가 되었다.

CHAPTER 9

대륙을 가로지른 제국

: 미합중국과 러시아

18세기와 19세기에 미국 제국과 러시아 제국은 태평양을 사이에 둔 북반구의 두 대륙에서 서쪽 끝과 동쪽 끝에 도달했다. 러시아인과 미국인 둘 다 거대한 영토를 통치하는 것이 자신들의 '명백한 운명'임을 확신했지만, 그들의 팽창 전략과 통치 방식은 서로 다른 제국 경험에서 발전해 나왔다. 이 장에서는 차이의 정치의 변형들을 살펴볼 것이다. 두 제국이 공간과 사람에 대한 명령권을 확대함에 따라 이 변형들은 조정되고 다듬어졌다.

영국은 북아메리카에 정착하면서 '자유롭게 태어난 영국인들'을 신세계로 데려왔지만, 지나치게 자유로운 것으로 판명난 혁명가들은 왕을 전복하고 '자유의 제국'이라는 고유한 기획에 착수했다. 미합중국은 서부로 팽창하면서 지방들을 통합했고, 그런 뒤에 준주(準州)들을 정치체의 동등한 단위인 주(州)로 변경했다. 이론상 미국 헌법은 미국 시민들에게 타고난 평등한 권리를 보장했다. 그렇지만 현실에서는 특정한 주민들만이 시민권을 얻었다. 아프리카 태생 노예들은 애초부터 배제되었다. 미국인들은 초기에는 정치체 내부의 다양한 토착민 '민족들'을 인정했지만, '인디언' 부족들을 보호구역에 가두는 등 결국에는 그들을 배제했다.

유라시아 대륙의 러시아 통치자들은 몽골과 비잔티움, 유럽이 뒤섞인 과거로부터 물려받은 주권 관행과 절연하지 않았다(제7장). 로마노프 왕조는 주민들의 다양성을 있는 그대로 받아들였다. 그들은 차이의 정치를 이용하여 통합된 지방의 엘리트들에게 선별적으로 보상을 하고, 통치기구의 감독 아래 종교와 관습의 다양성을 수용하고, 권리와 의무를 실용적으로 분배할 수 있었다. 분화된 통치라는 원칙은 제국의 오랜 지역과 새 지역에 공히 적용되었다. 집단별로 다르게 통치하는 러시아의 방식을 이용하여 차르와 관료들은 신민들의 권리를 재조정하면서도, 젊은 미국 제국을 파괴할 뻔했던 노예제를 둘러싼 유혈 내전을 피할 수 있었다.

북아메리카의 공간과 제국

무역, 토지, 노동, 그리고 신세계 사회들

과거로 한걸음 돌아가자. '신세계'는 아무것도 없는 빈 서판이 아니었다. 유럽인이 무대에 등장하기 이전 2000년 동안 제국들과 부족 집단들은 아메리카 대륙을 종횡으로 오가면서 무역로를 통제하고, 정착한 주민들과 그들의 생산을 관리하고, 환경에 순응했다. 유럽인들은 연안 식민지에서 시작하여 해로와 농업 정착지를 통해 내륙으로 영역을 넓히면서 기술(철과 황동), 동물 종(말), 상업적 수요(모피)를 가져갔으며, 그 결과 아메리카 대륙에서 부와 권력, 분쟁의 가능성이 엄청나게 확대되었다.

유럽인들은 아메리카에서 직면하는 사회들을 해석할 방법도 가져갔

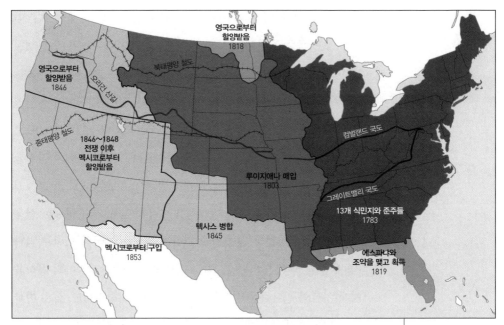

영국으로부터
할양받음
1818

북태평양 철도

영국으로부터
할양받음
1846

오리건 산길

중태평양 철도

1846~1848
전쟁 이후
멕시코부터
할양받음

컴벌랜드 국도

루이지애나 매입
1803

그레이트밸리 국도

13개 식민지와 준주들
1783

텍사스 병합
1845

멕시코부터 구입
1853

에스파냐와
조약을 맺고 획득
1819

지도 9.1
미국의 팽창

다. 영국인 식민지 주민들은 뒤섞인 이데올로기들을 요구했다. 다시 말해 영국인의 권리뿐 아니라 '문명화'를 위한 개입도 요구했다. 아일랜드를 점령하고 농경민 및 재산 소유자와 대비되는 아일랜드 '유목민'을 업신여겼던 경험이 그런 개입의 근거였다. 에스파냐의 억압에 맞서 인디언을 변호했던 라스 카사스를 존경한 일부 영국인마저도 북아메리카 인디언들은 자연을 지배하는 데 실패했고, 잉카나 아즈텍과 같은 문화적 성취를 이루지 못했고, 따라서 영국의 소유권 주장에 반대할 권리가 그만큼 적다고 생각했다.

그러나 다른 탐험가들과 정착민들은 인디언들이 존경받는 추장이나 왕 아래 정착촌에서 생활하는 모습, 유럽인이 원하는 상품을 생산하고 유럽인이 팔려고 가져간 다른 상품을 구매하는 모습을 관찰했다. 영국 정착민들은 대서양 연안에서 내륙으로 이주하면서 대부분의 토지를 매입했다(구매자의 조건과 판매자의 조건이 반드시 균형을 이루지는 않았지만, 그

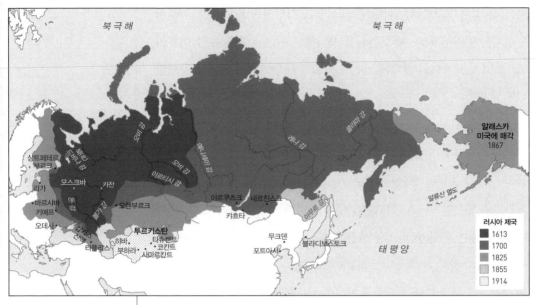

지도 9.2
러시아의 팽창

럼에도 인디언의 토지 권리를 사실상 받아들인 것이었다). 팽창하는 제국 정치체에서 인디언들의 공동체를 인정하는 입장과 인디언은 미개하고 위험하고 뿌리째 뽑아 몰아내도 된다는 입장은 식민지 정착의 초기 단계 내내 서로 갈등을 빚었다.

유럽인들이 도착했을 무렵 인디언 인구는 과거보다 훨씬 적었다. 대략 900년부터 1350년까지 기온이 더 온화했던 기간이 지나자 기후가 덜 쾌적해졌다. 인디언들은 대륙의 연안과 내륙 수로를 따라 수렵과 채집, 경작, 고기잡이를 해서 먹고살았다. 평원에서는 버팔로를 비롯한 동물을 사냥했고, 남서부의 집단들은 수렵과 농경을 혼합했다. 정착지들은 넓게 흩어져 있었다. 아메리카의 언어군들은 유럽의 게르만어파와 로망스제어(諸語)나 유라시아 전역에 널리 퍼진 튀르크어족의 언어들보다도 공통점이 적었다. 공동체들은 대부분 소규모였으나 간혹 지역 동맹을 결성했다. 아즈텍 제국과 잉카 제국이 형태를 갖추었던 지역들과 달리, 북아메리카에는 아주 큰 정치체를 지탱하는 데 필요한 자원이 밀집되어 있지 않았다. 제국 건설을 제약하던 이런 상황은 유럽, 아프리카, 그 너머 세계와의 연계를 가진 신참자들이 인디언의 세계에 등장한 이후 바뀌었다.

1492년 미시시피 강 동쪽에는 대략 200만 명이 살고 있었다. 에스파냐인을 시작으로 유럽인이 가져온 질병들로 말미암아 많은 인디언 사회들의 구조가 흔들린 까닭에 이 숫자는 급속히 감소했다. 그럼에도 북아메리카의 유럽인 인구는 인디언 인구에 비하면 아주 적었다. 1700년 북아메리카에는 유럽인이 고작 25만여 명밖에 없었다. 그러나 1750년까지 미시시피 강 동쪽에서 유럽계 아메리카인과 아프리카계 아메리카인의 수는 약 125만 명에 도달하여 인디언 인구를 넘어섰다.

인디언을 묘사한 16세기 유럽인들의 여행기에는 인디언의 생활방식에 대한 경탄, 자연을 길들이지 못한 인디언을 깔보는 태도, 새로 도착한 유럽인에게 이롭도록 인디언을 관리할 수 있다는 생각이 뒤섞여 있다. 양편 모두에게 제국은 이 만남의 일부였다. 유럽인들이 알리고 후대에 전한 포카혼타스 이야기(포카혼타스가 탐험가 존 스미스와 사랑에 빠졌고, 아버지 포와탄에게 처형될 위기에 놓인 스미스를 구했다는 이야기)는 황제라 불린 포와탄이 스미스를 봉신으로 삼아서 잉글랜드인 정착자들을 자신의 제국에 통합하고자 했던 의례적인 노력을 낭만적으로 개작한 것이었다. 이 이야기의 후대 버전은 포와탄의 정치 권력을 가리고 그의 일종의 가부장제를 느슨한 성적(性的) 질서로 바꾸었음에도, 정착민들이 좁은 고립 영토에서 토착민들의 호의에 의존했음을 시사한다.

인디언들은 새로운 교역 기회를 붙잡았고 유럽인들과 접촉해서 얻은 물품을 활용했다. 버지니아의 잉글랜드인이든 훗날 캐나다가 될 지역의 프랑스인이든, 유럽인 탐험가들은 교환에 참여하려는 인디언들의 열의를 묘사했다. 인디언들은 특히 금속을 탐냈고, 금속을 고쳐 도구, 장식물, 무기를 만들었다. 점차 그들은 의복, 담요, 손도끼, 검, 칼, 주전자, 총, 그리고 동물 같은 유럽산 생산물을 자기네 것으로 받아들였다. 그들은 종전처럼 활과 화살을 가장 믿음직한 사냥용 무기로 여기면서도 총 사용법에 재빨리 적응했다 — 그리고 유럽인 무역상은 기꺼이 총을 팔았다. 그들은 유럽인에게 되팔 무언가(산림에서 나는 물품, 특히 비버 털가죽과 훗날 평원에서 잡은 버팔로의 가죽)를 가지고 있었다. 러시아인들이 모피 무역에 이끌려 처음에는 시베리아를 횡단하고 나중에는 북태평양을 건너 알류산 열도와 알래스카까지 나아갔던 것처럼, 잉글랜드인과 프랑스인 탐험가들은 대서양 연안에서 내륙으로 이동하면서 오대호와 그 너머까지 이어지는 일련의 교역소들을 세웠다.

제국과 연계를 맺으면서 대서양 가장자리와 그 배후지의 정치적·경제적 잠재력은 서서히 바뀌었다. 스코틀랜드인, 아일랜드인, 잉글랜드인들이 경제적 궁핍과 종교적·정치적 긴장을 피해 끊임없이 아메리카로 건너왔다. 카리브해의 영국령 설탕 섬들은 뉴잉글랜드의 소산(앞바다에서 잡아 노예 노동자들의 식량으로 쓰인 어류와 엘리트를 위한 금융 서비스)을 이용했다. 버지니아의 담배와 사우스캐롤라이나의 쌀 같은 새로운 상품은 영국의 대서양 체제에서 틈새를 파고들었다. 북아메리카는 무역 대리인이자 식량 공급인이자 소비자로서 대서양 노예무역 체제에 편입되었다(제6장).

노예제는 북아메리카 식민 사회의 형성 과정에서 역동적인 요소였다. 노예와 노예무역은 뉴욕 같은 도시들의 상업이 팽창하는 데 이바지했다. 노예 노동 덕분에 카리브해와 본토 일부 지역의 플랜테이션 경제는 이리저리 돌아다니는 독립적인 토착민의 노동에 의존하지 않고도 발전할 수 있었다. 잠시 17세기 버지니아를 살펴보자.

버지니아의 지도자들은 스스로를 여성, 어린이, 하인, 노예를 통솔하고 인디언을 막아내는—그러면서도 상호작용하는—가부장으로 여겼다. 초기에 노예들의 삶과 빈곤한 정착민들, 특히 연한계약 하인들의 삶은 서로 겹쳤으며, 대체로 남성이었던 백인 식민지 주민들의 상당수는 법적 결혼 등을 통해 여성 노예나 인디언과 뒤섞였다. 담배 생산과 노예제가 뿌리내림에 따라, 지도자들은 법을 이용하여 인종적 질서를 구축하는 등 구분선을 더욱 명확하게 그으려 했다. 유럽인 태생 여성은 남편의 피부양자이자 가정생활의 원천으로 여겨진 반면, 아프리카계 여성은 아프리카계 남성과 마찬가지로 노동자로 규정되었다. 1662년 법은 아버지와 무관하게 노예 어머니의 자녀는 노예라고 명시함으로써 종전의 관행을 확정했다(이슬람 법과 확연히 대비된다). 또 다른 법은 기독교로의 개종이 자유를 함축하지 않는다고 공표했다. 1691년 법은 "노예든 자유인이든 흑인이나 물라토, 인디언 남녀"와 결혼하는 식민지의 백인 남녀는 지위를 막론하고 추방할 것을 명령했다. 식민지 내에서 아프리카계 자유인은 정치적 참여에서 배제되었다.

부유한 남성 지주들이 처음부터 식민지 버지니아를 지배하기는 했지만, 이제 가부장적 권위까지 인종을 따라 분화되었다. 지위만이 아니라 인종도 노예임을 드러내는 표시였다. 노예 신분은 세습되었고, 개종이나 문화적 적응, 결혼을 통해 뒤집을 수 없었다. 식민지 지도자들은 백인 남성이 가정을 이루고, 정착지 방어에 참여하고, 스스로를 정치체의 일부로 여길 수 있도록 그들에게 적절한 수입을 보장해주려고 애를 썼다. 인디언을 배제하고, 아프리카인을 복속시키고, 사회적 범주들을 가르는 새로운 경계를 강요하기 위해 법정의 협력을 구하는 가운데, 새로운 종류의 사회가 형성되고 있었다. 이 사회는 훗날 미국 혁명기에 정치적 동원을 위한 도약대 역할을 했다—조지 워싱턴, 토머스 제퍼슨, 제임스 매디

슨은 모두 버지니아의 노예 주인이었다.

17세기에 북아메리카에서 새로운 질서의 지리적·정치적 윤곽은 전체적으로 보아 뚜렷하지 않았고 영속적이지도 않았다. 더 넓은 제국 세계와의 연계가 그전부터 인디언들 간의 정치적·군사적 관계에 영향을 미치고 있었다. 중국 당국이 위임하는 무역 권한을 두고 경쟁했던 몽골 부족들처럼, 북아메리카의 인디언들은 장거리 상업의 보상을 두고 싸웠다. 에스파냐인이 아메리카 대륙에 처음 들여온 말은 인디언의 경제, 전쟁, 정치를 바꾸어놓았다. 수족은 말과 관련된 재주를 이용하여 버팔로 사냥꾼이 되었고, 대평원으로 이주해 들어가면서 다른 부족들을 쫓아냈다. 오대호 지역에서는 이로쿼이어를 말하는 부족들이 알곤킨어를 말하는 부족들을 공격하여 비버 사냥터를 장악했고, 전투로 인한 손실과 그 밖의 손실을 보상해줄 포로를 사로잡았다.

제국의 감독은 인디언이 정착민에 대항하여 이용하는 도구가 될 수도 있었다. 뉴잉글랜드에서 나라간세트족을 비롯한 인디언들은 자신들은 잉글랜드 왕과 조약을 맺은 왕의 신민이므로 정착민들의 이기적인 권위에 복종할 필요가 없다고 역설했다. 한동안 식민자들의 인디언 학대는 왕의 관료들이 권위를 더 직접적으로 행사하는 상황으로 귀결되었다. 그러나 식민자들이 더 단단히 자리 잡고 더 독단적으로 변해감에 따라 상황은 인디언들에게 불리하게 돌아갔다.

제국들 사이에 낀 지역의 인디언들은 어느 정도 술책을 부릴 여지가 있었다. 17세기 후반과 18세기 전반에 오대호 주변의 모피 무역권(圈)은 리처드 화이트(Richard White)가 '중간지대'라고 부른 곳, 인디언 정치체들과 경쟁하는 제국 세력들(프랑스와 영국)이 동맹과 상업적 관계를 구한 곳이었다. 탐험가와 무역상의 수가 적었고, 그들이 환경과 부족 정치에 대한 지식을 인디언에게 의존했으며, 유럽인 여성이 없었고, 유럽 제

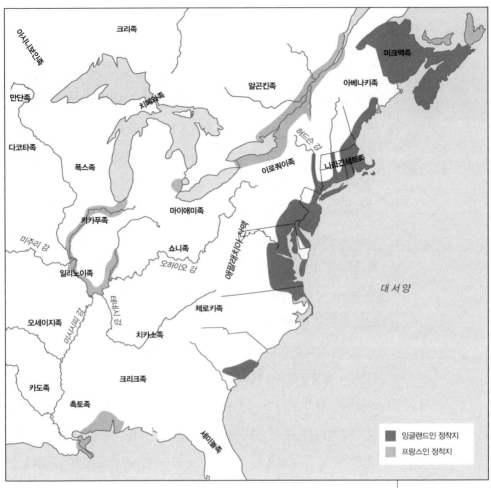

아시니보인족
크리족
알곤킨족
미크맥족
아베나키족
만단족
치페와족
다코타족
폭스족
이로쿼이족
나라간세트족
카카푸족
마이애미족
일리노이족
오하이오 강
체로키족
미주리 강
쇼니족
애팔래치아 산맥
허드슨 강
미시시피 강
테네시 강
오세이지족
치카소족
대 서 양
카도족
크리크족
촉토족
세미놀족

■ 잉글랜드인 정착지
□ 프랑스인 정착지

지도 9.3
17세기 정착민과 아메리
카 토착민

국들이 서로 경쟁했던 까닭에 이 넓은 지역에서 사회적 관계는 변덕스
럽고 다면적인 모습을 띠었다. 유럽인 신참자들(선교사, 군인, 모피 무역상)
이 이로쿼이 연맹에 대항하는 인디언 집단들과 동맹을 맺음으로써, 지난
날 오대호 일대를 지배했던 이로쿼이 연맹은 불리한 국면을 맞았다. 오
대호 지역과 오하이오 계곡에서는 태생이 가지각색인 인디언들의 공동
체와 유럽인 후손과 인디언 후손이 뒤섞인 사람들의 공동체가 무역 중
심지 주변에서 발전했다. 모피를 팔아 유럽 상품을 구할 수 있었던 젊은

남성들은 가부장의 지배에 도전했다.

초기에 프랑스인은 인디언 연맹들과 동맹을 맺는 일에 영국인보다 열의를 보였지만, 특히 프랑스 경제가 약해져 내어줄 것이 점점 줄어든 시기에 이 관계를 유지하는 데 실패했다. 이 실패는 1756~1763년의 7년 전쟁에서 프랑스가 패배하는 데 일조했다. 이 전쟁, 특히 이 전쟁에 승자가 있었다는 사실은 인디언에게 재앙이나 다름없었다. 프랑스가 패한 결과 양편 모두 인디언 동맹을 구할 필요가 없어졌고, 영국인 정착민들은 내륙 침투에 더욱 열을 올리게 되었다.

아메리카 토착민은 제국들 간의 변동하는 경쟁에서 기회와 위기를 동시에 발견했다. 유럽계 아메리카인에 맞서는 연합 전선은 없었다. 오히려 인디언은 18세기 들어 한참 후까지도 제국 경쟁자들의 틈새에서 책략을 구사했다. 그러나 유럽계 아메리카인이 계속 넘어왔고, 그들에게는 전 세계에 걸친 연계가 있었다. 세력 균형과 영향력은 그들 쪽으로 기울었다.

토착민과 정착민: 아메리카의 경우

유럽인이 도착하자 인디언의 유동적인 혼성 경제는 포위를 당했다. 유럽계 아메리카인의 영농은 유라시아 스텝 지대의 경제보다 영토를 훨씬 더 철저히 이용하는 활동이었다. 인디언이 경작지를 바꾸어가며 농사짓던 곳에서 정착민은 동일한 논밭을 해마다 경작했다. 정착민은 토지가 고갈되어가자 벌목을 해서 개간지를 넓혔다. 그들이 데려온 가축들은 사슴과 엘크의 먹이였던 풀을 먹었다. 유럽인과 인디언 둘 다 세계 시장의 수익성 좋은 수요를 채우기 위해 모피 동물을 지나치게 사냥했다. 이런 행위는 인디언이 이용하면서도 보존해오던 생태 균형을 심각하게 깨뜨렸다.

7년 전쟁 막바지에 영국이 프랑스로부터 빼앗은 지역들에 거주하던 유럽인은 대부분 가톨릭교도였음에도 신민으로서 영국 정치체에 흡수된 반면, 인디언은 신민의 지위를 얻지 못했다. 영국은 인디언이 왕의 '보호'를 받는다고 선언하는 데 그쳤다. 인디언은 영국의 신민들이 가진 토지에 대한 동일한 권리를 갖지 못했다. 그들이 가진 것이라곤 토지 이용을 주장할 권리뿐이었다. 애팔래치아 산맥을 따라가는, 여러 차례 조정된 경계선의 서쪽에서 인디언은 영국 정부에게만 토지를 양도할 수 있었다. 이로써 영국 정부는 유럽인 농민에게 정착과 토지 매매를 허용하거나 불허할 권리를 보유했다. 정착민의 잠식으로부터 인디언을 보호한다고 주장한 1763년 협정(정착민이 대서양 연안과 내륙을 가르는 산맥을 넘어 서진하는 것을 금지한 협정-옮긴이)을 통해 인디언은 재산 소유권과 처분권이 아주 중요한 사회이자 정치체의 외부인으로 규정되었다.

> 우리의 아버지들은 사슴과 가죽이 풍부했고, 우리의 평원은 사슴으로, 그리고 우리의 숲처럼 칠면조로 가득했고, 우리의 작은 만은 어류와 새로 가득했다. 그러나 잉글랜드인들이 우리의 땅을 차지했고, 큰 낫으로 풀을 베었고, 도끼로 나무를 넘어뜨렸다. 그들의 소와 말이 풀을 먹어치우고 그들의 돼지가 우리의 대합조개 어장을 망쳐놓았으니, 우리 모두는 굶주려야 한다.
>
> - 나라간세트족 추장 미안토노모, 1642년 기록

유럽 정착민은 경계선 서쪽 지역으로 밀고 들어갔고, 토지를 불법으로 구매하거나 차지했으며, 제국 정부가 자신을 보호해주리라 기대했다. 오하이오 계곡으로 이주한 정착민은 제아무리 개인주의적이고 개척 정신이 강한 사람이라도 국가의 지원을 필요로 했다. 하지만 영국은 정착민의 기대를 채워주지 못했다. 이것은 정착민들이 제국의 주권자로부터 멀어지고 그들 편을 들어줄 국가를 원하게 된 하나의 원인이었다. 그러는 동안 오하이오 계곡의 인디언은 차츰 생계 기반(토지, 사냥, 교역)뿐 아니라 영국 제국 안에서 위치를 확보할 기회까지 잃어버렸다.

북아메리카 남서부에서는 복수의 유럽 제국들과 인디언 부족들의 정치가 교차했다. 1535년 이후 멕시코시티에 수도를 둔 누에바에스파냐 부왕령은 중앙아메리카부터 북쪽으로 오늘날의 캘리포니아, 뉴멕시코, 애리조나, 텍사스 일부까지 이르는 영토를 요구하며 압박을 가했다. 프랑스 탐험가들이 북아메리카 중부의 하천과 계곡을 따라 남하하여 대평원 서부에 도달하자 에스파냐 제국과 프랑스 제국은 직접 경쟁에 나서게 되었다. 이 지역 인디언(그중에서도 아파치족, 푸에블로족, 나바호족, 코만치족, 수족, 위치타족)은 유럽인과, 그리고 서로에 맞서 동맹을 맺었고, 기회가 생기면 동맹을 바꾸었다. 아파치족은 에스파냐인에게 팔아넘길 포로를 사로잡기 위해 싸웠다.

에스파냐 식민자들이 확립하고 인디언들의 노동으로 운영한 선교구(區)와 농장은 그 주변에서 이동 생활을 하는 부족들에게 기회를 열어주었다. 이런 기회는 유라시아의 농경 제국들이 가장자리의 유목민에게 제공한 유인의 소규모 버전이었다. 아파치족은 가축과 수출품을 노리고서 에스파냐 정착지를 습격했고, 에스파냐인은 아파치족을 진압하거나 그들과 거래를 하거나 그들을 노예로 사로잡으려 했다. 7년 전쟁의 결과로 프랑스가 루이지애나(미시시피 강 서쪽의 거대한 지역)를 에스파냐에 양도한 뒤, 에스파냐인은 점차 인디언 일부와 화친했다. 그러나 인디언 모두와 화친한 것은 아니었다. 1771년부터 1776년까지 멕시코의 어느 지방에서 아파치족은 1674명을 살해하고, 154명을 포로로 잡고, 아시엔다(hacienda, 대농장)와 목장 116곳을 포기할 것을 강요하고, 가축 6만 8256마리를 훔쳤다.

시간이 흐르면서 기독교도 에스파냐인은 아메리카에서 맞닥뜨린 다투기 좋아하는 부족들 다수를 제압하는 데 어렵사리 성공했는데, 이는 인디언에게 재앙과도 같은 결과를 불러왔다. 캘리포니아에서 선교구 체제는 인디언을 노동자로 바꾸고 개종시키고 규율하고 자원을 박탈했다. 캘리포니아에서 선교가 한창 이루어지는 동안(1771~1830년) 샌디에이고와 샌프란시스코 사이 지역에서 인디언 인구는 7만 2000명에서 1만 8000명으로 급감했다. 멕시코가 우여곡절을 거쳐 1821년에 에스파냐로부터 독립함에 따라 1833년에 선교구는 세속화되었다. 그러나 지주 엘리트층의 권력은 흔들리지 않았다. 인디언 일꾼 다수는 결국 캘리포니아를 포함하는 멕시코의 지역들에서 엘리트층이 건설한 새로운 목장의 종속적인 노동자가 되었다.

어째서 아메리카 인디언은 침입자에게 땅을 야금야금 빼앗겼는가? 이 물음의 답은 기술 불균형과 밀접한 관련이 있지만, 이런 불균형은 다시 제국을 맞닥뜨린 시점 및 특정한 공간의 가능성과 관련이 있다. 유라시아의 유목민은 번창하고 이따금 대제국의 지도자가 될 수 있었는데, 그들이 기대어 살아가거나 차지할 무언가(무엇보다 정주하는 중국의 부)가 있었기 때문이다. 흉노족과 몽골족을 비롯하여 이런 유망한 원료를 가진 유목민은 늦어도 기원전 2세기부터 정복과 통치를 대규모로 조정할 정치술을 발달시켰다(제4장). 15세기 북아메리카 인디언은 전투와 습격에 능했으나 중국처럼 그들을 대규모 협력으로 이끌어줄 유인이 없었다. 그렇다고 몽골족의 권력을 가능하게 해준 말과 연관된 기술이나 정치 조직을 발전시키지도 못했다.

처음에 유럽인은 우월한 무기를 가진 바다의 유목민으로서 아메리카에 도래했다. 그 후 수가 불어남에 따라 그들은 통치하고 착취하는 영역화된 제국의 이데올로기와 관행을 응용했다. 정착민의 토지 침탈은 인디언의 자급자족 생활을 침식했다. 인디언이 새로운 부를 약탈하는 동시에 생산하기 위해 말과 신무기에 재빨리 적응하기는 했지만, 유럽인은 대외 상업을 통제하고 사유재산을 보호했고, 본국 정부가 자신들의 주장을 인디언에게 강제하리라 기대했다. 유럽에서 제국을 위해 투쟁하고 대양을 가로지르는 기동성과 정착을 경험하는 가운데 유럽인이 획득한 정치적 자원은 인디언 사회에 재앙인 것으로 판명되었다.

주들은 왜 연합했는가

1776년에 한자리에 모인 미국 애국자들은 영국으로부터 독립한다고 선언했다. 그들은 가혹한 과세, "세계의 모든 지역"과의 상업을 제약하는 조치, 영국 왕실의 인디언 접근법에 불만을 품고 있었다. 그에 앞서 인디언 지도자들은 영국 왕의 신민으로서 왕의 대리인들에게 정착민의 농간에 맞서 자신들을 지지해줄 것을 청원해오고 있었다. 분개한 식민자들은 "그[왕]는 우리들 사이에 내란을 선동했고, 변경의 주민, 즉 연령, 남녀, 신분을 막론하고 무차별하게 살해하는 것을 전쟁의 규칙으로 삼고 있는 무자비한 인디언을 동원하려고 노력했다"라고 주장했다.

미국 반란이 성공한 상황에서 새로운 지도부의 과제는, 사람들이 갖가지 이해관계를 추구하고 불평등한 관계를 맺어온 13개 식민지를 단결시키는 것이었다. 반란자들의 마음속에는 제국이 있었다. 토머스 제퍼슨은 "자유의 제국"을 구상했다. 조지 워싱턴은 "제국의 형성과 수립"을 촉구했다. 그러나 혁명에 성공했다고 해서 제국을 구성하는 과정이 자동으로 뒤따랐던 것은 아니다. 1783년에 영국과 강화 조약을 체결한 이후 미국 지도자들은 연합 헌장(1781년에야 모든 주가 비준했다)에 따라 느슨하게 연합한 주들이 정치체로서 응집력을 잃어버릴 사태를 두려워했는데, 여기에는 그럴 만한 이유가 있었다. 각 주의 당국은 전쟁 부채를 갚는 방식에 합의하지 못했다. 그들은 돈도 신용도 없었다. 1781년에 어느 영국인은 미국인들이 결코 "어떤 종류의 정체 아래서든 하나의 조밀한 제국으로 연합하지 못할 것이다. 영원히 분열된 사람들이 그들의 운명인 것으로 보인다"라고 썼다.

연합이 긴급했던 이유는 당시 제국 간 경쟁 때문이었다. 미국 반란자들은 하나의 제국과 싸웠고, 그 제국의 적들로부터 지원을 받았고, 어떤 제국의 영역에 다시 흡수될 것을 두려워했다. 유럽 제국들은 위험할 정도로 강력했을 뿐 아니라 위험할 정도로 경쟁을 벌이기도 했다. 연방 주창자들은 유럽인들이 수 세기 동안 벌여온 제국 전쟁이 아메리카 대륙에서 재연될 사태를 두려워했다. 그들은 연합 행동을 위한 틀 없이는 주들이 둘이나 세 부분(플랜테이션에 기반을 둔 남부의 노예주들, 북부의 상업·정착민 지역들, 아무도 장담할 수 없는 중부)으로 쪼개질 것이라고 주장했다. 식민지에서 벗어난 주들이 저마다 개별 국가가 된다면, 각 주는 다른 정치체에 삼켜지고 서로에 맞서 동원될 터였다.

미국의 제국 건설자들에게 중대한 문제는 새로운 유형의 정치체, 즉 각 구성 단위인 주들의 권리를 짓밟지 않을 정치체, 또는 주들이 선언한 시민 개개인의 자연권을 유린하지 않을 정치체를 어떻게 구축할 것인가였다. 주들의 연합을 옹호한 사람들은 구성 단위들의 동등한 지위와 정부의 여러 층위에 권력을 분산하는 방식에 토대를 두는 연방을 요구했다. 반연방주의자들은 제국들의 역사에서 황제에게 권력이 집중되는 위험을 보았다. 중앙집권주의는 전제정으로 이어질 수 있었고, 지나친 획일성(로마 제국 후기에 모든 시민에게 단일한 법을 적용했던 것과 같은 획일성)은 실행이 불가능할 것이었다.

분리된 주들이 허약할 것이라는 우려와, 통합된 제국이 전제정을 펼칠 것이라는 두려움은 한동안 성공적인 연합에 유리한 여건을 조성했다. 그 결과는 1787년에 제정하여 이듬해에 검토하고 비준한 헌법으로 표현되었다. 혁명 이후의 이 합의를 통해 주들의 기존 권위를 인정하는 동시에 시민들을 동등하게 대표하는 토론장을 갖춘 단일 정치체가 탄생했다. 각

주는 상원의원을 2명씩 확보했지만, 하원의 의석 수는 각 주의 인구에 비례하여 결정되었다.

그러나 모든 사람이 같은 방식으로 계산되거나 통치되지는 않았다. 노예는 시민이 아니었고 투표권도 없었지만, 노예가 거주하는 주들은 하원의원 수를 계산할 때 노예 1명을 자유인 인격의 5분의 3으로 계산할 수 있었다(조세를 산정할 때도 이 비율을 적용했다). "과세되지 않는" 인디언 역시 하원의원 할당에서 배제되었는데, 이는 여전히 '부족' 생활을 하는 인디언과 유럽계 미국인 인구에 녹아들어 주의 납세 부담을 지는 사람들을 구별한다는 표시였을 것이다. 배제와 불완전한 법인격을 부여하는 계산법은 처음부터 미국 제국의 일부였다.

새로운 정치체의 이름인 미합중국은 이민자들이 미국을 소유한다는 것을 함축했다. 아울러 이 이름은 아메리카 토착 부족들의 주권을 모조리 말살했고, 유럽인의 정복과 침탈에 대한 기억을 차단했다. 인디언이라는 딱지, 이민자가 아니라 외려 토착민에게 외래성을 덧씌운 이 딱지는 그대로 유지되었다. 유럽인은 이 딱지를 통해 지리에 무지했던 자신들의 과거를 떠올렸을지도 모른다.

시민, 인디언, 미국 제국의 형성

초기 로마인들과 마찬가지로 신생 미주 연합에 열광한 사람들은 공화정체와 제국 팽창 사이에 어떤 모순도 없다고 보았다. 그들은 권력 분립 체제가 독재정으로 향했던 과거 제국들의 궤도를 막아줄 것이라고 생각했다. 미국 헌법 제정자들은 정치체의 점진적·평화적 성장을 가능하게 해주는 공식을 고안해냈다. 1787년에 북서부 조례(Northwest Ordinance)는 새로운 주가 "모든 면에서 기존 주들과 동등한 조건으로" 연합에 추가될 수 있다고 선언했다. 미국은 종족이나 종교, 또는 인구의 어떤 사회적 특성이 아니라 영토에 따라 주를 편성하는 것을 당연하게 여겼다. 미국의 이런 대등한 통합 조건—식민지나 공국, 자치령을 비롯하여 어떤 차등적 지위를 인정하는 조건과 대비되는—은 다른 복합 정치체들과 미국을 구별하는 특징이었다.

그러나 주의 영토에서 살아간다는 것이 정치체에 포함되거나 동등한 권리를 누린다는 뜻은 아니었다. 1790년의 귀화법은 미국에서 2년 동안 거주하고, 훌륭한 성품을 입증하고, 새로운 헌법에 충성을 맹세한 "자유인 백인"은 누구나 시민이 될 가능성을 열어주었다. 이처럼 시민권은 유럽인 이민자에게는 비교적 열려 있었으나 아프리카인과 아메리카 토착민에게는 닫혀 있었다. 뒤에서 우리는 신생 공화국의 첫 세기 동안 토착민 부족들이 어떻게 주변화되었는지를 추적할 것이다. 그런 다음 우리는 노예에 주목할 것이다. 노예는 공화국을 창건한 시점만 해도 명백히 권리가 없는 존재처럼 보였지만, 훗날 정치체를 파괴할 뻔한 분쟁의 초점이 되었다.

미국 독립전쟁에서 인디언들이, 심지어 같은 부족의 일원들까지도 양편에서 싸웠음에도—또는 이 전쟁에 끼어들지 않으려 했음에도—유럽계 미국인들은 영국에 승리를 거둠으로써 자신들이 인디언의 땅에 대한 지배권을 얻었다고 해석했다. 이로쿼이 연맹은 "여러분은 정복당한 부족이다"라는 말을 들었다. 영국인은 파리 조약으로 인디언 동맹들을 배신했다. 이 조약으로 오대호 이남 '영국' 영토 전체는 미국인에게 양도되었다. 펜실베이니아의 존 디킨슨(John Dickinson)은 모든 "오지와 그 모든 요새"는 미국의 소유이고 인디언은 "이제 우리에게 존속을 의지해야 한다"라는 결론을 이끌어냈다. 디킨슨은 인디언이 "당장 난폭한 행위를 중단"하지 않으면 공화국이 승전군을 동원하여 "그들이 태어났고 지금 살고 있는 땅에서 그들을 절멸"시켜야 한다고 주창했다. 조지 워싱턴은 휘하 장군들에게 이로쿼이 연맹을 공격하여 "모든 정착지를 황폐화해서 (……) 그 지역을 짓밟는 데 그치지 않고 파괴"할 것을 요청했다. 토머스 제퍼슨은 인디언의 "흉포한 야만성이 근절을 정당화했다. (……) 전쟁에서 그들은 우리 일부를 살해할 것이다. 우리는 그들 전원을 파괴해야 한다"라고 확신했다.

한동안 미국 정부는 인디언이 주권과 토지에 대한 모든 권리를 상실했다고 역설했다. 나중에 이 원칙에 따른 행동이 수반할 폭력을 예상하여 미국의 정책은 영국의 공식과 비슷한 수준으로 후퇴했다. 인디언은 토지를 점유할 권리는 있었으나 소유할 권리는 없었다. 이것은 '인디언 토지권'으로 알려졌다. 미국 정부만이 인디언으로부터 토지를 획득하고 재분배할 수 있었다.

1790년대 일군의 인디언 교역교류법은 인디언이 본래 13개 주 안에서마저 별개 집단이며 연방정부는 그들을 상대할 배타적 권리를 가진다는 가정에 입각했다. 인디언은 미국 안에서 정부가 조약을 통해 소통하는 유일한 집단 범주였다. 이 관계는 1871년까지 지속되었다.

설령 인디언 공동체를 미국 정치의 표준 구조 바깥에 있는 법인체로 볼 수 있었다 할지라도, 인디언은 여전히 정착민이 눈독을 들이는 땅에서, 특히 커다란 수계와 계곡(모호크 강, 오하이오 강, 미시시피 강, 오대호)을 따라 살고 있었다. 새 정부는 인디언에 맞서 보호해줄 요새를 건설함으로써 서쪽을 탐내는 시민들의 지지를 확보했으며, 그 과정에서 통신과 상업을 촉진하고 인종을 선명하게 나누는 질서를 조장했다. '자유의 제국'은 영국과는 다른 제국 방식을 발전시키고 있었다. 미국의 방식은 시민으로 규정된 이들의 의지에 더 민감하게 반응했고, 중상주의적 상업 규제에 덜 얽매였고, 대륙 공간을 차지하기를 열망하는 백인 남성 개신교도 유권자들에게 주로 신경을 썼다. 아메리카 토착민은 이 새로운 제국 유형의 부담을 점점 많이 짊어지게 되었다.

미국은 인디언에게 주권이 없음을 못박기 위해 법률 문서와 가부장주의를 둘 다 이용했다. 신뢰하기 어려운 영국인의 지원을 받으며 오하이오 영토를 방어하기 위해 싸우던 인디언 부족들은 1795년에 미국과 그린빌 조약(Treaty of Greenville)을 체결했다. 인디언 측 서명자들은 "지금부터 아메리카의 15개 연합주를 우리의 아버지로 인정한다"라고 맹세했다. 앤서니 웨인(Anthony Wayne) 장군은 이렇게 답했다. "지금 나는 아메리카의 15개 위대한 불꽃의 대통령의 이름으로 여러분 모두를 자식으로 받아들인다."

유럽계 미국인이 인디언과 체결한 그린빌 조약과 기타 조약들은 땅과 관련이 있었다. 대개 이 선언문들은 이미 발생한 토지 침탈을 비준한 것이었다. 개인과 주는 연방정부가 인디언 토지를 구매하기 전에 그 땅에 투기를 했으며, 인디언 영토를 매각한 대금은 유럽계 미국인의 서부 이주를 돕는 정부의 자금으로 쓰였다. 1812년 전쟁에서 미국이 영국 제국과 그 인디언 동맹을 물리친 이후, 미국 지도자들은 자신들 정치체가 외부의 습격을 견뎌낼 수 있고 자신들이 인디언을 마음대로 다룰 수 있다고 믿을 근거를 갖게 되었다. 앤드류 잭슨이 보기에 인디언과 맺은 조약들은 '부조리'했는데, 인디언은 "미합중국의 신민"이고 주권은 신민과 협상하지 않는 법이기 때문이었다. 미국은 다양한 인디언 집단과 계속 조약을 체결하기는 했지만, 이런 대규모 토지 수탈을 변호하는 법적 덮개는 갈수록 대수롭지 않은 문제가 되었다.

이처럼 인디언이 정치체에서 배제된 현실은 인디언의 지위를 나타내는 공식 용어로 표현되었다. 19세기 초엽에 인디언은 공식적으로 "거주하는 외국 민족들"로 명시되었는데, 이는 인디언이 실제로 북아메리카 대륙에 거주할지라도 미국인은 아니라는 법적 신호였다. 1823년에 미국 대법원은 인디언이 "시민의 특권이 없고 정부의 영원한 보호와 피후견을 받는 열등한 인종"이라고 선언하여 종전의 가부장적 수사를 더욱 가혹한 형태로 되풀이했다. 1831년, 대법원장 존 마셜(John Marshall)은 인디언이 "국내의 종속적 민족들"이며 그들과 미국은 "피보호자와 보호자"의 관계라고 기술했다. 이 규정은 인디언을 미국만이 주권을 가지는 공간 안에 존재하는 별도의 공동체들로 인식한 것이었다. 인디언은 스스로를 통치할 수 없었다.

19세기 초반의 수십 년 동안 인디언은 팽창하는 정착민 인구의 주변부로 밀려났지만, 몇몇 지역에서는 인디언의 토지에 눈독을 들이는 정착민에 둘러싸였다. 미국은 1803년에 루이지애나를 매입하여 타개책을 마련했다. 다시 말해 루이지애나 매입을 계기로 정착민을 새로운 지역으로 이주시키는 동시에 동부에서 인디언을 '추방'할 길이 열렸다. 1830년 의회를 통과한 인디언 추방법(Indian Removal Act)에 따라 미국 대통령은 조약을 체결하여 어느 주에서든 인디언의 영토 권리를 소멸시키고 그 대가로 인디언에게 미시시피 서쪽의 토지를 양도할 권한을 얻었다.

이 법은 체로키족을 겨냥했다. 체로키족은 정착민 문명의 속성을 여럿 받아들이고, 그들 나름의 정부를 구성하고, 스스로 헌법을 제정한 부족이었다. 이런 진취성을 근거로 체로키족을 정치적으로 성숙한 부족으로, 스스로 법적 체계를 마련할 수 있는 부족으로 볼 수도 있었을 테지만, 백인 미국인은 체로키족의 확고한 자기주장을 위험하게 여겼고, 조지아 주의 경계 안에 있는 그들의 토지에 군침을 흘렸다. 대법원이 인디언 문제를 처리할 권한은 연방정부에게 있다고 판결하기는 했지만, 앤드류 잭슨 대통령이 체로키 인디언의 토지 18만 6000헥타르에 대한 조지아 주의 권리 주장을 지지한 후 체로키족은 축출당했다. 1835년에 체로키 대표들은 조지아 주를 떠나기로 약속하는 조약을 체결했다. 3년 후, 체로키족

1만 6000명은 오클라호마까지 강제로 줄지어 이주해야 했다. 추방당한 결과 체로키 인디언 8명 중 1명이 사망했다.

1851년에 인디언 세출예산법이 오클라호마로 쫓겨난 인디언에게 울타리가 둘러진 토지를 지정했을 때, '인디언 보호구역' 제도가 생겨났다. 보호구역은 미국 제국 특유의 제도였다. 보호구역은 '인디언 공화국', 즉 토착민을 에스파냐 제국의 종속적이지만 필수적인 별개 성분으로 인정한 곳, 인디언의 종교적 사안과 법률상 지위가 국왕의 관심사였던 곳이 아니었다. 또한 보호구역은 19세기 후반에 영국 제국과 프랑스 제국의 핵심 제도가 된 '식민지', 즉 정착민의 수가 많지 않은 상황에서 토착민이 사실상 자기 땅에서 살아간 곳, 열등한 신민일지언정 제국의 신민으로서 토착민의 위치를 인정한 곳도 아니었다. 인디언 보호구역은 배제된 지대, 미국 '국가' 외부의 공간이었다. 보호구역은 대개 조상 전래의 영토와 아무런 관계도 없었고, 다른 아메리카 토착민으로부터 격리되어 있었

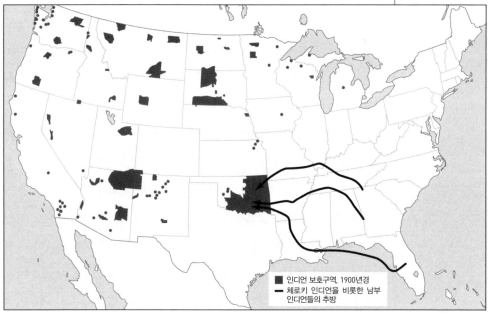

다. 보호구역의 인디언은 이른바 부족 정체성을 간직할 수 있었지만, 언제 땅을 추가로 요구할지 모르는 군인이나 관료, 정착민의 변덕에 휘둘릴 수밖에 없는 처지였다.

미국 상인들에게 버펄로 생가죽을 주로 공급한 수족은 캘리포니아와 그곳의 황금을 향해 평원을 가로질러 몰려가는 이주민들에게 걸림돌이 되었다. 1851년에 호스크리크 조약(Horse Creek Treaty)은 수족 영토의 경계를 정했지만, 미국이 도로와 군 주둔지를 건설하는 행위와 이민자가 이 영토를 통과하는 행위를 허용했다. 각 부족은 50년 동안 연금으로 매년 5만 달러를 받기로 했다. 다른 조약들처럼 이 조약 역시 양편 모두에 의해 훼손되고 재해석되었으며, 인디언 부족들 사이에서 분열을 조장했다. 1860년대까지 대평원은 정착민과 인디언, 인디언과 다른 인디언, 미군과 인디언이 맹렬히 싸운 전장이었다. 인디언은 몇 차례 놀라운 군사적 승리를 거두었지만, 군사적 모험가들과 결연한 정착 옹호자들의 끈질긴 강습을 물리칠 수 없었다.

팽창주의 역학은 미국을 아메리카 토착민과의 분쟁만이 아니라 다른 제국 에스파냐가 낳은 다른 국가 멕시코와의 분쟁에도 끌어들였다. 북아메리카 남서부로 이주한 정착민은 미국이 이미 통제하고 있는 영토에서 받았던 것과 비슷한 정부의 보호를 원했다. 그들은 몇몇 지역에서는 정부를 직접 수중에 넣었고(이를테면 창건기의 텍사스에서) 몇몇 경우에는 정착 지역에서 노예제를 허용하는 문제를 둘러싸고 대립했다. 1846년에 변경을 따라 발생한 분쟁은 미국과 멕시코의 전쟁을 촉발했다.

미국의 전쟁 노력은 명백히 영토를 목표로 삼았다. 미국이 멕시코 안으로 얼마나 들어가야 하느냐는 문제에 관한 논쟁에서 미시간의 어느 상원의원은 이렇게 지적했다. "우리는 시민이든 신민이든 멕시코 사람들을 원하지 않는다. 우리가 원하는 것은 그들이 명목상 보유하는, 대체로 거주자가 없는 영토, 혹은 거주자가 있을지라도 드문드문 거주하고 조만간 뒤로 물러나거나 스스로를 우리와 동일시할 인구가 있는 영토의 일부뿐이다." 그러나 당연히 그 땅에는 사람들이 살고 있었으며, 그들과 연방정부의 관계는 그들이 누구냐에 따라 달라졌다. 병합된 지역의 멕시코 시민들은 1848년에 과달루페 이달고 조약을 통해 사실상 집단 귀화 형태로 미국 시민권을 획득했다. 인디언은 자기 부족을 떠나야만 시민이 될 수 있었다. 노예와 그 후손은 시민권이 전혀 없었다. 1857년의 대법원 판결(드레드 스콧 사건)은 노예와 해방노예를 배제하던 추세를 더욱 굳건히 했고—주는 설령 시민권을 부여하기로 결정하더라도 그럴 권한이 없다고 보았다—준주에서 노예제를 허용했다.

인디언에 대한 북아메리카식 지배는 에스파냐 팽창기에 발달한 복잡한 재산제를 혼란에 빠뜨렸다. 미국의 지배 이전에 오늘날의 뉴멕시코와 콜로라도에서 에스파냐인과 인디언 태생 정착민들은 정부로부터 불하받은 거대한 토지에서 소작인이나 날품팔이가 되어 보호자에게 봉사했고, 그 대가로 토지 일부를 경작할 권리를 얻었다. 그러나 미국 의회는 멕시코 법에 따르면 이런 재산권 향유를 인정했을 과달루페 이달고 조약의 한 조항에 대한 비준을 거부했다. 미국 지도자들이 '봉건제'라며 비웃은 것에 맞서 자유보유 토지와 자유노동의 이름으로 토지를 탈취한 미국은 멕시코 여성들로부터 자기 재산을 통제할 권리를 빼앗았고, 아울러 인디언들로부터 보호자의 소유지를 사용할 권리를 몰수했다.

대륙 제국이 서쪽으로 팽창하던 상황에서 유럽계 미국인 '개척자들'은 완전한 정치생활 참여권과 주(州)의 지위를 향해 행진했다. 인디언은 보호구역으로 이어지는 노상에 있었고, 흑인은 기껏해야 미국의 더 많은 지역에서 더 심한 노예제로 가는 터널에 갇힌 신세였다. 그러나 애초 노예 보유자들이 압승을 거두었던 드레드 스콧 사건이 노예제를 둘러싼 정

치적 분쟁을 촉발하는 데 일조했고, 그 분쟁이 결국 내전으로 치달았다.

남북전쟁에서 북부의 승리는 미국인의 운명이라는 관념과 이 관념을 고취하는 연방정부의 권력을 강화했다. 인디언에게 이 관념은 영속적인 박탈을 향해 가는 또 다른 발걸음이었다. 전쟁이 종결되자 두각을 나타낼 길을 찾는 노련한 군 장교들이 남았으며, 그들 다수에게 그 길은 서행(西行)이었다. 철도망이 팽창하고, 금과 기타 광물이 발견되고, 버팔로가 멸종 직전에 몰린 현실에서 토착민 공동체에 남은 것이라곤 사유재산과 자유의 제국 주변부의 영락한 위치뿐이었다.

1868년에 수족 일부가 체결한 조약에는 미국이 연금을 지급하고, 30년 동안 의류를 배분하고, 40년 동안 식량을 배급하고, 보즈먼 도로(Bozeman Trail)의 요새들을 포기하는 조항과 함께 인디언을 축소된 보호구역에 가두는 조항 역시 포함되었다. 비행 혐의로 고발된 인디언은 미국 법정에 인계되었고, 6~16세의 모든 어린이는 학교에 다녀야 했다.

라코타족이 블랙힐스 산지를 600만 달
러에 매각하기를 거부한 이후, 수족 전
원은 미국 정부가 운영하는 인디언 관
리청에 신고를 하라는 명령을 받았다.
대평원에서 다시 한 번 전쟁이 터졌고,

> "우리는 수족에 복수하려는 열의를 가지고 행동
> 해야 하며 (……) 남녀노소를 막론하고 그들을
> 말살하는 것까지 각오해야 한다."
>
> – 윌리엄 테쿰세 셔먼 장군, 1866년

수족, 샤이엔족, 아라파호족, 포니족, 쇼쇼니족은 미군에 맞서 함께 또는
각기 싸웠다. 시팅불(Sitting Bull, 앉은 황소)과 다수의 수족 추종자들은
'할머니의 고장' 캐나다로 넘어갔다. 시팅불은 1880년대에 돌아왔으나
1890년에 체포되어 살해당했다. 위대한 수족 전사 크레이지 호스(Crazy
Horse, 성난 말)는 1877년 5월 7일에 항복했으나 넉 달 뒤에 살해되었다.

1871년에 미국 의회는 다음과 같이 선언하여 토착민의 법적 지위를
다시 한 번 변경했다. "지금부터 미합중국 영토 안에 있는 어떤 인디언
민족이나 부족도 미합중국이 조약을 통해 계약을 맺을 수 있는 독립적
인 민족이나 부족, 세력으로 승인되거나 인정되지 않을 것이다." 외견상
비논리적인 이 법은 미국 정책의 한결같은 특징이었던 근본적인 부정을
표현한 것이었다. 다시 말해 미국은 인디언 '민족이나 부족'을 정치체 안
에 받아들이지 않았고, 인디언에게 자치권이 있다는 것을, 심지어 부분
적인 주권이 있다는 것조차 인정하지 않았다. 정부의 대리인들은 협조적
인 부족장을 만나면 편리하게 그들과 계속 '협정'을 맺었지만, 보호구역
은 인디언의 위치를 정치 체제 외부로 규정했다.

동부의 개신교도가 다수였던 인도주의적 단체들은 1870년대까지 인
디언을 동화하고 교화하는 운동에 관여했다. 인디언 사무국은 빠르게 팽
창하여 전면적인 행정 관료제에 편입되었다. 선교사를 비롯한 이들은 인
디언 어린이를 위해 학교를 짓고, 그들의 머리카락을 자르고, 학교의 규
율을 준수할 것을 강요했다. 일련의 협정에 따라 미국은 보호구역의 인

디언에게 음식("인디언이 스스로 자립할 수 있을 때까지" 매일 정해진 무게의 쇠고기, 밀가루, 옥수수, 설탕, 콩, 커피)을 제공했다. 다른 서약처럼 이 서약도 대체될 수 있었지만, 원칙은 명확했다. 인디언이 선택할 수 있는 것은 기독교와 정착농업, 미국 문화를 받아들이거나 아니면 미성년자이자 미국인의 외부인으로 머무르는 것이었다. 그들은 인디언이기를 포기해야만 미국인이 될 수 있었다.

전쟁, 노예제, 공화정 제국

정치체에서 인디언을 밀어내고 그들의 토지를 차지하는 일은 다른 지역에서도 되풀이되었다. 1820년대부터 1850년대까지 하와이 토착민은 백인 문명의 덕목, 기독교의 가치, 사유재산법을 설교하는 미국인 투기꾼과 선교사에게 대부분의 토지를 빼앗겼다. 그렇다면 인간 재산은 어떠했을까? 미국 혁명 전야에 로드아일랜드를 뺀 모든 식민지에서 노예제는 합법이었다. 미국 혁명 지도자들이 영국에서 이제 막 태동한 반노예제 운동을 알고는 있었지만, 노예제 폐지를 제안한 조항은 독립선언문에서 빠졌다. 80년 넘는 세월 동안 노예제는 아메리카 공화국의 제도 및 이상과 양립할 수 있었다. 그러나 노예제로 인해 제기된 근본적인 문제에 대한 미국 헌법의 해결책(주권 일부를 주들에 이양하고 의원 선출을 위해 노예의 수를 이기적으로 계산하는 방책)은 서서히 허물어졌다.

제국과 노예제의 연계는 미국 밖에서든 안에서든 급변하기 십상이었다. 대서양을 횡단하는 제국들의 관계망과 경쟁은 노예 주인을 부유하게 만드는 데 그치지 않고 제국들 전역에서 반노예제 운동까지 낳았다. 1791~1804년의 아이티 혁명과 1830년대 영국령 카리브해의 해방은 노예, 농장주, 노예제 폐지론자에게 여러 의미가 섞인 메시지를 보냈다. 이 메시지는 노예제의 정상성을 침식하는 한편 노예 주인들에게 싸워야 할 적을 분명히 알려주었다(제8장, 제10장). 미국 안에서는 연방의 평화로운 팽창(정착한 영토를 주로 변경할 가능성)을 보장하는 것으로 보였던 공식으로 말미암아, 노예제의 쓰라린 상처를 둘러싸고 연방 차원에서 정치적 논전이 벌어졌다. 새로운 주들은 '노예'주여야 하는가, '자유'주여야 하는가? 노예제는 농장주의 권위를 뒷받침하는 강압적인 기구를 필요로 했으며, 남부에서 달아난 노예를 송환하는 일을 연방정부가 도와야 한다고 남부인들이 고집한 까닭에 '자유주들'까지 노예제에 연루되었다.

미국 정치체에서 통일과 차이 사이의 긴장 상태는 내전으로 악화되었다. 남부 주들이 연방에서 탈퇴하고 나머지 주들이 남부를 다시 연방에 집어넣기 위해 공격에 나섬에 따라, 미국은 상이한 원칙을 중심으로 조직된 연방들로, 적어도 두 연방으로 쪼개지기 직전까지 갔다. 전쟁을 치른 4년 동안 62만 명이 목숨을 잃었다.

미국 대통령에게 내전의 첫 번째 과제는 정치체를 결속하는 것이었고, 두 번째 과제는 노예제였다. 에이브러햄 링컨은 할 수만 있다면 "어떤 노예도 해방시키지 않고서 연방을 구해내겠다"라고 단언했다. 물론 링컨은 그럴 수 없었다. 그렇다 해도 링컨의 행정부는 노예를 다른 나라의 식민지로 추방하는 방안까지 고려했으며, 이는 미국이 흑인을 시민으로 인정하기를 극히 꺼렸음을 드러내는 또 다른 신호였다. 연방 군대가 노예 병사와 노동자를 끌어모으고 이용할 수 있다는 것이 분명해짐에 따라, 미국 대통령과 의회는 점차 노예제 폐지 쪽으로 기울었다.

미국식 토지와 자유

노예제는 연방을 거의 해체할 뻔했다. 연방을 다시 합치기 위해 일으킨 전쟁에서 결국 승리한 쪽의 지도자들은 시민권을 개방하라는 압박을 받았다. 1864년에 하원에서 부결된 이후 1865년 12월에 비준된 헌법 수정조항 제13조에 의해 노예제는 미국 전역에서 금지되었다. 흑인 노예들이 목숨을 걸고 싸우고자 했던 점이 자유를 가져오는 데 일조했다. 그러나 어떤 종류의 자유였던가? 해방노예 400만 명은 자신들의 독립을 지원할 자금을 기대한 반면, 이전 노예 주인들은 노동력을 붙들고 놓아주지 않기로 결심했다. 남부의 일부 주들은 '흑인 단속법(Black Codes)'을 채택하여 해방노예에게 농장주의 조건에 따라 플랜테이션에서 노동할 것을 강요했지만, 이 법은 1866년 연방 민권법에 의해 무효가 되었다.

다른 많은 제국의 경우와 마찬가지로, 미국 제국에서도 주된 문제는 토지였다. 일부 반노예제 정치가들은 노예를 보유한 반란자들의 경작지를 재분배하는 방안(해방노예 1명당 "16헥타르와 노새 한 마리"를 제공하는 방안)을 제안했지만 결국 허사로 돌아갔다. 인디언의 토지 소유권을 빼앗느라 바쁘기는 했지만, 미국 정부는 사유재산을 가진 노예 주인들을 상대로 똑같은 일을 하는 것을 꺼렸다. 1865년에 로버트 V. 리처드슨(Robert V. Richardson) 장군이 말했듯이, "해방된 노예들은 가진 게 아무것도 없는데, 단지 자유만 받았기 때문이다."

해방노예들은 무언가를 더 받아야 한다고 생각했고, 그들 다수는 경제적으로 독립할 수단을 얻고 정치에 참여하기 위해 투쟁했다. 이 시기는 해방노예들이 투쟁할 수 있을 만큼 연방정부가 법률을 시행한 짧은 호기였다. 농장주들은 테러—큐 클럭스 클랜(Ku Klux Klan)—로 반격했으며, 재산법에 호소하고 공정한 수단과 부정한 수단을 가리지 않고 이용했다. 연방 군부가 감독하는 가운데, 연방에서 이탈한 주들에서 흑인이 참여하는 '재건' 정부가 수립되었고, 그중 일부는 최근까지 농장주 과두정이 통치했던 지역에서 그리 대단하지는 않지만 믿을 만한 기록을 달성했다.

그러나 북부 유권자들의 흔들리는 의지, 남부 백인들의 테러와 인종 불안 조장, 미국 정치에 만연한 재산 소유자에 대한 우호적인 편견 등이 재건을 방해했다. 1870년대 중반 헌법과 법률을 시행하는 연방의 입장이 흔들렸을 때, 남부 엘리트층이 하위 노동력에 대한 통제권을 얻으리라는 것이 분명해졌다. 목화를 재배하는 남부 대부분에서 해방노예의 운명은 결국 예전 노예 주인이 보유한 토지에서 소작인이 되는 것이었다.

주민 집단별—충성하기도 하고 불충하기도 한 인디언, 멕시코인, 흑인, 농장 소유자—차별 대우가 정치체를 운영하는 제국의 익숙한 방식이었다면, 남북전쟁은 더욱 통일된 국가로서의 미국으로 진일보한 사건이었다. 전쟁을 치르는 동안 대통령과 연방정부는 새로운 권력을 획득했다. 국립 은행 제도, 기준 통화, 전국 과세, 전국 징집은 전쟁의 결과물이었다. 반란을 꾀했던 주들은 전후에 피정복 영토로서 군부의 통솔을 받으며 운영되었다. 워싱턴의 새로운 권력을 가장 선명하게 드러낸 것은 헌법 수정조항들이었다. 그 조항들은 노예제를 불법화하고, "인종, 피부색, 과거의 예속 상태"에 근거하여 시민권을 거부할 수 없다고 포고했다. 전국의 백인뿐 아니라 흑인에게도 시민의 지위를 개방하겠다는 약속은 10여 년 동안 진지하게 받아들여졌고, 그 후에도 계속 희망과 권리 주장의 초점으로 남았다.

수정조항 제14조는 단일한 시민권을 약속했음에도 여전히 "과세되지 않는 인디언"을 다르게 다루었다. 인디언은 중앙 정부의 대표를 선출할 때 주민으로 집계되지 않을 것이었다. 1924년에 이르러서야 어느 연방법은 모든 인디언이 미국의 사법권에 속하고 따라서 시민이라는 것을 분명하게 밝혔다.

여성 역시 평등 선언문과 권리 선언문에서 배제되었다. "모든 인간은 법 앞에 평등하다"라고 명시한 수정조항 제13조의 초안은 여성과 남편이 동등해질 것이라는 이유로 거부되었다. 해방노예가 시민권의 영역으로 들어오자 개혁가들은 자유인 남성이 가정의 우두머리가 되고 아내와 자녀는 남성에 종속된다고 가정했다. 의회는 이미 전시에 모르몬교도가 다수 거주하는 유타 준주를 겨냥하여 모릴 반중혼법(Morrill Anti-Bigamy Act)을 통과시킴으로써 결혼 제도를 감독하는 특권을 주장한 바 있었다. 전후에 연방을 우선하는 어느 법률가는 모르몬교도의 일부다처 가족이 용납할 수 없는 '제국 안의 제국'을 이룬다고 불평

했다. 다른 제국들(러시아 제국을 포함하여)과 달리 미국은 단 하나의 결혼 제도, 즉 한 여성이 가족 재산을 통제하는 남편에 종속되는 결혼만을 허용할 것이었다.

내전 이후 새로운 '국가' 수사법이 '연방' 수사법을 밀어내고 점차 우위를 점했다. 미국은 북아메리카 대륙의 상당 부분을 완전히 뒤덮었다. 연안에서 연안까지, 북에서 남까지 철도가 확대되었다. 상업 연계, 인쇄 매체 저널리즘, 전보 통신, 전국 규모의 기업 등은 정부가 공언한 통일에 실체성을 부여했다. 미국은 영토를 두고 경쟁하는 외부 세력이 없었으며, 정착민들은 가족과 권력에 대한 자기네 생각에 순응하지 않은 북아메리카 인디언을 비롯한 이들과의 투쟁에서 승리했다. 미국은 전쟁, 법률, 팽창을 통해 제국 방식을 단언하고 강요했다. 이를테면 미국은 영토, 재산 소유권, 일부일처제, 여성의 종속에 집착했고, 계몽된 선진 문명임을 자신했으며, 미국의 생활방식이 모두가 환영할 보편적인 가치에 토대

를 둔 우월한 것이라 굳게 믿었고, 북아메리카 대륙에서 토착민의 주권을 제거했음을 인정하지 않았다. 미국은 대체로 다른 제국들로 이루어지거나 다른 제국들이 권리를 주장하는 세계에서 주요 세력으로 제자리를 차지할 준비를 마친 상태였다.

러시아의 통치

18세기와 19세기에 미국이 서부로 진출하는 사이에 러시아 제국은 세 방향으로 계속 팽창했다. 서쪽에서는 유럽의 제국 전쟁에 관여하여 발트 해 연안에서 영토를 넓히고 폴란드와 리투아니아 일부를 로마노프 제국에 병합했다. 남쪽에서 러시아는 오스만 제국과 우크라이나, 캅카스 산맥, 흑해 주변의 민족들과 영토, 그리고 최종 목표인 이스탄불(러시아인들은 콘스탄티노플이라 부르기를 고집했다)과 방해받지 않는 지중해 접근을 통제할 권한을 두고 오랫동안 경합하면서 때때로 전쟁을 벌였다. 19세기의 마지막 30여 년 동안 러시아 병력은 중앙아시아에서 칸국들을 물리쳤고, 인도와 아프가니스탄에서 영국 제국의 야망과 충돌했다. 동쪽에서 로마노프 왕조는 점차 유목민(제7장)과 시베리아의 전초기지에 대한 권리 주장을 공고히 했다. 18세기에 탐험가들은 바다를 건너가서 캘리포니아와 알래스카에 식민지를 세웠다. 1700년과 1900년 사이에 러시아는 대륙을 가로지르는 거대한 대륙, 세계 최대 대륙이 되었다(지도 9.2 참조).

인디언과 노예를 상대하는 미국인의 전략이 진화함에 따라 미국에 유리한 쪽으로 공화정 제국의 기반이 변형되고 명확해진 것과 꼭 마찬가지로, 러시아 지도자들이 핵심 지역에서부터 길게 뻗은 땅 위에 사는 많은 민족들에 관여함에 따라 오래 지속될 제국 정치가 드러나고 형태를

도판 9.2
자신들의 집 앞에 선 추크치족 가족. 추크치족은 러시아 극동부 북극해의 가장자리에서 살던 토착 민족이다. 18세기 전반기에 추크치족 정복에 실패한 이후, 러시아인들은 그들과 교역하기로 합의를 보았다. 1816년 루이스 코리스의 그림.

갖추었다. 러시아의 첫 번째 통치 원칙은 차이를 실용적으로 인정하는 것이었다. 러시아 엘리트층은 새로 획득한 신민을 단일한 문화 양식이나 재산 제도에 순응하게 만드는 데 집착하지 않았다. 시베리아 부족, 카자크 무리, 폴란드 귀족, 중앙아시아 무슬림이 나름의 법과 관습, 신앙을 가지리라는 것은 피할 수 없는 현실이었고, 가급적 통치를 위해 이용해야 할 현실이었다. 러시아가 제국 권력을 공고히 한 방식은 이미 존재하던 사회 관계를 대부분 그대로 놔두고 지역민에게 국가의 필수 업무(치안 유지, 판결, 징수)를 상당 부분 맡기는 것이었다.

두 번째 원칙은 규칙을 모두에게 적용할 필요는 없다는 것이었다. 미국인과 달리 러시아 전제정은 정치체의 영토를 인정받기 위한 만족스러운 공식을 찾느라 고심하지 않았다. 새로 정복한 영토는 매번 특정한 요건과 가능성에 따라 평가하고 처리하고 관리할 수 있었다. 무슬림 지역에서 러시아 전제정은 민사 분쟁과 가족 갈등을 샤리아에 따라 판결할 것이라고 포고했다. 또한 다른 지역의 다른 공동체에서는 지역 관행을 법적 해결의 근거로 인정했다. 러시아가 나폴레옹과 단기간 동맹한 대가로 1809년에 통합한 핀란드는 자체 의회, 자체 관료제와 사법부뿐 아니라 한동안 자체 소규모 군대까지 보유했다.

세 번째 원칙은 규칙이 바뀔 수 있다는 것이었다. 계약에 따른 통치나 합헌적 원칙, 대의기관 같은 제약적 법치주의에 얽매이지 않은 차르의 관료들은 어느 때든 지역과 집단 각각에 맞게 규정을 조정할 수 있었다. 실제로 차르의 측근 관료는 가산제적 권력의 핵심층에 머무르는 한, 제국의 정책에 영향력을 행사했다. 불확실한 정치 속에서 엘리트들은 긴장을 늦출 수 없었다.

러시아의 많은 지식인들이 '자연권' 이론의 열렬한 지지자가 되기는 했지만, 러시아 제국은 국가에서 나오는 권리를 부여하고 양도할 수 있다는 원칙에 의거하여 통치되었다. 이런 권리, 이를테면 특정한 연령에 결혼할 권리, 특정한 종류의 재산 거래에 관여할 권리, 특정한 지역에 거주할 권리, 농노를 소유할 권리 등은 개인이 아닌 집단에 할당되었다. 제국의 권리 체계는 개개인과 관련하여 가능성을 규정하고, 한도를 정하고, 열망의 기준점을 제시했다. 예를 들어 상인이 '되고' 싶어하는 농민이 있을 수 있었고, 그렇게 하기 위한 합법적 방법이 있었다. 관료들은 교정하고 보상하고 처벌하는 업무, 이를테면 어느 한 집단에게 동일한 권리, 더 좋은 권리, 더 나쁜 권리 가운데 무엇을 줄지 결정하는 업무 또한 권리 체계를 통해 처리했다.

황제는 이런 권리 체계를 통해 신입 엘리트에게 이전 통치자 치하에서 누렸던 특권을 주고 부정을 저지른 엘리트로부터 권리를 빼앗는 식으로 엘리트 봉직자를 대우하고 통제했다. 더 낮은 계층을 상대로 러시아 제국은 이와 다른 일군의 권리와 제도를 제공했다. 여기에는 신민들이 대체로 기존 관행과 규범에 따라 사소한 문제를 다툴 수 있는 하급 법원이 포함되었다. 러시아는 제국의 법이라는 우산 아래 '관습'을 끌어들임으로써 지역민에게 기본적인 통치 업무를 맡겼다. 이것은 저렴한 비용으로 평화를 유지하고 공물과 조세 징수를 위탁하는 방법이었다.

러시아 제국에는 차이의 지도가 여러 장 겹쳐져 있었다. 한 가지 차이는 종교(기독교도, 무슬림, 유대인, 불교도, 정령 숭배자 등 다양한 부류)였고, 다른 차이는 종족이었다(18세기 관찰자들은 60~80개의 '민족'이 있다고 보았다). 러시아 제국은 지리적 위치, 종래의 주권, 부족 동맹, 직업 범주 등에 따라 인구를 각기 다르게 바라볼 수 있었다. 러시아 관료들은 전체가 아닌 부분들을 가지고 시작했다. 그렇지만 그 부분들은 변동하는 중이었고, 관료들은 다수의 공동체, 공간, 신앙을 안정되게 관리할 수 없었다. 사람들은 이주, 재정착, 장거리 접촉 과정에서 계속 뒤섞였다. 가장 중요한 점은 영원한 영토 경계선을 그리는 것, 부족이나 종족, 성직자의 수중에 권력을 영구히 고정하는 것이 지방관들에게 이익이 되지 않았다는 것이다. 권리를 집단별로 할당하기는 했지만, 러시아 제국 지도자들은 권리와 집단 둘 다 자신의 통제 아래 두었다.

차이를 활용하기

제7장에서 주목한 대로, 동양과 서양 사이에 낀 러시아의 위치는 제국 통치자들이 만들어내고 활용한 조건이었다. 우리는 러시아가 우크라이나와 폴란드의 넓은 지역을 서서히 흡수한 과정을 살펴보면서 러시아의 유연한 제국 전략을 확인할 수 있다.

러시아는 폴란드와 우크라이나 영토를 야금야금 잠식했다. 17세기에 모스크바국은 경쟁 제국(폴란드-리투아니아 연방, 1569년 설립)과 싸워 노련하게 압도했다. 러시아 외교관들은 드네프르 지역에서 카자크 엘리트에게 특권을 주고 가장 강력한 수장인 헤트만(Hetman)에게 실질적인 자치권을 주면서 모스크바와 동맹을 맺자고 설득했다. 러시아 수도를 찾아온 우크라이나 성직자들은 고대 키예프와 연관된 위신, 가톨릭주의와 싸웠던 경험을 제국의 도구 모음에 더해주었다. 그러나 유럽에서 가장 부유한 축에 들었던 헤트만 이반 마제파(Ivan Mazepa)가 1708년에 표트르 대제에 맞서 스웨덴 국왕과 동맹을 맺자, 러시아는 카자크 동맹과 함께 마제파의 병력을 궤멸시키고 그를 달아나게 했다. 이때부터 러시아 황제들은 헤트만국을 한층 엄격히 통제하는 한편, 충직한 카자크 엘리트에게는 계속해서 러시아 귀족의 권리를 주었다. 우크라이나의 다른 지역에서, 아울러 에스토니아와 리보니아에서 차르들은 지역 귀족에게 행정과 사법을 맡겼고, 그들이 "과거에 합법적으로 획득한 특권"을 보장했다.

1772년에서 1795년 사이에 프로이센, 러시아, 오스트리아가 자기들끼리 폴란드를 세 부분으로 분할함에 따라 폴란드 영토 태반은 러시아의 통제를 받게 되었다(다음 두 세기에 걸쳐 폴란드는 더욱 분할되었다). 그전까지 폴란드-리투아니아 연방에서 귀족은 토지와 농민 노동에 기반을 둔 계급 권력을 극단적으로 쥐고 있었다. 그들은 자기네 왕을 선출했고 자기네 의회에서 만장일치를 요구했다. 폴란드인, 벨라루스인, 우크라이나인, 독일인, 라트비아인, 아르메니아인, 타타르인, 유대인(유럽에서 유대인 인구가 제일 많았다) 등의 다양한 집단이 거주한 이 제국에서는 지리멸렬한 정치를 하는 일신교들이 교차했다. 기독교도 — 가톨릭교도, 정교도, 루터교도, 동방 귀일교도(교황의 수위권을 받아들이면서도 동방 교회의 전례를 따른 기독교도) — 간의 논쟁을 계기로 러시아는 스스로를 비가톨릭 소수 집단의 보호자로 자리매김할 기회를 잡았다. 그러나 폴란드의 다른 이웃인 프로이센과 오스트리아는 러시아가 폴란드-리투아니아 연방을 적극 '보호'하는 것에 반대했고 자기들 몫을 원했다. 1772년에 1차

분할의 결과 세 강국은 대략 폴란드 인구의 3분의 1과 영토의 30퍼센트를 배분받았다. 1791년, 폴란드 귀족은 프랑스에서 들려오는 소식에 고무되어 헌법을 제정함으로써 탐욕스러운 외부 세력들에게 편리한 빌미를 제공했다(폴란드는 유럽 최초로, 그리고 세계에서 두 번째로 대의 정체를 공표했다). 그 결과는 2차 분할, 그리고 짧은 '해방' 전쟁을 거친 뒤 1795년에 러시아, 오스트리아, 프로이센에 의한 폴란드-리투아니아 연방 전체의 "전면적인, 최종적인, 돌이킬 수 없는" 분할이었다.

18세기 폴란드 분할의 결과 러시아는 거대한 영토와 700만 명이 넘는 새로운 신민을 획득했다. 이들 중 일부만이 폴란드인이었고, 이 폴란드인 중 일부만이 가톨릭교도였으며, 이 가톨릭교도 중 일부만이 귀족이었다. 러시아 제국의 행정은 다양한 엘리트를 관리하는 일에 달려 있었다. 이전 쿠를란트 공국의 발트 독일인은 이전의 특권적 지위와 지역 자치 제도를 재할당받았다. 그들 다수는 러시아 정부의 고위 관료가 되어 아낌없이 충성하고 엄정하다는 평판을 얻었다. 폴란드 귀족 또한 매력적인 거래를 제안받았다. '폴란드' 영토였던 땅이 제국의 지방이 되고 폴란드 의회가 폐지되기는 했지만, 귀족 태생인 충직한 폴란드 엘리트는 러시아 귀족의 지위를 받았다. 1795년, '러시아' 세습 귀족의 66퍼센트가 폴란드 태생이었다. 1804년부터 1806년까지 알렉산드르 1세의 외무장관을 지낸 차르토리스키 공을 비롯하여 폴란드 유력자들은 여황제와 황제의 지배층에 합류했다.

폴란드를 분할한 세 강국이 역사적 기억에서 '폴란드 왕국'을 지우기로 굳게 약속했음에도, 이전 폴란드인 영지에서 러시아의 행정은 폴란드식으로 이루어졌다. 폴란드 귀족은 심지어 벨라루스 지역에서마저 지역 행정을 수행했다. 제국 중앙의 러시아 관료들은 이전 폴란드 지역에 있던 유서 깊은 교육기관들을 인정했고, 폴란드 대학을 본떠 러시아 대학을 개선했다.

 수 세기 동안 종교는 폴란드-리투아니아 땅 안팎에서 파괴적인 분쟁의 근원이었다. 러시아인은 이 지역의 새로운 신민에게 종교적 관행의 '무제한 자유'를 보장했다. 그렇다고 해서 '무엇을 하든' 자유를 보장한다는 뜻은 아니었다. 제국 통치자들은 신앙 각각의 계서제를 통제하고자 했다. 교황의 승인을 기다리지 않은 채, 러시아는 이 지역의 가톨릭 교회를 모길레프의 단일 주교 아래로 편입시켰다. 유대인은 자신의 종교를 따르고 재산을 보유하는 종래의 '자유'를 허락받았다. 유대인의 공동 기구인 카할(kahal)은 통상적인 행정과 경제 업무를 배정받았다. 1770년대와 1780년대에 러시아 행정관들은 유대인의 종족 집단으로서의 지위를 폐지하고 상인 아니면 도시민 지위를 정해주었다. 이 조정으로 말미암아 러시아 행정관들은 유대인, 귀족과 농민, 폴란드인과 우크라이나인 사이의 분쟁뿐 아니라 유대인의 '특권'에 분개한 러시아 상인들 사이의 분쟁에도 휘말리게 되었다.

 유대인 정착 지역을 규제하고 그들의 권리와 의무를 명확히 밝히려 했던 1804년 시도의 근저에는 이런 긴장 상태가 있었다. 유대인은 한동안 세금을 갑절로 냈지만, (기독교도 도시민과 달리) 동시에 비용을 치르고 다른 병사를 군대에 대신 보내는 권리를 누렸다. 유대인의 특정한 권리와 의무에 관한 이 결정과 뒤이은 다른 결정들은 시민권의 표준 규약에서 벗어난 예외가 아니라, 한 집단에 대한 차별적 규제에 의지한 전형적인 사례였다.

 대개 정교회 성직자들은 더욱 행동주의적인 입장을 촉구했고, 일부 엘리트들은 더 완전한 정교회 공동체를 건설하자고 핏대를 세웠다. 차르들은 간헐적인 집단 개종 노력을 시작했다. 그러나 다종파인 현실을 실용적으로 받아들인 러시아 통치자들은 기독교로의 통일을 국가의 원칙으로 삼지 않았다. 동방 귀일교도를 통제하자는 정교회 성직자의 주장마저도 별반 효과가 없었다. 우크라이나 지역에서는 러시아가 다양한 기독교도들을 규제하고 이들이 원래 신앙으로 돌아가는 양상이 계속되었다. 이런 양상은 특히 소비에트 시대에 중단되었다가 1991년 이후에 재개되었다.

다른 곳에서처럼 '폴란드' 땅에서 러시아 제국은 시기별, 집단별로 다른 전략을 썼다. 이것이 러시아 제국이 작동한 방식이었다(일관성 없이, 그러나 합법적으로). 임시변통으로 보이는 이 과정으로부터 몇 가지 패턴이 나타났다. 첫째, 엘리트는 인정을 받고 특권적 지위 체제에 통합되었고, 지역을 통치하고 제국 전체의 운영을 조력하곤 했다. 둘째, 러시아는 서유럽과 아메리카 대륙에서 수많은 인명을 앗아간 종교적 동질성을 향한 치명적인 열망을 공유하지 않았다. 러시아에는 종교적 다양성을 관리할 방도가 있었으며, 러시아 제국은 평화를 유지하고 가급적이면 국가의 권위와 재원을 보강할 수 있도록 주의 깊게 감독하는 일에 능숙했다.

여황제와 법

폴란드를 세 차례 분할한 시대에 러시아 황제는 여성, 즉 대제라 불리는 예카테리나 2세였다(18세기 러시아에서 여황제는 예외가 아닌 예사였다). 예카테리나의 치세는 러시아의 종합적이고 곧잘 변하는 제국 문화, 서양식 패션으로 치장하고, 권리를 미세하게 조정하여 배분하고, 전제군주 주변의 씨족 정치에 사치스러운 외양을 입힌 제국 문화의 절정이었다.

프로이센의 작은 공국의 공녀 출신인 예카테리나는 국왕을 시해하고서 즉위했다. 예카테리나는 궁정과 연계된 귀족과의 사이가 소원했던 남편 표트르 3세를 밀어내고 그 자리를 차지했다. 표트르는 효과적으로 일으킨 쿠데타 상황에서 내쫓겼고, 얼마 후에 예카테리나의 총신에게 살해당했다. 예카테리나 치하에서 귀족, 특히 강력한 유력자들은 번영했다. 남부 스텝 지대 정복은 귀족에게 토지와 농노를 가져다주었고, 확대된 군사 통제권은 도망자를 줄여주었으며, 여황제는 1785년에 귀족 헌장을 공표했다(자신을 제위에 앉게 해준 정황에 예민했다). 이 문서는 귀족을 국가 봉직과 체형으로부터 면제해주었고, 귀족에게 외국을 여행하고 사설 언론을 유지하고 토지를 가족 재산으로 보유할 권리를 주었다. 예카테리나의 성생활은 영향력 있는 귀족과의 유대를 강화하는 또 하나

하느님의 은총을 입은 짐 예카테리나 2세, 러시아 전체, 즉 모스크바, 키예프, 블라디미르, 노브고로드의 황제 겸 전제자, 카잔의 차르, 아스트라한의 차르, 시베리아의 차르, 헤르손-토리드 [크림 반도]의 차르, 프스코프의 군주 겸 스몰렌스크의 대공, 에스토니아, 리보니아, 카렐리야, 트베리, 유그라, 페름, 뱌트카, 불가리아 등지의 공주이자 니즈니노브고로드, 체르니고프, 랴잔, 폴로츠크, 로스토프, 야로슬라블, 벨루제로, 우도르스키, 오브도르스크, 콘댜, 비텝스크, 므스티슬라블의 영주 겸 대공, 북부 영토 전체의 명령자, 이베리아(조지아 공화국 지역의 옛 지명 – 옮긴이), 카르틀리, 조지아의 차르들과 카바르디 땅의 군주, 키르케시야 사람들과 산맥의 군주, 다른 지역들의 세습 군주 겸 소유자.

– 1785년 예카테리나의 귀족 헌장 도입부

의 수단이었다. 공격받기 쉬운 공식 재혼을 피한 예카테리나는 애인들과 예전 애인들에게 고위 관직과 막대한 토지 양도로 보상했다(여황제는 연인이자 조언자이자 군 사령관인 포템킨 공과 비밀리에 결혼했다).

예카테리나 치세에 러시아 제국은 두 가지 주된 난관을 견뎌냈다. 첫번째 난관의 원인은 1772년에서 1774년 사이에 볼가 강 중부에서 제국의 관리 전략이 초래한 긴장 상태였다. 제국의 전략은 다양한 집단을 싸움 붙여 어부지리를 얻고, 유목민이 청 제국 쪽으로 이탈하지 못하게 막고, 러시아의 방어시설을 확대하고, 카자크 세력을 이용하고, 러시아인과 외국인의 정착을 장려하는 것이었다. 카자크 지도자 에멜리얀 푸가초프는 농노, 정교회 반대자, 카자크, 타타르인, 바슈키르인과 기타 토착

집단들을 군대로 규합했다. "토지, 물, 목초지, 무기와 군수품, 소금, 곡물, 납"을 약속하고 자신이 진짜 표트르 3세라고 참칭한 푸가초프는 제국의 법정을 흉내 내서 자신의 법정을 설치했다. 예카테리나의 병력이 결국 우세했고, 푸가초프는 붉은 광장에서 우리에 갇힌 채 전시된 뒤 참혹하게 처형당했다.

두 번째 난관은 프랑스 혁명이었다(제8장). 예카테리나는 군주의 권력에 대한 이 위협에 대처하기 위해 귀족에게 보장하던 자유를 선별적으로 적용했다. 주제넘은 지식인이 추방되었고, 언론이 폐쇄되었으며, 재산이 몰수되었다. 러시아의 권리는 빼앗길 수 있는 권리였다.

예카테리나는 자신이 '입법자'임을 자랑스러워했다. 치세 전반기에 예카테리나는 유럽의 법 이론을 읽었고, 볼테르와 서신을 주고받았고, 희곡·논문·법규를 썼고, 학문과 예술을 장려했다. 1767년에 예카테리나는 다양한 계층의 위원들, 즉 귀족, 도시민, 농민, 카자크, 우크라이나·벨라루스·발트해 지역의 대표, 타타르인, 추바시인, 우드무르트인, 체레미스인, 바시키르인, 칼미크인, 부랴트인을 '입법 위원회'에 소집했다. 그들의 임무는 예카테리나가 새로운 법규를 위해 친히 기안한 나카즈(Nakaz, 훈시)를 토의하고 제국의 법률 제정을 위해 자기 나름의 권고안을 제출하는 것이었다.

여황제가 인구의 대표들에게 자문을 구한 위원회는 과거에 모스크바국 땅에서 열렸던 의회나 몽골의 쿠릴타이를 상기시켰다. 그런 다종족 심의회는 에스파냐, 영국, 아메리카 제국의 통치자라면 상상도 못했을 것이다. 예카테리나의 훈시는 고문을 불법화하고, 사형을 최소화하고, 노예제에 불찬성하는 뜻을 표명했다. 또한 사회계약론을 확실하게 거부했고, 몽테스키외를 비틀어 러시아의 광대한 영토에는 단 한 사람, 법을 통해 통치하지만 폭군은 아닌 한 군주에 귀속되는 절대 권력이 필요하다는 입장을 고수했다.

입법 위원회는 1년 반 동안 모임을 가졌지만 여기서 직접 도출한 새로운 법규는 없었다. 비러시아인 대다수는 현상 유지, 다시 말해 주권자가 그들의 권리를 보장하는 상황을 옹호했다. 변화를 원한 쪽은 러시아 정착민들이었다. 그들은 비러시아인의 권리와 토지를 빼앗는 방향으로 변화가 일어나기를 원했으나 예카테리나는 이 방향을 택하지 않았다. 오히려 러시아 정부의 합법화 추세와 분화 추세를 둘 다 강화하는 법률을 공포했다. 표트르 대제 치세에 시작된 사회적

범주 간소화 작업을 이어나간 예카테리나는 고유한 권리를 지닌 주요한 네 신분(농민, 도시민, 성직자, 귀족)으로 사회를 분류하는 법률을 통해 범주 구별을 체계화했다. 러시아의 영역은 50개 주(구베르니야)로 나뉘었고, 각 주에는 주민이 30만 명 있었다. 각 주는 다시 주민이 3만 명인 군(우예즈드)으로 세분되었고, 각 군에는 주도(主都)가 있었다. 이 법령들은 교묘한 술책이었음에도 주와 시골을 가로질러 행정망을 넓히는 데 도움이 되었다.

그러나 예카테리나와 그녀의 고문들은 균일성을 일관되게 추구하지

않았다. 일례로 주 행정은 제국 전역이 아니라 '유럽 러시아'로 간주된 우랄 산맥 서쪽에만 적용되었고, 여기서마저 전역에 적용되지 않았다. 종교 문제와 관련하여 예카테리나는 다양성을 규제하는 쪽으로 법률을 제정했다. 그전까지 제국의 많은 종교들을 다루는 러시아의 방침은 일관성 없는 방침의 전형이었다. 이를테면 러시아는 순응하는 성직자들이 있는 곳에서는 그들을 편들었고, 동부에서는 정교회의 활동과 집단 개종을 지지했으며, 동남부 스텝 지대처럼 국가가 정착을 장려한 지역에서는 새로운 모스크를 짓는 것을 금했다. 푸가초프의 반란을 계기로 예카테리나는 종교적 다원주의를 합법적 원칙으로 정하고 관행으로서 지지했다. 그녀는 볼가 강 유역에서 정교회의 선교 노력을 막았고, 모스크 건설을 장려했으며, 1773년에 "모든 신앙과 언어, 종파를 관용하시는 전능한 하느님"의 이름으로 "모든 종파에 대한 관용"을 언명하는 법령을 공포했다.

러시아와 이슬람

관용의 다른 측면은 규제였다. 이를 위해서는 종교 권위자들을 통치에 끌어들이고 그들에게 적절히 보상할 필요가 있었다. 그러나 제국의 수많은 무슬림에게 이 전략을 적용할 수 있을지는 분명하지 않았다. 이슬람은 시초부터 성직자들을 단일한 구조로 제도화하지 않았다. 이슬람의 권위는 종교 공동체(지역별 울라마)에, 그리고 정신적 지도자, 학자, 법학자 개개인과 그들의 제자들에 달려 있었다. 더 정확히 말하면 그들을 따라 이리저리 옮겨다녔다. 이동 가능한 유목민 사회의 정치에 안성맞춤인 무슬림의 종교적 지도력의 유동성은 러시아의 통치 방식에 골칫거리였다.

해결책은 성직자의 명령권이 없는 곳에서 그 명령권을 만들어내는 것이었다. 러시아 관료들에게는 이를 위한 두 가지 모델이 있었다. 하나는 맞수인 오스만 제국의 이슬람 통치법이었고, 다른 하나는 러시아 정교회의 종교 조직이었다. 러시아 행정관들은 이맘(이슬람의 예배를 인도하는 사람―옮긴이)과 기독교 사제, 무프티(권위 있는 의견을 제시할 자격을 갖춘 율법학자―옮긴이)와 주교, 무에진(모스크에서 기도 시간을 알리는 사람―옮긴이)과 성당지기 사이에 유사점이 있다고 보았다. 러시아인 일부는 두 신앙 모두 일신교와 경전에 바탕을 둔다고 지적했다. 표트르 대제는 토지와 농노 소유권을 원하는 무슬림에게 기독교로 개종할 것을 요구하던 기존 규범과 단절했고, 1716년에 출간된 코란의 러시아어 번역을 후원했다. 그렇지만 러시아인이 무슬림 지도자들과 직접 접촉하고 그들을 상대로 다른 접근법을 취하겠다고 마음먹은 계기는 캅카스, 흑해 북쪽의 스텝 지대 지역, 크림 반도(1771년에 정복하고 1783년에 합병)로 세력을 넓힌 러시아의 팽창이었다. 러시아인 일부는 무슬림 지도자들의 특정한 사법적 권한이나 기타 권한을 인정하려 했다.

스텝 지대 지역에서 총독으로 봉직한 요시프 이겔스트룀 남작은 유목민의 생활방식을 억제하기 위한 대책으로 무슬림의 정착을 계획하고서 예카테리나에게 지원을 요청했다. 이에 러시아 정부는 코란을 인쇄하여 무슬림에게 배포했고, 1789년 이슬람 지도자들을 통제하기 위한 기구인 무슬림 교역회(教役會) ―푸가초프가 포위했던 요새 도시 오렌부르크에 위치―를 설립했다. 이 교역회의 수장은 국가로부터 후한 봉급을 받는 무프티였다. 교역회의 책무는 무슬림 울라마와 율법학자를 감독하고, 무슬림 간 하급 소송 사건의 항소위원회로서 기능하는 것이었다. 이 무프티 관할령은 결국 러시아 내무부 산하로 들어가서 1917년까지 존속했다.

이처럼 러시아의 행정은 세속의 권위 아래 이슬람을 어렵사리 제도화했다. 또한 모스크를 중심으로 조직된 공동체에 기반을 두는 민간 사무에 관여할 것을 무슬림 신민에게 장려했다. 이 지역에서 가족 문제와 종교 의례를 감독한 물라(mullah)는 질서 유지의 핵심 인물이 되었다. 다른 한편으로 무슬림은 법원, 경찰, 지방관, 군정관을 통해 차르의 당국에 '자신들' 물라에 대한 불만을 호소할 수 있었다. 물라 또한 지방 법원과 오렌부르크 교역회에 직무 수행의 타당성을 인증해줄 것을 요청할 수 있었다.

교구민, 이맘, 행정·사법 당국 간의 다양한 연계를 통해 러시아 국가는 무슬림 신민들에 관여했다. 무슬림들도 그들 나름의 목표—자주 상충한—를 추구하기 위해 국가의 기구를 이용할 수 있었다. 무슬림 학자들은 러시아가 진정으로 '이슬람의 집(다르 알-이슬람)'이냐는 문제를 두고 의견이 갈리기도 했지만, 무슬림 지도자 대다수는 러시아의 국가 권위를 받아들였다. 18세기 후반부터 제국 전역의 모스크에서 금요일과 기타 축일에 차르와 그의 가문을 위해 기도하는 것이 예배에서 의무가 되었다.

토착민을 교육하여 제국에 통합하기

정교회의 고위 성직자들이 유달리 반대했음에도, 이슬람은 국가의 통치에 통합될 수 있는 종교인 것으로 밝혀졌다. 러시아 관료 일부는 볼가 강 지역과 더 멀리 동쪽 시베리아의 다신교도들까지 제국이 선호하는 기독교로 끌어들일 수 있을지 모른다고 생각했다. 추바시족, 마리족, 모르도바족, 우드무르트족 같은 '소수민족'은 1740년대 정교회 세례 운동의 목표물이었다. 대체로 보아 이런 집단 개종은 실패로 간주되었다. 1764년에 예카테리나는 카잔에 있던 '신개종자국(Office of New Converts)'을 폐지했다.

19세기 들어 정교회를 러시아 통치의 기둥으로 여긴 니콜라이 1세(제11장) 치세에 선교에 대한 관심이 되살아났다. 카잔에서는 제국의 동부에서 활동할 신학 교사를 양성하는 신학 아카데미가 설립되었다. 이곳 학생들은 타타르어, 몽골어, 아랍어, 칼미크어 같은 동부의 주요 언어 및 이들 언어와 연관된 문화를 공부하여 러시아의 뛰어난 '동양' 연구 기관들의 초석을 놓았다. 정교회의 핵심 문헌은 타타르어로 번역되어 1851년 카잔 대학에서 출간되었다. 카잔 아카데미를 졸업한 영향력 있는 인물인 니콜라이 일민스키(Nikolai Ilminskii)는 타타르어만이 아니라 다른 토착어들로도 종교를 가르치는 방안을 추진했다. 그의 목표는 토착민을 양성하여 그들 스스로 종교를 가르치게 하는 것이었다. 일민스키의 권고안은 1870년에 제국의 비러시아인 신민들에 대한 학교 교육 정책이 되었다. 이 접근법 덕분에 그들은 러시아인이 되지 않고도 정교회 신자가될 수 있었다.

러시아식 토지, 법, 권리

종교는 제국의 다양한 인구를 바라보는 하나의 시각에 지나지 않았다. 영토와, 사람들이 영토를 사용하는 방식이라는 시각으로 바라볼 수도 있었다. 앞에서 보았듯이(제7장), 러시아 제국과 중국 제국은 몽골족 도전자 준가르를 파괴함으로써 경계선을 확정지었다. 많은 관료들은 정주가 유목보다 우월한 생활방식이라고 보았다. 그렇지만 러시아 입법자들은 유목 문제와 관련해서도 절대적인 입장을 취하지는 않았는데, 별다른 이유 때문이 아니라 그저 정착민 수가 충분하지 않아서 자영농지 제국을 건설할 가망이 없었기 때문일 것이다. 러시아 중부에서는 농노제로 말미암아 정착민이 될 수 있는 사람이 제한되었다. 예카테리나는 미국의 토지처럼 '개척'할 수 있을 법한 스텝 지대 토지에 외국인을 불러들여 경작하게 했다. 독일인, 불가리아인, 폴란드인, 그리스인을 비롯한 많은 유럽인이 흑해 북쪽의 '새로운 러시아' 지역에 도착했다. 여기에 카자크, 탈영병, 도망친 농노, 러시아 구교도, 캅카스 출신 재정착민, 탈옥수 등이 더해져 주민 수는 더욱 늘었다.

러시아 역사에서 거의 언제나 그러했듯이, 이 지역의 목표는 통치자의 마음에 드는 조건에 토지와 사람을 생산적인 방식으로 짝짓는 것이었다. 이곳에는 홈스테드 법(Homestead Act, 160에이커의 공유지를 청구한 후 그곳에 5년 동안 거주한 시민권자라면 누구나 약간의 돈만 내고 그 땅을 구매할 수 있다는 내용의 법 – 옮긴이)도, 유목민을 위해 떼어둔 토지도 없었다. 그 대신 국가는 연달아 법령을 발표하여 불하 토지, 재정착금, 면세 혜택, 그리고 당연히 의무를 나누어주었다. 외국인은 운송비·수입 관세 면제, 도착하는 즉시 무료 숙박 제공, '노는' 땅을 점유할 경우 30년 동안 조세 면제, 농노를 소유하고 자신의 종교적 규범에 따라 생활할 권리 등을 포함하여 제일 좋은 대우를 받았다. 카자크 집단들 중 일부는 드네프르 강을 떠나 흑해 북쪽이나 스텝 지대의 다른 곳에 재정착했고, 정교회 반대자들은 때로는 스스로 원하여 제국의 다른 가장자리에 재배치되었다. 러시아의 '식민자'는 외국인이거나 제국의 결코 바람직하지 않은 신민이었다. 오스만 제국의 사례처럼 어떤 집단 전체를 이주시키는 것은 제국의 일반적인 전술이었다.

예카테리나는 정착 농업이 유목보다 우월하다고 여기면서도 "친절과 정의의 실례를 통해" 토착민의 생활방식의 변화를 유도해야 한다고 고집했다. 러시아는 유목민을 강제로 정착시키지 않았다. 1822년에 당시 시베리아 총독이었던 법률 전문가 미하일 스페란스키(Mikhail Speranskii)는 시베리아 토착민을 대상으로 하는 규정 법전을 작성했다. 스페란스키는 이 토착민을 가리켜 '태생이 다른[러시아인이 아닌] 민족'

(inorodtsy)이라는 범주를 사용했다. 시베리아 토착민은 범주들('돌아다니는' 사냥꾼·채집인·어민 범주, 유목민 범주, 정주 토착민 범주)로 묶였다. 각 범주는 서로 뚜렷이 다른 권리와 의무를 할당받았다. 돌아다니는 이들은 세금을 내지 않고 모피만 공물로 바쳤다. 유목민은 씨족 기반 지역을 다스렸고, 모피를 공납하고 조세를 납부했다. 정주 토착민은 군대에 병사를 제공하지 않아도 된다는 점만 빼면 같은 신분의 러시아인과 동일한 권리와 의무를 지녔다. 각 범주는 자치기구를 갖추었으며, 연장자는 러시아 관료의 승인을 받아야 했으나 지역의 법과 관습에 근거하여 결정을 내릴 수 있었다.

한 가지 주된 난점은 전체 러시아인 가운데 거의 절반이 제국의 권리 체계에서 배제되었다는 것이다. 반면에 비러시아인은 자기네 규칙에 따라 이 체계에 참여했다. 제국 인구의 40퍼센트는 귀족의 땅을 경작하거나, 귀족에게 지대를 납부하거나, 둘 다 하는 농노였다. 농노를 소유할 권리는 19세기 중엽 인구의 약 1.5퍼센트를 점한 귀족에게만 주어졌다. 유력자들로 이루어진 작은 집단이 전체 농노의 40퍼센트 이상을 차지했지만, 작은 영지를 가진 귀족까지도 농노 소유를 바탕으로 생활했다. 앞에서 보았듯이(제7장), 농노제는 농민이 주인을 떠나 러시아의 팽창하는 공간으로 달아나지 못하게 막는 법적 수단으로서 발달했다. 새로이 '개척된' 스텝 지대에서 영지를 획득한 귀족은 이 지역으로 자기 농노를 데려갈 수도 있었고, 여기서 농노를 새로 획득하려 시도할 수도 있었다. 둘 중 어떤 경우였든, 미국의 사례와 달리 여기에 정착한 사람들은 자기 의지로 이주한 자영농 가족이 아니었다.

농노의 유동성을 통제한 것은 귀족이 행사한 많은 권력 가운데 하나에 지나지 않았다. 귀족은 국가의 행정관으로 봉직하면서 농노의 결혼을 승인하고, 영지 안팎에서 농노의 고용을 규제하고, 사소한 사법 문제를 판결했다. 지주는 농노로부터 조세를 징수했고, 농노를 저당잡히고 유증(遺贈)하고 사고팔았다. 시간이 흐르면서 농노는 모스크바국에서 하층 신민이 보유했던 권리(자신의 처우에 관한 불만을 주권자에게 호소하고 공정한 조치를 요청할 권리)를 잃어버렸다. 귀족의 권리가 강해짐에 따라 농민에 대한 국가의 법적 구속력은 약해졌다. 농노는 제위에 오르는 차르에게 충성을 맹세하지도 않았다.

농노제를 바라보는 견해와 농노제에 개입하는 역량은 황제마다 달랐다. 예카테리나의 입법 위원회에서 농노제 반대론(그리고 찬성론)이 제기되었지만, 예카테리나는 귀족의 가장 귀중한 특권에 반대할 입장이 아니었다. 예카테리나는 농노화되는 방식을 법적으로 제한하는 선에서 그쳤다. 농노제 개혁안은 프랑스 혁명 이후와 나폴레옹 전쟁 기간에 제안되었다. 1816년부터 1819년까지 발트 연안 주들의 농민은 토지 없이 해방되었다. 니콜라이 1세(1825~1855년)는 농노에 대한 귀족의 권리를 옹호했다. 재앙적인 크림 전쟁을 종결지은 알렉산드르 2세는 아버지 니콜라이 1세가 숨을 거두고 겨우 2년 만에 '농민 문제에 관한 비밀 위원회'를 설립했다. 이 위원회의 목표는 농노제의 '해악'을 '바로잡는' 것이었다. 4년 후 일련의 위원회, 조사, 협의, 황제의 개입을 거친 끝에 차르는 귀족과 농민 모두 음주를 자제하고 급진적인 입법을 차분히 받아들일 법한 사순절 기간에 농노 해방법에 서명했다.

1861년 농노 해방이 귀족과 농민의 기대치에 미치지 못했던 것은 사실이지만, 소수의 예외를 빼면 농노 해방은 양측의 폭력 없이 시행되었다. 내전을 비롯한 어떤 전쟁도 없었다. 러시아 농노 해방의 주요 조건은 해방 농노가 국유지에서 사는 농민의 권리, 이를테면 자체 행정·사법 기구를 포함하는 권리를 부여받는다는 것, 그리고 농노 대다수가 가옥에 딸린 구획지와 농지를 할당받고 이런 토지를 농민 공동체가 집단으로 이관받아 관리한다는 것이었다. 대부분 빚을 지고 있던 이전의 주인들은 자기 토지의 절반가량을 대규모로 재할당하는 대가로 국고에서 보상금을 받았다. 해방 농노들은 토지를 새로 획득하면서 국가에 빚진 돈을 49년에 걸쳐 갚아나가야 했다. 한 가지 대안으로 농노들은 정상적으로 할당받을 수 있는 토지의 4분의 1만 받고 국가에 아무것도 갚지 않을 수도 있었다.

'위로부터의 개혁'이 러시아에서 실현된 이유 중 하나는, 귀족 대다수가 이런 대규모 권리 약화에 반대하면서도 더 이상 노예제를 정당화할 수 없었기 때문이다. 귀족 다수는 러시아 정치의 통상적인 점진주의가 농노 해방을 늦추기를 바라기는 했지만, 국외의 반노예제 운동에 익숙해져 있었다. 그렇지만 평등은 알렉산드르의 개혁가들의 목표도 성취도 아니었다. 그들이 한 일은 제국의 권리 체계에 부합하도록 토지와 사람을 다시 한 번 조정하고, 농민에 대한 귀족의 도를 넘은 사적 명령권을 제거하고, 해방 농노를 제국 행정의 위계질서 속으로 다시 집어넣고, 다른 신민과 마찬가지로 해방 농노를 차르에 의존하게 만든 것이었다.

자유와 다른 무엇

미국의 노예제 폐지론자들은 알렉산드르 2세에게 위대한 해방자라며 갈채를 보냈다. 남북전쟁의 참화를 겪은 이후 미국의 일부 개혁가들은 러시아의 토지 할당 정착을 미국이 따라야 할 본보기로 여겼다. 그러나 그렇게 되지는 않았는데, 두 제국의 뚜렷이 다른 레퍼토리 때문이다. 첫째, 공화정 제국은 전제정 러시아보다 입법 과정에서 엘리트층에게 발언권을 훨씬 많이 주었다. 러시아의 전제군주는 개혁 과정에 엘리트를 선별하여 참여시키고 그들의 의견을 자기 입맛에 맞게 받아들이는 식으로 귀족을 우회할 수 있었다. 합법적으로 권한을 부여받는 각 주의 대표들에 토대를 두는 아메리카 공화국에서는 엘리트층을 이처럼 거칠게 다룰 수 없었다.

둘째, 두 제국이 법과 폭력을 둘 다 사용하기는 했으나 법적 과정은 극적으로 달랐다. 러시아 제국은 권리와 자원을 집단에 비영구적으로 할당하는 법률을 통과시켰다. 러시아에는 농노 소유자로부터 토지를 빼앗아 해방 농노에게 할당하는 것을 가로막는 법적 장애물이 없었다. 미국인들은 그러려면 헌법을 수정해야 했다. 미국 헌법은 노예제를 허용했고, 재산권을 보장했고, 주들 사이에 주권을 분배하는 규칙을 정해놓고 있었기 때문이다. 남북전쟁의 법적 합의에는 손실 보상을 요구하는 이전 노예주의 어떤 주장도 무효라는 내용이 있었다. 헌법 수정조항 제14조 또한 "적법한 절차" 없이 시민의 재산을 빼앗는 국가의 권력을 부인했다.

셋째, 인종 문제가 있었다. 러시아 농노들은 대부분 슬라브인이었고, 제국 관료들은 단일한 종족 집단에 속하지 않았으며, 종족의 다양성은 문제라기보다 주어진 현실이었다. 아프리카계인 미국 노예들은 미국 엘리트들이 잉글랜드 왕으로부터 벗어날 정치적 자유를 주장하던 바로 그때에 정치체에서 배제되어 있던 이질적인 범주였다. 광범한 전쟁의 결과 노예가 미국 시민의 권리를 얻기는 했지만, 노예에게 토지에 대한 권리가 있다는 합의는 이루어지지 않았다. 해방노예들은 이전 남부 연합 지역에서 정치체에 참여하고 일정한 경제적 자율성을 얻기 위해 분투했으며, 한동안 조금 진전했다. 그러나 남부의 엘리트층과 이들을 지지하는 백인들의 폭력으로 인해, 그리고 몇 년 후에 연방 정부가 헌법의 조항들을 시행하지 않으려 한 까닭에 해방노예들은 힘겹게 얻은 것들을 지켜내지 못했다.

마지막으로 자본주의와 사유재산이 있었다. 이 둘을 대하는 러시아인들의 태도는 양면적이었다. 농노 해방령에 따라 토지가 재할당되기는 했지만, 개개인에게 재할당된 것은 아니었다. 많은 관료들은 '자유노동'의 결과에 몹시 회의적이었다. 해방 농노들은 러시아 제국의 제2의 천성인 공동 조직의 일원이 되어야만 했다. 지역 정부의 이런 조직은 마을과 구역의 연장자들이 그들 나름의 가부장적 방식으로 젊은이와 자기들의 가족, 재할당 가능한 자기들의 재산을 통제하리라는 것을 뜻했다. 미국인이 보기에 사유재산은 적어도 백인의 재산일 경우 신성불가침이었다. 러시아 행정관들처럼 재산을 집단에 대규모로 이양하는 조치는 미국에서라면 기본권 침해였을 것이다.

두 제국 모두 한 대륙 전역으로 명령권을 확대했다. 둘 다 정착이 번영과 권력의 토대라고 보았다. 그러나 양국에서 차이의 정치는 같지 않았다. 아메리카 토착민들은 처음에는 식민자와 구별되는 영국 왕의 신민들로, 나중에는 미국 정부가 상대할 '민족들'로 규정되었다. 아메리카 혁명가들은 인디언을 잠재적 시민으로 여기지 않았다. 19세기에 정착민들이 더 많은 토지에 대한 권리를 주장함에 따라 국가는 법과 전쟁을 둘 다 이용하여 인디언의 영토를 빼앗고 인디언을 보호구역에 가두었다. 인디언, 흑인, 피정복 영토의 멕시코인 시민, 유럽과 아시아 출신 이민자를 포함하는 '타자들'은 공화국의 조건에 맞추어 공화국에 비집고 들어가기 위해 수 세대 동안 고단하게 노동해야 할 터였다. 미국인들은 19세기 후반에 이르러서야 비로소 그들의 다양성을 칭송했다.

러시아인들에게 제국은 애초부터 상이한 공동체들의 콜라주였다. 관료들은 일부 공동체들이 다른 공동체들보다 후진적이라고 보았지만, 모든 공동체는 러시아 영역의 장대함에 일조하고 있었다. 러시아는 일단 정복하고 나면 각각의 부족과 각각의 민족을 연구하고, 역량을 가늠하고, 가능하다면 지도자를 적절한 수준의 봉직에 참여시키고, 반역자를 처벌 및 억제하고, 종교를 활용하거나 교육을 이용하여 신중하게 다루어야 했다. 그러나 러시아는 남자와 여자, 크고 작은 신들의 자녀를 제국의 다채로운 날개 아래로 끌어들일 수 있었다.

CHAPTER 10

제국의 레퍼토리와
근대 식민주의의 신화

제국 정치의 새 시대가 19세기에 막을 올렸다. 과연 그랬을까? 식민 제국을 경멸하건 찬양하건 역사가들은 제국 건설자들의 주장, 즉 과거 카이사르나 나폴레옹의 제국과 다른 종류의 제국을 구축하고 있다는 주장을 받아들이는 경향이 있었다. 확실히 19세기 동안 세계의 훨씬 많은 부분이 소수 국가들의 권력에 종속되었다(표 10.1). 그 국가들은 다른 장소, 특히 자국의 식민지와 비교하여 훨씬 부유해졌다. 아프리카의 1인당 소득과 비교하여 서유럽의 1인당 소득은 1820년 3배에서 1920년 5배로 늘었다. 두 지역은 상상 역시 다르게 했다. 유럽 엘리트층은 자신들 문명의 우월성과 다른 문명을 지배하는 역량을 확신했다. '유럽'은 뒤떨어진 식민 세계와 대비되었다. 오랜 세월 유럽의 야망에 걸림돌이었던 오스만 제국과 중국 제국이 이제 유럽에 기회를 주었다.

근대 식민주의에 대한 관념은 당대에 폴 르루아-볼리외의 1874년 저작 《근대 민족들의 식민화(De la colonisation chez des peuples modernes)》

표 10.1
세계에서 식민지 늘리기(서유럽 국가들, 미국, 일본의 식민지)

연도	세계 육지에서 식민지의 백분율	세계 인구에서 피식민 인구의 백분율
1760	18%	3%
1830	6%	18%
1880	18%	22%
1913	39%	31%
1938	42%	32%

출처: Bouda Etemad, *La possession du monde: Poids et measures de la colonisation*(Brussels: Editions Complexes, 2000), 172의 자료를 토대로 계산.

같은 출판물에서 개진되었다. 1908년까지 이 책은 제6판까지 발행되었다. 이런 서술에 따르면 근대 식민주의는 정복자보다 엔지니어와 의사의 활동을 수반할 터였고, 강탈하는 영역이 아니라 서로 이득이 되는 진보의 영역을 낳을 것이었다. 이 장에서는 유럽 제국들이 해외 영토에서 서로 관계를 맺는 가운데 행위한 방식의 가능성과 한계를 살펴보고자 한다.

오늘날 많은 역사가들은 19세기 제2 또는 제3의 영국 제국, 누벨프랑스 제국, 신제국주의에 관해 말한다. 우리는 이런 논제들을 지지하거나 부인하기보다는 권력 레퍼토리 개념(제1장)을 사용하여 이 시기 제국의 정치에 일어난 변화를 분석하고자 한다. 서유럽 제국들, 특히 영국의 증대하는 부는 더 많은 선택지를 주었다. 이 제국들은 해외 영토를 직접 통제할 수도 있었고, 전 세계에 걸친 경제망과 금융망에 의지하여 영향력을 확보하면서 권력을 덜 직접적으로 행사할 수도 있었다. 기술 발전(증기선, 전신, 기관총, 항말라리아 약물) 덕분에 유럽인은 다른 영토에, 특히 종전까지 주로 가장자리에만 머물던 아프리카의 영토에 더 쉽고 더 값싸게 침투할 수 있게 되었다. 그러나 기술이 반드시 피정복 영토에 대한 체계적이고 효율적인 통치로 이어진 것은 아니었다. 유럽인은 기술을 이용하여 더 능숙한 몽골족―빠르게 이동하고, 습격하고, 자원과 복속을 요구하고, 계속 전진하는 집단―이 될 수도 있었다.

유럽인은 직업적 관료제, 법과 규칙의 제약을 받는 통치 형태, 명확한 행정 관할권, 하향식 명령 체계를 식민 영토에 설치하기도 했다. 그렇지 않고 이런 제도를 '백인 전용'으로 간주하고서 토착민 공동체는 지역 엘리트층과의 암묵적 합의를 통해, 그리고 유럽인이 아닌 현지 엘리층이 권한을 행사하는 별도의 '관습' 영역을 통해 통치하기도 했다. 유럽인의 오만한 권력은 다양한 형태로 나타날 수 있었다. 피정복 사회를 유럽의 이미지에 맞추어 바꾸려는 계획, '열등한' 공동체에게 요구하는 엄격한 복속, 별개 공동체들에 제시하는 별도의 불평등한 진보 노선이 그것이었다. 이 모든 전략은 19세기 유럽 제국들의 레퍼토리에 속했다.

이 시기에 두드러진 점은 19세기의 사회적·기술적 혁신 덕분에 제국 통치자들이 사용할 수 있게 된 잠재력과 새로운 수단을 실제로 활용한 제한된 공간 사이의 간극이었다. 세계사를 돌아보면 신민 인구를 지배할 자원을 제일 많이 가진 듯한 제국이 제일 단명한 제국 축에 들었다. 유럽의 사상, 정치 제도, 자본주의 경제는 세계의 많은 부분을 얽어맸지만, 그렇다고 해서 세계의 공동체들이 '세계화'의 이미지가 함축하는 단일한 그물망을 이루었던 것은 아니다. 유럽 제국들이 남긴 것은 조각난 사회들과 그 귀결로 나타난 엄청난 경제적 격차였다.

영국 주도로 자본주의가 발전한 결과 서유럽 사회들의 경제력과 나머지 지역의 경제력 사이에 '대분기'가 일어나기는 했지만(제8장), 그 발전은 1800년만큼이나 1900년에도 제국의 정치적 틀 안에서 이루어졌다. 선행한 제국들과 마찬가지로 이 시기 해외의 식민 제국들은 제국 간 활동과 분쟁을 겪으면서 형태를 갖추었다. 유럽의 19세기를 시작한 사건은 나폴레옹의 유럽 정복 시도였고, 끝맺은 사건은 주로 아프리카와 동남아시아에서 경쟁국이 아직 통합하지 않은 영토를 둘러싼 유럽 제국들의 쟁탈전이었다. '근대' 식민화는 영토에 대한 우선권 주장의 물결이었다. 그러나 영토 주장자들은 그들의 모든 가정에도 불구하고 영토를 완전히 통합하거나 착취하지 못했다.

프랑스, 영국, 벨기에, 포르투갈의 식민 모험은 유럽 내부에서 제국 권력을 추구한 움직임의 일부였다(제11장). 독일은 해외로 진출하기에 앞서 유럽 안에서 비독일인 영토를 통합했으며, 영국은 적극적인 '해외' 식민국으로서 해외 영토를 차지하기 위해 경쟁하는 동시에 러시아, 오스트리아, 오스만 제국과 맞서고 유라시아의 반대편에서 중국 제국과 대립했다. 영토, 식민지, 보호령, 영유지를 다양하게 뒤섞는 한편 서로 경쟁하고 동맹을 맺은 소수의 제국들은, 20세기 초까지도 분쟁의 단위였다. 주요 열강은 서유럽에서 패권 투쟁에 몰두한 나머지 이 시합에 참여한 새로운 선수(일본)의 중요성을 제대로 인식하지 못했다.

새로운 이념들도 제국의 틀 안에서 꽃을 피웠다. 새로운 이념들은 제국의 틀에 영향을 미쳤지만 그 틀을 파괴하지는 않았다. 유럽인이 스스로와 타자에 관해 생각하는 다양한 방식 중에서 공동체를 분류하는 두 가지 방식, 즉 민족과 인종이 부각되었다. 이렇게 부각된 민족과 인종은 공동체가 스스로를 통치할 가능성, 그리고 명확히 답하기 어려운 물음—어떤 공동체인가? 누구를 통치하는가?—과 큰 관련이 있었다. 자치하는 집단에 관한 사상은 누가 정치체 '안에' 있고 누가 '밖에' 있는지를 결정하는 문제를 더욱 중요한 쟁점으로 만든 데 반해, 제국의 해외 팽창은 식민자와 피식민자를 가르는 경계선을 가정하고 강화하는 동시에 갈수록 흐릿하게 만들었다. 19세기에 국가와 민족은 합치되고 있지 않았다.

식민 열강은 다양한 권력 레퍼토리와 먼 공간의 갖가지 이해관계 때문에 제국적 상상계를 일관되게 확대하기가 어려웠다. 서로 다른 식민자들은 아프리카인이나 아시아인에게 서로 다른 역할, 이를테면 종속된 노동자, 기독교 개종자, '전통적' 족장, 본분을 다하는 군인, 강인한 농민 등을 요구했다. 유럽의 인종 담론(학문적·행정적·대중적 담론)은 민족 담론과 마찬가지로 의견 일치의 대상이 아니었다. 그리고 인종 담론 역시 제국 운영의 실제 문제들에 부딪혔다. 인종을 극단적으로 복속시킨 제국이라 할지라도 과연 제국에 통합된 엘리트층과 타협하지 않을 수 있었을까? 그리고 시간이 흐름에 따라 피식민 신민들, 특히 식민자들의 방식을 배운 신민들이 너무나 유용해진 까닭에—또는 너무나 위험해진 까닭에—제국의 관료들이 그들을 깔끔하게 구획된 하위 범주에 묶어둘 수 없게 되지 않았을까? 식민지 행정관, 선교사, 고용주가 아시아인과 아프리카인을 생각하고 상대한 방식을 '근대' 유럽의 어떤 일반적인 속성으로 환원할 수는 없다. 제국의 전략은 제국에 밀려난 집단이라는 현실에 대응한 방책이었다.

제국과 노예 해방

19세기 초엽에 영국에서는 어떤 종류의 제국을 상상할 수 있었을까? 미국 혁명과 영국 동인도 회사를 둘러싼 추문이 영국인의 감정을 자극한 때로부터 오래지 않은 1789년, 윌리엄 윌버포스(William Wilberforce)는 의회에서 노예무역을 지탄했다. 이 자리에서 윌버포스는 영국 국민들이 그들 자신과 아주 다른, 영국인은 거의 본 적도 없는 섬에서 살아가는 집단이 받는 억압에 신경을 써야 하느냐는 문제를 제기했다. 반노예제 운동의 캠페인은 포괄적인 인류 개념에 의존했다(반노예제 선전은 무릎 꿇고서 "나는 인간과 형제가 아닙니까?"라고 묻는 흑인 이미지를 내세웠다). 노예제 폐지론자들은 20세기 들어서도 계속된 물음을 제기했다. 다른 집단이 어떤 의미에서 전부 영국인일 때, 어떻게 그들을 다르게 통치할 수 있는가?

이는 큰 이권이 걸린 물음이었다. 우리가 제8장에서 주장했듯이, 18세기 영국 경제는 설탕과 노예제에 기반을 둔 식민지와 공업과 농업의 임금노동에 기반을 둔 본국의 공생 관계를 바탕으로 약진했기 때문이다. 일부 학자들은 1807년에 영국 신민의 노예무역을 금지하고 1833년에 의회가 영국 식민지에서 노예제를 폐지하기로 결정한 데에는 분명히 경제적 이유가 있을 것이라고 생각했다. 다시 말해 노예무역이 중단되고 마침내 노예제가 폐지된 것이 영국 자본가들에게 경제적으로 유익했다고 주장했다. 그러나 애덤 스미스를 비롯한 학자들이 임금노동의 경제적 우위를 이론적으로 논증했음에도 당시 설탕은 카리브해의 영국령에서 여전히 수익성 좋은 상품이었으며, 영국 식민지에서 노예제가 폐지되자 에스파냐령 쿠바의 노예 플랜테이션이 세계 설탕 생산의 발전소가 되었다.

데이비드 브리온 데이비스(David Brion Davis)는 자본주의의 경제적 필요성이 아니라 자본주의의 이데올로기적 토대에 초점을 맞추는 다른 종류의 설명에 주목했다. 유럽 영국의 엘리트들은 노동자에 대한 가부장적 보호에 맞서 임금노동과 시장의 도덕적 우위를 옹호하고 있었다. 농업 자본가와 산업가 다수에게 자진해서 시장을 규율하는 것은 개신교의 믿음, 즉 개인이 신과 직접 관계를 맺으며 구원받기 위해서는 규율을 따르는 행위가 중요하다는 믿음과 밀접히 연관되었다. 반노예제 운동은 '낡은 부패' — 퇴영적인 엘리트, 그중에서도 가장 생생한 사례는 노예주인 — 와 대비되는 질서 잡힌 진취적인 사회라는 비전을 명확히 표명했다.

라스 카사스나 에드먼드 버크와 마찬가지로, 반노예제 활동가들은 그들이 정치적·도덕적 공간이라 생각한 제국 안에서 노예제에 반대하는 주장을 서서히 개진했다. 1790년대에 해방노예 올라우다 에퀴아노 (Olaudah Equiano)의 자서전과 영국 순회 여행은 많은 사람들의 상상력을 사로잡았고, 이로써 영국 제도(諸島)는 '다른' 집단이 어떤 박탈과 억압에 시달리는지를 자각하게 되었다.

반대자 일부는 노예제를 깔끔하게 잘라낼 수 있는 특수한 관행이라고 보았지만, 다른 일부는 노예제의 해악을 비판하는 데 그치지 않고 부유하고 잔인한 이들이 지배하는 사회에 대한 근본적인 비판으로 나아갔다. 1833년 영국 식민지에서 노예제를 폐지하는 법이 의회를 통과했을 때, 승리를 거둔 쪽은 보수적인 폐지관(노예가 절반쯤 자유로운 '견습' 기간을 거쳐야 한다는 단서를 붙인 견해)이었다. 같은 시기에 영국 빈민에 대한 처우도 갈수록 가혹해졌다. 영국령 카리브해에서 노예 해방을 관장한 관료들은 이 해방에 후견인 이데올로기를 덧붙였다. 해방노예는 자기 규율, 근면, 남성과 여성의 적합한 역할에 관한 가르침을 받아야 했다. 이런 생각은 아프리카인은 역량이 미결 문제라는 가정에서 비롯되었다. 아프리카인 태생 노예들은 '합리적' 경제 행위자가 될까, 아니면 어느 관료가 말한 대로 '미개한 나무늘보'라는 것이 드러날까?

노예제 폐지가 거론된 곳이 런던만은 아니었다. 카리브해에서 노예 반란이 간헐적으로 일어날수록 노예를 소유한 엘리트를 지키기 위해 영국이 손에 더 많은 피를 묻혀야 하리라는 것이 분명해졌다. 노예제 폐지 이후 해방노예들이 언제나 그들을 위해 마련된 대본대로 받아들였던 것은 아니다. 해방노예 다수는 임금노동의 규율에 매달리기보다는 자신이 노예 시절에 사용했던 땅뙈기에서 농사를 짓는 동시에 카리브해 시장에서 얼마 안 되는 잉여물을 판매하거나, 플랜테이션을 운영하지 않는 지역으로 이주하거나, 기간제 임금노동을 했다. 영국령 자메이카에서는 우려했던 대로 설탕 생산량이 줄었다. 토머스 홀트(Thomas Holt)와 캐서린 홀(Catherine Hall)은 '자유노동'에 대한 기대와 해방노예들이 그들의 자유를 사용한 방식 사이의 간극이 어떻게 1840년대까지 해방노예에 대한 적의를 높이는 결과를 초래했는지 보여주었다. 카리브해에서는 더욱 가혹한 인종 이데올로기가 구축되었다. 많은 관료와 선교사는 아프리카계 사람들을 경제적 규칙에서 예외인 인종으로 보았다.

이처럼 심화된 인종 이데올로기는 서인도 제도에서 국가의 식민자적 성격을 강화했다. 재산을 소유한 소수의 해방노예들이 현지 입법기관에 참여하는 것은 한때 노예제 폐지가 수반하는 합리적인 결과로 보였지만, 1865년 자메이카에서 토지 접근권을 지키려던 해방노예들의 반란이 수포로 돌아간 이후 런던은 직접적인 행정권을 넘겨받았다. 노예의 신민 지위를 부인해오던 영국 제국은 이제 해방노예가 완전한 통합과 평등으로 가는 노선에 있지 않음을 분명히 밝혔다. 해방노예는 인종화된 통치 체제와 노동 규율의 대상이 될 것이었다.

영국은 전 세계를 아우르는 제국의 역량을 이용하여 플랜테이션 노동의 다른 원천을 찾았고, 주로 인도에서(그리고 이보다 작은 규모로 중국에서) 연한계약 노동자를 모집했다. 연한계약 노동자들은 미리 정한 햇수 동안 임금노동을 했다. 영국 지도자들은 솔직하게 말할 때면 연한계약 노동을 '새로운 노예 체제'라고 불렀다. 이 체제는 계약을 물신화해서 작동 방식을 숨기고 아프리카인이 아닌 아시아인의 노동 원천에 주목했다는 점에서 새로웠고, 계약 기간 동안 규율을 유지하기 위해 지리적 이동과 강압에 의지했다는 점에서 노예제와 유사했다. 1920년에 종료되기 전까지 이 체제는 인도인 약 130만 명을 제국 전역으로 이주시켰으며,

그에 앞서 수십 년 동안 인도의 영국 관료들 사이에서 우려를 낳고 인도 정치 운동의 저항을 야기했다.

한편 영국은 외교와 해군력을 이용하여 다른 유럽 강국들이 대서양 횡단 노예무역을 하지 않도록 압박했고, 그러면서도 정작 자국은 1850년대까지 이 무역을 끈질기게 계속했다. 1802년에 나폴레옹이 프랑스 식민지에서 노예제를 복구한 이후(제8장), 1848년에 다시 조성된 유럽의 혁명적 상황에 더해 프랑스의 반노예제 운동과 프랑스령 카리브해 지역의 반란은 노예 해방이라는 결과를 불러왔다. 프랑스령 카리브해 지역의 해방노예들은 중간 단계 지위를 거치지 않고 곧장 시민 범주에 포함되었다. 프랑스 시민권의 보호를 받는 가운데 인종 차별과 노예화 기억은 사라질 것으로 추정되었다. 그러나 둘 다 사라지지 않았다. 1848년의 시민들은 법률상 다른 시민들과 동등했고 프랑스 선거에 참여하여 파리의 입법기관으로 대표를 파견했지만, 프랑스는 '옛 식민지'에서 본국과 구별되는 행정 구조를 유지했다. 노예 해방, 시민권, 계속된 차별은 제국 정부가 여러 압력에 대응한 방식이었으며, 그 결과 프랑스가 통치한 집단들 사이에서 포용과 분화의 균형이 바뀌었다.

19세기에 에스파냐 제국은 영국이나 프랑스와 다른 행로를 따라갔다. 다른 식민지들을 대부분 잃어버린 뒤 쿠바와 푸에르토리코(아울러 필리핀)에 매달리고 있던 에스파냐는 초기에 식민지 노예제에 더욱 빠져들게 되었다. 에스파냐령 쿠바의 설탕 붐은 자유노동이 노예보다 효율적이라는 주장을 반박했다. 노예제 문제는 에스파냐 제국에서 쿠바와 푸에르토리코의 위치를 둘러싼 논쟁과 밀접히 연관되었다. 유럽 에스파냐에서는 식민지가 에스파냐의 번영에 필수라는 주장이 자유주의자들의 도전에 부딪혔다. 자유주의자들은 프랑스와 영국을 본떠 한층 진보적인 나라를 건설하기를 바랐고, 노예 식민지에는 장래성이 거의 없다고 보았다.

쿠바와 푸에르토리코의 일부 민족주의자들은 독립적이고 문명화된 백인 민족이라는 비전을 발전시켰다. 그들은 흑인 노예가 너무 많아서 카리브해가 위태로워졌다고 보았다. 그들의 구상은 제국주의와 노예제를 반대하면서도 인종주의적이었다. '민족', '인종', '제국' 간의 불안정한 관계는 1860년대와 1880년대에 쿠바에서 내전이 일어나는 빌미가 되었다. 제국에 찬성하는 세력이든 분리 독립에 찬성하는 세력이든, 노예와 해방노예를 노동자만이 아니라 지지자와 전사로도 활용했다. 쿠바의 노예제 문제는 1886년에 결국 폐지하는 것으로 결론이 났으며, 1890년대 반에스파냐 반란으로 새로운 전기를 맞은 식민지 문제는 미국의 개입으로 귀결되었다. 브라질은 1888년에 마침내 노예제를 폐지했는데, 이 무렵 대규모로 이주해온 유럽인들이 노동 원천의 대안이 되었고 또 대안적인 정치 이념들을 제시했다.

노예제와 제국의 관계는 단일하지 않았다. 영토를 보호하고 해로를 지키고 노예 봉기를 예방하는 제국들의 역량은 노예 플랜테이션을 가능하게 해주었지만, 제국들의 권력은 노예제의 폐지 또한 가능하게 해주었다. 노예제의 수명은 영국령으로 남은 식민지보다 영국 제국으로부터 자유를 얻은 미국에서 도리어 30년이 더 길었다. 영국, 프랑스, 에스파냐의 엘리트층은 본국에서든 식민지에서든, 노예 반란과 대서양을 가로지르는 사회 운동으로 말미암아 동료 신민들의 고통과 착취를 직시할 수밖에 없었다. 그러나 그 신민들이 자유를 얻고 나자 제국 통치자들은 카리브해의 해방노예들로 말미암아 '진보'를 직접 주도하려는 정부의 시도가 계획대로 진행되지 않을 가능성에 부딪혔다. 해방노예들을 국가 기구와 제국 경제 안에 포함하는 조건은 제국들의 생애 내내, 그리고 그 후에도 정치적 쟁점으로 남았다.

자유무역, 느릿한 식민화, 제국 세계의 개편

로널드 로빈슨(Ronald Robinson)과 존 갤러거(John Gallagher)는 1953년에 발표한 유명한 논문에서 영국이 미국 식민지를 상실한 시점부터 아프리카를 정복한 시점까지 100년 동안 제국 건설을 중단했다는 통설에 이의를 제기했다. 그들은 이 기간에 영국이 해외에서 행사하는 권력을 강화했다는 데 주목했다. 즉 영국의 가장 위협적인 적이었던 나폴레옹 제국은 1815년에 굴복했고, 영국의 해군은 최강이었고, 영국의 경제는 성장하고 산업은 도약하고 있었다. 로빈슨과 갤러거는 제국주의(권력의 공간적 확대)는 식민지를 통치기구에 공식적으로 통합하는 문제만은 아니라고 주장했다. 중요한 것은 어떻게 사람들을 영국에 이로운 방향으로 움직이는 것이었다. 다시 말해 관세를 낮게 유지하고 영국 상인의 시장 접근을 보장받는 것이었다. 영국은 정복이나 병합을 하지 않고도 세계 각지에서 이런 의제를 대부분 성취할 수 있었다.

라틴아메리카가 그런 지역이었다. 여기서는 더 이상 다른 제국의 일부가 아닌 일군의 신생국들이 1820년대에 출현했다. 그런데 이 국가들이 취약했던 까닭에 세계 초강대국 영국은 통합 전략을 구사하지 않고도 원하는 바를 얻을 수 있었다. 영국은 이따금 포함(砲艦)을 보내기만 해도 주저하는 현지 통치자로부터 영국 상인에게 유리한 무역 조건을 얻어낼 수 있었을 것이다. 일례로 1850년에 영국 정부는 브라질인의 노예무역을 중단시키기 위해 리우데자네이루로 해군을 파견했다. 이런 의미에서 제국주의는 다른 국가의 주권을 법률상 인정하면서도 실제로는 불완전한 자치권을 가진 국가로 대하는 것을 뜻했다.

영국의 은행가, 철도 엔지니어, 수출입 기업은 라틴아메리카, 중국, 아프리카 연안 지역, 오스만 제국의 통치 엘리트층에게 제안할 무언가를 가지고 있었다. 영국인들은 배후를 지키는 해군의 강압력 말고도 주요 자원, 기술, 기동성에 힘입어 불평등한 상호작용 조건을 얻어낼 수 있었다. 그럼에도 통상을 하다가 분쟁이 일어나거나, 교환 체제가 무너지거나, 더 강한 쪽이 점령을 통해 갈등을 해소하려 드는 결과가 나타나기도 했다. 19세기를 거치면서 이런 결과가 발생할 가능성이 높아졌는데, 유럽의 산업이 엄청나게 팽창했고, 세계 무역량이—특히 1869년 수에즈 운하 개통 이후—증가했고, 산업화 중인 강대국들 사이에 경쟁이 고조되었고, 그에 따라 원료와 시장에 대한 접근권을 확보하는 일이 더욱 긴급한 과제가 되었기 때문이다. 이런 상황 전개는 느릿한 식민화—그리고 한층 격렬한 영토와 자원 추구—로 이어지기도 했다.

아시아에서의 유럽 권력과 제국

중국 제국과 오스만 제국은 수 세기 동안 유럽인이 권력을 행사하는 장소와 방식을 제약했다. 그렇지만 19세기 들어 두 제국은 영국 제국을, 뒤이어 영국과 경쟁 관계인 다른 유럽 열강을 맞닥뜨렸으며, 이들 열강은 더욱 다양하고 위압적인 권력 레퍼토리를 구사할 수 있었다. 청조와 오스만조는 뒤떨어지지 않기 위해 유럽으로부터 무기와 자본재를 구입해야 했지만, 두 제국의 상인들은 무역의 축이 서쪽으로 기울어짐에 따라 자국 통치자와 긴밀히 협력하는 일에 관심을 덜 가지게 되었다.

우리는 우선 유럽 제국들과 중국의 변화하는 관계를 살펴볼 것이다. 앞에서 보았듯이(제7장), 청조는 자국 연안에 자리 잡은 유럽의 무역용 고립 영토들을 오랫동안 상대하면서 선별한 집단에 무역 독점권을 주고, 유럽인의 활동을 항구 도시로 제한하고, 중국으로 유입되는 물품을 통제하고, 외국인에 대한 청나라 법 적용을 고집했다. 그러나 19세기 들어 연안 항구에서 세력 균형이 유럽인에게 유리하게 기울어짐에 따라

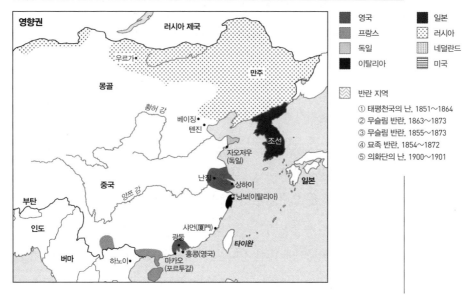

지도 10.1
제국의 잠식: 19세기 후반 중국과 동남아시아

보호령과 식민지

러시아 제국

몽골

우르가

만주

황허 강

⑤

베이징
톈진

블라디보스토크

조선

동해

자오저우(膠州)
(독일)

⑤

②

난징

중국

양쯔 강

상하이

닝보(이탈리아)

일본

부탄

인도

버마

③

④

샤먼(厦門)

광둥

타이완
(일본, 1895)

하노이

마카오 홍콩(영국)
(포르투갈)

태 평 양

시암

방콕

프랑스령
인도차이나

사이공

남중국해

필리핀
(에스파냐/미국, 1898)

마닐라

영국령
북보르네오

말레이 연합주

싱가포르

사라왁

보르네오

뉴기니

수마트라

셀레베스

네 덜 란 드 령 동 인 도 제 도

자바

동티모르(포르투갈)

영향권

러시아 제국

몽골

우르가

만주

황허 강

베이징
톈진

자오저우
(독일)

조선

난징

상하이

닝보(이탈리아)

일본

중국

양쯔 강

부탄

인도

버마

샤먼(厦門)

광둥

홍콩(영국)

하노이

마카오
(포르투갈)

타이완

■ 영국	■ 일본
■ 프랑스	⬚ 러시아
■ 독일	▦ 네덜란드
■ 이탈리아	▤ 미국

▨ 반란 지역

① 태평천국의 난, 1851~1864
② 무슬림 반란, 1863~1873
③ 무슬림 반란, 1855~1873
④ 묘족 반란, 1854~1872
⑤ 의화단의 난, 1900~1901

조공제를 변형한 대응법은 흔들리기 시작했다. 영국이 1839~1842년과 1855~1860년에 두 차례 중국과 치른 아편전쟁은 한 국가가 군사적 수단을 사용하여 다른 국가에게 통상을 강요한 고전적인 사례다.

차, 커피, 담배, 설탕과 더불어 아편―이런저런 방식으로 소비자들을 '홀린' 상품들―은 발전 중인 전 세계 소비 시장에서 중요한 품목이었다. 성장하는 아편 무역은 인도와 중국, 두 국가 사이의 장소들을 연결하는 무역상들의 관계망을 넓혔고, 은행과 보험회사의 발전에 일조했으며, 캘커타, 홍콩, 광둥, 런던에 자본에 집중되는 과정을 촉진했다. 중국 차의 주요 구매자였던 영국 동인도 회사는 통상의 균형을 맞추려면 중국에 아편을 판매해야 한다고 보았다.

중국 제국에게 아편은 위험한 상품이었다. 공중보건 때문만은 아니었다. 1830년대에 아편의 상업화와 흡입을 불법화한 청 황제의 조치 이면에는 은―중국 제국 안에서 상업 거래에 쓰였다―의 유출이라는 중대한 문제가 있었다. 이 조치는 비록 성공하지 못했으나 영국 동인도 회사의 무역을 위협했다. 영국은 이런 이유로 발발한 아편전쟁을 통해 자국의 조건에 따라 항구를 개방할 것을 중국에 강요하려 했다.

첫 번째 영국-중국 전쟁에서 영국이 승리를 거두자 청은 심대한 충격을 받았다. 이 전쟁은 영국이 조건을 정한 난징 조약(1842년)의 체결로 귀결되었다. 이 조약에는 비용, 손실, 피해를 청이 대부분 배상하고, 영국 신민들이 영국 법에 따라 거주하고 그들이 생각하기에 적절한 무역을 수행할 5개 '조약항'을 개항하고, 홍콩을 영국 군주에게 할양한다는 내용이 포함되었다. 2차 아편전쟁에서 영국과 프랑스 침공군은 원명원을 불태워 중국을 욕보였다. 두 차례 아편전쟁은 군사력이라는 저울이 유럽 쪽에 유리하게 기울었음을 드러내 보였다. 영국은 기관총, 더 우수한 선박―증기기관으로 움직이는 군함이라는 중대한 약진을 포함하여―과 더 우수한 통신을 가지고 있었으며, 영국의 산업 생산과 금융기관이 이를 뒷받침했다.

미국과 프랑스는 영국의 선례를 따라 자국의 요구를 제시했다. 19세기 중엽까지 외국인들은 중국에서 '치외법권'—중국 영토(항구만이 아니라)에서 형사 사건을 일으키더라도 자국 법에 따라 판결받을 권리—을 얻었다.

당시 청은 제국에게 닥치는 최악의 상황, 즉 국내 통제력을 잃어가던 시기에 다른 제국들의 습격을 받는 상황에 직면해야 했다. 이 두 가지 위험은 서로 연관되었다. 청이 수 세기에 걸쳐 팽창하여(제7장) 만들어낸 나라의 길게 뻗은 지상과 해상 국경에서 지역 엘리트들은 외부 세계와 상호작용할 기회를 잡을 수 있었다. 이슬람을 믿는 중앙아시아와 국경을 접한 서부도, 버마와 베트남에 면한 남부도 한족 지역의 행정 체제에 완전히 통합되지 않았다. 서부에서 시행한 벡(beg, 伯克制) 제도는 지역 행정을 현지 무슬림 지도자들의 수중에 상당 부분 남겨두었고, 만주족과 한족 병사들은 수비대에 집중되었다. 남부에서는 다양한 부류의 부족장들이 계속 권위를 행사했다. 지역 엘리트들과 청의 지역 관료들은 다양한 권력 통로를 이용하여 외국인과 직접 거래할 기회를 잡았고, 그런 까닭에 아편을 비롯한 상품을 대규모로 밀수할 수 있었다. 청조에게는 유럽 열강과의 해상 접경만이 아니라 육상 변경도 중대한 문제가 되었다.

청은 낡은 규칙(중국의 거대한 영토와 까다로운 변경을 통제하는 데 초점을 맞춘 규칙)에 따라 제국 시합을 치르고 있었지만, 다른 제국들은 청과 다른 시합을 벌이고 있었다. 중국의 지식인과 활동가 일부는 이 문제를 알아채고서 비서구 제국들(특히 오스만 제국)의 뜻이 맞는 사람들, 그리고 유럽의 제국 건설에 시달리는 다른 사람들과 연계를 구축하고자 했다. 그러나 유럽 열강은 자국이 선택한 일전을 벌일 기동력과 군사력뿐 아

도판 10.1
중국 광저우의 유럽인 상관(商館)들에 덴마크, 에스파냐, 미국, 스웨덴, 영국, 네덜란드의 국기가 날리고 있다. 무역 거점과 중계항의 상업망은 유럽의 해외 상업과 교차했다. 작자 미상, 1820년경.

니라, 중국을 비롯한 국가들에서 사람들에게 이익이 되는 경제적 연계까지 갖추고 있었다.

두 차례의 아편전쟁에서 모두 패한 중국은 다른 국가들이 요구하는 조건대로 무역을 하고, 제국의 이데올로기적 전제에 도전하는 기독교 선교사들을 관리하려 애써야 했다. 중국 지도자들은 변경에서 무리를 키운 비적단이 일으킨 봉기에도 대처해야 했다(지도 10.1 참조). 1850년대부터 1870년대까지 중국 서부의 무슬림 지역들에서는 반란의 물결이 일었다. 청조에 더욱 치명적이었던 사태는 1851년부터 1864년까지 홍슈취안(洪秀全)이 이끈 태평천국의 난이었다. 홍슈취안은 선교 훈련을 조금 받았고, 과거에 연거푸 떨어져 낙담했으며, 만주족에 맹렬한 반감을 품고 있었다. 홍슈취안은 교단을 창설하여 기근에 찌든 동남부에서 많은 추종자들을 끌어들였고, 그들 무리를 규율 잡힌 군대로 바꾸었고, 대안 국가를 만들어 태평천국이라고 선포했다. 태평천국군은 난징을 점령하고 베이징을 위협했다. 청나라가 이 반란을 진압하기까지 수년이 걸렸고 그 과정에서 수백만 명이 목숨을 잃었다. 이 사실은 지역 엘리트층을 통제하지 못하는 청조의 무능이 반영된 결과이자 그런 무능의 한 원인이었다.

19세기 말엽 외세에 대한 청의 열세는 대규모 반기독교·반외국인 봉기를 야기한 하나의 원인이었다. 무술 및 자경단과 연관된 사람들이 주도한 의화단 운동은 한편으로는 중국 제국의 가치에 충성을 표명하면서도 다른 한편으로는 현존 권위를 부정했다. 의화단은 베이징을 효과적으로 점령했다. 1900년에 서태후가 반외세 전쟁을 편들고 군부와 행정부가 주저하며 반란을 저지하지 못하는 가운데 외국 열강의 연합군이 중국에 직접 개입했다. 영국, 프랑스, 독일, 그리고 신참 제국 일본의 병력은 의화단을 유혈 진압하고서 의화단처럼 베이징을 점령했다.

유럽 제국 건설자들의 침입과 변경의 투과성이 중국 국가에 위험 요소였다 할지라도, 잠재적 중개인들은 그런 위험 덕분에 기회를 잡기도 했다. 홍콩의 중국인 상인들은 1차 아편전쟁 기간에 영국에 병합된 때만 해도 활기라곤 없었던 이 연해 소도시를 자유항이자 중국, 동남아시아, 태평양과 인도양 사이의 주요 중계 무역항으로 바꾸는 데 이바지했다. 영국의 이해관계는 중국의 상업망에 익숙한 이 상인들에게 의존했으며, 다수의 중국인들은 홍콩에서 가장 부유한 축에 들었다. 중국인의 미국 서부 이민이 시작된 1840년대에 홍콩 기업가들은 이주를 조직하고 미국 땅의 새로운 중국인 고립 영토에 중국 상품을 공급하여 이익을 얻었다.

홍콩 사회는 평등한 낙원이 아니었다. 영국인 주민들이 분리된 거주 공간과 별도의 사회생활을 고집했기 때문이다. 그러나 홍콩은 저항과 부역을 깔끔하게 나누는 식민주의 모델에는 들어맞지 않는다. 그전에 마닐라나 말라카로 이주한 중국인 상인들과 마찬가지로, 19세기에 홍콩행을 선택한 중국인들은 제국 권력에 조건부로 순응함으로써 재산을 축적하고 제국들 사이에 낀 위치를 이용하여 사회적 환경을 구축할 기회를 잡을 수 있었다.

중국의 입지가 위태로워지자 중국 제국이 오랫동안 경제적·문화적 영향력을 행사해온 더 넓은 아시아권에서 새로운 기회가 열렸다. 중국이 흔들리기 이전에 베트남 왕국, 캄보디아 왕국, 라오스 왕국은 중국에 조공을 바쳤고, 이들 국가의 통치 방식은 중국의 영향을 받았다. 가장 두드러진 사례는 교육받은 고위 관료층인 '만다린'의 역할이었다. 프랑스는 제2제국 시기뿐 아니라 제3공화정 시기에도 이 지역의 경제에 진입할 기회를 엿보았다.

영국의 홍콩 '문호 개방' 정책과 반대로, 프랑스는 인도차이나라 부른 곳에서 '강(江) 정책'을 시행함으로써 이곳 영토와 외부 세계를 잇는 핵심 수로들을 배타적으로 통제하고자 했다. 1858년부터 1880년대 중반까지 프랑스의 점진적인 정복으로 인해 라오스 군주국과 캄보디아 군주국, 베트남 북부와 중부는 보호령이 되었고, 베트남 남부(코친차이나)는 직접 식민 통치를 받게 되었다. '보호령'이라는 범주(훗날 튀니지와 모로코에도 적용된 범주) 이면에는 보호받는 국가가 정부의 특권 다수를 보호국에 양도하고도 주권을 계속 향유하고 통치자를 보유할 것이라는 공상이 있었다. 한때 베트남 통치자를 섬겼던 만다린 대다수는 이제 프랑스를 위해 일하고 있었다.

베트남인 지주들은 코친차이나의 비옥한 벼농사 지역에서 생산량을 늘렸다. 베트남은 중국에 쌀을 대는 주요 공급자의 하나가 되었고, 싱가포르, 네덜란드령 동인도 제도, 일본에 쌀을 수출했으며, 전 세계에서 버마 다음으로 쌀을 많이 수출하는 나라로 발돋움했다. 중국인과 인도인 상인들은 인도차이나 경제, 특히 금융과 무역 부문의 주요 행위자였다. 유럽인 정착민들은 20세기 들어서야 유의미한 규모로 도착했는데, 그들을 유인한 것은 인도차이나의 더 외진 곳에서 온 값싼 노동력을 착취하여 운영하는 고무 플랜테이션의 성장이었다. 주석, 석탄 등의 광물과 중요한 금융 중심지로 말미암아 베트남은 프랑스 자본주의에 통합되었고, 프랑스 제국에서 가장 수익성 좋은—아울러 가장 인구가 많은—요소가 되었다.

인도차이나에서는 식민지와 보호령들이 어우러져 특정한 식민 사회가 탄생했다. 1913년 당시 베트남의 총인구 1600만 명 가운데 유럽 출신 프랑스인은 2만 3700명이었던 것으로 추정된다. 식민 시대 베트남은 지나치게 프랑스적이면서도 뚜렷하게 식민지적인 곳이었다. 하노이와 사이공의 정착민들은 프랑스인다운 생활방식을 고집하면서도 대체로 보아 환경을 이국적으로 꾸몄고 베트남인에게 순종과 봉사를 기대했다. 콜롱(colon, 정착민)들은 식민지가 현지 인구의 복종뿐 아니라 현지 엘리트층의 기업가 정신과 행정 수완에도 의존한다는 것을 좀체 인정하지 않았다. 유럽 출신 프랑스인 남성의 상당수, 특히 식민지 서열에서 하층이나 중간층에 속하는 남자들은 베트남 여성과 밀통을 했고 때로는 결혼을 했다. 이런 관계는 제법 많은 혼혈 인구를 낳았고, 분할된 사회에서 그런 혼혈 자손을 '프랑스인'과 토착민 가운데 어느 쪽으로 통합해야 하느냐는 문제로 긴장이 유발되었다. 실제로 그들의 위치는 대개 양자의 '중간'이었지만, 유럽인과 토착민 사이의 구분선을 명확하게 유지하기를 열망한 식민 국가는 그런 위치를 법적으로 인정하지 않았다.

이제 우리는 홍콩과 베트남에서 나타난 고립 영토 식민지와 속령 식민화의 형태를 살펴볼 것이다. 베트남의 수출 집중형 경제는 토착민 지주, 프랑스인 정착민, 플랜테이션 기업, 광산의 생산에 의존했다. 홍콩은 중국인 기업가들이 구축한 관계망을 통해 부를 축적했다. 중계항과 생산지의 경제적 이익은 무엇보다 중국과의 연계에 달려 있었지만, 일본, 네덜란드령 동인도 제도, 에스파냐령 필리핀, 마카오의 포르투갈 고립 영토, 동티모르, 서인도의 고아, 그리고 더 멀리 영국령 인도와도 연관되었다. 19세기를 거치면서 영국 또한 제국 체제에 핵심적인 고립 영토와 속령(아덴, 버마, 결국 말라야가 된 일련의 술탄국들)을 손에 넣었다. 1869년에 수에즈 운하 개통을 계기로 인도양 일대와 동아시아는 유럽에 더 밀접히 연결되었다(지도 10.3).

사전에 수차례 방문한 탐험가들에 뒤이어, 영국 정부는 장차 오스트레일리아를 형성할 속령들에서 1788년에 처음으로 공식 식민 정착지를 세웠다. 이 식민지들은 영국의 기결수 일부의 유형지, 다시 말해 죄수들을 먼 곳에 격리하고 처벌하고 장래가 불분명한 정착지를 건설하는 작업에 투입하는 장소가 되었다. 프랑스는 (카리브해의) 가이아나와 훗날 (태평양의) 뉴칼레도니아를 비슷한 용도로 이용했고, 러시아에는 시베리아에 기결수 정착지들이 있었다. 이것은 원거리에서 영토를 유용하게 통제하는 또 다른 방식이었다.

결국에는 오스트레일리아에서 자유인 정착민이 기결수보다 많아졌고, 마침내 1850년대에 하나의 통일된 행정 체계가 수립되었다. 영국 군주와 정착민들은 오스트레일리아 원주민 인구의 토지 필요와 권리 주장에 별반 신경 쓰지 않았다. 그들은 아일랜드에서 피력한 제국의 독단적 견해, 즉 '유목민'이 점령한 토지는 차지해도 무방하다는 견해를 원주민 인구에게 확대했다. 뉴질랜드에서 정착민들은 더 조심스럽게 발걸음을 옮겨야 했는데, 마오리족이 더 단단하게 자리 잡고 있었고 결속력도 강했기 때문이다. 비록 국가와 정착민이 많이 남용하기는 했지만, 1840년에 체결된 와이탕기 조약은 토착민이 존재하는 현실을 인정했고, 오스트레일리아 원주민에게 허용한 것보다 강한 문화적 일체성 의식과 약간의 토지를 마오리족에게 남겨두었다.

19세기 중엽, 캐나다에서처럼 오스트레일리아와 뉴질랜드에서는 역사와 '친척' 관계를 통해 영국과의 연계를 의식하는 공동체들이 형성되었다. 몇몇 저술가와 정치가는 '대영 연방'을 구상했고, 오스트레일리아부터 남아프리카와 스코틀랜드까지 지구 곳곳으로 퍼져나간, 자유인임을 자각하는 번창하는 개신교도 백인들이 이 연방을 구성한다고 보았으며, 국내에서 산업화가 초래하는 어리석은 물질주의와 위험한 사회주의의 해독제로 이 백인들의 고결한 애국심을 꼽았다. 그러나 제국과 영국다움을 바라보는 그들의 '백인' 시각은 다종다양한 집단들로 이루어진 불평등한 제국을 어떻게 통치해야 하는지를 관료들에게 말해주지 못했다.

영국 정부는 1770년대에 북아메리카에서 저질렀던 실수를 나머지 정착 식민지들에서는 되풀이하지 않았다. 오히려 영국 정부는 식민지들이 제국 안에서 서서히 책임정치로 나아가는 것을

> "어떤 국가도, 제아무리 클지라도 제국을 떠나지 않아도 되는데, 제국이란 국가들의 연합체(commonwealth)이기 때문이다."
>
> – 자유당 정치가 로즈베리 경(훗날 총리),
> 1884년 **오스트레일리아에서 한 발언**

허용했다. 그 결과 배타적이기는 해도 걸음마 단계인 민주정 시대에 적합한, 영국 복합 정치체의 다른 형태(저마다 주권을 행사하지만 제국 수준에 또 다른 주권 층위가 있음을 인정하는 정치 단위들의 혼합체)가 탄생했다. 영국 정부는 캐나다에 처음 적용한 용어인 '자치령(dominion)'을 뉴질랜드와 오스트레일리아에도 적용했는데, 라틴어 '도미니움(dominium)'에서 유래한 이 용어는 제국의 오래된 속령 관념을 반영하고 있었다(제6장). 자치령은 제국의 복잡한 권력 레퍼토리의 한 요소, 즉 완전히 복속하지도,

완전히 자치하지도 않는 요소였다.

18세기 말에 네덜란드 동인도 회사가 파산하고 네덜란드 국가가 제국의 운영을 공식 인계한 이후 동남아시아에서 네덜란드 제국은 크게 달라졌다. 인도네시아를 더욱 강하게 장악하려던 네덜란드의 시도는 1830년대에 자바에서 전쟁을 유발했고, 1870년대부터 1900년대 초까지 다른 섬들에서 유혈 정복과 반란 진압을 야기했다. 네덜란드 국가는 1830년대부터 '경작 제도'를 시행하여 토착민 농장주들에게 종자를 나누어주고, 곡물 파종과 재배를 감독하고, 추수에 직접 관여했다. 1860년에는 고작 190명의 네덜란드인들―그리고 다수의 인도네시아인 중개인들―이 200만 명에 달하는 농업노동자들의 활동을 지휘했다. 일부 기업가적 농장주들은 경작 제도의 온갖 억압에도 불구하고 이 제도를 자신들에게 유리하게 바꾸어 경작을 확대하고 활기찬 매매 체계를 구축했다. 다른 이들은 국가와 지주의 강제 징수, 날씨와 시장의 변동에 갈수록 취약해졌으며, 많은 이들은 가난해졌다. 19세기 후반에는 네덜란드가 직접 관리하는 가운데 민영 광업 부문과 플랜테이션 부문이 발달했다. 이 다종다양한 군도는 고압적인 식민 체제 아래에서 어느 정도 공통 경험을 쌓았다.

유럽 열강은 동남아시아와 동아시아에서 정치적 지배를 더욱 강화하고 수익성 좋은 경제적 위치를 차지하면서도, 생산과 통상 영역에서 토착민 엘리트층의 역할(수 세기 전에 유럽인의 이목을 아시아로 잡아끌었던 활동)을 없애지 않았다. 영국, 프랑스, 네덜란드, 훗날에는 독일과 러시아까지 가세하여 중국을 에워싼 채로 중국의 시장으로 밀고 들어가고, 인근 영토와 연안 항구를 식민화하고, 동남아시아 전역으로 이주한 중국인들의 사업에서 이익을 얻었다. 중국의 가장자리에는 이 제국들의 시합장에서 다른 제국처럼 행동하고 혼란을 일으킬 수 있는 또 다른 정치 체제,

즉 일본이 있었다.

새로운 제국

1870년대에 일본은 이미 규칙이 정해져 있던 제국주의 시합에 뛰어들었다. 그럼에도 일본은 색다른 선수가 되어 70년 후에 극적인 전환을 맞을 역동성에 시동을 걸었다.

국내에서 한층 민족적인 체제를 공고히 다진 후에 제국 팽창에 나서는 모델은 유럽 열강 이상으로 일본에 잘 들어맞았다. 1853년에 미국 해군이 급습할 때까지 '쇄국'을 고수한 일본의 정책은 곧잘 과장되지만, 당시 일본은 외국 정복에 관여하지 않았고 일본의 인구는 비교적 통합되어 있었다. 도쿠가와(德川) 막부 시대에는 권력이 지방 영주들에게 두루 분산되었다. 1860년대에 새로운 메이지(明治) 정부는 세계 시장에서 일본이 경쟁력을 갖추는 데 필요한 정치적 재구조화를 추진하고 위로부터 운송, 기초 산업, 제조업을 혁신할 동력임을 입증해 보였다.

일본 지도자들은 미국의 경제 '개방' 요구뿐 아니라 동아시아에서 제국 권력이 재편되는 정세까지 의식했다. 한

> "우리가 반드시 해야 할 일은 우리 제국과 우리 국민을 변혁하여 우리 제국을 유럽 국가들처럼 만들고 우리 국민을 유럽 국민처럼 만드는 것이다. 달리 말해 우리는 아시아의 가장자리에서 새로운 유럽식 제국을 수립해야 한다."
> — 일본 외무대신 이노우에 가오루(井上馨), 1887년

때 중국의 통제권에 속했던 지역들에서 중국이 장악력을 잃어가고 프랑스, 독일, 영국, 러시아가 세력을 넓히는 가운데, 일본 통치자들은 유럽의 추가 잠식 때문에 자국의 영향력이 제약받을 사태를 두려워했다. 19세기 말엽 일본의 산업화가 진척됨에 따라 지도자들은 국가의 생산품을 판매할 시장과, 자원이 부족한 섬나라에 없는 원료에 접근할 방안을 고심했다.

일본은 조선을 '개방'시키기 위해 1876년에 군함을 파견했다. 1894년에 청과 일본은 막후에서 조선을 조종하려다 분쟁을 일으켰고, 곧이어 전쟁에 돌입했다. 일본은 싸움 상대가 안 된다는 예상과 달리 청 정부는 결국 화평을 청해야 했다. 1895년에 경천동지할 승리를 거둔 일본은 조선을 더욱 확고하게 통제하는 데 그치지 않고 타이완을 합병하고, 만주 일부를 차지하고, 거액의 배상금을 받아냈다. 일본은 한동안 조선에서 자유무역 제국주의와 유사한 무언가를 시행할 수 있었다. 그 이후 조선인 협력자들이 일본의 모든 요구를 충족하지 못하고 서구 제국들이 조선인에게 대안적인 연계를 제시함에 따라, 일본은 침입 수준을 높였고 1910년에 마침내 조선을 합병했다.

일본의 자각적인 제국 건설 기획은 일본 국내의 산업화 및 군사화와 나란히 진행되었다. 이것은 위태로운 과제였는데, 일본의 군사적 모험이 서구로부터 구입하는 전함에 의존했고 또 일본 경제의 발전을 위해 외국의 자본 시장에서 막대한 자금을 조달해야 했기 때문이다. 일본 지도자들은 서구가 자국을 침략할 사태를 두려워했다(일본은 1911년에 이르러서야 일본 항구에서 서구 열강에게 특권을 주는 조약들에서 가까스로 벗어났다). 일본은 경쟁 제국들을 유화적으로 대했고, 1900년에 다른 제국들에 끼어 중국에서 의화단 운동을 진압했다. 1905년에 유라시아 동부 본토를 차지하려는 야망을 품은 일본과 러시아의 전쟁에서 일본이 승전한 것을 계기로 유럽 국가들은 자기들 차지라고 생각하던 시합장에 새로운 행위자가 들어왔음을 인지하게 되었다. 일본은 러시아와의 분쟁에서 자국이 시합의 규칙을 지키고 있음을 유럽 열강에 알리기 위해 각별히 애를 썼다. 이를테면 러일전쟁이 정당한 전쟁이라고 주장하고, 전쟁 포로를 관례에 따라 대하고, 일본 적십자를 통해 인도적 관심을 역설하고, 외국인의 관찰을 허용하고, 미국의 중재를 받아 뉴햄프셔 주의 포츠머스에서 강화 조약을 협상했다.

일본 지도자들은 유럽인의 관점에서 제국 권력의 정당성을 확립해야 한다고 생각하면서도, 조선인과 타이완인의 '큰형'인 체하며 일본인이 아시아인이라는 사실을 강조했다. 일본의 신민들은 동등한 인간이 아니었으나 그렇다고 완전히 '타자'도 아니었다. 일본 정부는 그런 신민들을 조정하여 하나로 연합한 아시아권, 서구의 영토와 자원 요구에 대항할 수 있는 일본의 지도를 받는 아시아권을 만들어내고자 했다. 일본 지도자들 중 일부는 서구 식민주의에 맞서는 동맹에서 일본이 다른 비서구 국가들(갈수록 궁지에 몰린 오스만 제국을 포함하여)을 이끌기를 열망했지만, 타이완, 조선, 만주, 중국에서 일본은 유럽과 미국의 제국주의자들과 너무도 흡사해 보였다. 국가 권력, 경제적 교환, 문화적·종족적 친연성 간의 관계는 아시아에서 제국—이미지 속의 제국이든 현실의 제국이든—을 변경하고 재편하고 있었다.

오스만인과 유럽인

유럽인의 제국 야망을 완강히 물리친 다른 강대국은 오스만 제국이었다. 오스만 제국은 불변과는 거리가 멀었지만, 중국의 경우처럼 오스만 통치자들은 존속하기 위해 대양 건너편을 살펴볼 필요가 없었고, 그들의 제국 기획은 18세기에 영국에서 일어난 산업혁명과 같은 변화를 일으킬 만한 유인이나 수단을 제공하지 않았다. 무역의 축이 동지중해에서 서유럽으로 이동하고 이스탄불의 축복 없이도 돈을 벌 수 있게 되자, 오스만인과 상인 공동체들(유대인 공동체와 그리스인 공동체 같은)의 긴밀한 관계는 예전만큼 유효하지 않게 되었다. 오스만 제국은 발칸과 북아프리카에서, 다시 말해 아나톨리아와 아랍인이 거주하는 지중해 가장자리만큼 일상의 행정에 잘 통합되지 않는 지방들에서 가장 취약했다.

한때 오스만이 관할하던 영역을 유럽이 잠식한 두 가지 사례를 살펴보자. 하나는 느릿한 식민화의 패턴에 해당하고, 다른 하나는 철저한 정복에 해당한다. 이집트의 오스만 총독들은 이스탄불로부터 일정한 자율성을 얻어냈다. 오스만 왕조는 영국의 도움을 받아 1798년에 나폴레옹이 개시한 이집트 점령을 중도에 저지했다. 무함마드 알리(갈수록 오스만의 감독과 거리를 둔 알바니아계 총독)의 지도하에 19세기 초반 이집트는 역동적인 장소가 되었다. 이집트는 강력한 군대를 보유했고, 여전히 아시아 시장과 유럽 시장을 잇는 중요한 중계항이었다. 이집트가 상당한 자금과 노동력을 투입한 수에즈 운하가 완공되자 이 지역을 통제하는 것이 영국의 이해관계에 더욱 중요해졌고, 그런 이유로 수에즈 운하는 이집트와 오스만의 이해관계에 불리하게 작용했다. 이집트의 빚이 눈덩이처럼 불어나는 상황은 영국의 대리인들이 통치에 관여할 구실이 되었다. 이 경우에 재편된 제국주의의 대리인들은 국가의 세입을 채무 상환에 쓰도록 강제하는 회계사와 은행가(1882년에 대략 1300명)였다. 그 결과 자원에 대한 통제권을 잃고 있다고 의식한 이집트인과 영국인 사이에 긴장이 고조되었다.

1882년에 일련의 사건들은 이집트 군중의 유럽인 공격과 오스만의 지도력에 맞서는 봉기로 귀결되었다. 이 반란을 이끈 인물은 이집트-오스만 군대의 장교였다. 영국군은 이집트에 개입하여 반란을 진압하고 주둔군을 남겨두었다. 다시 말해 이집트를 점령했을 뿐 완전히 정복하지는 않았다. 영국은 이집트를 '베일을 두른 보호령'으로 삼았다(1차 세계대전이 발발하고 나서야 비로소 이집트가 보호령이라고 선언했다). 술탄의 대리인 케디브는 갈수록 영국 '주재관'의 지시대로 움직이는 처지가 되었다(이집트의 교육받은 세계주의적 엘리트들은 이 점을 특히 아프게 느꼈다). 이집트인 다수는 '민족' 공간을 방어하지 못한 것보다 오스만주의가 상처

입은 것을 더 중요한 결과로 받아들였다. 달리 말해 그들은 영국의 개입에 맞서 이집트를 지키기 위해 이스탄불이 더 잘했어야 했다고 믿었다. 1882년 이후 이집트는 주권이 거의 없었지만 완전히 정복당하지는 않았다. 사실상 영국은 1920년대까지 이집트를 통제했고, 1950년대까지 이집트에 강한 영향력을 행사했다.

나폴레옹이 이집트에서 완패한 지 30년이 조금 지난 시점에 프랑스는 오스만의 북아프리카를 다시 물어뜯었다. 군주정 시기에 알제리를 침입한(지도 10.3) 프랑스는 공화정(1848~1852년과 1871년 이후)과 제2제정(1852~1870년) 시기에 각기 다른 방식으로 알제리 통치를 강화했다.

프랑스령 알제리의 시작은 새로운 종류의 식민주의를 구축하려는 기획보다는, 유럽의 군주국들과 지역 유력자들 간의 권력 다툼에서 발생한 또 하나의 에피소드에 더 가까웠다. 그러나 프랑스의 개입주의 역학은 곧 바뀌었다. 오스만 치하에서 알제리는 느슨하게 통치되었다. 알제리는 지역 무역망과 습격망의 근거지였으며, 19세기 초 알제리에 대한 오스만의 통제력은 미약했다. 1830년에 프랑스는 알제리를 침공했는데, 해적질에 대한 고발, 무역과 채무를 둘러싼 알제리 총독과의 분쟁, 모욕당했다는 주장, 애국적인 무언가를 보여주어야 할 프랑스 왕의 필요성 등이 원인이었다. 프랑스 정부가 더 전진할지 말지를 망설이는 가운데, 프랑스 군부가 앞장서서 알제리 내륙에서 대체로 자치를 하던 지도자들을 공격했다. 프랑스는 체면을 잃지 않으려 했고, 또 권력 공백을 영국이 채울 사태를 두려워했던 까닭에 정복에 계속 비용을 댔다. 프랑스는 마을을 불태우고, 가축과 곡물을 파괴하고, 민간인과 군인을 학살하는 등 수십 년에 걸쳐 알제리를 극도로 잔인하게 정복했다.

그렇다면 알제리는 어떤 종류의 식민지가 되었을까? 프랑스인 정착민들의 목적지는 아니었다(프랑스에는 이민을 떠나려는 강한 욕구가 없었다).

식민지 정착민들 중에는 프랑스의 감시를 받는 상업과 농업에 뛰어든 이탈리아인, 몰타인, 에스파냐인, 유대인이 두드러졌다. 이처럼 새롭게 뒤섞인 범지중해 인구에게 프랑스는 권리를 차등적으로 제공했다. 기독교를 믿는 비프랑스인 정착민은 프랑스 시민이 될 수 있었지만, 무슬림과 유대인은 이슬람 율법이나 모세 율법을 따른다고 간주되어 이런 율법 말고 프랑스 민법을 따른다는 데 동의해야만 프랑스 시민권을 신청할 수 있었다.

프랑스는 일찍부터 무슬림 알제리인들이 그들의 법무(法務)를 스스로 처리할 권리를 존중한다고 역설했는데, 이는 오스만의 관행을 그대로 따른 것이었다. 그러나 프랑스 시민권은 오스만의 복합적인 체제와는 크게 달랐다. 시민권에 차등을 둔 프랑스의 원칙에 따라 무슬림 알제리인은 프랑스 제국 공동체의 이류 시민으로, 정치적 권리가 없고 임의적인 처벌을 받는 시민으로 규정되었다. 알제리에서 정교하게 다듬은 시민과 신민의 구별은 점차 제국의 많은 지역에서 정부의 관행이 되었다. 1865년에 제정한 법률에 명확히 밝힌 대로, 무슬림 알제리인은 프랑스 국민이었지만, 그들이 개인으로서 이슬람 율법에 속하는 지위를 포기하지 않는 한, 그리고 그들이 '프랑스식' 생활방식을 따르고 있다는 것을 프랑스 정부가 인정하지 않는 한, 프랑스 시민은 아니었다.

이 시기에 프랑스는 다시 한 번 제국임을 자청하고 있었고, 프랑스 통치자 나폴레옹 3세는 고전적인 제국 통치관을 피력했다. "알제리는 식민지가 아닌 아랍 왕국이다. (……) 나는 프랑스인의 황제인 것만큼이나 아랍인의 황제다." 1870년에 알제리의 유대인들은 시민권을 획득할 자격을 얻었는데, 이는 체제에 제일 위험하다고 여기는 범주의 사람들에 대한 통제력을 강화하기 위해 특정한 범주에 혜택을 주는, 제국의 흔한 전략이었다.

1871년에 프랑스가 다시 공화국이 된 뒤에도 정치체란 여러 부류의 영역과 집단의 집합체라는 옛 개념은 사라지지 않았다. 알제리는 특별한 위치를 점했다. 알제리 영토는 프랑스 공화국의 필수적인 부분으로 간주되었지만, 알제리인의 일부만이 공화국 시민의 필수적인 부분으로 간주되었다. 식민지 정착민들은 다수 집단인 무슬림들을 희생시켜가면서 본국과 알제리의 제도에서 정치적 권리를 충분히 행사했다.

제국의 레퍼토리

이렇게 해서 우리는 19세기에 제국 권력을 행사한 형태들—경제적 유인과 주기적인 강압 역량 과시부터 재정 통제, 조약항, 보호령, 자치령, 식민지까지—의 폭넓은 레퍼토리를 살펴보았다. 주권은 (국제 변호사들의 논문에서는 아닐지라도 현실에서는) 불확실하고 불균등한 현상이지 사회들이 갖거나 갖지 않은 무언가가 아니었다. 국가 형태들은 동등하지 않았다. 복합적이고 중층적이고 중첩적인 권력 체제 안에서 살아간 사람들은 개인의 권력이나 경제적 연계를 강화할 가능성을 경험하기도 했고, 일상의 차별을 통해 인종화된 복속을 다양한 수준으로 경험하기도 했다. 홍콩의 상인은 가능성과 치욕을 둘 다 경험했을지 모른다. 알제리의 대다수 무슬림 신민들은 복속, 토지 강탈, 착취만을 보았다. 베트남의 빈곤한 노동자들, 옛 만다린 엘리트의 흔적을 간직한 이들, 성공한 농장주들은 식민 사회에서 각기 다른 역할을 했다.

자유무역 제국주의는 언제나 다른 무언가가 되기 직전이었다(이것이 그저 무역이 아니라 제국주의라고 하는 이유다). 자유무역 제국주의는 제국 간 경쟁의 재편에 의존했다. 제일 좋은 패를 가진 영국 제국은 비공식 권력과 영향력을 오래된 제국들과 새로운 국가들로 확대했다. 그러나 프랑스는 알제리와 베트남에서, 네덜란드는 인도네시아에서 영토 식민화까지 추진했다. 누군가는 1870년대까지 유럽 공중을 사로잡았다는 식민화 충동을 과장하여 말하겠지만, 적극적인 식민자로서 자신의 기획을 자랑스레 선전한 기업가와 선교사, 군인은 19세기 내내 있었다. 세계를 식민화하려는 집중적이고 의식적인 노력 없이도, 소수의 유럽 제국-국가들 간의 경쟁, 오스만 제국과 중국 제국의 취약성, 일본의 제국 건설은 제국의 지정학을 바꾸어놓고 있었다. 우리는 뒤이은 절들에서 식민 통치의 강화와 확대에 주목할 것이다.

강화된 제국: 19세기 영국령 인도

영국 체제 안에서 인도의 위치는 오랫동안 독특했다. 안정적인 위치는 아니었다. 18세기에 동인도 회사는 인도 아대륙의 많은 지역을 사실상 지배하고 나머지 지역에 강한 영향을 미쳤다(제6장, 제8장). 영국 지도자들은 인도에 대한 주권을 주장하지 않고 일부러 모호하고 아주 제국적인 용어인 '최고권(paramountcy)'을 주장했다. 무굴 황제의 통제를 벗어난 자원에 접근할 권한을 중개인들에게 부여한 동인도 회사의 통치로 인해 이 황제의 쇠락은 더욱 눈에 띄었다. 동인도 회사가 권력을 확대한 결과 인도는 토후국들(영국의 감시를 받는 명목상 주권자가 통치한 국가들)과 영국의 더 직접적인 통치를 받는 속령들이 조각보 형태를 이루는 공간이 되었다. 동인도 회사 간부들은 상이한 국가들에서 복잡한 징세 제도를 감독하기 위해 토착민 중개인들에 의존했고, 친족관계, 피보호자, 견습직을 통해 채용한 수많은 서기와 회계원에게 더욱 규칙적인 업무를 요구했다. 그러나 이런 서기와 회계원은 자신의 지위와 증거 서류의 아우라를 이용하여 어느 정도 독자적인 권력을 행사할 수 있었다.

　19세기 전반기에 동인도 회사와 정부 관료들은 어느 정도 인도인 중개인을 통해 업무를 처리할 것인지—그래서 영국이 무굴 제국을 기반으로 통치한다는 허구를 강화할 것인지—아니면 '문명화된' 정부가 인도를 더 직접적이고 결정적으로 관할할 것인지를 두고 의견이 갈렸다. 그들은 어느 쪽도 결코 확실하게 하지 않았다. 크리스토퍼 베일리(Christopher Bayly)는 오스만인들이 시대착오적인 사람들로 간주되던 바로 그때에 영국이 무역용 고립 영토들을 거대한 영토 제국으로 전환하면서 오스만 제국과 흡사한 무언가를 만들어내고 있었다는 아이러니를 지적한다. 오스만 제국과 마찬가지로 영국령 인도는 다른 무엇보다 토지 세입에 의존했다. 이 체제는 지역 위계질서를 침식하기보다 강화했고, 산업화를 촉진하거나 토지를 시장에 완전히 개방하지 않았다.

동인도 회사는 19세기 초에 영유한 많은 지역에서 '주재관 제도'에, 즉 배후에서 토후를 감독하는 관료에 의존했다. 토후들은 퇴위당하거나 국고를 철저히 감시당하기도 했지만, 그러면서도 세입을 배분하고, 신민에게 과세를 하고, 내국법을 유지하고, 문화 기관을 후원할 수 있었다. 유럽인 보좌관 한 명을 빼면 주재관이 토후국의 유일한 비인도인 관료인 경우도 있었다. 일부 지역은 더 직접적이고 권위주의적인 방식으로 영국의 통치를 받았지만, 1880년대까지도 영국령 인도에서 유럽인 관료와 인도인 인구의 비율은 1명 대 25만 명 이하였다. 영국 정부는 동인도 회사의 문관 충원을 전반적으로 주재함으로써 오랫동안 간부들이 뇌물을 받고 인도 중개인들과 사적이고 변덕스러운 관계를 맺는 것으로 유명한 이 회사에 관료제와 공무 규범을 도입하고자 했다.

19세기 초엽에 인도에 관한 영국의 사고는 전형적인 오리엔탈리즘적 사고, 즉 인도를 한때 위대했으나 이제는 퇴락한 문명으로 보는 관점이었다. 한 제국의 엘리트층이 다른 제국의 엘리트층—한껏 호화롭게 생활한 마하라자(maharaja)들—을 존중하는, 좀처럼 사라지지 않은 태도는 인도인을 멸시하고 새로운 시도는 모두 영국인의 소산이라고 믿는 태도와 공존했다. 일부 영국 학자들은 산스크리트어를 배우고 고대 인도를 연구했다. 오리엔탈리즘적 관점은 제국의 통치를 합리화했지만, 인도인, 특히 브라만 계급에게 좋은 기회를 제공하기도 했다. 브라만 계급은 자신들이 유서 깊은 지혜와 율법의 보고(寶庫)로서 하층 카스트들에 대한 권위를 가진다고 주장함으로써 동양적 가부장제에 대한 영국의 기대를 자기들에게 이롭게 조종할 수 있었다. 그 과정에서 인도 사회는 종전보다 더욱 가부장적인 사회가 되었다. 오늘날 일부 학자들은 카스트 개념은 과거 인도의 인위적 산물이 아니라 브라만과 영국인이 나눈 대화의 산물이라고 주장한다.

19세기를 지나면서 인도 엘리트와 인도 문화에 대한 영국의 견해는 거칠어졌다. 영국의 자유주의적 의견은 삶을 조직하는 영국의 방식이 다른 방식들보다 우월하다는 것을 점점 더 확신했다. 그렇지만 일부 지도자들은 다른 '인종'과 '문화'에 속하는 사람들이 영국의 본보기를 따라 스스로를 개선할 가능성만큼은 받아들였다. 그런 관점에서 보면 차이는 제국 내부의 어쩔 수 없는 현실이라기보다 바꿀 수 있는 무언가였다. 1818년에 영어로 가르치는 힌두 대학(Hindu College)이 설립되었다. 통치 언어는 과거에는 페르시아어였지만—무굴 제국의 복잡한 과거를 반영하는 결과였다—1835년에 영어로 바뀌었다. 인도인 일부는 이런 정책 덕분에 열린 기회를 발견했고, 다른 일부는 문화적 침공을 거부했고, 또 다른 일부는 각자 다른 방식으로 위계적인 두 체제 사이에서 절충안을 찾으려 했다.

군사 면에서 동인도 회사는 세포이(인도인 병사)에 계속 의존했다. 1805년까지 세포이 수는 약 15만 5000명이었다. 세포이는 지역 세입에서 봉급을 받았고, 인도만이 아니라 실론, 자바, 홍해 지역에서도 복무했다. 인도 안에서 세포이는 지역 통치자의 무장을 해제하고, 반란을 도모한 자를 처벌하고, 영국에 협력한 사람들의 지위와 상징적 권위를 유지하는 데 쓰였다.

인도에서 활동한 개신교 선교사들과 몇몇 가톨릭 선교사들은 사람들을 거의 개종시키지 못했다. 그러나 그들은 식민지의 사회질서와 진보에 관한 영국식 사고의 종교적 차원을 드러냈다. 선교사들은 영국 제국의 다른 곳에서 제기된 노예제 비판과 유사한 인

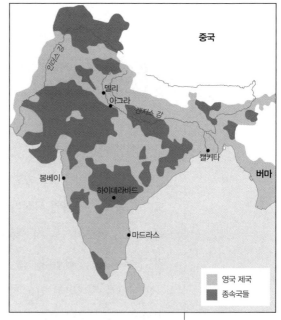

도 사회 비판을 내놓았다. 그들은 특히 죽은 남편을 화장하면서 과부를 함께 태우는 사티(sati) 풍습에 경악했고, 다른 관습들도 야만적이라 보았다. 영국 관료들과 사업가들은 자신들이 생각하기에 유약하고 여성스러운 인도인의 본성과 대비되는 자신들의 활동적인 남성성을 자랑하는 등 인도인과 영국인을 구별하는 특징들을 정했다.

영국의 통치는 인도에 자본주의를 체계적으로 들여오려는 시도를 의미하지 않았다. 영국인 농장주들이 계속 토지를 강탈하기는 했지만, 영국 엘리트층과 인도 엘리트층 둘 다 토지를 완전히 매매 가능한 상품으로 바꾸는 데에는 양면적인 태도를 보였다. 둘 다 현상 유지에, 다시 말해 지역 지주인 자민다르들로부터 받는 세입에 의존했다. 자민다르들은 농민 생산자들로부터 세입을 징수하여 그중 일부를 동인도 회사에 보내는 세습권을 가지고 있었다. 세입 징수는 동인도 회사 치하에서 주권의 이중 구조를 그대로 반영하는 강압적이고 중층적인 과정이었다. 영국령

도판 10.2
인도 아와드의 치안 법정, 《일러스트레이티드 런던 뉴스》 제22호 (1853년 5월 14일), 361. 이 판화는 영국 관료(착석)와 사건 재판에 조력할 토착민 '찬성자들'을 보여준다. 그림 중앙에 양손을 결박당한 용의자가 보인다. Falles Library, New York University.

인도는 18세기 오스만 제국의 방식대로 중개인을 통해 조세의 대부분을 농민층으로부터 거둬들이고 있었다. 수출도 부를 창출했고, 19세기를 지나면서 목화, 아편, 인디고, 차의 생산량이 늘었다. 그동안 동인도 회사는 영국에서 저가로 대량생산되는 의류의 수입을 장려했고, 이는 한때 활기가 넘쳤던 인도의 섬유공업을 파괴하는 데 일조했다.

농민들과 때로는 지역 엘리트들 사이에 만연한 불만은 이따금 폭력으로 불타올랐다. 많은 인도 병사들은 먼 곳으로 파견되는 데 분개했다. 그런 긴장은 1857년 '세포이 항명(The Mutiny)'이라는 그릇된 이름으로 알려진 대규모 봉기에서 절정에 달했다. 직접적인 원인은 의례 금기에 무관심한 군대에 병사들이 격분한 데 있었다. 병사들이 치아로 뜯어 열어야 하는 탄창에 힌두교도나 무슬림에게 금지된 동물의 기름이 칠해져 있다는 소문이 돌았다. 세포이 반란은 억압하는 수단을 억압당하는 범주의 사람들에게 의존해야 하는 체제의 취약성을 드러냈다. 영국은 인도 사회의 불만과 분노로부터 병사들을 격리할 수 없었다. 일부 지역에서는 영국인이 한층 직접적인 통치를 머지않아 토후국들로 확대할 거라는 두려움이 봉기를 촉발했을 것이다. 일부 통치자들은 많은 농민들과 마찬가지로 반란군에 협조했으나 이 두 범주의 다른 이들은 협조하지 않았다. 영국이 통제력을 되찾는 데에는 인도 내부의 분열이 결정적이었지만, 영국 지도자들은 자신들 통치의 본질을 재고할 수밖에 없을 정도로 오랫동안 심각한 투쟁을 치르고 나서야 비로소 통제력을 되찾을 수 있었다.

이 반란에 영국은 삼중으로 대응했다. 첫째, 행정관들은 동인도 회사가 시대에 뒤진 거치적거리는 조직이 되었다고 판단했고, 1858년에 마침내 인도는 영국 국가의 관할 아래로 완전히 들어가게 되었다. 1876년에 빅토리아 여왕은 인도 여황제를 칭했는데, 영국 군주가 제국의 통치자임을 공식적으로 인정한 것은 이때가 처음이었다. 둘째, 인도 병사 대비 영국 제도 출신 병사의 비율을 높이는 한편 경제적 긴장을 누그러뜨릴 진보(더 많은 철도, 더 많은 교육 시설)를 촉진하기 위해 적극적인 의제를 제시하는 등 영국은 인도를 더욱 엄격하게 통치했다. 셋째, 영국은 인도를 더욱 신중하게 통치했다. 이를테면 토지세를 낮추었고, 토지를 양도할 때 주의했다. 영국 정부는 세포이 반란에 가담한 국가들을 빼고는 어떤 국가도 추가로 병합하지 않겠다고 약속했으며, 결국 600여 개의 토후국을 인정했다.

마누 고스와미(Manu Goswami)의 주장대로, 세포이 반란 이후 수십 년 동안 영국 정부의 조치는 인도를 응집력 있는 실체로 바꾸어놓았고, 인도의 정치활동가들은 바로 그 공간을 요구하기 시작했다. 영국이 부설한 철도망은 인도를 전례 없이 결속했고, 모든 지역의 중간계급 인도인들은 장거리를 빠르게 이동할 가능성과 열차에서의 인종 분리라는 치욕을 동시에 경험했다. 인도 행정청은 통일된 조직이었으며, 고등 문관은 영국에서 채용하고 그 아래 문관은 인도의 영국인, 유라시아인, 인도인 후보자들 중에서 채용했다. 이 조직에 속한 인도인들은 징세원과 인구조사원으로서 인도 전역을 돌아다니며 중요한 (그러나 동등하지는 않은) 역할을 수행했다.

인도에서 영토 통일은 인도 사람들의 분화와 나란히 진행되었다. 영국은 카스트와 종교적 친연성이라는 구분선을 따라 인도가 '공동체들'로 갈라져 있다고 생각했다. 다시 말해 힌두교도, 시크교도, 파시교도, 무슬림이 서로 깔끔하게 경계를 긋고 있는 것처럼 생각했다.

인도 지식인들은 일찍이 1810년대부터 세계 각지에서 헌법—1812년 에스파냐의 자유주의적 헌법 같은—이 발전하고 있음을 의식했다. 인도인은 입법기관에서의 역할, 동인도 회사의 제약적 경제 정책의 종식, 더 많은 지역 행정권을 말과 글로 요구하기 시작했다. 일부는 힌두교의 진보적 변형을 고취했다. 19세기 후반 인도인의 공개적인 행동주의가 격화됨에 따라 라지(Raj, 영국령 인도의 명칭)에 대한 영국의 견해는, 이 못지않게 일관되지만 확연히 다른 '바라트 마타(Bharat Mata, 어머니 인도)'에 대한 견해와 충돌했다. 힌두 지

인도가 없었다면 영국 제국은 존속할 수 없었다. 인도 소유는 동반구에서 양도할 수 없는 주권의 표지다. 인도가 알려진 이래 인도의 주인들은 세계 절반의 지배자들이었다. 알렉산드로스, 티무르, 바부르를 동쪽의 인더스 강으로 이끈 충동은 16세기에 잠시 동안 포르투갈인에게 주권을 안겨준 충동과 동일한 충동이었으며, 포르투갈인은 그때 이래로 주권의 케케묵은 표어를 끊임없이 중얼거리고 있다. 그 충동은 지난 세기 초에 페르시아의 샤를 10년 동안 동양의 중재자로 만들었다. 그 충동은 프랑스에 제국을 거의 안겨줄 뻔했으며, 더 굳센 심장과 더 상서로운 별이 우리 영국인에게 그 제국을 넘겨주었다. 그 충동은 오늘날에도 북방 대국[러시아]의 야심을 자극하고 이 나라의 맥박을 빨리 뛰게 하고 있다.

— 조지 커즌(George Curzon),
식민지의 영향력 있는 관료, 1892년

식인들은 어머니 인도라는 관념이 인도인 전체를 포괄한다고 보면서도, 인도인의 핵심 가치와 인도인이 공유하는 역사와 관련하여 힌두교의 편향을 드러냈다. 고대 산스크리트 문명과 당대 힌두 문화의 직접적 연계를 중시한 그들은 무굴 제국과 무슬림의 연계를 포함하여 인도에 다수 존재하는 무슬림을 경시했다.

인도인 활동가들은 영국의 정책을 영국인의 관점에 입각하여 비판하기도 했다. 이를테면 영국인이 학교에서 배운 자유주의적 가치를 지키며 살아가지 않는다고 비판했다. 일부 활동가들은, 영국인 통치자는 아시아의 대군주—인도인 토후와 군주에게 입에 발린 말을 하는—인 체하고 인도인은 영국인의 권리를 요구하는 아이러니를 민감하게 의식했다.

식민주의에 대한 정치적 비판은 인도 지식인들이 '유출'이라는 말로 표현한 경제적 비판과 함께 제기되었다. 그들은 인도인의 노동의 결실을 영국 제국으로 빼가는 다양한 방법을 거론했다. 본국세(home charges)는 인도인을 억압하는 비용을 인도인이 내야 한다는 뜻이었다. 이를테면 인도에서 근무하는 관리들의 봉급과 연금에 더해 런던에 있는 인도청 관리들의 비용까지, 그리고 철도 부설을 비롯하여 각종 계획에 쓰이는 자금의 이자까지 부담해야 했다. 인도인 경제 비판자들이 주장했듯이, 세계 무역은 인도인의 이해관계보다 영국인의 이해관계에 유리하게 조종되었고, 인도를 세계 시장의 변동에 과도하게 노출시켰으며, 가뭄이 들어 사람들이 생계를 위협받는 시기에도 수출작물 생산을 강요했다. 그 결과 19세기 후반에 치명적인 기근이 발생했다. 오늘날 경제사가들은 영국의 정책이 인도 경제를 거의 성장시키지 못했다는 비판자들의 주장에 동의한다. 한 추정치에 따르면 1820년부터 1870년까지 인도의 1인당 GDP는 전혀 증가하지 않았고, 그 이후부터 1913년까지 매년 고작 0.5퍼센트 증가했으며, 인도가 독립한 시점에는 1913년의 수준보다 낮았다.

　인도의 제국 비판자들은 식민지 정책이 허용한 작은 공간, 예를 들면 1861년부터 선출된 구성원들과 임명된 구성원들이 뒤섞여 활동한 평의회 같은 공간에 매달렸다. 영국은 '소수 집단'을 위해 의석을 남겨두었으며, 소수 집단에는 무슬림들이 포함되었다. 이는 옛 제국과 연관된 종교를 믿던 사람들에게는 예상치 못한 서글픈 변화였다.

　이처럼 인도인은 '민족' 개념(특정 집단은 정치체 중심부에 있고, 다른 집단은 정치체 외부에 있고, 또 다른 집단은 정치체 주변부에 있다고 보는 개념)을 발전시키고 있었다. 이 개념은 1885년 인도국민회의 창설을 계기로 제도적 형태를 갖추었다. 인도국민회의는 불충분한 정치적 대표, 차별적인 행정, 부의 유출, 불평등한 토지세 제도에 대한 비판을 더 밀고 나아갔다. 인도국민회의의 민족 의식은 제국으로부터(제국의 통치 구조로부터, 제국의 다른 부문에서 복무한 병사와 노동자로부터, 제국의 연계에 이바지하고 거기에서 이익을 얻은 인도인 상인과 금융업자로부터) 생겨났다.

　여왕이 여황제가 되고 국가의 제도가 더욱 견고하게 시행되던 때에도 영국인은 과거의 중층적 주권을 완전히 포기하지는 않았다. 인도의 주권은 인도인에게 있다는 생각은 거부되거나 적어도 무기한 연기되었다. 1885년까지 인도 지식인들은 새로운 통치 형태의 중요성을 파악했으며, 그들이 정치적 조직을 결성한 까닭은 인도라 불린 실체 및 인도의 영국인 통치자들과 관련이 있었다.

팽창한 제국: 아프리카 쟁탈전

이제까지 우리는 19세기에 제국들이 팽창을 하고 명령권을 강화한 방식들을 살펴보았다. 그 과정에서 제국들이 주장한 주권의 정도와 형태는

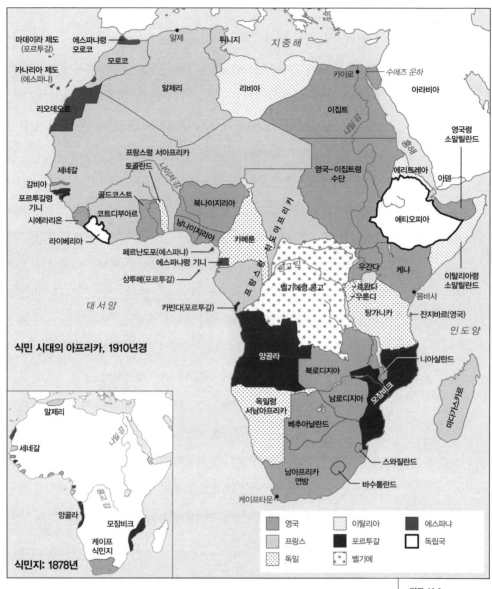

마데이라 제도
(포르투갈)

에스파냐령
모로코

알제

튀니지

지중해

카나리아 제도
(에스파냐)

모로코

수에즈 운하

카이로

아라비아

알제리

리비아

이집트

리오데오로

나일 강

영국령
소말릴란드

프랑스령 서아프리카

에리트레아

아덴

세네갈

토골란드

영국-이집트령
수단

감비아

골드코스트

니제르 강

에티오피아

포르투갈령
기니

시에라리온

코트디부아르

북나이지리아

나일 강

남나이지리아

라이베리아

남나이지리아

카메룬

페르난도포(에스파냐)

우간다

케냐

이탈리아령
소말릴란드

에스파냐령 기니

상투메(포르투갈)

콩고 강

벨기에령 콩고

루완다
우룬디

몸바사

잔지바르(영국)

대서양

카빈다(포르투갈)

탕가니카

인도양

식민 시대의 아프리카, 1910년경

앙골라

니아살란드

북로디지아

마다가스카르

독일령
서남아프리카

남로디지아

모잠비크

베추아날란드

알제리

나일 강

세네갈

스와질란드

남아프리카
연방

바수톨란드

케이프타운

앙골라

모잠비크

케이프
식민지

영국	이탈리아	에스파냐
프랑스	포르투갈	독립국
독일	벨기에	

식민지: 1878년

지도 10.3
아프리카 분할

각기 달랐다. 그에 반해 아프리카 식민화는 대체로 '근대' 식민주의의 전
형으로, 즉 철저한 외부 권력을 이른바 미개한 사람들에게 강요한 과정
으로 간주되어왔다. 제국적 위계질서는 두 부분으로 선명하게 나뉘는 식

민 체제로, 프란츠 파농(Frantz Fanon)이 말한 '마니교의 세계'로 바뀌었는가?

유럽 무역상과 탐험가는 오래전부터 사하라 이남 아프리카의 연안 지역과 접촉했지만(제6장), 두드러진 예외인 남아프리카와 오늘날의 앙골라와 모잠비크에 포르투갈인이 정착했던 지역들을 빼면, 1870년대 전에는 내륙을 거의 잠식하지 못했다. 19세기 전반기에 노예무역이 쇠퇴함에 따라 팜유와 야자유, 정향, 땅콩 같은 상품의 무역량이 늘었으며, 대체로 아프리카인은 자력으로 농업 생산을 했다. 그 이후 대략 20년 만에 라이베리아와 에티오피아를 뺀 사하라 이남 아프리카 거의 전역이 식민화되었다. 영국, 프랑스, 독일, 벨기에, 에스파냐, 포르투갈은 사하라 이남 아프리카를 나누어 가졌다.

20세기에 제국주의 이론가들은 유럽에서 일어난 경제 변화의 결과로 이처럼 식민화가 급격히 진행되었다고 생각했다. 1916년에 레닌은 자본주의가 최고 단계에 진입하여 더 많은 상품을 더 효율적으로 생산하고 더 많은 이익을 창출하고 있지만, 노동자에게 임금을 가능한 한 적게 주고 그 결과 소비가 충분히 이루어지지 않은 까닭에 더 많은 생산에 투자하기가 어려워지고 있다고 주장했다. 금융자본은 특히 무언가를 생산해야 하는 속박에서 완전히 풀려나서 이제는 전 세계에서 투자 기회를 찾고 있었다. 그러나 투자에는 현지인과 유럽 경쟁자를 막아줄 보호책이 필요했고, 따라서 식민자로서 행동할 국가가 필요했다. 아프리카 식민화를 이런 식으로 설명하는 관점에는 두 가지 경험적 문제가 있다. 아프리카에는 실제로 투자가 거의 이루어지지 않았으며, 유럽 자본가들은 국내에서, 다른 나라에서, 더 오래된 식민지에서 다른 투자처를 많이 발견했다.

정치적 행위와 경제적 행위의 상호 연관을 더 정확하게 이해하는 것은 매우 중요한 일이다. 자원을 지배하는 방법이 제국 하나만은 아니지만, 시장은 정치적 맥락 안에 존재한다. 19세기 유럽에서 그 맥락은 저마다 초국가적 자원에 의지한 소수 제국들의 경쟁적 세계였다. 19세기 후반까지 주요 선수로는 여느 때처럼 프랑스와 영국이 있었고, 유럽의 독일어권, 폴란드어권, 덴마크어권, 프랑스어권에서 통합과 팽창을 통해 형성된 신흥 제국인 독일 제국이 있었다(제11장). 벨기에와 포르투갈은 둘 다 작은 국가였고, 바로 그런 이유로 제국에 유달리 관심을 보였다. 제국 팽창의 변경들(북아메리카 전역, 러시아와 중국 사이)은 대부분 이미 닫혀 있었고, 다른 제국의 일부가 아닌 공간들 중에서 크고 사람이 거주하는 공간은 아프리카밖에 없었다.

독일은 이 시합에 뛰어든 새로운 선수였다. 독일 제국의 산업 역량과 군사력은 1870년에 프랑스를 물리친 이후 이웃 국가들에 똑똑히 각인되었다. 그러나 제국의 기준은 여전히 영국, 즉 지켜야 할 방대한 속령과 영향권을 가진 최초의 산업 대국이었다. 경쟁국이 잔지바르나 비아프라 만을 통제하지 않는 한, 이런 지역이 영국 경제나 독일 경제에 반드시 필요하지는 않았다. 유럽이 더 작고 더 민족적인 다수의 국가들로 이루어져 있었다면 어떤 국가도 다른 국가들을 따돌릴 자원을 확보하지 못했을 테지만, 유럽이 제국들로 이루어진 현실에서 각 제국은 세계의 수축하는 자원 풀(pool)을 다른 제국이 독점하는 상황을 미연에 막고자 했다.

그렇다면 이 접촉에서 아프리카 쪽은 어떠했을까? 고립된 부족들의 아프리카라는 흔한 이미지는 허상이다. 아프리카가 중국 같은 곳은 아니었지만, 19세기 중엽 아프리카에는 연안 인근의 강한 왕국들(다호메이, 아샨티)—실은 제국들이었는데, 정복한 주민들을 좀체 동화시키지 않았기 때문이다—과 사하라 횡단 무역에 관여한 이슬람 제국들, 세력을 넓히고 사람과 자원을 재분배하여 번영을 누린 부간다나 줄루 같은 군국주의적 왕국들에 더해 다양한 소규모 정치체들까지 있었다. 일부 연안 공동체들은 수 세기 동안 유럽인(서아프리카) 또는 아랍인과 인도인(동아프리카)과 교역한 경험이 있었고, 연안 소도시들에는 문화적·종족적으로 혼합된 주민들이 있었다. 유럽인이 선호한, 자유무역 제국주의를 조금 변형하는 방식은 아프리카 내륙을 아프리카인에게 맡기는 방식과 한동안 양립할 수 있었다.

이런 조정 방식은 몇 가지 문제를 낳았다. 첫째, 조정의 결과를 예측할 수 없었다. 유럽인의 시각에서 보면, 아프리카 정치체들이 서로 분쟁하고 유럽 정치체들이 서로 경쟁하는 상황은 불안정, 무역 독점, 국내의 공업과 사회적 안정을 좌우하는 원료 흐름의 중단으로 귀결될 수 있었다. 둘째, 유럽과 아프리카의 기술 격차가 더 벌어졌고, 더 뛰어난 무기와 통신, 약품 덕분에 아프리카의 광대한 공간으로 들어가는 것이 더 그럴듯한 일이 되었다. 다른 곳에서 전진하고 운송을 개선한 제국들은 비용을 낮출 수 있었다. 예컨대 영국은 아프리카를 정복하면서 인도인 병력을 이용했고, 모든 열강은 아프리카인 동맹을 구했다. 아프리카 왕국들은 유럽 군대에 패배를 안겨주기도 했지만—1879년 줄루 왕국이 (한동안) 영국군에, 1896년 에티오피아가 이탈리아군에—아프리카의 추세는 반대 방향으로 흘러갔다. 셋째, 유럽 공중은 부르주아 사회가 하기에는 지나치게 모험적인 기획으로, 민주정이 하기에는 지나치게 악랄한 기획으로 보일 수도 있는 일에 관여하는 것을 내키지 않아 했는데, 아프리카에 대한 묘사가 바뀌면서 공중의 이런 태도가 많이 누그러졌다. 인도주의자들, 탐험가들, 선전가들(1860년대부터 활동한 반노예제 협회들을 포함하여)은 아프리카가 노예무역을 하고 폭정에 시달리는 장소, 자애로운 개입이 필요한 장소라는 이미지를 널리 알렸다. 마지막으로, 식민화가 그 자체로 추진력을 얻었다. 아프리카의 전초기지들(독일과 영국의 연안 '상관'

들)은 제국 진출의 발판이 되었고, 낮은 비용으로 국가의 무역을 분담했다. 유럽 정부들은 아프리카 사회들과 세계 경제의 접촉 면에서 생겨나는 긴장 상태에 점차 끼어들게 되었다. 영국 동인도 회사 같은 특허 회사들은 병합으로 가는 길의 중간 단계였다. 영국 정부는 왕립 니제르 회사와 영국 남아프리카 회사가 속령에서 행정권을 행사하고, 그리하여 주권의 의미를 흐리는 것을 허용했다. 그러나 특허 회사들은 대개 실패했고, 어쨌거나 행정 부담을 정부에 다시 떠넘겼다.

자유무역 제국주의를 주도한 영국은 유럽 열강 가운데 아프리카에서 제일 먼저 개입을 확대한 강대국이 아니었음에도 결과적으로 나이지리아, 골드코스트, 케냐, 로디지아 같은 노른자위 땅을 차지했다. 프랑스는 얻을 수 있는 땅(사하라 사막 가장자리의 건조 지대 대부분과 이보다 한결 나은 연안의 아주 작은 속령들)을 얻었다. 독일은 공격적으로 행동하여 몇몇 유망한 속령들, 특히 카메룬, 남아프리카, 탕가니카를 정복했다. 콩고는 벨기에 국왕 레오폴드의 몫으로 돌아갔는데, 한 가지 이유는 위험한 경쟁국이 아닌 벨기에처럼 작은 나라의 왕이 아프리카 중부의 이 커다란 영토를 차지하는 것을 다른 강대국들이 기꺼이 용인했기 때문이다.

경쟁 관계였음에도 유럽인들은 자기들 간의 경쟁과 관련한 규칙을 만들었다. 1815년 이래 유럽의 정치 질서를 규제하려 한 일련의 회의들(제8장, 제11장)에 뒤이어 1884~1885년의 베를린 회의에서 핵심 원칙이 정해졌다. 유럽 국가는 권리를 주장하는 영토를 실효적으로 점유함을 입증해야 한다는 원칙이었다. 1889년부터 1890년에 걸쳐 브뤼셀에서 유럽 지도자들은 모든 식민 열강이 노예, 무기, 술의 매매를 확실히 종식한다는 데 동의했다. 이 두 차례 회의는 '유럽'을 정의하는 데 일조했다. 일군의 유럽 국가들이 유럽 밖의 다른 곳에서 지킬 규칙을 정한다는 것이 두 회의의 전제였기 때문이다. 유럽은 합리적인 규제와 국제법의 보고,

미개한 사람들이 사는 아프리카와 구별되는 장소임을 스스로 알렸다.

베를린 회의를 주재한 독일 재상 오토 폰 비스마르크는 아프리카의 분쟁이 전쟁으로 확대되고, 그리하여 중부 유럽에서 독일 제국이 오랫동안 추구한 통일이 방해받는 상황을 원하지 않았다. 비스마르크는 오만했던 19세기 유럽의 대다수 지도자들보다 제국의 한계를 더 깊이 이해했다. 일련의 회의들은 제국 간 경쟁을 규칙에 얽매이는 활동으로 바꾸려는 시도였지만, 소수의 강력한 선수들이 유럽의 권세를 두고 분쟁하는, 수백 년 묵은 근본적인 문제를 끝내지는 못했다. 독일 지도자를 포함하여 모든 지도자가 비스마르크의 억지책을 공유한 것은 아니었다(그 결과 훗날 재앙이 닥쳤다).

국제 회의들에서 발표한 바에 따르면 유럽인의 제국 건설의 최근 단계는 질서정연하고 체계적이고 개혁적인 단계가 될 것처럼 보였지만, 현실은 결코 그렇지 않았다. 아프리카를 정복하기는 (잔인할지언정) 쉬웠으나 다스리기는 어려웠다. 아프리카에서 '근대적' 제국 국가는 행정을 허술하게 시행했고, 선진 자본주의는 거의 투자하지 않았고, 문명화 사명을 내건 유럽인들은 결국 보수적인 추장들을 지지하면서 지나친 사회 변화가 기존 사회를 위태롭게 만들 것이라고 우려했다.

아프리카 왕국들을 무찌른 뒤, 식민자들은 대개 토착민 지도자들 가운데 최상층을 쫓아내고 중간 수준의 권위자를 상대하려 했다. 식민자들은 다른 곳에서는 협조적인 추장을 찾았고, 설령 그의 권위가 대체로 만들어진 것이라 해도 개의하지 않았다. 추장 아래의 토착민 경찰과 통역가는 일정한 지역 권력을 획득했다. 추장은 백인 관료의 변덕에 따라 내쫓길 수 있었고, 그 배후에는 식민군이 버티고 있었다. 반란이 일어났고 그중 일부는 한 지역을 훌쩍 넘어서는 관계망에 의지했지만, 분할 통치 전략을 구사한 열강은 대체로 엄청난 폭력을 가해 반란을 억제할 수 있었다. 1905년에 독일이 탕가니카 봉기를 진압하는 과정에서 아프리카인이 무려 10만 명이나 죽었다. 서남 아프리카에서 반란을 일으킨 헤레로족은 조직적인 절멸에 가까운 대응에 직면했다. 프랑스는 서아프리카의 사헬 지대에서 수년간 잔혹한 방식으로 군사행동을 계속했다. 그러나 이따금—탕가니카에서 독일이 그랬듯이—유럽 열강은 아프리카인의 집단 행위에 직면하여 식민지를 체계적으로 착취하려던 야망을 불가피하게 축소해야 했다.

영국은 나중에 추장을 통한 통치에 간접 통치라는 새로운 이름을 붙였지만, 이것은 과거와 당대의 제국들이 이런저런 형태로 시행한, 토착민 중개인을 통한 통치의 한 버전이었다. 추장들은 조세를 징수하고, 도로를 건설할 노동력을 조직하고, 때로는 철도 건설이나 백인 정착민을 위해 노동자를 끌어모을 것으로 기대되었다. 추장들은 '관습'법을 명분으로 내걸고서 지역의 질서와 정의를 유지했다. 유럽인들은 '관습'법을 마치 영구적인 관행인 양 다루면서도 역겨운 요소들은 제거했다. 프랑스는 프랑스식 교육을 받은 소수의 아프리카인을 배출할 의도로 더욱 동화적인 태도를 보였다. 벨기에와 백인이 정착한 식민지는 아프리카인을 특히 정력적으로 단속했지만, 식민화를 추진한 열강은 비용과 위험을 감내하지 않으려 했고, 그럴 경우 간접 통치는 엇나가기만 했다.

식민 정부들은 교육에 돈을 거의 쓰지 않았다. 이 느슨한 부분을 어느 정도 떠맡은 것은 선교회—반교권적인 프랑스의 관할 영역에서마저—였다. 선교사들은 대개 국기를 뒤따라 움직였고 정부의 활동 허가에 의존했지만, 때로는 다른 나라의 식민지에서 활동하기도 했다. 많은 선교사들은 자신이 서로 경쟁하는 제국의 힘보다 높은 힘(신)을 섬기고, 착취적인 정착민들의 포식 행위에 맞서 더 넓은 인류 개념을 옹호하고 있다고 생각했다.

프랑스 정부는 사하라 이남 아프리카에서 새로 정복한 주민들을 시민과 구별되는 신민으로 여겼다. 시민에 포함된 이들은 아프리카에 정착한 유럽 프랑스인들, 서인도 제도의 아프리카계 사람들, 그리고 프랑스 제국에서 거의 유일하게 이슬람식 혼인을 포기하지 않고도 시민의 권리를 가진, 세네갈 '구'식민지들(네 코뮌)의 원주민들이었다. 시민과 달리

도판 10.3
〈코토누에 상륙하는 프랑스 군대〉. 세네갈 출신 물라토인 알프레드-아메데 도즈 대령이 지휘한 프랑스 병력은 1894년에 다호메이를 정복하고 병합했다. *Le Petit Journal*, 1892년 5월 21일.

신민은 앵디제나(indigénat, 원주민 통치 제도)를 적용받았고, 강제노동에 자주 동원되었다. 신민들은 정치적 발언권이 거의 없었다. 알제리에서처럼 프랑스식 교육을 받고, 프랑스의 이해관계를 위해 일하고, 이슬람법이나 관습법에 따라 사적인 문제를 판결받을 권리를 포기하고, 관리의 검열을 통과한 아프리카인에게는 시민권을 획득할 일말의 가능성이 있었다. 그 틈새를 비집고 들어간 아프리카인은 극히 적었지만, 이 극소수의 조력을 받을 가능성을 발견한 프랑스의 공화주의 정치가들은 자신들의 원칙과 식민화가 양립 가능하다고 확신했다.

제3공화정에서 쥘 페리(Jules Ferry) 같은 일부 지도자들은 강경한 국가관(해외의 낙후된 주민들에게 권력을 행사하여 프랑스의 이해관계와 위상을 위해 복무하게 하고 결국에는 프랑스 문명을 퍼뜨리게 하는 프랑스 국가)을 피력했다. 사업 로비 집단들과 제국주의적 공상가들은 프랑스 국민의 이

익을 위해 모든 부분이 각자 할당받은 역할을 수행하는 '대(大)프랑스'를 상상했다. 그러나 그런 미래상에 대한 폭넓은 합의는 없었다. 일부 정치가들은 식민화는 원칙적으로 잘못된 것이라고 여기거나, 식민화가 단기 이익을 위해 안전한 사냥터를 제공한다고 생각했다. 많은 정치가들은 무관심했고, 오로지 비용이 적게 든다는 이유로 식민 모험에 동조했다. 더욱 포괄적인 시민권을 허용하려던 입법 노력은 실패했고, 세네갈의 네 코뮌의 아프리카인들로부터 시민권을 빼앗으려던 시도 역시 실패했다.

영국 식민지의 경우처럼 프랑스 식민지의 경우에도 인종 차별은 남로디지아, 케냐, 알제리 같은 정착 식민지에서 가장 가혹하고 가장 체계적으로 이루어졌다. 다른 곳에서는 유럽식 교육을 제일 많이 받고, 전문직으로 출세하고, 더 높은 지위를 획득한 아프리카인들마저 불쾌한 차별을 당했다. 제국은 신민을 동등하게 대한 적이 없었지만, 민주정과 진보에 관한 유럽의 수사와 인종 분리가 병치된 상황은 대단히 불안정했다.

초기 식민자들은 대체로 남성이었고, 자신의 남성 특권에는 아프리카 여성과 성관계를 할 권리, 자기 자식을 마음 내키는 대로 인정하거나 인정하지 않을 권리가 포함된다고 생각했다. 식민지 엘리트들 — 그리고 식민지에 정착하거나 귀국해서 식민 로비에 뛰어든 여성들 — 은 이처럼 남성적 권력이 만들어내는 사회가 어떤 종류의 사회일지를 갈수록 우려하게 되었다. 식민 체제는 인종 간 결합을 줄이고 인종 분리를 강요하고자 했다. 앤 스톨러(Ann Stoler)의 말마따나 유럽 문명을 대표한다는 주장에는 "성생활을 관리하는 자제력과 자기 규율"이 함축되어 있는 듯했다.

식민 지도자들은 '전통적' 권위에서 이탈한 젊은 남성과 가부장적 통제에서 벗어난 젊은 여성 같은 피통치인들로부터 비롯되는 사회적 위험도 우려했다. 아프리카 남성과 여성은 변화하는 성별 관계에 관해 나름 대로 생각하는 바가 있었으며, 그 생각은 연장자들의 모델에도, 식민 관료들의 모델에도 들어맞지 않았다. 임금노동을 하는 동안 젊은 남성은 부모의 통제 밖에서 결혼하고 가정을 꾸릴 기회를 잡을 수 있었고, 도시는 새로운 형태의 가족이 만들어지는 장소가 되었다. 그들은 일생 동안 (도시와 시골에서, 연장자의 통제를 받건 다른 통제를 받건) 여러 종류의 사회적 관계를 경험했다.

식민지들의 경제 형태는 제각각이었다. 서아프리카 대부분 지역에서 영국의 행정기구와 프랑스의 행정기구는 이미 해외 무역에 통합되어 있던 농민 생산 제도와 상업망을 활용했다. 유럽 상회들이 수출입 부문을 장악했지만, 골드코스트와 나이지리아에서, 아울러 훗날 코트디부아르에서 코코아 같은 작물들의 수출이 늘어난 것은 식민 열강의 요구에 따른 결과라기보다는 아프리카인의 진취적 활동(새 작물을 심고, 알맞은 농업 지역으로 이주하고, 친족관계와 예속관계를 통해 노동력을 동원한 활동)의 결과였다. 그런 지역들에서 일부 아프리카 농장주들은 어느 정도 번영을 누렸다. 광업(중앙아프리카의 구리, 남아프리카의 금)은 유럽 기업들이 통제했다. 이런 기업이 조성한 임금노동 고립 영토 주위에는 노동자를 고용한 훨씬 넓은 지역들이 있었다.

백인 정착지에 관한 식민 정부들의 감정은 복잡했다. 정착형 식민주의는 유럽인들이 실업을 피하거나 야심과 공상을 실현할 수단이 될 수도 있었고, 예측 가능한 수출 생산을 확보하는 방법이 되거나 전략상 유용한 지역에서 유럽인 공동체의 보루가 될 수도 있었다. 그러나 정착민은 또한 유럽의 생활수준을 요구했고, 토지 강탈과 노동 착취, 인종 학대가 촉발한 아프리카인들의 분노로부터 자신들을 지켜줄 것을 식민 국가에 기대했다. 일반적으로 정착민들을 위해 노동력을 창출한다는 것은 아프리카인 생산자들이 국가의 비용을 덜 요구하고 소란을 덜 피울지라도 이들의 기회를 제한한다는 것을 뜻했다. 케냐와 남로디지아에서, 그리고 한동안 코트디부아르에서 백인 농장주들은 국가로부터 자신들이 필요로 하는 억압적 도움을 받는 대가로 극심한 사회적 긴장을 유발했다.

남아프리카에서는 자본주의 혁명이 인종화된 형태로 일어났다. 그 가능성은 남아프리카의 과거에서 유래했다. 1652년까지 거슬러 올라가는 네덜란드인(훗날 스스로를 아프리카너라고 불렀다)의 정착은 단단히 자리 잡은 대규모 백인 인구를 만들어냈다. 유럽 제국들이 전쟁을 벌인 결과 남아프리카 통치권이 영국으로 넘어간 이후, 주요 족장 사회들은 정복을 당했고, 영국 정착민들은 아프리카너들과 마찬가지로 농경지를 요구했다. 한동안 아프리카인 농민들은 대개 백인들이 차지한 토지의 소작농이 되어 일했다. 아프리카너들은 영국의 지배 아래 반자치적인 공화국들을 형성했다. 그 이후 1866년에 다이아몬드, 1886년에 금이 발견되면서 남아프리카 광산들에 대규모 투자가 집중되었고, 노동 수요가 급격히 늘었다.

광산 세력이 성장하고 도시화가 진행되고 수송이 개선되면서 곡물 농업을 자본주의적 기반 위에 올려놓을 유인이 생겨났다. 백인 농장주들은 토지에서 소작농을 쫓아버리고 갈수록 임금노동에 의존했다. 아프리카인의 토지 상실은 큰 광산과 도시 노동력에 보탬이 되었다. 그 노동력은 면밀히 감시해야 했다(제국을 순회하는 관리들이 아니라 대체로 남아프리카의 백인 거주자들이 감시를 했다). 광산에서 남성 노동자들은 가족 및 공동체와 떨어져 구내에서 지냈다. 아프리카 남성은 통행증을 가지고 다녀야 했고, 일하지 않을 때 '백인' 구역에 있다가는 체포될 수 있었다. 거주 공간은 인종에 따라 분리되었다. 사하라 이남 아프리카에서 백인이 통치한 국가들 가운데 남아프리카만이 노동과 인종을 통제하기 위한 관료제와 경찰력을 보유하고 있었다.

영국의 지배를 받는 아프리카너 공화국들을 자본주의 체제의 요건에 맞게 조정하는 과정에서 분쟁이 발생하고, 뒤이어 1898년에 영국 정부와 공화국들 간에 전쟁이 발발했다. 19세기의 중층적 주권은 힘겹고 격렬한 싸움을 거친 후 권위주의적인 식민 국가로 대체되었다. 보어 전쟁이 예기치 않게 인명과 금전 손실을 초래하자 곳곳에서 식민화 기획에 대한 의구심이 싹텄다. 홉슨(J. A. Hobson)은 저서《제국주의(Imperialism)》(1902)에서 이런 의구심을 웅변조로 표명했다. 아일랜드인 전투원 수백 명이 남아프리카로 이동하여 영국 제국주의와 싸우는 아프리카너들에 합류했지만, 이 자원병들이 싸운 상대는 영국군에 복무 중인 더 많은 아일랜드인들이었다. 영국의 배신을 널리 알리려 힘쓴 러시아 언론은 아프리카너들을 지지했고, 중국의 일부 지식인들은 아프리카너들이 자신들과 마찬가지로 식민화에 반대하는 입장이라고 추정했다.

그러나 남아프리카에서 다이아몬드와 금 산업이 창출한 부는 어떤 의혹이 일건 그것을 극복할 방법을 찾을 것이라는 확신을 심어주었다. 영국이 짧은 '재건' 기간 동안 '근대적' 국가 운영 방식이 영국 엘리트뿐 아니라 아프리카너에게도 이로울 수 있음을 보여준 이후, 부유한 아프리카너 농장주들, 영국 관료들, 국제 자본 사이에 협력이 발달하기 시작했다. 이 협력은 1910년에 남아프리카를 자치령으로 바꾸어놓을 만큼 충분히 발달했다. 그동안 아프리카 남성들은 임금노동을 하는 장소와 궁핍한 마을 사이를 오갔으며, 이런 마을에는 노인들과 아이들, 그리고 꾸준히 일하지 못하는 사람들을 먹여살리려 애쓰는 여성들이 지나치게 많았다.

남아프리카의 자본주의로의 전환은 식민 경제 스펙트럼의 한 극단이었다. 다른 극단은 포식적 수탈이었다. 가장 악명 높은 사례는 벨기에 국왕 레오폴드의 콩고였다. 선대 왕들처럼 레오폴드는 콩고를 개인 봉토로 여겼고, 각 지역에서 생산물과 세입을 관리하고 징수하는 업무를 회사들에 배정했다. 아프리카 사회의 장기적 활력에 관심이 없었고 세계적으로 수요가 급증한 천연고무에 사로잡힌 그 회사들은 살인적인 수탈 제도를 고안했다. 그들은 먼 지역 출신의 아프리카인을 포함하는 경비원들을 고용했고, 마을들에 고무 생산량을 할당했다. 할당량을 채우지 못하면 본보기로 신체 절단이나 처형을 했다.

그 결과 국제적으로 추문이 돌았고, 이로 인해 유럽의 여론이 생각한 정당한 식민화와 지지할 수 없는 만행이 더 선명하게 구별되었다. 1908년까지 레오폴드는 콩고를 개인 영유지에서 벨기에의 공식 식민지로 전환하고 식민지 행정을 개선하는 조치를 취할 수밖에 없었다. 고무 공급이 고갈된 덕에 콩고의 희생자들은 사정이 조금 나아졌다. 그러나 당국의 허가를 받은 회사들은 프랑스령·포르투갈령·영국령 아프리카에도 있었다. 그 결과 아프리카인들은 가혹 행위에 시달렸지만, 식민 통치나 사업의 방법으로서 가혹 행위가 오래 지속된 경우는 드물었다.

아프리카 분할전으로 인해 식민화가 가능한 마지막 변경까지 사라졌을 무렵, 유럽 제국들은 세계의 지리를 재형성해온 것처럼 보였다. 영국만 해도 세계 인구의 4분의 1이 자국 깃발 아래서 살아간다고 주장할 수 있었다. 이제 식민화는 진정 지구적인 현상으로, 세계 인구의 태반을 외세의 통치에 종속시킨 현상으로 보였다. 같은 시기에 아프리카인들과 아시아인들은 소수의 제국 간 관계망을 통해 식민주의에 맞서 결집하기 시작했다. 유럽이 외견상 나머지 세계를 복속시킨 것을 규탄한 이들이나 찬양한 이들이나, 제국 건설의 이 단계가 얼마나 단명으로 끝날지 알 방법은 없었다.

식민주의 없는 식민화?
미국 제국의 신화와 관행

1898년, 아프리카와 아시아에서 유럽 열강의 제국주의적 토지 강탈이 절정에 달한 때에 미국은 에스파냐와 전쟁을 벌여 에스파냐 식민지였던 쿠바, 푸에르토리코, 필리핀을 비교적 손쉽게 빼앗았다. 우리는 미국이 19세기 동안 특정한 제국 양식에 따라 행위했다고 주장했다(제9장). 그 양식은 내부인과 외부인을 선명하게 구별하는 대륙 제국을 만들어냈고, 스스로를 민족적으로 규정한 정치체를 낳았다. 19세기 후반은 미국이 제국적으로 행위할 역량을 키운 시기였지만, 해외에서 다른 제국들처럼 행위할 것인지를 두고 논쟁을 벌인 시기이기도 했다. 식민지 획득의 윤리와 가치를 두고 프랑스와 영국이 논쟁하기는 했지만, 19세기 말까지 유럽인들은 식민지와 보호령을 비롯한 종속적 통치 형태들이 제국 안에 오랫동안 존재해온 현실을 전반적으로 용인했다. 미국인들의 논쟁은 이와 동일하게 해결되지 않았다.

쿠바는 곧 명목상 주권국가가 되었으나 미국은 자국이 선택한 조건에 따라 쿠바에 개입할 유별난 권리를 보유했다. 필리핀은 48년 동안 미국의 점령 통치를 받았지만, 1910년에 미국 정부는 장차 필리핀을 독립으로 이끌 생각이라고 선언했다. 푸에르토리코는 속령으로 남았으며, 자치령(Commonwealth)이라는 딱지가 이곳의 이례적인 성격을 말해준다. 파나마 운하에 필요한 기다란 땅—지대(zone)라고 불렸다—은 1903년부터 1979년까지 미국의 통제를 받았다. 한동안 농장주와 선교사의 관심사였던 하와이는 미국에 병합되었으나 결국 제국의 또 다른 궤도를 따라갔다(50번 째 주로서 미국 정치체에 완전히 통합되었다). 한편 미국은 괌처럼 군사적으로 중요한 고립 영토 식민지들도 얼마간 획득했다. 마지막으로 미국은 나름대로 변형한 자유무역 제국주의를 고압적인 방식으로, 특히 라틴아메리카에서 장기간 무력 개입을 통해 실행했다. 이런 행위들은 때로는 점령으로 이어졌고, 더 많은 경우 현지 정부를 더 우호적이거나 유연한 정부로 대체하는 결과로 이어졌지만, 미국의 정치 질서 안에 안정적으로 자리 잡은 식민지를 만들어내지는 않았다.

1898년 쿠바에서 미국은 온정적 개입이라는 신화를 구축했다. 미국이 억압적이고 퇴행적인 에스파냐를 서반구에서 내쫓고 아메리카인들이 자유를 행사하게 해준다는 신화였다. 당시 에스파냐는 마드리드의 통치에 분개한 애국적 엘리트들 및 경제적·사회적 억압에서 벗어나려는 해방노예들과 노동자들이 결성한 허술한 반란군에 밀려 패배를 눈앞에 두고 있었다. 미 공화국 내부에서는 쿠바의 자유의 전사들에 공감하는 분위기가 강했지만, 윌리엄 매킨리 행정부는 라틴계 엘리트들과 아프리카계 대중이 뒤섞인 무리가 쿠바를 운영할 경우 무질서가 닥치고 재산이 위협받을 것을 우려했다. 미국의 침공은 해방운동을 지원하려는 시도라기보다, 약화된 에스파냐와 급진적으로 변할 가능성이 있는 적, 이 두 가지의 대안을 강제로 도입하려는 시도에 더 가까웠다.

미국 일각에서는 오랫동안 쿠바 병합을 원했지만(근접성과 플랜테이션 경제가 남부 사람들의 관심을 끌었다), 이 해결책은 미국의 여론을 두루 납득시키기가 더 어려웠다. 대안은 미국의 권력을 이용하여 쿠바의 부유한 백인 유산자들이 지배하는 사회질서를 장려하는 것이었다. 이 유산자들은 미국의 지속적인 점령이나 사회 혁명을 겪기보다 주권의 축소를 감내하려 했다. 결국 그들은 축소된 주권을 얻었다. 쿠바는 다른 나라와 조약을 체결하는 것을 법적으로 금지당했고, 해군 기지(관타나모)로 사용할 땅을 미국에 넘겨주어야 했으며, "생명, 재산, 개인의 자유를 보호하기 위해" 개입할 권리를 미국에 내주어야 했다. 훗날 미국 관료들과 홍보 담당자들은 이런 사건들을 새롭게 구성했다. 다시 말해 쿠바가 외세의 폭정에서 벗어나도록 미국이 지원한 사건, 쿠바에서 좋은 정부가 들어서도록 미국이 원조한 사건으로 재구성했다. 미국의 개입주의를 비판하던 사람들마저도 쿠바의 선택을 오판에 따른 이상주의로, 즉 미국이 에스파냐와 전쟁을 일으켰을 정도로 쿠바를 탐내던 맥락도 놓치고, 미국이 지지한 정부 개념이 인종화된 정부라는 것도 놓친 이상주의로 여겼다.

필리핀에서 미국은 혁명적 상황에도 개입했다. 대체로 에스파냐계였던 필리핀 민족주의자들은 에스파냐 제국의 권력과 영향력에서 배제된 데 분개하여 제국에서 이탈하고자 했다. 하와이를 통해 태평양으로 영향력을 넓히고 있던 미국은 중국과의 무역에 필요한 발판을 구해야 할 경제적 동기가 있었다. 중국과의 무역은 미국이 유럽 제국들과 공유한 목표였다. 1898년에 마닐라에서 에스파냐 병력을 신속하게 물리친 미군은 자신들의 기만술을 재빨리 드러냈다. 1899년에 미국 통치에 맞서 반란이 터졌고, 이를 잔혹하게 진압하는 과정에서 미국 군부와 지도부는 필리핀인들을 신뢰할 수 없고 스스로 통치하기에 부적합한 부류로 여기는 인종화된 견해를 점점 굳혀갔다. 필리핀 엘리트들도 비기독교 주민들, 때로는 일부 섬의 무슬림 주민들과 관련된 엇비슷한 편견에서 면제되지 않았다. 미국이 온정적 제국주의를 펼친다고 주장했음에도 개인 투자는 물론 의회의 행정 자금 지원도 충분히 이루어지지 않았으며(경제 발전은 고사하고), 미국 관료들은 정부와 경제의 기능을 유지하기 위해 대체로 기존 엘리트층에 속한 필리핀 협력자들에게 의존할 수밖에 없었다. 미국인들과 필리핀 엘리트들은 자기들 아래에 있는 사람들을 하찮게 여기는 제국의 중층적 위계질서를 상상했다.

1910년의 약속에도 불구하고 필리핀의 자치는 명시하지 않은 시점,

즉 필리핀인들이 자치 능력을 스스로 입증할 때까지로 연기되었다. 그러나 필리핀이 결국 미국 영토라는 사실로 인해 미국 지도자들은 부적절한 부류의 미국인들이 지나치게 많이 생겨난 것을 우려하게 되었다. 필리핀에서는 필리핀인들의 협력이 필요했지만, 그들이 미국인의 권리를 요구하거나 미국 영토의 다른 곳으로 이주할 가능성, 특히 미국 본토에서 취업할 가능성은 바람직하지 않은 일로 간주되었다.

이처럼 제국의 정치는 미국의 방식을 퍼뜨려야 한다는 제국주의적 사명과 인종주의적 반제국주의를 둘 다 낳았다. 미국의 정치 지도자들 가운데 일부는 제국주의가 부패하고 있다고 생각했고, 다른 일부는 국내와 해외 영토에서 개혁을 꾀했다. 일부는 영국령 인도를 좋은 모델로 여겼고, 다른 일부는 그러지 않았다. 해외 식민화 기획은 미국의 대륙 제국을 확대한 것처럼 보이기도 했고, 대륙 팽창의 산물인 신화를 위협하는 것처럼 보이기도 했다. 미국이 준주들을 묶어 국가를 형성하면서 균질한 국민을 만들어내고 있다는 생각은 국민에 들어맞지 않는 인종 집단을 배제하는 조치에 의지했다. 이런 균질화 견해는 해외 사회의 상이한 집단들을 통치하는 현실과 잘 어울리지 않았다. 쿠바에서는 막후 통치가 이런 긴장을 조정하는 것처럼 보였다. 필리핀에서는 독립을 미루어 해결책을 마련했다. 푸에르토리코에서 미국은 경제적 이해관계를 더 직접적으로 추구했고—특히 설탕 산업에서—푸에르토리코 엘리트들의 이른바 후진성을 오히려 경제적 진보의 장애물로 간주했다. 여기서는 제국주의 가운데 내구성이 더 강하고 더 통합적인 버전(즉 '자치령')이 필요했다.

한편 미국은 라틴아메리카에서 국가들의 주권을 인정했지만, 엘리트의 비타협적 태도나 혁명의 위험이 특정한 수준을 넘어가면 언제든 개입했다. 이 전략은 1916년 멕시코에서처럼 침공으로 귀결되기도 했고,

명백히 단기간에 그쳤다는 점에서 프랑스나 영국의 식민화와 구별되는 점령으로 귀결되기도 했다. 아이티, 파나마, 도미니카 공화국, 중앙아메리카의 대다수 공화국 등 미국이 때때로 군사 개입을 한 이웃 국가들의 목록은 길다. 미국이 정복에 나선 1898년 이래로 이런 행위는 해외의 결정적이고 강력한 행위자라는 미국의 새로운 자아상에 보탬이 되었다. 그러나 미국의 엘리트 여론 중에서 영향력 있는 부분이 대륙 제국을 백인 기독교도의 국가로 바꾸는 과업에 정력을 쏟은 탓에, 식민지들의 통치자라는 자아상을 완전히 구축하지는 못했다. 해외에서 사람들을 다르게 통치하는 관행을 명확히 밝힌─그리고 짐작하건대 오래 지속된─영국 식민청과 같은 기구를 미국은 창설하지 않았다.

결론

19세기 후반 식민지를 정복한 프랑스, 독일, 영국, 포르투갈, 벨기에는 새로운 기술을 사용했고 제국의 권리를 더 분명하게 의식했다. 그들의 통치 레퍼토리는 변하고 있었다. 17세기의 영국이라면 자유무역 제국주의를 어림없는 시도로 간주했을 것이다(해상 제국의 폭력적인 세계에서 이 전략은 틀림없이 실패했을 것이다). 영국 경제가 탈바꿈한 19세기 전반에 이 전략은 처음으로 현실적인 전략이 되었지만, 다른 제국들이 경제적 격차를 좁힘에 따라 갈수록 문제가 되었다. 노예제는 17세기만 해도 제국의 평범한 일상이었지만, 노예들의 행위와 반노예제 운동에 힘입어 19세기를 거치면서 레퍼토리에서 밀려났다. 새로운 기술 덕분에 19세기 후반 들어 아프리카를 정복하기가 한 세기 전보다 한결 쉬워졌고, 같은 시기에 산업화로 인해 세계의 많은 지역에서 원료와 시장에 접근할 권리를 확보하는 과제가 유럽 열강에게 한층 중요해졌다. 19세기 정부들은 과

거의 위계적인 체제들의 통치와 다른, 좋은 통치(good governance)라는 사상을 전개하고 있었다.

이런 변화는 제국의 긴요한 과제들, 즉 중개인의 협력을 얻는 일, 국내의 정치 행위자들에게 제국 통치를 매력적이거나 정상적인 통치로 보이게 하는 일, 다른 제국들과 효과적으로 경쟁하는 일과 어떻게 연관되었는가? 기관총과 전신은 13세기에 유라시아의 많은 부분을 압도했던 몽골족의 무장 기병 및 전령 제도와 달랐지만, 아프리카의 광대한 공간에서 속도와 화력이 반드시 지속적이거나 변혁적인 통치로 전환되었던 것은 아니다.

19세기의 식민 정복은 종래의 식민 정복과 마찬가지로 빠르고 피로 얼룩진 과정이었다. 식민 열강은 어떤 환경에서는 효과적인 감시·처벌 기구로 삼엄하게 통치했지만, 다른 환경에서는 허술하고 임의적으로 통치하면서 간혹 잔혹 행위를 자행했다. 식민 체제들은 이따금 '전통' 사회를 탈바꿈시키겠다는 야심 찬 목표를 표명했으나 피식민자들이 반발할 경우 대개 물러섰다. 큰 제국들은 대체로 이런 목표를 성취할 수 있었는데, 권력 레퍼토리가 더 넓었고 또 경쟁국이 중대한 자원을 독점하지 못하게 막을 수 있었기 때문이다.

그렇다면 과학과 경제, 통치에 통달했다는 유럽인들의 주장이 수반한 우월 의식(문화적·인종적 우월 의식)은 어떠했을까? 흔히 19세기는 제국들의 차이의 정치가 결정적으로 전환한 시기, 다시 말해 인종이 인류를 구분하는 핵심 요인의 하나(유일한 요인은 아닐지라도)가 되고, 가혹한 백인-흑인 이분법이 덜 단정적이고 더 합리적인 위계와 불평등 형태들을 대체하고, 인종들이 서로 구별되고 동등하지 않다는 '과학적' 논증이 일군의 관행을 강화한 시기로 간주된다. 18세기 후반 이래 유럽 사상가들은 신체적 특징과 문화적 특징의 관계에 사로잡혔다. 일부는 인간 집단들이 문명의 상이한 '단계들'을 반영한다고 주장했다. 유럽인들이 탐험하고 착취하고 통치하기 위해 아프리카와 아시아로 더 많이 이동함에 따라, 정복하고 지배한 경험으로 인종적 위계질서에 관한 이론들을 입증할 수 있을 것처럼 보였다.

그렇다고 해서 식민지 상황에서 인종주의적 담론과 관행의 맹위가 수그러들었던 것도 아니고, 정복 전쟁에서 학살당하거나 광산과 플랜테이션에서 착취당한 토착민들의 인간성을 냉담하게 무시하는 태도가 누그러졌던 것도 아니며, 인종과 관련한 유럽인들의 생각과 행위가 모순적이고 비일관적이고 불안정하다는 것이 드러날 정도로 피정복민들이 경험한 고통스러운 차별이 완화되었던 것도 아니다. 식민 정치에서 인종이 실제로 작동한 방식은 모든 제국이 직면한 우발적 사건들과 모순적인 정치적 과제들에 달려 있었다. 19세기 후반과 20세기에 행정관들이 인종 분리를 시행하기 위해, 그리고 식민지 대리인들이 혼혈 인구를 만들어내거나 '토착민처럼 행동하는' 사태를 막기 위해 무진 애를 쓴 이유도 인종 간 경계가 상호 침투가 가능한 경계였기 때문이다.

인도 토후나 아프리카 왕을 아무리 얕보았다 할지라도, 식민 통치자들은 중개인을 필요로 했다. 남아프리카처럼 유럽인들의 관료제, 군사력, 경찰력을 지탱할 정도로 식민화가 촘촘하고 수익성 좋게 이루어진 곳에서만, 제국 통치자들은 토착민 엘리트층의 조력을 포기할 수 있었다. 제국들은 중개인을 확보하는 일관된 정책이 없었다. 즉 식민지의 권위 구조를 활용하거나 재형성해야 했다. 토착민 엘리트 중 일부는 자기네 집단, 토지, 생활방식을 지켰고, 다수는 토지를 강탈하고 노동을 강요하고 정의를 부정하는 식민화에 저항했고, 다른 일부는 제국적 맥락에서 스스로 새로운 기회를 구하고 이따금 식민 체제가 용인하는 한계까지 나아갔다. 경제적 중개인은 정치적 중개인만큼이나 없어서는 안 될 존재였다. 플랜테이션과 광산 지대 밖에서 식민지 세입은 토착민 농장주와 상인에 달려 있었다(또한 착취당하는 노동자뿐 아니라 적당히 번영하는 사업에도 달려 있었다).

제국들은 어떤 종류의 권력을 지향하는지를 제시하여 대리인들의 동기를 유발할 필요가 있었고, 국내의 공중으로부터 지지를, 또는 적어도 묵인을 얻어내야 했다. 당시 공중은 자신들의 정치적 권리를 의식했고, 인간의 완전성과 진보에 관한 이데올로기에 사로잡혀 있었다. 식민지에 이해관계가 걸린 정부와 민간 단체 모두 선전에 많은 노력을 기울였지만—식민 기획의 명시적·긍정적 이미지를 구축했다—이런 적극적 활동이 사회에 얼마나 깊숙이 스며들었는지는 불분명하다. 갈수록 많은 정보를 획득하고 퍼뜨릴 수 있게 된 종교 단체와 인도주의 단체는 학대를 폭로하고 식민 사회란 어떠해야 한다는 대안적 견해를 제시했다. 식민지의 추문은 라스 카사스나 에드먼드 버크의 시대보다 멀리까지 퍼져나갔다. 식민 정부들이 인종 경계를 단속하려 분투하고 인종 구별을 만물의 자연스러운 질서로 보이게 하려고 애썼음에도, 국내는 물론 국외에서도 사회와 정치의 변화로 인해 식민 노력은 의문에 부딪혔다.

그러나 인종 질서를 실행에 옮기는 것을 방해한 가장 중요한 장애물은 식민지 현지인들로부터 비롯되었다. 식민 체제가 통제하지 못한 공간을 대부분 만들어낸 그들의 진취적 활동, 제국의 연계가 제공한 가능성을 그들 나름의 방식으로 이용한 능력이 그런 장애물이었다. 식민 정부들은 입지를 강화하기에 앞서 도전을 받았다. 반란만이 아니라 교사의 조용한 행위도, 이를테면 선교관 근처에 살면서 자기 공동체의 전통을 유럽의 언어로 기록하고, 그리하여 유럽의 근대성과 아프리카의 전통이라는 이분법을 거부한 행위도 그런 도전에 해당했다. 또한 힌두교의 개혁이나 이슬람의 근대화를 주창한 이들, 서아프리카에서 자체 교회를 설립하여 백인 선교사의 통제 밖에서 자신들이 배운 종교를 실천할 수 있었던 기독교도들도 식민 정부에 도전했다. 선교회와 식민 정부가 하급직으로 부릴 충분한 수의 아프리카인이나 아시아인을 양성하기 시작하자마자, 이 중개인들은 식민 체제가 애써 긋고 있던 경계선을 흐릿하게 했다. 교육받은 토착민 엘리트들은 유럽의 문화 자원을 아는 동시에 자신들을 배제하는 현실을 의식했다. 그들의 존재는 식민지의 이원론을 복잡하게 만들었다. 입말과 글말로 이 이원론에 반기를 든 그들은 식민자의 용어로, 아울러 자신들 공동체의 언어와 관계망을 통해 식민 통치를 비판했다.

인종화 이데올로기는 제국들에서 지구적 규모로 도전을 받기도 했다. 예를 들어 1900년 런던에서 열린 1차 범아프리카 회의에 참석한 아프리카, 유럽, 미국, 서인도 제도의 활동가들은 차별과 억압이라는 공통 경험을 논의하고 그에 맞서 투쟁하기 시작했다. 아프리카계 미국인 사상가이자 정치 지도자인 W. E. B. 듀보이스는 1903년에 "20세기의 문제는 인종 장벽의 문제다"라고 썼다. 이는 미래를 내다본 정확한 진단이었다. 백인과 흑인의 구별은 근대의 기정사실이 아니라 의문, 논쟁, 동원, 때로는 폭력의 초점이었고 계속 그럴 터였다.

설령 인종이 논쟁의 초점보다 일관된 통치 이데올로기에 더 가까웠다 할지라도, 19세기와 20세기에 유럽인들의 통치 관행은 당대인들(또는 후대 학자들)이 인정하고 싶어한 만큼 과거의 통치 관행과 확연히 구별되지는 않았다. 19세기 제국들이 직면한 문제는 감시하고 감독하는 새로운 기술의 부재가 아니라, 그런 기술을 광대한 공간에서 많은 인구에게 낮은 비용으로 적용하는 것이었다. 아프리카의 많은 지역들에서 최초의 인구조사(인구에 관한 정보를 얻는 가장 기초적인 형태)는 1940년대 후반까지 시행되지 않았다. 1940년대 후반이면 중국 관료들이 그런 데이터를 모으기 시작한 지 대략 2000년이 지난 시점, 그리고 영국이 인도에서 인구조사를 시작한 지 거의 한 세기가 지난 시점이었다. 이해관계가 유달리 많이 걸렸던 곳을 빼면, 식민 국가들은 재정 수단이나 인력, 의지력을 쏟아부어 조야한 착취와 정교한 사회공학 가운데 어느 하나라도 그 논리적 한계까지 밀어붙인 적이 없었다. 유럽인은 광산을 운영할 수 있었다. 그들은 정착민이 편하게 지낼 도시를 계획할 수 있었고, 군대와 감옥을 운영할 수 있었다. 그러나 기술과 사회공학의 산물은 조각난 사회였지 '피식민자들'의 신체와 정신을 확실히 통제하는 쇠창살이 아니었다.

'아프리카인'이나 '인도인'을 통치하고 착취하고픈 욕구와, 중개인을 통해 업무를 처리할 필요성 사이에서 식민 제국들은 부족과 공동체를 바라보는 시각을 내놓았다. 각 부족과 공동체는 그 특수성을 파악하여 이해할 수 있고, 수직적 권위 계통을 통해 통치할 수 있다고 보는 시각이었다. 식민 정부들은 신민들이 서로 협력하여 대규모 정치체를 구성하도록 허용할 마음이 없었다. 이런 식으로 제국적 상상력은 과거의 제국들이 사용한 가산제적 전략으로 계속 되돌아가는 한편, 유럽에서 발달하고 있던 시민 개념(대표를 선출할 시민, 아울러 사회 프로그램과 감시의 대상이 될 시민)과 줄곧 거리를 두었다.

제국의 구조에서 최신 요인은 국내에서 제국을 통치하는 방식이었다. 19세기에는 17세기보다 하향식 권위를 자연스러운 것으로 받아들이기가 어려웠다. 식민 통치는 국내 통치와 구별되는 일군의 관행으로서 정의되고 옹호되었다(또한 비판과 공격의 대상이 되었다). 유럽 국가들의 인민주권이라는 이상은 식민지에 적용되지 않았지만, 교육받은 아시아인과 아프리카인에게 참조점—알고 있지만 가질 수 없는 무언가—이 되었다.

분명 유럽에서 계몽 사상과 민주정의 승리는 불완전했다. 실권을 행사하는 황제들과 왕들이 20세기 들어서도 존속했고, 여러 공화국에서 엘리트층은 농민과 노동자가 정부에 지나친 영향을 미치지 못하게 막으려했다. 그러나 주권을 가진 시민이라는 가능성마저 경계 문제를 함축하고 있었다. 정확히 누가 시민(국내와 국외의 시민)의 권리를 가지는가라는 문제를 두고 프랑스에서는 1790년대부터 1950년대까지 때때로 논쟁이 벌어졌다. 인종적 배제는 식민지를 차지하고 착취하는 근거가 되기도 했지만, 비백인들이 정치체에 들어와서 시민의 권리를 주장할 수 있는 위험을 피하기 위해 식민지를 차지하고 착취하는 행위에 반대하는 근거(미국에서 자주 제기된 논거)가 되기도 했다.

19세기에 제국 열강이 신민들에게 바랄 수 있었던 것은 그 이전 세기들과 마찬가지로 조건부 순응이었다. 많은 유럽인들은 자신들이 진보하고 있으므로 신민들에게 마음대로 행동해도 된다고, 이를테면 그들을 무제한 착취하거나 유럽인의 이미지대로 바꾸어도 된다고 생각했을지 모르지만, 그렇게 할 수는 없었다.

19세기 후반 제국의 이데올로그들에게 식민화가 근대적이라는 단언은 도덕적 논변, 즉 식민화가 더 나은 제국을 만들어낼 것이라는 주장이었다. 오늘날 일부 학자들은 또 다른 도덕적 논변, 식민화의 해악을 '근대성'과 '계몽주의 사상'으로 설명할 수 있다는 논변을 펼친다. 분명 유럽의 식민주의는 특정한 시대에 존재했고 당대의 이데올로기적 흐름에서 정당성을 어느 정도 이끌어냈다. 그러나 우리가 보았듯이(그리고 다음 장에서 더 살펴보겠지만), 근대화 관점과 계몽적 관점은 다양한 함의를 품고 있었다. 그런 함의들은 식민 관행이나 식민화 일반에 대한 비판뿐 아니라 식민화의 정당성에 대한 비판까지 불러일으킬 수 있었다. 또한 그런 함의들은 근대화 관점과 계몽적 관점에서 바라본 경계를 둘러싸고 충돌한 해석들의 대상이었다. 식민화의 문제를 근대성의 문제라는 틀에 집어넣는 것은 책임을 추상화하는 것이다. 유혈 학살을 자행하고, 노동자를 짐승처럼 다루고, 아프리카 문화와 아시아 문화를 체계적으로 폄하한 이들은 다 알면서도 그런 선택을 내렸고, 그런 선택이 자연스럽게 보일 맥락을 만들어냈다. 그들은 다른 이들(본국과 식민지에서 이따금 원칙대로 행동한 소수)이 반론을 제기함에도 불구하고 자신의 의지대로 행동했다.

20세기 전환기에 유럽 엘리트들의 우쭐대는 태도는 경험에서 기인한 불안과 공존했다. 다시 말해 국내에서는 자본주의 발전과 정치적 참여에서 비롯된 분쟁과, 해외에서는 범주 구별과 위계적 연계 간의 긴장을 관리해야 하는 난제와 공존했다. 그러나 19세기에 유럽을 경쟁으로 몰아가고 20세기에 유럽을 갈가리 찢어놓은 분열은 지배나 독립을 둘러싼 유럽인과 비유럽인의 투쟁도, 부르주아지와 프롤레타리아트의 투쟁도, 동질한 종족들 또는 민족들 간의 투쟁도 아니었다. 그 분열은 제국들 간의 분쟁, 즉 저마다 동질하지 않은 인구를 가진 제국들, 유럽 공간 내부와 외부에서 생겨난 군사력과 경제력을 각기 다른 방식으로 결합한 제국들 간의 분쟁이었다. 16세기처럼 19세기에도 소수의 유럽 국가들은 인접한 영토는 물론 해외에서도 자원을 더 많이 획득하도록, 또는 적어도 그렇게 할 법한 다른 국가들보다 먼저 자원을 차지하도록 서로를 추동했다. 한동안 유럽인들은 그런 경쟁이 수반한 분쟁을 가까스로 억누를 수 있었다. 그러나 근본적인 문제는 남아 있었다.

식민 통치는 세계를 자기들 이미지대로, 또는 자기들에게 유용하도록 총체적으로 재형성하려던 유럽인들의 비전에 부응하지 않았고 그럴 수도 없었다. 제국이 받아들여야 했던 타협은 유럽의 식민주의를 근대화하려던 공상보다 강력했다.

주권과 제국
: 19세기 유럽과 가까운 외국

빈 회의(1815년)부터 1차 세계대전 발발까지 유럽은 제국들이 줄 곧 치열하게 경쟁하는 현장이었다. 해외 식민지를 차지하도록 추동한 경쟁 구도는 유럽의 지도를 한 차례 이상 바꾸어놓았다. 19세기에 어느 신생 제국은 중부 유럽에서 통일을 이루었다(독일). 유럽 동쪽의 어느 제 국은 계속 팽창했다(러시아). 목숨줄이 긴 어느 제국은 움츠러들면서도 핵심부를 지키고 재정비했다(오스만 제국). 복잡한 합스부르크 군주정은 스스로를 다시 한 번—복잡하게—재조직했다. 제국 지도자들은 신민 과 엘리트를 관리하는 기존 방식을 교란할 우려가 있는, 새로운 이데올 로기와 새로운 사회적 연계 같은 일련의 도전에 직면했다. 당시 해외 초 강대국인 영국과 자본주의 선봉대에 속한 다른 제국들은 유럽과 그 가 까운 외국에서 자국의 늘어난 자원을 투입해가며 토지와 인간을 차지 하기 위해 경쟁했다. 이 장은 제국들 간의 경쟁과 제국들 내부의 개혁이 상호작용한 역동적인 경계 면에 초점을 맞춘다. 우리는 제국 권력의 지형에 일어난 변화에 맞추어 러시아 제국, 오스만 제국, 독일 제국, 합스부르크 제국이 저마다 차이의 정치를 어떻게 조정했는지를 중점적으로 살펴볼 것이다.

전쟁(유럽 안팎에서, 제국들 내부에서, 제국들 사이에 일어난 전쟁)은 이러한 제국 재편성 과정에서 중대한 역할을 했다. 러시아인과 오스만인은 오랫동안 연달아 전쟁을 벌였고, 유럽 경쟁자들은 이들의 전쟁을 부추겼다. 두 제국은 간간이 분쟁 해결을 시도했으나 결정적인 합의에 이르지는 못했다. 프로이센인은 덴마크인과 오스트리아인, 프랑스인과 싸웠다. 합스부르크 왕조는 반란을 꾀한 이탈리아인, 독일 경쟁자들, 오스만인과 싸웠다. 러시아와 오스만, 합스부르크의 주권에 맞선 반란들은 물론이고 미수에 그친 혁명들도 통치자의 신민 장악력을 위협하고 경쟁 제국들에게 정세를 이용할 기회를 주었다. 크림 전쟁(19세기 중엽에 러시아, 오스만, 영국, 프랑스 제국의 중대한 충돌)은 약 40만 명의 목숨을 앗아갔다.

제국들이 교차한 방식 중에 전쟁이 제일 눈에 띄는 방식이었다 해도, 제국들이 통제력을 유지하거나 확대하는 데 결정적인 요인은 경제력이었다. 유럽 대륙 곳곳으로 시간차를 두고 퍼져나간 새로운 부, 새로운 생산 과정, 새로운 노동 조직 형태는 제국 통치자와 신민의 관계, 신민들 간의 관계, 제국들 간의 관계를 뒤흔들었다. 영국 제국은 유럽 가장자리의 취약한 경쟁자들에게 자유무역이라는 무기를 휘둘렀고, 독일 제국은 가지각색 지역들을 산업의 발전소로 활용했다.

새로운 정치적·문화적·지적 가능성은 제국들의 경계를 넘어갔다. 반노예제 운동 참가자와 마찬가지로 자유주의자, 사회주의자, 아나키스트, 국가주의자, 종교 개혁가, 페미니스트는 서로 연대하여 자신들의 대의를 고취할 수 있었다. 1830년 러시아에 대항한 폴란드 반란자들의 표어는 "여러분과 우리의 자유를 위해"였다. 신민 인구와의 수직적 연대를 통제도구로 삼던 제국 통치자들에게 이처럼 경계를 넘나드는 결집은 악몽과도 같았다.

주권의 토대와 기능은 19세기 내내 의문의 대상이었다. 18세기 철학 혁명은 국가 권력을 정당화하는 전통적인 논거들을 손상시켰고, 프랑스 혁명과 미국 혁명은 정치적 상상의 범위를 넓혔다. 프랑스 시민들이 왕을 죽이고 로마와 비슷한 공화국을 고작 몇 년 만에 수립할 수 있었다면, 이것이 황제와 술탄에게는, 그리고 그들과 실제적 또는 잠재적 신민들의 관계에는 어떤 의미였을까? 제국이 혁명에 의해 소멸하지는 않았지만─2명의 나폴레옹은 19세기 프랑스에서 황제를 자처했고, 독일의 새 통치자는 카이저를 자처했다─제국 통치자들과 그 적들은 기존의 정치적 정당성과 권리를 대체할 원천이 많은 사람들의 마음속에 있음을 알고 있었다.

그런데 국가를 재형성하거나 형성할 때 누구의 권리를 중요하게 고려했을까? 19세기 유럽에는 정치체를 재수립할 몇 가지 후보들이 있었다. 종교, 역사, 계급, 종족, 문명, 정치 전통은 저마다 사람들에게 통치자를 상대로 결집하여 공동 목적을 요구하거나 그들 자신의 통치권을 주장할 기반을 제공했다. 반란자나 애국자만 이런 권리 주장을 효과적으로 이용했던 것은 아니다. 제국들은 서로에 맞서 다양한 정당성 개념을 역설했을뿐더러, 자국 인구에게도 그런 개념을 선별적으로 역설했다. 민족적 권리나 종교적 권리 같은 이념은 다른 공동체의 제국에 개입하는 행위를 정당화하기 위해 거듭 이용되었다.

러시아 제국, 합스부르크 제국, 오스만 제국의 지도자들은 경쟁 제국들의 군사적·경제적 역량에 맞서 각자의 정치체에 새로이 활력을 불어넣을 조치를 취했다. 이를테면 세입을 늘리고, 충성심을 강화하고, 군대를 증강했다. 세 제국은 새로운 주권 개념들에 대응하여 의회를 도입하고 신민의 권리를 조정하는 등 저마다 정치 제도를 실험했다. 세 제국은 각기 영국과 프랑스의 '식민' 정책을 색안경을 쓰고서, 그러나 주의 깊게 바라보았다. 또한 제각기 고유한 식민화 사명을 수행했고, 저마다 차이의 정치의 새로운 변형태를 고안해냈다. 세 제국은 인구와 자원을 쇄신하려다가 체제의 안정을 깨뜨리는 예상치 못한 반응에 직면했다. 한편에서 제국이 중앙집권화를 추진하고 다른 한편에서 자유주의자들이 권한을 위임한 균질한 시민들을 주창하자, 종교 집단들과 종족 집단들 사이와 내부에서 맹렬한 적대감이 일어났다. 그러나 1차 세계대전 승전국들이 관습적으로 말해온 것과 반대로, 1914년에 러시아 제국, 오스만 제국, 독일 제국, 합스부르크 제국은 경쟁국들과 마찬가지로 현대화된 군대를 보유하고 있었고, 전쟁이 짧은 분쟁으로 끝나리라 예상했으며, 신민들의 애국심에 의지했고, 이번에 제국 전쟁을 한 차례 더 치르고서 각자의 길을 걸어갈 수 있기를 바랐다.

러시아와 유럽: 제국 재설계하기

나폴레옹의 제국 드라마의 마지막 장면부터 살펴보자. 1814년 3월, 러시아 황제 알렉산드르 1세는 프로이센의 프리드리히 빌헬름 3세와 함께 군대를 파리로 이끌었다. 로마 시대 이래 수많은 다른 이들과 마찬가지로, 유럽 대륙의 여러 세력들이 보편 황제가 되려는 자에 맞서 동맹을 재편하는 능력을 나폴레옹은 이겨내지 못했다. 이 시기에 러시아는 유럽을 다시 주조하기 위한 투쟁에서 중추적 역할을 했다.

예카테리나 대제의 손자인 알렉산드르 1세(재위 1801~1825년)는 초기에 나폴레옹의 행정 부처들을 본떠 러시아의 중앙 행정을 개조했다. 1807년, 프랑스에 맞선 다국 동맹이 실패하자 알렉산드르는 나폴레옹과 전형적인 제국식 화친을 맺어 유럽을 러시아의 영역과 프랑스의 영역으로 분할했다. 1812년에 나폴레옹이 러시아를 침공한 이후 오스트리아, 영국, 러시아, 프로이센이 주도하는 새로운 반프랑스 동맹이 결성되었다. 러시아는 동맹군의 승리에 결정적으로 기여함으로써 표트르 1세의 야망을 실현할 수 있었다. 이제 러시아 제국은 유럽 무대에서 명실상부한 강대국이었다.

　승전한 제국들은 빈 회의에서 각자의 이해관계를 보호하고 증진하기 위해 유럽을 분할했다. 그 결과 네덜란드 왕국이 탄생했고, 프로이센이 라인 강변 영토를 양여받았고, 이탈리아 북부와 알프스 산맥에서 오스트리아가 주권을 확대했고, 폴란드 분할이 재조정되었고, 프로이센과 오스트리아가 다양한 왕국, 공국, 공작령들에 대한 주권을 되찾았다. 러시아는 1814년 이전에 병합한 핀란드와 베사라비아(오늘날 대부분 몰도바에 속하는 동유럽의 역사적 지역 — 옮긴이)를 계속 보유했다. 폴란드는 자체 헌법을 가진 왕국으로 수립되었고, 러시아 황제가 이 왕국의 주권자를 겸하게 되었다. 이런 결과는 원상 복구가 아니라 정리하기 힘든 유럽 지도를 전형적인 제국 방식으로 다시 그린 것이었다. 제국들은 손쉽게 제압할 수 있는 곳에서는 현지의 주권을 복종시켰고, 영토 조각들을 교환했으며, 일부 왕국들은 합병하고 다른 왕국들은 분배했다.

　빈 회의는 서로 다른 원칙에 입각한 두 가지 공식 동맹으로 이어졌다. 전쟁의 참화를 겪은 뒤 신앙심이 두터워진 알렉산드르는 '신성동맹(Holy Alliance)'을 통해 구원론적 의제를 추구했다. 동맹국들은 "우리들 구세주의 영원한 종교"와 "정의의 규칙, 그리스도의 사랑의 규칙, 평화의 규칙"을 각국의 내정과 양국 관계의 지침으로 삼기로 맹세했다. 일부 외교관들은 이 성명을 터무니없는 소리로 치부했지만, 바티칸과 오스만 제국, 영국을 뺀 유럽의 대다수 강대국들은 기독교적 원칙에 서명했다. 위

노르웨이
상트페테르부르크
북해
스웨덴
발트해
덴마크
모스크바
영국
네덜란드
프로이센
베를린
바르샤바
러시아 제국
암스테르담
런던
브뤼셀
키예프
룩셈부르크
프라하
리비우
파리
갈리치아
도나우 강
빈
스위스
합스부르크 제국
몰도바
오데사
프랑스
솔페리노
트란실바니아
크림 반도
피에몬테
왈라키아
베오그라드
부쿠레슈티
세르비아
도나우 강
흑해
아드리아해
소피아
시노페
에스파냐
로마
오스만 제국
이스탄불
마드리드
보스포루스 해협
사르데냐
다르다넬스 해협
아테네
알제리
튀니지
나바리노 만
지중해
시리아
카이로
리비아
이집트

지도 11.1
유럽과 그 주변의 제국들, 1815년

털루 전투에서 나폴레옹을 물리친 이후 2차 파리 조약을 체결한 오스트리아, 영국, 러시아, 프로이센은 4국 동맹을 결성했다. 네 열강의 대표들은 정기적으로 만나 공동의 이해관계를 협의하고 유럽에서 번영과 평화를 증진할 조치를 고려하기로 했다. 1818년에 프랑스가 가입하고 훗날 영국이 이탈하는 등 가맹국이 변하기는 했지만, 이 동맹은 회의 체제

(congress system, '유럽 협조 체제'라고도 한다-옮긴이)라고 알려진 것(회합하고 중재하겠다는 유럽 강대국들의 서약)을 시행했다.

이 두 가지 협정은 유럽이 지리적 공간에서 정치적 실체로 전환했음을 나타냈고, 자각적 유럽인들에게 두 협정 자체보다 오래 지속된 이데올로기적 기반을 제공했다. 신성동맹은 새로운 유럽 질서의 기독교적 토대를 역설했고, 회의 체제는 유럽 안에서 영토 정치의 위험성을 인정했다. 분쟁을 조정하겠다는 서약은 1880년대에 유럽인들이 아프리카 식민지 쟁탈전(제10장)을 스스로 규제하려 할 때 도움이 되었다.

러시아가 강대국임을 알렉산드르 1세의 군대가 입증하기는 했지만, 그 거대 제국이 진정 유럽의 일부였을까? 18세기 여행자들과 철학자들은 유럽의 이른바 문명과 그 동쪽의 절반쯤 미개한 사회들 사이에 선을 그었다. 러시아의 이미지는 군사적으로, 나폴레옹에 승리를 거둔 나라, 차르가 화려한 군사 행진을 하는 나라로 묘사되었다. 로마노프 제국은 유럽 세계에서 두려움을 사고 이국화(異國化)되었을 뿐 환영받지는 못했다.

러시아에서 알렉산드르는 귀족과 흥정해야 하는 전제정(제7장) 때문에 유럽의 방식을 선별적·제약적으로 채택했다. 알렉산드르는 피 속에서 재위를 시작했다(귀족들이 그의 인기 없는 아버지를 암살했다). 그러나 개혁 또한 그의 시작을 함께했다. 알렉산드르 시대의 젊은 귀족들은 서유럽의 제도와 정치 이론에 익숙했고, 차르에게 노예 해방과 헌법 개정을 제청했다. 알렉산드르는 입법을 통해 노동자에 대한 지주의 권력을 일부 제한했고, 발트 연안 주들에서 농노를 해방했다. 행정 개선을 목표로 내건 새 대학들이 문을 열기도 했다. 그러나 차르의 유일무이하고 제약을 받지 않는 권력이라는 문제와 관련하여 알렉산드르와 많은 귀족들 및 고관들은 오래된 한계를 설정했다. 종전과 마찬가지로, 가산제적 권력

배치(총신들의 조언을 듣는 차르)로 인해 귀족은 권한 양도 문제에서 일치단결하지 못했다.

차르의 엘리트 봉직자들 간의 분열은 장교들이 모반을 꾀한 1825년 12월에 잔혹하게 드러났다. 이 장교들 다수는 나폴레옹 전쟁 시기에 서유럽 원정에 참여한 경험이 있었다. 입헌 계획에 고무된 그들은 1825년 알렉산드르 1세가 급사한 틈을 타서 권력을 잡으려 했다. 그러나 군 사령관들이 차르에 계속 충성한 탓에 '데카브리스트' 반란자들은 몇 시간 만에 진압되었다. 주모자 5명은 처형되었고, 다른 공모자들은 시베리아로 유배되었다. 신임 차르 니콜라이 1세(재위 1825~1855년)는 이 실패한 쿠데타를 전제정의 원리에 맞선 반란으로 해석했다.

'서구'(당시 통용되기 시작한 낱말)와의 접촉이 모반의 원인이라 확신한 니콜라이는 악명 높은 황제원 제3부(KGB의 조상)를 통해 감시를 강화했다. 잠재적 불온분자들은 체포하거나 유형을 보내거나 외국으로 추방했다. 니콜라이는 전복적 사상과 싸우기 위해 이데올로기 공격을 개시했다. 이상주의적 철학뿐 아니라 나폴레옹 이후 유럽에 널리 퍼진 민족의 태곳적 뿌리라는 신화에도 대응하여, 니콜라이는 러시아의 전통적 가치(덕, 순종, 기독교)를 칭송했다. 1830년대에 니콜라이의 교육부 장관은 "정교회, 전제정, 민족성"이라는 표어를 공표했다. 차르는 극적인 예식을 통해 황실을 자애로운 가부장제, 낭만적인 사랑, 효도의 본보기로 내세우며 황실에 대한 감정적 숭배를 유도했다. 니콜라이의 어머니와 아내가 프로이센 출신 외국인이었음에도, 로마노프 왕조는 러시아의 과거와 현재, 미래를 연결하고자 했다.

황실 숭배가 개혁의 대용물은 아니었지만, 니콜라이는 권한을 부여받은 공중이 아니라 차르와 각료들이 개혁을 주도하도록 단속했다. 1830년대에 차르는 러시아 법전 편찬과 발행을 후원했다. 새로 문을 연 법학교는 미래의 관리들을 양성했다. 니콜라이가 농노제를 폐지하지는 않았지만, 그의 행정부는 귀족의 땅이 아닌 국유지에서 생활하는 농민들(대략 제국 농민들의 절반)에 대한 통치를 개혁했다. 황실지리학회는 제국의 다양한 민족들을 체계적으로 연구하기 시작했다. 종교와 관련하여 니콜라이는 시베리아와 그 밖의 지역들에서 정교회가 선교소를 새로 개설하는 것을 허용하는 등 적당히 사정을 봐주었다. 그러나 '외래' 신앙들은 계속 국가의 보호와 관리를 받았다.

니콜라이가 전복의 잠재적 원천들을 억누르려 힘썼음에도, 러시아에서는 대학과 살롱, 학술원에서, 그리고 급성장하는 언론을 통해 지적 생활이 꽃을 피웠다. 러시아의 운명과 독특한 과거에 대한 논쟁은 상상 속에서 역사를 재구성하도록 자극했다. 차르의 표어는 국가 원리로서의 '민족성'('인민성'이 더 정확한 번역어이기는 하지만)을 상기시켰다. '민족성'은 러시아 민족을 뜻할까, 러시아의 민족들을 뜻할까, 아니면 다른 무언가를 뜻할까? 학자들은 '민족성'의 정의와 황실의 자금을 두고 논쟁했다. 러시아는 '서구주의자들'의 주장대로 유럽의 가치를 향해 '전진'할 것인가, 아니면 슬라브주의자들의 주장대로 고대 슬라브족의 전통에서 공동체와 선함의 어떤 원천을 발견할 수 있을 것인가?

제국의 지형에서 민족 만들기

민족의 본질과 가능성에 대한 열띤 논쟁이 러시아에서만 벌어진 것은 아니었다. 제국들이 서로를 가로질러 연결된 이 시대에, 유럽 각지의 사람들은 당시 재규정되고 있던 문명 세계에서 자신들의 위치를 주장하기 위해 예술적 표현, 역사적 성취, 대중의 덕목을 적절히 조합할 방법을 찾고 있었다. 독일 민족을 정치체가 아닌 문화로 여긴 요한 고트프리트 헤르더와 요한 고틀리프 피히테를 위시한 독일인들의 저술은 서로 구별되는 민족 집단들의 언어와 역사, 관행에 관한 범유럽적 관심을 고취했다. 또한 유럽인들은 과거 기독교 시대와 로마 제국으로 거슬러 올라가는 연계를 만들어내고자 분투했다.

민족 문화와 써먹을 만한 기독교 계보를 찾는 이런 탐색은 제국 간 경쟁에서 무기가 되었다. 새로운 '그리스인' 국가의 등장이 그런 사례였다. 영국 제국과 러시아 제국은 둘 다 고대 그리스와의 영광스러운 연계를 주장했다. 영국인들은 당시 고전 그리스 문명(물론 유럽으로 이어진 문명)으로 규정된 것과의 연계를 주장했고, 러시아인들은 비잔티움에 뿌리를 둔 동방 정교회를 연계의 근거로 들었다. 두 제국은 공통의 맞수인 오스만 제국을 약화시키고자 1820년대에 반란을 일으키고 민족주의자를 자처한 그리스인들을 지원했다.

유럽의 제로섬 영역에서 그리스인의 반란은 급속도로 다른 제국들을 끌어들였다. 1826년, 러시아와 영국의 지도자들은 반란자들과 오스만 술탄 사이의 분쟁을 공동 관리하기로 합의했다. 1년 후 영국 외무장관 조지 캐닝이 '평화적 개입'이라 부른 이 제국 간 조정에 프랑스가 가담했다. 그러나 세 동맹국이 오스만 함대를 나바리노 만에 가두어 파괴한 사건(1827년) 이후, 영국은 자신이 그릇된 제국(더 강한 러시아 제국)을 지원하고 있음을 우려하기 시작했고, 전투를 다른 제국들에게 맡기기로 결정했다. 프랑스군은 훗날 그리스 국가의 영토와 일부 겹치는 지역에서 이집트 병력을 격퇴했고, 러시아는 외교 작전 — 러시아가 지지한 후보가 1827년에 그리스의 원수로 선출되었다 — 과 군대의 강습을 시작했다. 1828년, 러시아군이 콘스탄티노플로 진군할 수 있었으나 니콜라이는 퇴군을 명했다. 오스만 제국을 그대로 두고서 조각들을 얻는 편이 술탄을 무너뜨려 제국 전역에서 난투극을 촉발하는 편보다 이익이라고 판단했기 때문이다.

아드리아노플 조약(1829년)으로 러시아는 17세기부터 탐내던 지역들(캅카스 일부, 흑해 연안 일부, 도나우 강 어귀에 대한 통제권)을 얻었다. 러시아는 기독교도를 보호한다는 구실로 도나우 유역의 몰도바 공국과 왈라키아 공국을 점령하고서 대지주들이 지배하는 행정기구를 신속하게 설치했다. 그리스의 러시아인 원수는 1831년에 암살당했다. 이듬해인 1832년에 그리스는 국왕(바이에른 왕의 가톨릭교도 아들)을 얻었으나 애국자들이 주장한 영토를 전부 얻지는 못했다. 오스만 신민들이 용기를 얻어 불온한 요구를 추가로 주장할 사태를 두려워한 강대국들은 국왕 오토를 '그리스인의 왕'이 아닌 '그리스의 왕'이라고 명명했고, 그렇게 함으로써 자신들에게 유리하도록 그리스인의 민족성을 그리스의 영토로 국한했다.

유럽 열강은 서로의 지배 시도를 억제하는 일에 계속 집착했지만, 이 전략을 택한 통치자들이 제국들 내부에서 정치적 격변의 영향을 빗겨갔던 것은 아니다. 1830년에 다수의 혁명이 발생했다. 벨기에인 가톨릭교도들과 개신교도들이 네덜란드의 통치에 항거했고, 북부 이탈리아인들이 합스부르크 왕조에 반기를 들었고, 프랑스인들이 자국 왕에 대항했다. 러시아의 문제는 폴란드였다. 1830년에 폴란드 귀족들이 러시아의 통치에 맞서 봉기를 주도했다. 이 반란을 진압한 뒤, 니콜라이 1세는 폴란드의 1815년 헌법을 폐기하고 폴란드를 러시아의 일부로 만들었다. 러시아가 산악 민족들을 힘겹게 제압했던 캅카스에서는 다게스탄과 체첸 출신인 이맘 샤밀이 1830년대부터 1859년에 항복할 때까지 러시아의 공격에 맞서 장기간 군사행동을 벌였다.

1830년대에 소란을 겪고 나서 러시아, 오스트리아, 프로이센의 통치자들은 '내부 문제'나 '외부 위협'이 발생할 경우 서로를 돕기로 합의했다. 이 합의는 1833년 베를린 협정으로 공식화되었다. 같은 해에 러시아는 군대를 파병하여 급부상한 도전자인 이집트의 무함마드 알리를 상대로 고전하던 오스만 술탄을 지원했다. 그 대가로 체결한 운키아르-스켈레시 조약을 통해 러시아는 오스만의 영토에서 기독교도의 보호자 역할을 인정받았다. 러시아의 원조에 대한 보답으로 오스만 제국은 전시에 외국 함선의 다르다넬스 해협과 보스포루스 해협 통행을 막기로 했다.

국내에서 니콜라이의 봉쇄 정책에 패한 엘리트들(특히 폴란드인들)과 불만을 품은 지식인들(알렉산드르 게르첸 같은)이 서유럽으로 가서 억압 국가라는 러시아의 평판에 목소리를 보태고 정치활동가 서클에 가담하기는 했지만, 1830년대 중엽 니콜라이는 왕조의 권리에 근거하여 제국의 주권을 확보한 듯했다. 니콜라이를 제국 간 정치의 소동으로 다시 끌어들인 것은 러시아가 아니라 유럽의 다른 곳에서 일어난 혁명들이었다. 1848년, 유럽 대륙 도처에서 정치적 봉기들이 다시 한 번 발작하듯 일어나자 니콜라이는 '유럽의 헌병' 역할을 자청했다. 니콜라이가 오스트리아를 지원한 발칸과 헝가리에서 20만 명 규모의 러시아군은 합스부르크 왕조의 통제력을 지탱했다.

1848년 이후 유럽에서 제국 체제들이 복구되었지만, 니콜라이는 혁명이 재차 전염병처럼 퍼질 사태를 두려워했다. 러시아 학생들과 망명자들이 이미 봉기에 가담한 터였고, 그중 제일 유명한 아나키스트 바쿠닌은 가장 급진적인 표어인 "파괴를 향한 열정은 창조적 열정이다"를 내세웠다. 파리에서 러시아 귀족들은 러시아의 전제정에 맞서 폴란드인과 러시아인이 동맹할 것을 호소했다. 바쿠닌은 결국 오스트리아인들에게 붙잡혀 러시아로 넘겨졌고, 니콜라이가 죽을 때까지 감옥에 수감되었다.

위험한 사상을 억압하는 것은 니콜라이 말년의 주선율이 되었다. 대학 교과 과정에서 헌법과 철학을 빼도록 했고, 검열을 더욱 강화했다. 트라우마를 남기는 방식으로 신민에 대한 차르의 권력을 과시한 사건에서, 도스토옙스키를 포함한 사회주의 연구 집단은 사형을 선고받았고, 집행 직전에야 처형을 유예받았다. 서구와의 연계를 잘라내는 것은 러시아 제국과 훗날 소비에트 연방에서 거듭 사용한 방어적 전략이었으며, 그럴 때마다 이 나라의 자원(정치적·물질적 자원)은 점점 말라갔다.

크림 반도의 제국 전쟁

니콜라이는 그토록 공을 들여 러시아 제국의 근력을 키웠지만 국외에서 실책을 저질러 나라를 전쟁에 빠뜨렸다. 놀랍게도 러시아가 이길 수 없는 전쟁이었다. 도화선에 불을 댕긴 사건은 오스만의 영토에 행사하는 권력을 두고 기독교 제국들이 벌인 분쟁이었다. 가톨릭의 지지를 구하던 프랑스 황제 나폴레옹 3세는 베들레헴의 교회와 팔레스타인의 다른 성지들을 감독할 권리를 선언한 반면, 니콜라이는 술탄의 영역에 거주하는 모든 기독교인의 수호자임을 자처했다.

이 19세기 제국 경쟁의 목표는 아주 오래된 것이었다. 바로 두 해협(다르다넬스와 보스포루스)을 통제하고 지중해와 흑해, 그 너머를 연결하는 것이었다. 니콜라이는 회의 체제가 자신의 특별한 권리를 확인해줄 것이고 1848년 혁명 시도가 빈발했을 때 자신이 위기에서 구해준 황제들이 자기편에 결집할 것이라 예상했지만, 당시 영국과 프랑스, 오스트리아는 오스만 왕조를 편들었다. '유럽의 병자'라는 별명이 붙은 오스만 제국이 내우외환에 시달리는 상황에서, 제국 간 경쟁의 기본 규칙이 효력을 발휘하기 시작했다. 약한 제국들은 강한 맞수들, 특히 여러 대륙과 바다가 교차하는 중대한 연계들에 인접한 러시아 제국을 견제하는 용도로 유용했다.

도판 11.1
술탄 압둘메지드 1세(왼
쪽)와 차르 니콜라이 1
세(오른쪽). 《일러스트레
이티드 런던 뉴스》, 제
23호(1853년 8월 6일),
92~93쪽에 실린 초
상화. Falles Library,
New York University.

오스만 제국에서 니콜라이 1세가 동방 정교회 기독교도들의 정당한
보호자임을 오스만 왕조가 인정하지 않은 이후, 1853년에 니콜라이는
러시아군에 발칸 공국들로 진격할 것을 명했다. 그러자 오스만 제국이
러시아에 선전포고를 했다. 초기 전황은 러시아의 생각대로 흘러갔다.
러시아군은 흑해의 시노페에서 오스만 함대를 거의 전부 침몰시켰다.
전쟁 도발에 대응한 이 승리는 영국과 프랑스에서 '시노페 대학살'로 발
표되었다. 영국 공중의 제국적 상상은 헌병보다 병자를 동정했고, 그 병
자가 무슬림이고 헌병이 기독교도라는 사실은 중요하지 않았다. 각자
제국의 대군을 거느린 영국과 프랑스는 1854년에 반러시아 전쟁에 가
담했다.

교전 장소는 몇몇 제국의 영토 불안정과 다른 몇몇 제국의 해상 무용
에 의해 결정되었다. 참전할 경우 남부 지역들이 위험해지리라고 판단한
오스트리아는 반러시아 연합군에 가담하기를 거부했다. 오스트리아처

럼 러시아와 인접한 프로이센과 스웨덴도 머뭇거렸다. 발트해에서 몇 차례 작은 접전을 벌인 뒤, 영국과 프랑스의 해군은 경합 지역인 두 해협을 지나 크림 반도와 이곳을 지키는 러시아 요새들까지 병력을 실어날랐다.

크림 반도에 걸린 이해관계는 해상과 육상 무역로에 대한 지배권, 문명의 수위(首位), 오스만 경제에 개입하는 특권이었다. 속사 소총과 개량된 포로 인해 전사자가 특히 많았으며, 아주 먼 곳에서 3년 동안 이어진 교전은 모든 참전국에게 감당 못할 일이었다. 니콜라이가 철도 건설에 보수적이었던 것은 엄청난 실책이었다. 러시아는 전선까지 보급품을 수레로 운반해야 했다. 영국군과 프랑스군은 기술과 병참 면에서 우위를 점하고도 군대에 충분한 식량을 보급하지 못했다. 이 분쟁에서 죽은 병사들의 3분 2는 질병으로 쓰러졌다.

번창하는 언론을 통해 전황 소식을 들은 교전국들의 공중은 전쟁에 매료되고 충격을 받았다. 영국인들은 시대에 역행하는 러시아인들을 단숨에 꺾을 수 있을 거라고 생각했으나 이는 오판으로 드러났다. 러시아인들은 나폴레옹을 물리친 자국 군대의 굳센 용맹을 자랑했다. 그러나 충성만으로는 영국의 더 우수한 무기에 대적하기에 역부족이었다. 장교로 종군한 레프 톨스토이는 끔찍한 참상을 기록하여 고국에 전했다. 톨스토이는 크림 반도에서 평화주의자가 되었다. 영국 신문들은 간호사 플로렌스 나이팅게일이 진정한 영웅이라고 치켜세웠다. 나이팅게일이 병사들을 위해 조직한 야전병원은 훗날 설립된 국제적십자의 모델이었다.

크림 반도의 살육은 제국 간 규제와 그 적용에 관한 새로운 시각을 불러일으켰다. 전후에 러시아 외교관들은 교전 행위와 적국 전투원에 대한 인도적 대우를 규제하는 법규 마련을 주도했다. 1868년에 상트페테르부르크 선언은 참혹한 부상을 입히는 무기의 사용을 삼갈 것을 국가들에 촉구했다. 부상자 대우에 관한 1차 제네바 협약은 제국 간 유혈 충돌(프랑스군과 합스부르크군이 북이탈리아에서 치른 솔페리노 전투)이 또 한 차례 발생한 이후 1864년에 체결되었다. 자각적 규율로서의 국제법은 이 무렵부터 표명되기 시작했다. 제국 간 경쟁 구도는 전쟁을 개시할 여건만이 아니라, 제국들의 안녕이 위협받을 만한 곳에서 전쟁을 제한하고 중단할 여건도 조성했다.

크림 전쟁은 1855년에 러시아 황제가 죽은 뒤에야 끝이 났다. 니콜라이 1세의 아들 알렉산드르 2세는 마침내 오스트리아가 참전할 가능성에 직면하여, 오스만 왕조를 다루는 새로운 조건에 동의한다는 뜻을 밝혔다. 1856년의 파리 강화조약은 1815년 이래 유럽의 제국 열강 전체가 처음으로 모인 회의에서 체결되었다. 프랑스, 러시아, 영국, 오스트리아, 사르데냐(막판에 참전했다), 오스만 제국의 대표들이 줄곧 참석했고, 프로이센 대표들이 일부 회의에 참석했다. 그 결과 러시아는 전진을 저지당했고, 서유럽 국가들은 자신감과 위력을 입증했다. 흑해는 비무장 지대가 되어 모든 상선에 개방되었는데, 이는 자유무역 제국들이 거둔 승리였다. 러시아는 오스만 기독교도의 보호자라는 특별한 역할을 박탈당했다. 이 문제의 책임과 도나우 강 어귀에서의 자유 항행을 유지하는 책임은 유럽 열강이 떠맡았다. 러시아는 19세기 전반에 획득한 영토(베사라비아 일부와 흑해 연안의 요새들)에 더해 발트해의 섬들까지 잃었다. 파리 선언은 전시에도 상업 활동을 보호할 것을 명령했다.

파리 강화조약은 동지중해를 노리는 러시아의 야망을 심각하게 여긴 까닭에 러시아를 겨냥했지만, 다른 한편으로는 프랑스, 영국, 오스트리아가 '자유무역' 정책과 술탄 영토의 기독교도를 보호하는 조치를 통해 오스만 제국을 갈수록 잠식할 토대를 놓기도 했다. 러시아와 오스만의 지도자들은 크림 전쟁 탓에 더욱 악화된 다른 경쟁(양국이 분쟁 지역의 주민들을 통제하려는 경쟁)에도 직면했다. 크림 반도에 거주하던 타타르족 무슬림들의 3분의 2가 전후에 러시아를 떠나 오스만 제국으로 이동했다. 이주민들이 다른 제국에서 보호나 이익을 구하는 가운데, 러시아와 오스만은 새 집단들을 다시 정착시키고 다른 집단들을 내쫓았다. 뒤이어 발칸과 흑해 일대에서 국경이 조정됨에 따라 이 과정은 점차 확대되었다. 제국들이 저마다 인적 자원을 지키거나 늘리고자 하면서 일부 집단들이 이익을 얻는 가운데, 분노와 폭력의 역학은 20세기 들어서도 계속 확대되었다.

오스만 제국의 조정

오스만은 서구에서의 이미지 문제를 러시아와 공유했다. '유럽의 병자'는 회복될까, 유럽의 더 건강한 신체에 흡수될까? 두 제국은 논쟁의 여지가 있는 유럽 가장자리에서 서구 열강의 육군과 해군의 힘을 따라잡으려 분투하는—특히 자기들끼리의 싸움에서 우위를 점하기 위해—동안, 제국 간 외교에서 열외로 밀려나는 동안, 진보와 문명에 관한 강력한 수사법에 직면했다. 술탄을 포함하여 불만을 품은 엘리트들은 이런 수사법에 자극을 받아, 세계에서 자신들의 위치와 앞으로의 행보에 관해 다시 생각했다.

오스만 제국은 지역 반란, 예니체리의 쿠데타, 쉴레이만 대제의 전성기(제5장) 이래 영토가 줄어든 과정을 견디고 살아남았다. 징세 업무를 도급하고, 지역 귀족에게 권한을 위임하고, 많은 법적 문제를 몇몇 종교 공동체에 맡기는 오스만의 관행은 수 세기 동안 부침을 겪으며 기능했다. 18세기에 오스만은 적국 러시아와 마찬가지로 유럽의 군사 기술을 얻고자 했다. 술탄 셀림 3세(재위 1789~1807년)는 군사학교들을 개설하고 프랑스가 고무한 무기와 전술 개혁에 착수했다. 오스만 제국은 러시아와 치른 전쟁들—대부분 패했다—에 자금을 대기 위해 큰 빚을 졌다.

제국의 교란 요소는 이번에도 예니체리 군단이었다. 제국 내부의 사회 세력들과 무관하도록 핵심부 밖에서 강제로 충원했음에도(제5장), 예니체리는 적어도 두 가지 방식으로 오스만의 명령권을 위협했다. 먼 지역에서 예니체리의 폭력과 부패는 반란—1805년 세르비아인의 반란과 같은—을 유발할 수 있었다. 수도에서 예니체리는 자신들의 공동 이해관계를 위협하는 정책을 펴는 술탄에 대항하여 모반을 꾀했다. 개혁을 추진하여 마찰을 빚은 셀림 3세는 예니체리에 의해 1807년에 퇴위당하고 1808년에 암살당했다.

그로부터 채 20년도 지나지 않아 마흐무드 2세(재위 1808~1839년)는 이미 입증된 술탄 친위군의 허약함을 이유로 들어, 1826년에 예니체리를 과감히 해체하고 다시 한 번 군대 개혁을 시작했다. 신식 군대는 중앙 정부가 징집하는 농민들에 토대를 두었고, 서유럽의 기준대로 교육받은 장교들의 지휘를 받았다. 신식 군대의 규모는 1837년에 2만 4000명에서 1880년대에 12만 명으로 증대했다. 예니체리를 공개적으로 욕보이고 처형한 것은 군사 조직을 급진적으로 개편한 조치의 일환이었다. 지역 명사들이 동원하던 군대 단위들은 중앙집권화된 군 수뇌부가 직접 통솔하는 연대(聯隊)로 대체되었다.

러시아군의 수차례 침공, 나폴레옹의 야심 찬 원정과 점령, 나폴레옹의 패배 이후 계속된 제국 간 경쟁 같은 위협은 오스만의 경계 밖에서 닥쳐왔다. 19세기에 제국의 가지각색 지역들에서 엘리트들은 오스만의 통제에서 벗어날 방안을 구상할 수 있었고, 또 외부 세력의 도움을 받아 실제로 벗어날 수 있었다. 세르비아는 수십 년 동안 투쟁한 끝에 1830년에 마침내 자치 공국이 되었고, 같은 해에 유럽 열강은 그리스의 독립을 승인했다.

술탄에게는 엎친 데 덮친 격으로, 술탄의 복속자들은 제국의 고전적인 방식으로 오스만의 속령을 자기 힘으로 탈취하려는 열망을 품었다. 나폴레옹의 점령 실패의 여파로 이집트가 혼란에 빠진 상황에서, 술탄은 인상적인 알바니아계 군인 무함마드 알리에게 오스만의 권위를 재건하는 업무를 위임했다. 1805년에 총독이 된 이후 무함마드 알리는 이집트에서 육군과 해군을 개혁하고, 그리스에서 반란 진압을 돕고, 오스만의 권력을 수단까지 확장하고, 1830년대에 시리아를 장악했다. 자기 개인의 명령권을 확대하기를 열망한 그는 이스탄불 자체를 위협했다. 러시아와 훗날 다른 유럽 열강은 술탄을 몰아붙여, 이집트를 통치하는 세습권을 무함마드 알리의 가문에 넘기는 타협안을 이끌어냈다. 이는 오스만의 가산제적 규준에서 크게 벗어난 사건이었다.

이런 난관에 봉착한 오스만 지도자들은 명사들과 다른 중개인들을 통하지 않고 중앙의 통제력을 강화하고자 힘썼다. 인구를 더 직접적으로 관리하는 책임을 관료제가 떠맡았고, 종전까지 종교 권위자들이 할당받았던 기능의 일부를 행정 부처들이 넘겨받았다. 국가의 존재는 사회에 더 깊숙이 침투했다. 서유럽 국가들의 경찰기구처럼 오스만의 국가 관료들은 공중과 외국인을 정탐했다. 공무원 수는 18세기 말 2000여 명에서 1908년에 3만 5000명으로 늘었다.

군대와 관료제의 수준을 높이려면 새로운 교육 기준이 필요했다. 행정을 훈련시키는 과제는 재상이나 명사의 가정에서 교육기관으로 넘어갔으며, 교육기관은 인구와 중앙을 더 효과적으로 연결할 새로운 부류의 관료층을 길러내고자 했다. 오스만 관료들은 유럽의 언어들을 습득했고, 유럽에서 견문을 넓히고 학습을 했고, 자신의 경험과 지식을 오스만의 기획에 적용했다. 1830년대에 오스만은 제국 사관학교와 의학교를 개설하고 둘 다 외국 출신 교사들을 배치했다. 종전처럼 주요 목표는 군대의

질적 향상이었지만—의학교의 목표는 군대를 위해 의사를 양성하는 것이었다—이런 진취적 시도는 오스만 사회에서 일어나는 더 폭넓은 변화와 맞닿아 있었다. 다수의 고등 교육기관들과 1830년대부터 발행되기 시작한 몇몇 신문들이 선호한 언어는 프랑스어였다.

오스만은 위계질서를 잘 보여주도록 고안된 의복 규칙과 결별하는 가운데 적어도 남성에 한해서는 균일성을 지향하는 방향으로 복장 규범을 규제했다. 1829년의 어느 법령은 성직자를 제외한 모든 남성에게 동일한 머리쓰개를 쓸 것을 명령했다. 서구식 옷차림과 페즈는 관료의 제복이 되었다. 오스만의 엘리트 여성들은 맵시 나는 옷차림과 몸가짐을 계속 바꿔가면서 하층계급과 자신들을 차별화하여 이따금 당국의 효력 없는 단속을 유발했다.

일련의 법률과 법규의 근저에는 탄지마트(Tanzimat)라고 알려진 재건기(1839~1871년)에 생겨난, 중앙집권화를 추진하는 힘이 있었다. 1839년, 술탄 압둘메지드 1세(재위 1839~1861년)는 칙령을 공표하여 신민들의 생명과 명예, 재산의 안전을 보장할 것이고, 신민의 수입에 따라 과세할 것이며, 종교와 무관하게 모든 신민이 법적으로 동등할 것이라고 선언했다. 1840년대에 새로운 형법과 상법이 공표되었고, 1847년에 서유럽의 관례에 기반을 두는 새로운 법원들이 설립되었다. 1858년에 국가는 토지법을 제정하여 남성 시민에게 사유재산을 보유할 동등한 권리가 있다고 선언했다. 이 법의 목적은 토지, 토지의 산물, 토지 소유자를 국가에 더 직접적으로 연결함으로써 중개인을 차단하는 것이었다.

탄지마트 개혁은 행동주의적인 술탄과 재상들이 러시아와 유럽 열강의 도전을 견뎌낸다는 목표를 가지고 추진했다. 위태로운 제국의 지도자들이 외세가 구사하는 전략을 채택하는 것은 별스러운 일이 아니었지만, 오스만 지도자들은 국가 통제력의 근대화라는 목표를 가로막는 두 가지 심각한 장애물에 직면했다. 첫째, 오스만의 제국 맞수들이 제국의 돈주머니를 점점 더 게걸스럽게 털어갔다. 둘째, 적국들 중 일부가 이미 물리적으로(선교사, 이민자, 자유무역 종사자의 형태로) 제국 안에 들어와 있었고, 그들의 주권 사상이 종잡을 수 없는 방식으로 오스만의 전통적인 차이 보호 정책뿐 아니라 새로운 중앙집권적 개혁과도 교차했다.

경제적으로 오스만 왕조는 중국에서 청 왕조가 직면한 문제, 즉 영국과 프랑스가 자본을 틀어쥐는 문제에 부딪쳤다. 18세기는 오스만 왕조의 번영기였지만, 18세기 말엽 오스만국은 유럽인들로부터 갚지 못할 돈을 빌리고 있었다. 1838년에 영국은 국가 독점과 대외무역 관세를 금지하는 조약을 강요하며 오스만의 세입에 꼬치꼬치 참견했다. 영국과 다른 강대국들은 제국 내부의 외국 당국에 사법 관할권을 주던 오스만의 관행(제5장)을 그들 자신과 그들의 의뢰인에게 유리한 상업 편익으로 점차 바꾸어갔다. 1881년, 영국과 프랑스는 대단히 개입주의적인 오스만 공채관리국(Public Debt Administration)을 설치했다.

외세의 다른 무기 중에는 술탄의 주권을 교란하는 이념들, 즉 자유주의, 종족적 또는 문화적 연대, 페미니즘, 진보의 행진 등이 있었다. 러시아 엘리트들과 마찬가지로, 유럽이나 유럽식 기관에서 교육받은 오스만 엘리트들은 이처럼 확장된 정치 이념의 레퍼토리에 의지했다. 스스로를 동등한 권리와 대의정부를 지향하는 초국적 운동의 일원으로 여긴 새로운 지식인 세대는 1860년대에 이르러 더딘 변화의 속도에 조바심을 내면서 오스만 통치를 급진적으로 재편할 것을 요구했다. 신오스만당(훗날 청년오스만당으로 알려진 이들)은 서구 노선을 따라 국가를 충분히 재건하지 못하고 있다며 탄지마트 관료들을 비판했다. 이스탄불은 물론 유럽에서도 활동한 그들은 런던에 기반을 둔 신문을 통해 헌법과 의회를 요구했다. 많은 개혁 지향적 관료들과 마찬가지로, 그들은 법에 의해 보장받는 정치적 평등이라는 목표를 지지했다.

1869년부터 1878년까지, 오스만 정부는 재건 계획을 더 밀고 나아갔다. 1869년의 어느 법률은 모든 신민이 오스만 시민이 되었음을 선포했고, 1876년에 술탄 압둘하미드 2세(재위 1876~1909년)는 헌법을 승인하고 그에 상응하여 의회를 소집했다. 첫 의회는 채 2년도 지속되지 않았음에도—러시아와의 전쟁이 발발한 뒤 술탄이 자신의 권리에 따라 해산했다—뒤이은 정치 운동들에 흔적을 남겼다. 제국의 기구로서 의회는 공동체들을 흡수하는 오스만 정치의 창의성을 드러내 보였다. 아랍 지역들의 의원들을 포함하여 의원들은 각 행정협의회—에야레트(eyalet, 州)의 지도부를 재구성하기 위해 의회에 앞서 설립한 선출 조직—를 대표했다. 무슬림 의원 77명, 기독교도 의원 44명, 유대인 의원 4명으로 이루어진 의회는 행정 언어, 과세, 의회 지도부 선출의 기반 등의 문제를 토의했다. 의회 회기는 제국 내부에서 많은 집단들의 이해관계가 엇갈린다는 사실, 그동안 가산제 정치가 감춰왔던 바로 그것을 드러냈다. 많은 대표들이 정부를 비판하기는 했지만, 그들의 목적은 정부를 전면 거부하는 것이 아니라 더 많은 권리와 더 많은 구조 조정을 요구하는 것이었다. 그럼에도 술탄은 이런 논쟁적인 정치의 장(場)을 못 견뎌했다.

오스만주의를 근대화하는 개혁은 한꺼번에 몇 가지 경로로 진행되었다. 이를 통해 오스만 정부는 기독교 선교사들의 침투에 맞서 이슬람을 강화하는 동시에 여러 종교를 믿는 여러 종족(알바니아인, 마케도니아인, 그리스인, 아르메니아인, 아랍인, 쿠르드인, 유대인, 튀르크인)의 사람들을 관할권 안으로 끌어들이려 했다. 미국과 영국에서 온 개신교 선교사들, 러시아에서 온 정교회 성직자들, 프랑스에서 온 가톨릭교도들은 오스만 어린이들을 자기네 학교로 성공리에 끌어모으고 있었다. 이들의 도전을 받은 오스만 정부는 1857년에 교육부를 창설했다. 1869년에 제정된 보통 교육에 관한 법은 모든 어린이를 위한 초등학교—각 집단은 자체 초등학교를 운영할 수 있었다—를 도입하는 한편 코란 학습을 무슬림용 교과 과정의 일부로 집어넣고자 했다. 압둘하미드 2세는 이슬람 부흥 운동을 장려했고, 자신의 신심을 드러내는 의례의 일환으로 금요예배에 눈에 띄게 참석했다. 술탄과 여러 고문들의 목적은 '오스만다움'이란 오스만 고유의 진보적 문화, 즉 많은 공동체들을 포용하면서도 이슬람적 뿌리를 칭송하는 문화임을 보여주는 것이었다.

술탄의 이슬람적 전략은 청년오스만당이 구상한 대안적인 제국 운영법(입헌 체제하에 통일된 오스만 시민들의 정치체로서 제국을 운영하는 방법)에 대한 대응이었다. 압둘하미드는 이 구상에 담긴 위험을 알아차렸다. 술탄 및 재상과의 개인적 유대에 의지하지 않는 위치의 엘리트들은 공동체에 기반을 두는 분화된 복속자들보다 통제하기가 어려울 터였다. 오스만 체제는 서유럽의 교육 및 상업과 연관된 청년들의 압력에 굴복할 여지가 있었고, 갈수록 이슬람을 자신들의 공통성으로 여기는 서민들에게 발언권을 줄 용의가 있었다. 그러나 가산제적 통치 형태를 포기할 의향은 없었다.

19세기에 오스만의 개혁은 명백히 근대화되고 있었다. 국가 지도자들은 행정을 재구축하고 재정 기반을 단단히 다지기 위해 유럽의 전략을 사용하는 등 시대에 뒤처지지 않으려 애쓰고 있었다. 16세기에 카를 5세가 마주했던 문제들(더 팽창할 곳이 없는 문제, 방어와 혁신에 자금을 대기 위해 외부인들에게 의존하는 문제)을 당시 오스만 궁정도 직면했다. 그러나 이데올로기적 맥락은 근본적으로 달랐다. 유럽인들은 여전히 해외에서 기독교 제국의 신식 형태들을 확장하고 있었지만(제10장), 동시에 오스만식 공동체 보호 업무도 수행하며 타국의 영토 내부에서 분열을 조장하고 있었다.

한편에서는 관료제가 구엘리트층에 도전하고, 다른 한편에서는 외부 열강이 이른바 이슬람 전제정에 대항하여 자기들의 기독교도 공동체 등을 '보호'하겠다고 결심한 결과, 오스만의 통제력이 위협받는 사태가 일어났다. 레바논에서는 드루즈파와 마론파가 폭력적으로 경합했다. 발칸에서는 정교회 성직자들의 내분이 그리스와 러시아의 이해관계와 엇갈렸다. 유럽의 개입과 오스만의 내부 통합을 위한 개혁이 겹쳐진 결과, 한때 모든 신민이 술탄의 보호를 받는다고 느꼈던 곳에서 요란한 분파주의 정치가 시작되었다.

합스부르크 제국의 재편성

오스만 술탄 압둘하미드 2세에게는 의회를 우려할 타당한 이유가 있었다. 1848년 왕권에 반대하는 범유럽적 반란 물결이 파리에서 시작하여 합스부르크 군주국과 프로이센의 도시들로 퍼져나간 시기에, 이웃의 욕심 많은 적국 오스트리아가 자기주장을 펴는 의회의 제물이 될 뻔했기 때문이다.

정신장애가 있던 황제 페르디난트 1세는 빈에서 발생한 봉기와 저항 때문에 수도를 탈출해야 했다. 그러자 황제의 고문들이 반란자들에게 헌법을 약속했고, 선거가 실시되었고, 오스트리아 의회가 국가의 미래에 관해 토의하기 시작했다. 정치적 행동주의의 파도를 잠재울 수 없는 상황에서 오스트리아는 프랑크푸르트에서 소집한 또 다른 의회에 대표들을 파견했다. 거기서는 합스부르크 군주국, 프로이센, 다양한 독일어권 및 슬라브어권 지역들을 독일인이 주도하는 새로운 정치체로 통일하는 문제가 논의되었다. 헝가리 의회의 대표들은 합스부르크가의 통치로부터 헝가리가 독립하겠다는 뜻이나 다름없는 법을 황제에게 내밀고서 동의할 것을 요구했다. 군부의 충성, 반란자들 간의 균열, 차르 니콜라이의 도움 덕분에 새 황제 프란츠 요제프(재위 1848~1916년)는 주도권을 되찾을 수 있었다. 1849년, 프란츠 요제프는 오스트리아 의회를 해산하고 헌법을 공표했다(이 헌법마저 1851년에 철회했다). 오스트리아 제국은 또다시 군주의 의지대로 통치될 예정이었다.

수백 년 동안 합스부르크 가문은 유럽이라는 경기장에서 분란을 야기하는 선수였다. 이를테면 결혼 정치를 통해 세력을 넓혔고, 1699년에 오스만 제국으로부터 헝가리를 거의 전부 빼앗았고, 18세기 후반에 프로이센, 러시아와 폴란드를 분할했다. 그때까지 합스부르크가는 여러 지역으로 통제력을 확대했고, 중층적 주권을 가지고 있었다. 합스부르크 제국은 오늘날의 이탈리아 북동부, 슬로베니아, 크로아티아를 거쳐 아드리아해에 도달했고, 세르비아와 트란실바니아에서 오스만 제국과 대립했다.

언어, 종족, 종파가 각양각색인 지역들에서 자원을 개발하기 위해 합스부르크 통치자들 — 그중에서도 여제 마리아 테레지아(재위 1740~1780년)와 그녀의 아들 요제프 2세(재위 1780~1790년) — 은 일련의 교육·경제 기획을 개시했다. 핵심 개혁은 지방 귀족과 그들의 대의기구인 주 의회에 대항할 힘을 가진 중앙집권적 관료제를 발전시키는 것이었다. 마리아 테레지아 치세에 농민을 포함하는 평민을 공무원으로 훈련시키기 위한 학교들이 설립되었고, 요제프 치세에 농노제가 폐지되고 길드의 힘이 약해졌다.

합스부르크 통치의 주된 특징은 종족적·종교적 소수 집단을 양성했다는 것이다. 1781년에 요제프는 관용 칙령을 공포하여 개신교도, 정교도, 동방 귀일교도에게 가톨릭교도와 동일한 권리를 주고 유대인에 대한 규제를 축소했다. 러시아 왕조와 마찬가지로 합스부르크가는 성직자들의 교육을 감독함으로써 그들을 통제하고자 했다. 가톨릭교도와 동방 귀일교도가 다닐 신학교들이 갈리치아에서 문을 열었고, 여기에 더해 렘베르크(오늘날 우크라이나의 리비우)에서 대학교가 개교했다. 국가 통합을 위해 공식 행정어로 독일어를 채택했지만, 경우에 따라 독일어뿐 아니라 지역어로도 법률을 공표했다.

합스부르크가는 나폴레옹 전쟁에서 승리했으나 지역 귀족을 싸움에 끌어들인 결과 정치적 대가를 치러야 했다. 귀족은 과거 어느 때보다 의회에서 발언권을 얻는 데 열을 올렸으며, 제조업자, 상인, 전문직 들은 주권의 원천과 정부의 정당한 행위에 관한 자유분방한 논쟁에 참여했다. 그러나 제국 전역에 걸쳐 수평적 동맹을 맺을 수는 없었다. 산업화가 고르게 확산되지 않은 까닭에 지역별로 불만의 원인이 제각각이었고, 정치체가 분할된 탓에 귀족이 갖가지 특권과 우선권을 주장할 수 있었다. 1848년에는 대표 문제에 관한 합의가 이루어지지 않은 상태였다—자유주의자들은 도시 폭동의 급진주의와 사회주의자들의 요구에 화들짝 놀랐다. 체코인 대표들과 기타 슬라브계 대표들은 프랑크푸르트 국민의회에 참석하자마자 자신들의 다양한 이해관계를 침해할지 모르는 범게르만 정치체에 뒷걸음질을 쳤다. 황제는 여전히 비판의 초점이자 변화에 대한 갈망의 초점이었다.

길게 보면 오스트리아에서나 이웃 제국들에서나 1848년 사태보다 중요했던 것은 통치자들, 신구 엘리트들, 조급한 지식인들이 그런 소요를 이용하여 무엇을 할 수 있었느냐는 것이다. 러시아의 니콜라이 1세는 1848년 사태를 보고서 유럽의 사상을 의심하던 자신이 옳았음을 재확인했다. 달리 말해 니콜라이는 차르의 권력을 제한하는 그 어떤 조치도 거부했다. 오스만 왕조는 통치를 쇄신하고 중앙집권화하던 종전의 노력에 더욱 속도를 내어 짧게나마 술탄에게 조언을 하는 의회를 실험했다. 오스트리아 왕조는 중도, 즉 황제의 초국가적 권위를 보존하는 동시에 제국의 구조와 제도를 수정하는 노선을 어렵사리 걸어갔다.

19세기에 합스부르크 정치의 씨실은 제국의 전통, 즉 황실이 왕조의 권리로 복수의 단위들을 통치하는 전통이었다. 겸손하고 검소한 기질을 가졌던 프란츠 요제프는 1848년에 궁중 예법을 되살렸고, 합스부르크가와 기독교의 특별한 관계를 상기시키고 황제의 신심을 잘 보여주는 예식에서 스스로 중심인물이 되었다. 이처럼 왕조와 가톨릭주의의 유대를 구축하면서도 프란츠 요제프는 유대인, 동방 정교회, 아르메니아인, 그리스인, 무슬림의 예식에도 모습을 드러냈다. 그는 제국의 여러 신앙의 성직자들로부터 눈에 띄게 축복을 받았다. 개혁가들과 혁명가들의 정치적 상상 속에 인민주권이 자리 잡고 있던 때에 황제는 자신의 방식으로 많은 집단들에게 다가갔다.

그러나 계급이나 종파, 기타 구분선을 따라 분열된 지역들에서 황제의 지지 표시는 거의 어디서나 신민들 일부의 반감을 사거나, 그들을 고무하여 더 많은 권리를 요구하고픈 마음을 품게 했다. 1851년 프란츠 요제프가 갈리치아(1846년 오스트리아군이 폴란드인들의 봉기를 분쇄했던 곳)까지 의기양양하게 행차했을 때, 농민들과 그리스인 가톨릭 성직자들, 유대인들은 근사하게 정렬한 황제의 행렬을 열광하며 맞이했으나 폴란드 귀족들은 그러지 않았다. 제국에서 수백 년에 걸쳐 권리와 자격을 견고하게 확립한 다양한 귀족 집단들은 제국의 통일을 꾀하는 노력을 계속해서 방해했다.

(다른 방식의) 통일은 오스트리아 자유주의자들의 대의(大義)였다. 1848년과 그 이후에 기업가, 전문직, 여성협회와 기타 협회는 대의정치, 자유로운 언론, 결사의 자유, 교육과 문화, 재산 보유에 근거한 시민권을 요구했다. 오스트리아 자유주의자들의 헌법에 대한 염원은 19세기 중엽

에 좌절되었지만, 그로부터 채 10년도 지나지 않아 황제는 모든 국내법과 관련하여 동의를 구해야 하는 양원제 입법부를 빈에 설립했다.

이러한 주권의 근본적인 전환을 추동한 요인은 부채, 그리고 유럽 제국들 간의 전쟁에서 패한 결과였다. 프랑스 황제 나폴레옹 3세가 오스트리아에 맞서 피에몬테-사르데냐 왕국의 총리 카보우르를 돕겠다고 약속한 이후, 프란츠 요제프는 1859년에 선전포고를 했다. 그 전쟁은 합스부르크가에 재앙이었고, 개혁에 나서도록 황제를 떠밀었다. 프란츠 요제프의 은행가 안젤름 로트실트(Anselm Rothschild)는 "헌법이 없으면, 돈도 없습니다"라고 말했다고 한다. 1861년에 소집한 제국의회의 의원들은 주 의회를 통해 간접적으로 선출되었다. 제국의회의 회기는 지주, 은행가, 전문직을 한데 불러모았고, 중앙집권적이고 평등하고 균일한 통치를 요구하는 자유주의자들의 입장과, 주의 자율성, 민족과 귀족의 차별적 권리를 요구하는 분권적 입장 사이의 긴장을 드러냈다.

1866년 또 한 번의 패전—이번에는 프로이센을 상대로—은 헌정의 변화를 더욱 촉진했다. 1867년에 창안된 단일한 제국 시민권은 모든 종교의 사람들에게 동일한 시민의 권리를 보장했다. 대법원도 같은 해에 설립되었다. 그러나 자유주의자들이 중앙집권적 재정 조치를 요구하고 독일어를 행정어로 유지해야 한다고 고집하자, 헝가리와 체코의 활동가들은 이에 반발하여 자기들 지역의 권한을 더 많이 요구했다. 민족적 엘리트들은 주권을 분배하는 더 나은 방법으로 연방제를 제안했다. 특히 완강했던 헝가리인들은 복합 군주정 시절을 떠올리게 하는 대응을 고무했다. 1867년에 오스트리아 제국은 이중 제국이라 알려진 것으로 변형되었다. 이 제국에서는 단일 통치자인 프란츠 요제프가 오스트리아 황제와 헝가리 국왕을 겸했고, 외교·재정·군사 업무를 양국이 공동으로 관할했으며, 오스트리아와 헝가리에 따로따로 의회와 공무원 조직을 두었다.

제국 통치의 문제에 대한 이 해결책은 오스만 제국의 균형 잡기와 마찬가지로 의도하지 않은 결과를 불러왔다. 헝가리 왕국과 오스트리아 땅을 가리키는 시스라이타니아(Cis-Leithania)는 둘 다 다민족 정치체였고, 각 정치체는 정치사(史), 종족, 종파가 서로 다른 집단들이 거주하는 하위 단위들로 이루어졌다. 타협을 통해 독일인과 헝가리인은 보상을 받았으나 다른 집단들(체코인, 슬라브인, 크로아티아인, 세르비아인, 폴란드인, 우크라이나인, 루마니아인)은 만족하지 못했다. 불만을 품은 이들의 요구

도판 11.2
헝가리 제복을 입은 오스트리아 황제 프란츠 요제프,1905년경에 촬영.

는 민족적 또는 자유주의적 대의로 국한되지 않았다. 범슬라브 운동은 19세기를 거치면서 중부 유럽과 발칸, 러시아에서 다양한 형태로 나타났다. 무슬림과 튀르크계 근대주의자들은 그들 나름대로 조합한 이슬람적 또는 튀르크적 목표들을 가지고 있었다.

1860년대 합스부르크 제국의 구조와 이 구조가 배양한 일련의 정치적 상상계들은 단일한 민족국가를 향해 가는 19세기의 추세에 관한 관습적인 서술에 들어맞지 않는다. 이 가톨릭 왕조는 동일하지 않은 두 단위를 통할했고, 각 단위에는 몇몇 부류의 기독교도들뿐 아니라 유대인들과 무슬림들까지 거주했다. 이 정치체는, 오스트리아 땅은 독일어를 쓰는 관료제를 통해 중앙집권적으로 통치하면서도, 학교와 하급 행정기관에서 다른 언어들을 쓰는 것을 헌법으로 보호했다. 외교·재정·군사 부문의 사안은 두 내각을 소집한—때로는 따로따로, 때로는 합동으로—황제/국왕이 관장했고, 국내 사안은 평등과 차이를 다양한 방식으로 변형하려 시도한 각국 의회가 관장했다. 1860년대 헌정 전환기에는 시민권과 대

의민주정을 바라는 자유주의자들의 염원과 제국의 구성 단위들에게 자율성을 더 많이 주라는 활동가들의 요구가 뒤섞였으며, 황제는 예식을 널리 확대하여 이 혼성체 전체의 외양을 장엄하게 꾸몄다.

독일 제국: 새로운 제국과 새로운 규칙

1870년대에 유럽에서 새로운 제국이 형성되었다. 대단한 위업이었다. 나폴레옹이 패한 무렵만 해도 프로이센 왕국은 독일어를 쓰는 상당한 인구를 가진, 북유럽 국가 중 하나에 지나지 않았다. 신성로마 제국에 의해 느슨하게 연결된 공국들, 공작령들, 대공국들, 자유도시들, 왕국들은 수 세기 동안 종교 전쟁과 왕조 전쟁을 견디고 살아남은 터였다. 1848년, 독일 자유주의자들은 프로이센 국왕 프리드리히 빌헬름 4세가 프로이센에서 헌정 요구를 승인하고, 독일 연방의 단위들을 조직하여 더 큰 독일 국가를 수립하기를 바랐다. 그들의 바람과 반대로 국왕은 혁명 진압을 지원했다. 1860년대에 프로이센의 걸출한 재상 오토 폰 비스마르크(국왕 아래에서 봉직했다)는 유럽의 제국 간 경쟁에서 주도권을 잡았다. 프로이센이 덴마크, 오스트리아, 프랑스와의 전쟁에서 승리하여 독일의 작은 영방국가(領邦國家)들에게 북독일 연방에 속하는 편이 더 안전할 것임을 납득시킨 이후, 1871년 베르사유에서 프로이센 국왕 빌헬름 1세가 카이저(Kaiser, 황제)로 선포되었다. 이처럼 독일은 해외에서 식민지에 관심을 쏟기에 앞서(제10장) 유럽에서 제국으로 형성되었다.

빌헬름 1세와 비스마르크의 카이저 제국(Kaiserreich)은 유럽 제국 경쟁의 후발주자였다. 독일 지도자들은 영국보다 산업화에 뒤처진 현실과 원료 접근권에 대해 우려했다. 그들은 프리드리히 리스트(Friedrich List, 1789~1846)의 저술에 영향을 받았다. 리스트는 '국민적' 경제 정책을 옹

호했는데, 이는 국가가 국내 자원을 개발하고 경쟁국들을 따라잡기 위해 분투해야 한다는 뜻이었다. 독일의 산업화가 리스트의 정책에서 비롯되었는지 아니면 기업가와 시장의 작용에서 비롯되었는지 말하기는 어렵지만, 19세기 후반 독일은 경제 발전기를 맞았다. 과거에 분할되었던 지역들 전역에서 자원을 동원한 것이 프로이센이 거둔 성공의 비결 중 하나였다. 다른 비결은 기술적 성취, 특히 선진 무기 생산과 촘촘한 철도망 건설이었다.

비스마르크의 사회 정책 또한 혁신적이었다. 1848년 이후 사회 불안의 위험을 의식한 행정관들은 선거권을 확대하고 사회보험을 제공하는 등 노동계급 일부에게 국가의 지분을 주려고 했다. 인구가 많고 갈수록 부유해진 새 제국은 유럽 무대에서 주요 선수가 되었다.

독일 제국은 1815년의 독일 연방보다 언어의 통일성이 떨어졌다. 독일 제국은 과거에 프랑스와 덴마크가 통치했던 지역들에 더해 우크라이나인과 유대인 주민들이 섞인 커다란 폴란드인 거주 지역들까지 포함했다. 비스마르크는 종족적 민족주의자가 아니었다. 비스마르크는 1866년 합스부르크 제국에 승리하고도 모든 독일어 사용자를 단일 국가로 통일하려 시도하지 않았고, 1871년 이후로는 유럽 제국들 간의 균형을 추구했다. 비스마르크는 1878년과 1884~1885년에 두 차례 주요 유럽 열강의 베를린 회의를 주재했고, 해외에서 제국 간 경쟁을 억제하려 했다. 유럽 대륙에서 비스마르크의 주요 관심사는 프랑스였다. 전쟁이 발발할 경우 독일을 지키기 위해, 비스마르크는 1881년에 체결한 삼제(三帝) 동맹을 통해 오스트리아, 프로이센, 러시아의 예전 동맹을 되살렸다.

해외와 유럽 안에서 분쟁에 주의하는 비스마르크의 입장을 모든 독일인이 공유한 것은 아니었다. 비스마르크는 독일 민족에 대한 신비적 견해를 고취한 파울 드 라가르데(Paul de Lagarde) 같은 정치 저술가들의 도전을 받았다. 라가르데가 생각한 독일의 사명은 유럽에서 독일에 어울릴 법한 사람들에게 독일어와 독일 문화를 퍼뜨리는 한편, 유대인처럼 독일에 어울리지 않는 집단을 배제하는 것이었다. 라가르데는 독일을 유럽 내부의 식민 열강으로 상상하면서도, 다른 일부 사람들과 마찬가지로 독일의 새로운 산업 질서와 독일 엘리트 다수의 세계주의적 문화를 거북하게 여겼다. 이렇듯 자유주의와 근대화에 반대하는 제국주의 갈래는 1890년대에 전독일 연맹으로 조직된 형태를 갖추었다. 산업화는 독일 민족이 무엇을 뜻해야 하느냐는 문제를 둘러싼 다른 긴장도 유발했다. 종족적 민족주의자들은 정부가 폴란드어 사용자들이 거주하는 동부 지역을 '독일화'하고 폴란드인들이 독일로 이주하는 것을 금지하기를 바랐다. 그러나 동부의 융커(Junker, 대지주)들은 산업 부문에서 일자리를 구하는 농업노동자를 대신할 인력으로 이주민을 원했다. 이처럼 두 입장이 충돌하자 동쪽 슬라브 접경 지대의 주민들이 별개 종족의 노동력으로서 독일인들의 관심을 끌었다.

낭만적 민족주의와 반유대주의는 독일에 국한되지 않았다. 이방인을 혐오하는 정치가, 예술가, 이론가는 유럽 어느 국가에나 있었다. 그러나 경쟁 제국들에서과 달리, 새 독일 제국에서는 급진화하는 견해들(자유주의적 견해와 반동적 견해 둘 다)이 다양한 주민 집단들을 오랫동안 통치한 경험에 의해 검증되지 않았다.

오래된 제국들의 새로운 정치

1870년대까지 독일, 프랑스, 영국은 제국들의 세계에서 선두 자리를 확보했다. 세 나라의 제도는 열강에 도달하는 '유럽' 방식을 정의하는 것처럼 보였다. 세 나라 모두 확대되고 있으나 불완전한 선거권에 토대를 두는 의회를 보유했고, 국가의 지원을 받는 자본주의 기업들의 자원에 의지했고, 팽창하는 산업화의 귀결로 이익과 손실을 보았으며, 유럽 외부에서 더 많은 시장과 자원을 차지하기 위한 경쟁에 가담했고, 다른 제국들의 전략에 영향을 미쳤다. '서구' 열강의 문화적·경제적·외교적 침투에 직면하여 오스만 제국, 러시아 제국, 오스트리아 제국은 가만히 참고만 있지 않았으며, 셋 모두 거미줄처럼 얽히고설킨 유럽의 연계와 분쟁에 더 깊숙이 끌려 들어갔다.

러시아 노선의 개혁
크림 전쟁 패배에 충격을 받은 러시아 엘리트들은 부랴부랴 개

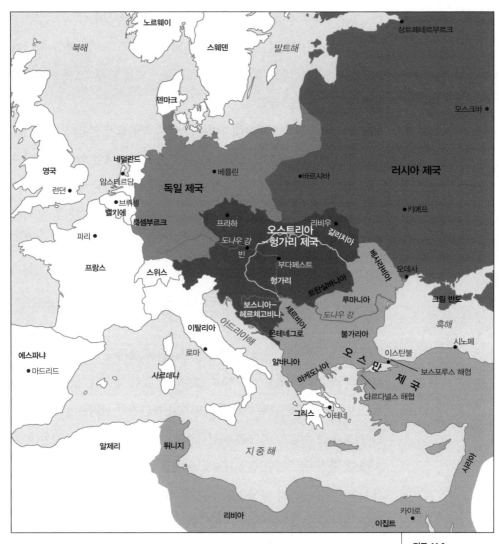

혁을 선도했다. 대학교와 황립학교에서 교육받은 관료들이 개혁을 추

진했고, 새로운 차르 알렉산드르 2세가 개혁을 지원했다. 개혁가들은

러시아의 제도를 재설계하면서 유럽의 제도를 열심히 검토했고, 개혁

을 진행하면서 유럽의 제도를 선별하고 변형했다. 1860년대에 알렉산

드르 2세는 농노들을 해방시키고 대규모 재산권 이전을 관리하여 농노

들에게 토지를 분배하는 등 위로부터의 혁명을 주재했다(제9장). 병역은 모든 성인 남성에게 확대되었고 복무 기간이 줄었다. 농촌에서는 복지 행정을 수행할 지방자치 기구 젬스트보(zemstvo)가 설립되었다. 또한 배심재판 제도가 시행되었고, 글라스노스트(정보 공개)를 위해 출판물 검열이 완화되었다.

생산을 증대하고 기술을 개량할 필요성을 의식하면서도, 행정부 안팎의 러시아 엘리트들은 유럽식 산업화를 경계했다. 보수주의자들과 일부 개혁가들은 유럽 도시 노동자들의 빈곤과 타락에 경악했다. 카를 마르크스가 자본주의를 고발하고 분석한 《자본(Das Kapital)》은 산업가들에게 무제한 자유를 주었을 때 어떤 사태가 벌어질지를 알리는 경고로서 1872년 러시아에서 합법적으로 번역 출간되었다. 국가는 공장 노동을 적극적으로 규제했고, 농지를 보유하는 단위인 농민 공동체 미르(mir)를 유지했다. 농민 개개인의 토지 소유는 금지했는데, 농민들이 분배받은 토지를 팔아넘기고서 뿌리 없고 위험한 프롤레타리아트가 되는 것을 두려워했기 때문이다. 종래와 다름없이 분열된 귀족들은 한때 자기들 소유였던 토지와 노동력을 차르가 자신의 뜻대로 재할당하는 것을 막지 못했다(제9장).

귀족이 주권의 특전을 공유하자는 요구를 일관되게 거부한 것은 러시아 제국의 유구한 전통에 부합하는 태도였지만, 전문직과 공무원, 학생, 예술가를 비롯한 중간층 집단들로 이루어진 팽창하는 공중 대다수는 이런 태도를 납득하지 못했다. 범유럽적 이념과 가치의 세계에 참여하고 있다고 생각한 사람들은 통치에서 배제되는 현실에 분개했다. 페미니즘, 사회주의, 아나키즘이 불만을 품은 청년들과 성난 추방자들 사이에서 번성했다. 젊은 남녀들은 공동체를 세우고, 자유연애를 실험하고, '인민'과의 연대를 시도하고, 외국 대학으로 유학을 가고, 테러를 저지르고,

CHAPTER 11 주권과 제국 | 527

조국을 해방시킬 음모를 꾸몄다. 그들보다 전문적인 활동을 지향한 동료들과 연장자들은 헌정 요구를 되살렸다. 이런 요구는 단호한 반대에 부딪혔다.

러시아 '사회' 전체를 아우르는 군건한 연대는 없었다. 모반자들이 미수에 그친 몇 차례 시도 끝에 1881년에 알렉산드르 2세를 암살했으나 인민도, 스스로 대표라고 선언한 이들 중 그 누구도 '해방자 차르'를 대신하지 못했다. 후임 차르 알렉산드르 3세(재위 1881~1894)는 예카테리나 시대처럼, 큰 정치체에는 국정을 이끌어갈 강한 차르가 필요하다는 확신을 더욱더 굳혔다. 능력에 따른 통치 같은 가망 없는 대의를 옹호하는 실수를 저지른 블라디미르 울리야노프(Vladimir Ulianov, 훗날의 레닌)처럼 야심 찬 젊은이들은 대학과 전문직에서 쫓겨났다. 거대한 제국 도처에는 선발할 행정 인재들이 수두룩했고, 잠재적 반란자들은 불필요한 존재로 치부되었다. 길게 보면 러시아 가산제의 이런 측면(인적 자원에 무신경한 태도)은 검열과 마찬가지로 제국의 지적 역량과 행정 역량을 고갈시켰다.

러시아 제국은 크림 전쟁 패배를 계기로 팽창 전략을 조정했다(지도 9.2 참조). 첫째, 러시아 제국은 해외 영토 하나를 처분했다. 18세기 전반부터 러시아인들은 북태평양 섬들에서 모피 무역을 지배했지만, 알류산 열도에서 모피 동물이 격감하자 러시아는 1867년에 720만 달러를 받고 알래스카를 미국에 팔아넘겼다. 다른 곳에서는 처분 조짐이 나타나지 않았다. 1850년대 후반까지 우세한 무기로 무장한 러시아 군대는 캅카스 산맥에서 저항 세력을 대부분 소탕했다. 러시아 행정부는 고분고분하지 않을지언정 유망한 이 지역에서 정착—특히 달갑지 않은 러시아 구교도들을 보냈다—과 상업을 장려했다. 중앙아시아에서 러시아의 야심 찬 장군들은 잔존하는 칸국들을 향해 진격하여, 인도에서 북진하는 영국인들과 경쟁하는 것을 허가받았다. 1870년대의 군사 원정에서 러시아군은 사마르칸트, 히바, 코칸트를 물리쳤다. 1880년대에 러시아군은 투르크멘 스텝 지대의 부족들을 잔혹하게 다루었다.

러시아는 중앙아시아를 통합하기 위해 일련의 행정 전술을 구사했다. 부하라의 아미르국(장, 수령, 지휘자 등을 뜻하는 아미르가 통치한 국가)과 히바의 칸국은 '보호령'이 되었고, 투르키스탄—복속시킬 칸국이 없었다—은 군인 총독의 관할 아래로 들어갔다(지도 9.2 참조). 다른 곳에서처럼 러시아인들은 이 지역 엘리트층의 봉직을 이끌어내는 관행을 고수했다. 이는 단순히 이슬람을 관용하는 것(또는 어느 총독이 주장한 대로 이슬람을 '무시하는 것')이 아니라, 나머지 모두가 위협으로 인식한 수피 형제단에 맞서 무슬림 성직자들과, 그리고 훗날 무슬림 근대주의자들과 동맹하는 것을 뜻했다. 보통 러시아 당국은 메카로 가려는 무슬림 순례자들을 가로막던 조치를 중단했고, 그 대신 투르키스탄을 가로질러 목화를 수송하기 위해 설계한 철도를 이용하여 그들의 이동을 규제했다. 20세기 전반까지 오스만 제국보다 러시아 제국에 무슬림이 훨씬 많았다. 러시아가 무슬림에게 구사한 전략은 유대인을 비롯한 집단들에게 구사한 전략과 마찬가지로 추방이 아닌 봉쇄였다. 제국을 떠날 권리는 그 누구에게도 없었다.

1870년대에 러시아 언론은 국외에서 제기된 범슬라브 이념을 화약고 같은 발칸 반도에 흘려넣으면서 이 지역에 개입할 것을 촉구했다. 1876년 러시아 자원병들은 오스만군과 싸우는 세르비아군을 돕기 위해 출발했다. 발칸과 흑해에서 러시아가 추구하는 목표에 대한 동의를 유럽 열강으로부터, 특히 영국으로부터 얻을 수 없는 상황에서, 1877년 알렉산드르 2세는 오스만 제국에 전쟁을 선포했다. 길고도 힘겨운 원정 끝에 러시아군은 1878년 콘스탄티노플 교외에 당도했다.

그러나 러시아에 유리한 합의를 허용하지 않으려는 유럽 열강의 결심은 요지부동이었다. 1878년 베를린 회의에서 비스마르크는 발칸이 통제 가능한 단위들로 분할되도록 조처했다. 보스니아-헤르체고비나는 오스트리아에 점령당했고, 마케도니아는 오스만 제국에 반환되었고, 불가리아는 불가리아 공국과 오스만 보호령(동(東)루멜리아)으로 분할되었고, 러시아와 국경을 접하는 독립국 루마니아가 수립되었다. 러시아는 베사라비아를 되찾았지만, 그 외에 전쟁의 결과는 유럽의 제국 전쟁에서 전진하려는 로마노프 왕조의 발목을 두고두고 붙잡았다.

19세기의 마지막 수십 년 동안 러시아 행정관들은 위로부터 민족주의적 정책을 시험했다(그러나 충분히 실행한 적은 없었다). 유럽 경쟁국들의 문명 담론과 인종주의 담론에 영향을 받은 일부 관료들은 러시아 고유의 문화적 진보에 관한 수사를 활용했다. 이런 제국주의관에 따르면, 러시아는 중앙아시아의 종족들에게 유럽의 가치를 전해주고 있었다. 특히 투르키스탄은 러시아인들과 농업가들의 교육과 정착을 통해 문명화할 수 있는 식민지로 간주되었다.

제국 행정관들은 러시아 서부 주들에서 폴란드인과 유대인이 유럽 및 유럽의 위험한 사상에 물들 가능성을 우려하여, 관청과 학교에서 러시아어를 사용하도록 요구하는 등 '러시아화'를 시도했다. 이런 언어 정책들은 균일하지도 않았고 균일하게 시행되지도 않았다. 오스트리아의 사례와 마찬가지로, 각 집단은 단일한 행정어를 사용하라는 압박을 서로 다르게 받아들였다. 발트 연안 주들에서 관료계를 러시아화하려는 정부의 시도는 독일인의 고위 관직 독점에 분개한 라트비아인과 에스토니아인의 환영을 받았다. 대학에서 유대인 학생의 비율을 제한한 조치(1887년)와 훗날 전문직 집단이나 지역 협의회에서 유대인의 참여 자격을 제한한 조치는 목소리 큰 민족주의자들의 요구에 부응한 것이었다. 이런 민족주의자들 중 상당수는 특권 반환을 요구하는 귀족이었다.

러시아의 근대주의자들 중 일부, 즉 전제정에 반대한 자유주의자들과 특정 부류의 고관들은 '민족국가'라는 이념에 이끌렸다. 분화된 제국에서 그들이 이 표현으로 무엇을 의미했는지 규정하기는 어렵지만 말이다. 러시아의 모델로 제시된 것은 '대영 연방' 개념이었다. 러시아의 경제 발전을 지휘한 세르게이 비테는 독일 이론가 프리드리히 리스트의 사상에 이끌렸다. 비테는 러시아를 통합된 경제 공간으로 바꾸려고 분투하면서도, 리스트의 계획에서 입헌제를 솎아냈다. 러시아는 시베리아 횡단 철도를 부설하고 산업 발전을 공격적으로 지원했으며, 두 사업 모두 농민 가구에 과세를 하고 외국에서 투자를 받아 자금을 댔다. 외국 기업들은 러시아의 검은 황금(카스피해 인근에서 발견된 석유) 개발에 투자했다. 1890년대부터 러시아 산업은 무럭무럭 성장했다. 투자자들은 대부분 프랑스인이었지만, 기술자와 기업가는 대부분 독일인이었다.

종래의 방식대로 동맹을 맺고 있던 러시아 정치가들은 독일의 경제 역량에, 그리고 발칸에서 오스트리아와의 경쟁에 부딪혀 곤경을 겪자 프랑스와의 동맹을 모색했다. 1894년에 두 제국(한 제국은 전제정, 다른 제국은 공화정)은 군사 협력 협정에 서명했다. 러시아가 이렇게 국경을 접하는 강대국들과의 동맹에서 프랑스와의 동맹으로 전환한 것은 제국의 지정학을 고려할 때 치명적인 실책이었다. 유럽 전역을 휩쓴 다음 전쟁이 러시아의 취약한 서부 영토에서 벌어졌기 때문이다.

발칸에서 추가 이익을 얻어낼 수 없게 되자, 러시아의 근대주의자들은 시선을 동쪽으로 돌려 중앙아시아에서 목화 생산을 확대하고 시베리아 도처에서 농민의 이주와 재정착을 장려했다. 유럽인들의 식민 기획에 고무된 비테는 극동 철도를 따라 태평양 연안의 항구들로 러시아의 영토를 넓히려 했다. 이로써 러시아는 또 다른 제국과 각축전을 벌이게 되었다. 다시 말해 태평양의 연안과 섬들, 그리고 조선과 만주를 포함하는 배후지를 두고 일본과 경합하게 되었다. 극동에서 러시아인들은 자국의 전통적인 차이의 정치에서 가장 멀리 이탈했다. 여기서 러시아인들은 목재 벌채권을 이용하여 착취를 하고, 철도를 따라 러시아의 국경 밖에서 식민화를 추진하고, 인종주의적 수사를 노골적으로 구사하는 등 서유럽식 제국주의를 실험했다. 니콜라이 2세(재위 1896~1917)는 승리할 법한 곳에서 "황색 공포"(황인종의 위협에 대한 백인종의 두려움-옮긴이)에 맞서 "작은 승전"을 거두자고 소리 높여 주장하는 이들을 지지했다.

1904~1905년의 러일전쟁은 '작은' 전쟁도 '승전'도 아니었다. 발칸에서처럼 이번에도 유럽 열강은 로마노프 왕조에 반하는 수를 썼다. 프랑스는 러시아를 거들지 않았다. 영국은 일본에 동조했고, 미국도 마찬가지였다. 러시아인들은 백인의 사명을 홀로 수행하는 처지가 되었다. 인종주의자들은 지상과 해상에서 일본의 힘이 우세하다는 사실에 충격을 받았다. 러시아 해군은 거의 섬멸되었고, 러시아의 해양 전초기지 포트아서(청나라에서 조차한 뤼순 항-옮긴이)는 항복했으며, 쌍방이 지상군 병력을 25만 명씩 투입한 펑톈 전투에서 러시아군은 일본군에 패했다.

전제정이 권력 이양을 완강히 거부하는 상황에서 패전까지 겹치자 경찰의 통제력에 구멍이 뚫렸다. 군대가 멀리 가 있는 틈을 타서 러시아 자유주의자들은 (1848년 파리 시민들을 모방하여) 입헌 개혁을 촉진할 의도로 연회 운동(banquet campaign)을 전개했다. 마르크스주의자들과 그 밖에 다른 이들은 프롤레타리아트의 불만을 혁명 정당들로 끌어들이려 애썼다. 정치 인사들이 연달아 암살된 사건은 국가를 근본적으로 거부하는 반감이 지하에서 곪아터졌다는 것을 드러냈다. 1905년 1월, 니콜라이 2세는 가산제의 신비감을 훼손했다. 달리 말해 그는 차르에게 처지 개선을 청원하며 평화롭게 시위하는 노동자들을 향해 군대가 발포하는 것을 허가했다. 파업과 포그롬(특정한 인종, 종족, 종교 집단에 대한 조직적 박해와 학살-옮긴이), 지주의 재산에 대한 농민들의 습격이 뒤따른 이후, 비테는 선출된 입법기구를 소집하고 정치적 자유를 인정하도록 고집불통 차르를 설득했다.

1906년, 러시아 차르는 제국의 모든 지역과 집단에서 불균등하게 선출된 대표들의 의회, 즉 두마(Duma)를 소집했다. 의원들의 급진적인 요구에 대경실색한 차르는 제1대와 제2대 두마를 해산했고, 노동자와 농민에 비해 귀족의 비율을, 다른 종족 집단에 비해 러시아인의 비율을, 다른 종교에 비해 정교회의 비율을 늘리는 쪽으로 선거 규칙을 고쳤다. 이런 부조리에도 불구하고, 제3대와 제4대 두마(1907~1917)는 폭넓은 이해관계의 대변자들에게 목소리를 낼 기회를 제공했으며, 저마다 민족 집단을 대표하는 정치가들은 제국의 틀 안에서 더 많은 문화적 자율성을 요구했다. 그러나 두마와 행정부의 협업은 거의 이루어지지 않았으며, 정부는 가장 중요한 법률들(이를테면 농민에게 토지 소유권을 주는 법률)을 두마와의 합의가 필요 없는 비상시 법령으로 공표했다.

세계대전과 혁명이 두마와 로마노프 왕조에 종지부를 찍은 까닭에, 러시아 제국이 이런 대의정치 실험을 지속할 수 있었을지는 미지수다. 세계전쟁 발발을 전후한 몇 년 동안 러시아의 제도화된 주권 배분을 위협한 주된 세력은 급진화되고 소외된 인텔리겐치아였다. 그들의 정치적 상상계는 그들이 그토록 증오하던, 특권을 독점하는 전제정의 정치와 흡사했다. 그럼에도 로마노프 왕조는 10년 이내에 두마를 점차 유순한 조직으로 바꾸었다. 이는 새로운 통치 전략들(이 경우에는 대의민주정)을 비틀어 종합적·가산제적 통치를 빚어낸 러시아의 오랜 역사에 완전히 부합하는 방침이었다.

20세기 첫 10년 동안 전제정을 가장 직접적으로 위협한 요인은 러시아가 관여한, 제국들 간의 다양한 지역 패권 다툼이었다. 차르들은 중앙 아시아에서 멈추어야 할 지점을 알았다. 바로 아프가니스탄이었다. 1907년, 러시아는 인도로 이어지는 경로들을 단호히 통제하고 있던 영국과 조약을 체결했다. 그러나 발칸은 차르의 관료들에게 쓰라린 상처로 남았다. 상대적으로 강한 열강(영국, 프랑스, 독일)과 약한 열강(오스트리아, 이탈리아)이 이스탄불, 두 해협과 그 배후지의 통제권, 한때 로마가 지배했던 바다로 나아가는 출구를 확보하려는 러시아의 오랜 염원을 한사코 저지하는 상황에서 러시아가 어떻게 오스만 제국의 손실로부터 이익을 얻을 수 있었겠는가?

중앙집권화와 수축: 오스만의 새로운 노선들

　　1878년 베를린 회의는 러시아의 목표들을 방해하는 동시에 오스만 영토의 3분의 1을 잘라냈다. 또한 이 회의의 결과, 오스만의 이전 영토에서 독립한 것이나 다름없는 국가들이 생겨나는 분란 과정이 계속되었다. 이 국가들 가운데 종족적 또는 종교적 통일체는 없었고, 이들 국가의 새로운 '민족' 지도자들 가운데 당시의 경계에, 또는 오스트리아나 러시아, 영국을 보호국으로 두는 상황에 만족한 사람은 없었다. 오스만의 밀레트(millet) 제도(종파 공동체를 뜻하는 밀레트에 일정한 자치를 허용한 제도. 무슬림 밀레트, 정교도 밀레트, 유대인 밀레트, 아르메니아인 밀레트 등이 있었다-옮긴이)는 각각의 종교 집단에게 법적 권위의 구조를 제공하고 술탄의 전체를 아우르는 권력에 접근할 권리를 주었지만, 기독교도 인구가 제국 밖에 놓이게 되자 정교회는 더욱 국지화되었다. 오스만의 통치를 받지 않는 이상, 곳곳으로 흩어진 기독교도들이나 그들의 지도자들이 서로 협력할 유인이 없었다. 그리스, 불가리아, 마케도니아, 몬테네그로, 세르비아, 보스니아에는 고정된 자연적 경계가 없었다. 이 지역들은 제국들의 야심과 아직 확정되지 않은 국가들의 야심이 교차하는 살육장이 되었다.

술탄 압둘하미드 2세는 자기 손아귀에서 빠져나가는 지방들 내부의 긴장을 이용하려 했다. 1870년 그는 콘스탄티노플 총대주교로부터 이탈하려는 불가리아 성직자들에 대응하여 불가리아 자체의 밀레트에 따라 불가리아 교회를 재조직했다. 불가리아 민족주의자들에 맞서 불가리아 성직자들을 요새화할 의도로 실행한 이 조치는 오스만의 통제력을 강화하는 데 별반 도움이 되지 않았고, 오히려 그리스인들과 불가리아인들 간의 분쟁을 부채질했다.

제국이 수축함에 따라 술탄의 이슬람 쇄신 기획은 더욱 중요해졌다. 1878년 이후 제국의 부분들을 상실하면서 오스만 제국은 무슬림의 공간에 훨씬 더 가까워졌다. 전쟁과 베를린 회의는 이주와 추방, 재정착의 물결을 일으켰다. 전후에 무슬림 일부는 재편된 발칸 국가들에서 살고자 그곳으로 되돌아갔고, 다른 일부는 아나톨리아로 이주하면서 새로운 기술과 연줄뿐 아니라 축출과 정치적 상실에 대한 분노까지 가져갔다. 그들은 오스만 제국에서 튀르크인과 아랍인 같은 큰 무슬림 집단과 알바니아인(몬테네그로의 통치에 대항하여 지역 무슬림들이 반란을 일으킨 곳) 같은 작은 무슬림 집단에 합류했다. 제국의 주요 기독교 집단은 그리스인과 아르메니아인이었으며 둘 다 국제적 연계를 갖고 있었다. 이 두 집단은 일정한 영토에 뭉쳐 있지 않고 소수 집단으로서 도시 지역은 물론 시골 지역에서도 살았다. 이슬람 제국은 그들에게 호소할 수 없었다.

교육 확대, 다양한 종족들로 이루어진 도시 중간계급의 번영, 개혁 지향적 자유주의자들의 꾸준한 선동, 그리고 무엇보다 근대인임을 자각하는 야심만만한 장교단의 불만이 기존과 다른 접근법을 모색할 토대를 놓았다. 1908년, 군대의 압박을 받는 가운데 술탄은 자신이 30년 전에 효력을 중지시켰던 헌법을 부활시켰다.

헌법 부활의 주요 배후 세력은 청년오스만 운동을 계승한 통일진보위원회(Committee of Union and Progress: CUP)였다. 이 조직은 학생들과 사관학교 및 다른 학교의 졸업생들 사이에서 폭넓은 지지를 받았다. 1894년에 결성된 CUP는 아랍인과 튀르크인 개혁파뿐 아니라 자유주의적 중앙집권주의자들, 소수민족(쿠르드인, 그리스인, 아르메니아인, 유대인, 알바니아인)의 지도자들까지 포함했다. 외부와의 연결을 차단한 지하에서 CUP는 단결할 수 있었으며, 오스만의 도시들은 물론이고 군대 세포조직, 파리와 런던에도 CUP 단원들이 있었다. 1908년 선거에서 승리한 이 정당은 지역 명사들을 약화시키고, 단단히 자리 잡은 관료들을 전문적인 행정관들로 대체하려 시도하고, 선거 절차를 더 균일하게 변경하고, 언론 검열을 끝내고, 공무를 처리할 때 국가 언어인 오스만튀르크어를 강요하는 등 중앙집권화 의제를 추구했다. 이 자유주의적 프로그램은 먼저 1909년 4월에 미수에 그친 반혁명을 야기했고, 나중에는 다수의 눈에 정부의 튀르크화로 비친 변화에 대한, 흩어져 있으나 뿌리 깊은 반감을 불러일으켰다. 이스탄불에서 일어난 반혁명은 CUP에 권력을 안겨준 군 장교들에 의해 진압되었다. 압둘하미드는 폐위되었고, 메흐메드 5세가 차기 술탄이 되어 1918년까지 재위했다.

1909년 이후 통일주의적 개혁가들은 종전의 모두를 포괄하려던 자유주의에서 더 튀르크적이고 더 이슬람적이고 감시에 더 토대를 두는 체제로 기울었고, 더 많은 불만을 불러일으켰다. 이슬람적 개혁가들은 점잖은 행위를 지지하며 제멋대로 구는 민중의 관행을 일소하려 했다. 튀르크어 정책은 특히 아랍인의 심기를 긁었고, 중앙집권적 재정 조치와 사법 조치는 기독교도를 비롯한 소수 집단들을 소외시켰다. CUP는 선거 지지층을 잃었다. CUP는 이탈리아가 리비아를 차지하는 것을 막지 못했다. 1913년, 발칸에서 다시 한바탕 전쟁이 벌어지는 가운데 오스만이 유럽에서 제국의 마지막 도시들을 잃기 직전에, 강대국들이 아나톨리아를 분할할 사태를 두려워하던 때에 청년튀르크당 장교들이 군사 쿠데타를 일으켜 국가를 장악했다.

러시아 두마의 운명과 마찬가지로 오스만 입헌제의 운명은 차이 보호라는 원칙에 기반을 둔 제국들이 자유민주정으로 인해 겪은 심각한 혼란을 잘 보여준다. 두 경우 모두 개혁이 진공에서 진행된 것은 아니었다. 다시 말해 두 제국 모두 서구의 경제·정치 권력의 위협을 감지했다. 오스만은 1815년 이후 거대한 영토를 잃고 경제적 통제력을 상당 부분 상실했다. 러시아는 동쪽으로 자원 기반을 넓힐 수는 있었으나 유럽 열강의 거듭된 훼방 때문에 오스만을 물리친 대가를 거둬들이지 못했다. 제국의 통제력에 대한 위협은 문화적 위협이기도 했다. 러시아 제국과 오스만 제국 둘 다 유럽의 기준을 본보기로 삼도록 교육받은 야심 찬 근대주의자 세대를 낳았다. 두 제국에서 정치 활동을 제한당한 지식인들은 서구의 수도들로 향했고, 거기서 기존 질서에 앞뒤 가리지 않고 도전하는 반체제적 정치에 가담했다. 국내에서 정치생활이 개방되었을 때, 정치체를 재형성하려고 마음먹은 이들은 더 나은 주권에 관한 다양한 이념들을 활용할 수 있었다.

두 제국에서 개혁파 일부는 술탄과 차르의 보호주의적·가산제적 통치의 대안으로 세속적·민주적 통치를 추구했다. 청년튀르크당은 자유주의적·중앙집권적·민주적 개혁을 주장하는 입장을 가장 멀리까지 밀고 나아간 것처럼 보였다. 그러나 그들은 정부와 초등교육, 법정의 언어로 오스만튀르크어를 고집함으로써 아랍어와 그리스어, 아르메니아어를 동등한 언어로 인정하라는 요구에 부딪혔다. 또한 의회에서 아랍인이 과소 대표되게 해서 자유주의적 개혁의 지지자를 상당수 잃어버렸다.

오스만의 자유주의에는 두 방향(오스만 정치체를 재구축하는 방향과 튀르크 정치체를 빚어내는 방향)의 선택지가 있었던 것처럼 보일지도 모른다. 그러나 기독교도가 다수인 지방들을 대부분 상실한 이후, 이슬람은 제3의 길을 제시했다. 튀르크인과 아랍인은 종교를 토대로 타협할 수 있었다. 1913년 이후, CUP 정부는 메디나에 이슬람 대학을 신설하고 강력한 아랍 지도자들에게 충성의 대가를 주었다. 예를 들어 지역 지도자들은 시리아에서는 오스만 관료들과 협의를 했고, 이스탄불에서는 비록 아랍인 주민 수에 비례하지 않으나 발언권이 있었다. 시리아의 아랍인들은 오스만의 통치에 맞서는 유의미한 '민족'운동을 한 집단으로서 형성하지 않았다.

러시아화와 마찬가지로 이슬람주의는 극단으로 흐르지 않았고, 제국을 갈가리 찢어놓지 않았다. 러시아 지도자들과 오스만 지도자들 공히 더 제한적인(더 러시아적인, 더 이슬람적인, 더 튀르크적인) 문화적 실천을 실험하기는 했지만, 이들 제국에서 민족적 또는 종교적 양식의 균질성을 통치의 전제로서 옹호할 수는 없었다. 개혁가들마저도 단일 정치체에서 상이한 집단들의 결사를 당연한 일로 여겼다. 양국 의회에서 민족적 대표들은 독립이 아니라 더 많은 권리를 얻기 위해 목소리를 높였다. 20세기 초에 오스만 제국은 종래와 같이 군부—유럽식 근대주의자인 장교들을 포함하는—에 의지했지만, 군 지도자들이 정부에 들어간 다음 알아차린 대로, 차이의 보호에 기반을 둔 제국은 여전히 각양각색 엘리트들의 조건부 순응에 의존하고 있었다.

여러 특성을 지닌 제국

1898년, 이탈리아인 아나키스트에 암살당한 황후 엘리자베트의 관을 덮고 얼마 지나지 않아 프란츠 요제프는 오스트리아 황제 즉위 50

주년을 기념했다. 바이에른 공작 막시밀리안의 딸로 태어난 황후는 헝가리어를 배웠고 이중 제국을 낳은 1867년의 '대타협' 기간에 헝가리인들을 지지했다. 헝가리인들이 왕비(엘리자베트는 오스트리아 황후이자 헝가리 왕비였다—옮긴이)의 죽음을 애도하고 눈에 띄게 비통해하는 황제에게 조의를 표한 것은 합스부르크 황실의 아우라가 여전히 강력하다는 것을 알리는 표지였다.

황실 기념제의 다른 측면들은 제국의 정치 문화가 심대하게 바뀌고 있음을 드러내 보였다. 빈에서 열린 기념제에서 두드러진 인물은 기독교 사회당의 당수이자 도시 시장인 카를 뤼거였다. 뤼거가 거둔 정치적 성공의 기반은 '독일인'의 진보, 기독교의 가치, 반유대주의에 대한 호소였다. 황제는 뤼거의 반유대주의를 위험한 이념으로 여겨 시장 임명을 네 차례 거부하고 나서야 1897년에 마지못해 빈 시의회의 투표 결과를 인정했다. 유대인을 환영하고 그들에 대한 법적 보호를 확대했던 제국에서 뤼거의 정치가 어떻게 가능했을까?

한 가지 답은 합스부르크 제국의 입헌주의에서 찾을 수 있다. 1867년 시민권법은 유대인의 동등한 법적 권리를 보장했다. 그 결과 제국 전역에서 유대인들이 수도 빈으로 몰려들었다. 많은 유대인들이 대학에 다녔고, 훗날 사업뿐 아니라 팽창하는 자유직(법률계, 의료계, 언론계 직업)에 종사하여 번영을 누렸다. 1881년 러시아 제국에서 발생한 포그롬을 피해 달아난 유대인들도 보호받기 위해 오스트리아로 향했다. 베를린에서 그랬듯이 빈에서 유대인들은 근대화 중인 세계주의적인 사회에서 한자리를 차지할 수도 있었고, 다른 대안(예컨대 시오니즘)을 구상할 수도 있었다. 그들은 반유대주의자들의 가시적 표적이 되었다.

합스부르크 개혁이 불러온 두 번째 결과는 합법적 정치 조직들이 팽창했다는 것이다. 신생 정당에서 두각을 나타내려 분투하던 지도자들은 언어(다채로운 정치체에서 가장 명백한 경쟁 요소)에 따라 지지자들을 동원하려 시도할 수 있었다. 1885년 6월, 자유주의자들의 학교 협회의 빈 대학 지부는 투표를 거쳐 유대인의 입회를 금지했다. 1890년대까지 오스트리아 자유주의자들 태반은 '독일다움'에, 그리고 정치적 동원의 토대로서 독일어를 지키자는 기치에 이끌렸다. 오스트리아의 입헌주의와 대의제, 합법적 정당의 행동주의는 독일 민족운동이 공적 생활에서 파고들 여건을 마련해주었다. 이 추세는 1907년에 사회민주당의 목표인 남성 보통 선거권이 도입된 후에도 계속되었다.

제국 정치의 민족화로 인해 사회민주당 당원들은 미래의 사회주의 국가에서 민족성 문제에 어떻게 대처해야 할지를 진지하게 고민할 수밖에 없었다. 그들 중에서 오토 바우어(Otto Bauer)는 영토 기반이 아니라 문화적 경험에 의해 역사적으로 규정되는 다수의 민족들이 인간 사회의 긍정적인 요소임을 인정했다. (1914년 이전) 바우어의 강령은 오스트리아 군주정 안에서 민족의 자율성을 극대화하고, 중앙 행정의 권한을 제한하고, 개개인이 자신의 민족적 지위를 선택할 수 있게 허용하자는 것이었다. 뤼거가 구상한 제국에서 유대인이 배제되기는 했지만, 기독교사회당 당원들 또한 군주정과 가톨릭 보편주의를 옹호함으로써 다민족 정치의 변형태를 발전시켰다. 기독교사회당은 1898년 황제 즉위 50주년을 기념하는 화려한 행사에서 이런 입장을 명확히 밝혔으며, 뤼거는 행사의 일환으로 유대인의 타락에서 "해방된", 정신을 고양하는 독일적·기독교적 미술을 전시했다. 사회민주당과 기독교사회당의 원칙(실천까지는 아니라 해도)은 초민족적 원칙이었으며, 이는 그들을 둘러싼 정치적 맥락의 논리였다.

오스만 제국에서와 마찬가지로, 합스부르크 제국의 더 개방적인 정치 무대에서도 언어 정책은 체제를 교란하는 요소가 되었다. 이 쟁점과 관런하여 합스부르크 군주정은 다원주의와 융통성을 고수했다. 체코의 언어 권리 요구에 대응하여, 총리 바데니(Badeni)는 보헤미아와 모라비아의 관리들에게 법적 문제와 관련한 모든 통신문은 소송을 처음 제기한 사람의 언어로 주고받을 것을 지시했다. 바데니의 법령에 따라 두 지방의 관리들은 1901년까지 체코어와 독일어를 둘 다 능숙하게 익혀야 했다. 그러자 독일 민족주의자들이 곳곳에서 폭력적으로 항의했고, 이 법령은 결국 철회되었다.

남동 유럽에서 뒤얽힌 세 제국 가운데 검열을 가장 덜 받는 언론, 가장 적극적인 공중, 가장 발달한 정당 정치가 있는 곳은 오스트리아였다. 여기서는 교육, 전문직 협회, 기술적 하부구조가 고르지 않게, 그러나 러시아나 오스만 제국에서보다 훨씬 넓게 확대되었다. 오스트리아에서는 19세기 중엽부터 주권 배분이 꾸준히 진행되었고, 새로운 세대들이 경합하는 정당 정치를 경험하며 성장했다. 합스부르크 제국은 이중 제국이라는 방편으로 일부 문제들을 피해갔고, 가톨릭 교회와 가까운 관계이면서도 다른 종교들을 눈에 띄게 보호했다.

베를린 회의 덕분에 오스트리아는 보스니아-헤르체고비나라는 '식민지'까지 얻었다. 여기서 제국의 건축가들은 재능을 발휘하여 곳곳에 웅장한 교회를 세웠고, 합스부르크식 도시 계획에 따라 소도시들을 재정비했다. 학자들은 제국의 혈통을 정리하기 위해 오스만 토목공사의 위업(모스타르 다리 같은)에 '로마' 딱지를 붙였다. 합스부르크 행정관들은 세르비아인과 크로아티아인 민족주의자들, 정교회와 이슬람의 성직자들을 모두 세속적 시대에 뒤떨어진 부류로 여기고서 이들을 대상으로 의식적인 문명화 사명을 개시했다. 그러나 다른 곳에서처럼 보스니아에서도 종파 간 교육 같은 중앙집권화 계획은 비용을 많이 잡아먹었고, 근대주의자와 전통주의자로 갈라진 종교 집단들의 내부에 부딪혔다.

1908년에 제국의 각지에서 찾아온 지역 대표단들이 가득 들어찬 거창한 '황제 경애' 행렬이 황제 즉위 60주년을 축하했다. 그들은 지역별 농민층의 전통 의상을 차려입고 있었다. 그들은 1683년 오스만군이 빈을 포위한 사건을 기념하는 이 행렬에서 폴란드 국왕과 헝가리 황제(둘 다 모형) 중에 누가 선두에 서야 하는지를 두고 의견 충돌을 일으켰다. 다루기 어렵지만 충성스러운 제국 시민들의 이런 모습에 무언가 잘못된 구석이라도 있었는가?

역사가를 비롯한 이들은 지난날을 돌아보면서, 제국의 다양성을 드러낸 사건들을 민족주의들이 충돌하여 정치체를 갈가리 찢어놓은 이야기로 바꾸어왔다. 그러나 합스부르크 제국 후기 동안 대의를 위해 사람들을 동원하려던 민족주의자들의 노력은 장애물에 부딪혔다. 즉 상이한 '민족들'이 제국 영토 전역에 산재하는 현실, 제국 제도의 오랜 장악력, 민족성에 따라 분할되는 세계에 들어맞지 않은 유대인과 같은 집단들이 그런 장애물이었다. 민족주의자들은 단일 언어 학교를 옹호했을지 모르지만, 그런 요구는 독일어와 체코어 사용자들, 슬로베니아인들, 독일인들과 충돌했다. 합스부르크 제국은 집단별 정치와 제도를 통해 공동체들에 일정한 자치를 허용했는데, 이런 정책은 민족주의 정치가들에게 의도하지 않은 기회, 그들의 이념을 정치적 현실로 바꿀 기회를 주었다. 그러나 이런 상황은 지역 내 반목, 더 심한 정치 파편화, 민족주의자들이 통일하겠다고 주장한 집단의 내분으로 귀결되었다. 민족주의자들은 뚜렷한 단일 민족의 경계 안에서 생각하고 행동하도록 사람들을 설득하는 정도에 그쳤으며, 대다수 정치활동가들은 제국의 종언이 아니라 그들이 생각하는 더 나은 제국을 얻으려 분투하고 있었다.

더 직접적인 위험은 오스트리아의 열세로부터 비롯되었다. 영국과 회의 체제는 발칸에서 경쟁하는 합스부르크 제국을 도와준 바 있었다.

Le Petit Journal

Le Petit Journal **5** CENTIMES SUPPLÉMENT ILLUSTRÉ **5** CENTIMES ABONNEMENTS

DIMANCHE 18 OCTOBRE 1908

LE REVEIL DE LA QUESTION D'ORIENT
La Bulgarie proclame son indépendance. — L'Autriche prend la Bosnie et l'Herzégovine

도판 11.4
〈동방 문제의 재각성〉.
"불가리아는 독립을 선
포한다 — 오스트리아는
보스니아와 헤르체고비
나를 차지한다"라는 부
제가 달려 있다. 이 프랑
스 풍자화에서 오스트리
아-헝가리 황제와 새 왕
관을 머리에 어정쩡하
게 얹은 불가리아 국왕
은 부루퉁한 술탄 앞에
서 오스만 제국의 조각
들을 잡아당기고 있다.
Le Petit Journal, 1908
년 10월 18일.

오스만이 납작 엎드리고 러시아가 1905년 러일전쟁 패전과 내부 혼란으로 말미암아 열외로 밀려난 상황에서, 오스트리아가 강대국들의 다음 먹잇감이 되리라는 것은 그럴듯한 추정이었다. 이런 맥락에서 전쟁을 일으키고 화친을 맺는 오스트리아 황제의 대권은 예측할 수 없는 카드, 제국의 안정과 존속을 가장 위협하는 요인이었다. 1908년, 오스트리아는 식민지 보스니아-헤르체고비나를 병합했다. 병합의 목적은 이 지역 세르비아인들과 크로아티아인들의 제국 소속감을 강화하는 것이었다. 지중해로 접근하기를 원하던 독립국 세르비아의 지도자들은 이 조치에 격분했다. 세르비아인들, 크로아티아인들, 유고슬라비아 주창자들, 러시아인들은 모두 이 지역을 차지하려는 야심을 품고 있었다. 1912년과 1913년의 발칸 전쟁 이후 세르비아는 영토를 넓혔고—그러나 신생 독립국 알바니아에 가로막혀 여전히 아드리아해에 접근할 수 없었다—자체 의회를 구성한 보스니아-헤르체고비나는 오스트리아 제국의 한 성분이 되었다(보스니아 의회가 수립된 것은 발칸 전쟁 이전인 1910년의 일이다–옮긴이). 예전 오스만의 영토에서 세력을 넓힐 기회를 엿보고 있던 러시아와 세르비아는 이 모든 사태를 계기로 오스트리아에 맞서 서로를 지원하기로 약속했다.

민족과 제국

나폴레옹이 패한 이후 한 세기 동안 제국들이 인접 영토와 해외에서 군사와 그 밖의 부문들을 두고 경쟁한 결과, 주변 제국들이 강대국이라고 인정한 국가들로 이루어진, 식별 가능한 유럽이 생겨났다. 유럽인이 되는 것은 합스부르크, 러시아, 오스만 제국 전역에서 교육받은 엘리트들의 열망이 되었다. 유럽과의 차이를 규정하거나 유럽식 노선을 피하는 것 또한 문제적일지언정 이해할 만한 전략이었다.

그런데 유럽인이 되는 것은 어떤 의미였고, 그것이 바람직한 결과를 불러왔는가? 유럽인 되기는 주권을 더 민주적인 방식으로 재편하는 결과를 함축했는가? 아니면 경제적·기술적 '동시대인'이 되는 (유럽의 시류에 발을 맞추는) 기본 과제를 함축했는가? 교육을 확대 및 갱신하는 한편 철도망과 통신망에 투자했다면 효과를 보았을 것이다. 그러나 이런 전략을 구사하려면 자원이 필요했다. 그리고 그 자원을 얻으려면 프로이센에서 연원한 신생 독일 제국처럼 다른 열강에 손실을 입히면서 토지와 사람, 연계를 획득해야 했을 것이다. 독일 제국은 폴란드어·덴마크어·프랑스어 사용 지역들에 더해 아프리카와 동아시아, 태평양의 식민지들로 세력을 확대했다.

가장 명백한 난제는 군사 역량과 관련이 있었으며, 러시아와 오스만, 합스부르크의 지도자들은 군대, 특히 장교들을 개혁의 주요 대상으로 삼았다. 오스만 제국에서는 이런 계획을 추진하는 동시에 정치적 표현을 불쾌하게 제한한 결과, 장교단이 20세기의 예니체리(술탄이 엇나갈 경우 개입할 의무가 있다고 확신하는 예외적인 집단)가 되었다. 러시아는 1874년에 병역 의무를 모든 성인 남성에게 확대함으로써(면제받을 여지는 남겨두었다) 토지 기반 모병제와 단절하는 중요한 혁신을 단행했지만, 여기서는 야심 찬 장군들이 러시아식 가산제에 따라 황제와 개인적인 유대를 구축했을 뿐 황제를 위협하지 않았다. 유대인을 포함하여 모두에게 군대를 개방한 조치는 1848년 이후 합스부르크 왕조가 회복하는 데 아주 중요했다. 다수의 민족들에서 병력을 모집하고 교육을 개선한 덕분에 장교단은 20세기에 들어서도 제국에 충성했고, 제국의 이해관계를 위해 목숨을 걸고 참전하고자 했다.

이런 군사적 노력을 정치적 개혁과 사회적 계획이 보완했다. 합스부르크 왕조(1867년)와 오스만 왕조(1869년)는 남성 신민들에게 시민권을 주고 그들이 평등하다고 선언했다. 세계의 다른 곳에서처럼 평등의 의미가 불분명하기는 했지만 말이다. 러시아 정부는 1906년 압력을 이기지 못하고 신민들에게 일련의 시민권을 주었지만, 신민들의 정치적 지위는 1917년까지 공식적으로 구분되었다. 세 제국 모두 자문기구를 운용했고, 결국 선출된 대표들이 활동하는 의회를 창설했다. 합스부르크 제국은 1861년에 의회를 창설했고, 오스만 제국은 1876년에 창설하고 1878년에 해산했다가 1908년에 되살렸고, 러시아 제국은 1906년에 의회를 창설했다. 영국, 프랑스, 독일의 경우와 같이 여성에게는 선거권을 주지 않았다. 합스부르크, 로마노프, 오스만 제국은 교육을 현저히, 그러나 불균등하게 확대했다. 합스부르크 제국과 로마노프 제국은 미국이 노예를 해방하기 이전에 농노제를 폐지했다. 이슬람 법을 통해 노예제를 규제한 오스만 제국에서는 국가가 탄지마트 칙령을 법적 평등 문제에 적용했고, 점차 노예 주인들에게 보상금을 주고서 농업 노예들을 해방시켰다.

세 제국의 개혁가들은 서유럽이 달성한 경제적 약진을 목표로 삼기도 했다. 19세기에 세 제국의 경제는 크게 부풀었다. 오스만의 대외무역은 1820년에서 1914년 사이에 10배 증가했고, 러시아 경제는 1890년대부터 안정적으로 빠르게 성장했다. 그럼에도 제국의 통치 관행은 변화를 제한했다. 오스트리아는 마자르 지주들과 그들의 숨막히게 억압적인 농업 정책을 저지할 수 없었으며, 이중 제국의 중재로도 이 문제를 해결하지 못했다. 러시아 통치자들은 수십 년 동안 농민의 토지 소유를 허용하기를 망설였다. 영국의 규칙을 적용받는 자유무역은 오스만의 국내 생산을 질식시켰다. 오스만, 러시아, 합스부르크 제국은 영국, 프랑스, 독일에 막대한 빚을 졌다. 한 가지 명백한 교훈은 서구가 식민지에서 자원을 빼가는 일에 능하다는 것이었다. 세 제국의 엘리트들은 투르키스탄이나 보스니아, 예멘 같은 새 영토를 획득할 때, 또는 멀리 떨어진 지역의 생산물을 운반하기 위해 시베리아 횡단 철도나 이스탄불-바그다드 철도를 부설할 때 이런 교훈을 유념했다.

세 제국은 모두 주변 열강으로부터 제국의 기술을 받아들여 상황에 맞게 조정하는 한편, 우리가 '로마적'이라 불러도 좋을 방향으로, 즉 더 많은 인구를 국가 운영에 참여시키는 체계적인 정부를 향해 나아가고 있었다. 앞에서 본 대로(제10장), 같은 시기에 서유럽 제국들은 식민 기획을 추진하면서 토착민 중개인들의 요구를 수용할 수밖에 없었고, 또 러시아와 오스만, 합스부르크 제국이 익숙하게 구사해온 간접 통치를 비롯한 권력 이양을 통해 통제력을 보강해야 했다. 제국들이 교차한 곳에서는, 예컨대 오스만 제국과 영국 제국이 서로 야심 찬 이맘들을 포섭하려 애쓴 예멘 같은 곳에서는 현지 지도자들이 한동안 이런 경쟁을 이용할 수 있었다.

제국 경기장의 선수들은 어떻게 해서든 다른 집단을 제국의 목표에 기여하도록, 제국 안에 머물도록 만들어야 했다. 이데올로기가 우려스러운 곳에서 제국들은 각기 다른 방향으로 움직였다. 어떤 제국은 더 분명한 구별(예컨대 인종 구별)을 지향했고, 어떤 제국은 더 모호한 패권을 지향했다(예를 들어 이슬람에 특전을 주는 식으로). 이와 비슷하게 정치적 재구축은 더 평등주의적인 방향으로 나아가기도 했고, 영역들의 분화로 귀결되기도 했다. 포용할 것인지 배제할 것인지를 결정하는 단일한 방법은 없었다.

인종이나 종교와 마찬가지로, 민족은 제국 레퍼토리의 날카로운 도구였다. 정치가들과 국정자들은 국내에서, 가까운 외국에서, 해외에서 민족 정서를 조작하려 시도할 수 있었다. 유럽 사회들(합스부르크가의 오스트리아뿐 아니라 공화정 프랑스에서도) 내부의 토론과 쟁론은 누가 어떤 근거로 정치체에 속하느냐는 문제를 둘러싼 긴장 관계를 반영하는 동시에 심화했다. 존중받을 만한 내부인의 표지는 언어, 종족, 외모, 종교, 적절한 가족관계, 계급일 수도 있었고, 이것들의 조합일 수도 있었다. 시민들이 투표를 할 때, 그리고 19세기 말부터 일부 국가들에서 시작한 복지 혜택을 받을 때, 정치체의 구성원 자격은 더욱 중요한 쟁점이 되었다. 시민권이 보호를 받고 문해율이 높아지는 가운데 언론이 성장함에 따라, 활동가들은 국가나 세계주의적인 엘리트층의 영향권 밖에서 선거구의 지지를 얻을 수 있었다.

19세기에 유럽의 여러 지역들에서 전개된 반유대주의가 반영한 것은 배타적 민족주의의 힘이 아닌 불안이었다. 반유대주의적 저술의 핵심 주제는 유대인들이 국가, 영토, 집단을 뛰어넘어 연대했다는 것, 이런 연대가 국가의 일체성을 위협한다는 것이었다. 20세기 초 러시아에서 만들어진 위서(僞書)인《시온 의정서(Protocols of Zion)》가 퍼뜨린 이미지는 명백히 제국적인 이미지, 즉 유대인들이 세계 지배를 노린다는 이미지였다. 유대인을 외부인으로 만든 운동들에 본질적으로 독일적이거나 프랑스적이거나 러시아적인 측면은 없었다. 반유대주의는 정치체 내부의 투쟁에서, 예컨대 비스마르크적 엘리트들의 실용적 세계주의에 맞서, 프랑스에서 세속적·보편적 시민권에 맞서, 중부 유럽의 시골에서 선술집 주인과 중간상인에 맞서, 어디서든 상업이나 군대, 공무원 조직에서 경쟁자들에 맞서 이용되었다.

차이 인정에 기반을 둔 제국들에게 평등한 권리를 지향하는 움직임은 위협이 되었다. 오스트리아에서 신민을 시민으로 바꾼 조치는 반유대주의, 언어, 종족, 지역 같은 쟁점을 둘러싼 대립을 촉발한 것처럼 보였다. 특수성, 이스탄불과 지역 엘리트층의 개인적인 유대, 특별한 권리를 정치의 재료로 사용해온 오스만 제국에서는 자유주의를 중앙집권적으로 해석하는 것까지도 문제가 되었다. 정치 체제가 더 개방되고 소란스러워질수록 판이한 이해관계들이 분명하게 드러났다. 어떤 정치적 혁신이든 (국가의 공통어든 농노 해방이든) 타격을 받은 집단의 분노를 유발하고 그들에 의해 이용될 수 있었다. 정당 정치가 가장 발달한 오스트리아에서는 여러 부류의 자유주의자들, 기독교도들, 민족주의자들, 사회주의자들이 모두 변화를, 그러나 저마다 다른 변화를 추진했다. 1905년까지 정치적 반대를 억압해온 러시아에서는 1906년의 양보 이후 국가를 향한 폭력이 계속해서 폭발했고, 억압에서 풀려난 언론 역시 정부를 사납게 공격했다. 독일에서는 낭만적 범게르만주의가 세계주의적인 제국 문화에 도전했다. 이런 불만들은 차이의 정치에 토대를 둔 제국들이 제 기능을 다했음을 의미했는가? 만일 그랬다면, 더 나은 정치체는 무엇이었는가?

이 물음에 대한 상투적인 답변은 민족이지만, 19세기 말과 20세기 초에 민족적인 것은 해결책보다 주장에 더 가까웠다. 진정한 민족국가(한 민족, 한 영토, 한 국가)의 옹호자들은 대다수 사람들이 그런 식으로 살아가지 않는다는 문제, 배타적 관행이 어떤 정치체든 강화하기보다 약화할 위험이 크다는 문제에 부딪혔다. 1912~1913년의 발칸 전쟁은 수천 년 동안 주민들이 섞이고 또 섞인 채 살아온 땅에서 민족들을 국가들로 빚어내려는 시도가 치명적인 급변 사태를 촉발할 수 있음을 드러내 보였다.

불가리아, 그리스, 몬테네그로, 세르비아는 모두 서로에게, 그리고 오스만 제국에게 손실을 입히면서 세력을 넓히고자 했다. 이들 국가는 러시아의 부추김을 받아 발칸 동맹을 결성하고서 1912년 10월에 오스만 제국에 전쟁을 선포했다. 발칸 동맹군의 승전에 압박을 받아 알바니아 엘리트들은 국가 건설 시합에 뛰어들었고, 오스만 제국의 청년튀르크 당은 쿠데타를 일으켰으며, 유럽 열강은 강화를 중재하려 했다. 그러나 1913년 여름 불가리아, 세르비아, 그리스는 마케도니아를 두고 서로 싸우고 있었다. 곧이어 루마니아와 오스만 제국이 이 난투극에 가담했다.

무슬림 민간인 다수가 고국에서 내쫓긴 것을 비롯하여 발칸 전쟁의 모든 참전국은 막대한 손실을 입었다. 몇몇 추정치에 따르면, 그리스와 세르비아, 불가리아에 패한 오스만 지방들에 거주하던 무슬림 가운데 절반 이상이 죽거나 달아났다. 군인 사상자도 많았다. 불가리아 병사 6만 6000명 이상이 전사하거나 병사했고, 세르비아 병사 3만 7000명이 사망했으며, 오스만 수비군 10만 명 이상이 목숨을 잃었다. 1913년 런던 회의에서 유럽 대사들이 도출한 국경은 민족적이지도, 안정적이지도, 조화롭지도 않았다. 1815년 이래 모든 열강이 구사한 전략, 즉 다른 공동체의 제국에서 민족을 만들어내는 전략은 한 세기에 걸쳐 끔찍한 전쟁들을 유발했고, 유럽 대륙 전역에서 무기류의 성능을 끌어올렸으며, 신구 국가들을 유럽의 공간을 둘러싼 경쟁에 말려들게 했다.

19세기 유럽 제국들의 지도자들은 각자의 정치체에서 소속 문제와 차이 문제에 관해 생각했지만, 서로 같은 방식으로 생각하지는 않았다. 민족 공동체라는 이념은 제국들 내부의 많은 사람들에게 호소했으며, 그들 중에는 다른 집단을 통치하는 것을 자기 집단의 운명으로 여기는 이들도 있었고, 통치당하는 숙명에서 벗어나기를 바라는 이들도 있었다. 종족화된 정치체 개념은 그 논리적 귀결에 도달할 수 없었다. 가장 강력한 통치자들은 제국 중심과 상이한 집합체들 간의 다양한 유대를 조종했으며, 일부 집합체들은 제국들 사이에서 교묘하게 처신했다. 오스만, 로마노프, 합스부르크 왕조의 제국들은 설령 내부에 튀르크화나 러시아화, 독일화 정책을 옹호한 세력이 있었다 해도, '타자들'을 통치하는 튀르크인, 러시아인, 독일인의 공동체가 아니었다. 당시 독일 제국의 통치자들마저도 모든 독일인을 포괄하거나 모든 비독일인을 배제하려 들지 않았다. 차이의 수용과 조정이라는 토대 위에 이미 너무나 많은 것들이 쌓여 있었던 까닭에, 구성원들을 균질화하는 민족주의의 임무는 실현 가능한 제국 기획으로 보이지 않았다.

CHAPTER 12

제국 세계의 전쟁과 혁명

: 1914년부터 1945년까지

1900년 베를린과 파리, 런던의 지도자들과 지식인들은 자신들이 유럽의 세기로 접어들고 있다고 믿을 만한 근거가 있었다. 당시 유럽 제국들은 지표면의 절반 이상을 덮고 있었다. 주요 열강은 1884~1885년과 1889~1890년에 체결한 협정을 바탕으로 아프리카에서의 식민 경쟁을 평화롭게 정리하기까지 했다. 유럽 경제의 전환 과정에서 막대한 부와 더불어 불평등과 사회적 변화를 둘러싼 긴장도 생겨났지만, 유럽 엘리트들은 정부가 목표를 잘 정하고 개입함으로써 이런 난제에 대처할 수 있다고 생각했다. 시민의 자유를 확대한 유럽 국가들은 부르주아 사회, 자본주의, 제국주의에 대한 비판을 '모더니즘' 예술과 문학으로 표현하는 것뿐 아니라, 아나키즘과 공산주의에서 유래한 급진적 정치 운동으로 표현하는 것까지 허용했다. 일각에서는 설령 자본주의 발전에 따른 사회적 병폐를 개혁으로 치유할 수 없다 할지라도 혁명으로 되돌릴 수 있다고 생각했다. 지적·문화적 아방가르드 일부가 의문을 품기는 했지만, 더 나은 미래를 위한 대담한 청사진들은 좌파와 우파가 공유한, 사회적 과정을 지배하고 있다는 의식을 표현했다.

1914년 이후, 수백만 명이 목숨을 잃음에 따라 무엇을 위한 싸움인지 알기가 어렵게 된 피바다 속에서 사회적 과정을 통제하리라는 전망은 산산이 부서졌다. 1차 세계대전은 유럽 제국들 체제의 불안정을 드러냈을 뿐, 이 불안정을 해결하는 데 전혀 도움이 되지 않았다. 이 전쟁으로 유럽의 식민지들에서 살아가는 사람들에 대한 제국의 부담이 줄어들었던 것은 아니다. 이 전쟁은 패한 제국들(오스만, 합스부르크, 독일, 로마노프)을 파괴했고, 그로 인해 이들 제국의 영토에서 살아가던 사람들은 더더욱 불확실하고 분쟁으로 점철된 미래를 맞게 되었다. 이 전쟁은 또 다른 제국 일본의 영향력을 강화했지만, 일본의 권력 증대는 국제 '질서' 내부의 불확실성과 위험을 가중시킬 뿐이었다.

1차 세계대전 때는 젊은 프랑스 장교로 참전했고 2차 세계대전 때는 지도자가 된 샤를 드골은 "우리 세기의 30년 전쟁"이라고 말했다. 이는 1918년 이후 택할 수 있었으나 택하지 않은 행로들을 간과한 것이지만, 제국 경쟁의 장기적 연속성을 잘 짚은 관점이었다. 16세기 이래 유럽에 근거지를 둔 소수의 제국-국가들 중 하나가 거듭 전체를 지배하려 시도했으나 번번이 다른 제국-국가들의 반격에 저지당했다. 1차 세계대전은 유산으로 절망과 쓰라림을 남겼다. 2차 세계대전으로 분쟁을 재개한 제국들은 서로를 더욱 맹렬히 증오했고, 더욱 치명적인 무기를 사용했고, 세계의 더 많은 부분을 전쟁에 끌어들였다. 종전과 마찬가지로, 제국-국가들은 서로 전쟁을 벌이면서 대륙의 자원과 해외의 자원을 둘 다 동원했다.

2차 세계대전은 나치의 악랄한 집단학살 말고도 몇 가지 면에서 그 이전의 제국 전쟁들과 달랐다. 첫째, 유럽과 서유라시아 밖에 새로운 주요 행위자인 일본이 있었다. 둘째, 새로운 두 초강대국인 미국과 소련이 자국은 다른 제국들과 다르다고 주장하면서도 제국적 세력권을 넓혔다. 셋째, 2차 세계대전의 결과 카를 5세 시대부터 나폴레옹 시대를 거쳐 히틀러 시대에 이르기까지 유럽에서 지배권을 두고 거듭 투쟁한 제국들의 불안정한 배열이 종지부를 찍은 것처럼 보였다. 첫째 요소가 셋째 요소에 아주 중요했는데, 일본이 동남아시아에서 프랑스와 영국, 네덜란드의 권력을 침범했을 때 식민 제국들의 체제가 흐트러지기 시작했기 때문이다. 2차 세계대전은 제국으로서의 독일과 일본을 파괴했고, 프랑스와 영국, 네덜란드를 결정적으로 약화시켰다.

1차 세계대전 때와 달리, 이 전쟁 막바지에 승자들과 패자들은 제국으로서 서로 상호작용할 것을 강요받지 않았다. 더 좁고 더 국가적이고 겉보기에 더 튼튼한 국경 안에서 유럽 국가들은 1945년 이후 전례 없는 평화 속에서 번영을 누렸다. 그러나 새로운 30년 전쟁이 유럽 제국들 체제의 종언의 시작이었다 할지라도, 전 세계에서 제국적 야심까지 종언을 고한 것은 아니었다. 적어도 세계의 패권을 다투는 새로운 맞수인 미국과 소련은 그런 야망을 단념하지 않았다. 정치체들의 일반화는 이론상 국가 주권에, 그리고 모든 국가는 법적으로 동등하다는 허구, 즉 국가들 사이와 내부에서 안정을 깨뜨리는 불평등을 감추는 허구에 근거를 두었다. 우리는 다음 두 장에서 이 새로운 세계—아울러 그것이 제국 이후의 세계였느냐 아니면 새로운 제국 형태들이 나타난 세계였느냐는 문제—의 형성을 탐구한다.

제국들의 전쟁, 1914~1918년

1차 세계대전의 발발에 관한 설명은 수없이 많다. 이 전쟁은 자본가들의 자중지란이었는가, 아니면 조약 체제와 정치적 오해의 의도하지 않은 결과였는가? 한 가지 중요한 점이 곧잘 간과되곤 한다. 바로 1차 세계대전이 제국들 간의 투쟁이었다는 것이다. 참전국들이 유럽 내부의 민족주의적 정서와 증오를 동원하고 조장하기는 했지만, 통치 엘리트들이 이런 격정에 떠밀려 교전을 개시했다는 증거는 거의 없다. 우리는 지난 장에서 민족 문화를 대표한다고 주장한 이들이 민족 정서를 일반화하기 위해 얼마나 고투해야 했는지, 민족의 단결에 호소함으로써 계급이나 종교, 지역의 정서를 약화시킬 수 있으리라는 생각을 통치 엘리트들이 얼마나 미심쩍어했는지 보여주었다. 1차 세계대전은 하향식 전쟁, 1914년 여름 통치 엘리트들이 서로에게 술책을 쓰다가 발발한 전쟁이었다. 그것은 식민지를 둘러싼 전쟁이 아니라—식민지를 차지하는 것이 전쟁의 한 가지 목표이기는 했지만—복합 정치체인 제국들 간의 전쟁이었다. 교전국들은 유럽과 해외에서 다른 제국의 주민과 자원을 자국으로 끌어오고자 했다.

치명적인 전쟁 기계에 투입될 병사들이 제국들 전역에서 모여들었다. 예를 들어 프랑스 국가는 본국에서 징집병과 자원병의 애국심을 고취하려 애썼을 뿐 아니라, 아프리카인과 인도차이나인 병사들도 모집했고, 강압과 설득을 통해 그들을 제국의 대의를 위해 싸우는 실질적 병력으로 만들고자 했다. 합스부르크 제국은 황제 겸 군주에 대한 병사들(오스트리아인, 헝가리인, 체코인, 유대인 등)의 충성을 기대했고, 이 기대는 대체로 충족되었다. 영국령 캐나다, 오스트레일리아, 남아프리카, 뉴질랜드의 정부는 영국 왕이 자신들을 대신하여 전쟁을 선포했다고 보면서도 전쟁에 어떻게 참여할지 선택할 수 있었다. 제국에 속한 자치령으로서 그들은 제국의 대의에 이바지하는 길을 택했다. 보호령, 식민지, 번왕국, 기타 복속 단위의 영국 신민들 역시 선택권이 훨씬 적기는 했지만 전쟁 노력의 일부였다. 영국, 프랑스, 러시아는 서유럽과 동유럽의 경합 지대에서 전투의 행로가 정해진 후에도 상당한 물적·인적 자원을 가지고 있었다.

균형이 깨진 세계: 전쟁에 이른 길 위의 제국들, 민족들, 군대들

유럽은 다른 지역들의 운명을 지배하던 위치에서 제 앞가림조차 못하는 처지로 곤두박질쳤다. 유럽의 세계 지배력이 겉보기와 다르다는 징후—당시 이를 알아챌 수 있는 사람은 거의 없었다—는 1914년 이전부터 나타났다. 1905년에 일본이 러시아를 꺾은 것, 제국들이 아프리카 식민지들을 체계적으로 통치하거나 변형하지 못한 것, 휘청거리는 청 제국을 유럽 제국 체제로 흡수하지 못한 것, 유럽 자체에서 제국적 열망이 변덕스럽게 요동친 것 등이 그런 징후였다.

제국들 사이의 균형은 19세기 후반 독일 제국의 경제력—아울러 지정학적 불안—이 증대하면서 흔들렸다. 이 긴장 관계가 1870년의 프랑스-프로이센 전쟁 이후 총력전으로 이어지지 않은 것은 상당 부분 재상 비스마르크 덕분이었다. 다시 말해 제국 권력의 한계를 이해한 비스마르크의 분별력(제10장), 제국들이 서로 균형을 유지하던 아프리카와 발칸에 관한 협정을 중재한 그의 능력 덕분이었다. 그러나 비스마르크는 전제정과 가산제와 의회제가 뒤섞인 독일의 권력에 의지하여 이런 시합을 할 수 있었지만, 이 권력이 그의 후계자들에게 남겨준 것은 과거와는 다른 시합을 위한 도구들이었다.

유럽 제국들의 관계가 변한 결과(제11장), 독일은 러시아와 그 새로운 동맹인 프랑스 사이에 끼게 되었다. 독일인들은 다른 제국들이 가진 자산을 그저 부러워할 수 있을 뿐이었다. 영국은 해외 식민지와 해군을, 러시아는 막대한 곡물 생산량과 엄청난 노동력, 카스피해의 석유를, 프랑스는 아시아와 아프리카의 인력과 물적 자원을 가지고 있었다. 독일 지도자들은 제국의 내분, 즉 가톨릭교도, 개신교도, 유대인의 분열, 정치적 발언권을 강화하기를 열망하는 점점 더 부유해지는 부르주아지와, 전투적인 사회주의 정당과 적극적인 노동조합을 통해 발언하는, 산업화의 긴장 관계에 휩쓸린 프롤레타리아트의 분열도 의식했다. 일부 지역들에서 귀에 거슬리는 목소리를 낸 공격적인 '범게르만' 민족주의—카이저 제국뿐 아니라 오스트리아-헝가리 제국의 독일어 사용자들까지 통일할 것을 역설한—는 게르만족이 독일어권에서 널리 받아들여진 열망이 결코 아니었다는 것을 확실히 보여주었을 뿐이다.

독일 군부는 독자적인 생각이 있었다. 독일 정부는 1870년 프랑스에 승리를 거둔 군부에 엇갈린 메시지를 보냈다—군부는 결국 승리하기는 했지만, 정부가 요구 사항이 많은 부르주아지와 반항적인 프롤레타리아트에게 더 많은 부담을 주기를 꺼린 탓에 인력 부족과 융통성 없는 재정으로 고통받았다. 넉넉한 비축 자원에 의지할 수 없었던 전쟁 계획자들은, 새로운 전쟁은 적을 신속히 파괴하는 짧고 무자비한 전쟁이어야 한다는 것을 깨달았다. 이 독트린(슐리펜 계획으로 정교화된)은 식민지 전쟁에서 수차례 검증되었고, 1914년에도 독일 군사 계획의 최전선에 있었다. 범게르만 단체들, 군사와 외교의 선택지를 보는 시각이 좁은 군 사령부가 독일 정부를 압박했지만, 전체로서의 독일은 반동적인 프로이센 군국주의나 유달리 강한 민족주의에 매몰되지 않았다. 독일의 통치 엘리트들은 국외의 취약성과 국내의 불확실한 지지를 의식하고 있었다.

그 후에 독일만이 아니라 이웃의 다민족 다종파 제국들인 오스트리아-헝가리, 러시아, 오스만 역시 황제에 대한 충성심이 여전히 높다는 것이 분명해졌다. 1914년에 오스트리아-헝가리 제국 내부의 상이한 '민족들'은 전쟁을 분리 독립할 기회로 삼지 않았다. 영토 기반보다 안전한 고국인 제국에 속한 유대인을 비롯한 집단들은 자기네 지도자들 중 한 명의 다음과 같은 조언을 따랐다. "우리 민족 의식적 유대인들은 강한 오스트리아를 원합니다."(오스트리아의 시온주의자 로베르트 슈트리커가 1917년에 한 발언-옮긴이) 러시아에서는 전쟁이 발발하자 사람들이 애국적 열정을 표출했고, 아울러 반독일 포그롬을 자행하여 제국 행정부를 충격에 빠뜨렸다(헤센 대공국에서 태어난 러시아 황후는 독일 황제의 사촌이었다). 영국 사령관들에게는 뜻밖의 불운이었지만, 대다수 아랍인들은 전쟁이 끝날 때까지 오스만 제국에 줄곧 충성했다.

그러나 이는 먼 훗날 과거를 돌아봤을 때의 이야기다. 1914년의 시각으로 보면, 적절한 동맹을 맺는 것이 맞수에 대항하는 익숙한 방법이었던 제국들의 세계에서 지도자들은 서로를 우려하고 있었다. 1866년에 싸운 적이 있었다 해도, 카이저 제국과 오스트리아-헝가리 제국은 협력할 필요가 있었다. 둘 다 동쪽에서 산업화 중인 또 다른 제국 권력 러시아를 두려워했다. 영국 역시 러시아를 우려했다. 러시아가 오스만의 쇠락을 이용하여 인도를 위태롭게 하는 한편 아프가니스탄을 통해 영국의 다른 이해관계를 위협하는 위치를 차지할 수 있다는 우려였다. 그러나 영국—독일의 산업과 해군의 힘이 자국에 필적할 만큼 성장했다는 데 위기감을 느낀—은 독일에 대응하기 위해 러시아의 동맹인 프랑스를 필요로 했다.

모든 주요 세력들은 너무나 불안한 나머지 1908년부터 1913년까지 저마다 군비 지출을 50퍼센트나 늘렸다. 모두가 적절한 파트너와 동맹을 맺으려 애썼다. 1914년 여름, 독일과 오스트리아-헝가리는 전쟁이 일어날 경우 서로를 지원하기로 합의했다. 프랑스는 러시아와 동맹관계였고, 영국은 프랑스와 동맹관계였다. 오스만 지도자들은 독일과 밀약을 맺었는데, 이는 그들의 하나뿐인 그럴듯한 선택지였다. 지난 세기 동안 오스만의 영토를 마음대로 빼앗은 강대국들 중에 제일 덜 위협적인 강

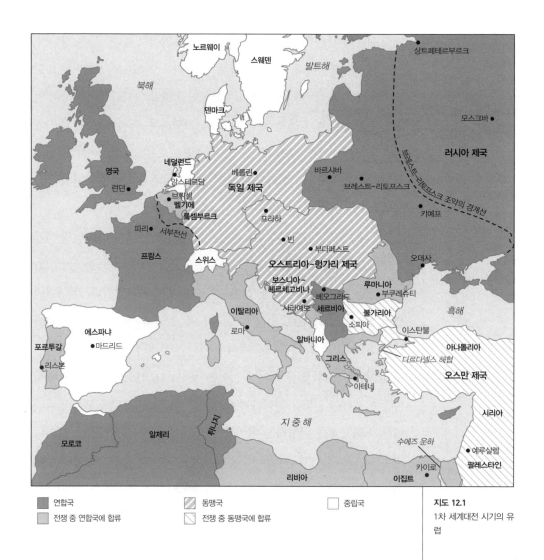

연합국 | 동맹국 | 중립국
전쟁 중 연합국에 합류 | 전쟁 중 동맹국에 합류

지도 12.1
1차 세계대전 시기의 유럽

대국이 독일이었기 때문이다.

동맹관계인 제국들이 뒤섞여 있는, 본래부터 불안정하기 마련인 정세를 전쟁의 소용돌이 속으로 밀어넣은 것은 이번에도 발칸에서의 경쟁이었다. 여기서 오스만 제국의 손실은 제국들의 경쟁 구도와 민족국가를 지향하는 집단들 간의 전쟁을 더욱 달구었을 뿐이다(제11장). 보스니아-헤르체고비나는 이미 오스트리아-헝가리에 병합되어 있었다. 독립국 세르비아는 오스트리아-헝가리 및 오스만 제국과 적대했던 기억, 영토 야심, 러시아와의 연계, 언제 폭발할지 모르는 범슬라브·세르비아 민족주의 이데올로기를 가진, 예측하기 어려운 변수였다. 오스트리아-헝가리는 세르비아를 내리누르고자 했지만, 러시아가 개입할 위험이 있었던 까닭에 자국 군대 이상의 완력을 필요로 했다. 이는 곧 독일에 의지해야 한다는 뜻이었다.

그런데 독일도 오스트리아-헝가리를 필요로 했다. 이 지점에서 독일의 1870년 이후 군사적 독트린(참모총장 헬무트 폰 몰트케가 물려받은 슐리펜 계획)과 20세기 초에 제국 정치를 부채질한 우려와 오만에 다시 주목해보자. 당시 독일이 가장 우려한 것은 갈수록 막강해지는 적국 러시아였다. 오만은 슐리펜 계획에 담겨 있었다. 이 계획은 러시아가 더 강해지기 전에 유럽에서 곧 전쟁을 개시한다면 수송과 지휘의 병목현상으로 인해 러시아의 동원이 느리게 진행될 것이고, 그렇다면 독일군이 더 민첩한 프랑스군을 먼저 해치운 다음 병력을 서부전선에서 동부전선으로 신속히 이동시킨다는 구상이었다. 이 계획의 전제는, 독일군이 중립국 벨기에를 통과하여 프랑스의 취약한 북부전선을 총공격하면 프랑스가 당할 수밖에 없다는 것이었다. 그러나 이 경우 독일의 후방을 막아줄 세력이 필요했다. 오스트리아-헝가리는 러시아군을 저지하는 한편, 러시아군으로 하여금 독일과의 국경 외에 훨씬 기다란 국경을 방어하도록 묶어둘 수 있었다. 슐리펜 계획의 성공은 독일이라는 기계가 완벽하게 작동하고 나머지 모두가 독일의 생각대로 움직일지의 여부에 달려 있었다.

1914년 6월 28일, 20세의 세르비아계 청년 가브릴로 프린치프(보스니아 주민이었고, 따라서 오스트리아-헝가리의 신민이었다)는 세르비아 군부 내부 집단의 비공식 지원을 받은 듯한 음모를 실행에 옮겼다. 사라예보를 방문한 합스부르크 제위 계승자 프란츠 페르디난트와 그의 아내를 암살한 것이다. 오스트리아-헝가리 사람들은 프란츠 페르디난트를 별로 좋아하지 않았고 그다지 아쉬워하지도 않았다. 특히 그의 삼촌인 황제 요제프 1세가 그러했다. 그러나 페르디난트 암살 사건은 호전적인 제국들이 서로 엇갈린 전략을 펼치도록 부채질했다.

암살이 오스트리아-헝가리의 영토에서 일어났고 세르비아 정부의 소행이 아니었음에도, 이제 합스부르크 제국은 바라던 대로 세르비아와 전쟁을 개시하고, 러시아가 개전 이유를 수긍하지 않을 경우 독일에 지원을 요청할 수 있었다. 카이저가 결정을 유보했음에도 독일군 지도부, 특히 폰 몰트케는 슐리펜 계획을 실행에 옮길 기회, 즉 프랑스, 러시아와의 불가피한 전쟁을 유리한 상황에서 벌일 기회가 왔다고 보았다. 오스트리아-헝가리가 세르비아에 전쟁 위협을 가함에 따라 러시아는 육군을, 영국은 함대를 동원했다. 독일은 프랑스의 식민지만을 차지할 것이라고 약속하면서 영국에게 프랑스를 지원하지 말라고 설득했다. 영국 정부는 이 미끼를 물지 않았다.

7월 28일에 오스트리아-헝가리가 세르비아에, 8월 1일에는 독일이 러시아에 선전포고를 했다. 독일은 벨기에를 통과하여 프랑스를 기습하기 시작했다. 카리브해, 서아프리카와 적도아프리카, 동남아시아, 태평양 섬들의 프랑스 식민지들은 모두 제국 간 격돌에 끌려 들어갔다. 영국은 8월 4일 독일에 전쟁을 선포하여 자국의 자치령과 식민지, 인도를 전쟁에 연루시켰다. 러시아의 가지각색 유라시아인 집단들과 오스트리아-헝가리의 다양한 민족들은 말할 것도 없고 독일의 식민지들 또한 전쟁에 말려들었다.

유럽 전쟁, 제국 전쟁

마하트마 간디는 인도 동포들에게 이렇게 말했다. "우리는 무엇보다도 영국 제국의 영국 시민들이다. 현재 영국인으로서 싸우는 것은 인류의 존엄과 문명의 선(善)과 영광이라는 정의로운 대의를 위해서다. (……) 우리의 의무는 분명하다. 최선을 다해 영국인들을 지원하는 것, 우리의 목숨과 재산을 바쳐 싸우는 것이다." 그런데 누구의 존엄과 문명을 위해 싸우자는 것이었을까? 제국을 지원하자는 간디의 주장은 의무가 권리를 가져오리라는 생각을 함축하고 있었다. 실제로 1917년에 영국 정부는 인도에 "책임정치의 점진적 실현"을 약속했다. 영국은 전후에 이 약속을 더디게, 마지못해서, 일부만 지킬 터였다.

제국의 먼 지역들에서 동원한 인력과 물자는 전쟁 노력에 아주 중요했으며, 유럽에서의 산업 역량과 인력 동원을 보완했다. 해외에서 자원의 균형은 독일에 불리하게 기울었는데, 독일의 식민지들이 서로 떨어져 있었거니와 식민지들과 독일 사이에 영국 해군이 가로막고 있었기 때문이다. 영국의 경우 제국 병력의 3분의 1에 해당하는 대략 300만 명이 인도와 자치령들에서 동원되었다. 그중에서도 인도가 가장 많이 기여했다. 아프리카인들은 영국 제국의 인종 질서에 따라 다른 역할을 수행했다. 거의 200만 명이 복무했지만, 주로 독일 식민지들, 카메룬, 토고, 남서 아프리카, 탕가니카를 둘러싼 전투에서 주로 수송병으로 복무했다. 영국 제국의 위계질서에서 등급이 더 높은 캐나다, 오스트레일리아, 뉴질랜드, 남아프리카(즉 백인의 남아프리카)는 영국 왕이 그들을 대신하여 선언한 전쟁에 약 100만 명을 파견했지만, 영국이 결정을 내리는 방식과 자기네 사람들이 희생을 치를 방식을 염려하지 않은 것은 아니었다. 제국은 물자를 공급하고, 수출을 통해 외환을 획득하고, 소비자들의 욕구를 뒤로 미루는 등 영국의 전시 경제에도 이바지했다.

프랑스 식민지에서 동원된 많은 신민들(아프리카인, 인도차이나인, 북아프리카인 등)은 참호에서 싸웠다. 그들 중에 서아프리카에서 온 병사만 해도 17만 명이었다. 식민지의 민간인 노동자 20만여 명은 프랑스에서 노동자들이 전선으로 불려갔을(프랑스 여성들도 점점 많이 불려갔다) 때 그들의 공백을 메우기 위해 프랑스로 이동했다. 일부 군인과 노동자는 식민지 신민들이 평소에 직면하던 최악의 수모를, 이를테면 별도의 사법제도 같은 모욕을 면제받았다. 1차 세계대전은 프랑스 구하기에 진심으로 동참하는 모든 인종과 종교의 사람들을 칭송한 정서적 제국주의에 실체성을 부여했다. 사실 프랑스가 식민지에서 신병을 모집한 방식은 자유로운 선택과는 거리가 먼 여건에서 징집제와 모병제를 혼합한 방식이었다. 전쟁 중에 프랑스령 서아프리카 내지에서는 대규모 반란이 일어났다. 이 반란은 징집제로 인해 더욱 악화되었고, 진압 과정에서 다른 지역들에서 불려온 병력 가운데 많은 수가 인명을 잃었다.

시민권이 없는 식민지 신민들 상당수가 프랑스를 위해 싸우다 죽었다. 당시 아프리카인들의 전투 역할에 관한 여러 신화와 반(反)신화가 있었다. 아프리카인 병사들이 다른 병사들과 똑같았다, 그들의 야만성이 한동안 유용했다, 유난히 위험한 상황에서 그들이 총알받이로 쓰였다는 등의 신화였다. 식민지의 전쟁 기여는 제국들에서 통합과 분화 사이의 중대한 긴장을 드러냈다. 그중 세네갈의 사례를 살펴보자.

세네갈의 주도적인 네 도시('네 코뮌')는 18세기 이래 프랑스의 식민지였으며, 비록 민사(民事)를 처리할 때 프랑스 민법이 아닌 이슬람 법을 적용받기는 했으나 이들 도시의 주민들은 시민권을 가지고 있었다(제10장). 그들이 인종화된 질서에 들어맞지 않는 것을 못마땅하게 여긴 프랑스 무역상, 정착민, 관리들은 이 권리를 자주 공격했다. 그럼에도 네 도시는 파리 입법기구의 의원을 1명 선출할 수 있었고, 1914년부터 그 의원은 아프리카계 흑인 블레즈 디아뉴(Blaise Diagne)였다. 디아뉴는 한 가지 거래를 했다. 디아뉴가 세네갈 시민들을 프랑스 정규군에 징집하

도판 12.1
독일 포로수용소에 갇힌 식민지 출신 프랑스 병사들, 1917년. 독일의 인도적 포로 대우를 선전하는 한편 아프리카
인 병력으로 문명을 지킨다고 주장하는 프랑스를 비하하기 위해 독일이 이용한 사진이다. 오른쪽 상단의 일부 가려
진 글자들은 포로들이 세네갈, 기니, 소말리아, 튀니지, 안남(베트남의 일부), 수단, 다호메이 출신임을 가리킨다. 작
자 미상의 사진, Bundesarchiv, Bild 146-1999-002-001CC-BY-SA3.0.

는 것을 거들고, 다른 곳에서 신병 모집을 돕고, 발생하는 문제를 가라앉
히는 대신, 프랑스는 네 코뮌 유권자들의 시민권을 확실히 보장하고, 그
들을 다른 시민들처럼 대하기로—신민들 중에서 모집한 2등 병사들처
럼 대하는 것이 아니라—했다. 디아뉴는 모병자 역할을 성공적으로 수
행했고, 프랑스는 1916년에 법으로 네 코뮌의 시민 지위를 보장했다. 영
국령 인도에서처럼, 식민지 병사들이 참전한 결과 전쟁 막바지에 중대한
의문이 남았다. 통합으로 기울어가는 추세가 계속될까, 뒤집어질까?

독일 지도부는 독일 사람들의 기술적·조직적 숙련으로 식민 자원의
열세를 상쇄할 수 있다고 확신했지만, 총력을 다해 신속히 승리한다는
계획이 언제 끝날지 모르는 전투로 바뀌자 낭패감에 젖었다. 민간인에게
더 많은 것을 요구하고 더 많은 고통을 가하는 가운데, 독일군 지도부는
미카엘 가이어(Michael Geyer)가 주장한 대로 "노동자, 부르주아, 여성,

지식인, 대학, 동성애자, 젊은이와 (……) 독일군의 생명력을 좀먹는 '유대인의 음모'를 비난함으로써" 난국을 설명하려 했다. 전쟁 이전 독일의 세계주의적 문화는 전쟁의 참상과 독일군 참모본부의 희생양 찾기로 말미암아 너덜너덜해지고 있었다.

프랑스와 영국이 제국 각지에서 동원한 병사들의 피로 전쟁 노력을 유지했다 할지라도, 연합국이 궁극적으로 승전한 까닭은 독일의 내구성이 닳아 없어졌기 때문이다. 미국의 산업력과 군사력은 1917년에 러시아가 무너져 독일군이 동부전선에서 자유로워진 중차대한 순간에 프랑스와 영국을 지원했다. 전쟁 초기에 러시아에서 애국적 충성심이 분출하기는 했지만, 1917년까지 러시아는 전제정의 무능을 드러냈다. 1917년의 두 차례 혁명을 계기로 러시아는 전쟁에서 발을 뺐고, 볼셰비키는 1918년 3월에 독일과 단독으로 강화 조약을 체결했다. 그러나 독일의 경제와 군대는 이미 휘청대고 있었다.

전쟁의 결과에 필연적인 측면은 전혀 없었다. 전쟁사가 마이클 하워드(Michael Howard)가 쓴 대로, "슐리펜 계획이 성공할 뻔했음을 잊지 말자." 프랑스에 대한 대규모 강습이 조금 더 효과적이었다면, 전후에 제국들의 배치는 꽤나 달라졌을 것이다. 오스트리아-헝가리, 독일 제국, 오스만 제국과 어쩌면 로마노프 왕조의 러시아까지 고스란히 유지되었을 것이고, 프랑스는 식민지를 빼앗겼을 것이고, 영국은 약해졌을 것이다. 그런 배치가 그 나름의 방식으로 파국을 맞았을지도 모르지만, 제국들의 궤도는 달라졌을 것이다.

전시 중동의 제국과 민족

중동(제국 권력의 재중심화를 반영하는 명칭이다)은 제국 분쟁의 무대(피로 얼룩진 비극적 무대)였다. 오스만 제국은 참전을 피하려 했지만 독일과 동맹을 맺은 탓에 전쟁에 끌려 들어갔다. 독일은 오스만군의 질을 높이기 위해 장교와 장비를 제공했다. 오스만군은 아나톨리아 동부에서 러시아군에 밀려 퇴각하면서도 러시아군의 전진을 견제했다. 일부 독일인들은 자신들과 오스만인들의 동맹이 이집트, 아프가니스탄, 인도 일부, 중동의 다른 곳에서 영국의 통치에 대항하는 무슬림들의 지하드로 확대될 수 있기를 바랐다. 영국 지도부 일부는 시리아-팔레스타인에서 아랍인들과 오스만인들을 맞붙여 독일의 파트너를 위협할 수 있다고 생각했다. 오스만의 영토가 수에즈 운하에 가까웠던 데다가 다르다넬스 해협을 통해 흑해로 접근하는 길을 통제하는 것이 영국과 러시아를 비롯한 연합국에 중요했던 까닭에, 이 지역에서는 제국 간 전쟁이 발발할 가능성이 무르익고 있었다.

그 결과는 오스만의 쇠락이라는 표현의 함의와는 다르게 나타났다. 영국 군부가 오스트레일리아와 인도, 제국의 다른 부분들에서 데려온 병사들을 투입하여 갈리폴리의 다르다넬스 해협으로 밀고 들어가려 했을 때, 독일의 장비로 무장한 오스만군이 전략적 고지(高地)에서 예상 밖의 강력한 방어로 영국군을 저지했다. 영국이 오스만 영토를 두 번째로 강습했을 때, 즉 영국이 지휘하는 대체로 인도인 병사들로 이루어진 군대가 메소포타미아를 통해 공격에 나섰을 때, 초기만 해도 영국군은 재앙과도 같은 손실을 입었다. 영국령 인도와 오스만의 아나톨리아에서 불려온 농민 수십만 명이 런던과 이스탄불을 대신하여 서로를 쏘는, 제국-드라마의 진수가 펼쳐진 이후 프랑스에서 연합국이 승기를 잡은 뒤에야, 메소포타미아의 영국군은 목표를 달성할 수 있었다.

영국이 주로 T. E. 로렌스를 통해 이른바 반오스만 아랍 봉기를 고무한 책략은 중요한 결과를 불러왔다(그러나 로렌스에 관한 신화가 말하는 것보다는 덜 중요한 결과였다). 로렌스는 오스만의 통치에 분개하는 듯한 메카의 샤리프(sharif) 후세인 이븐 알리와 그의 씨족, 그 밖에 다른 아랍 공동체들과 우호적 관계를 구축했다. 흔히 이 이야기는 막 움트기 시작한 아랍 민족주의와 쇠락하는 오스만 제국주의가 충돌한 사태로 서술되지만, 실은 전형적인 제국 대본대로 진행된 이야기, 즉 적수의 진영 내부에서 대리인과 중개인을 물색한 이야기였다.

예언자 무함마드의 출신 부족(쿠라이시족)의 일파인 하시미테 씨족 출신인 후세인은 처음에는 오스만의 질서가 유지되도록 도왔다. 후세인의 친족관계와 지역의 지원망은 스스로 제국 권력을 추구한 그의 기반이 되었다. 영국은 후세인의 야심에서 아랍 중개인들을 이스탄불로부터 떼어놓을 기회를 엿보았다. 영국 장교들은 후세인이 "진정한 인종의 아랍인", 일종의 정신적 지도자가 되리라고 보고 그를 메카의 새 칼리프 자리에 앉힐 공상을 품었으며, 후세인은 새로운 제국의 수장이 될 자신을 상상했다. '아랍 봉기'라는 관념은 전쟁 이전에 일부 범아랍 지식인들이 주창한 공통성을 전제했지만, 아랍 지역의 각양각색 엘리트들 대다수는 지역의 권위와 오스만의 권력을 중재할 방도를 찾았다. 후세인과 그의 지지자들은 아랍 민족주의 이야기보다는 씨족 정치와 제국 후견주의의 패턴을 따랐다.

팔레스타인과 그 주변에서 오스만의 권력은 영국군이 후세인 추종자들의 지원을 조금 받아 오스만 병력으로부터 예루살렘을 탈취할 정도로 허술했다. 영국군이 시리아에 도착했을 무렵 전쟁은 끝나가고 있었다. 영국의 후견인과 아랍의 피후견인은 성지(聖地)에서 권력 다툼을 계속했다. 이 지역의 운명은 뒤에서 다시 살펴볼 것이다.

1차 세계대전은 일부 사람들에게 민족적 방안을 종전보다 강하게 실행할 기회를 주었다. 앞에서 보았듯이(제11장), 청년오스만당은 술탄과 오스만 제국의 가산제적 구조가 자유주의적 개혁을 가로막는 상황에 갈수록 낙담하여 조직을 청년튀르크당으로 재편했다. 청년튀르크당은 튀르크어 사용자들로 이루어진 상상의 공동체보다는 스스로 통제권을 쥐고서 중앙집권화를 추진하는 과제에 더 주력했다. 오스만이 발칸에서 지방들을 상실하고 1912년과 1913년에 이곳에서 무슬림들이 학살을 당하고 내쫓기자, '기독교' 열강의 소행에 분개한 더 많은 사람들이 튀르크적 공간이라고 여길 만한 곳을 찾아 이주했다. 그러나 아랍 지방들을 체제 안에 묶어두어야 할 필요성이 오스만 정부의 동질화 추세를 제약했다. 전쟁, 그리고 특히 프랑스와 영국이 아나톨리아를 분할할 속셈이라는 두려움은 CUP 지도부 가운데 가장 민족주의적인 이들, 즉 적국과 매국노에 맞서 튀르크인들의 결속을 강화하려던 세력에게 유리하게 작용했다. 그럼에도 오스만이 독일과 동맹을 맺은 것은 제국 구조를 보존하려는 시도였으며, 다르다넬스 해협을 성공리에 방어한 일과 시리아 대부분이 오스만에 계속 충성한 일은 복합 제국이 아직까지 살아 있음을 보여주었다. 1917년에 러시아가 전쟁에서 발을 빼자 오스만 제국은 동부의 잃어버린 영토를 되찾고 러시아의 유전이 있는 바쿠까지 진격했다.

위험한 '타자'에 맞서 튀르크인들의 결속을 벼리려는 노력은 러시아-오스만 전선을 따라, 즉 두 제국이 한 세기 이상 여러 집단을 구워삶고 처벌하고 적대하고 이주시킨 지역들에서 극단으로 치달았다. 오스만 군부는 아르메니아인들(오스만의 상업과 사회에 역동적으로 참여했던 이들)이 적과 음모를 꾸몄다고 주장하며 그들을 다른 곳으로 집단 추방하도록 획책했다. 군인들, 준군사 집단들, CUP의 최고 지도자들 중 일부는 강제 집단 이주를 단행하여 남녀노소를 가리지 않고 아르메니아인들을 무자비하게 말살했다. 1890년대에 아나톨리아 동부에서 자행된 아르메니아인 집단 학살보다 훨씬 체계적으로 실행된 이 살육은, 제국의 일체성을 위협하는 사람들에 대항하는 민족화 추세를 반영했다. 이스탄불과 아나톨리아 서부에 거주하던 아르메니아인 모두가 잔혹 행위의 표적이었던 것은 아니지만, 추정치들에 따르면 80만 명 이상이 목숨을 잃었다. 오스만의 독일인 고문 몇이 화들짝 놀라 베를린으로 전보를 보냈으나 독일의 정책 입안자들은 아무런 조치도 취하지 않았다. 그들은 '군사적 필요성'이라는 독트린을 우선했다.

오스만 제국이 몰락한 까닭은 제국의 구조가 기력을 다해서, 또는 오스만 지도자들의 제국적 상상계와 신민들 사이에 연관성이 없어져서가 아니었다. 오스만 통치자들, 아랍 엘리트들, 영국 정부와 독일 정부는 제국들이 중개인을 조직하거나 경쟁국의 중개인을 이탈시키는 가운데 오랜 세월에 걸쳐 진화한 기대치라는 테두리 안에서 행동했다. 영국 지도자들과 그들의 무슬림 동맹들은 7세기 칼리프국이 20세기 정치적 분쟁의 참조점이 된다고 생각했다. 오스만 제국은 러시아를 희생물로 삼아 유라시아 대륙 전역에 걸쳐 튀르크어를 사용하는 공동체들의 연계를 다시 활성화하고자 했다. 그러나 오스만 제국은 제국 간 전쟁에서 지는 편에 있었다.

제국들의 세계 재구축하기

승전한 제국들이 세계 질서를 재편하는 과정에서 사멸한 것은 제국들이 아니라 패한 쪽의 제국들이었다. 전후의 강화 회담에서 국가들은 '민족자결' 문제를 두고 불길한 논쟁을 시작했다. 민족자결은 선별적으로 적용되어, 프랑스, 영국, 네덜란드, 벨기에, 미국의 식민지에는 적용되지 않았다. 유럽에서 '평화'는 불안정한 배치를 더욱 불안정한 배치로, 즉 제국들과 추정적 민족국가들이 섞여 있는 배치로 바꾸어놓았다. 몇몇 제국들을 강제로 분할한 결과, 주민들 중 상당수는 제국 권력을 상실한 데 분개한 채로 머물렀고, 그들의 동포들 중에 다른 국가에 속하게 된 많은 사람들은 재산을 몰수당하고 그들이 살아본 적 없는 고국으로 강제 송환되었다. 같은 영토를 공유해왔고 엇비슷한 열망을 가지고 있을지 모르는 각양각색의 사람들은 국가가 '자기들' 것이어야 한다고 주장하는 민족주의자들이 배타적인 구상을 실현하는 데 방해가 되었다. 민족자결 이념은 자신의 일을 스스로 결정할 수 있는 이들에 관한 조리 있는 정의를 제시하지도 않았고, 상충하는 주장들을 조정할 메커니즘을 제공하지도 않았고, 제국에서 출현한, 민족화 중인 국가들이 지속 가능하리라는 것을 보장하지도 않았다.

승전국들은 종전 이후 자기네 제국을 유지했다. 그런데 종전은 국제 질서를 교란하는 세 가지 새로운 제국 기획으로, 즉 나치 독일, 일본, 소련으로 귀결되기도 했다. 독일 제국의 콧대를 꺾은 전후 합의는 독일인들의 울분과 민족적 상상계, 제국적 욕구를 조장했다. 동아시아에서는 독일의 태평양 제국의 조각들을 둘러싼 쟁탈전과 더불어 증대하는 부와 자신감이 일본의 제국 건설 사명을 조장했다. 일본은 이 사명을 한편으로는 민족의 운명을 실현하는 과정으로, 다른 한편으로는 범아시아 기획으로 내세웠다. 소련은 제정 러시아의 영토를 대부분 되찾았고, 공식적으로 구별되는 '민족적' 공화국들의 연방으로서 최초의 공산주의 국가를 구축했고, 충성 당원들의 피라미드를 통해 이 공화국들을 통치했으며, 그 과정에서 혁명을 통해 세계를 재주조하기 위한 형판(形板)을 만들어냈다. 미국은 배경에서 어렴풋이 모습을 드러냈다(의도적으로 그렇게 했다). 미국은 식민지 전선에서는 대수롭지 않은 선수였지만, 공간을 가로질러 권력을 행사하는 다른 방식들에 관한 한 갈수록 중요한 선수가 되어갔다. 우드로 윌슨은 당대 유럽의 제국주의에 비판적이었지만, 그의 구상은 제퍼슨의 '자유의 제국'을 연상시켰다. 토머스 벤더

(Thomas Bender)가 말한 대로, 윌슨은 "미국의 역사적 원칙들을 깜짝 놀랄 만큼 매끈하게 투영한 전 지구적 미래", 통신과 상업을 개방한 공화국들의 세계를 제안했다. 세계 질서의 재편을 두고 겨룬 이 새로운 경쟁자들은 1차 세계대전으로 귀결된 제국 경쟁만큼이나 변덕스러운, 새로운 제국 간의 정치에 휘말렸다.

민족, 위임통치령, 제국 권력

윌슨은 아프리카인들과 아시아인들이 아직 자신의 전 세계적인 공화정 질서에 참여할 만큼 성숙하지 못했다고 생각했다. 미국은 라틴아메리카 국가들에 군사적으로 개입할 권리를 계속 주장했고, 바로 얼마 전에 멕시코에 그렇게 개입한 터였다. 1919년 파리 강화회의에 참석한 승전 열강이 보기에 민족자결과 관련하여 논의할 만한 대상은 독일과 그 동맹국의 지배를 받았던 체코인, 헝가리인, 폴란드인, 세르비아인 등이었다. 게다가 유럽에서마저 한 '민족'이 자기네 지도부를 선택한다는 원칙을 적용하는 것은 간단하지 않은 일이었다. 파리 강화회의 이전에도 '민족' 집단이 되기를 열망하는 이들은 독립을 선언했고, 혁명을 도모했고, 서로 전쟁을 벌였다. 발칸과 중부 유럽에서는 주민들이 워낙 뒤섞여 있었던 까닭에, 자기네 운명을 스스로 결정할 한 민족을 규정하는 일은 문화적-언어적-지리적 기정사실을 인정하는 문제가 아니라 누가 어디에 속하는지를 중재자들에게, 즉 자기이익에 무심하지 않은 주요 열강에게 납득시키는 문제였다. 폴란드를 위해 구상한 국경(당대의 종족 범주들에 의해 가려진 복잡한 동일시 문제들을 무시했음에도) 안에는 인구의 40퍼센트를 차지하는 우크라이나인, 벨라루스인, 리투아니아인, 독일인이 있었다. 체코슬로바키아에서는 강대국들의 중재에 따라 체코인과 슬로바키아인이 동거했음은 물론이고, 독일인 250만 명에 더해 헝가리인과 루테니아인을 비롯한 집단들까지 거주했다(체코인 다수는 슬로바키아인을 뒤떨어진 집단으로 간주했다). 민족이 될 권리를 주장하는 이들은 적절한 언어를 말하지 않거나, 적절한 신을 숭배하지 않거나, 적절한 후원자를 두지 않은 사람들의 권리 주장을 제압했다.

영국 제국의 행정관 커즌 경은 새로운 국경이 수반하는 압력과 폭력을 가리켜 민족들의 '분리(unmixing)'라고 말했다. 한 추정치에 따르면 1000만 명에 이르는 난민의 물결이 중동부 유럽 전역으로 퍼져나갔다. 오스트리아-합스부르크 제국에서 공적 생활에 적극 참여했던 유대인들은 후속 정치체들에서 이방인을 혐오하는 분노의 주요 표적이었다. 긴박했던 파리 교섭의 결말은 신생국들(체코슬로바키아, 유고슬라비아, 에스토니아, 라트비아)의 성립과 다른 국가들(폴란드, 리투아니아)의 부활, 쪼그라들거나 분할된 이전 제국들(독일, 오스트리아, 헝가리)의 국가 지위 승인, 또 다른 제국들의 국경 변경이었다. 이론상 소수 집단은 권리를 보호받기로 했으나 그렇게 하는 데 필요한 절차가 부실하기 짝이 없었고, 주요 열강(그중에서도 프랑스와 영국)은 어떠한 의무에도 구애받지 않았으며, 그런 까닭에 동유럽에서는 이 체제 전체가 위선적으로 보였다. 동유럽 제국들은 민족자결 원칙에 따라 국제법을 동등하게 적용받는 민족국가들로 변모할 터였다. 그러나 국가들은 스스로를 방어하는 능력 면에서도, 다른 국가를 지배하려는 야심 면에서도 동등하지가 않았다.

오스만 제국은 다른 형태로 분할되었다. 후세인 이븐 알리의 제국 야심을 자국의 목표를 위해 활용하려는 영국 정부의 시도는 전후에도 계속 이어졌다. 영국 정부는 오스만 제국의 패배로 인해 생긴 권위의 공백 지대에서 후세인과 그의 아들들(하시미테 가문)을 이용하여 권위의 새로운 중심지를 건설하려 했다. 프랑스와 영국은 각자 중동에서 영향권을 추구하는 동시에 상대의 영향권이 너무 커지지 못하게 막으려 했으며,

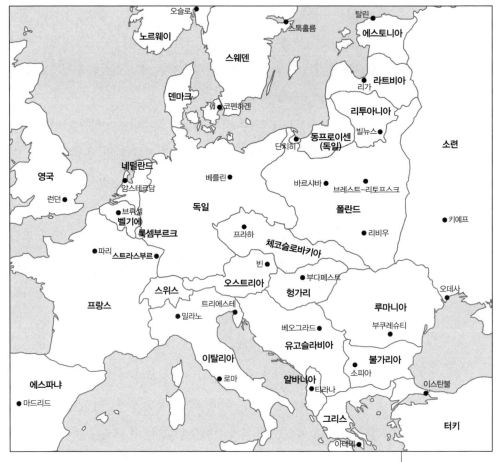

지도 12.2
1924년의 유럽

하시미테 가문은 '아랍인'(실은 그들 자신)에게 아라비아 반도와 시리아-
팔레스타인 전역을 통치할 권한, 즉 각 지역의 주민들 가운데 무슬림과
기독교도, 유대인이 어떻게 섞여 있든, 여기서 차지하는 모든 지역을 통
치할 권한이 있다고 주장하려 했다.

 하시미테 가문은 사우디 왕가에 가로막혀 아라비아에서 세력을 크게
넓히지 못했다. 후세인의 아들 파이살은 1920년에 스스로 시리아의 왕
임을 선언했으나 곧 프랑스군에 의해 왕좌에서 내쫓겼다. 그 후 영국이
파이살에게 다른 근거지를 주었다. 메소포타미아에 오스만의 옛 지방들

인 바스라와 바그다드, 모술을 더한 근거지였다. 이 지역들을 대충 꿰어 맞춘 영역이 이라크였고, 1921년에 파이살은 이라크의 왕이 되었다. 파이살의 형 압둘라는 큰 영역을 원했으나 더 작은 영역인 트란스요르단으로 만족해야 했다. 팔레스타인을 직접 장악한 영국은 이곳에서 유대인들의 조국 건설을 허용하겠다는 1917년의 약속(영국 외무장관 밸푸어가 로스차일드 경에게 보낸 서한에 명시한 선언 — 옮긴이)을 이행하는 동시에 같은 공간에서 무슬림 주민들의 권리를 보호하는 거북한 책임을 떠맡았다.

영국의 이런 책략은 1919년 파리 강화회의에서 등장한 새로운 통치 원칙과 뒤섞였다. 민족 정체성을 형성할 가능성이 있어 보이는 공동체(시리아의 아랍인들 같은)가 자신들의 정부 형태와 지도부를 선택할 준비를 갖출 때까지 다른 공동체를 통치하는 일에 능숙한 유럽의 강국이 그들을 관할한다는 원칙이었다. 그런 영토를 '위임통치'한다는 생각은 국제 공동체에 관한 막연한 구상—새로운 국제연맹으로 구현되었다—의 산물이자 파리 강화회의의 결과물이었다. 위임통치 체제는 일찍이 여러 회의에서 열강이 표명한 견해, 즉 전 세계의 위계질서에 관한 견해를 수반했는데, 그런 회의에서 스스로를 '문명국'으로 규정한 열강은 특정 영토에 대한 권리를 주장하며 그곳의 미개한 집단들을 책임지겠다고 단언한 바 있었다(제10장, 제11장).

제국을 분할하는 또 다른 방식의 결과물인 위임통치령 지도는 오스만의 지방들에도, 추정상의 종족문화적 경계들에도 상응하지 않았다. 또한 종족문화적 경계들이 으레 모호했던 것처럼 이 지도의 경계들도 분명하지 않았다. 시리아는 프랑스의 위임통치를 받았다(훗날 프랑스는 레바논을 시리아 위임통치령의 별개 부분으로 인정했다). 팔레스타인, 요르단, 이라크는 영국의 위임통치령이 되었으며, 압둘라와 파이살이 각자의 영토에서 국민들과 기껏해야 모호한 관계를 맺으며 왕권을 잡고 있는 동안 그

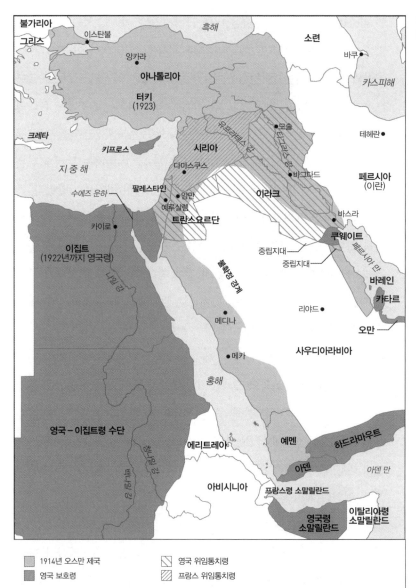

불가리아
그리스
이스탄불
흑해
소련
바쿠
앙카라
카스피해
아나톨리아
터키
(1923)
테헤란
크레타
키프로스
시리아
유프라테스 강
모술
티그리스 강
페르시아
(이란)
지 중 해
다마스쿠스
바그다드
수에즈 운하
팔레스타인
암만
예루살렘
이라크
바스라
카이로
트란스요르단
쿠웨이트
페르시아 만
이집트
(1922년까지 영국령)
중립지대
중립지대
바레인
카타르
메디나
리야드
오만
불확정 경계
메카
사우디아라비아
나일 강
홍해
영국 – 이집트령 수단
청나일 강
백나일 강
에리트레아
예멘
하드라마우트
아덴
아덴 만
아비시니아
프랑스령 소말릴란드
영국령
소말릴란드
이탈리아령
소말릴란드

1914년 오스만 제국   영국 위임통치령
영국 보호령   프랑스 위임통치령

배후에는 줄곧 영국의 권력이 있었다. 영국과 프랑스는 사회의 안정성을
높일 수 있을 법한 지역 지도자들에게 토지권과 기타 자산을 보장하려
했고, 이를 위해 소외된 사람들을 더욱 취약하게 만들 위험을 무릅썼다.

위임통치를 시행한 열강의 관점에서 보더라도, 전후에 재구축한 오스만의 옛 지역들 가운데 아주 잘 굴러간 곳은 없었다. 시리아에서는 새로운 통치자들에 대항하는 반란이 1920년부터 1921년 사이에 발생하고 1925년과 1926년에 더 큰 규모로 발생했고, 이라크에서는 1920년부터 반란이 시작되었다. 팔레스타인에서는 유대인의 이주와 팔레스타인인의 토지 상실로 말미암아 긴장이 고조되었으며, 1919년과 1929년에, 특히 1935년 이후에 광범한 폭력 사태가 터졌다. 위기는 위임통치 체제에 국한되지 않았다. 1914년 영국의 공식 보호령이 된 이집트의 사람들은 전쟁 중에 극심한 고초를 겪었다. 1919년, 이집트의 주요 정치 지도자(사아드 자글룰―옮긴이)가 체포된 뒤 파업과 농민 폭동, 시위의 물결이 일기 시작했고, 무슬림뿐 아니라 기독교도까지, 빈민층뿐 아니라 중산층까지 이 물결에 가담했다. 영국 지도부는 더욱 광범한 봉기가 일어날까 우려했다. 통제력을 되찾기가 몹시 어렵다는 것이 드러나자 영국 정부는 보호령을 포기하고 1882년부터 1914년까지 이집트를 관리했던 대로 배후에서 권력을 행사하기로 결정했다.

영국이 이집트 민족주의자들과 이집트 군주정(케디브의 후손들. 제10장 참조)의 경쟁 구도에서 어부지리를 얻으려 함에 따라, 민족주의자들은 지향을 바꾸었다. 그들은 영토(파라오 시대까지 거슬러 올라가는 이집트)에 초점을 맞추던 시각을 초민족적 시각으로, 즉 다른 아랍인들, 다른 무슬림들과의 연계를 지향하는 시각으로 바꾸었다. 1930년대까지 교육과 도시화가 확대된 결과 그전까지 정치를 지배한 서구 지향적 엘리트층보다 많은, 정치화된 인구가 생겨났다. 이 공중은 무슬림 세계에서 식민주의가 미치는 영향에 더 민감했고, 다른 곳의 반제국주의 정치를 더 많이 알고 있었고, 팔레스타인과 시리아에서 이집트로 대거 이주한 무슬림들의 영향을 더 많이 받았고, 이슬람 단체들에 더 많이 관여했다. 영국이 이집트의 정부와 재정을 조종하고 통제하려고 계속 시도하는 맥락에서, '이집트', '이슬람', '아랍' 민족은 정확히 어떠해야 하느냐는 물음은 열띤 논쟁의 주제가 되었다.

파리 강화회의 시기와 그 이후에 가장 어려웠던 문제는 오스만의 심장부를 국가 규모로—또는 더 작은 규모로—줄이려는 승전국들의 계획과 관련이 있었다. 그리스와 이탈리아는 오스만의 중심부 영토를 조금이나마 얻기를 바랐으며, 아르메니아를 위임통치하는(아마도 미국이) 방안과 이스탄불을 국제적으로 관리하는 방안이 논의되었다. 그러나 오스만의 잔여 병력—아나톨리아에서 여전히 하나의 요인이었다—때문에 그런 해결책의 비용이 서유럽인들이 지불할 용의가 있는 수준 이상으로 올라갔다. 결국 터키는 인접 국가들(또는 영국과 프랑스)이 원했던 것보다 더 크고 더 자각적인 국체가 되었다.

전쟁 이전과 도중에 오스만 엘리트들 일부가 튀르크 민족이라는 관념을 전면에 내세우기는 했지만, 이 기획은 당시 지리적 현실과 일치하지 않았다. 그리스와 터키, 그리스인과 터키인을 분리하려면 외세의 강압과 참혹한 유혈 사태, 상상 속 국경에 부합하도록 사람들을 이주시키는 작업이 필요했다. 영국군을 주축으로 하는 연합군은 1920년 이후 한동안 이스탄불을 점령했다. 그에 앞서 그리스는 1919년에 아나톨리아를 침공했다. 이때 그리스는 아나톨리아에 거주하는, 그리스어를 쓰는 수많은 정교도 주민들을 지원한다는 명분뿐 아니라, 자신들이 "장구한 선진 문명"의 "위대한 이상"(Great Idea, 그리스인들이 거주하는 모든 지역을 포괄하는 그리스 국가의 수립을 목표로 삼은 구상―옮긴이)을 대표한다는 명분도 내세웠다. 그리스인들은 "장구한 선진 문명"인 자신들이 나쁜 통치자이자 "문명의 수치"임을 스스로 입증한 튀르크인들에게 정당한 권한을 행사할 수 있다고 보았다.

무스타파 케말(Mustapha Kemal)이 지휘한, 이제는 사실상 터키군이 된 오스만군은 1922년까지 그리스의 침공을 물리쳤다. 프랑스도 영국도 결정적으로 개입할 의향이 없었고, 러시아는 내전을 치르고 있었다. 종전에 뒤이은 강화 협상에서 터키가 될 국가의 영토가 정해졌지만, 국경을 확정하기에 앞서 대략 90만 명의 '그리스인'이 아나톨리아에서 그리스로, 약 40만 명의 '터키인'이 그리스에서 터키로 강제 이주를 당했다. 아르메니아인을 집단 학살한 터키는 이미 더욱 터키적인 국가로 변해 있었지만, 최종 국경 안쪽에 다수의 쿠르드족이 남았으며 그들은 오늘날까지도 터키에 속해 있다. 이처럼 종잡기 어려운 맥락에서, 훗날 아타튀르크(Ataturk, 국부(國父)라는 뜻—옮긴이)로 알려질 무스타파 케말이 터키 민족국가의 건국자로 부상했다. 이제 이 국가의 수도는 4세기까지 거슬러 올라가는 두 역사적 제국의 세계주의적 중심지였던 이스탄불이 아니라, 아나톨리아의 도시 앙카라였다.

1차 세계대전 이전부터 이후까지 10년 내내 싸운 결과 아나톨리아는 어마어마한 참화를 입었다. 아나톨리아의 사망자 수는 (관습적인 범주를 사용하자면) 무슬림 250만 명, 아르메니아인 80만 명, 그리스인 30만 명이었다. 이로 인해 아나톨리아의 인구가 20퍼센트 정도 줄었으며—프랑스의 인명 손실보다도 막심한 손실이었다—여기에 강제 이주로 인한 고통까지 겪어야 했다. 이처럼 엄청난 규모로 사람들을 분리한 과정은 먼 훗날 국가 건설 과정으로 기억되었다.

영국과 프랑스가 터키를 자기들 바람대로 형성하지 못한 것은, 과거에 오스만 제국이 제공했던 수준의 안정을 제공하지 못한 더 큰 실패의 일부였다. 아랍 지방들에서 위임통치국들은 민주정이 발달할 기반을 거의 구축하지 못했을뿐더러 정치적 폭력에서 자유로운 질서마저 세우지 못했다.

18세기의 7년 전쟁과 19세기 초의 나폴레옹 전쟁 이후 영토를 재분배한 방식과 엇비슷하게, 1차 세계대전 이후 승전한 제국들은 아시아와 태평양의 지역들과 아프리카를 자기들끼리 재분배했다. 독일의 식민지들은 프랑스, 영국, 벨기에, 일본, 그리고 자치령인 오스트레일리아와 뉴질랜드, 남아프리카에게 돌아갔다. 이 위임통치령들은 과거에 오스만 제국의 일부였던 위임통치령들보다 '등급'이 낮았는데, 이는 아프리카인들과 태평양 섬사람들의 후진성에 관한 유럽인들의 인식에 상응하는 결과였다. 이론상 위임통치국은 국제법에서 말하는 주권자가 아니라 형성 중인 민족 집단의 수임국이었고, 국제연맹의 감독을 받고 있었다. 그러나 사실상 프랑스와 영국을 비롯한 국가들은 획득한 영토를 식민지로 통치했다.

1919년 파리 강화회의(보통 베르사유 조약으로 알려진 파리 강화조약)는 1815년 빈 회의까지 거슬러 올라가는, 제국 간 회의들의 연장선상에 있는 또 하나의 사건이었다. 1919년 파리 회의는 새로운 발언자들이 참석했다는 점에서 그 이전 회의들과 달랐다. 비록 그들의 발언이 이목을 끌지는 못했지만 말이다. 새로운 발언자로는 유럽 내부의 민족 집단들, 비유럽 제국 권력인 일본, 그리고 많은 제약이 있었으나 참석하여 정치적 인정을 받고자 한 아랍인과 유대인, 기타 집단들이 있었다. 파리에서 고안한 기구들은 유럽에서 국경을 강요하거나 위임통치령에서 행정을 공평무사하게 집행할 힘이 없었지만, 그렇다고 해서 위선적인 활동으로 일관한 것은 아니었다. 베르사유 조약은 국제기구들 앞에서의 책임이라는 개념을 상정했고, '종속민들'에 대한 행정 같은 주제를 두고 논의할 수 있는 토론장—이를테면 수임국이 국제연맹에 제출해야 했던 위임통치령에 관한 보고서와 위임통치 위원회의 정기 집회 같은—을 제공했다. 위임통치령의 사람들은 이 위원회에 청원서를 수없이 보냈지만, 그들의 요구는 보통 그들이 없는 자리에서 논의되었다.

국제노동기구(ILO)처럼 국제연맹과 연관된 기구들 또한 식민지에서의 강제노동 같은 쟁점들을 제기할 장소를 제공했다. 위임통치령과 국제연맹은 새로운 미묘한 요소들을 주권 개념에 집어넣었고, 과거의 회의들에서 발전한, '문명화된' 열강의 책임에 관한 사상을 확대했다. 이런 변화는 과거를 돌아볼 때에만 제국들의 해체로 향하는 단계로 보일 뿐이다. 당대에 이런 변화는 일부 제국들에 영토를 더해주고 — 영국 제국에만 100만 제곱마일을 — '종속'민을 통치하는 일의 정당성을 강화하고, 국제적 법과 관행에서 모든 정치체가 동등한 것은 아님을 재확인하는 결과를 불러왔다.

식민지의 정치활동가들은 파리에서 이야기한 민족자결주의와 유럽 제국들이 해외에서 현지인들의 정치적 목소리를 계속 부인하는 태도 사이에 간극이 있음을 눈치채지 않을 수가 없었다. 그들은 윌슨주의를 윌슨이 결코 의도하지 않은 보편적인 해방 의제로 해석했다. 한편 식민주의의 인종적 차원은 특히 제국 권력인 일본의 도전을 받았다. 일본은 인종주의를 지탄하는 조항을 베르사유 조약에 명기하려 했다. 그러나 프랑스, 영국, 미국은 국내와 식민지에서 자기네 경찰이 그런 국제적 기준에 결코 부합하지 않으리라는 것을 알고서 그 조항을 조약에 넣지 않았다.

피식민 세계에서 희망을 품게 했던 강화 절차는 그 이후 많은 사람들에게 제국주의적 음모처럼 보였다. 다시 말해 1884~1885년의 베를린 회의 때처럼 작은 무리의 백인들이 탁자에 둘러앉아 세계를 분할하고 피식민지인의 열망을 계속 억누르는 것처럼 보였다. 전쟁 이전부터 제국의 연계는 아프리카와 아시아의 학생들을 런던과 파리로 데려왔고, 향상된 통신은 중국, 중동, 아프리카, 서인도 제도 출신 활동가들이 서로를 알게 해주었다. 파리에서 내린 결정(독일의 중국 내 영토를 일본에 양도한 결정과 한국의 민족자결을 불허한 결정)은 1919년 중국과 한국에서 대규모 시위를 유발했다. 범아프리카주의자들은 1919년 파리에서 파리 강화회의가 무시한 집회를 열었다.

1920년대 들어서도 시리아, 이라크 같은 위임통치령에서 반란이 계속 발생했고, 인도와 인도네시아를 비롯한 지역들에서는 정치적 동원이 계속 이루어졌다. 범슬라브·범아프리카·범아랍 운동 같은 '범' 운동들은 1920년대에 계속해서 자신들의 목소리를 냈는데, 때로는 민족 집단의 영토 개념을 옹호했고, 대개는 국가 제도와 모호하게 연관될 뿐인, 공간을 가로지르는 친연성 개념을 표명했다. 이 들끓는 격정이 어디로 나아갈지는 분명하지 않았다. 케말의 터키는 1924년 이후 더 넓은 반(反)제국 연계에서 국가 건설 쪽으로 확실히 돌아섰다. 소련은 반식민 운동들을 더 넓은 공산주의 전선으로 끌어들이려 했으며, 이를 위해 1920년 바쿠에서 대규모 집회를 후원했고, 모스크바로부터 지시를 받아 공산주의 활동을 조정하는 조직인 코민테른을 설립했다. 시리아와 이라크, 이집트에서 소요가 일어났음에도, 응집력 있는 범아랍 전선은 출현하지 않았다. 범아프리카주의자들은 런던, 파리, 모스크바, 식민지 수도들을 연결하는 엘리트들의 연대 이상으로 운동을 확대하기가 어렵다는 것을 깨달았다. 식민 정부들은 정치를 다시 종족 안으로 밀어넣기 위해 최선을 다했으며, 후원과 강압을 통해 어느 정도 성공을 거둘 만한 자원을 가지고 있었다.

20세기 세계에서 주권은 여러 형태로 나타났다. 국제연맹에서 주권을 인정받은 영국과 프랑스는 영연방에서 주권을 계속 공유하고, 인도와 아프리카에서 민족자결을 전면 부인하고, 마르티니크와 알제리가 프랑스의 필수적인 부분이라고 주장하면서도, 모로코 같은 보호령의 주권을 대폭 축소할 수도, 독립국 이집트와 위임통치령 이라크에 참견할 수도 있었다. 제국들은 다른 공동체를 계속 다르게 통치했다. 1935년에 국제연맹이 이탈리아의 에티오피아 침공에 맞서 조치를 취하지 못했을 때, 이 기구가 공격적인 유럽 제국의 주권을 아프리카 왕국의 주권보다 더 존중한다는 것이 드러났다. 제국이라는 축조물의 균열이 장차 더 넓게 벌어질 징후는 1차 세계대전 이후 몇십 년 동안에는 분명하게 드러나지 않았다.

일본, 중국, 동아시아의 변화하는 제국 질서

일본은 베르사유에서 한때 독일이 통제했던 중국 산둥(山東) 지방의 그리 크지 않은 영토를 넘겨받음으로써, 제국 클럽 안에 들어가지는 못하고 그 입구에 서 있는, 어중간한 위치를 인정받았다. 중국의 신출내기 공화정 정부와 그 지지자들은 산둥 반도 이양 결정을 엄청난 치욕으로 받아들이고 격분했다. 1919년 5월에 베이징의 학생들 사이에서 시작되어 다른 도시와 사회 집단으로 퍼져나간 폭동을 계기로 5·4운동에 참여한 중국 정치활동가들은 급진화되었다. 그러나 이 항일 운동도, 1919년 한국이 주장한 민족자결 요구도 제국 열강에 영향을 미치지 못했다. 일본은 한국에서 일어난 대규모 불만 시위에 대응하여, 한국인 경제 엘리트들과 한국에 정착한 일본인 사업가들이 더욱 긴밀한 관계를 맺게 하고, 한국인의 결사 참여를 신중히 제약하면서도 허용하는 동시에, 식민지를 계속해서 확실하게 장악했다. 일본은 전쟁을 계기로 엄청나게 강해졌다. 영국, 프랑스와 공식 동맹을 맺고 있던 시절만 해도 일본은 연합군에 전쟁 물자를 공급하는 한편 중국 내부의 독일 영토에서 전투를 벌이는 소국에 지나지 않아 보였다. 그렇지만 일본은 전쟁을 치르면서 산업 역량을 대폭 끌어올렸고(1913년부터 1920년 사이에 76퍼센트), 외채를 싹 청산했고, 동아시아의 경제 발전소로 발돋움했다.

이 모든 사건은 제국 지도(지난 세기 동안 분명 유럽에 초점을 맞추었던 지도)의 초점을 바꿀 정도는 아니더라도 이 지도를 손볼 필요는 있다는 징후였다. 서구 제국주의자들에게 중국은 언제나 직접 통치하기에 버거운 곳이었지만, 영국, 프랑스, 독일, 미국은 전쟁 전에 중국 국가의 자율성을 침해하고 그리하여 청조의 정통성을 침해했다(제10장). 청조는 반란을 진압하려다가 국가 재정을 파탄냈고, 청 제국을 지키기 위해 군대를 모집하는 지방 군벌들에게 더욱 의존하게 되었다. 청조의 개혁 시도는 그들이 의도한 수준 이상으로 지방 대관들(총독과 순무)과 고문들, 지방 자의국(諮議局)의 정치활동가들에게 자주적으로 행동할 기회를 주었다.

중국의 변덕스러운 정치는 세계대전 이전부터 국경을 넘나드는 연계들에 의해 다양한 방식으로 영향을 받았다. 이를테면 국외로 이주한 뒤 중국의 반체제 인사들에게 재정적 지원을 한 중국인 상인들과 노동자들, 쑨원(孫文)처럼 여행 경험이 많은 활동가들이 구축한 관계망, 미국에서 편견과 괄시에 시달리던 중국인들의 설움, 중국의 위기는 전 세계에 걸친 제국주의적 공세의 일부라는 의식, 청의 엘리트층이 외세로부터 중국을 지키지 못하는 현실에 대한 울분 등이 중국 정치에 영향을 미쳤다. 만주족의 이민족 출신은 공격의 표적이 되었으며, 활동가들은 만주족을 식민자로, 중국인을 만주인과 유럽 제국주의의 희생자로 내세울 수 있었다. 쑨원은 공화제 정부의 이상과 만주족 황제들로부터 해방된 중국 민족—해외 이민자들을 포함하는—에 관한 구상에 근거하여 청 제국의 대안을 분명하게 제시했다.

청의 개혁과 억압 시도가 실패함에 따라 자의국의 지도자들과 군부의 파벌들은 갈수록 의회와 헌법을 요구하는 목소리를 지지하고 청 통치자들의 명령에 불복했다. 1911년에 일련의 봉기가 발생한 뒤, 쑨원은 군 사령관들과 지방 군벌들의 임시적 지지를 받아 1912년 1월 1일에 중화민국을 선포했다. 청의 마지막 황제 푸이(溥儀)는 퇴위했다.

중화민국은 1차 세계대전 이전이나 이후나 실질적인 독립 국가가 될 수 없었다. 다른 국가들이 중앙집권을 추진하다가 직면했던 것과 같은 종류의 문제들이 중화민국을 방해했다. 그런 문제로는 지방 정부들이 획득한 상대적 자율성, 청의 쇠락기 동안 군대와 상당한 권력을 손에 넣은 군벌들, 청의 지도부 태반의 부패 등이 있었다. 그러나 청조가 몰락한 이후 중국을 통일하는 것이 쉽지 않은 과제였다 할지라도, 중국의 정치적 상상을 구체화한 것은 줄곧 청 제국의 경계와 다종족 상징이었다. 중화민국은 중국의 '5족' — 한족(漢族), 만주족(滿族), 몽골족(蒙古族), 회족(回族), 티베트족(藏族) —에 대한 사법권을 선언했으며, 정부의 권위를 두고 경쟁한 사람들마저도 '중국'의 분할을 추구한 경우는 거의 없었다.

여느 때처럼 동맹은 통제력을 유지하거나 얻는 한 가지 전략이었다. 국민당(國民黨)은 군벌들의 분권적 권력을 제압하기 위해 이따금 신진 세력인 공산주의 운동과 협력했다(소련은 자신의 이익을 위해 국민당과 공산당을 둘 다 지원했다). 1927년에 국민당은 동맹을 깨고서 도시에서 공산당을 거의 소탕했지만, 중국을 통일하는 과제를 미완으로 남겨두었다. 공산주의 운동은 북부 변경에서 움츠리고 있어야 했다. 과거와 마찬가지로, 중국의 이 가장자리는 국가를 탈취하려는 세력이 결속을 다지고 자원을 동원할 수 있는 장소가 되었다.

지켜지지 않은 약속

전후에 유럽 제국들 내부에는 충족되지 않은 권리 주장이 많이 남아 있었다. 영국의 자치령들은 1914년에 영국 왕이 그들을 대신하여 선전포고하는 모습을 보았지만, 이제 그들은 주권의 모호한 측면들을 제기하고 자신들의 자율성이 어느 정도인지를 분명하게 밝힐 수 있었다. '연방(commonwealth)'이라는 용어는 그 의미가 명시되지 않은 채로 1868년 이래 곳곳에서 쓰이기 시작했다. 영국 정부와 자치령 정부들은 전시 회의에서 '제국 연방(Imperial Commonwealth)의 자치국들'이나 더 단순하게 '영국 연방(British Commonwealth of Nations)'과 관련된 문서를 작성했다. 이 연방은 다국 연방, 제국 연방, 영국 연방 등으로 다양하게 기술되었다. 자치령은 영국 제국 '안'에 속하는 동시에 영국과 지위가 동등한, 연방의 '회원국'이었다. 이 용어들은 자치령을 식민지와 구별하는 한편, 자치령이 모두 동일한 정치체의 일부라고 역설하고 있었다. 1926년 또 한 차례의 제국 회의와 1931년 영국 왕실의 선언 이후, 자치령들은 영국의 주권을 무력화하지 않고도 더 높은 수준의 주권을 확립했다. 그러나 이로써 다른 문제가 활짝 열렸다. 영국 제국의 다른 부분들, 즉 인구의 태반이 영국 제도(諸島)의 사람들과 친척 사이인 부분들이 자치를 하게 될 경우, 그들과 주권을 얼마만큼 공유해야 할 것인가?

이 쟁점은 당분간 해결되지 않을 터였다. 그사이 영국 제국과 인구의 태반이 가톨릭교도인 바로 옆 아일랜드와의 갈등 관계는 피를 부르는 새로운 단계로 돌입했다. 1916년에 아일랜드 민족주의자들은 아일랜드 공화국을 선포하고 폭력 봉기를 일으켰다. 이 봉기는 영국과의 전쟁과 아일랜드 파벌들 간의 내전으로 번졌다. 영국 지도부는 아일랜드에 '인도' 방법을 적용할까 생각했지만, 폭력적 억압은 인도에서 호평을 받지 못하고 있었다. 아일랜드가 통치 불능 상태가 되자 영국은 협상에 나섰다. 그 결과 주민 대다수가 개신교도인 아일랜드 북부와 가톨릭을 믿는 남부가 분할되었고, 1922년 남부에서 아일랜드 자유국(Irish Free State)이 수립되었다. 영국이 주장한 최소한의 겉치레 주권을 둘러싸고 남아일랜드에서 발생한 폭력적 의견 충돌은 1949년에 남아일랜드가 영연방에서 탈퇴하고 (이번에는 널리 인정받은) 아일랜드 공화국을 선포하고서야 해소—이 표현이 적절하다면—되었다. 남아일랜드와 북아일랜드의 관계, 남아일랜드와 영국의 관계는 오늘날까지도 여전히 불안정하다. 이는 영토 주권이 얼마나 불분명하고 분쟁으로 점철될 수 있는지를 보여주는 증거다.

1차 세계대전 기간에 인도인들이 영국 제국을 지키기 위해 막대한 기여를 했음에도, 민주적 제국에서 시민권을 획득하리라는 그들의 기대는 곧 좌절되었다. 영국은 일정한 자치를 허용하겠다던 약속을 얼버무리고 희석했다. 인도국민회의는 영국을 꾸준히 압박했다. 1919년 암리차르에서 인도인들이 시위(불법이지만 평화로운 시위였다)를 벌이자 영국군은 최소 379명을 사살하고 1200명 이상에게 부상을 입혔다. 이 집단 학살은 인도인의 저항을 결집하고 간디가 지도력을 공고히 다지는 계기가 되었다.

무슬림 인도인 다수는 오스만 제국 분할에 분노했다. 그들에게 오스만 제국은 칼리프의 아우라를 가지고 있고 따라서 무함마드 일족까지 거슬러 올라가는 정통성을 가진 술탄—인도에서 아무리 멀리 떨어져 있다 해도—이 다스리는 곳이었다. 힐라파트(Khilafat) 운동은 여러 제국의 무슬림들이 공통으로 희구한 칼리프제의 복원을 주장했다. 힌두인들은 무슬림들과 협력하며 비폭력 운동을 전개했고, 이로써 명확히 민족적인 목표와 제국주의 비판을 한데 엮었다. 그런 협력은 간디가 이끈 '전 인도(All India)' 운동에 도움이 되었다. 영국은 인도 전역에서 선별한 중개인들을 통한 통치로 되돌아갈 수도 없었고, 중앙의 실권을 내어줄 의향도 없었다. 관료들과 소수의 인도 정치가들은 정부 기구를 분권화하고, 무슬림과 번왕을 비롯한 범주의 사람들에게 의석을 할당하고, 중앙을 약화시키는 등 연방 구조를 변형하는 방안을 제안했지만, 인도국민회의는 인도라는 목표에 분명하게 초점을 맞추었으며, 번왕국의 통치자들을 포함하는 지역 정치가들은 권력 기반이 부실했던 탓에 연방제를 수용 가능한 대안으로 제시하지 못했다.

아프리카의 일부 지역들에서 통치 열강은 제국의 암묵적 거래까지 위반했다. 군 복무를 마치고 귀환한 병사들은 제국의 다른 신민과 똑같이 받으리라 예상했던 연금이나 일자리, 인정을 받지 못했다. 세네갈에서 국가에 대한 이런 권리 주장은 시민권의 언어로 표현되었고, 블레즈 디아뉴는 시민 유권자들 사이의 이런 정서를 바탕으로 세네갈에서 자신을 지지하는 정치 조직을 결성했다. 대응에 나선 프랑스 정부는 한편으로는 디아뉴를 포섭하려 시도하여 성공을 거두었고, 다른 한편으로는 시민권의 이상과 거리를 두었다. 프랑스는 아프리카인을 '문명화'하고 엘리트를 교육한 자국의 역할을 기리는 대신 아프리카 사회의 전통적 성격과 추장의 중심적 위치를 강조했다. 영국령 아프리카에서 추장을 통해 일을 처리하고 아프리카 '부족들'의 얼개 안에서 점진적 변화를 추진하던 정책의 지위는 1920년대에 제국의 독트린('간접 통치')으로 승격되었다.

프랑스 정부와 영국 정부는 둘 다 '발전'(또는 프랑스어의 가치 고양(mise-en-valeur))이라는 이름으로 알려진 경제 정책을 고려했지만, 어떤 체계적인 계획이든 그 방향으로 추진하는 것은 거부했다. 양국은 식민지의 여건을 개선하기 위해 본국의 자금을 사용해서는 안 된다는 종래의 식민 원칙을 깰 의향이 없었다. 돈을 쓰고 싶지도 않았거니와, 식민지들을 작동시키는 정교한 체계가 흔들릴까 우려했기 때문이다.

인도 행정청과 인도 철도, 그 밖에 다른 범인도 기구들이 통일적 구조를 제공한 인도에서와 달리(제10장), 아프리카에서 정치활동가들은 식민통치의 분권적 성격 때문에 지역별 어법과 관계망을 넘어서기가 어려웠다. 케냐와 세네갈, 골드코스트 같은 곳에서 정치적 소요가 일어났지만

(지도 13.2), 한동안 식민 열강은 제국의 시민권이라는 정령—1차 세계 대전 중에 그들 자신이 불러낸—을 식민 행정이라는 병 안으로 힘겹게나마 다시 집어넣을 수 있었다.

그러나 제국들의 세계 내부의 들끓는 격정은 누그러들지 않았다. 암리차르 학살과 그 여파, 아일랜드 봉기, 팔레스타인과 시리아, 이라크의 소요와 반란으로 긴장이 더욱 고조되었다. 청원과 헌법 개정 요구가 여러 식민지에서 꾸준히 제기되었다. 이런 요구를 선뜻 받아들이는 청중이 유럽 자체에, 공산주의 정당들에, 종교·인도주의 단체들에, 아프리카와 아시아의 문화에 공감하는 지식인들 사이에, 제국 구석구석 출신으로 런던이나 파리 같은 제국 수도에서 교류하는 활동가들의 회합에 있었다.

일부 관료들은 1930년대를 지나면서 저항과 파업, 폭동을 비롯한 '소란'이 단순히 지역에서 발생한 사건이 아니라 제국 전역에 걸친 문제의 징후임을 깨달았다. 특히 파업의 물결이 1935년부터 1938년까지 영국령 서인도 제도 전역을, 그리고 1935년과 1940년에 아프리카의 몇몇 도시와 광업 소도시를 휩쓴 이후에 그러했다. 1940년에 영국 정부는 '발전과 복지' 계획을 위해 본국의 자금을 사용하기로 결정했다. 이 계획의 의도는, 식민지 노동자들을 위해 사회복지를 개선하는 한편 식민지 사람들의 생활수준을 높인다는 분명한 목표를 가지고 장기적 성장을 촉진하는 것이었다. 인도국민회의는 인도를 위해 발전 정책을 채택하도록 영국을 압박했다. 그러나 인도를 개선하는 데 쓰일 상당한 자금은 2차 세계대전 이후에야 유입되기 시작했다(제13장).

1차 세계대전 이후 20년 동안 식민지에서의 반란과 정치적 요구는 제약되었다. 그러나 1920년대의 한 사례는 20세기 제국주의의 폭력과 한계를 드러낸다. 이라크 위임통치령에 통합된 메소포타미아의 반체제적인 마을 주민들과 유목민들은 하늘에서 떨어지는 폭탄과 싸워야 했다.

영국 지도부(미래의 총리 윈스턴 처칠을 포함한)가 식민지 반란자들에 맞서 공군력의 신비감을 불러일으키고자 했기 때문이다. 공군력은 사실상 테러를 의미했다. 테러는 제국의 숨은 얼굴이었다. 이 얼굴은 국가들이 일상 행정을 제공하고 중개인과의 관계를 구축하고자 할 때(국가가 생긴 이래 국가들이 거의 시

> 우리 정부는 옛 튀르크 체제보다 나쁘다. (······) 우리는 병력 9만과 더불어 항공기, 장갑차, 포함, 장갑열차를 유지한다. 우리는 올 여름에 이 봉기에서 아랍인 1만여 명을 살해했다. 우리는 그런 평균치를 유지하리라 기대할 수 없다. 그곳은 사람들이 드문드문 거주하는 빈곤한 나라다.
> — T. E. 로렌스, 《선데이 타임스(Sunday Times)》, 1920년 여름, 영국의 이라크 봉기 진압에 관한 글

종일관 달성하려 애써야 했던 일들), 또는 후대의 국가들처럼 법의 지배 비슷한 것을 확립하고, 생계형 경작자들을 시장에 통합하고, 보건과 교육을 비롯한 서비스에 접근할 방편을 제공하려 시도할 때, 그럴 때에는 배경에 머물렀다. 폭격 테러는 이라크의 아랍인들이 위력에는 고개를 숙이지만 이성에는 숙이지 않으리라는 영국의 추정도 반영하고 있었다. 이라크의 마을 주민들에게 폭탄을 투하한 행위는 제국 권력의 지배 능력에 한계가 있음을 암묵적으로 인정한 것이었다.

프랑스 제국과 영국 제국은 1차 세계대전에서 승리하여 독일, 오스만, 오스트리아-헝가리의 사람들에게 원하는 바를 강요할 수 있었지만, 승리를 거두느라 그들 자신도 곤경에 빠지고 말았다. 전 세계적 진보의 엔진이라 자부하던 유럽은 2000만 명이 사망한 현실을 마주했다. 빚을 지고 있는 국가들 중에서 특히 프랑스와 영국은 미국의 증대하는 부와 영향력을 우려했다. 대부금을 완전히 상환할 것을 고집한 미국의 입장은 연합국이 경제적 문제와 관련하여 협력하는 데에도, 독일이 유럽에 재통합되는 데에도 도움이 되지 않았다.

서구 지도자들은 소련의 혁명적 대안도 우려했다. 그들은 식민지에서 정치적 발의권이 민족자결에 관한 국제적 수사—제아무리 위선적인 수

사일지라도—나 더욱 급진적인 반제국주의와 공명할지 모른다며 두려워했다. 유럽 정부들은 식민지의 신민들에게 응당 제국 소속이라 믿고서 행동할 것을 촉구하고서도, 나중에 인도인들과 아프리카인들에게 그들이 이미 얻었다고 여기던 시민권을 주기를 거부했다. 전쟁은 제국들의 세계를 뒤흔들었으며, 평화는 주권의 여러 의미에 새로운 복잡한 문제들을 덧붙이고 권력 비대칭이라는 더욱 위험한 상황을 창출했다. 20세기의 대전(大戰)은 아직 끝난 게 아니었다.

신구 제국들과 2차 세계대전으로 가는 길

1차 세계대전 이후 형성된 경쟁과 동맹 구도 속에서 새로운 세 행위자가 자기주장을 내세웠다. 소련은 자본주의에 맞서, 일본은 서구 제국들에 맞서, 나치 독일은 독일인을 뺀 모두에 맞서 스스로를 규정했다.

다민족 공산주의 국가

새로운 세계 질서를 대표한다고 주장하는 국가가 출현한 것은 전쟁이 불러온 예상치 못한 결과였다. 볼셰비키 지도부는 볼셰비키 혁명이란 프롤레타리아와 착취받는 농민이 전 세계의 권력을 장악할 변화의 시작일 뿐이라고 주장했다. 그들에 따르면 계급 기반 혁명으로부터 계급 없는 사회가 등장하고, 부르주아지, 식민지, 제국, 위계적 방식으로 조직된 모든 국가가 종언을 고할 터였다.

이 평등주의적 급진론의 요소들은 정치적 격변을 겪은 19세기 동안 마르크스와 엥겔스를 비롯한 사회주의자들의 저술에서, 또 미수에 그친 1848년과 1871년의 유럽 혁명에서 출현했다. 20세기 초엽 많은 사회주의자들이 정당과 노동조직에서 활동하고 있었지만, 그들 대다수—

1917년 이전의 레닌을 포함하여 — 는 혁명을 먼 미래의 일로, 광범한 영역에서 자본주의가 발전하고 민주정이 팽창한 연후에 발생할 사태로 여기고 있었다. 자신보다 덜 급진적인 모든 사람을 경멸하는 부류의 전형이었던 레닌은 자신의 적들, 즉 러시아의 자유주의자들과 여타 온건파가 전쟁 도중에 전제정을 쓰러뜨릴 것을 예견하지 못했다.

1차 세계대전 발발을 계기로 러시아 제국에 대한 의문이 제기된 것은 아니었다. 오히려 전쟁이 터지자 퍼레이드, 만화, 엽서, 연극, 영화 등에서 애국심이 분출되었다. 이런 선전이 인기를 끈 것은 상당 부분 독일 민족을 정형화한 이미지와 적국 황제들을 우스꽝스럽게 그린 캐리커처 덕분이었다. 그렇지만 이런 선전은 러시아 제국의 포용성을 불안정하게 만들었다. 1915년 5월에 모스크바에서 폭도가 독일인 소유 기업들에 침입하여 재산을 가로챘고, 거리에서 독일인을 폭행하고 살해하기까지 했다. 러시아에서 '적'이 소유한 재산이 강제 매각되고, 신뢰할 수 없어 보이는 사람들이 접경 지역에서 추방당하고, 난민의 물결이 일어난 데 더해 독일인과 유대인이 포그롬 — 러시아 제국이 과거 어느 때보다 산업가와 기업가를 필요로 하던 때에 — 까지 당하자, 국가의 부당함과 무능력이 공격의 표적이 되었다. 투르키스탄에서 카자흐족과 키르기스족 남성을 징집하려던 시도는 폭력적 반란을 촉발했다. 키르기스 유목민들은 쿠릴타이를 소집하려 했으나 그에 앞서 무자비하게 진압당했다.

1917년 2월, 자유주의자들과 그 동맹 세력들은 러시아 두마에서 왕조를 폐하기로 합의했다. 자유주의자들은 인기 없는 독일인 황후 알렉산드라에게 반역 혐의를 씌우는 등 황제 부부를 상대로 민족성 카드를 꺼내 들었다. 며칠 동안 파업과 시위가 이어진 뒤, 차르는 상황에 굴복하여 퇴위했다. 자유주의자들과 온건한 사회주의자들은 '임시정부'를 수립했다. 이렇게 해서 로마노프 왕조와 그들 류의 러시아 제국은 명을 다했다.

이제 자유주의자들은 일원적 시민 자격, 평등한 시민권, 선거 민주주의 같은 자유주의적 원칙에 입각하여 러시아를 재구축할 기회를 잡았지만, 차르를 대체할 준비가 되어 있는 세력이 그들만은 아니었다. 구체제가 폐지되자 새로운 국가를 통제하고 그 제도를 마련하기 위한 난투극(이념, 조직, 무력을 둘러싼 싸움)이 벌어졌다. 자유주의자들이 중앙집권적 통제력에 집착하는 동안 무슬림, 핀란드인, 우크라이나인 등은 재조직된 정치체에서 더 많은 자율성을 요구할 기회를 잡았다. 독일은 과거의 제국들처럼 행위할 기회, 즉 적국의 권력을 침식할 공산이 가장 커 보이는 이들을 도와줄 기회를 포착했다. 1917년 4월에 레닌은 독일의 지원을 받아 망명생활을 하던 중립국 스위스에서 독일과 중립국 스웨덴을 거쳐 러시아로 귀국할 수 있었다.

페트로그라드(독일어 이름인 페테르부르크보다 슬라브어에 더 가깝게 개명되었다)에 도착한 레닌은 임시정부의 권력을 두고 경쟁하는 소비에트(노동자들과 사회주의 활동가들의 평의회)의 이름으로 권력을 잡을 계획을 발표했다. 1917년 10월, 레닌의 볼셰비키파는 임시정부를 전복했다. 1918년 1월, 이 파벌은 선출된 제헌의회를 해산했다. 1918년 3월, 볼셰비키는 과거의 적국 독일에게 거대한 영토를 양도하는 내용의 강화 조약(브레스트-리토프스크 조약)을 따로 체결하고서 1차 세계대전에서 물러났다(지도 12.1). 1918년 7월, 볼셰비키 지도부는 황실 가족을 처형할 계획을 세웠다. 대폭 축소된 러시아 내부에서나 경계 밖에서나, 국가를 차지하려는 투쟁은 수년에 걸친 전쟁과 황폐화로 바뀌었다.

각기 군대를 소집할 수 있었던 공산주의자, 자유주의자, 사회주의자, 민족주의자, 보수주의자, 아나키스트 사이의 폭력적 분쟁에 의해 갈가리 찢긴 집단들과 지역들에 대한 통제력을 되찾고자 분투하는 가운데, 볼셰비키는 제국의 긴요한 과제들에 직면했다. 내전기 동안 이전 제국

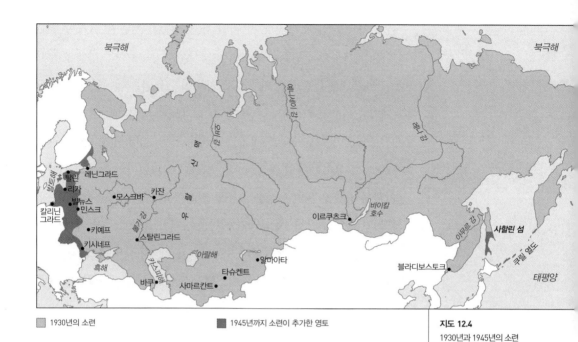

북극해

북극해

레닌그라드

탈린

리가

모스크바 · 카잔

빌뉴스

칼리닌

그라드

민스크

키예프

키시네프

이르쿠츠크

바이칼

호수

스탈린그라드

사할린 섬

흑해

아랄해

알마타

카스피해

타슈켄트

블라디보스토크

바쿠

사마르칸트

태평양

쿠릴 열도

옙세니이 강

레나 강

아무르 강

돈 강

볼가 강

발트해

☐ 1930년의 소련　　　☐ 1945년까지 소련이 추가한 영토

지도 12.4
1930년과 1945년의 소련

의 영역에서 국가들(언제나 경계를 두고 경쟁한 신구 국가들)이 출현했다. 폴란드, 벨라루스, 핀란드, 리투아니아, 라트비아, 에스토니아, 우크라이나, 아르메니아, 그루지야(조지아), 아제르바이잔은 독립을 선언했다. 시베리아와 중앙아시아에서 무슬림들과 다른 활동가들은 국가 권력에 대한 권리를 주장했다. 볼셰비키는 군사 원정이나 '소비에트' 행정부의 정당 지배를 통해, 또는 둘 다를 통해 이들 지역의 많은 부분을 되찾았다. 1920년 서쪽에서 볼셰비키는 폴란드와 싸웠다. 볼셰비키는 유럽 전역에서 혁명을 촉발할 의도로 전쟁을 개시했지만, 폴란드는 승리를 거두어 그런 의도를 꺾고 볼셰비키 국가의 서쪽 경계선을 그었다. 18세기에 러시아가 획득했던 영역의 많은 부분이 재편된 독립국 폴란드에 넘어갔다(지도 12.2 참조).

다년간의 세계대전, 혁명, 무정부에 가까운 상태, 내전과 국제전, 기근을 거치며 등장한 볼셰비키 국가의 기반은 정치적 원칙들의 새로운 조합이었다. 권력은 노동계급의 이해관계를 위해 행사되고, 사유재산은 폐지되고, 생산수단은 국가 소유가 될 것이었다. 통치 형태는 프롤레타리아트 독재가 될 터였다. 러시아의 옛 제국에서 자라난 가산제적 태도와 내전의 독성뿐 아니라 다당(多黨) 정치까지 부정적으로 경험한 볼셰비키는 이런 경험을 새로운 명령 체제로 표출했다. 그 체제의 기반은 일당(一黨) 통치, 전제적 중앙집권주의, 충성과 평의회에 자문을 구하는 단일지도자에 대한 경애였다.

제국을 불만족스럽게 경험한 볼셰비키와 그 고문들은 민족별 특수성을 수용하는 쪽으로 기울었다. 볼셰비키는 수년에 걸쳐 중앙집권화와 차이 사이의 긴장에, 그리고 충직한 중개인을 찾는 문제에 혁신적인 답을 내놓았다. 그들의 해결책은 단일 정당을 통해 중앙과 연결되는 '민족 공화국들'로 이루어진 새로운 종류의 연방국가였다. 당원들은 행정 절차의 요직을 차지했고, 수도의 당 지도부로부터 지시를 받았다.

소비에트 사회주의 공화국 연방은 공산주의를 이용하여 다스리는 제국이었다. 각 민족 공화국에는 자체 관직 등급제가 있었지만, 거기서 승진할 방편은 공산당이 제공했다. 그런데 과거와 마찬가지로 서로 다른 수많은 민족들을 포함한 정치체에서 어떤 종류의 차이점들이 민족성을 구성했을까? 민족지 학자들과 경제 전문가들은 제국 전역의 '민족성들'의 지도를 어떻게 그려야 하는지—종족과 발전 정도 중에 무엇을 더 중시해야 하는지—를 두고 의견이 갈렸다.

1920년대와 1930년대에 소비에트의 전문가들과 행정관들은 집단에 맞추어 토지를 조정하는 문제를 계속 만지작거렸다. 그 과정에서 한 가지 일반적 원칙이 등장했다. 각 공화국 내부의 민족 집단들을 각 집단이 다수를 점할 수 있는 영토에 자리 잡게 하는 원칙이었다. 1922년에 소련은 대단히 불평등한 6개의 '공화국'으로 이루어져 있었다. 러시아 소비에트 연방 사회주의 공화국, 우크라이나 소비에트 사회주의 공화국, 벨라루스 소비에트 사회주의 공화국, 자캅카스 소비에트 연방 사회주의 공화국, 호라즘 소비에트 인민 공화국, 부하라 소비에트 인민 공화국이었다. 러시아 연방 공화국 내에 8개의 자치 소비에트 사회주의 공화국과 13개의 '자치주'가 있었고, 다른 공화국들에도 비슷한 위계질서가 있었다. 그런 단위들의 경계선과 수준은 그 뒤 수십 년 동안 여러 차례 조정되었지만, 민족 대표제라는 원칙은 소비에트 정치와 통치의 주요소로 남았다.

소련은 대외 문제에도 (새로운) 제국적 방식으로 대응했다. 1918년 (러시아를 누가 통치할지 분명하지 않았던 시점) 파리 강화회의에 초대받지 못한 볼셰비키는 국가가 아니라 혁명적 정치에 기반을 둔 국제적 동맹 체제를 수립하는 일에 앞장섰다. 1919년에 공산주의 인터내셔널 (Communist International, 코민테른) 대회가 모스크바에서 열렸다. 이 조직은 전쟁 이전에 사회주의 정당들을 연결했던 사회주의 인터내셔널(Socialist International)을 공산주의 활동가들과 그 추종자들의 새로운 동맹으로 대체하고자 했다. 공산주의 혁명이 독일(1918년)과 헝가리(1919년)에서 패배했음에도, 볼셰비키는 러시아 안팎에서 모스크바에 충성하는 정당들을 창설하고 온건한 사회민주주의자들을 파괴하기 위해 힘썼다. 1920년 코민테른 2차 대회에서 회원들은 당의 전술 및 발표와 관련하여 소비에트의 입장을 따르기로 결의했다.

전후에 주권과 세계 정치가 재편된 결과, 독일과 볼셰비키 러시아의 관계는 실용적으로 조정되었다. 양국은 무역 협정을 체결했고, 서로 대부금을 포기했다. 또한 소련은 독일이 러시아 영토를 군사 훈련용으로 사용하게 해주었고, 그 대가로 독일은 소련에 기술 지원을 해주었다. 소련과 독일의 무역은 1930년대 내내 지속되었다. 1939년 8월, 히틀러와 스탈린의 협정을 통해 가장 제국적인 형태로 나타난 독일-소련 관계는 세상을 놀라게 했다. 러시아는 독일에 계속해서 원료를 공급하고 그 대가로 독일로부터 기계와 무기를 받기로 했으며, 양편은 서로를 공격하지 않기로 합의했다. 또한 비밀 의정서에서 동유럽을 자기들끼리 분할하기로 했다. 러시아의 목표는 1차 세계대전에서 상실한 핀란드를 비롯한 영토를 되찾는 것이었다. 히틀러-스탈린 협정대로 1939년 9월 1일에 독일이 폴란드를 침공하고 영국과 프랑스가 독일에 선전포고를 했을 때, 소련은 '부르주아' 제국들에 맞서 나치를 편들고 반대편에서 폴란드로 적군(赤軍)을 투입했다.

소련은 불안정한 세계에 어떤 종류의 제국을 선보였을까? 일당 국가는 소련 안팎에서 심대한 영향을 미쳤을 것이다. 연방의 각 단위에서, 정당 조직들의 최정점에 당수가 있는 피라미드 구조는 당 지도부와 하급 당원들이 개인적·가산제적 관계를 맺도록 조장했다. 귀족이 사라지고 부르주아지가 재산을 몰수당하고 국가가 직업을 통제하던 당시 상황에서, 정치체의 작동을 지탱하는 체제 속으로 사람들을 끌어들인 것은 정당의 관계망이었다. 인민들은 정당 내 지위를 얻을 수 있게 되었는데, 민족성과 무관하게 얻을 수 있었던 게 아니라 도리어 민족성 때문에 얻을 수 있었다. 교육기관들은 당 간부가 모든 지역에서 양성될 수 있도록 지역별 정원을 할당했다. 당은 다양한 민족 집단 출신인 새로운 엘리트들에게 정치체의 일정 몫을 나누어줌으로써 제국의 중개인들을 만들어냈다.

그와 동시에 소련은 평등과 문명의 수준을 끌어올리기 위해 애썼다. 1920년대에 볼셰비키는 사람들에게 그들의 모국어로 가르치는 차르 시대의 선례를 받아들였고, 문자가 없는 집단에게 문자를 제공했다. 토착성의 한 가지 요소만큼은 장려되지 않았다. 바로 종교였다. 전임자들과 달리 볼셰비키는 단호한 태도로 종교적 권위를 전복했고, 신앙을 시대에 뒤진 것으로 치부했다. 이 점에서 볼셰비키의 주적은 러시아 농민과 개종한 토착민에게 호소하는 러시아 정교회였다. 1920년대와 1930년대 초에 볼셰비키 지도부는 차르 시대 선교사들이 북단 지역과 볼가 강 유역의 토착어들을 기록하기 위해 사용한 키릴 문자 대신 라틴 문자를 사용할 것을 장려했다. 이슬람에 맞서는 캠페인의 일환으로, 볼셰비키는 캅카스와 중앙아시아에서 튀르크계 민족들의 아랍 문자를 라틴 문자로 바꾸려 했다. 근대주의 활동가들에게 세속주의가 매력적이기는 했지만, '미신'과 색다른 관행(일부 무슬림 지역들의 베일 쓰기 같은)에 맞서는 캠페인은 자기 신앙을 고수하려는 이들을 소외시켰다.

민족을 인정하고 '토착' 엘리트를 통합하는 정책은 조작될 수 있었다. 공산당의 중앙집권적 구조와 정치 독점을 이용하여 독재적 권력을 차지한 스탈린은 1930년대에 유력한 국가 지도자로 부상할 잠재력을 지닌 사람들을 숙청했다. 스탈린은 처형과 유형, 징발, 굶주림을 이용하여 농민 농업의 집단화를 강요했으며, 특히 우크라이나에서 철저하게 강행했다.

이런 인정사정없는 정책과 더불어 강제수용소에서 이용한 대규모 노역은 국가 주도 산업화를 촉진하는 캠페인의 일환이었다. 전쟁, 혁명, 공산당의 통제는 러시아의 경제적 팽창에 종지부를 찍었다. 1932년 이후 러시아 대외무역의 가치는 1913년 가치의 5분의 1에 불과했다.

명령에 의한 산업화는 노동계급 독재의 이해관계를 위해 인적 자원을 포함한 모든 자원을 관리한다는 국가의 주장으로 정당화되었다. 그러나 그런 산업화를 추진하려면 체제의 중개인들(정당 거물, 강제수용소 관리자, 공장 운영자, 군 사령관, 경찰 심문관)을 무자비하게 통제해야 했고,

또 과거에 러시아의 발전을 심각하게 저해한 것으로 판명난 조치, 즉 국제적 정보망을 차단하는 조치를 취해야 했다. 스탈린은 모든 기구에서 잠재적 도전자들을 제거하고, 외국과의 유대를 차단하고, 생존자들에게 불충의 대가를 알리기 위해 테러(체포, 처형, 구경거리로 연출한 재판, 가족 말살)의 물결을 일으켰다. 사상자 중에는 장교단이 있었다. 1930년대에 최고 사령관 5명을 포함하여 소비에트 장교의 3분의 1 이상이 총살되거나 노동수용소로 보내졌다. 히틀러가 소련을 공격하기로 결정했을 때, 적군(赤軍)은 스탈린의 지도력에 아무런 도전도 제기하지 않는 고분고분한 장교들이 이끌고 있었다. 이것은 거의 자멸의 수준까지 치달은 가산제였다.

제3제국과 욱일승천 제국

일본과 독일은 명실공히 제국이었다. 그러나 두 국가는 저마다 제국과 민족의 관계를 설정하는 고유한—급진적—방식을 가지고 있었다. 소련과 마찬가지로, 독일과 일본은 권력의 전 세계적 배치를 뒤엎기까지는 못할지라도 변형하고자 했다.

1930년대에 독일은 사방의 협동 공격에 취약한 상황에서, 1차 세계대전 기간에 방어적-공격적 자세를 부추겼던 것과 동일한 지전략적 도전에 직면했다. 그러나 당시 독일은 유럽의 비독일어권 영토와 해외 식민지를 빼앗긴 처지였다. 독일은 석유(루마니아와 소련에서 발견되었다)가 전혀 없었고 다른 필수 자원들도 부족했다. 많은 이들은 독일에 '생활권(Lebensraum)'—야심 찬 이들이 출세할 수 있는 공간—이 필요하다고 여겼다. 당시 수많은 독일어 사용자들은 한때 다민족 제국들의 일부였던 체코슬로바키아와 폴란드를 비롯한 지역에 속해 있었으며, 자신들이 다른 공동체의 국가에서 소수 집단을 이룬다고 생각했다. 쪼그라든 독일

국민 다수는 예전 위상을 회복하려면 1차 세계대전에서 시도했던 계획보다 훨씬 철저한 접근법이 필요하다는 주장에 휘둘릴 가능성이 컸다.

일본의 지전략적 상황은 달랐다. 일본의 이웃 중국은 착취 가능한 영토를 가진 몰락한 제국이었다. 여기서 일본은 근접성과 기존 연계를 토대로 다른 침투 세력보다 유리한 위치를 점했다. 그러나 인근의 다른 지역들—일본이 원료를 얻기 위해 의존한—은 유럽 제국들의 통제를 받고 있었다. 일본은 미국의 야심을 두려워했다. 필리핀, 하와이, 태평양의 다른 섬들에 설치한 미국의 해외 전초기지들은 일본의 잠재적 팽창 지대를 똑바로 겨냥하고 있었다. 일본은 한국과 타이완, 만주에서 제국의 모험사업을 감행하여 제국 건설을 더 밀고 나아갈 전망을 열어젖혔다. 일본은 자원 접근로를 확보할 수단을 가지고 있었다. 그렇지 못했다면 일본은 위태로워졌을 것이다.

독일과 일본은 둘 다 제국적 과거를 되돌아보았다. 나치는 제3제국(1920년대에 강력한 통일 독일을 옹호한 사람들이 처음 사용한 표현)을 표방했는데, 이 표현은 신성로마 제국까지 거슬러 올라가고 1870년대에 카이저 제국이 연장한 제국 계열을 상기시켰다. 일본의 천황—19세기 이래 수차례 왕조가 바뀌고 정치가 탈바꿈했음에도—역시 영웅적 역사를 가리켰다. 그러나 일본과 독일이 구상하여 현실에 투영한 정치체는 서로 달랐다. 나치의 제국주의는 독일인과 나머지를 구별하는 입장을 극단적인 인종주의로 밀어붙였고, 일본의 제국주의는 일본의 역할을 범아시아 인종의 운명을 이끄는 선봉으로 내세웠다. 그럼에도 일본 군부는 자신들이 선도하는 운명에 속한 바로 그 사람들을 가차 없이 잔혹하게 다루었으며, 나치의 인종적 논리가 폴란드인과 우크라이나인, 러시아인—유대인은 고사하고—에게 제시한 선택지는 예속 아니면 절멸이나 마찬가지였다. 나치 제국은 비독일인 민족들에게 전진하거나 동화되거나 구제받을 여지를 전혀 주지 않았다.

독일 군부와 서민층 일부는 1차 세계대전 기간에 승전 기대가 재앙으로 변해가자 희생양 찾기를 시작한 바 있었다. 강화는 치욕과 물질적 곤경을 불러왔고, 대공황은 더 심한 궁핍과 무력감을 불러왔다. 정화된 독일을 주창한 사람들이 활약할 수 있었던 것은 바로 이런 맥락에서였다. 전쟁 이전에 독일에서 만개한 세계주의적 문화에 대항하고, 가까운 과거에 제국 통치자들(독일어를 사용한 합스부르크 왕조를 포함하여)이 분화된 신민들을 통치한 방편인 균형 잡기 시합을 거부하고, 국제법에 경멸을 퍼붓는 가운데, 나치 이데올로그들은 독일인이 열등한 인종들을 지배한다는 제국 구상을 향해 나아갔다.

나치 인종주의는 제국들의 차이의 정치의 스펙트럼에서 한 극단에 위치한다. 나치 인종주의의 등장은 격한 논쟁을 일으켰다. 나치 인종주의는 귀환한 식민주의인가? 다시 말해 비인간화의 대상을 아프리카의 토착 부족들에서 유럽의 유대인들로 바꾼 것인가? 반유대주의—프랑스의 드레퓌스 사건을 떠올려보라—도 식민지 인종주의도 특별히 독일적인 현상이 아니었던 시절에, 어째서 제노사이드는 제정 프랑스나 영국이 아닌 나치 독일의 정책이 되었는가? 벨기에 레오폴드 국왕이 콩고에서 저지른 만행보다, 또는 다른 식민지 군사작전 중에 저지른 학살보다 서남아프리카에서 독일인들이 헤레로족에게 자행한 잔혹 행위가 더 나쁘냐는 물음은 과연 쓸모가 있을지 미심쩍다. 독일인들이 아프리카에서 저지른 잔혹 행위와 유럽에서 저지른 잔혹 행위를 구분할 경우, 상황의 변천을 놓치고 그 기간 내내 결정한 정치적·도덕적 선택을 놓치게 된다. 그리고 다음과 같은 역사적 수수께끼의 답을 구하지 못하게 된다. 어째서 한때 유럽 밖의 식민지들을 소유했다가 잃어버린 한 유럽 강대국이 제노사이드를 저질렀는가?

프랑스와 영국의 통치자들이 실제 아프리카인이나 실제 아시아인을 통치하다가 더 섬세하게, 더 인도적으로 변했던 것은 아니다. 그러나 두 나라의 행정관들은 통치를 경험하면서 자기네 권력의 한계를 더 현실적으로 직시할 수밖에 없었다. 독일인들도 1차 세계대전 이전에 동아프리카에서 이와 같은 경험을 했다(제10장). 실제 제국의 통치자들은 중개 당국의 협조에 대해, 생산에 도움이 되는 여건에 대해 걱정할 수밖에 없었다. 1차 세계대전 이후 독일인들은 순수한 권력을 행사하는 순수한 민족에 관한 공상을 자유롭게 키워갈 수 있었다.

영국과 프랑스는 나치의 제국 건설의 초기 단계에 효과적으로 대응하지 못했다. 대공황기에 두 나라는 갈수록 협소해진 신중상주의 정책에 빠져들었고, 세계 시장의 위기로부터 스스로를 격리하고자 '제국 내 특혜 관세'를 이용했다. 이처럼 제국으로 후퇴한 까닭에 (그리고 재무장 비용 때문에) 1930년대 후반 양국은 움직이기가 더 어려워졌다. 나치와 공산주의자들을 싸움 붙여 어부지리를 얻으려 한 일부 정치 지도자들은 나치에 맞서는 동원을 정치적으로 더 어렵게 만들었다. 그러나 결국 영국과 프랑스는 적과 투쟁하는 데 필요한 자원을 자기들 제국 안에서 찾아야만 했다.

일본은 독일보다도 뒤늦게 산업화와 제국주의에 가담한 후발주자였다. 1930년대에 중국에 초점을 맞춘 일본은 우선 만주에서 세력권을 넓혀나갔다. 1931년 일본 관동군(關東軍)은 직접적 군사 개입의 구실로 삼기 위해 한 사변(류타오후에서 만철 노선을 폭파하고 펑톈에 포격을 가한 만주사변 –옮긴이)을 공작했다. 일본은 전임 황제 푸이(여전히 만주 왕조의 복권을 꿈꾸고 있었다)를 집정으로 하는 '만주국'을 설립했다. 옛 중국 제국의 상징들은 여전히 이용 가치가 있었다. 그러나 만주국의 실상은 일본의 지배였다.

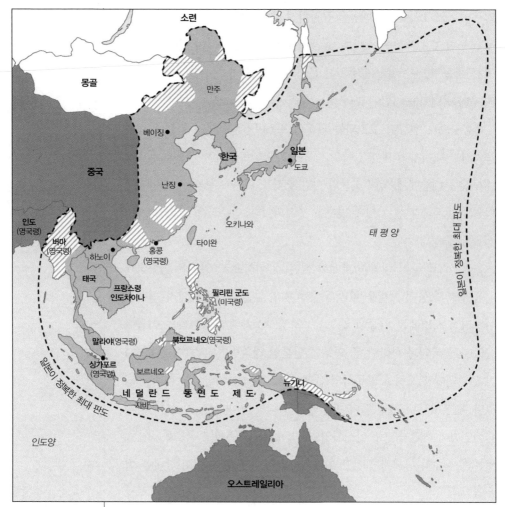

지도 12.5
2차 세계대전기의 동아시아와 동남아시아

□ 1945년 8월 14일 항복 시점에 일본이 통제한 영역

▨ 일본이 점령했다가 1945년 8월 이전에 연합국이 수복한 지역

■ 연합군이 통제한 영역

일본 국내에서 천황과 그를 둘러싼 군국주의적 인물들의 권력은 논란의 여지가 없는 권력이 결코 아니었다. 산업경제, 효율적인 국가 관료제, 강력한 군대를 빚어내는 데 성공했음에도, 1920년대 일본에서는 사회의 역동성을 어떻게 관리해야 하느냐는 문제를 둘러싸고 의견이 분분했다.

일부는 마르크스주의적 대안을 규정하려 했고, 다른 일부는 문화적 기획을 고무했으며, 새로운 소비재 및 서구에서 수입한 문화와 연관된 '현대적' 생활을 바라는 열망이건 일본 문명의 정수를 바라는 열망이건, 일본의 부와 권력이 증대함에 따라 더욱 강해졌다.

대공황으로 긴장이 고조되는 가운데, 1930년대 초까지 일본 군부는 통치기구 내에서 우세한 권력을 획득하고서 민족주의적 비전을 전면에 내세웠다. 대중매체, 국내 전선의 지원 조직들, 학문 기관들, 경제 계획의 단위들은 제국 건설 기획에 맞추어 조정되었다. 만주국은 일본의 '생명선'으로 규정되었다.

유럽 식민국들이 해외 영토에서 했던 것 이상으로, 일본은 만주국에서 산업화와 농업 개발을 활발히 추진했다. 일본의 개발주의적·범아시아주의적 사명에는 나중에 대동아공영권(大東亞共榮圈)이라는 이름이 붙었다. 중국인과 한국인 중 일부는 일본인 정착민의 그늘 아래에서나마 일본군에 복무하고 만주국의 산업·농업 경제에 이바지할 기회를 잡았다. 일본의 선전가들뿐 아니라 민족지 학자를 비롯한 지식인들까지 피식민자와 식민자 모두 아시아인이라는 점을 몇 번이고 강조했음에도, 일본의 인종적 형제애 구상은 위계적이었다. 일본은 형이고 중국은 아우였다.

그런 주장이 만주국에서는 어느 정도 그럴듯하게 들렸을지 몰라도, 1937년 일본의 중국 침략은 다른 식민화 사례들에 비견할 만한 광포성을 드러냈다. 일본은 '섬멸 작전'을 전개하여 해안 지방 대부분을 빠르게 점령했고, 자원을 강탈했으며, 중국 주민들을 짐승처럼 다루었다. 난징을 함락한 뒤 7주 동안 약탈과 강간, 살해를 자행한 난징 대학살은 가장 악명 높은 사례였다. 일본이 중국을 침공하자 유럽과 미국 측에서 이의를 제기했지만, 침공을 멈추기 위해 그들이 할 수 있는 일은 거의 없었다.

제국들의 세계는 곧 변화할 참이었다.

식민 제국들 내부의 정체와 동요

1930년대에 독일과 일본이 각자 새로운 제국을 개발하는 동안, 그들의 궁극적인 적수들(네덜란드, 벨기에, 프랑스, 영국)은 힘겹게나마 각자의 식민지에서 권위를 유지하고 있었다. 그러나 식민 제국은 새로운 도전에 맞닥뜨리고 있었다.

피식민자들은 다양한 방식으로 식민 체제에 대항했을 뿐 아니라 그 체제 내부에서 교묘히 영향력을 행사할 여지를 만들어내고자 애쓰기도 했다. 그러나 식민 체제에서의 '저항과 협력'에 관한 관습적인 연구들은 그것의 다양한 모습을 파악하지 못한다. 체제 전복적 생산자와 유용한 생산자를 가르는 선이 희미할 수도 있었다. 식민지 경제는 피식민자 일부만을 위한 기회를 창출하여 세대·성별·계급 간 긴장을 고조했다. 중개인을 통한 업무 처리를 강조한 식민지 정치는 지역과 종족, 종교의 파편화를 조장했다.

대공황기 동안 수출 수익이 줄어든 상황에서 각국 정부는 조세를 계속 징수하라며 중개인들을 압박하는 한편, 종전보다 혜택을 적게 제공했다. 아프리카에서는 고난이 시골 공동체들로 분산되었지만, 인도 사람들은 국가와 제국 차원의 문제였던 생활수준 저하를 경험했다.

고난과 분할은 분노와 다툼을 조장했으나 반드시 저항 운동의 응집을 촉진하지는 않았다. 노력이 부족해서 응집하지 못했던 것은 아니다. 1930년대까지 지역과 민족에 국한되지 않는 다양한 정치 운동이 등장했다. 유럽 각국의 수도 주변에서 생겨난 식민지 지식인들의 인맥은 '토착민 행정' 정책의 역효과를 불러왔다. 베트남의 호찌민은 파리로 가서 제국 전역에서 온 사람들과 프랑스 공산주의자들을 만났다. 호찌민은 다시 모스크바와 중국으로 이동하여 초대륙적 운동의 중심인물이 되었다. 북아프리카인 다수는 프랑스에서 일자리를 구했고, 공산주의 조합에 가입했으며, 알제리나 모로코로 돌아가서 공산주의 정치를 소개했다. 서인도 제도 사람들과 아프리카 사람들은 런던이나 파리에서 만나 식민주의와 인종주의에 대한 비판뿐 아니라 인종과 이산(離散)에 기반한 친연성에 관한 사상까지 정교하게 다듬었다. 이런 제국 간 연계는 여러 식민지에서 공산당의 성장뿐 아니라 다른 운동들—범아프리카주의와 네그리튀드(négritude) 같은—의 성장에도 필요한 요건을 이루었다.

반식민 관계망은 경찰의 탄압, 자금과 조직 경험의 부족을 비롯한 심각한 장애물에 부딪혔다. 변덕스러운 후원자 소련은 한때 반식민 운동을 지원했다가 곤경에 빠진 이 운동을 저버린 채 1930년대에 유럽 국가들에서 파시즘에 대항하여 인민전선을 뒷받침했고, 다시 입장을 바꾸어 나치-소비에트 협정을 체결한 뒤 나치가 러시아를 침공하자 다시 한 번 입장을 바꾸었다. 공산주의자들의 국제주의에 참여했던 사람들 중 일부—트리니다드의 조지 패드모어(Geroge Padmore) 같은—는 넌더리를 내며 이탈하고서 범아프리카주의 같은 대안적 동원 방식을 추구했다. 소련과의 관계와 상관없이 좌파 운동들은 모두 '대중'과 실제로 연계를 맺는 문제에 부딪혔다. 지도부의 연계는 대개 지역적이기보다 국제적이었다.

민족운동은 남아시아와 동남아시아에서 가장 빠르게 전진했다. 인도 국민회의는 1930년대까지 이미 수차례 운동을 벌인 터였고, 이제 인도 정부에 내각 수준으로 참여하는 방안을 주장할 태세였다. 국민회의는 시민 불복종 운동, 조세 저항 운동, 수입품 불매 운동을 통해 인도의 다양한 계급들과 지역들, 종교들이 보내는 지지를 한데 응집할 수 있었다. 자기 희생 시위를 벌인 간디의 상징 권력은 민족의 상상계를 사로잡았다. 상층계급과 중간계급에 강하게 호소한 간디는 빈민층의 요구로 인해 자신의 운동이 분열될 것을 우려했지만, 그런 긴장을 관리할 수 있었다. 1937년 주 선거에서 국민회의는 강력한 위임통치권을 획득하고 8개 주에서 주정부를 조직했다.

권력이 불완전한 상황에서, 계급 불화를 타개하려던 간디주의적 시도는 어려운 선택 — 경제 정책을 수립하는 과정에서, 상이한 공동체들을 중재하는 한편 국민회의의 지배를 두려워하는 번왕국들을 상대하는 과정에서 — 에 직면해야 했다. 1939년에 영국 총독이 국민회의나 주정부들과 상의하지도 않은 채 인도를 대신하여 독일에 선전포고를 하고, 주정부들의 사임을 초래하고, 민감한 순간에 영국령 인도에 명백히 강압적인 자세를 강요하고 나서도, 인도의 어려운 문제들은 결코 해소되지 않았다. 1942년에 국민회의가 주도한 인도 퇴출(Quit India) 운동은 도시 지역의 경찰서와 공공건물에 대한 집단 공격과 시골 마을의 토지 문제를 둘러싼 저항을 포함하여, 인도 전역에서 궐기한 반영국 저항의 선봉이었다. 무슬림들과 힌두교도들 사이에는 긴장이 더욱 고조되었다. 권력획득이 현실적 가능성이 되면서 이 긴장을 부채질한 것이 틀림없다.

동남아시아의 프랑스령 인도차이나와 네덜란드령 동인도 제도를 비롯한 식민지들에서 민족주의 운동은 프랑스와 네덜란드의 권위에 도전하고 있었지만, 여기서도 민족이 무엇인지, 그리고 얼마나 포용적인지가 분명하지 않았다. 인도네시아의 초창기 정치 단체들 중 하나는 혼혈인들 사이에서 시작된 인도당(Indische Partij)이었다. 사레카트 이슬람(Sarekat Islam)은 한동안 팽창했으나 인도네시아 사회의 분열된 성격에 걸려 비틀거렸다. 아크멧 수카르노는 1927년에 결성된 인도네시아 국민당을 통해 민중주의적 연합을 이루어내려 했다. 마르크스주의자들과 거리를 두는 가운데, 수카르노는 사회적 고통, 자기 인생의 통제권을 상실한 농민층의 고통 같은 문제들을 범이슬람적 요소들과 연결했다. 현지 엘리트층을 양성하는 네덜란드의 전략으로 말미암아 분열이 더욱 심화된 이 군도 식민 국가에서, 수카르노는 제각기 다른 지역별 정서를 통합하고자 했다. 네덜란드는 이를 심각한 위협으로 받아들여 수카르노를 8년 동안 수감했으며, 이 운동의 다른 이들은 더 온건한 자세를 취하고서 정치적 가능성의 한계를 시험했다.

호찌민의 뒤를 이어 일부 베트남 지식인들은 급진적 노선을 택하여 전 세계적 공산주의 운동과 제휴한 반면, 팜꾸인 같은 사람들은 프랑스 행정기구와 어느 정도 협력하는 가운데 베트남의 고유하고 풍요로운 전통을 강조하는 문화적 민족주의를 발전시키고자 했다. 직간접적으로 두 접근법 모두 프랑스 국가의 권위에 도전했지만, 정부의 억압 능력과 제국 체제에서 인도네시아 엘리트층 일부가 누리던 이익 사이에서, 엘리트층이 영향력을 발휘할 여지는 한정되었다. 전쟁은 이처럼 변동하는 정치적 동원의 노선들에 중대한 영향을 끼쳤다.

제국들의 전쟁, 1939~1945년

2차 세계대전은 이종(異種) 제국들 간의 충돌이었다. 이 전쟁은 1차 세계대전과 다르게 전개되었다. 기술 발전(전차와 항공기)으로 말미암아 공격이 수비보다 유리해졌고, 전쟁이 더 파괴적으로 변했다. 사망자 총수는 대략 4000만 명이었고, 그중 절반이 민간인이었다. 교전국들 양편에, 그리고 대부분의 전장에 재래식 폭탄이나 소이탄, 핵폭탄이 투하되어 주민들을 공포에 빠뜨렸다. 유대인과 슬라브인을 비롯한 비독일인 민간인들에게 자행한 나치의 체계적 살인은 그 어떤 선례도 넘어섰다.

독일과 일본은 세계사에서 제국을 건설하고자 노력한 세력들이 대부분 유의한 한도를 넘어갔다(두 제국은 결국 단명했다). 정복 이후 나치는 프랑스와 덴마크, 네덜란드 관료들에게 일상 행정을 맡겼지만, 폴란드와 소련 지역들은 많은 비용을 들여가며 독일인들이 직접 통치했다. 전쟁 이전에 많은 폴란드인과 우크라이나인이 독일을 소련의 지배로부터 자신들을 구해줄 잠재적 해방자로 보았을지도 모르지만, 나치는 슬라브인 중개인을 구하거나 현지 엘리트층에게 새로운 질서의 일정 몫을 나누어주지 않았다. 독일은 폴란드, 유고슬라비아, 체코슬로바키아라는 이름을 아예 지워버리려 했다. "인종적 열등자들에게 권력을 이양하는 일을 허용할 수 없었기" 때문이다. 나치는 지식인, 정치가, 전문직을 살육했고, 저항해봐야 소용없음을 보여주기 위해 마을들 전체를 학살했다. 폴란드의 유대인 인구 거의 전원과 더불어 비유대계 폴란드인 약 300만 명이 살해되었다. 히틀러의 침공 이전에 독일은 우크라이나에서 재배한 곡물을 소련으로부터 구입했지만, 정복 이후 나치는 우크라이나 농민들에게 관심을 두기는커녕 독일인들을 정착시키기 위해 그들의 토지를 빼앗으려 했다. 독일인의 재정착이 크게 진척된 적이 없었음에도, 우크라이나인은 집단으로 살해와 추방을 당했다(민간인 약 400만 명이 죽었다). 우크라이나인의 교육은 4학년에서 중단되었고, 보건 서비스는 폐지되었다. 나치는 폴란드인과 우크라이나인을 독일 공장에서 노예 노동자로 이용하는 방안마저 미심쩍게 여겼다. 독일은 전쟁이 장기전으로 돌입하고서야 자기네 '인종법'을 가장 엄격하고 잔혹하게 적용해가며 슬라브인의 노동력을 이용했다. 유대인 절멸은 인종 지배와 배제라는 더 큰 과정에서 가장 극단적인 단계였다.

베르사유 조약 이후 국가와 민족이 들어맞지 않아서 이미 종족 청소 계획이 등장했던 중부 유럽에서, 나치는 이 공간의 쪼깨지기 쉬운 성질을 이용할 수 있었다. 한동안 '헝가리인'을 위한 헝가리와 '루마니아인'

을 위한 루마니아를 만드는 일이 나치의 인종 정책과 양립 가능할 것처럼 보였지만, 전쟁이 질질 늘어짐에 따라 헝가리인과 루마니아인은 독일 통치자들이 자기네 민족주의와 다른 민족주의를 동등하게 여기지 않는다는 것을 알게 되었다. 동유럽을 독일을 위한 곡창 지대로 바꾸려던 발상은 새로운 '독일적' 농업 지역을 만들어내지 못한 채 극심한 굶주림만 초래하고서 실패로 끝났다. 인종적으로 용인할 만한 중개인들이 있는 서쪽의 프랑스, 네덜란드, 덴마크 등지에서 나치는 전쟁기계에 이바지할, 용인할 만한 수준의 협력을 얻을 수 있었다. 나치는 이른바 독일의 효율성을 유럽의 생산에 도입하지 않았다. 나치는 정복한 영역에서 소비를 속박하면서 자신들의 목표를 위해 유럽의 생산을 전용했다.

히틀러는 이데올로기적 이유는 물론 실용적 이유로도 독일이 점령한 프랑스, 네덜란드, 벨기에의 식민지를 효율적으로 활용하지 않았다. 중동이 전략적으로 중요하거니와 석유까지 매장된 장소였음에도, 여기서 독일은 체계적 노력을 기울여 아랍 지역에 대한 영국의 허술한 장악력에 도전하는 데 실패했으며, 그 덕에 영국은 중대한 자원을 계속 보유할 수 있었다. 유럽 안에서나 밖에서나 나치 제국은 다른 제국들이 개발해놓은 제국의 도구들 중 상당수를 사용하기를 거부했다. 마크 마조워 (Mark Mazower)는 나치의 접근법이 "통치 철학으로서 특이했을뿐더러 완전히 반생산적이기도" 했다고 결론지었다.

다른 제국들(영국, 프랑스, 소련, 미국)은 세계를 재형성하려던 나치의 시도를 가로막았고, 1차 세계대전 때처럼 승전국들은 그렇게 하기 위해 초국가적 자원에 의존했다. 미국과 소련은 두 대륙 전역에서 사람들과 생산구조를 동원했다. 나치라는 적은 서로 닮지 않은 두 강대국을 전형적인 제국 동맹으로 몰아갔다. 미국은 자국 전차의 10퍼센트, 전투기의 12퍼센트, 막대한 양의 식량과 기술 원조를 소련에 제공했다.

도판 12.2

1941년 소비에트 전쟁 포스터. "나폴레옹은 패했다. 똑같은 일이 오만한 히틀러에게 닥칠 것이다"라고 적혀 있다. 1812년 쇠사슬에 찔리는 나폴레옹을 배경으로, 맨손으로 움켜쥔 소총에 얻어맞기 전에 히틀러가 '조약'(1939년 스탈린과 히틀러의 협정)을 찢는 모습에 주목하라. 포스터의 필명 '쿠크리닉시(Kukryniksy)'는 소비에트 포스터 예술가 세 사람이 공동작업에 사용한 이름이다.

1941년 나치의 맹공에 극심한 손실을 입은 뒤, 소련은 병력을 재편성하고, 스탈린의 장교단 참수 사태에서 어느 정도 회복하고, 멀리 동쪽으로 인력과 장비를 철수시켰다. 그리고 국가의 존속을 위해 더 효율적으로 노동하도록 강제수용소에서 100만 명이 넘는 수감자를 석방했다. 정보를 통제한 까닭에 소비에트 신민들은 군대의 초기 손실을 알지 못했고, 스탈린의 자기 숭배는 시민들을 동원하는 이데올로기를 제공했다. 우크라이나를 비롯한 서부 지역들에서 소비에트의 통제력이 가장 약했음에도, 나치의 인종주의는 궁극적으로 소비에트의 공산주의에 패했다. 소련은 망연자실할 정도의 손실을 입었다. 소비에트 전투원 860만 명과 민간인 1700만 명이 전쟁 중에 사망했다.

식민지와 자치령에서 온 병사 대략 500만 명이 영국 제국을 위해 싸웠다. 이는 1차 세계대전 때보다 많은 수였고, 영국 총병력의 절반가량이었다. 인도는 버마와 나머지 동남아시아에서 일본군을 저지하고 격퇴하는 데 막대한 기여를 했다. 인도국민회의가 주도하는 반식민 저항이 한창일 때조차도, 인도인의 모병률은 높고 탈영률은 낮았다. 인도인 부대가 아시아에서 영국 제국을 구했다고 주장할 수 있을 정도였다.

1차 세계대전 때와 달리, 유럽 프랑스는 전쟁 초반에 독일에 패하고 영토 일부를 점령당했다. 본국의 나머지 영토는 도시 비시에 기반을 둔 부역 정권의 통치를 받았다. 비시 정부는 명목상이나마 대다수 식민지에 대한 통제권을 유지했지만, 그중 한 무리, 즉 프랑스령 적도아프리카(지도 10.3)는 샤를 드골 장군의 자유프랑스와 동맹을 맺었다. 프랑스령 적도아프리카는 가이아나 출신의 흑인이자 프랑스인인 펠릭스 에부에(Félix Éboué)가 이끌었는데, 식민지 행정의 꼭대기까지 오른 그의 비범한 이력은 공화정에 대한 그의 굳은 신념을 설명하는 데 도움이 된다. 에부에의 활동 덕분에 자유프랑스는 명예로운 프랑스와의 연속성을 주장할 수 있었다. 프랑스는 1942년에서 1943년 사이에 영국과 미국의 도움을 받아 북아프리카 영토를 재정복했고, 이 영토는 유럽 프랑스를 수복하는 데 필요한 근거지(그리고 상당한 인력)를 제공했다. 종전 무렵 프랑스 지도부 다수는 프랑스의 해외 성분들이 본국을 구했다고 생각했다.

일본은 1930년대에 약화된 중국을 공격하면서 전쟁을 시작했다. 1940년에 프랑스가 나치에 함락당한 뒤, 일본은 비시 정부를 압박하여 인도차이나에서 일본이 프랑스 항구를 사용하도록 허용한다는 내용의 협정을 체결했다. 프랑스는 사실상 일본 제국의 하도급자가 되었다. 비시 정부는 명목상 주권을 빈틈없이 지켰지만, 프랑스의 경제적 제국주의의 열매(고무, 쌀, 석탄, 광물)는 일본의 전쟁 기계를 살찌웠다. 그러나 제국들 사이에서 일본은 입지가 약한 탓에 여전히 곤경을 겪었고, 그들 말마따나 'ABCD 포위'—미국(America), 영국(Britain), 중국(China), 네덜란드

(Dutch)—에 직면했다. 일본은 동남아시아의 석유를 비롯한 자원을 필요로 했고, 다른 제국 열강의 공동 배척을 두려워했으며(미국인들은 석유를 금수조치했다), 미국이 일본의 아시아에 대한 야심을 되받아칠 준비를 꾸준히 하고 있음을 알아챘다.

이런 맥락에서 일본은, 독일이 양차 대전에서 했던 대로, 제국 맞수들을 상대로 선수를 치기로 결정했다. 1941년 12월 7일에 진주만 공습과 거의 동시에 말라야, 필리핀, 홍콩이 침공을 받았다. 일본은 나치가 네덜란드를 물리친 이후, 프랑스령 인도차이나처럼 인도네시아도 사실상 탈취할 수 있기를 바랐다. 치열한 전투를 치른 끝에 일본은 지극히 중요한 석유를 비롯한 생산물의 공급원을 획득했다. 영국은 일본의 맹공격에 대항할 중요한 제국 병력을 단독으로 배치할 역량이 있었지만, 당시 유럽에서 교전하느라 여념이 없었다. 버마부터 필리핀까지 동남아시아는 1942년 5월까지 일본의 지배를 받게 되었다(지도 12.5).

영국, 프랑스, 네덜란드에게 이런 손실은 군사적 타격 이상이었다. 일본의 성공은 식민 영토에 대한 통제력이 허술하다는 것을 드러냈다. 일본은 네덜란드, 프랑스, 영국의 지도자들에게 그들이 거둔 성취가 통치에 대한 조건부 순응에 지나지 않았음을 다시금 일깨워주었다.

전쟁 이전부터 인도네시아, 인도차이나, 말라야, 버마에서 제국의 지배와 겨루기 시작했던 정치활동가들이 일본이 주창한 범아시아 결속에 찬동했던 것인지 아니면 다른 정치적·타산적 동기 때문에 협조했던 것인지는 논쟁거리이지만, 일본이 성취한 것 역시 조건부 순응에 지나지 않았다. 일본은 신속히 정복한 영토를 실용적으로 통치했다. 가능한 경우 유럽인과 토착민 중개인을 이용했고, 전복적 활동을 단호히 탄압했으며, 필요한 경우 강제노동력을 불러모았다. 몇몇 경우에 일본군은 신뢰할 수 없어 보이는 공동체들(일례로 싱가포르의 화교들)을 거의 몰살했다. 최악의 경우 일본이 정복한 영토의 노역자들은 치명적인 환경에서 강제로 일해야 했는데, 이는 나치가 강제노동을 이용한 방식과 흡사했다. 강제 차출된 '위안부'들은 아시아의 여러 지역에서 일본 병사들의 성적 욕구를 채워주어야 했다. 한때 인도네시아 경제를 지배했던 네덜란드 정착민들과 국가를 운영했던 행정관들은 다른 유럽인들처럼 억류되었다.

일본은 1644년 만주족 이래 다른 어떤 침략자보다도 중국 정복에 근접했지만 거기에 도달하지는 못했다. 마침내 미국과 영국이 인도에서 히말라야 '육봉'(Hump, 2차 세계대전 중에 연합군 조종사들이 사용한 은어로 산맥을 뜻한다―옮긴이)을 넘어 공급한 군수물자를 손에 넣은 민족주의적 국민당과 그 지도자 장제스(蔣介石)는 일본군에 패하지는 않았으나 영토를 대부분 상실했다. 1935년 서부에서 대장정을 견디고 살아남은 마오쩌둥(毛澤東) 휘하의 공산주의자들은 전쟁이 끝날 무렵 만주에서 근거지를 개척할 수 있었다. 공화국, 군벌 정치, 외국의 점령, 침공 속에서 수십 년 동안 분쟁한 뒤에도, 투쟁의 초점은 여전히 '중국'이었다. 다시 말해 중국은 제국에서 서로 뒤얽힌 경쟁자들의 정치적 상상의 중심에 놓인 정치체였다. 그렇지만 일본이 시작한 과정 때문에 존속을 위협받은 제국이 중국 하나뿐이었던 것은 아니다.

대체로 사회주의나 공산주의에 자극을 받은 반일(反日) 게릴라들이 피정복 영토에서 활동한 바 있었음에도, 일본은 유럽 제국들에 대항하던 민족주의자들을 포섭하려 노력했고, 그 덕분에 일부 정치 지도자들은 영향력을 발휘할 공간을 확보할 수 있었다. 과거에 네덜란드에 의해 수감되었던 수카르노는 인도네시아에서 차후에 찾아올지 모르는 기회(독립을 주장할 기회)에 대비할 수 있었다. 베트남에서 호찌민은 농민들이 극심한 고통을 겪고 있던 농촌 지역들에서 마을마다 조직을 구축했다. 호찌

도판 12.3
호찌민이 이전에 베트남 프랑스 총독의 관저로 쓰였던 자신의 관저에서 프랑스 장군 르클레르와 판무관 장 생트니를 만난 자리. 1946년 3월 18일. 이 시기에 프랑스 지도부와 호찌민은 북베트남의 자치 공화국이 프랑스 연합의 일부로 남는 조건에 관해 협상하고 있었다. LeRay, 프랑스 국방부 매체자료관.

민은 중국 군벌들로부터 무기를 얻었고 공산주의 연계로부터 지원을 받았으며, 중국에서 국민당에 의해 구금당하기도 했다. 호찌민은 결국 자신에게 알맞은 자리인 북베트남의 하노이로 돌아가서 종전 무렵 주도권을 잡았다. 버마와 말라야의 정치 지도자 일부는 어느 정도 일본과 협력했다. 인도의 영향력 있는 민족주의자 수바스 찬드라 보스는 일본을 이용하여 말라야와 버마에 기반을 둔 인도 망명자들의 군대를 모집하여 영국 제국을 공격하려 시도해서 제한적 성공을 거두었다.

영국이 인도에서 억압을 가하고 미국이 태평양의 기지들을 사용하거나 점령하는(그리하여 고립 영토 식민지가 여전히 유용함을 입증하는) 상황에서, 일본은 다른 제국 전략을 시도했다. 1945년 3월에 마침내 인도차이나에서 프랑스를 내쫓은 일본은 권력을 직접 행사하면서도 베트남의 명목상 국왕 바오다이에게 '황제' 칭호를 주었다. 인도네시아에서 일본은 더 완전한 형태의 독립을 약속했으나 약속 이행을 위해 한 일은 거의 없었다. 그러나 연합군의 강습을 받아 일본의 아시아 세력권이 줄어들고 1945년 8월에 히로시마와 나가사키에 원자폭탄이 투하되자, 전쟁 중에 영향력을 발휘할 공간을 획득했던 민족주의 운동들이 일본의 지배를 밀어내고서 다시 돌아올 유럽의 통치에 도전하기에 좋은 위치를 차지했다.

수카르노와 그의 추종자들은 전쟁이 끝나고 며칠 만에 인도네시아의 독립을 선언했다. 그들은 자바의 일부를 실질적으로 통제한다고 주장할 수 있을 만큼 지지를 받았다. 그들은 영국 병력이 도착하기까지 걸린 몇 주의 기간을 적절히 이용했다. 네덜란드 병력은 영국보다 늦게 도착했다. 베트남에서 호찌민의 농촌 기반 조직은 '황제' 바오다이를 압박하여 퇴위시킨 다음 하노이에 실질적 정부를 수립했다. 호찌민은 1945년 9월 2일에 베트남 민주공화국을 선포했다. 호찌민은 인산인해를 이룬 군중에게 독립 연설을 하면서 프랑스 인권선언과 미국 독립선언의 문구를 여러 차례 인용하며 초대륙적·보편주의적 해방 담론을 구사했다. 베트남의 독립을 납득하지 못한 프랑스 정부는 통제력을 재확립하려 했고, 베트남 남부에서 어느 정도 성공을 거두었다. 그러나 호찌민의 북부 근거지는 프랑스가 침식하지 못할 만큼 견고하다는 것이 곧 드러났다. 프랑스는 프랑스 제국 내에서 북베트남이 자치권을 어느 정도 보유할 것인지에 관해 호찌민과 교섭할 의향이 있었다. 이 이야기는 제13장에서 계속하겠다.

이처럼 미국이 주도하여 일본에게 승리를 거둔 결과, 영국, 프랑스, 네덜란드는 상실한 영토를 재식민화하는 과제를 떠안게 되었고, 뒤의 두 나라는 문제가 되는 영토의 적어도 일부 지역에 뿌리내린 민족주의적 정부를 직면하게 되었다. 미국은 식민 제국을 재건하려는 우방들을 어느 정도까지만 도울 터였다. 미국 지도부는 더 개방적인 전후 질서(군사력의 뒷받침을 받는 미국의 경제력이 큰 제국들보다 작은 민족국가들에 더 큰 영향을 미치게 될 질서)를 선호하는 입장과, 개방성이 공산주의 팽창에 이롭게 작용할 것을 우려하는 입장 사이에서 갈팡질팡했다.

결론

전쟁의 맹위, 일본의 징발 경제, 철수하는 열강의 파괴 행위, 전쟁 막바지에 권력 공백을 채우려던 성급한 시도 등으로 말미암아 동남아시아는 황폐해졌다. 그러나 제국들이 서로 경쟁한다는 고전적 이야기는 종전 무렵에 다른 무언가로 바뀌기 시작했다. 일본은 이전 세기의 추세에 역행하여 제국 팽창이 유럽만의 시합이 아니라는 것을 보여주었다. 독일과 일본은 근래의 제국 패턴에서 벗어날 조짐을 보였다. 독일은 행위 때문에 이탈하려 했고, 일본은 현실 때문에 이탈하려 했다. 그 과정에서 유럽 제국들은 패전국은 물론 승전국까지 막대한 손상을 입었다. 국내 경제는 난장판이었고, 부채는 어마어마했고, 인구는 30년 동안 전쟁을 준비하고 수행하고 전쟁에서 회복한 이후 복지를 간절히 원했다. 프랑스, 네덜란드, 영국은 동남아시아에서 극심한 문제에 부딪혔다. 세 나라는 식민지 일부를 재정복해야 했지만, 1945년에는 그렇게 할 수 있을지가 전혀 분명하지 않았다. 민족운동들은 식민 국가를 스스로 운영하겠다고 주장할 기회를 잡았다.

전쟁을 거치면서 두 국가가 과거 어느 때보다도 강력하게 부상했다. 양국은 각기 세계 권력으로서 특유의 비전을 가지고 있었다. 소련은 히틀러에 승리를 거두어 자본주의 제국의 대안을 강화한 것으로 보였다. 과거에 제국 간 경합에 따른 타격을 가장 크게 받았던 중부 유럽의 대부분 지역에서 소련은 공산주의 권력을 공식적으로 확대했다. 새로운 세계

질서에 대한 소비에트의 비전은 서유럽에서 많은 노동자, 정치 조직자, 지식인에게 호소했다. 공산주의의 미래는 제국들이 경쟁하다가 기력을 소진한 중국과 동남아시아를 비롯한 식민 세계의 부분들에서 훨씬 더 유망해 보였다.

미국은 군대의 넓은 세력 범위와 새로운 군사 기술의 힘을 보여주었다. 그러나 미국은 자국의 정치 레퍼토리에 식민화보다 효율적인 도구들이 포함되어 있다고 생각할 만한 위치에 있기도 했다. 그런 도구로는 기동력을 갖춘 군대, 여러 나라의 상업 엘리트들이 사업하고 싶어하는 경제, 미국인들이 보기에 다른 이들이 모방하고 싶어할 생활방식 등이 있었다. 미국은 필리핀 엘리트들에게 권력을 이양하여 그들을 미국의 영향권 안으로 효과적으로 끌어들이는 일을 전쟁 이전에 시작했다. 전쟁 이후에 미국은 독립 약속을 지켰다. 식민 제국에 대한 미국의 양면성은 전후 세계에 영향을 미칠 터였지만, 정부가 원하거나 계획한 그대로 미치지는 않을 터였다.

앞으로 우리가 볼 것처럼, 영국과 프랑스는 여전히 자기네 식민 제국의 수명을 늘릴 수 있을 거라고 생각했다. 어떤 면에서 그들은 과거 어느 때보다도 제국을 필요로 했다. 고무, 주석, 구리, 금, 석유, 코코아, 커피 등 식민지의 생산물을 판매하는 권한은 외국환을 벌고 세계 무대에서 유력한 위치를 다시 요구할 유일한 기회를 제공했을 것이다. 그들은 동남아시아에서 그들 제국이 조각나기 시작했음을 아직까지 제대로 인식하지 못하고 있었다. 머지않아 그들은 20세기의 30년 전쟁이 과거의 제국 간 전쟁들보다 제국들의 체제를 훨씬 더 훼손했음을 알게 될 것이었다.

CHAPTER 13

제국의 종언?

　　　제국들의 세계는 언제 파탄을 맞았는가? 과연 파탄을 맞기는 했
던가? 1차 세계대전은 제국들 일부를 끝장내고 다른 일부를 뒤흔들었지
만, 승전한 제국 권력들은 정당성을 재차 단언하고 새로운 영토를 더할
수 있었다. 1930년대까지 제국 건설자들의 야심은 세계를 다시 한 번 갈
기갈기 찢어놓았다. 2차 세계대전은 독일과 일본의 패배, 프랑스와 독일,
네덜란드 제국의 약화로 귀결되었다. 이 시점이 제국 종언의 시작점으로
보였을지도 모른다. 그러나 살아남은 제국들의 지도자들은 그렇게 생각
하지 않았다. 프랑스와 영국은 자국 경제를 활성화하고 제국의 정당성을
강화하기 위해 '발전'에 힘을 쏟기 시작했다. 제국들 내부에서 정치활동
가들은 제국의 통치에 대항하여 결집했다. 그들은 때로는 민족의 의지에
기반을 둔 국가를 창건하고자 했고, 때로는 제국을 다른 종류의 초국가
적 정치체(연방, 연합, 국가연합)로 바꾸고자 했다. 어떤 이들의 목표는 세
계 혁명, 즉 '민족들'을 해방하는 운동들을 새로운 국제 질서 안에서 '인

민'을 해방하는 운동으로 끌어들이는 것이었다.

20세기 중엽의 세계는 제국에서 민족국가로 나아가는 자체 추진체가 아니었다. 전체를 아우르는 구조 안에서, 중층적 주권 및 다양한 수준의 자치에 관한 이념과 실천이 여전히 경합을 벌이고 있었다. 제국의 제도가 제공하는 이점을 신민들에게 납득시키는 데 실패한 프랑스와 영국을 위협한 것은 반식민 혁명이라는 유령만이 아니었다. 그 목표를 실현하고 그리하여 복지국가 시대에 본국 시민들이 누리는 사회적·경제적 자원과 동등한 자원을 요구하는 제국 시민들을 만들어낼 위험한 가능성 또한 두 나라를 위협했다. 1950년대와 1960년대에 아프리카와 아시아에서 붕괴한 식민주의는 전간기 식민주의의 보수적인 변형태가 아니라 개입주의적·개량주의적인, 그런 까닭에 도전받을 여지가 있는 식민주의였다.

유럽 내부에서 전후 시대는 과거에서 근본적으로 이탈한 시대였다. 로마 제국 멸망부터 히틀러 시대까지, 로마 규모의 제국을 부활시킨다는 목표는 유럽의 정치를 늘 따라다녔다. 그 상상 속 제국이 2차 세계대전 이후에 사라졌다. 서로를 지배하기에는 너무 약했던 서유럽 국가들은 제국 설계에서 벗어나서 기존 국경 안에서 번영과 복지를 달성하는 일에, 뒤이어 서로 협력하기 위한 메커니즘을 구축하는 일에 주력했다. 유럽은 새로운 종류의 정치적 실체로 서서히 재편되었다. 제국도 국가도 아닌 그것은 과거의 복합 군주정들과 사뭇 다른 복합 정치체였다. 유럽연합은 공식적으로 동등한 주권국가들로 구성되었으며, 각국은 자국 권한의 일부를 전체에 자발적으로 양도하여 공통 제도를 정할 수 있는 국가연합을 형성했다. 그러나 유럽연합의 회원국이 2007년 27개국으로 늘어난 순간에도, 과연 이 기구에 충성과 애착을 불러일으키는 역량이 있는지는 여전히 불분명했다.

탈제국 세계를 구현할 다른 가능성들은 20세기 후반 내내 전 세계의 정치적 상상 속에 존재했다. 이런 기획으로는 탈식민 국가들의 동맹체인 '제3세계 블록', 국경을 가로지르는 농민 혁명, 고국을 떠난 사람들의 연대, 아시아와 아프리카 등지에서의 지역 집단화 등이 있었다. 유엔은 국가들 사이에서 동등성의 새로운 규준을 강화하는 한편, 전 세계 사람들을 공동체로 제도화할 수 있다는 희망을 일부 국가들에게 주었다.

그러나 대체로 보아 1950년대 말까지 식민 통치를 재형성하거나 종식하려던 운동들은 그들이 어떤 새로운 정치 형태를 상상했건 간에, 그들이 얻을 수 있는 것은 영토 국가임을 알게 되었다. 국가적 상상계는 이런 역학의 선행조건이었던 것 못지않게 결과이기도 했으며, 국가 수가 급증하고 엘리트층이 국가의 존속에서 이익을 얻음에 따라 이 상상계를 받아들이지 않기가 한층 어려워졌다. 그럼에도 동등한 민족국가들의 세계라는 그림은 허상이었다. 국가들의 군사력과 경제력은 여전히 고도로 불균등했으며, 각 단위 내부와 사이에서 사람들의 지위와 권리는 서로 엄청나게 달랐다.

많은 관찰자들은 세계 정치가 미국과 소련의 양극 체제로 바뀌었다고 보았다. 미국과 소련은 국제법에 관한 한 다른 국가들과 전혀 다르지 않았지만, 군사력을 마음대로 집중하고 분산하면서 이론상 주권국가들 사이에서 보호자와 후원자, 경찰 노릇을 했다. 양국은 각자의 영향권 안에서 제국적이었지만—아주 멀리 떨어진 많은 사회들에 권력을 행사할 역량과 의지를 둘 다 가지고 있었다—스스로에게나 다른 국가들에게나 자국이 이전 제국들과 비슷하지 않다고 역설했다. 미국의 이상은 민족국가들의 팽창하는 세계, 즉 상업에 열려 있고, 미국 문화를 선뜻 받아들이고, 경쟁 블록에 대항하여 단결하는 세계라는 허구에 의존했다. 소비에트의 이상은 세계 공산주의와 자본주의 종식을 향해 한데 뭉쳐 행진하는 형제 같은 사회주의 국가들이라는 신화를 상정했다. 이 비전은 쿠바부터 베트남에 이르는 공간에서 혁명가들과 지식인들, 그들 추종자들의 상상을 사로잡았다. 두 비전은 식민 제국들의 해체에 기반을 두었고, 각기 다른 방식으로 해체를 부추겼다.

국가 권력의 공산주의적 변형태들이 실패로 끝난 1989년 이후, 미래를 추측하는 새로운 시각들이 우후죽순 등장했다. 20세기 제국 간 분쟁의 이 종막은 모든 사람이 자유주의적 질서에 포섭되는 '역사의 종언'을 의미하는가? 관계망과 기업의 영향력이 확대되고 정부의 규제 능력이 축소됨에 따라 국가들이 종말을 맞으리라는 것을 의미하는가? 새로운 분열(서구와 나머지 세계, 부자와 빈자, 무슬림과 나머지 모든 사람)을 의미하는가? 미국 제국만 홀로 우뚝 서는 일극 세계를 의미하는가? 새로운 아시아 권력 축을 의미하는가?

이런 추측들의 기원은 모두 제국들을 둘러싼, 제국들 사이의, 제국들 내부의 정치적 경합에 있었다. 그 기원을 밝히기 위해 우리는 20세기 후반기 제국 정치의 진화에 주목할 것이다. 구체적으로 말하면 식민 제국들의 와해와 유럽의 재편, 오스만 제국이 몰락한 이후 수십 년간 해결되지 않은 중동의 분쟁, 러시아 제국의 또 한 차례의 탈바꿈, 중국의 성공적인 제국적 개혁, 여전히 제국적인 동시에 민족적이었던 미국에서 일어난 변화 등에 주목할 것이다. 우리는 우리의 현재가 어떠할지 아무도 알 수 없었던 시기인 2차 세계대전 막바지에 사람들이 실현 가능하리라 상상했던 것부터 살펴볼 것이다.

와해된 제국

전쟁의 여파 속 동남아시아와 남아시아

1943년 12월, 샤를 드골의 프랑스 망명정부는 전후에 인도네시아 사람들에게 "프랑스 공동체 내부의 새로운 정치적 지위"를 줄 것이라고 발표했다. 인도네시아 사람들은 "연방 조직이라는 틀"의 일부로서 "자유"를 누리고 "인도-중국 문명과 전통의 고유한 특징을 상실하지 않은 채" 정부의 모든 수준에서 복무할 것이었다. 그 직후 자유프랑스의 지도부는 모든 해외 영토의 사람들에 대한 자신들의 정책이 "평등의 원리를 엄격히 적용하는 것, 정확히 말해 식민 개념을 억압하기 위한 것"이라고 선언했다.

네덜란드 망명정부도 이와 비슷한 미래를 구상하고 있었다. 그들이 창출하려던 것은 "네덜란드, 인도네시아, 수리남, 퀴라소[뒤의 두 지역은 카리브해에 있는 속령이었다]가 참여하고, 내정과 관련하여 각자 완전한 자주권과 행위의 자유를 보유하면서도 기꺼이 상호 지원할 연방"이었다. "이것은 인종이나 민족에 따라 차별할 여지를 남겨두지 않을 것"이었다. 고국 통제권을 나치에, 아시아 식민지 통제권을 일본에 빼앗긴 프랑스 정부와 네덜란드 정부는 인도차이나와 인도네시아에 대한 권력의 복구를 장담할 수 없다는 것, 과거에 식민지 신민으로 다루었던 사람들을 수용하는 새로운 기반을 찾아야만 하리라는 것을 깨달았다.

그런 선언은 겉치레 이상이자 구체적 계획 이하였다. 일본의 권력이 붕괴함에 따라 인도차이나와 인도네시아에서 민족주의 지도자들은 새로운 정부를 선언한 터였으며(제12장), 제국 통치자들은 연방 체제에 참여하도록 독립적 지도자들을 설득하거나, 자신들의 오래된 방식을 밀어붙여야 했다. 네덜란드와 프랑스는 두 접근법을 모두 시도했다.

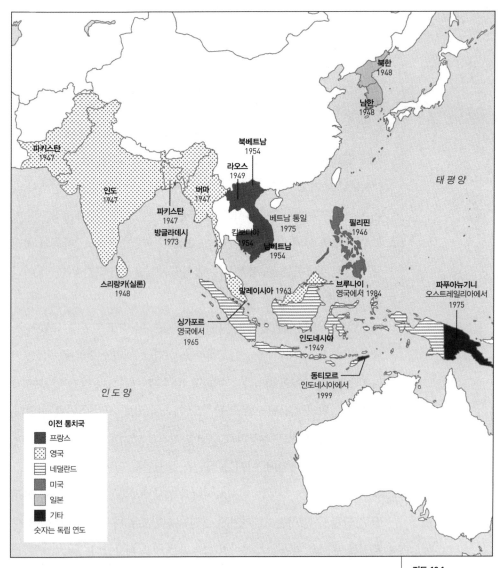

지도 13.1
아시아의 탈식민화

    1945년에 프랑스는 동남아시아의 지역들을 혼합하여 인도차이나 연방을 만들었다. 베트남(그 자체가 혼합체였다), 캄보디아, 라오스가 여기에 속했다. 프랑스는 호찌민의 실질적인 북베트남 통제권을 인정했고, 나중에 베트남 민주공화국을 연방 내의 한 국가로 승인했다. 그러면서도 프랑스는 남베트남을 계속 붙잡고 있었고, 퇴위당한 처지였던 바오다이를 1949년에 '국가원수'에 취임시켰다. 훗날 프랑스 지도부 일부는 베트남 민주공화국에 구태여 자치권과 영토를 더 많이 준 것을 후회했지만, 호찌민이 프랑스 연방에 속하는 한 국가의 통치자로 오랫동안 머물렀으리라고는 생각하기 어렵다. 결국 프랑스와 민주공화국의 협상은 교착 상태에 빠졌고, 프랑스는 1946년 11월에 베트남 항구 도시 하이퐁을 포격함으로써 8년 동안 지속될 연쇄 교전을 시작했다.

프랑스 연방은 도시에서 베트남인 일부에게 호소했으나 호찌민의 근거지는 농촌에 있었다. 1949년 중국 혁명 이후 호찌민은 아주 좋은 보급로를 얻은 반면, 공산주의 운동에 맞서는 프랑스에 대한 미국의 지원은 1954년 프랑스의 패배를 막기에 불충분했다. 캄보디아 왕, 라오스 왕과 프랑스의 유착 관계는 프랑스의 연방 계획에 훨씬 더 다가갔지만, 베트남이 이탈할 경우 동남아시아에서 친프랑스 연방 계획은 별반 의미가 없었다. 결국 프랑스는 주권은 아닐지언정 영향력이라도 보존하기를 바라며 라오스와 캄보디아가 자립에서 독립으로 나아가도록 놓아두었다.

인도네시아 혁명은 더 신속하게 이루어졌다. 일본과 협력한 덕에 일본군이 퇴장한 시점에 유리한 위치에 있었던 수카르노는 재빨리 인도네시아의 독립을 선언했다. 네덜란드는 일본이 항복한 이후 복권하기 위해 영국과 미국의 병력을 필요로 했지만, 이들 열강은 결국 수카르노가 공산주의적 위협이 아니라고 판단했고, 설령 다른 이름으로 부를지라도 어쨌거나 식민 국가를 복구하려는 네덜란드를 지원할 이유가 없다고 생각했다. 네덜란드는 단기간 추악한 전쟁을 치를 만큼 군대를 규합했지만, 전장에서나 국제적 여론전에서나 승리할 수 없었다. 1949년에 네덜란드령 동인도 제도는 독립국 인도네시아가 되었다. 유럽계 네덜란드 인구 대다수(일본군이 개입한 이후 자기들 소유라고 여겨온 고장과 재산을 거의 전시 내내 상실하여 원통해하던 사람들)는 네덜란드로, 즉 그들 다수가 한 번도 살아본 적이 없는 곳으로 '본국 송환'되었다.

인도네시아는 상이한 섬들, 왕국들, 언어들, 종교들을 하나로 꿰매어 붙여 국가들의 대열에 합류했다. 인도네시아는 자국 국기 아래 통일을 이루었다고 선언했고, 인도네시아어(식민 시대의 창안물)를 말했고, 자원 개발과 생활수준 향상을 추구했다. 네덜란드는 분할 통치를 시행하면서도 다양한 왕국들을 제국의 성분들로 바꾸려고 시도한 바 있었다. 인도네시아 민족주의자들이 그 모든 성분을 하나의 민족적 전체로 빚어낼 수 있었던 것은 미리 정해진 결론이 아니었다. 동티모르와 인도네시아의 다른 지역들에서 영토에 기반을 둔 분리 독립을 추구한 운동들과 공동체들 사이(특히 중국인과 자바인 사이)의 긴장은, 민족들이 고압적인 제국들과 마찬가지로 역사의 자연스러운 단위가 아님을 보여주었다.

전시 동안 굴복하지 않았던 영국 본국은 전후에 부존자원이 풍부한 전략적 요충지인 말라야의 식민지들에 대한 통제권을 되찾기에 유리한 위치에 있었다. 영국 역시 식민 지방들을 말라야 연합(나중에 말라야 연방으로 변경)으로 한데 묶으려 시도했지만, 고무 농장과 주석 광산에서의 착취로 인한 긴장, 말레이인과 중국인(둘 다 점진적 권력 이양마저도 정치적 판돈을 키운다는 것을 의식하고 있었다) 간의 분쟁은 이내 격렬한 전쟁으로 이어졌다. 공산주의자들이 주도한 말라야 반란은 무자비하게 진압되었다. 영국의 전술은 '대(對)반란'의 본보기가 되었다. 영국은 반란 혐의자들을 재판 없이 구금했고, 보급원(源)에서 격리하기 위해 마을 주민들을 강제로 이주시켰고, 주민들의 '마음'을 얻으려 노력했다. 억압과 주석 및 고무 수출의 호황에 힘입어 영국은 일시적으로 통제권을 되찾을 수 있었다.

그러나 말라야 연방은 아시아와 아프리카에서 다른 이들이 개척한 길

위에 있었다. 영국이 정치적·군사적 조치를 통해 확보한 것은 제국을 무한정 연장하는 길이 아니라 제국에서 벗어나는 길이었다. 말라야 연방은 1957년에 독립국 말레이시아가 되었다. 말레이시아 정부는 영국과 친선 관계를 맺고 자본주의적 세계 경제에 활발히 참여할 수 있기를 열망했다.

영국은 2차 세계대전 내내 남아시아 제국을 고집스레 유지했지만, 종전 무렵 그 제국의 위치는 취약했다. 그 제국은 전쟁을 치르면서 인도에 재정적 부채와 도덕적 부채를 더 많이 지게 되었다. 재정적 부채가 늘어난 이유는, 영국이 인도인들에게 생산을 장려하는 한편 소비품을 배급하고 세입을 징수했으며, 그로써 인도의 정치활동가들이 오래전부터 말해 온 '유출'을 확대하면서 인도 정부—영국 금융가에 속박당하던—에 많은 외상을 졌기 때문이다. 도덕적 부채가 늘어난 이유는, 인도인들이 동남아시아에서 제국을 위해 다시 한 번 싸우다가 큰 손실을 입었기 때문이다. 권력 이양 약속(영국이 1차 세계대전 이후 어겼고, 1937년 선거 때 되살렸고, 전시에 인도국민회의를 탄압함으로써 번복한 약속)은 여전히 지켜지지 않았다. 전쟁 기간에 간디와 네루를 비롯한 활동가들이 감금되었고, 6만 6000명이 유죄를 선고받거나 구금되었으며, 2500명이 시위 중에 진압대에 의해 살해되었다. 종전 무렵 국민회의가 정치적 요구를 차츰 늘려갔을 때, 영국은 그런 요구를 억압할 만한 자원이 없었다. 처칠이 영국 제국을 '분해'할 의향이 없다고 선언했음에도, 런던의 현실주의자들은 제국 통치에서 순순히 발을 빼는 것이 최선책임을 받아들였다.

전간기에 유럽 식민 제국들 안에서 가장 강력한 민족운동을 전개한 것은 인도국민회의였다. 그러나 민족주의 지도자들이 권력을 장악할 순간이 다가옴에 따라 내부의 균열이 커졌다. 무슬림 활동가들은 갈수록 인도국민회의에 환멸을 느꼈고, 인도 전체에서 힌두교도들이 다수임을 알고 있었다. 그들은 강한 전(全)인도 정부의 중심에서 권력 공유를 계속 요구하는 방안과 연방에 더 가까운 방안, 즉 인도를 약한 중심과 강한 지방들—일부 지방들에서는 무슬림이 다수를 점할 터였다—로 구성하는 방안 사이에서 선택을 해야 했다. 인도의 대다수 지방들은 주민들이 뒤섞여 있던 까닭에 이 문제는 간단하지가 않았다. 전인도 무슬림연맹은 주권국가에 준하는 무슬림 국가를 옹호하기 시작했다. 그 국가는 무슬림연맹과 대체로 힌두교도로 이루어진 인도국민회의가 대등한 동반자 관계를 맺고 통치하는 인도 연방의 일부가 될 터였다. 그 새로운 무슬림 국가는 파키스탄이라 불릴 터였다.

앞에서 보았듯이, 연방은 식민 세계의 많은 부분에서 추진되던 접근법이었다. 식민지 엘리트들이 지역별로 다양한 자율성 수준에 만족하기를 바라며 제국 정부들이 추진하기도 했고, 민족국가 건설 과정에서 누가 민족을 구성하느냐는 문제를 둘러싸고 분쟁이 발생할 수 있는 피식민 사회에서 정치가들이 추진하기도 했다. 연방은 전체 제국 수준(프랑스 연합)에서 제안되기도 했고, 인도네시아와 말라야, 아프리카 일부에서처럼 제국의 부분 수준에서 제안되기도 했다.

인도에서 연방 해법은 인도인 다수의 포부와 충돌했다. 그들은 인도의 독립을 이루어내는 데 그치지 않고 국가를 경제적·사회적 변혁의 대리인 겸 민족들의 세계의 행위자로 만들고자 했다. 인도국민회의에서 간디의 동료 지도자였던 자와할랄 네루는 강한 중앙을 원했고, 무슬림연맹의 지도자 무함마드 알리 진나는 약한 중앙을 원했다. 네루는 무슬림 분리주의뿐 아니라 인도에 500개 넘게 존재한, 그가 봉건적으로 여긴 번왕국들이 자치권을 주장할 수 있는 사태도 우려했다. 네루는 예전에 하나의 제국이 해체된 과정과 유사하다고 지적하며 인도의 '발칸화'를 막아야 한다고 주장했다(훗날 제국을 다수의 약소국으로 해체할 때의 결과를 우려한 아프리카 지도자들도 '발칸화'라는 표현을 사용했다). 네루는 무슬림연맹의 유산자 지도자들을 겨냥하여 계급 문제를 제기함으로써 무슬림이 다수인 지역들에서 국민회의가 무슬림연맹에 대한 지지를 약화시킬 수 있다고 생각했다. 이런 불화의 배경에는 인도의 여러 도시에서 힌두교도와 무슬림 사이에 벌어진 폭력 사태가 있었으며, 사망자가 발생할 때마다 두 파벌은 점점 더 양극화되었다. 1946년경에 영국은 가능한 한 소란을 덜 일으키면서 인도에서 빠져나가려 애쓰고 있었다. 경쟁하던 두 파벌은 사태를 조속히 해결하라는 압박에 직면하여 한 가지 해결책에 동의할 수밖에 없었다. 바로 인도와 파키스탄을 분할하는 해결책이었다. 번왕들은 국민회의와 영국 측의 압력을 받았거니와 장차 핵심 자원을 통제할 새로운 인도에서 배제될 것을 두려워했던 까닭에, 번왕국들이 인도에 포함되는 것을 묵인했다.

인도-파키스탄 분할의 결과는 식민주의에 승리를 거두는 그 순간에 닥친 인간적 불행이었다. 1947년 8월, 독립이 어렴풋이 보이던 때에 엄청난 규모의 주민 분리가 실시되었다. 그 과정에서 1700만 명이 새로운 경계를 넘어 반대편으로 갔고, 양편에서 수십만 명이 살해되었다. 분할선을 합의하지 못한 카슈미르는 오늘날까지도 인도와 파키스탄이 폭력적 분쟁을 벌이는 장소다. 인도에 남은 무슬림 주민들과 다수 집단인 힌두교도들 간의 긴장 또한 계속 불타오르고 있다. 1947년 8월 15일, 인도와 파키스탄은 독립국이 되었다. 양국은 각자 한 민족임을 주장했지만, 두 민족 모두 이전 반세기 동안 인도의 대다수 활동가들이 얻기 위해 투쟁했던 민족은 아니었다.

개발 제국들과 민족들의 발전

아시아에서의 손실과 계속되는 투쟁에도 불구하고 유럽 열강이 제국을 곧장 또는 필연적으로 단념했던 것은 아니다. 제국들의 계획에서 아프리카는 더욱 중요해졌다. 영국과 프랑스는 산업설비가 파괴되고 막대한 빚을 진 현실에서 달러를 벌고 경제 회복을 촉진할 유일한 방법은 식민지의 열대 상품을 판매하는 것일지도 모른다고 인식했다. 전쟁 이전에 백인의 통치와 일상의 차별을 흡족하게 여기던 식민 정부들의 태도 —인종 문제를 둘러싸고 논쟁이 분분하기는 했지만—는 히틀러의 인종주의적 제국과 그에 맞서 피식민 인구를 동원하려던 노력으로 인해 몹시 흔들렸다. 영국 정부와 프랑스 정부는 식민지 행정관들에게 인종적 모욕과 차별을 삼가라는 지시를 내렸다. 두 정부 모두 교육받은 엘리트들에게, 다시 말해 이전에는 믿을 만하지 못하다는 이유로 간접 통치 체제의 정치에서 배제했던 이들에게 교섭을 제의했다. 둘 다 식민지를 통치하는 방식을 즉각 개혁하겠다고 제안했고, 아프리카인들에게 언젠가 어떤 식으로든 그들 스스로를 통치할 미래를 그려볼 것을 권했다.

영국은 1940년부터, 프랑스 역시 1946년부터 자기네 제국의 새로운 경제적·사회적 비전을 고취하기 시작했다. '개발'이 새로운 열쇠말이 되었다. 두 정부 모두 식민지들이 각자 자력으로 비용을 지불해야 한다는 옛 식민 독트린을 포기했고, 통신·운송·주거·학교·보건시설뿐 아니라 산업·농업 계획까지 본국의 파운드와 프랑으로 지불하겠다고 제안했다. 그들의 목표는 피식민자들의 생활수준을 높이고, 임금노동자를 위해 여건을 완화하고, 장기적으로 생산성을 향상시킬 발판을 마련하는 것이었다. 개발은 제국의 부를 늘려주는 동시에 정치적 정당성을 강화해줄 것 같았다.

영국과 프랑스는 상반된 방식으로 목표를 달성하겠다고 제안했다. 영국은 식민지들이 각자의 방식과 각자의 속도대로 진화하기를 원했다. 영국 정부는 우선 아프리카 활동가들을 '지역 협의회'에 끌어들이려 했고,

이를 통해 전통적 통치를 서서히 더 진보적인 무언가로 변경하려 했다. 아프리카인들은 나중에야 각 식민지의 중앙에서 권력을 획득할 것이었다. 전체 시간표는 구체적으로 명시되어 있지 않았으며, 시간표를 완성하는 동안 아프리카인들이 런던에서 영국 의회에 참석하는 것은 상상할 수도 없는 일이었다. 반면에 프랑스 지도부는 비록 인구 비례는 아닐지언정 바로 이 방식을 제안했다. 프랑스 지도부는 영국이 지역 정부를 말한 곳에서 '연방적'이라는 낱말을 상기시켰다. 과거의 제국들과 마찬가지로, 프랑스 연합은 서로 다른 방식으로 제국 중앙과 연결되는 서로 다른 부류의 정치체들로 구성될 예정이었다. 그 정치체 중에 유럽 프랑스를 뺀 나머지의 특징은 다음과 같았다. 알제리는 프랑스에 영토가 완전히 통합되었으나 인구는 시민과 신민으로 나뉘어 있었다. 카리브해의 섬들 같은 '구식민지'의 경우 주민들이 '시민'이었다. 아프리카의 식민지 같은 '신식민지'의 경우 주민들 대부분이 '신민'이었다. 모로코와 튀니지 같은 보호령은 자체 국적과 주권을 보유하면서도 (압력을 받아) 조약에 의해 프랑스에 특정한 권력을 양도했다. 한때 독일의 식민지였던 위임통치령들은 프랑스의 통치를 받았으며 자체 국적을 보유할 잠재력을 지니고 있었다.

1946년 프랑스 헌법은 이 모든 정치체의 주민들이 이제 프랑스 시민의 '자질'을 지닌다고 선언했다. 이 조항이 보통선거권으로 바뀌는 데에는 다시 10년이 걸렸지만, 이 조항을 계기로 이전 신민들의 선거 참여가 점차 확대되었다. 1946년 헌법은 개인의 권리를 보장했고, 그전까지 제국의 신민들을 서로 다르게 다루었던 제도들, 예컨대 개별 사법제도와 노동법의 상이한 기준 등을 제거했다. 새 헌법은 결혼, 상속 같은 사적인 법적 사안과 관련하여 이슬람 법이나 관습법이 아닌 프랑스 민법에 복종해야 시민권을 부여한다는 조건을 더 이상 달지 않았다. 원칙상 새로

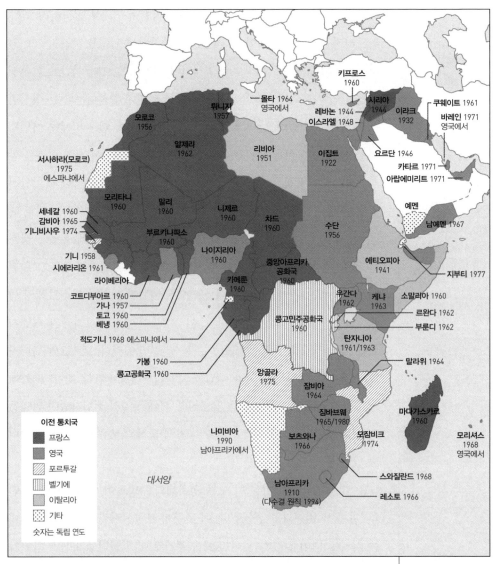

키프로스
1960

튀니지
1957

몰타 1964
영국에서

시리아
1944

쿠웨이트 1961

레바논 1944
이스라엘 1948

이라크
1932

바레인 1971
영국에서

모로코
1956

알제리
1962

리비아
1951

이집트
1922

요르단 1946

카타르 1971

아랍에미리트 1971

서사하라(모로코)
1975
에스파냐에서

예멘

모리타니
1960

말리
1960

니제르
1960

차드
1960

수단
1956

남예멘 1967

세네갈 1960
감비아 1965
기니비사우 1974

부르키나파소
1960

나이지리아
1960

중앙아프리카
공화국
1960

에티오피아
1941

지부티 1977

기니 1958
시에라리온 1961
라이베리아

카메룬
1960

우간다
1962

케냐
1963

소말리아 1960

코트디부아르 1960
가나 1957
토고 1960
베냉 1960

콩고민주공화국
1960

르완다 1962
부룬디 1962

적도기니 1968 에스파냐에서

가봉 1960
콩고공화국 1960

앙골라
1975

탄자니아
1961/1963

말라위 1964

잠비아
1964

마다가스카르
1960

짐바브웨
1965/1980

이전 통치국

프랑스
영국
포르투갈
벨기에
이탈리아
기타

숫자는 독립 연도

나미비아
1990
남아프리카에서

보츠와나
1966

모잠비크
1974

모리셔스
1968
영국에서

대서양

남아프리카
1910
(다수결 원칙 1994)

스와질란드 1968

레소토 1966

지도 13.2
아프리카의 탈식민화

운 프랑스 연합은 평등주의적이고 다문화적인 연합이 될 것이었다.

　여기서 우리는 전후 제국의 근본적인 딜레마를 마주한다. 제국은 더 민주적인 통치 형태와 더 미묘한 주권 개념을 채택하고도 제국적인 체제로 존속할 수 있는가? 19세기 오스만 제국과 러시아 제국의 특징인 사회적·문화적 차이를 인정하는 정책을, 제국 전역에서 시민권(종전까지 대체로 서유럽 제국들에 속한 유럽인들이 보유했던 권리)을 부여하는 정책과 결합할 수 있겠는가? 212년에 노예가 아닌 모든 남성 신민은 시민이라고 선언했던 로마 제국의 상황(1946년 프랑스 헌법에 관해 토의하던 중에 의원들이 거론한 선례)과 달리, 당시 유럽에서 시민권은 정치적 권리에 더해 폭넓은 경제적·사회적 권리까지 수반했다. 동등성을 규범으로 삼은 프랑스의 정치체는 로마의 위계적 사회질서와 달랐다. 따라서 1940년대에 빈곤한 신민 수백만 명을 시민으로 만드는 과정에서 당시 시민권의 기준에 근거한 갖가지 요구에 부응하려 했다면, 많은 비용이 들었을 것이다. 그리고 유럽 프랑스의 시민이건 아프리카 프랑스의 시민이건, 수십 년에 걸친 식민 통치 기간 몸에 밴 습성, 즉 특권과 권위, 차별과 폄하를 당연시하고 예상하는 습성을 금방 떨쳐낼 수 있을지 불분명했다.

이런 딜레마는 전후 프랑스 식민주의의 정신분열적 성격, 즉 때로는 아프리카와 아시아의 정치활동가들과 합리적으로 토론할 만큼 통합적이었지만 때로는 위협으로 인식한 집단 범주 전체에게 잔혹하게 폭력을 행사한 성격을 설명하는 데 도움이 된다. 아프리카인들은 프랑스 입법기구에 참석하고, 아프리카 노동조합을 조직하고, 파업을 일으키고, 동일한 노동에 대한 동일한 임금과 혜택을 요구할 수 있었다. 다른 한편 1947년 마다가스카르 반란 기간, 1946~1954년 베트남 전쟁 기간, 1954~1962년 알제리 전쟁 기간에 프랑스 병력은 반군이 숨어들었을 법한 지역의 주민들에게 집단 테러를 저질렀다. 알제리 전쟁 기간에 프랑스군은 고문을 자행하여 추문을 일으켰다. 그러나 알제리에서마저 프랑스 정부는 무슬림 시민들에게 프랑스 정치체에 속할 때의 이점을 보여주기 위해 사회적 지위 향상 계획—미국인들이라면 소수 집단 우대 정책이라 불렀을 것이다—을 개시했다. 그런 이점에는 프랑스 본국과 해외 영토에서 일자리를 구할 기회, 원칙상 그들의 특정한 욕구를 염두에 둔 사회복지 혜택을 받을 기회 등이 있었다.

프랑스령 서아프리카의 가장 영향력 있는 지도자들은 프랑스의 연방화 계획을 더욱 활발한 개발 계획과 더욱 완전한 사회적 평등을 요구하는 주장으로 바꾸었다. 세네갈의 레오폴 셍고르는 주권의 중층적 형태를 추구했다. 셍고르의 구상에 따르면 각 영토는 내정을 관할하는 정부를 선출할 것이었고, 프랑스령 서아프리카 전체는 입법부와 행정부를 보유한 아프리카 연방을 구성할 것이었고, 이 연방은 개혁된 프랑스 연합 안에서 다른 지역 및 연방과 연관될 것이었고, 프랑스 연합의 모든 사람은 권리를 가진 시민이 될 것이었다. 또한 프랑스 연합은 외교, 방위, 개발을 비롯한 합의한 기능들로 활동을 한정하는 국가연합이 되어 각 성분의 민족적 인격을 인정할 것이었다. 셍고르는 민족성을 세네갈인이나 코트디부아르인이 아니라 아프리카인, 또는 적어도 프랑스 언어와 프랑스 제도를 겪은 경험을 공유하는 아프리카인의 관점에서 바라보았다.

다른 아프리카 지도자들은 아프리카 연방을 우회하여 각 영토가 프랑스 공동체 안에서 바로 회원 자격을 얻는 편을 선호했다. 아프리카에서 이런 가능성들이 논의되는 동안, 프랑스 정부는 진퇴양난에 빠졌음을 깨달았다. 프랑스 정부는 시민권의 논리를 그대로 실천할 수도 없었고—그러자면 비용이 많이 들었다—이제 식민 통치를 정상적이거나 불가피한 통치로 여기지 않는 국제 기구들과 관찰자들이 주시하는 상황에서 반란과 진압을 되풀이할 수도 없었다. 1958년 프랑스 정부가 아프리카의 영토 각각에게 즉각 독립하는 방안과 상당한 자치권을 보유한 채 프랑스 공동체에 계속 참여하는 방안을 제시했을 때, 기니만이 완전한 분리에 찬성 투표했다. 그러나 아프리카 지도자들은 자기들끼리 연방을 형성할지, 연방화한다면 어떻게 할지 합의하지 못했으며, 프랑스는 지나치게 긴밀한 연합 관계에 따르는 의무를 피하려고 애썼다. 아프리카 정치가들은 급박한 사태가 발생할 경우 중층적 주권보다 프랑스와 쌍무적 관계를 맺는 주권국가가 낫다고 믿게 되었다. 그럼에도 1960년이 되어서야 사하라 이남 아프리카에서 프랑스 제국을 영토 민족국가들로 해체하는 선택지가 유일한 출로가 되었다.

프랑스보다 분권화된 영국의 식민 구조는 여왕의 모든 신민의 동등성에 대한 그런 논쟁을 조장하지 않았다. 그러나 제국이 스스로를 재정당화하기 위해 제시한 조건(개발과 정치 참여) 자체로 말미암아 사회적·경제적 자원에 대한 요구가 쏟아지는 상황에서, 영국 역시 제국을 보존하는 문제를 모면할 수 없었다. 교육받은 아프리카인들의 야심을 현지 정부에 집중시키려던 시도는 금세 실패로 돌아갔다. 식민지 정당들은 연달아 각 영토의 입법기구와 행정기구에 전면 참여하게 해줄 것을 요구했고, 사회운동들은 더 나은 임금, 더 공정한 곡물 가격, 더 많은 교육시설을 요구했다.

그러나 정치적 동원—가장 악명 높은 사례는 1952년 케냐에서 시작된 이른바 마우마우(Mau Mau, 1950년대에 독립을 추구한 케냐 무장투쟁 단체-옮긴이) 비상 사태였다—이 일정한 선(완전히 명확한 선은 아니었다)을 넘어가자 이에 대응하여 식민 정부는 정치범들을 수용소에 구금 및 감금하고, 고문을 자행하며 심문하고, 사법적 감독을 최소화한 채 사형을 집행하고, 마을 주민들을 강제로 이주시켰다. 그전까지 영국은 선출된 아프리카 정치가들이 골드코스트를 자체 통치하는 것을 용인했고, 골드코스트가 독립으로 향하는 노상에 있음을 인정했다. 골드코스트는 결국 1957년에 독립을 쟁취했다. 파리의 관료들과 마찬가지로 런던의 관료들은 1957년까지 식민 영토에 대한 비용-편익 분석을 수행했고, 식민지 사람들 대다수가 독립할 '준비가 되었는지' 불분명하기는 해도 아프리카 지도자들과 우호적인 식민 이후 관계를 구축하는 편이 식민지를 유지하려 애쓰는 편보다 비용이 적게 든다는 결론을 내렸다.

골드코스트(독립하면서 가나로 개명)의 선구적 독립을 이끌던 시절 콰메 은크루마(Kwame Nkrumah)는 아프리카 합중국(United States of Africa)의 창설을 제창했다. 그러나 아프리카는 1783년에 독립국이 된 북아메리카 13개 식민지와 같은 길을 걸어가지 않았다. 1950년대 중엽 활동가들은 영국이 각각의 영토에 권력을 서서히 이양하면서 제공하던 실질적인 구조와 보상에 초점을 맞추었으며, 그에 따라 범아프리카주의의 오래된 형태들—아프리카 본토인과 해외 이산자의 단결을 역설했으나 정치적 제도로 구현하지 못한—은 활력을 잃어갔다. 영토화된 국가에서 정치적 기구와 후원 기회에 목을 매게 된 제1세대 아프리카 지도자들은 아프리카 국가들이 협력하는 형태들 중에서 실권이 없고 형태에만 동의할 여지가 있었다.

민족적 국가를 향해 가던 추세는 일종의 전체를 아우르는 구조를 유지하려는 노력으로 인해 누그러졌다. 심지어 영국 제국의 옛 영역에서도 그러했다. 2차 세계대전 이후 식민지와 자치령이 제국을 구하는 핵심적 역할을 했다는 것은 영국에서 널리 인정받았다. 자치령들이 각국의 시민권을 더 정확히 규정하려 시도함에 따라, 1948년에 영국은 자치령 각각의 주요 시민권을 참조하여 일종의 제국 시민권('연합왕국과 식민지의 시민' 지위 –옮긴이)을 만들었다. 이 시민권은 식민지 신민들에게도 적용되었다. 이를 위해 제정한 법률에 따라 영국 식민지와 자치령의 사람들은 영국 제도(諸島)에 입국하고 거주할 권리를 갖게 되었는데, 이는 프랑스 연합 시민이 유럽 프랑스에 입국할 권리에 비견할 만한 것이었다.

식민지에서 도착하는 유색인들이 프랑스와 영국에서 불안을 야기하기는 했지만, 한동안은 제국의 논리가 인종의 논리를 이겼다. 예전 식민지의 시민들이 영국과 프랑스에 입국할 권리는 식민지가 독립한 뒤에도 몇 년 동안 유지되었다. 그러나 식민지들이 독립국으로 변모하고 제국을 연방으로 전환할 가능성이 수포로 돌아감에 따라, 프랑스와 영국은 더욱 단호하게 유럽에 집중하게 되었다. 식민지 출신 이민자들이 본국 주민들과 점점 뒤섞이고 있었음에도, 프랑스와 영국은 시간이 지날수록 자국의 핵심 인구 주위에 민족적 구별선을 더욱 선명하게 그려나갔다. 제국 시민은 '이민자'로 바뀌었고, 양국이 배타적 개념의 정치체를 지향한 까닭에 그런 이민자들은 1970년대까지 프랑스와 영국에 입국하기가 갈수록 어려워졌다.

북아프리카와 중동의 상황은 다른 식민지의 상황과 판이했고, 제국에서 이탈한 궤도 역시 사하라 이남 아프리카의 경우와 달랐다. 프랑스의 일부로 간주된 알제리에서 제국의 종말은 유난히 피를 많이 보았다. 연줄 좋은 정착민들과 프랑스 군부와 실업계에 자리 잡은 협력자들 때문에, 프랑스는 서아프리카에서처럼 비용과 편익을 차분히 계산하면서 철수할 방법을 찾기도 어려웠고, 알제리 시민을 프랑스에 완전히 통합하겠다는 약속을 지키기도 어려웠다. 이미 프랑스 국가에서 소외된 상태였던 알제리 활동가들은 전략을 두고 경합하면서 더욱 분열되었다. 전략으로 누군가는 계급 투쟁을, 누군가는 다른 북아프리카 무슬림들과 연대하는 이슬람주의적 행동주의를, 누군가는 프랑스 연방에 속하는 민족적 자치 정부를, 또 누군가는 완전한 독립을 주장했다. 1950년대 초에 민족해방전선(Front de Libération Nationale, FLN)은 독립을 목표로 결집했지만, 이 운동 내부에는 서로 각을 세우는 분파들이 아직 남아 있었다.

민족해방전선의 무장 투쟁과 국가의 대테러 정책은 공화정 프랑스의 토대를 위협한 분쟁을 지중해 양편에서 촉발했다. 샤를 드골은 1958년에 정부의 기능을 유지하기 위해 자신의 전쟁 영웅 지위를 이용해야만

했다. 프랑스군은 테러와 고문을 자행해가면서 주요 전투들에서 승리하여 민족해방전선을 알제리 가장자리로 몰아붙였다. 그러나 이는 패배나 다름없는 승리로서 존속 가능한 사회를 낳지도 못했고, 프랑스의 식민지들을 포함하여 대다수 식민지들이 이미 독립한 세계에서 프랑스 국가의 입장을 정치적으로 변호해주지도 못했다. 민족주의와 좌파 집단들이 민족해방전선의 신화를 반식민 운동의 모범으로 간직하고는 있지만, 1962년 민족해방전선이 성공한 것은 상당 부분 다른 이들이 대개 비폭력적인 방법으로 미리 길을 닦아놓은 덕분이었다. 그리고 식민 억압을 극복했다고 해서 알제리가 통일을 이루었던 것은 결코 아니다. 민족해방전선 내부에 해방된 사회에 관한 상이한 비전들과 경쟁 분파들이 너무나 많았던 탓에, 프랑스가 알제리의 독립을 인정하고 몇 주 만에 내전이 터졌다.

알제리는 식민지가 아니라고 역설해오던 프랑스 지도자들은 이미 벌어진 사태를 '탈식민화'로, 다시 말해 프랑스가 타자에 대한 지배를 포기한 과정으로 재구성했다. 알제리 정착민이 거의 전부 신속하게 출국—프랑스 지도자들이 예상하지 못한 상황—한 것은, 서로 다른 이항(二項)이 식민 사회를 구성한다고 여기던 이 부류의 견해가 자기충족적 예언이 되었음을 분명하게 보여주었다.

알제리를 프랑스에 통합했다는 허구가 제국에서 벗어나는 파란만장한 궤도를 명확히 보여주었다면, 1922년 이래 명목상 독립국이었던 이집트는 그와 다른 궤도를 따라갔다. 영국은 전쟁 기간에 이집트를 거의 재정복했다. 전쟁이 끝나고 1952년, 영국에 협력하던 이집트의 약한 군주제 정부가 청년 장교들의 쿠데타에 무너지고 가말 압델 나세르(Gamal Abdel Nasser)가 지도자로 부상했다. 나세르는 제국에 단호히 반대하는 입장으로 전 세계 식민 영토와 탈식민 영토에서 많은 젊은이들의 상상을 사로잡았다. 1956년에 나세르는 수에즈 운하를 국유화했다. 그에 대응하여 프랑스, 영국, 이스라엘은 이집트 영토를 침공했지만, 이집트가 소비에트 진영으로 내몰릴 것을 우려한 미국이 세 나라에 대한 지원을 중단한 결과, 나세르의 통치는 기정사실이 되었고 프랑스와 영국은 입장이 몹시 난처해졌다.

실패로 끝난 이집트 침공은 1956년 10월 29일에 시작되었다. 11월 4일, 소비에트 지배에 대항하는 광범한 반란을 진압하기 위해 소비에트 군이 헝가리를 침공했다. 소련은 일주일 이내에 통제권을 무자비하게 복구했다. 두 침공이 같은 시기에 발생한 우연성은 국제적 대응 수준을 낮추는 데 일조했을 것이다. 그러나 이 우연성은 제국들의 세계가 기로에 있음을 드러냈다. 수에즈 대실패가 이미 일어난 어떤 일(서유럽의 식민 열강이 강압력과 정치적 권위를 상실한 일)의 징후였다면, 헝가리 혁명과 탄압은 소비에트가 지배하는 동유럽의 권력 관계(훗날 1961년 베를린 장벽 건설과 1968년 체코슬로바키아 해방운동에 대한 탄압으로 분명하게 드러난 관계)를 폭로했다. 1956년의 두 차례 위기는 제국 권력의 조악한 형태를 보여주었다. 하나는 심각하게 손상된 형태였고, 다른 하나는 가혹하리만치 강압적이지만 도덕적 권위가 줄어든 형태였다.

식민 제국들이 약해지자 독립국가 지도자들이 새로운 종류의 세계 질서를 형성하려 시도할 길이 열렸다. 1955년, 수카르노 대통령은 인도네시아 도시 반둥에서 신생 독립국 수장들의 회의를 주최했다. 회의 참석자들은 미국의 지배와 소비에트의 지배 둘 다의 대안으로 '제3세계'를 내세웠다. 유엔 표결과 무역 관련 공조, 침략에 대항한 상호 원조가 의제에 올랐다. 반제국주의 블록으로서 협력하는 주권국가들이 세계의 정치지도를 변형하고자 했다.

그러나 제3세계 민족들의 수평적 일치단결은 부국 지도자들의 수직적 연계를 빈국들의 연계로 대체하지 못했다. 탈식민화의 패턴으로 인해 폭넓은 단결은 가망 없는 일이 되었다. 기존 세력들은 신임 지도자들과 흥정하여 후자에게 오로지 영토 기반만을 넘겨주었는데, 그 기반이 워낙에 부실했던 탓에 신임 지도자들 가운데 국권의 어떤 수단이든 포기하려는 사람은 거의 없었다. 식민 통치에서 벗어난 국가들은 내부와 외부의 적에 맞서 대외 원조나 군사 원조를 구했으며, 이들 국가의 통치자들은 대개 이전 식민 열강의 지도자들과 개인적인 관계를 맺고 있었다. 가

난한 나라는 자국과 똑같은 무능력에 직면한 나라보다는 부유한 나라들과 당장 보호자-피보호자 관계를 맺을 필요가 있었다. 제국의 비대칭 관계를 제3세계의 결속으로 바꾸기에는 정치적 상황이 불리했다.

그럼에도 탈식민화의 패턴으로 이어진 특이한 경로들을 통해 2차 세계대전 이후 세계 질서의 규범적 기반이 변형되었음을 확인할 수 있다. 남아프리카와 로디지아(지도 10.3)에서 인종적 지배의 기원이 식민 과거에 있었음에도, 또한 두 곳의 인종적 이데올로기와 차별 형태가 식민 통치의 레퍼토리에 잘 들어맞았음에도, 1960년대에 이르자 인종적 질서를 제국이 아닌 국가의 위치에서 옹호해야만 하는 상황이 되었다. 1910년부터 자치를 해온 남아프리카는 흑인의 투표권을 부인하고 '분리 발전'을 내세워 인종 차별을 옹호하면서 주권자의 대권을 역설했다. 남아프리카는 1960년에 영국 연방에서 탈퇴했다. 영국 제국에 속한 불완전한 자치정부를 이용하여 수십 년 동안 흑인이 유의미한 정치적 역할을 맡지 못하게 막았던 로디지아의 백인들은 1965년 영국으로부터 독립한다고 일방적으로 선언했고, 15년 동안 백인의 지배를 주권자의 대권으로서 옹호했다. 포르투갈은 제국적 입장을 더 솔직하게 유지했다. 포르

투갈의 국내 정체는 민주정이 아니었으며, 그런 까닭에 본국 정부와 식민지 정부 사이의 긴장이 그다지 노골적이지 않았다.

이 가운데 어떤 체제도 탈식민화의 전염성을 견디고 살아남지 못했다. 포르투갈령 기니비사우, 앙골라, 모잠비크의 해방운동들은 주변 독립국들에서 자극을 받고 피신처를 구했으며, 길고도 험난한 게릴라 작전을 전개했다. 아프리카에서 500년을 견딘 포르투갈 제국의 마지막 순간은 게릴라 진압을 책임지는 군부가 도리어 반란을 일으켜 모국을 파시스트 독재로부터, 식민지들을 식민주의로부터 해방시킨 1974년에 찾아왔다. 대체로 유럽 프랑스를 본 적도 없던 정착민 다수는 모국으로 '귀환'했다. 프랑스, 영국과 마찬가지로, 포르투갈은 자국이 제국이라는 생각을 포기하고 나자 더 민족적·유럽적인 국가가 되었다.

백인 인구가 제일 많고 민족 전통이 제일 강했던 남아프리카는 제일 오랫동안 버텼다. 기독교와 서구 문명을 대표한다는 백인들의 주장에도 불구하고, 세계 여론 앞에서, 남아프리카 흑인들 사이에서 민주주의 원칙을 성공적으로 지켜낸 것은 아프리카 민족회의(African National Congress: ANC)였다. 아프리카 민족회의는 이미 독립한 아프리카 국가들과 해외 운동들로부터 지지를 받았으며, 후자에는 남아프리카와의 상업·체육·문화 교류를 거부하는 운동들이 포함되었다. 백인 엘리트들은 이데올로기적·사회적 고립을 감수하기 어렵게 되었고, 폭력으로 인해 남아프리카 도시들은 갈수록 살기 어려운 곳이 되어갔다. 1652년에 백인들이 처음 정착하면서 생겨나서 19세기 후반에 인종화된 자본주의로 나아간 궤도는 결국 1994년 4월 27일, 흑인 남아프리카인들이 스스로 지도자들을 선출하기 위해 투표소로 몰려든 날에 생명을 다했다. 인도네시아, 알제리, 앙골라, 모잠비크의 정착민들과 달리, 남아프리카에서 백인 대다수는 남아프리카 시민으로 남았다. 그러나 남아프리카 안에서 정치적 평등을 경제적·사회적 정의(正義)로 바꾸는 것은 다른 아프리카 국가들이 옛 식민 열강과 동등한 관계를 맺는 것만큼이나 달성하기 어려운 일이었다.

제국은 이름은 물론 실질까지 바뀌었다. 프랑스, 영국, 네덜란드, 벨기에는 당대의 권력만이 아니라 과거에 대한 책임까지 내던졌다. 그들은 '탈식민화'한 상태였고, 그들의 예전 식민지들은 자력으로 '탈식민화'하고 있었다. 분리 독립한 국가들은 원조를 요청할 수는 있었으나 요구할 권리는 없었다. 미국과 소련은 신생 독립국들에 대한 구애와 강압에 관여했지만, 양국 역시 꼬드김, 주기적인 침공, 대규모 무기 배급의 결과를 책임지지 않았다. 유엔은 동등한 주권국가들로 이루어진 세계의 상징으로서 널리 받아들여졌다. 그 동등성은 허구였지만, 정치적 허구가 으레 그렇듯이 물질적 결과를 수반했다.

제국 이후의 질서로 향하는 경로를 차단당한 중동

오스만 제국이 아랍어권 지방들에서 수 세기 동안 유지했던 체제를 대체할 정치 질서를 세우는 문제는 2차 세계대전 종전 무렵에도 여전히 난제로 보였다. 전간기에 시리아, 팔레스타인, 이라크에서 반란이 일어난 바 있었다. 각자의 위임통치령에서 영국과 프랑스의 정책은 존속 가능한 하향식 통제 구조도, 참여적 자치정부에 이르는 경로도 만들어내지 못했다.

영국이 왕좌에 앉힌 후세인의 아들들은 전쟁 이전에 이라크에서, 전쟁 이후에 요르단에서 법률상 주권을 획득했다. 전쟁 중에 비시 정권은 프랑스령 시리아와 레바논에서 위임통치령들을 독립 쪽으로 몰아갔는데, 이는 이 지역에서 영국에 대항하여 지지를 얻으려 한 나치(별반 성공하지 못했다)에 협력한 조치였다. 자유프랑스 또한 시리아와 레바논을 나치의 영향권 밖에 두기 위해 영국의 도움을 받아 이 지역을 점령하면서 독립을 약속했다(그러고는 전력을 다해 약속을 어겼다). 그러나 독립을 눈앞에 두고 있던 시리아와 레바논의 엘리트들은 독립을 포기하려 들지 않았으며, 전후 프랑스 정부는 예전 피후견국들과의 협력적 관계를 바라며 위임통치가 끝났음을 받아들였다.

홀로코스트 도중과 이후에 유대인 이민의 규모가 점차 늘어남에 따라, 팔레스타인은 훨씬 골치 아픈 문제로 떠올랐다. 영국은 유대인들과 아랍인들이 그들 서로와 영국에 맞서 폭력을 동원해가며 주장하는 요구에 시달렸다. 1948년에 이르러 영국 정부는 자신들이 일조하여 만들어진 상황에서 발을 뺐고, 영국이 철수한 팔레스타인에는 동일한 공간에 대한 권리를 주장하는, 서로 가진 자원이 다른 두 가지 민족주의적 기획이 남았다.

1950년대에 시리아와 이라크는 약한 피후견 국가에서 주요 강대국들의 권모술수에 휘둘리는 권위주의적 국가로 변모했다. 레바논은 1970년대까지 공동체들의 분열을 관리했지만, 어느 정도는 이라크-팔레스타인 분쟁의 파급 효과 때문에 내전으로 빠져들었다가 벗어났다가 다시 빠져들었다. 마론파, 수니파, 시아파, 드루즈파 등이 제국 이후의 진흙탕에서 지도력을 차지하고자 경합했다. 그 진창에서는 공동체와 영토 경계가 일치하지 않았고, 실세들이 서로 국가와 외부 지원에 접근할 가능성을 우려했다. 오스만 제국을 어설프게 분해한 결과, 세계는 여전히 고통을 겪고 있었다.

과거 제국들의 독립적인 후예임을 자랑스러워하던 이란은 석유를 얻고자 외세가 눈독을 들인 곳이었다. 이란의 군주들은 영국과 미국의 석유 기업들과 거래를 했으며, 선출된 정부는 더 독립적인 행로로 방향을 돌리려다가 1953년에 미국과 영국의 정보기관들이 배후에서 조종한 쿠데타의 희생양이 되었다. 사우디아라비아의 권위주의적인 왕들은 서구 열강으로부터 상당한 지원을 받았다. 미국의 석유 기업들은 사우디아라비아 안에서 미국 공군의 보호를 받으며 따로 떨어진 생산용 고립 영토를 건설했다. 그러나 석유 기업도 미국도 아랍 지도자들이 석유로 얻은 어마어마한 '임대료'를 가지고 하는 일은 통제할 수 없었다. 이 거액은 사우디 통치 왕조의 자금줄로 쓰였는데, 그들은 이슬람을 정화하려 했고, '서구'의 정치 개념을 거부했고, 권력을 단단히 움켜쥐고 있었다. 무슬림 세계에서 사우디 왕조는 이슬람 교육과 자선사업을 진흥하는 데 그치지 않고 당시 미국을 비롯한 국가의 지도자들이 세계 질서에 대한 주요 위협으로 여기던 이슬람주의자들의 관계망까지 지원했다. 수십 년 동안 중동은 군주와 군인 통치자와 민간인 통치자 사이에, 종교 집단들 사이에, 민주정 열성 지지자들과 권위주의적 통치 옹호자들 사이에, 민족주의적 엘리트들과 외부의 세력들 및 기업들 사이에 분쟁이 벌어지는 장소였다. 이 지역에서 일어난 상당수 분쟁에 자금을 댄 것은 석유를 원하는 산업국가들이었다.

재분할된 세계? 동서, 북남, 서구와 나머지

식민 제국들의 소멸과 세력 블록들의 재구성은 동시에 진행되었고, 이 블록들은 다시 새로운 분쟁을 낳았다. 식민-반식민 분쟁과 공산주의-반공산주의 분쟁은 서로 결코 무관하지 않았지만, 한 분쟁을 다른 분쟁으로 대치할 수는 없었다. 1차 세계대전과 볼셰비키 혁명을 계기로 변화가 시작되고 2차 세계대전과 탈식민화, 1948년경에 시작된 냉전을 계기로 변화가 가속된 결과, 몇몇 제국 권력들의 체제가 양극 세계로 전환된 것처럼 보였다. 그러나 20세기의 성격을 이렇게 규정하려면 단서를 달아야 한다. 초강대국 둘 다 종속국을 마음대로 재구성할 수 없었고, 양극 세계는 대칭적이지 않았다.

소비에트식 개발과 제국

1943년에서 1945년 사이에 스탈린, 처칠, 루스벨트는 승전을 예상하고서 유럽의 지도를 다시 한 번 수정했다. 스탈린은 '동유럽'이라 알려지게 된 곳에 대한 통제권을 고집스레 요구하여 손에 넣었다. 폴란드, 체코슬로바키아, 헝가리, 루마니아, 발칸과 발트 지역 국가들이 소비에트권에 속했다. 영국, 프랑스, 미국, 소련은 독일을 네 영역으로 분할하여 점령하고 각자의 영역을 관할함으로써 승전국들의 권력과 분열을 적나라하게 실증했다. 동쪽에서 소련은 막판에 반일본 전쟁에 동참한 대가로 사할린 섬 남쪽 절반과 쿠릴 열도를 얻었다.

유럽에서 1차 세계대전 이후 민족화된 국가들의 수립 때문에, 그리고 나치와 그 동맹의 살인적 행위 때문에 일부 분리되었던 사람들은 제국들의 영토가 분할된 이후 다시 한바탕 분리되었다. 폴란드인 수십만 명은 대폭 팽창한 소비에트 우크라이나에서 국경이 서쪽으로 이동한 폴란드로 쫓겨났다. 우크라이나인은 폴란드에서 우크라이나로 이동했다. 터키인은 불가리아에서 다시 내쫓겼다. 동유럽, 중부 유럽, 동남 유럽의 독일어 사용자 인구는 독일로 내쫓겼다. 명목상 단일 종족 영토를 창출한 과정은 민족에서 국가로 나아가는 자연적 진화 과정이 아니라, 폭력적이고 반복되고 아직 미완성인 종족 청소 과정이었다.

적군이 동유럽에서 나치를 패퇴시킨 것을 계기로 스탈린은 차르 시대의 영토를 되찾고 더욱 넓힐 기회를 얻었을뿐더러, 제국의 통제력을 확대하는 과제에도 맛을 들였다. 적군이 대개 무참한 공격과 약탈을 자행해가며 해방시킨 지역들에서는 사회민주주의 운동을 포함한 다양한 정치 운동들의 활력 때문에 공산주의가 선거에서 승리할 수 없으리라는 것이 분명했다. 종전 무렵 소련에 직접 편입된 지역들(에스토니아, 라트비아, 리투아니아, 우크라이나 서부)에서 저항 운동들은 소비에트의 명령권에 도전했다. 스탈린이 보기에는 승리를 거두고 고국으로 돌아올 소비에트 병사들 역시 위험한 존재였다. 그들은 자본주의 유럽의 사람들이 소비에트 기준으로는 터무니없이 사치스러운 집과 재산을 가지고 있다는 것을 알아챈 상태였다.

이 모든 위협에 대한 해법은 스탈린주의적 규율이었다. 다시 말해 동유럽의 새로운 '인민 민주주의'에 일당 통치를 확립하고, 전쟁 포로들이 귀환하지 못하게 노동수용소에 가두어두고, 잠재적 반동분자들을 투옥하거나 처형하고, 미심쩍은 주민들을 추방하거나 재정착시키고, 반대편에 관한 정보를 차단하는 것이었다. 소련 내부에서는 사람들을 이주시키는 전통적 방법이 민감한 지역들에서 쓰였다. 예컨대 종족적 러시아인들을 발트 공화국들로 이주시켰고, 전쟁 이전부터 이 지역에서 살아온 주민들 중 4분의 1을 전출시켰다. 크림 반도에 거주하던 타타르족과 다른 집단들은 카자흐스탄과 시베리아로 쫓아버렸다. 당은 소련 내의 '세계주의자들', 특히 유대인에 반대하는 캠페인을 시작했다. 훗날 2차 세계대전이 신화적 일치단결을 이루어낸 사건으로 개조되는 동안, 스탈린은 승전한 장교들이 지나치게 칭송받지 않도록 확실히 단속했다. 농민들의 텃밭 크기와 집단농장 급료가 줄어든 것은 1946년에 발생한 대기근의 한 원인이었다. 굴라크(강제수용소)가 새로운 수감자 수백만 명을 빨아들인 까닭에, 재건의 주요 수단은 여전히 강제노동이었다.

소련의 경계 밖에서 스탈린의 동유럽 제국의 국가들은 형식적으로 주권을 유지하는 체했으나 사실상 소비에트의 명령권에 종속되었다. 소비에트류의 제국은 각국의 공산당 지도부에게 토니 주트(Tony Judt)가 말

도판 13.2
유럽 재분할. 1945년 2월 유럽의 향후 정치 질서를 논의하기 위해 얄타에서 만난 윈스턴 처칠, 프랭클린 D. 루스벨트, 이오시프 스탈린. 미국 의회도서관.

한 '복제국가'를 수립할 것을 요구하는 식으로 작동했다. 각국 인민 민주정의 형식적 행정 구조는 소련의 구조와 동일했고, 각국의 관직 서열은 공산주의자들이 당 지도부의 명령을 받아 통제했고, 각국의 당 지도부는 모스크바 공산당의 인도를 받았다. 복제국가의 행정부 인력은 자국 인구 중에서 선발했는데, 토착민 중개인을 이용하는 이 방법은 소련의 민족 공화국들에서 소비에트 '인민'을 관리하는 방법을 복제한 것이었다. 스탈린은 소련 내에서 충성을 확보하기 위해 사용했던 방법을 동유럽에서 똑같이 구사했다. 즉 1940년대 말과 1950년대 초에 체코슬로바키아, 헝가리, 루마니아, 불가리아, 폴란드에서 공산당 지도자들을 숙청하고 자신에게 복종하는 믿을 만한 지지자 집단을 새로 만들어냈다. 유대인들은 이들 국가의 당에서도 축출되거나 강등되었다. 그리고 소비에트 블록을 유지하기 위해 새로운 3개의 조직이 설립되었다. 코민포름(Cominform, 공산당 정보국)은 당의 기구들을 조정하기 위해, 코메콘(Comecon, 경제상호원조회의)은 경제 문제를 위해, 바르샤바조약기구는 군사 동맹을 위해 설립되었다.

냉전 구도의 반대편에서는 미국이 한때 경쟁했던 강대국들의 군사 정책을 조정하고 무정부 상태에 빠질 가능성이 있는 국제 자본주의의 성격을 규제하기 위해 강한 압력을 가하는 가운데, 북대서양조약기구(NATO)와 국제 금융기구들이 설계되었다. 북아메리카와 서유럽 산업국가들의 경제적 역동성과 번영은 공산주의 블록을 앞질렀지만, 핵무기의 위협이라는 새로운 종류의 세력 평형추 때문에 냉전 구도는 조마조마한 평화로 이어졌다. 그럼에도 두 초강대국은 예전 제국들로부터 출현한 약소국들을 관리하느라 애를 먹었다. 냉전 기간에 그 약소국들은 대개 뜨겁고 폭력적이었다. 1950년대부터 1980년대 들어서까지 권력의 양극 사이 긴장 상태는 국제 관계의 장(場)을 규정했다. 후견주의 정치와 대리 전쟁으로 지탱한, 주권국가들의 세계라는 허구가 이 긴장 상태에 가로놓여 있었다.

그러다가 세계 초강대국 하나가 조각났다. 소련이 어떻게 와해되었는지, 그리고 1989~1991년 이후 신생국들이 어떻게 형태를 갖추었는지를 이해하는 데에는 제국의 정치가 도움이 된다.

첫째, 전후 소비에트의 세력 확장은 일당 국가가 통제하기에 버거운 일이었던 것으로 판명났다. 스탈린의 군대가 편입시킨 사회들의 경제 제도는 전쟁 이전 소비에트 영토의 경제 제도와 달랐거니와 대개 훨씬 더 생산적이었다. 공산권 유럽의 많은 사람들은 동쪽의 후진국으로 여기던 나라의 지배를 받는다는 데 분개했다. 전후 시기에 공산주의를 개혁하고 소비에트의 통제력에서 벗어나려던 시도가 이따금 있었는데, 그 중에서도 유고슬라비아, 헝가리, 체코슬로바키아, 폴란드에서 가장 극적으로 나타났다. 삐걱거리는 소비에트 제국을 더 나은 무언가로 변형하려는 갈망으로 동향에 민감한 고르바초프를 압도한 곳은 동유럽이었다. 1989년 11월에 베를린 장벽이 무너졌을 때 고르바초프는 군대를 부르지 않았다.

둘째, 국가가 독점한 소비에트 경제 체제는 전시에 유용했고 자원을 군사·과학 부문의 기획과 광범한 소비에트 교육 체제에 투입하기에는 좋았지만, 사람들의 변화하는 욕구를 채워줄 만한 양과 질을 산출할 수 없는 것으로 판명났다. '비공식' 경제는 소비에트 인구에게 물품을 공급하고 더 나아가 '공식'(국가) 기획을 지속하는 데에도 필수적인 것이 되

었다. 더욱이 공산당의 독점은 부패할 여지가 있었다. 캅카스와 중앙아
시아의 공화국들을 포함하여 소비에트 공화국들 내부의 엘리트들은 당
안팎의 피라미드 구조를 개인 권력의 보루로 바꾸었다.

셋째, 황제 개인이 중요했다. 1953년에 스탈린이 사망한 이후 공산당
최고위 지도부는 서로를 살해하는 일을 단념했고, 그들 자신과 친척이
국가를 운영하고 물품을 공급하는 지위 계통을 계속 차지한다는 데 합의
했다. 그로써 욕구를 채워주어야 할 고급 소비자들이 늘어났고, 이용 가
능한 처벌 수단이 줄어들었다. 노동자들 역시 일하지 않아도 보통 제재
받지 않는다는 것을 점차 배워갔다. 충직한 봉사에 내어줄 보상이 부족
한 상황에서 당국은 1960년대 후반에 유대인의 엘리트층 접근을 더욱
제한했지만, 이 전략은 체제의 전문지식을 앗아가는 결과를 초래했다.

도중에 차질을 빚기는 했지만, 공산당은 과거에 제한했던 정보 흐름을

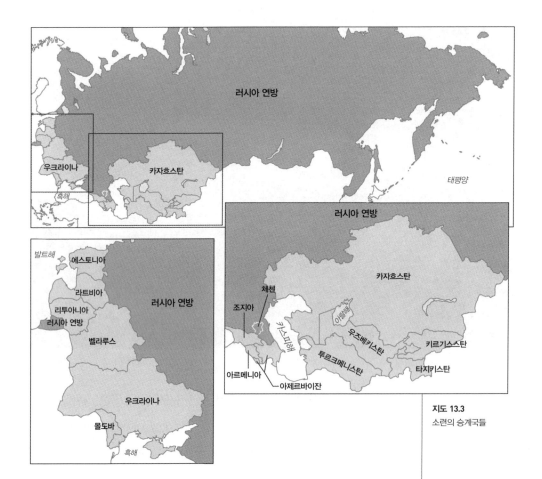

지도 13.3
소련의 승계국들

개방하는 일을 직접 주도했다. 흐루쇼프는 1956년에 '비밀' 연설에서 스탈린이 소비에트 인민에게 저지른 범죄들을 비난했고, 한동안 지적이고 창의적인 엘리트들이 강력한 힘으로 당의 과거를 공격하도록 부추겼다. 고르바초프처럼 경험을 쌓고 있던 야심 찬 지도자들은 체코슬로바키아에 더해 프랑스와 이탈리아까지 방문했다. 소비에트의 광범한 첩보망 덕분에 KGB의 충직한 요원들 다수는 자본주의의 경제적 성취와 자본주의 운영자들의 생활양식을 제대로 인식할 수 있었다.

소비에트 지도부는 여전히 중앙아시아를 문명화할 사명을 느끼고 있었다. 1979년 적군(赤軍)은 피후견 정권을 떠받치기 위해 아프가니스탄 (과거에 제국 건설자들이 거듭 복종시키려 했던 곳)에 들어갔다. 미국의 지원을 받아 무장한 이슬람 투사들을 비롯한 다양한 대항 세력들을 제압하지 못한 채, 소련은 1989년에 마지막 병력을 철수시켰다.

1980년대 중엽, 소비에트가 길러낸 정치국의 차기 동년배 집단은 자본주의 사회를 본 적이 있었고, 소비에트의 지방 근무지에서 생애 대부분을 보냈고, 체제의 심각한 결함을 숱하게 알고 있었고, 그 체제를 다시 한 번 바꿀 준비가 된 이들이었다. 소비에트 제국은 로마노프 왕조의 제국처럼 최상층과 중심에서부터 붕괴했다. 소비에트의 실패와 위선적인 주장에 깊은 반감을 품고 있던 엘리트들은 1991년에 보수파가 시곗바늘을 거꾸로 돌리려 하자 당의 통치로부터 거의 완전히 이탈했다.

소비에트의 제국 전략 레퍼토리는 소련이 작동한 방식, 실패한 방식, 1991년 이후 권력이 변모한 방식에 영향을 미쳤다. 민족 공화국들의 체제는 소련을 해체하고 15개 개별 국가를 수립하는 데 필요한 형판을 제공했다. 민족 정당들의 최고위 지도자들 대다수는 모스크바의 수하보다 독립국의 대통령이 될 때 얻을 것이 더 많다고 믿었다. 일찍이 러시아 공화국의 대통령직을 상징적 권력 이상을 가진 직위로 바꾸어 고르바초프에게 도전했던 보리스 옐친은 미리 정한 경계선을 따라 제국을 분할하는 과정을 인상적일 만큼 평화롭게 조정했다. 물론 신생국 중에 민족적으로 균질한 나라는 하나도 없었지만, 각국의 학자들은 주권 주장을 강화하기 위해 재빨리 역사를 다시 썼다.

동유럽의 엘리트들은 칭찬받아 마땅한 일을 했다. 그들은 전후의 국경을 고수하다가 경계 설정을 둘러싸고 다시 일련의 전쟁으로 치닫게 될 상황을 피했다. 체첸과 유고슬라비아 두 곳은 차분한 제국 붕괴 과정에서 예외였다. 체첸에서 옐친과 적군(赤軍)의 전직 장군(조하르 두다예프)

은 이권 배분에 합의하지 못했다. 유고슬라비아에서 슬로보단 밀로셰비치를 비롯한 민족주의 정치가들은 기나긴 세월 동안 제국들이 통치하고 경쟁해온, 여전히 여러 민족이 섞여 살던 영토에서 더 큰 민족을 만들어내기 위해 다시 한 번 극악무도한 종족 청소를 촉발했다.

탈식민화 시기의 제국 경쟁

시간을 뒤로 돌려 전후 시대의 제국 간 경쟁 구도를 살펴보고, 특히 소련과 미국이 서유럽 국가들과의 관계, 그리고 제국들이 쇠락하면서 열린 공간들과의 관계에서 어떻게 행동했는지를 되짚어보자. 1945년경, 서유럽 제국들의 운명은 미국이 ─ 더 정확히 말하면 미국 은행의 금고가 ─ 틀어쥐고 있었다. 당대의 대다수 관찰자들이 예상한 것보다 유럽이 빠르게 회복하기는 했지만, 전후 10년의 행로를 정한 것은 미국에 진 빚과 미국의 재정 지원이었다. 미국 지도부는 지나친 경제적 우위가 위험할 수 있다는 것, 미국 생산품을 구입할 여력이 아무에게도 없다면 미국이 얻을 이익도 없다는 것을 알고 있었다. 마셜 플랜은 혁신적 개입이었으며, 특히 승전한 유럽 강대국들로부터 패전한 독일을 포용하겠다는 다짐을 받아냄으로써 보복과 원한의 악순환을 깨뜨렸다는 점에서 그러했다. 독일은 유럽 경제 부활의 핵심 요소가 되었다.

미국이 제국들을 대하는 입장은 양면적이었다. 전쟁 중에 미래를 설계할 때만 해도 루스벨트 행정부는 영국 제국과 프랑스 제국에 적지 않은 적대감을 표출했다. 그러나 심지어 루스벨트가 죽기 전부터, 냉전이 달아오르기 한참 전부터 미국은 무질서를 초래할 여지가 있는 신속한 탈식민화보다 식민 체제를 서서히 단계적으로 축소하는 방법을 지지하는 등 영국과 프랑스의 사정을 봐주었다. 미국은 1945년에 인도네시아를 탈환하려던 네덜란드에 대한 지원을 거부하고, 1956년에 영국과 프랑스에게 수에즈 운하를 단념할 것을 강요하고, 베트남에서 프랑스의 역할을 이어받음으로써, 식민 제국을 무조건 지원할 의향은 없지만 공산주의 블록에 대항하는 세력을 지도하는 임무를 맡을 의향은 있다는 신호를 보냈다.

일본의 식민지였던 한국에서 미국은 협조적인 종속국들의 새로운 보호자로, 공산주의의 팽창을 여전히 제한할 수 있는 유일한 권력으로 자리매김하려 했다. 그러나 한국전쟁에서 중국이 수행한 핵심적 역할(아울러 베트남 혁명 세력에 대한 중국의 지원)과 이 유혈 분쟁의 예상에 못 미치는 성과는 아시아를 침범하려는 세력을 방해해온 오래된 제약이 다시 작동하리라는 징후였다. 중국은 명령권을 가진 새로운 체제를 수립함으로써 서구 열강이 마음대로 하지 못할 만큼 강한 나라로 다시 한 번 거듭났다. 제국에서 독립한 아시아 국가들은 미국의 피후견국 위치를 덥석 받아들일 마음이 없었다.

이 세계 최강국이 더욱 성공한 일은 자유무역 제국주의의 새로운 변형태를 만들어내는 것이었다. 미국은 신구 국가의 엘리트들에게 다국적 기업과 미국의 정책에 협력할 유인(1949년 이후의 개발 원조 프로그램을 포함하여)을 제공했다. 워싱턴은 경제적·군사적 완력을 이용하여 주권국가들이 미국의 이해관계를 지나치게 저해하지 못하도록 막았다. 이란(1953년)과 과테말라(1954년)에서 선출된 정부를 전복하도록 조종한 사건은, 미국에 우호적인 엘리트들을 권좌에 앉히기 위해 개입한 사례 중에서도 가장 악명 높은 사례였다. 1961년 벨기에 첩보기관과 미국 첩보기관은 벨기에령 콩고에서 독립한 콩고민주공화국의 좌경 지도자 파트리스 루뭄바 암살을 공모했다. 미국은 소련과의 군사적 경쟁 구도에 자극받아 권력을 외부로 더욱 투사했고, 그 결과 세계 각지에 미국 군사기지 수백 곳을 두어 관계망을 만들었다. 이것은 고립 영토 제국주의의 변형태로서 배후지와의 연계가 상대적으로 약하면서도(이상적인 기지는 섬이었다) 항공기와 전자공학을 통해 명령 지점과 연결되었고, 이전 고립 영토 제국들과 달리 문명화 사명을 추구하거나 현지 수출업자와의 유대를 공고히 다지지 않아도 되었다.

그러나 미국의 구애를 받은 이전 피식민국을 비롯한 국가들은 이 제국 간 경쟁에서 다른 선택지를 고를 수도 있었다. 소련 또한 외국에서 음모를 꾸몄고 영향을 미칠 수단을 가지고 있었다. 소련의 중앙집권적 경제 계획 모델은 주요한 정치적 자산이 국가의 통제력이었던 통치자들에게 호소했다. 쿠바와 베트남 등지에서 소비에트(몇몇 경우에는 중국)의 혁명적 개조 모델은 활동가들이 국가를 차지하기 위해 무장 투쟁을 하던 시기에도, 혁명 이후 사회를 재구성하려 시도하던 시기에도 그들에게 영향을 미쳤다. 인도 정부를 비롯한 몇몇 정부들은 시장과 계획 모델, 소비에트 정치 진영과 미국 정치 진영 중에 하나를 선택하기를 거부했고, 도리어 서로 다른 경제적 구조들과 연계들의 균형을 추구했다.

냉전 구도가 지속되는 동안 미국은 인색한 후원자이고 소련은 더욱 인색하다는 것이 드러났다. 유럽 국가들, 특히 스칸디나비아 국가들(제국 경험은 있었으나 식민지를 가진 적은 없었다)이 국민소득에서 훨씬 많은 부분을 대외 원조에 바쳤다. 주도권을 쥔 두 초강대국 모두 지난 200년 사이에 생겨난 어마어마한 불평등 문제에 역점을 두지 않았다. 오히려 두 맞수는 자기 입맛에 맞는 억압적 정부들과 게릴라 운동들을 군사적으로 지원함으로써 막대한 해를 입혔다.

소련이 붕괴한 결과로 피후견국을 차지하기 위한 두 초강대국의 경쟁과 옛 식민 영토에서의 대리전이 일단락되었다. 미국의 승리주의에도 불구하고, 단극 지배라는 관념은 형식적 주권을 가진 민족국가들 사이의 동등성이라는 관념 못지않은 환영이었다. 제국들이 해체되고 남은 사회적·정치적 단층선들은 어떤 권력도 감당하지 못할 만큼 많고도 깊었다.

제국으로부터의 자유

제국에서 해방된 식민지들은 좋음과 나쁨이 뒤섞인 결과를 얻었지만, 제국으로서 실패한 일부 정치체들은 민족국가로서 번창했으며 그중에서도 독일(1989년까지 서독)과 일본이 융성했다. 1945년 이후 일본이 식민지를 상실한 사건은 1차 세계대전 이후 독일이 식민지를 박탈당한 사건과는 다른 결과를 불러왔는데, 무엇보다 일본이 전시에 동남아시아에서 승리하여 제국의 위기를 유발했기 때문이다.

독일과 마찬가지로 일본은 피점령국이 되었다. 그러나 점령은 식민화가 아니었다. 점령은 일본이 제국적인 미국의 일부로 통합되는 결과를 수반하지 않았다. 굴욕당하고 참화를 입고 궁핍해진 피점령 인구에게 점령국이 막대한 권력을 행사했다 할지라도, 기간과 야심에 제한을 둔 점령이었다. 미국과 그 동맹들은 망설인 끝에 일본 천황을 제거하지 않기로 했고, 독일과 일본 양국에서 대기업들 상당수를 그대로 두기로 결정했다. 또한 그들은 두 나라에서 군국주의가 부활하지 못하도록 확실히 조처하려 했다. 미국은 두 나라가 자국의 자원에 오랫동안 부담이 되는 것을 원하지 않았고, 서독과 일본이 자본주의적 세계 경제에 통합되기를 원했다. 패전한 양국 모두 고등교육을 받은 국민과 높은 수준의 산업 기술 노하우를 가지고 있었다. 제국 시절에 개발한 자원을 가지고 있던 독일과 일본은 피식민 세계와는 전혀 달랐으며 경제를 빠르게 회복했다. 그렇지만 동독은 40년 동안 소비에트 블록에 속한 채 서독보다 훨씬 가난한 복제국가로서 다른 궤도를 따라갔다.

독일과 일본은 근본적인 의미에서, 즉 제국 간 경쟁으로부터 해방되었다. 일군의 독립국가들에 유리한 방향으로 네덜란드·프랑스·영국 제국이 해체된 결과, 일본인들은 1930년대의 큰 근심거리(일본의 원료 공급원과 시장 접근권이 유럽 열강의 변덕에 휘둘릴 가능성)에서 벗어났다. 이제 일본은 세계 시장에 의지하여 상품을 공급받고 판매할 수 있었다. 독일은 프랑스나 영국이 식민지 자원을 동원할까 우려할 필요가 없었고, 갈수록 민족적으로 변해가는 프랑스, 영국과 나란히 자각적인 민족적 국가로서 자리매김할 수 있었다. 동유럽으로 팽창하는 소련의 그림자 속에서 분열된 동독과 서독은 반대편의 초강대국을 우려하지 않을 수 없었다. 서독은 공산주의를 우려하여 다른 서유럽 국가들 편에 섰다. 미국은 마셜 플랜뿐 아니라 군사적 보호까지 제공하여, 저마다 주권을 보유하면서도 서로 협력하는 국가들로 이루어진 새로운 유럽의 형성에 일조했다.

1945년에 유럽은 양편 모두 곤궁하고 불안정한 상황에서 둘로 나뉘었다. 그 이후 동유럽 국가들은 서유럽 국가들의 역동성을 도저히 따라갈 수 없었다. 그렇지만 유럽에서 민주-비민주 이분법은 절대적이지 않았다. 에스파냐와 포르투갈은 1970년대까지도 파시즘 치하에 있었으며, 알제리 주둔 프랑스군이 투명하지도 않고 헌법에 부합하지도 않는 절차를 거쳐 일으킨 1958년의 알제리 위기 와중에 프랑스는 군사적 반란에 봉착할 뻔했다. 그리스는 1960년대에 우파 독재를 겪었다. 그럼에도 서유럽 내부의 상호 연계(국경을 넘나드는 문화적 접촉과 이주, 중첩되는 경제 제도와 소비자 문화)는 에스파냐와 포르투갈 같은 독자적 국가들을 압박하여 연계 안으로 끌어들일 만큼 강력했다. 서유럽 반대편에서 스탈린과 그의 계승자들은 폴란드와 헝가리, 체코슬로바키아에서 발생한 저항과 봉기를 분쇄했다. 그러나 소련은 몇 차례 전투에서 패했으며, 특히 전쟁 영웅 티토는 1948년에 지리적 이점을 활용하여 유고슬라비아를 소비에트의 통제력에서 빼내는 데 어렵사리 성공했다.

서유럽이 제국으로부터 자유를 얻은 덕분에 이 지역 국가들은 주권의

지도 13.4
1993년과 2007년의 유
럽연합

동등성에 근거한 협력에 관해 숙고할 수 있었다. 첫 시도로 1951년에 설립한 유럽석탄철강공동체(European Coal and Steel Community)는 실험적인 기구로서 좁은 영역에 초점을 맞추었다. 1957년 로마 조약의 결과로 유럽경제공동체(European Economic Community)가 탄생했지만, 이 조약의 내용에는 책무보다 약속이 더 많았다.

정치적으로 볼 때 당시 민족 정서—상당 부분 식민지 상실의 결과였다—는 과거 어느 때보다도 강했다. 유럽경제공동체는 사람들이 공동

기획을 선택하고 규정하는 정치적 과정을 통해서가 아니라, 엘리트들이 합의한 행정기관을 통해서 영향력을 확대했다. 1993년에 유럽연합(European Union: EU) 출범을 선언한 것, 유럽연합 내에서 국경 통과 절차를 없앤 것, 상업적·사회적 문제에 더해 2000년 이후로는 공동 통화(通貨)까지 규제하는 유럽연합 제도의 역할이 점점 커진 것 등은 모두 국가연합으로 가는 추세, 즉 각국이 국가 정체성과 주권을 보유하면서도 대권 일부를 공동 기구에 양도하는 추세를 가리켰다. 소비에트 제국 권력에서 벗어난 동유럽 국가들이 점차 유럽연합 회원국이 될 자격을 갖추어감에 따라 유럽 관념은 더욱 확대되었다. 1815년의 빈 회의에서 오늘날의 유럽연합으로 이어진 직통로는 없었지만—그 길을 따라 시체 수백만 구가 누워 있다—유럽연합의 공식 제도에 힘입어 '유럽'은 제국 지배를 둘러싸고 경쟁하는 공간이 아니라 일련의 공동 제도를 갖춘 집합체가 되었다. 그렇지만 유럽인들이 유럽연합을 자유롭게 돌아다니고 각지에서 노동할 권리를 획득함에 따라, 과거의 식민 제국들과 달리 그들의 자녀를 받아들이지 않으려 하는 포용의 한계가 확연히 드러났다.

중국의 새로운 길

자본주의와 반공산주의를 표방한 서구 열강과 소련 중 어느 쪽도 중국에서 바라던 것을 얻지 못했다. 중국은 장구한 제국 전통과 상업·농업·정치 자원을 가진 국가였다. 중국에게 1911년의 청조 멸망과 1949년의 인민공화국 선언 사이의 기간은 대국이 최후를 맞은 시기가 아니라 기나긴 제국 역사에서 또 하나의 막간이었던 것으로 밝혀졌다. 마오쩌둥과 그의 당은 중앙집권적 권위에 대한 기대와 중국인들에게 익숙한 행정 기법을 활용하여 중국을 이번에는 세속적 명령을 받는 국가, 공산주의 국가로 만들었다. 1920년대 이래 마오쩌둥의 목표는 청이 정했던 경계에 근접하는 국경을 가진 중국을 재건하는 것이었다.

국민당과 일본군을 피해 달아났던 마오쩌둥의 공산당 군대는 2차 세계대전이 끝났을 때 북중국에 있었다. 북중국은 2000년 넘는 세월 동안 중국을 정복한 세력이 출현한 곳이었다. 공산당은 소련의 도움을 약간 받아 조직을 재정비하고 만주에서 도시들을 계속 장악할 수 있었다. 마오쩌둥의 공산당은 토지 개혁과 무자비한 반(反)지주 캠페인을 통해 파편화된 농촌에서 지지자를 모으는 한편, 나머지 중국에 대한 통제력을 획득하는 과제에 착수했다.

1949년 적군(赤軍)이 승리한 결과, 국가 재건과 사회 개선에 주력하는 다른 종류의 왕조가 탄생했다. 이 왕조의 기반은 공산당이었으며, 황제와도 같은 당수는 고문들로 이루어진 실세 집단에 에워싸여 있었다. 소련의 경우와 마찬가지로, 중국 공산당은 당 지도부가 행정 계서제의 요직에 대한 임명을 통제할 수 있도록 오래된 가산제적 전략을 변형했다. 중국은 아주 잠깐 소련 공산주의의 제자였을 뿐 진심으로 제자였던 적은 없었다. 1950년대에 마오쩌둥은 모스크바로부터, 특히 서구와의 '평화적 공존' 정책으로부터 벗어났다. 반둥 회의에서 중국은 서구의 길도 소비에트의 길도 아닌 제3의 길을 요구했다. 가까운 외국에 대한 중국의 정책은 과거 중국 제국들과의 연속성을 드러냈다. 예컨대 중국은 한국과 베트남에서는 중대한 군사적 개입을 했지만, 다른 곳에서는 공산주의 운동을 조금씩 지원하는 데 그쳤다. 중국은 여전히 제국 지도를 염두에 두고 있었다.

1958년부터 1961년까지 기념비적일 정도로 많은 목숨을 앗아간 집단화 운동(대약진 운동으로 인해 2000~3000만 명이 사망했다) 이후, 1966년부터 당 간부들과 다른 전문가들을 무자비하게 (또한 치명적으로) 숙청한 문화대혁명 이후, 그리고 어쩌면 가장 중요할지 모르는 1976년 마오쩌둥 사망 이후, 중국 지도부는 점차 민간 기업이 활동하고 외국 기업이 투자할 길을 터주었다. 그러자 엄청난 규모의 경제 호황이 시작되었다. 이것은 '자유무역'이나 '서구'의 승리가 아니라 중국의 장구한 제국 전통을 또 한 차례 변형한 결과였다. 이 변형태 안에서 공산당은 여전히 경제 통제권을 쥐고 있고, 민주주의에 대한 평화로운 요구는 억압당하고 있으며, 중앙아시아나 불교도의 티베트와 맞닿는 경계 지역에서 서로 연대하는 무슬림 주민과 같이 종족이나 종교 등을 중심으로 연대하는 이들은 국가의 간섭하는 위력에 맞서 투쟁하고 있다. 국가는 일부 기업들을 통제하고 특정한 부문이나 지역에서 경제 성장을 촉진하기 위해 그 기업들을 이용하고 있지만, 과거의 중국 제국들과 마찬가지로 가장 생산적인 활동은 민간의 몫으로 남겨두면서도, 자녀 수를 제한하는 것을 포함하여 사회생활의 모든 측면을 규제하는 권리는 계속 보유하고 있다.

1997년, 영국이 제국임을 뒷받침하는 가장 눈에 띄는 표지의 하나였던 홍콩이 중국에 반환되었다. 홍콩은 영국이 1842년에 정복을 통해 획득한 전리품이었으며, 홍콩의 지위는 영국과 청이 체결한 난징 조약에 의해 결정되었다. 홍콩을 다시 중국에 이양하는 과정은 부분적 행정 자치권을 포함하여 이 도시국가에 어떤 권리를 주어야 할지에 대해 협상하느라 차질을 빚었다. 이처럼 영국과 중국의 제국 방식에 따라 재편된 홍콩은 제국의 기본 전략, 즉 다른 집단을 다르게 통치하되 정치체의 다른 성분들과 평등하거나 동등한 성분으로서 통치하지는 않는 전략을 상기시킨다. 또한 홍콩 반환은 제국의 궤도들과 그 교차로들의 변동성을 분명하게 보여준다. 홍콩의 영국 통치기는 그 시절에 구축한 제국 연계의 영향에도 불구하고, 중국의 제국사에서 짧은 에피소드였다.

20세기가 저물 무렵, 이 장수한 제국은 200년 동안 지속된 세력 지형

을 뒤집고 있었고, 미국의 채권자, 서구의 식민지였던 나라들의 원료 구매자, 유럽산 사치품의 소비자가 되어가고 있었다. 양극 경쟁 구도는 끝났지만, 유라시아 대륙에서는 또 다른 권력이 자신의 제국 전통을 다시 한 번 혁신하고 활성화하는 가운데 세계 정치를 추동하는 힘으로서 재등장하고 있었다.

■ CHAPTER 14 ■

제국들, 국가들,
그리고 정치적 상상

    제국은 제대로 기능하는 민족국가들의 안정적인 세계에 밀려나지 않았다. 근래에 르완다, 이라크, 이스라엘-팔레스타인, 아프가니스탄, 구 유고슬라비아 지역, 스리랑카, 콩고, 캅카스 등지에서 발생한 다수의 유혈 분쟁은 제국 체제의 지속 가능한 대안을 찾지 못한 데서 비롯되었다. 예전 식민지 영역에서 탄생한 국가들은 독립할 때 소망한 목표들을 대부분 달성하지 못했다. 강대국들은 침범할 수 없는 평등한 민족들의 세계를 선언하면서도, 경제력과 군사력을 활용하여 다른 민족들의 주권을 침해하고 있다. 한편 정치 지도자들과 그 밖에 다른 이들은 국가들 사이의 분쟁과 상호작용을 규제할 초국적 기구를 조직하려 애쓰고 있다. 1950년대 유럽에서 식민 제국들에 대해 논의하던 중에 부상했던 국가연합 개념이, 로마의 몰락과 공산주의의 몰락 이후 분쟁에 의해 갈가리 찢겼던 이 대륙에서 오늘날 국가들을 규합하기 위해 쓰이고 있다.

제국 궤도들 재고하기

제국들이 택한 경로들은 미래를 알려주지는 않지만, 우리를 이 불확실한 현재로 데려온 조건과 이념, 행위를 이해하는 데 도움을 준다. 장구한 세월 동안 제국들이 어떻게 역사를 실현해왔는지를 되돌아보자. 우리는 제국이 팽창하거나 수축하는 정치체 안에서 유사성 전략과 차이 전략을 곡예하듯 구사한 방식을 강조했다. 우리는 제국 내부 권력 관계의 수직적 성격에 중점을 두었다. 제국의 지도자들은 그들 자신의 환경에서든 통합한 사회에서든, 먼 곳의 영토를 다스리고 제국 통치에 대한 조건부 순응을 확보하기 위해 중개인들을 선발하고 그들과 수직적 관계를 맺었다. 우리는 제국들의 교차로를 살펴보았다. 이를테면 다른 제국의 가장자리에서 새로운 제국이 출현한 사례, 한 제국이 경쟁 제국에 가로막혀 팽창하지 못한 사례, 제국 권력과 자율성을 열망하는 민족이 서로에게 영향을 미친 사례 등을 보았다. 우리는 제국들을 고정된 범주들로 분류하기보다는 통치 엘리트들이 원거리에서 권력을 행사하는 상이한 방식들을 어떻게 결합했는지를 살펴보았다. 다양하지만 서로 뒤얽힌 제국 궤도들은 2000년 넘는 세월 동안 세계를 거듭 변형했다.

우리는 기원전 3세기 중국과 로마부터 시작했다. 둘 다 제국 건설에 필요한 기법들을 만들어냈으며, 그중에는 건설 과정에 동참한 이들과 유목민이나 야만인 딱지가 붙은 외부인들을 확연히 구별하는 기법이 포함되었다. 진이 '중국'을 하나로 통일한 이래, 광대하고 생산적인 이 공간에 제국의 명령권을 행사할 가능성은 정치적 상상에 불을 붙였다. 심지어 왕조들이 실제로 다스리는 공간이 팽창하고 수축하고 갈라질 때에도 그 상상은 사그라지지 않았다. 정복자들은 중국 파괴가 아니라 중국 통치를 열망했다. 14세기의 원 왕조와 17세기 이래의 만주 왕조는 자신들의 특이성을 활용하여 제국 권력을 변형하고 제국 영토를 확장했다.

관료들을 통한 통치는 중국 황제들이 지역 영주들에 의존하지 않는 데 도움이 되었다. 그리하여 중국의 제국 궤도가 로마의 궤도 및 로마 이후 서유럽 정치체들의 궤도와 달라지는 데 영향을 미쳤다. 중국의 제정 국가는 기근 위험을 낮추기 위해 수도 시설과 곡창 지대를 통제했지만, 제국 전역에 걸쳐 단일한 종교 조직을 만들어내지도, 사람들의 경제적 또는 문화적 생활을 균질화하려 시도하지도 않았다. 중국은 19세기 들어 한결 젊은 제국들—새로운 유인, 새로운 이념, 새로운 연계, 새로운 위협을 동반한—이 청나라 경제의 약점을 드러내고 중국 엘리트들 일부에게 대안 전략을 제시하자 곤경에 빠졌다. 그러나 반청 운동, 반외세 운동, 민족주의 운동, 공산주의 운동은 모두 한 단위로서의 중국에 계속 초점을 맞추었다.

로마는 서쪽에서 약 600년간 존속했고, 더 유연한 제국 형태로 변화한 동쪽의 비잔티움에서 1000년 더 존속했다. 로마는 제국으로서 존속한 기간보다 본보기로서 영향을 미친 기간이 더 길었다. 다종다양한 사람들이 로마의 문명 관행을 채택하고 로마의 권위를 받아들임으로써 로마인이 될 수 있다는 가능성은 훗날 제국들의 유연성을 고무하기도 했고 오만을 부추기기도 했다. 로마는 생소한 신들을 만신전에 받아들였고, 주변부 엘리트들을 고위직으로 발탁했고, 종래의 문화적 성취를 로마의 문명 관념에 섞어넣었다. 풍부하고 통일적인 로마 문화는 광대한 공간에서 충성과 모방을 이끌어냈다.

로마의 시민권은 근본적으로 중요했다. 한때 로마 시에서 군인으로 복무하는 엘리트들의 속성이었던 시민권은 점차 제국의 많은 이들에게로 확대되었고, 212년에 모든 자유인 남성에게 주어졌다. 각지에 흩어져 사는 사람들이 제국의 시민이 되고 정치체 전역에서 권리를 누릴 수 있다는 생각은 훗날 헌법 개정을 요구하는 운동들, 예컨대 1790년대 프랑스령 카리브해의 운동, 1812년 라틴아메리카 크리올들의 운동, 1869년 오스만인들의 운동, 1946년 프랑스령 아프리카인들의 운동에서 되풀이하여 나타났다.

로마가 택하고 중국이 피한 행로는 초기 수백 년 동안 고수한, 여러 종교들을 융합하는 다신교 관행을 일신교로 바꾸는 길이었다. 단일한 보편 신앙(기독교)과 연결된 보편 제국이라는 관념은 훗날 로마를 모방한 제국들에 영속적인 흔적을 남겼다. 그러나 콘스탄티누스가 수도를 비잔티움으로 옮긴 이후, 그와 그의 계승자들은 권력을 보강하기 위해 교회에 의존하면서도 다수의 집단과 문화, 동지중해의 경제망에 맞추어 통치 방식을 조정했다. 동로마 제국은 러시아처럼 이 제국의 문화적 영향권의 가장자리에서 형태를 갖춘 제국들에게 다른 형태의 기독교를 남겨주었다.

일신교와 제국의 결합은 제국 정치체들에 응집력을 제공하는 것으로 보였지만, 그 결합이 제국 체제들에 미친 영향은 깊고도 변덕스러웠다. 이슬람 칼리프국들은 옛 로마 제국 영역의 남부와 동부에서 새로운 일신교에 기반을 둔 제국들을 건설했다. 이 제국들은 빠르게 팽창하는 가운데, 에스파냐부터 동남아시아에 이르는 먼 곳까지 이슬람을 퍼뜨렸다. 그러나 모두를 포괄하는 이슬람 공동체 관념에 기초하여 제국을 창건하는 것은 제국을 유지하는 것보다 쉬운 일이었다. 칼리프국들은 종파 분립과, 서로 경쟁하는 통치자 후보들의 공격으로 인해 파멸했다. 이런 맹공에 떠밀려 이슬람 통치자들은 정치 혁신에 나서는 동시에 예술가와 학자 인재를 두고 경쟁했다. 여러 무슬림 통치자들의 보호를 받는 가운데 고대의 학식은 아랍어에 기반을 둔 고급문화에 통합되고 보존되었으며, 이 과정은 심지어 칼리프국들이 파편화되고 재편되는 와중에도 지속되었다.

　서유럽에서는 로마의 유산 가운데 기독교(그리고 서유럽 일부에서는 라틴어계 언어들)가 국가 제도보다 오래 살아남았다. 무장한 수하들을 거느린 유력한 영주들의 정치는 로마의 중심부가 붕괴하면서 등장했다. 경쟁 관계인 영주들은 로마의 법적 전통을 되살리고 재규정하는 가운데 그들 자신과 종속자들에게 귀족의 권리와 지위라는 관념을 강요했다. 영주들은 황제 지망자들에게 종사단을 제공했지만, 특정 지망자의 적수들에게 제공할 수도 있었다. 800년 교황에게 대관을 받은 샤를마뉴 대제는 보편 제국을 재건하는 목표에 가장 근접했지만, 그의 계승자들은 곧 경쟁 구도와 귀족 결사의 희생양이 되었다. 유럽에서 권력의 파편화는 로마 제국을 재구성하려는 시도를 계속 방해했다.

　우마이야 왕조부터 시작하여 이슬람 제국들은 귀족 대신 대체로 외부인들(노예, 대리인, 최근에 개종한 사람)로 충원한 황실에 의존함으로써 귀족과 관련한 난제를 피했다. 유라시아 스텝 지대의 제국 건설자들은 중개인을 확보하기 위해 의형제 관계, 결혼 정치, 부족 동맹 같은 전술을 구사했다. 고대부터 유목 부족들은 무장한 기마 전사를 비롯한 수단들을 가지고 유라시아 도처에서 국가 형성에 중대한 기술적 기여를 했다. 진 왕조와 한 왕조 시대부터 농업 제국의 접경 지역에서 '오랑캐'의 군사적·상업적 재능과 교차한 까닭에, 중국 지도자들은 유목민들에 대항하는 동시에 그들을 관리할 수 있는 정치체를 건설해야만 했다. 튀르크계 연맹들은 칸 제도와 칭호를 만들어냈다. 유라시아에서 노예로 데려온 전사들(스텝 지대의 기풍을 지니고 있었고 기마술에 능했다)은 몇몇 제국들에 극히 중요했으며, 그중에는 노예 군대를 보유했던 아바스 칼리프조의 제국과 노예 전사 출신으로 직접 권력을 손에 넣은 맘루크 왕조의 제국이 포함되었다. 1055년에 바그다드를 점령한 셀주크족과 1258년에 이 도시를 장악한 몽골족은 유라시아 원칙에 따라 조직되었고, 튀르크와 몽골의 관행을 지중해 일대에 들여왔다.

유목민의 제국 팽창 역량을 가장 극적으로 실증한 사례는 13세기 칭기즈 칸의 정복이었다. 유라시아를 가로지른 칭기즈 칸의 원정은 역사상 가장 큰 영토 제국을 낳았다. 칭기즈 칸과 그의 아들들과 손자들 치세에 몽골족은 대륙을 횡단하는 역참 제도와 기동력 있는 군대를 바탕으로, 서유럽인들이 로마 재건을 꿈꾸기도 어렵던 시절에 도나우 강에서 태평양에 이르는 공간을 통치했다. 몽골의 대군주들은 러시아의 공(公)들에게 영역을 어떻게 다스리고 창출하는지를 가르쳐주었으며, 중국에서 몽골족은 원 왕조를 창건하고 쪼개진 제국을 다시 합쳤다.

튀르크, 아랍, 페르시아, 몽골, 비잔티움의 경험에 의지하여 내구성이 가장 강한 이슬람 제국을 만들어낸 오스만 왕조는 교리의 순수성에 별반 신경 쓰지 않았고, 종파 분립을 방지하거나 관리했고, 각양각색의 공동체들을 하나의 제국 전체에 통합했다. 유연성과 차이 인정은 오스만 통치의 뚜렷한 특징이었으며, 이 특징 덕분에 오스만 제국은 흥기하기 시작한 14세기부터 붕괴한 20세기까지 세계 경제와 정치의 숱한 변동을 견디고 살아남을 수 있었다.

유럽의 제국 궤도를 이해하는 최선의 방법은, 그 궤도를 유럽인들의 고유한 특징에서 동력을 얻은 '팽창' 이야기로 보는 것이 아니라 제국들 간의 관계와 경쟁이라는 관점에서 보는 것이다. 지중해 동부와 남부에서 오스만 제국에 차단당하고 국내에서는 귀족-왕조 정치에 속박당하는 처지였던 서유럽의 황제 지망자들은 해외로 눈길을 돌려야만 했다. 대양 횡단 경제(전문화된 무역 집단, 시장과의 연계, 교환 수단과 신용거래 수단을 갖춘 경제)의 진짜 개척자들은 인도부터 동남아시아를 거쳐 중국에 이르는 아시아에 있었다. 포르투갈 제국과 네덜란드 제국은 아시아 상업망의 교차로에 무력으로 진입함으로써 이곳에서의 활동을 시작했다.

콜럼버스가 우연히 아메리카 대륙에 도착했을 무렵, 카스티야와 아라곤의 두 통치자는 제국들의 아시아 무역 시합에 끼어들기 위해 애쓰고 있었다. 콜럼버스의 발견이 그토록 유망했던 이유는 뒤이어 다른 제국들을 발견했기 때문이다. 재화를 한데 모으는 아즈텍 제국과 잉카 제국의 능력이 없었다면, 신대륙과 인근 섬들은 유럽인들에게 그토록 매력적이지 않았을 것이다. 또한 이 제국들 내부의 균열 덕분에 정복자들은 인디언 동맹을 구하고 발판을 마련할 수 있었다. 훗날 세계의 지역들 사이에 연계가 구축되자 유럽 국가들과 식민지 정착민들은 아메리카 모험사업을 해볼 만한 사업으로 여기게 되었다. 아메리카에서 들여온 은은 유럽에서 발발한 제국 전쟁들 중 상당수의 자금으로 쓰였고, 금융서비스 사업의 발전을 촉진했다. 또한 그 은 덕분에 유럽인들은 아시아에서 상품을 구입할 수 있었다. 아프리카에서 데려온 노예들은 카리브해의 플랜테이션에서 설탕을 생산하여 유럽인들에게 공급했으며, 18세기 영국에서는 노동자들이 산업혁명을 전개하여 전 세계 사람들이 사고 싶어하는 상품을 공급했다.

개별 제국들의 목표는 세계 각지의 상호 연계를 강화하는 것이 아니었다. 오히려 제국들은 경쟁자들의 연계를 제한하려 했다. 그러나 제국 건설 과정은 건설자들의 의도를 넘어서는 결과를 불러왔다. 이슬람의 메카 순례는 어떤 칼리프국의 경계도 넘어서는 무슬림 세계를 창출했다. 구자라트인들은 유럽인들이 도착하기에 앞서 인도양을 횡단했고, 훗날 유럽의 무역로들이 작동하도록 도왔고, 유럽 제국들이 자리 잡은 후에는 제국 간 경계를 가로지르며 돌아다녔다. 중국 무역상들은 명 황제가 해외 무역을 지원하지 않을 때에도 동남아시아 전역의 교환에—간접적으로는 유럽과의 교환에도—활기를 불어넣었다. 무역상과 회사 임원 같은 제국의 대리인들은 때때로 그들 자신이 담당하는 제국 무역로를 우회했다. 제국들의 규모와 부는 대규모 투기를 노리는 밀수업자, 해적, 무허가 상인에게도 매력적인 대상이었다.

해외에서 유럽 제국들은 많은 경로들을 따라 팽창했다. 그 경로들은 노예 사회와 정착민 식민지를 만들어냈다. 일부 환경에서 토착민들은 질병과 폭력, 강압적 개종, 문화접변(acculturation, 상이한 문화 집단들 간의 상호작용으로 인해 한쪽이나 양쪽의 문화가 변동하는 현상—옮긴이)으로 인해 떼죽음을 당했다. 다른 사회 집단들은 유럽의 개입에 직면하여 일체성을 유지하고 강화했는데, 아메리카보다 아시아의 사회들이 이 일을 더 잘해냈다. 해외 제국은 신민들의 짐승 같은 노동만이 아니라 그들의 조직·행정 수완에 의지하여 존속했다. 경우에 따라 뿌리를 내린 식민 사회들도 있었으며, 그런 사회의 엘리트들은 영국의 젠트리나 에스파냐의 귀족을 본보기로 삼아 유럽인의 후손, 토착민, 수입한 노예에게 갖가지 지배권을 행사했다. 일부 식민지 주민들은 한 제국에서 벗어나서 새로운 제국을 자력으로 건설하기를 열망했다. 예컨대 미국 혁명가들은 '자유의 제국'을 건설했고, 포르투갈 왕실의 일가는 고국으로 돌아가지 않고서 브라질 제국을 건설했다.

18세기의 정치 이론들과 혁명들이 장차 제국들에 미칠 영향은 불투명했다. 군주정에서는 모든 신민이 왕이나 황제의 권력에 종속되었지만, '인민'이 통치하는 경우에는 누가 이 범주 안쪽에 있느냐 바깥쪽에 있느냐는 문제가 극히 중요해졌다. 영국령 북아메리카의 정착민들과 프랑스령 생도맹그의 노예들이 주장한 인민주권 이념은 폭발적인 결과를 초래했다.

미합중국은 어느 정도는 다른 제국들에 대한 두려움 때문에 연합했다. 이 새로운 정치체는 평등이 자신의 토대라고 선언하면서도 자신이 주장하고 정복한 영토에 존재하는 모든 사람에게 그 평등을 확대하지는 않았다. 미국 제국은 토착민 공동체들을 파괴하고 주변화했으며, 내전을 치르지 않고는 '노예'주와 '자유'주 사이의 긴장을 해소할 수 없었다. 20세기 들어 한참 후까지도 이 공화국은 아메리카 토착민들을 정치체 외부에 두었고, 노예 후손들을 위해 평등한 권리를 확립하지 못했다. 미국인들은 자신들이 도덕적 공동체라는 이데올로기를 굳게 믿었던 까닭에, 세력을 한 대륙 전체로 넓히고 결국 해외로까지 넓힌 거대한 제국에 살면서도 자신들의 제국 역사를 대수롭지 않게 여겼고, 스스로를 단일한 큰 국가(일정한 자치권을 보유하지만 서로 동등하지는 않은 연방주들로 나뉘는 국가)로 인식했다.

유럽의 국가 통치자들은 반드시 단일 집단만을 다스리겠다는 입장을 고수할 필요가 없었다. 그들은 분화된 실체로서의 정치체에 익숙했고, 정치체를 구성하는 성분들에 맞추어 전략을 바꿀 수 있었다. 제국 조직은 여러 차례의 혁명 이후에도 존속했고, 나폴레옹에 의해 확대되었으며, 나폴레옹이 패한 뒤 다시 한 번 재구축되었다. 영국에게 자유무역 제국주의(경제력을 행사하는 가운데 간간이 군사적 개입을 하는 제국주의)는 스코틀랜드, 아일랜드, 캐나다, 인도, 카리브해 섬들, 그리고 훗날 아프리카의 많은 공간에 행사한 갖가지 권위 못지않게 중요한 전략이 되었다.

일부 역사가들의 의견과 달리, 19세기의 식민화가 완전히 새로운 제국을 만들어낸 것은 아니다. 오히려 19세기의 식민화는 제국 기법의 레퍼토리를 쌓아올리고 늘렸고, 서로 교차하는 관계망들을 확장했고, 제국 간 경쟁에 걸린 판돈을 올렸다. 유럽인들은 먼 곳의 사람들을 자기네 이해관계에 이바지하게 만들 더욱 효과적인 수단을 획득했지만, 그들을 착취 가능한 대상으로 다룰 것이냐 아니면 제국 공동체의 하급 구성원으로 다룰 것이냐는 문제를 둘러싸고 깊게 분열되었다. 노예 봉기와 초대륙적 노예제 폐지 운동의 도전을 받는 상황에서, 영국은 1833년에, 프랑스는 1848년에, 브라질과 쿠바는 1880년대에 노예제를 포기했다. 많은 사람들은 아프리카인이나 아시아인, 또는 그들의 후손이 평등한 권리와 평등한 정치적 발언권을 얻을 자격이 있다고 믿지 않았지만, 식민 권위의 한계와 피식민자를 문명 수준으로 '고양'할 가능성은 논쟁 주제가 되었다.

제국 통치자들의 회의에서 유럽 열강은 자신들이 다른 집단을 통치할 자격이 있음을 표명했으며, 사회진화론과 인종 우생학 이론들로 이런 주장을 뒷받침했다. 그러나 19세기 후반 들어 아프리카 쟁탈전이 벌어지자 아프리카를 급격히 변형하는 방안을 옹호하던 이들마저도 해결이 난망한 문제들에 직면하고서 몇 년 만에 뒷걸음질을 쳤다. 그런 난제로는 광대한 공간을 통치하는 일, 중개인들을 배치하는 일, 유럽 열강 측 대리인들과 정착민들의 과도한 행동을 통제하는 일, 자체 지지망이 있고 새로운 환경에 적응할 수 있는 사람들의 습관을 바꾸는 일 등이 있었다.

식민 본국 공중이 합의한 식민 통치 형태는 없었다. 식민 열강이 조건부 순응을 이끌어내야 했던 피식민자들을 두루 납득시킨 식민 통치 형태도 없었다. 아시아인들과 아프리카인들은 식민자들의 정치적 언어를 사용하여 자유 이념을 자기들에게도 적용할 것을 역설했다. 아울러 식민 통치는 다른 어법, 다른 목표(지역적 통치 형태 복원, 이슬람 통일, 반식민 동맹)와도 경쟁해야 했다.

19세기 후반 유럽의 경제·정치 권력 레퍼토리에서 식민화가 특히 중요한 위치를 차지한 이유는 소수 제국들 사이의 경쟁 때문이었다. 이 제국들은 저마다 유럽 대륙 안팎에서 초국가적 자원을 가지고 있었다. 영국, 프랑스를 비롯한 유럽 열강과 마찬가지로, 오스트리아-헝가리, 러시아, 오스만은 어떻게 해서든 영토와 인구, 지상과 해상 연계를 통제할 수 있기를 열망했다.

유럽 내부와 가장자리에서 제국들은 정치 개혁의 형태들과 사람들을 제국 구조에 더욱 정력적으로 통합하는 방법들을 시험했다. 유럽 내 비독일어권 영토를 통합한 다음 해외로 세력을 넓히며 부상한 독일 제국은 유럽 열강 사이에 긴장을 고조시켰다. 제국들은 모두 서로를 주시하고 있었고, 그중 다수는 경쟁 제국들 안에서 분란을 일으키기 위해 민족의 권리 또는 같은 신자에 대한 보호 같은 이념을 이용했다.

제국들이 교묘히 조장한 민족주의 정서는 충분히 현실적이었고, 때로는 맹렬했다. 그러나 민족주의자들은 두 가지 문제와 씨름해야 했다. 첫째, 다른 대륙 사람들처럼 유럽 사람들은 균질한 언어·문화 블록 안에서 살아가지 않았다. 둘째, 제국들은 충성을 이끌어낼 수도, 징계를 가할 수도 있었다.

민족적 이념은 흔히 특정한 시민권과 연관되었다. 단결한 사람들은 민주적 수단을 사용하여 그들의 바람을 표명했고, 안녕에 필요한 자원을 '그들의' 국가에 요구했고, 때로는 자본주의와 시장이 초래한 불평등을 바로잡고자 했다. 사회생활에서 점점 커지는 국가의 역할은 사람들을 자극하여 한 집합체로서의 그들 자신에 초점을 맞추게 했다. 한 집합체로 행동하는 편이 권리를 주장하기에도 유리했고, 그 권리를 적용받을 주민들을 한정하는 데에도 유리했다. 그러나 소속의 경계와 국가에 접근할 권리의 경계는 21세기 들어서도 여전히 불분명했다.

프랑스의 경우, 식민지 사람들을 시민으로 받아들일 가능성은 1790년대에 열렸다가 1802년 나폴레옹에 의해 닫혔고, 1848년에 다시 열려서 카리브해와 세네갈 일부에서 주어졌고, 19세기 후반 식민화를 거치면서 점점 더 많은 사람들이 신민 범주에 들어감에 따라 좁아졌고, 프랑스 제국을 위해 싸울 남자들이 필요했던 때에 새로이 논쟁 주제가 되었고,

1946년 모든 신민에게 시민권을 준다는 선언에 의해 간단히 실현되었다. 프랑스처럼 영국도 2차 세계대전 이후 사회적 권리와 기술적 성과를 식민지들로 확대함으로써 제국에 새로운 정당성을 더할 수 있을 것으로 기대했다. 영국과 프랑스의 행정관들이 제국의 존속 가능성에 관해 재고한 이유는 이런 노력에 들어간 비용, 즉 식민지 사람들이 제국의 자원을 점점 더 요구함에 따라 발생한 비용 때문이었다.

시민권 문제와 유사하게, 노동운동을 국가 차원, 제국 차원, 국제 차원 중에 어떤 범위로 전개해야 하느냐는 문제도 노동운동 단체들의 존속 기간 내내 논쟁거리였다. 요컨대 정부를 선택하고 국가 자원을 요구할 수 있는 시민권을 둘러싼 투쟁은 민족적 이념이나 종족적 경계와 동일선상에 있지 않았다. 시민권은 제국의 문제, 제국과 관련된 문제이기도 했다. 제국을 민주화하는 일은 투생 루베르튀르의 시절부터 레오폴 셍고르의 시절까지 줄곧 정치적 쟁점이었다.

18세기 잉글랜드에서 발전하기 시작하여 바깥으로 퍼져나간 산업 자본주의는 유럽 제국들이 새로운 해외 영토로 통제권을 확대한 과정과 그들 간의 경쟁에 심대한 영향을 미쳤다. 유럽 경제가 성장한 결과, 유럽 강대국들과 아시아 강대국들 사이에 기술 격차가 벌어졌고, 오스만 제국과 중국 제국이 무기와 자본설비를 구입하느라 빚을 지게 되었으며, 유럽 군대와 기업의 기동성이 강화되었다. 유럽 제국들 사이의 경쟁은 자본주의 발전을 둘러싼 상황에 결정적인 영향을 미쳤다. 산업화의 산물인 동시에 산업화에 필요한 기술을 가진 제국들은 자본에 필요한 원료와 시장을 구하기 위해 가까운 곳과 먼 곳의 자원에 대한 통제권을 확보하는 노력에 박차를 가했다.

그러나 번창하는 산업가들이 피식민자들에게 맡기려고 상상한 역할이 무엇이었든 간에, 영토를 빼앗긴 후 피식민자들이 그 역할을 고분고분히 떠맡았던 것은 아니다. 제국들은 명령 계통의 말단에서, 즉 비용이 편익을 초과하지 않는 선에서 피정복 공동체를 동원하고 믿을 만한 중개인을 찾아야 했던 곳에서, 자기 권력의 한계에 봉착했다. 19세기 후반에 제국들이 정복할 수 있을 법한 지역에서 전력을 다하지 않은 외견상 역설에는 이런 이유가 있었다. 그 제국들은 아프리카인 대다수를 프롤레타리아로 바꾸거나 인도인 지주들을 영국 자본가 계급의 복제판으로 만들 능력도 의향도 없었다. 전 세계 국가들이 지닌 권력의 불균등성은 자본주의가 미치는 영향의 불균등성을 심화했다.

유럽 자본가들은 서로 간의 경쟁도 억제하지 못했다. 유럽 내 분쟁이 크림 전쟁에서 1차 세계대전으로 이어진 폭력의 악순환을 일으킨 것은 제국들의 진화하는 체제였다. 20세기의 제국 전쟁들은 수백만 명과 일부 제국 형태의 종식을 초래했다. 제국의 통제력을 약화시키고 그 통제력에 도전한 것은 단순히 피정복민들의 저항이나 정착민들의 반란이 아니라 제국들 '사이'의 분쟁이었다.

식민 제국은 1차 세계대전에서 영국과 프랑스의 중요한 자원이었다. 전후에 두 강대국은 종속국들에 대한 통제권을 확립하는 한편, 국제연맹이 위임통치령으로 지정한 독일의 식민지들과 오스만의 지방들 중 일부를 차지하고자 했다. 파괴된 독일 제국, 오스만 제국, 오스트리아-헝가리 제국에서는 제국을 대체할 지속 가능한 대안이 등장하지 않았다. 그와 정반대로, 1919년 이후 중부 유럽에서 종족 청소의 물결이 지나가고 나서 출현한 국가들은 허약했다. 이들 국가의 안보 불안은 외국인 혐오증과 반유대주의로 변모했다.

오스만 제국은 전쟁 이전부터 중앙집권화·민족화 계획이 촉발한 분란에 시달렸다. 오스만 지도자들은 대체로 아랍 지방들의 충성을 유지하는 가운데, 특히 발칸에서 오스만인들이 손실과 폭력, 추방으로 고통받은 이후 새삼 튀르크화에 역점을 두었다. 1차 세계대전은 이러한 균질화 추세 중에서 최악이었던, 극단으로 치달은 아르메니아인 대학살을 유발했다. 종전 무렵 오스만 제국이 파괴된 이후, 튀르크 민족주의자들은 국가의 단일한 성격을 역설했다. 그들은 엄청난 규모의 인구 '교환'을 통해 그리스인들을 내쫓았고, 쿠르드족 같은 소수 집단들을 탄압했고, 종교적 관용을 전투적 세속주의로 대체했다. 과거 오스만 제국의 포용성에 종지부를 찍은 듯한 이런 행위들은 지금까지도 터키에 영향을 미치고 있다.

1895년과 1905년에 각각 중국 제국과 러시아 제국을 희생양 삼아 자신의 힘을 입증한 일본은 20세기 초엽에 제국 시합에 뛰어들어 그 시합을 바꾸어놓았다. 유럽 제국의 아시아식 대안을 추구한 일본은 이미 동남아시아의 자원을 대부분 통제하고 있던 유럽과 아메리카 열강과의 충돌을 피할 수 없었다.

1930년대 중엽 유럽의 지정학적 상황은 1914년의 상황과 근본적으로 다르지 않았지만, 나치 독일은 카이저 제국이 아니었고 소련은 차르 시대의 러시아가 아니었다. 1차 세계대전을 종결지은 강화 회의를 통해 제국들은 독일의 해외 식민지들을 박탈했을뿐더러 유럽 안에서 독일의 크기를 줄이기까지 했다. 제국을 박탈당하고 제국 자격에 상처를 입은 나치는 쇼비니즘·반유대주의·슬라브인 혐오의 비전을 강화했고, 결국 순수한 독일 제국이라는 이념에 이르렀다. 이 순전한 인종화는 통합과 분화를 유연하게 활용하는 다른 제국들의 전략과 단절했고, 피정복 집단에서 중개인을 구할 필요가 없었다. 배타적 제국의 이 극단적 변형태는 2차 세계대전 기간에 고장났고, 정치적·경제적·사회적 자원을 더욱 폭넓게 동원한 제국들에 의해 쓰러졌다.

소련은 나치 독일을 꺾고 뒤늦게 일본을 꺾은 승전국의 하나였다. 전쟁 전후의 경쟁국들과 마찬가지로, 소련 또한 국민들을 더 높은 문명 단계로, 이 경우에는 국제 공산주의로 이끌고 있다고 주장했다. 소련은 국경 내부에서 소수 집단 우대 정책을 감독했고, 영토 안에서, 때로는 밖에서도 '민족' 지도자들을 훈련시키고 규율했고, 위성국가들을 소비에트라는 태양에 묶어두려 했고, 다른 제국들 내부의 불만 많고 반항적인 사람들에게 강력한 이데올로기 공세를 펼쳤다. 종전 무렵 스탈린은 러시아의 1914년 국경 너머로 소련의 영토를 넓힐 수 있었을 뿐 아니라, 전시 동맹국들의 동의하에 전쟁의 발원지인 말썽 많은 중부 유럽에서 종속된 정치체들로 이루어진 넉넉한 완충 지대까지 얻을 수 있었다. 승전을 계기로 소비에트식 러시아 제국은 수명을 연장하고 전 세계에서 새로운 영향력을 얻었다.

나치 독일과 특히 일본은 쓰러지면서 다른 제국들을 함께 쓰러뜨렸다. 식민 통치의 악폐를 폭로하고 식민 통치의 정상성을 공격한 반식민 운동은 2차 세계대전 이전부터 확산되었다. 그러나 1930년대에 식민 열강은 야심을 제한하고 병력을 반란 진압에 집중하는 전략으로 반식민 운동을 억제했다. 식민 제국이라는 거대 건축물이 허물어지기 시작한 시기는 전쟁 도중과 그 직후였다. 물론 제국이 허물어지기에 앞서 프랑스와 영국은 개발 계획과 정치적 참여 확대를 통해 제국 패권을 재건하려 했다.

1940년대 후반과 1950년대에 식민 제국들은 일부 지역에서 발생한 혁명 운동, 다른 일부 지역에서 권리를 주장한 노동조합과 활동가 결사체, 국제적 압력, 식민지에서 평등·시민권·경제 개발·민족자결을 내걸고서 진행한 동원 등으로 인해 위기를 맞았다. 영국, 프랑스를 위시한 유럽 열강은 종전 무렵 제국을 포기할 마음이 없었으며, 국가 독립은 식민지의 사회·정치 운동들이 지향하는 유일한 방향이 아니었다. 그러나 영토 국가 형태의 독립은 식민 강대국들과 식민지 정치 운동들이 동의할 수 있는 유일한 대안이 되었다.

아프리카와 동남아시아 도처에서 마지막 식민화가 진행된 때부터 식민지들이 독립할 때까지 나타난 궤도는 고작 70~80년 동안 존속했을 뿐이다. 이는 역사적 제국들의 기준으로 보면 결코 긴 시간이 아니었다. 이와 비슷하게 소련의 수명도, 일본이 타이완을 통치한 기간도 그리 길지 않았다. 이 제국들은 공산주의 편이든 자본주의 편이든 사회를 더 높은 수준의 경제생활과 사회생활로 끌어올린다고 주장했다. 그러나 '개발'이든 '사회주의'든 '대동아공영권'이든, 그들의 목표는 모두 그들 이전에 많은 제국들이 내세웠던 문명화 기획의 변형태였다.

미국은 제국들의 세계에서 활동하면서도 오랫동안 자신은 다르다고 역설했다. 그러나 미국은 익숙한 제국 도구들을 포함하는 권력 레퍼토리를 개발하여 자신의 입맛에 맞게 골라서 썼다. 미국은 자유무역 제국주의와 자신이 정한 규칙을 따르지 않는 나라들을 간간이 점령하는 전략을 공식 식민화보다 분명히 우선했다. 미국인 다수는 비백인 외국인을 식민지 신민으로라도 정치체에 포함할 때 발생할 수 있는 결과를 우려했다.

미국의 권력 레퍼토리는 2차 세계대전 이후 민족국가들의 세계에서 훌륭하게 기능한 것처럼 보인다. 그 국가들은 모두 상업과 투자, 미국 문화의 침투에 열려 있었고, 필요한 경우 개입하는 미군의 강제력에 취약했다. 그러나 실제 세계는 결코 고분고분하지 않았다. 20세기 후반에 미국은 잔존하는 다른 초강대국과의 경쟁에 직면하여 정력적으로 피후견국을 구했고, 다른 나라들의 이른바 행동의 자유를 제한하려고 했다. 그리고 그 과정에서 쿠데타, 침공, 점령, 수차례 전쟁을 조장했다.

양극 경쟁 구도가 막을 내린 1991년 이후, 냉전 시대에 미국과 소련 둘 다 모략의 대상으로 삼았던 아프가니스탄과 소말리아 같은 장소들은 경우에 따라 그들 운명에 내맡겨졌으며, 정책 입안자들은 아프가니스탄에서 소비에트와 싸웠던 반란군 같은 사람들이 단순한 꼭두각시가 아님을 뒤늦게야 깨달았다. 과거에 제국의 수많은 중개인들이 그랬던 것처럼, 그들 역시 피후견인에서 적으로 돌아설 수 있었다.

과거의 현재성

과거 제국들의 뒤얽힌 궤도들은 오늘날의 우리를 어떤 상황에 놓아두었는가? 제국들을 낳고 또 계속 추동한 권력과 자원의 불평등은 그런 불평등에 대한 의식과 더불어 여전히 우리와 함께 있다. 제국 붕괴가 야기한 분열적 영향 역시 우리와 함께 있다.

민족을 국가에 합치시키려던 시도는 파괴적인 결과를 불러왔다. 중부 유럽에서는 1919년과 1945년 이후에, 발칸에서는 1878년, 1912년, 1919년, 1945년, 1990년대에, 아프리카와 중동의 옛 제국들의 영역에서는 21세기 들어서까지 그런 결과가 나타났다. 그럼에도 정치 지도자들은 영토 경계를 정함으로써 출세를 하고, 추종자를 얻고, 세계에 진출할 수 있는 공간을 확보했다. 이런 경계를 유지하거나 확장하는 일은, 사람들이 실제로 생활하고 이동하고 서로 어울리는 방식과 아무리 어긋나더라도, 여전히 전 세계 통치 엘리트들의 주요 관심사다.

많은 사람들은 제국의 최후와 동시에, 많은 제국들이 권위를 행사한 방편인 수직적 유대가 시민들의 수평적 친연성에 밀려나기를 바랐다. 제국에서 벗어난 일부 지역들에서 이런 열망은 적어도 '민주적' 세계에 속하는 다른 지역들의 열망만큼 충분히 실현되었다. 예를 들어 인도에서 시민권 정치는 인도가 민족적 국가로서 존속한 60년 넘는 세월의 태반을 규정해왔다. 아프리카 독립국가들은 간헐적으로 시민의 권리를 위한 동원뿐 아니라 군사 쿠데타, 일인 또는 일당 통치를 강요하는 사태까지 경험했다.

2차 세계대전 이후, 수평적 친연성에 대한 열망은 민족국가를 넘어가기도 했다. 서아프리카 연방을 결성하려 한 프랑스령 서아프리카인들, '아프리카'나 '아랍'의 일치단결을 주창한 이들, 국제적 혁명을 주창한 이들이 그런 사례였다. 반둥 회의에서 내세운 제3세계 이념은 이런 희망을 더욱 고조시켰다. 그러나 이런 열망이 결실을 맺은 사례는 없으며, 탈식민화는 대개 수평적 유대보다 수직적 유대를 강화했다. 자원도 별로 없고 국민의 정치적 상상도 확실히 사로잡지 못한 작은 민족국가를 다스린 지도자들은 대개 국내에서 후견주의 정치를 시행하고 국외의 강력한 국가들과 부유한 기업들 중에서 후원자를 구함으로써, 자신의 통치를 밀어낼 대안들을 제거하고자 했다. 이와 비슷하게 소비에트를 계승한 국가들에서도 가산제적 권력의 재건이 진행되었다. 지도자와 지도자를 잇는 이런 개인적 연계는 유권자들의 선출 의지에도, 한때 제국 열강에 속했던 이해관계 집단들의 면밀한 감시에도 종속되지 않는다. 유럽 유권자들은 이제 책임과 거리를 두고 있고, 러시아 유권자들은 책임을 져본 적이 없으며, 미국 유권자들은 못 본 체하고 있다.

비관론자들은 예전 식민지들이 크게 바뀌지 않았고 오늘날 아프리카인들이 '신식민' 세계에서 살아간다고 주장해왔다. 그러나 설령 환멸적인 시나리오일지언정 위에서 묘사한 시나리오는 변화—비록 1960년대에 아프리카인들이 이루어내는 중이라고 생각했던 변화는 아니지만—를 나타낸다. 주권은 결과를 수반했고, 그 결과는 한동안 보상을 가져왔다. 석유 같은 자산에 대한 통제권, 특히 냉전 기간에 후원자를 구할 가능성, 외국 기업, 원조기구, 국제 금융기구와 협상하면서 교묘한 수를 쓸 약간의 여지 등이 그런 보상이었다. 또한 종전까지 장막 뒤에서 부패부터 종족 청소까지 온갖 행위를 했던 민족적 통치자들은 주권을 획득한 후로는 그런 장막을 칠 수 없었다.

식민지에서 독립한 일부 국가들, 그중에서도 더 넓은 시장에 통합된 역사가 식민화 이전까지 거슬러 올라가는 동남아시아의 국가들은 독립 이후 자국 경제를 산업화하고 활성화했다. 예컨대 영국에서 독립한 말레이시아와 일본에서 독립한 한국이 그렇게 했다. 그러나 식민지 하부구조가 몇 종류 안 되는 일차 상품을 좁은 유통망을 통해 소수의 다국적기업이 지배하는 시장에 판매하도록 설계된 곳에서, 새로운 경제 구조를 만들어내는 것은 달성하기 어려운 목표였다. 아프리카 대부분에서, 전 식민지 국가의 지도자들은 식민 시대 전임자들의 주요 업적인 문지기 역할에 집착하게 되었다. 새 통치자들은 다른 세계와의 관계를 통제하는 단속자로서 국가를 드나드는 물자(원조 물자를 포함하여)에 매기는 세금을 징수하는 업무를 인계받았고, 그리하여 국가 엘리트층과 무관한 상업적 (그리고 정치적) 관계망을 구축할지도 모르는 부유한 농장주나 사업가를 면밀히 감시할 수 있었다. 미국 남북전쟁 중에 이루어진 노예 해방이 노예들에게 '단지 자유만' 주었던 것처럼, 2차 세계대전 이후 이루어진 독립은 대다수 식민지들에 단지 주권만을 주었다. 정치 엘리트들은 그 주권을 이용했다. 그러나 그것이 피통치자들에게, 더 많은 것을 열망했던 이들에게 반드시 이로웠던 것은 아니다.

다국적기업은 대개 자원이 풍부한 전 식민지 국가들에서 저임금과 부패한 정부 덕에 이익을 얻어왔지만, 그들 역시 안보 불안, 최저 수준의 하부 구조, 작거나 형편없이 조직된 시장으로 인해 한계에 봉착하고 있다. 오늘날 석유(영국부터 나치에 이르기까지, 지난날 제국적 국가들이 지배 가능한 영토에서 얻으려 했던 자원)와 같은 핵심 자원에 대한 접근권은 그런 자원을 가진 나라들이 맹렬하게 수호하는 주권자의 대권이다. 그 국가들은 공급자로서 신뢰도가 의심스럽고, 최대 소비자들의 이해관계에 해로운 방향으로 자국의 부를 사용할 가능성이 농후하다. 이란, 사우디아라비아, 이라크, 수단, 나이지리아, 앙골라, 베네수엘라, 러시아가 그런 사례다. 겉보기에 열려 있는 세계 시장의 발전도, 미국이 때때로 행사한 노골적인 권력도 가장 기본적인 자원의 공급을 보장하지 못했다.

오늘날 가장 강력한 국가들을 둘러보면, 우리가 이 책에서 검토한 과거 제국들의 현재성을 볼 수 있다. 서구 제국들이 경제와 문화 면에서 비등한 순간에 중국이 이들 제국에 '뒤처진' 기간으로 규정할 수 있을 지난 200년은, 중국 역사에 나타난 다른 왕조 공백기들에 비견할 만한 시기였던 것으로 밝혀질지도 모른다. 오늘날 중국은 비단과 더불어 산업 제품까지 수출하고, 은보다는 금융상품을 받아들이고 있다. 과거보다 복잡한 자원이 필요하지만 더 이상 다른 제국들의 자유무역을 신용하지 않아도 되는 여건에서, 중국은 스스로를 전 세계 시장에 통합해왔다.

오늘날 중국 지도부는 국가 권력을 강화하기 위해 제국 전통을 환기시키며, 원과 청은 중국의 영역을 통일한 제국으로 칭송된다. 사회와 비교적 거리를 둔 채로 사회를 통할하는 강력한 관료제는 여전히 중국의 특징이다. 중국 행정관들은 티베트인들의 독립 욕구와 대체로 무슬림들이 거주하는 신장 지방의 분리주의 운동(이 제국 가장자리의 오래된 문제들)을 우려하고 있다. 중국 통치자들은 다시 한 번 경제적 호족을 통제하고 다종다양한 인구를 감시해야만 하지만, 중국은 대대로 축적해온 치국술에 의지하여 이런 도전에 대응하고 변동하는 권력 지형의 중요한 위치로 되돌아갈 수 있다.

공산주의가 붕괴한 이후 러시아 연방이 재빨리 회복한 사실은 또 다른 강력한 제국 문화가 작동하고 있음을 드러낸다. 러시아의 선행 제국들과 마찬가지로 러시아 연방은 명백한 다민족 제국으로, 서로 일부 겹치는

'민족적' 지역들을 유지하고 있다. 1993년 러시아 헌법은 모든 공화국에 자체 공용어를 확정할 권리를 주는 동시에 러시아어를 '러시아 연방 전체의 국어'로 규정했다. 또한 이 헌법은 국제적 인권 원칙에 따라 '소수 민족들'의 권리를 보장했다. 미국인 조언자들과 선교사들이 선전 공세를 펴고 갖가지 야망들이 멋대로 날뛴 짧은 막간이 지나간 후, 블라디미르 푸틴은 가산제적 권력의 기법들을 되살려냈다. 푸틴과 그의 피후견인들은 유력자들을 국가에 다시 연결하고, 종교 단체들에 대한 통제를 강화하고, 매체들을 굴복시키고, 선거 절차를 단일 정당의 지지를 받는 '주권 민주주의'로 변형하고, 연방 주지사들에게 충성을 강요하고, 러시아 지역들에서 민족주의를 부추기고, 러시아의 접경 지대를 둘러싼 경쟁을 재개하고, 국제 무대에서 러시아의 주무기(에너지)를 효과적으로 휘두르고 있으며, 그 과정에서 또 한 번 형태를 바꾼 러시아 제국이 유라시아 공간에서 재등장하고 있다.

오늘날 큰 세력들 중에 가장 혁신적인 세력은 유럽연합이다. 5세기부터 20세기까지 유럽은 새로운 로마를 만들려는 일부 엘리트들의 열망과 그런 결과를 저지하려는 다른 엘리트들의 결심에 사로잡혀 있었다. 1950년대와 1960년대가 되어서야 영국과 프랑스는 제국 권력을 영국 연방과 프랑스 공동체로 재편하려는 시도를 포기했고, 제국의 이전 통치 엘리트들과의 정치적·경제적·정서적·언어적·개인적 연계가 어떻든 간에, 체제 운용의 틀이 일국적 틀임을 받아들였다. 1960년대부터 1990년대끼리 유럽 국가들은 제국으로부터의 자유를 활용하여 자기들끼리 다국 간 협정을 체결했다.

이 다국 간 구조는 유럽 설계자들의 노련한 수완에 힘입어 각국의 야심을 행정과 규제로 제한할 때 가장 효과적으로 기능해왔다. 그렇지만 거듭된 전쟁에서 수백만 명이 죽은 장소인 국경을 따라 자리 잡은, 이제는 방치된 세관 건물들을 지나가는 사람이라면 누구나 이른바 솅겐 (Schengen) 국가들이 이룩한 놀라운 성취의 진가를 알 수 있다(1985년 룩셈부르크의 솅겐 마을에서 유럽 국가들 간의 자유로운 이동을 골자로 하는 협정이 체결되었다. 솅겐 국가들은 이 협정에 가입한 유럽 국가들을 가리킨다 – 옮긴이). 주권의 가장 기본적인 속성의 하나(국경을 넘는 사람에 대한 통제)는 유럽 수준으로 올라갔다. 유럽연합은 유럽인 대다수의 정치적 충성을 확실히 사로잡지는 못했지만, 유럽연합 지도자들은 외부 세력에 응집력 있게 대응하고 회원국 사이의 분쟁을 억누를 수단을 가지고 있다. 청중이 누구인지 불분명하긴 해도, 유럽 콘서트(유럽 협조 체제 – 옮긴이)는 새 음악을 연주하고 있다.

2001년 이후 미국의 오만한 국외 활동을 비난하기 위해서든 세계의 치안을 유지하고 세계를 민주화하는 미국의 노력을 칭송하기 위해서든, 미국을 '제국'으로 규정하는 것이 박학자들 사이에서 유행이 되었다. 그렇지만 우리는 "미국은 제국인가 아닌가"를 따지기보다는, 제국 전략의 선별적 사용에 기반을 두는 미국의 권력 레퍼토리를 검토함으로써 더 많은 것을 알 수 있다. 이 전략 중에는 분명히 무력과 점령(주권의 규범을 위반하는 전략)이 포함되지만, 미국의 가장 개입주의적인 정치가들마저도 이라크나 아프가니스탄을 푸에르토리코처럼 바꾸는 전략을 숙고하지는 않는다.

미국이 공간을 가로질러 권위를 투사하기 위해 혼합한 방법들은 미국의 제국 궤도를 반영한다. 다시 말해 시민으로 간주된 사람들의 평등한 권리와 사유재산, 아메리카 토착민과 노예의 배제라는 토대 위에 구축된 육상 제국이 18세기부터 발전해온 과정을 반영한다. 유럽계 미국인들은 대륙 전역으로 세력을 넓혀 결국 엄청난 자원을 손에 넣었고, 그런 정복을 자신들의 명백한 운명의 실현으로 여겼다. 노예제라는 암초에 걸려

거의 침몰할 뻔한 뒤, 미국 지도부는 다른 세계에 개입하는 시기와 조건을 선택할 수 있을 만한 힘을 길렀다.

20세기 내내 미국은 국외에서 일련의 제국 전략들을 활용했다. 예를 들어 나라를 점령하고, 적대적 지도자를 축출하기 위해 병력을 파병하고, 적과의 대리전을 후원하고, 외국 땅의 고립 영토 식민지와 군사기지를 사용하고, 선교사를 보내고, 더 최근에는 개발 원조와 전문지식을 제공했다. 그러나 2003년 미국의 이라크 침공의 가장 현저한 결과는, 약하고 분열된 나라를 점령하는 일이 미국의 군사·재정·정치 역량에 큰 부담이 되었다는 점일 것이다. 아프가니스탄에서 미국인들은 유동적인 정치적 동맹을 맺는 이 지역을 장악하는 데 실패했던 영국 제국과 러시아 제국을, 그리고 이 문제에 관한 한 실패했던 티무르를 반면교사로 삼지 못했다.

이 제국 권력들 중에 종교적 기획과 연관을 맺은 권력은 없었으며, 근대화와 공산주의 같은 세속적 종교들마저도 열성을 많이 잃어버렸다. 앞선 통치자들이 제국 건설에 응집력과 정당성을 더해줄 것이라고 생각했던 일신교들은 통일보다 분열과 불화를 초래했다. 중국과 러시아를 비롯하여 종교적 순응을 가장 적게 요구한 제국 체제들이 가장 내구성이 강했다. 통합한 집단들의 문화적 차이를 대하는 방식은 제국마다 달랐지만, 다양성에 대한 관용은 제국이 장수하는 데 반드시 필요했다.

중국, 러시아, 유럽연합, 미국 모두 국가 권력의 방침에 고분고분히 따르지 않는 운동들을 위협으로 여긴다. 중국은 신장에서, 러시아는 체첸 등지에서, 미국과 유럽연합은 아프가니스탄에서 대개 '전투적 이슬람'이라는 딱지가 붙은 연결망들과 싸우고 있는 것으로 보인다. 전투적 운동과 아무런 연계도 없는 무슬림들은 테러리즘과 한통속으로 매도당하고, 국가 내부의 지배적 문화에 동화될 수 없는 부류로 간주되고, 십자군 시절부터 1000년이 지난 지금 근본적 '타자'로 변형되고 있다.

앞에서 보았듯이, 초기에 이슬람은 제국 건설 기획으로서 퍼져나갔다. 그러나 이슬람과 국가 권력의 관계는 변해왔다. 진정한 이슬람 정치체를 구성하기 위해 국가와 경쟁했던 이슬람은 오스만 왕조 치하에서 신중한 칼리프국과 결합했고, 러시아에서 무슬림 위계질서로 제도화되었고, 오늘날 이란과 사우디아라비아 같은 '이슬람' 국가들과 결합하고 있다. 그러나 제국들이 스스로 배태한 장거리 연계들을 언제나 포용할 수 있는 것은 아니며, 오늘날 여러 정부를 위협하는 것은 바로 이슬람의 역할을 주장하는 연결망들—그중 일부의 목표는 칼리프국의 복원이다—이 국가의 이익과 규율에 종속되지 않는다는 사실이다. 많은 무슬림들의 불만과 고통, 그들의 변덕스러운 정치적 주장은 가까운 과거에 속하는 제국들의 역사에서 본질적인 부분이다. 예컨대 19세기 유럽 제국들의 중동 잠식, 오스만 통치의 무질서한 와해, 위임통치 체제의 실패, 취약한 국가에 대한 세계 열강의 개입, 권위주의적 통치자가 '서구' 국가의 사주를 받는 지역들의 빈곤과 절망감 등을 빼고는 그 역사를 말하기 어렵다.

제국들의 역사는 21세기 들어 이제껏 가장 악명 높은 전쟁에서 민족들의 상상계와 충돌하고 있다. 오늘날 '이라크'라는 민족적 딱지가 붙은 공간은 비옥한 초승달 지대의 고대 제국들과, 훨씬 후대에 제국의 본거지를 바그다드에 두었던 아바스 왕조의 통치를 받았다. 이 공간은 셀주크족과 몽골족의 침공과 점령을 겪었고, 오스만 제국에 통합되었고, 영국 제국에 넘겨졌고, 영국의 대리인 노릇을 하는 통치자들에 의해 운영되었고, 미국에 점령되었다. 또한 군사 독재자(사담 후세인)는 서구 국가들에 석유를 팔아서 나라를 운영했고, 이란과, 뒤이어 쿠웨이트와 전쟁을 치렀으며, 이슬람에 대한 견해, 종족, 정치가 의심스러운 이라크인들을 짐승처럼 다루었다. 알카에다는 이라크의 '민족적' 공간을 침범하는,

국경을 넘나드는 조직들 중 하나일 뿐이다. 이전 제국들의 많은 부분들과 마찬가지로, 이라크는 어떤 오래된 토착 사회와도 일치하지 않는다. 이라크의 역사는 국가들과 관계망들의 교차로에서 그들 간의 권력 관계에 일어나는 변화에 따라 궤도를 그려왔고 지금도 그리고 있다.

지역 이상의 영역을 다스리겠다는 야망을 품은 통치자라면 이런저런 방식으로 사람들의 혼합 상태와 씨름할 수밖에 없었다. 제국들은 이 문제에 각기 다른 답변을 내놓았다. 이 책은 제국들이 활용한 차이의 정치의 변형태들을 강조했다. 많은 제국들은 차이를 통치의 도구로 사용하여, 주권자와 엘리트들 및 집단들 간의 유대가 제국의 신민들 간의 유대보다 강하도록 확실하게 조치했다. 다른 제국들은 내부인들의 순응을 얻어내고자 분투하는 한편, 이질적인 사람들을 몰아내거나 폄하했다. 제국들은 이런 전략들을 혼합하고 변형했다. 상이한 전략들을 제국 인구의 상이한 성분들에 적용하는 능력은 제국들의 정치적 내구성을 이해하는 실마리일지도 모른다.

제국들은 좋든 싫든 차이를 직접 다루었다. 민족국가들은 민족적 이념과 국가 제도에의 참여에 호소함으로써, 또는 배제, 추방, 강제적 동화 같은 부정적 방법을 통해 차이를 극복할 수 있다는 생각—어쩌면 환상—을 가지고 있었다. 그러나 민족국가들은 균일한 인구를 만들어내거나 충성이 엇갈리는 문제를 없앨 수 있을 만큼 차이를 배제하고 추방하고 동화하는 데 결코 성공하지 못했다. 식민지 상황에서조차 많은 사람들은 민족국가를 제국에서 벗어나는 방법으로 여기지 않았다. 식민 제국들의 종식은 분쟁을 수반했고 맥락에 따라 다른 모습으로 나타났다. 유럽 제국들은 갈수록 비용을 많이 잡아먹는 주권을 포기했고, 새로운 건국의 아버지들은 자신이 굳게 지킬 수 있다고 생각하고서 그 주권을 넘겨받았다. 우리는 제국에서 벗어난 울퉁불퉁하고 험준한 경로들의 결과와 함께, 주권의 동등성이라는 허구와 함께, 국가들 내부 및 국가들 사이의 불평등이라는 현실과 함께 살아가고 있다.

제국에 관해 생각하는 것은 영국 제국이나 오스만 제국, 러시아 제국을 되살리는 것을 의미하지 않는다. 제국에 관해 생각함으로써 우리는 공간을 가로질러 행사하는 권력의 형태들(아울러 그 형태들의 가능성과 한계)을, 정치체에 사람들을 통합하는 방식들과 정치체 안에서 분화를 상상하고 법제화하는 방식들을, 제국 권력에 대한 중개인들의 조건부 순응을 얻어내는 수단들을, 그리고 정착민, 토착민, 관료, 학자, 수입된 노예, 종교적 인도자, 국경을 넘나든 무역상이 개발할 수 있었던 제국 권력의 대안들을 고찰할 수 있다.

과거는 더 나은 정치체를 건설하는 데 필요한 분명한 모델들—국가적 모델이든 제국적 모델이든—을 제공하지 않지만, 역사적 궤도들에 관한 탐구는 현재가 언제나 한결같았던 것은 아니며 앞으로도 한결같지 않으리라는 것을 상기시켜준다. 개인과 집단으로서 우리는 다른 미래를 상상하고, 선택을 내리고, 그 결과를 마주한다. 우리가 이 책에서 탐구한 형태들만이 아니라 중층적·중첩적 주권의 새롭고 다른 형태들도 가능하다. 사람들은 정치적 조직의 다른 형태들을 구상해왔고 장차 만들어낼 것이다. 제국들의 과거는 권력의 오만—위대한 지도자의 이름으로든, 문명의 이름으로든, 민족의 이름으로든—탓에 사람들이 치른 대가뿐 아니라, 제국들이 사회생활에 미친 다면적 영향도 보여준다. 우리는 제국들이 주민들을 통합하고 구별한 다양한 방식들, 사람들을 따로따로 불평등하게 통치했을 때와 평등하고 동질한 집단으로 만들려고 시도했을 때의 결과를 검토했다. 미래의 과제는 사람들의 일반적인 욕구인 정치적 소속, 기회의 평등, 상호 존중을 인정하는 새로운 정치체들을 상상하는 것이다.

로마 제국과 몽골 제국처럼 융성했다가 쇠락한 지 오래인 과거의 제국들은 이미 확고히 정립된 탐구 주제다. 로마 제국의 속주 제도나 몽골 제국의 울루스 제도를 연구하는 활동 자체는 오늘날 아무런 논란도 일으키지 않는다. 그에 반해 제국의 현재성은 특히 1990년대 이래로 학계는 물론 현실정치에서도 논쟁이 분분한 주제가 되어왔다. 예를 들어 제국의 구조가 되살아나고 있고 따라서 제국이 여전히 유의미한 개념이냐는 물음, 미국과 러시아를 제국으로 보아야 하느냐는 물음 등은 결론이 나지 않은 현재진행형 문제다.

여기에는 그럴 만한 이유가 있다. 이 책의 저자들이 지적하는 대로, 오늘날 우리가 당연시하는 이른바 민족국가들의 세계는 겨우 60년 전에야 출현했기 때문이다. "역사를 통틀어 대다수 사람들은 단일한 민족을 대표한다고 주장하지 않은 정치 단위에서 살아왔다. 국가와 민족을 합치시키는 것은 최근에 나타난 현상으로, 완결된 현상도 아니고 어디서나 원하는 현상도 아니다." 역사의 궤도들이 민족국가라는 단일한 목적지로 수렴한다는 관습적인 서사는 역사의 장기적 추세와 복잡성을 단순화하는 근시안적인 서사에 불과하다. 저자들의 견해대로 "민족국가는 역사의 지평선 위에 일시적으로 나타나는 현상으로 보이며, 근래 들어 제국들의 하늘 아래에서 등장한 국가 형태로서 훗날 세계의 정치적 상상을 일부만 또는 한시적으로만 사로잡았던 것으로 드러날지도 모른다."

분명한 사실은 "지난 2000년의 대부분 기간 동안 제국들과 그 경쟁자들은 지역에서든 전 세계에서든 사람들이 연계를 맺는 맥락"을 창출했고, "제국의 정치, 제국의 관행, 제국의 문화는 우리가 살아가는 세계를 형성해왔다"는 것이다. 그러므로 역사의 궤도들을 되짚어보기 위해서도, 그 궤도들의 결과물인 오늘날의 세계를 파악하기 위해서도, 현존하는 정치 조직들과는 다른 정치체들을 구상하고 만들어내기 위해서도 제국들의 역사를 탐구할 필요가 있다.

그렇다면 고대부터 현대까지 거의 전 세계를 아우르는 이 책은 제국들의 역사를 어떻게 탐구하는가? 저자들은 제국들의 발흥과 쇠퇴보다는 운영에 초점을 맞춘다. 다시 말해 제국들이 어떻게 길게는 수백 년이라는 시간 동안 권력과 내구성을 강하게 유지했느냐는 물음에 주목한다. 이 물음은 제국의 정의와 연관된다. 모두를 만족시키는 정의는 아닐지 몰라도, 저자들에 따르면 제국이란 "정복하고 통합한 사람들의 다양성을 자각적으로 유지하는 정치체", "팽창주의적이거나 한때 공간을 가로질러 팽창했던 기억을 간직한 커다란 정치 단위, 새로운 사람들을 통합하면서 구별과 위계를 유지하는 정치체"다. 바꾸어 말하면 민족국가와 달리 제국은 다양성(차이)을 체제의 정상적인 현실로서 전제하며, 국가 안팎의 그런 다양성을 통합하고 분화하고 안정화하여 수직적 위계구조와 연계를 구축한다. 요컨대 제국들은 차이를 (내부의 동질성을 침해하는 유해한 요소로 여기고서 제거하려 들지 않고 오히려) 정치의 도구로 활용한다.

그런 까닭에 앞서 말한 대로 제국의 운영에 주목하는 이 책은 제국들이 차이의 정치를 이용한 방식에 초점을 맞춘다. 이를 위해 저자들은 '제국 내부의 차이', '제국의 중개인', '제국의 교차로', '제국의 상상계', '권력 레퍼토리'라는 다섯 가지 논제를 고찰한다. 이 가운데 특히 '권력 레퍼토리'는 제국의 유연성을 강조하는 유용한 개념이다. 제국들이 차이를 활용한다는 것은 곧 다종다양한 인구 집단들을 정복하고 통치하기 위해 그들이 끊임없이 제기하는 권력 재편 요구에 대응해야 한다는 것을 뜻한다. 권력 레퍼토리란 제국들이 이처럼 정복을 통치로 전환하고 차이를 관리하기 위해 사용해온 일군의 정치적 선택지 또는 전략을 말한다. 예를 들어 제국들은 특정한 조건에 맞추어 권력과 특권(일례로 시민권)을 '차별적으로' 배분했고, 유인책을 제공하거나 요구를 억압했고, 중개인과 대리인에게 행정을 맡겼고, 중앙집권적 관료제와 황제와의 개인적 유대를 강화했고, 정치와 종교를 결합했고, 보호령·자치령·식민지·고립 영토를 운영했고, 이민족 병력을 고용했고, 토지를 양여했고, 결혼 동맹을 이용했고, 상업과 산업을 발전시켰고, 무엇보다 군대를 동원했다. 제국들은 이런 유연성에 힘입어 오랫동안 존속할 수 있었다. 그렇지만 제국들이 거둔 성공에는 한계가 있었다. "성공적인 제국들의 산물은 보통 한결같은 충성도, 끊임없는 저항도 아니었다. 그 산물은 조건부 순응이었다."

이 책은 고대부터 현대까지 제국들을 시간 순서대로 다루는 연대기적 구성을 채택하고 있으나 각 제국을 개관하는 통사는 아니다. 오히려 앞에서 말한 다섯 논제를 중심으로 제국들을 분석하고 해석하는 책에 더 가깝다. 그런 까닭에 배경 지식 없이 읽기가 쉽지 않고, 특히 이론적 논의가 집중된 제1장이 그렇다. 이 방대하고도 복잡한 책의 논지를 파악하기 위해 역자로서 권하고픈 독법은 처음부터 읽어나가되 중간쯤 읽었을 때, 또는 다 읽고서 제1장을 다시 한 번 꼼꼼히 읽는 것이다. 아울러 제국들 각각의 역사를 개관하려면 이 책으로 그치지 말고 특정 제국을 더욱 넓고 깊게 다룬 다른 책들을 보충해서 읽어야 할 것이다.

역사책의 미덕이자 매력은 우리가 도달해 있는 현재가 하나의 가능성에 지나지 않았던 과거로 돌아가서 다른 미래를 상상하게 해준다는 것이다. 지난 2000년 동안 주요 제국들이 걸어온 역사적 궤도들을 탐구하는 이 책은 "민족국가가 자연스럽고 필연적이고 불가피하다는 생각"에 도전하고, "현재가 언제나 한결같았던 것은 아니며 앞으로도 한결같지 않으리라는 것을 상기시켜준다." 미래의 세계가 지금처럼 민족국가들의 세계로 남을지, 제국들의 세계로 되돌아갈지, 또는 국가들의 질서에 제국적 구조가 중첩되는 세계가 될지는 아직 미지수다. 그렇지만 "다양성과 정치적 야심이 존재하는 한, 제국 건설은 언제나 하나의 유인"이며, 우리는 '차이의 정치'에 초점을 맞추어 제국의 정치와 역학에 대한 이해를 넓혀주는 이 책을 읽음으로써 새로운 정치체들을 상상할 수 있다.

이재만

CHAPTER 1

제국에 관한 일반적인 저작

옥스퍼드 출판부와 케임브리지 출판부에서 펴내는 로마, 중세 유럽, 중국, 라틴아메리카, 영국 제국 등에 관한 역사서들은 여러 제국에 관한 귀중한 입문서다. 두 가지 탁월한 세계사 개설서는 다음과 같다. Robert Tignor, Jeremy Adelman, Stephen Aron, and Stephen Kotkin, *Worlds Together; Worlds Apart: A History of the World from the Beginnings of Humankind to the Present*, 2nd ed. (New York: Norton, 2008); Richard Bulliet, Pamela Crossley, Daniel Headrick, and Steven Hirsch, *The Earth and Its Peoples: A Global History*, 4th ed. (New York: Houghton Mifflin, 2007). 넓은 지역에서 오랫동안 존속한 제국들에 관한 다른 저작들로는 다음을 참조하라.

추천 도서

Abernethy, David. *The Dynamics of Global Dominance: European Overseas Empires, 1415~1980*. New Haven: Yale University Press, 2000.

Cooper, Frederick. *Colonialism in Question: Theory, Knowledge, History*. Berkeley: University of California Press, 2005.

Cooper, Frederick, and Ann Laura Stoler, eds. *Tensions of Empire: Colonial Cultures in a Bourgeois World*. Berkeley: University of California Press, 1997.

Darwin, John. *After Tamerlane: The Global History of Empire since 1405*. London: Bloomsbury Press, 2008.

Findlay, Ronald, and Kevin H. O'Rourke. *Power and Plenty: Trade, Power, and the World Economy in the Second Millennium*. Princeton: Princeton University Press, 2007.

Kennedy, Paul. *The Rise and Fall of the Great Powers: Economic Change and Military Conflict from 1500 to 2000*. New York: Random House, 1987.

King, Charles. *The Black Sea: A History*. New York: Oxford University Press, 2004.

Lieven, Dominic. *Empire: The Russian Empire and Its Rivals*. London: Murray, 2001.

Pagden, Anthony. *Peoples and Empires: A Short History of European Migration, Exploration, and Conquest from Greece to the Present*. New York: Modern Library, 2001.

Pocock, J.G.A. *The Discovery of Islands: Essays in British History*. Cambridge: Cambridge University Press, 2005.

CHAPTER 2

추천 도서

Dench, Emma. *Romulus' Asylum: Roman Identities from the Age of Alexander to the Age of Hadrian*. New York: Oxford University Press, 2005.

Di Cosmo, Nicola. *Ancient China and Its Enemies: The Rise of Nomadic Power in East Asian History*. Cambridge: Cambridge University Press, 2002.

Finley, M. I. *The Ancient Economy*. Berkeley: University of California Press, 1973.

Garnsey, Peter, and Richard Saller. *The Roman Empire: Economy, Society and Culture*. Berkeley: University of California Press, 1987.

Harris, W. V., ed. *Rethinking the Mediterranean*. Oxford: Oxford University Press, 2005.

Hui, Victoria Tin-Bor. *War and State Formation in Ancient China and Early Modern Europe*. New York: Cambridge University Press, 2005.

Lewis, Mark Edward. *The Early Chinese Empires: Qin and Han*. Cambridge, MA: Harvard University Press, 2007.

Nicolet, Claude. *The World of the Citizen in Republican Rome*. Berkeley: University of California Press, 1980.

Rostovtzeff, Michael Ivanovitch. *Rome*. Translated from the Russian by J. D. Duff. New York: Oxford University Press, 1962.

Twitchett, Denis Crispin, and John King Fairbank, eds. *The Cambridge History of China*. Vol. 1. New York: Cambridge University Press, 2002.

Ward Perkins, Bryn. *The Fall of Rome and the End of Civilization*. Oxford: Oxford University Press, 2005.

Wolfram, Herwig. *The Roman Empire and Its Germanic Peoples*. Trans. Thomas Dunlap. Berkeley: University of California Press, 1997.

Woolf, Greg. *Becoming Roman: The Origins of Provincial Civilization in Gaul*. New York: Cambridge University Press, 1998.

인용 출처

58   '관료제 없는 통치': Garnsey and Saller, *Roman Empire*, 20.

64   '먹이기'에 관한 수치들: Garnsey and Saller, *Roman Empire*, 83, 88, 89.

69   '전 세계의 신전': 테미스티오스의 말, Elizabeth Key. Fowden, *The Barbarian Plain: Saint Sergius between Rome and Iran* (Berkeley: University of California Press, 1999), 46.

73   상자글 "유능한 고트족 사람은": Michael Mann, *The Dark Side of Democracy: Explaining Ethnic Cleansing* (New York: Cambridge University Press, 2005), 35.

82   상자글 "나라가 강하고": Lewis, *Early Chinese Empires*, 50.

84   "여러 국가를 토벌하고": 이사(李斯)의 말, Hui, *War and State Formation*, 101.

84   "해와 달이 비추는 모든 곳": Lewis, *Early Chinese Empires*, 52.

85   상자글 "예부터 백성들은": Twitchett and Fairbank, *Cambridge History of China*, 1:75.

86   "대군······ 동원": Hui, *War and State Formation*, 217에서 수치 인용.

90   상자글 "나와 선우는": Lewis, *Early Chinese Empires*, 133.

CHAPTER 3

추천 도서

Barbero, Alessandro. *Charlemagne: Father of a Continent*. Berkeley: University of California Press, 2004.

Bartlett, Robert. *The Making of Europe: Conquest, Colonization and Cultural Change, 950~1350*. Princeton: Princeton University Press, 1993.

Crone, Patricia. *God's Rule: Government and Islam*. New York: Columbia

University Press, 2004.

Donner, Fred McGraw. *The Early Islamic Conquests*. Princeton: Princeton University Press, 1981.

Fowden, Garth. *Empire to Commonwealth: Consequences of Monotheism in Late Antiquity*. Princeton: Princeton University Press, 1993.

Geary, Patrick. *The Myth of Nations: The Medieval Origins of Europe*. Princeton: Princeton University Press, 2002.

Herrin, Judith. *Byzantium: The Surprising Life of a Medieval Empire*. Princeton: Princeton University Press, 2007.

Kennedy, Hugh. *The Prophet and the Age of the Caliphates: The Islamic Near East from the Sixth to the Eleventh Century*. 2nd ed. Harlow, U.K.: Pearson, 2004.

_____. *When Baghdad Ruled the Muslim World: The Rise and Fall of Islam's Greatest Dynasty*. Cambridge, MA: Da Capo Press, 2005.

Ringrose, Kathryn M. *The Perfect Servant: Eunuchs and the Social Construction of Gender in Byzantium*. Chicago: University of Chicago Press, 2003.

Wickham, Chris. *Framing the Early Middle Ages: Europe and the Mediterranean, 400~800*. Oxford: Oxford University Press, 2005.

인용 출처

112 주디스 헤린: Herrin, *Byzantium*, xviii.

116 상자글 "나는 인류 전체에게 보내졌다": Michael Bonner, *Jihad in Islamic History: Doctrines and Practice* (Princeton: Princeton University Press, 2006), 12.

117 "국가의 주된 특성들을 갖춘": Donner, *Early Islamic Conquests*, 54.

126 "도시 섬들": Findlay and O'Rourke, *Power and Plenty* chapter 1, 50.

134 "여기 우리 중에는": Barbero, *Charlemangne*, 109.

140 토머스 비슨: Thomas Bisson, "Medieval Lordship," *Speculum* 70 (1995): 749.

141 상자글 "적어도 그들은": Nicetas Choniates의 말, Olivier Clement, *L'Essor de Christianisme oriental* (Paris: Presses Universitaires de France, 1964), 82.

145 로버트 바틀렛: Bartlett, *Making of Europe*, 292.

CHAPTER 4

추천 도서

Allsen, Thomas T. *Commodity and Exchange in the Mongol Empire: A Cultural History of Islamic Textiles*. New York: Cambridge University Press, 1997.

_____. *Culture and Conquest in Mongol Eurasia*. New York: Cambridge University Press, 2001.

Biran, Michal. "The Mongol Transformation: From the Steppe to Eurasian Empire." *Medieval Encounters* 10, nos. 1~3 (2004): 339~361.

Christian, David. *A History of Russia, Central Asia and Mongolia*. Vol. 1: *Inner Eurasia from Prehistory to the Mongol Empire*. Oxford: Blackwell, 1998.

Cleaves, Francis Woodman, trans. and ed. *The Secret History of the Mongols*. Cambridge, MA: Harvard University Press, 1982.

Di Cosmo, Nicola. *Ancient China and Its Enemies: The Rise of Nomadic Power in East Asian History*. New York: Cambridge University Press, 2002.

_____. "State Formation and Periodization in Inner Asian History." *Journal of World History* 10, no. 1 (1999): 1~40.

Fletcher, Joseph. "The Mongols: Ecological and Social Perspectives." *Harvard Journal of Asiatic Studies* 46 (1986): 11~50.

King, Charles. *Black Sea* chapter 1.

Manz, Beatrice Forbes. *The Rise and Rule of Tamerlane*. Cambridge: Cambridge University Press, 1989.

Morgan, David. *The Mongols*. 2nd ed. Malden: Blackwell, 2007.

Ratchnevsky, Paul. *Genghis Khan: His Life and Legacy*. Trans. Thomas Nivison Haining. Cambridge, MA: Blackwell, 1992.

Roux, Jean-Paul. *Genghis Khan and the Mongol Empire*. London: Thames and Hudson, 2003.

Spuler, Bertold. *The Mongols in History*. New York: Praeger, 1971.

인용 출처

149 "로마 세계의 두 제국을 모두 공포에 떨게 했던": Christian, *History of Russia, Central Asia, and Mongolia*, 1:231.

155 "13만 명": Christian, *History of Russia, Central Asia, and Mongolia*, 1:397 의 수치.

159 "소와 말을 치는 이들과…… 형제인 양": Christian, *History of Russia, Central Asia, and Mongolia*, 1:395에서 인용.

161 "우리는 어려울 때": Christian, *History of Russia, Central Asia, and Mongolia*, 401.

173 "세계 전역의 모든 사람들과": Allsen, *Culture and Conquest*, 83.

CHAPTER 5

추천 도서

Barkey, Karen. *Bandits and Bureaucrats: The Ottoman Route to State Cen tralization*. Ithaca: Cornell University Press, 1994.

_____. *Empire of Difference: The Ottomans in Comparative Perspective*. Cambridge: Cambridge University Press, 2008.

Elliott, J. H. *Empires of the Atlantic World: Britain and Spain in America, 1492~1830*. New Haven: Yale University Press, 2006.

_____. "A Europe of Composite Monarchies." *Past and Present* 137 (1992): 48~71.

Finkel, Caroline. *Osman's Dream: The History of the Ottoman Empire*. New York: Basic Books, 2005.

Goffman, Daniel. *The Ottoman Empire and Early Modern Europe*. Cambridge: Cambridge University Press, 2002.

Imber, Colin. *The Ottoman Empire, 1300~1650: The Structure of Power*. Houndsmills and New York: Palgrave Macmillan, 2002.

Kafadar, Cemal. *Between Two Worlds: The Construction of the Ottoman State*. Berkeley: University of California Press, 1995.

Kamen, Henry. Empire: *How Spain Became a World Power, 1492~1763*. New York: HarperCollins, 2003.

Las Casas, Bartolomé de. *History of the Indies*. Trans. and ed. Andrée Collard. New York: Harper, 1971.

Lowry, Heath W. *The Nature of the Early Ottoman State*. Albany: State University of New York Press, 2003.

Pagden, Anthony. *Spanish Imperialism and the Political Imagination*. New Haven: Yale University Press, 1990.

Parker, Geoffrey. *The Military Revolution: Military Innovation and the Rise of the West, 1500~1800.* Cambridge: Cambridge University Press, 1996.

Peirce, Leslie. *Imperial Harem: Women and Sovereignty in the Ottoman Empire.* New York: Oxford University Press, 1993.

_____. *Morality Tales: Law and Gender in the Ottoman Court of Aintab.* Berkeley: University of California Press, 2003.

Subrahmanyam, Sanjay. "A Tale of Three Empires: Mughals, Ottomans, and Habsburgs in a Comparative Context." *Common Knowledge* 12, no. 1 (2006): 66~92.

인용 출처

181 상자글 "이 황제들 카를과 쉴레이만은": Carmen Bernand and Serge Gruzinski, *Histoire du Nouveau Monde: De la découverte à la conquête, une expérience européene, 1492~1550* (Paris: Fayard, 1991), 242.

191 "아메리카에서 실려온 금은은": Carlos Marichal, "The Spanish-American Silver Peso: Export Commodity and Global Money of the Ancien Regime, 1550~1800," in Steven Topik, Carlos Marichal, and Sephyr Frank, eds., *From Silver to Cocaine: Latin American Commodity Chains and the Building of the World Economy, 1500~2000* (Durham: Duke University Press, 2006), 28.

196 상자글 "에스파냐는 암소를 길렀고": Bernard Bailyn, *Atlantic History: Concept and Contours* (Cambridge, MA: Harvard University Press, 2005), 87~88에서 인용.

206 '세계의 좋은 질서': 메흐메드 2세의 《율법서(The Law Book)》: Imber, *Ottoman Empire*, 109.

206 "동침하지 않았다": Leslie Peirce, "An Imperial Caste: Inverted Racialization in the Architecture of Ottoman Sovereignty," in M. R. Greer et al., *Rereading the Black Legend: The Discourses of Racism in the Renaissance Empires* (Chicago: University of Chicago Press, 2007), 43~44.

214 상자글 "이 노예는": Barkey, *Bandits and Bureaucrats*, 189.

216 "남녀노소를 가리지 않고": Imber, *Ottoman Empire*, 21.

CHAPTER 6

추천 도서

Adams, Julia. *The Familial State: Ruling Families and Merchant Capitalism in Early Modern Europe*. Ithaca: Cornell University Press, 2005.

Benton, Lauren. *Law and Colonial Cultures: Legal Regimes in World History, 1400~1900*. New York: Cambridge University Press, 2002.

Brenner, Robert. *Merchants and Revolution: Commercial Change, Political Conflict, and London's Overseas Traders, 1550~1653*. 1993. Reprint, London: Verso, 2003.

Brewer, John. *The Sinews of Power: War, Money, and the English State, 1688~1783*. New York: Knopf, 1989.

Brown, Kathleen. *Good Wives, Nasty Wenches, and Anxious Patriarchs: Gender, Race, and Power in Colonial Virginia*. Chapel Hill: University of North Carolina Press, 1996.

Elliott, J. H. *Empires of the Atlantic World* chapter 5.

Eltis, David. *The Rise of African Slavery in the Americas*. New York: Cambridge University Press, 2000.

Gruzinski, Serge. *Les quatre parties du monde: Histoire d'une mondialisation*. Paris: Editions de la Martinière, 2004.

Kupperman, Karen Ordahl. *Indians and English: Facing Off in Early America*. Ithaca: Cornell University Press, 2000.

MacCormack, Sabine. *Religion in the Andes: Vision and Imagination in Early Colonial Peru*. Princeton: Princeton University Press, 1991.

MacMillan, Ken. *Sovereignty and Possession in the English New World: The Legal Foundations of Empire, 1576~1640*. Cambridge: Cambridge University Press, 2006.

Newitt, Malyn. *A History of Portuguese Overseas Expansion, 1400~1668*. New York: Routledge, 2005.

Pagden, Anthony. *Lords of All the World: Ideologies of Empire in Spain, Britain and France c. 1500~c. 1800*. New Haven: Yale University Press, 1995.

Pearson, M. N. *The Indian Ocean*. London: Routledge, 2003.

Raudzens, George, ed. *Technology, Disease and Colonial Conquests, Sixteenth to Eighteenth Centuries: Essays Reappraising the Guns and Germs Theories*.

Leiden: Brill, 2001.

Stern, Steve. *Peru's Indian Peoples and the Challenge of Spanish Conquest: Huamanga to 1640*. 2nd ed. Madison: University of Wisconsin Press, 1993.

Subrahmanyam, Sanjay. *The Portuguese Empire in Asia, 1500~1700*. London: Longman, 1993.

Taylor, Jean Gelman. *The Social World of Batavia: European and Eurasian in Dutch Asia*. Madison: University of Wisconsin Press, 1983.

Teschke, Benno. *The Myth of 1648: Class, Geopolitics and the Making of Modern International Relations*. London: Verso, 2003.

Tracy, James D., ed. *The Political Economy of Merchant Empires: State Power and World Trade, 1350~1750*. Cambridge: Cambridge University Press, 1991.

_____. *The Rise of Merchant Empires: State Power and World Trade, 1350~1750*. Cambridge: Cambridge University Press, 1990.

Williams, Eric. *Capitalism and Slavery*. Chapel Hill: University of North Carolina Press, 1944.

인용 출처

228 콜럼버스의 통역사: John Tolan, "The Middle Ages," in Henry Laurens, John Tolan, and Gilles Veinstein, *L'Europe et l'Islam: Quinze siècles d'histoire* (Paris: Odile Jacob, 2009), 113 참조.

229 상업 성장 수치: Kennedy, *Rise and Fall* chapter 1, 27 참조.

229 '가장 호전적인': J. S. Levy, 1983, in Parker, *Military Revolution* chapter 5, 1에서 인용.

239 "주앙 3세의 수입": Tracy, *Rise of Merchant Empires*, 29의 수치.

244 "완력과 돈": Jean Gelman Taylor, *Indonesia: Peoples and Histories* (New Haven: Yale University Press, 2003), 198.

246 상자글 "포슬스웨이트의 말": Tracy, *Rise of Merchant Empires*, 196.

249 상자글 "두 에스파냐인의 견해": John Lynch, *Spain under the Habsburgs* (New York: New York University Press, 1984), 1:158.

249 '쇠와 균 논증': Jared M. Diamond, *Guns, Germs, and Steel: The Fates of Human Societies* (New York: Norton, 1998).

250 인구와 정복에 관한 논쟁, Raudzens, *Technology, Disease and Colonial*

Conquests 참조.

259   '그 자체로 온전한': 1533년 상소 금지법의 표현, MacMillan, *Sovereignty and Possession*, 21~22.

261   정착 관련 수치: Jane H. Ohlmeyer, "'Civilizing of those rude partes': Colonization within Britain and Ireland, 1580s~1640s," in William Roger Louis, Alaine M. Low, Nicholas P. Canny, and P. J. Marshall, eds., *The Oxford History of the British Empire, Volume I* (New York: Oxford University Press, 1998~99), 137.

266   '침투': George Raudzens, "Outfighting or Outpopulating? Main Reasons for Early Colonial Conquests, 1493~1788," in Raudzens, *Technology, Disease and Colonial Conquests*, 39.

266   "흉측하고 황폐한 미개지": William Bradford, *History of Plymouth Plantation, 1620~1647, in Two Volumes* (New York: Russell and Russell, 1968), 1:156.

268   백인과 흑인의 비율: Findlay and O'Rourke, *Power and Plenty* chapter 1, 232.

269   정부 지출: Brewer, *Sinews of Power*, 40의 수치 인용.

272   노예 무역 통계 수치: Philip Curtin, *The Atlantic Slave Trade: A Census* (Madison: University of Wisconsin Press, 1972), 7. 최근 통계는 David Eltis and David Richardson, eds., *Extending the Frontiers: Essays on the New Transatlantic Slavetrade Database* (New Haven: Yale University Press, 2008) 참조.

273   '출구 선택지': Albert O. Hirschman, *Exit, Voice, and Loyalty: Responses to Decline in Firms, Organizations, and States* (Cambridge, MA: Harvard University Press, 1970).

CHAPTER 7

추천 도서

Amitai, Reuvan, and Michal Biran, eds. *Mongols, Turks, and Others: Eurasian Nomads and the Sedentary World*. Boston: Brill, 2005.

Crossley, Pamela Kyle. *A Translucent Mirror: History and Identity in Qing Imperial Ideology*. Berkeley: University of California Press, 1999.

Elliott, Mark. *The Manchu Way: The Eight Banners and Ethnic Identity in Late Imperial China*. Stanford: Stanford University Press, 2001.

Kivelson, Valerie. *Cartographies of Tsardom: The Land and Its Meanings in Seventeenth-Century Russia*. Ithaca: Cornell University Press, 2006.

Kollmann, Nancy Shields. *By Honor Bound: State and Society in Early Modern Russia*. Ithaca: Cornell University Press, 1999.

_____. *Kinship and Politics: The Making of the Muscovite Political System, 1345~1537*. Stanford: Stanford University Press, 1987.

Mote, F. W. *Imperial China, 900~1800*. Cambridge, MA: Harvard University Press, 1999.

Ostrowski, Donald. *Muscovy and the Mongols: Cross-Cultural Influences on the Steppe Frontier, 1304~1589*. Cambridge: Cambridge University Press, 1998.

Perdue, Peter C. *China Marches West: The Qing Conquest of Central Eurasia*. Cambridge, MA: Harvard University Press, 2005.

Rowe, William T. *Saving the World: Chen Hongmou and Elite Consciousness in Eighteenth-Century China*. Stanford: Stanford University Press, 2001.

Shin, Leo. *The Making of the Chinese State: Ethnicity and Expansion on the Ming Borderlands*. Cambridge: Cambridge University Press, 2006.

Spence, Jonathan. *The Search for Modern China*. New York: Norton, 1990.

Wakeman, Frederic E. *The Great Enterprise: The Manchu Reconstruction of Imperial Order in Seventeenth-Century China*. Berkeley: University of California Press, 1985.

Waley-Cohen, Joanna. *The Culture of War in China: Empire and the Military under the Qing Dynasty*. London: I. B. Tauris, 2006.

Wong, Roy Bin. *China Transformed: Historical Change and the Limits of European Experience*. Ithaca: Cornell University Press, 1997.

Wortman, Richard S. *Scenarios of Power: Myth and Ceremony in Russian Monarchy*. Vol. 1. Princeton: Princeton University Press, 1995.

Zitser, Ernest A. *The Transfigured Kingdom: Sacred Parody and Charismatic Authority at the Court of Peter the Great*. Ithaca: Cornell University Press, 2004.

인용 출처

296   상자글 "아아, 거룩한 교회가": Ostrowski, *Moscovy and the Mongols*, 163.

302   '유다들의 교단': Zitser, *Transfigured Kingdom*, 99.

316   "4억 2000만 명에 도달": Mote, *Imperial China*, 905~906.

320   "한어 글공부를": Elliott, *The Manchu Way*, 292.

322   상자글 "천제(天帝)는 천 자체다.": Elliott, *The Manchu Way*, 241.

CHAPTER 8

추천 도서

Adelman, Jeremy. *Sovereignty and Revolution in the Iberian Atlantic*. Princeton: Princeton University Press, 2007.

Armitage, David. *The Ideological Origins of the British Empire*. Cambridge: Cambridge University Press, 2000.

Broers, Michael. *Europe under Napoleon, 1799~1815*. London: Arnold, 1996.

Colley, Linda. *Britons: Forging the Nation, 1707~1837*. New Haven: Yale University Press, 1992.

Dubois, Laurent. *A Colony of Citizens: Revolution and Slave Emancipation in the French Caribbean, 1787~1804*. Chapel Hill: University of North Carolina Press, 2004.

Elliott, J. H. *Empires of the Atlantic World* chapter 5.

Forrest, Alan. *Napoleon's Men: The Soldiers of the Revolution and Empire*. London: Hambledon and London, 2002.

Gould, Eliga. *The Persistence of Empire: British Political Culture in the Age of the American Revolution*. Chapel Hill: University of North Carolina Press, 2000.

Hulsebosch, Daniel J. *Constituting Empire: New York and the Transformation of Constitutionalism in the Atlantic World, 1664~1830*. Chapel Hill: University of North Carolina Press, 2005.

James, C.L.R. *The Black Jacobins*. 1938. Reprint, New York: Vintage, 1963.

Marshall, P. J. *The Making and Unmaking of Empires: Britain, India, and America, c. 1750~1783*. New York: Oxford University Press, 2005.

Muthu, Sankar. *Enlightenment against Empire*. Princeton: Princeton University

Press, 2003.

Pitts, Jennifer. *A Turn to Empire: The Rise of Imperial Liberalism in Britain and France*. Princeton: Princeton University Press, 2005.

Pomeranz, Kenneth. *The Great Divergence: Europe, China, and the Making of the Modern World Economy*. Princeton: Princeton University Press, 2000.

Woolf, Stuart. *Napoleon's Integration of Europe*. London: Routledge, 1991.

인용 출처

349   '황제의 귀족': Woolf, *Napoleon's Integration of Europe*, 129.

350   '안쪽 제국': Broers, *Europe under Napoleon*.

353   "빌어먹을 식민지": Jon Kukla, *A Wilderness So Immense: The Louisiana Purchase and the Destiny of America* (New York: Knopf, 2003), 249.

354   '브란덴부르크인, 프로이센인': Clive Emsley, *Napoleon: Conquest, Reform and Reorganisation* (Harlow, U.K.: Pearson/Longman, 2003), 65.

358   무역 수치: Marshall, *Making and Unmaking*, 13.

359   "가지각색인 무리": Marshall, *Making and Unmaking*, 204에서 인용; 수치: David Hancock, *Citizens of the World: London Merchants and the Integration of the British Atlantic Community, 1735~1785* (Cambridge: Cambridge University Press, 1997), 27, 29, 387.

359   "해가 지지 않는": Sir George Macartney, 1773, cited in P. J. Marshall, introduction to in William Roger Louis, Alaine M. Low, Nicholas P. Canny, and P. J. Marshall, eds., *The Oxford History of the British Empire*, vol. 2(New York: Oxford University Press, 1998−99), 7~8; Armitage, *Ideological Origins*, 9.

366   인도 관련 문헌 발행 통계 수치: Marshall, Making and Unmaking, 199.

367   상자글 "나는 영국의": Edmund Burke, *On Empire, Liberty, and Reform: Speeches and Letters*, ed. David Bromwich (New Haven: Yale University Press, 2000), 400.

370   베네딕트 앤더슨: Benedict Anderson, *Imagined Communities: Reflections on the Origin and Spread of Nationalism* (New York: Verso, 1991).

373   1812년 헌법: Elliott, *Empires*, 284~285.

CHAPTER 9

추천 도서

Anderson, Fred, and Andrew R. L. Cayton. *The Dominion of War: Empire and Liberty in North America, 1500~2000*. New York: Viking, 2005.

Armitage, David, ed. *Theories of Empire, 1450~1800*. Brookfield: Ashgate, 1998.

Banner, Stuart. *How the Indians Lost Their Land: Law and Power on the Frontier*. Cambridge, MA: Harvard University Press, 2005.

Bender, Thomas. *A Nation among Nations: America's Place in World History*. New York: Hill and Wang, 2006.

Breyfogle, Nicholas B. *Heretics and Colonizers: Forging Russia's Empire in the South Caucasus*. Ithaca: Cornell University Press, 2005.

Brower, Daniel R., and Edward J. Lazzerini, eds. *Russia's Orient: Imperial Borderlands and Peoples, 1700~1917*. Bloomington: Indiana University Press, 1997.

Brown, Kathleen. *Good Wives, Nasty Wenches* chapter 6.

Burbank, Jane, Mark von Hagen, and Anatolyi Remnev. *Russian Empire: Space, People, Power, 1700~1930*. Bloomington: Indiana University Press, 2007.

Crews, Robert D. *For Prophet and Tsar: Islam and Empire in Russia and Central Asia*. Cambridge, MA: Harvard University Press, 2006.

Foner, Eric. *Nothing But Freedom: Emancipation and Its Legacy*. Baton Rouge: Louisiana State University Press, 1983.

Geraci, Robert. *Window on the East: National and Imperial Identities in Late Tsarist Russia*. Ithaca: Cornell University Press, 2001.

Hendrickson, David C. *Peace Pact: The Lost World of the American Founding*. Lawrence: University Press of Kansas, 2003.

Hinderaker, Eric. *Elusive Empires: Constructing Colonialism in the Ohio Valley, 1673~1800*. New York: Cambridge University Press, 1997.

Hoch, Steven L. *Serfdom and Social Control in Russia: Petrovskoe, a Village in Tambov*. Chicago: University of Chicago Press, 1986.

Kappeler, Andreas. *The Russian Empire: A Multi-Ethnic History*. Trans. Alfred Clayton. Harlow, U.K.: Pearson Education, 2001.

Kupperman, Karen Ordahl. *Indians and English: Facing Off in Early America*. Ithaca: Cornell University Press, 2000.

Meinig, D. W. *The Shaping of America: A Geographical Perspective on 500 Years of History*. Vol. 2: *Continental America, 1800~1867*. New Haven: Yale University Press, 1986.

Merry, Sally Engle. *Colonizing Hawai'i: The Cultural Power of Law*. Princeton: Princeton University Press, 2000.

Montoya, Maria E. *Translating Property: The Maxwell Land Grant and the Conflict over Land in the American West, 1840~1900*. Berkeley: University of California Press, 2002.

Ostler, Jeffrey. *The Plains Sioux and U.S. Colonialism from Lewis and Clark to Wounded Knee*. Cambridge: Cambridge University Press, 2004.

Richter, Daniel K. *Facing East from Indian Country: A Native History of Early America*. Cambridge, MA: Harvard University Press, 2001.

Smith, Douglas. *Love and Conquest: Personal Correspondence of Catherine the Great and Prince Grigory Potemkin*. DeKalb: Northern Illinois University Press, 2004.

Stanislawski, Michael. *Tsar Nicholas I and the Jews: The Transformation of Jewish Society in Russia, 1825~1855*. Philadelphia: Jewish Publication Society of America, 1983.

Sunderland, Willard. *Taming the Wild Field: Colonization and Empire on the Russian Steppe*. Ithaca: Cornell University Press, 2004.

Werth, Paul. *At the Margins of Orthodoxy: Mission, Governance, and Confessional Politics in Russia's Volga-Kama Region, 1827~1905*. Ithaca: Cornell University Press, 2002.

White, Richard. *It's Your Misfortune and None of My Own: A New History of the American West*. Norman: University of Oklahoma Press, 1991.

_____. *The Middle Ground: Indians, Empires, and Republics in the Great Lakes Region, 1640~1815*. New York: Cambridge University Press, 1991.

인용 출처

382   "25만여 명······125만 명": Richter, *Facing East*, 7의 통계 수치.

384   "흑인이나 물라토": 1691년 버지니아 식민지법, Brown, *Good Wives, Nasty Wenches*, 197.

388 상자글 "우리의 아버지들은": Richter, *Facing East*, 59.

389 "아파치족은 1674명을 살해하고", "캘리포니아에서 선교가": White, *It's Your Misfortune*, 30, 33의 수치 인용.

391 "세계의 모든 지역", "그왕는 우리들": Thomas Paine, *Common Sense*, ed. Edward Larkin (Buffalo: Broadview Press, 2004), 219.

391 "자유의 제국": Robert W. Tucker and David C. Hendrickson, *Empire of Liberty: The Statecraft of Thomas Jefferson* (New York: Oxford University Press, 1990).

391 "제국의 형성과 수립": Norbert Kilian, "New Wine in Old Skins? American Definitions of Empire and the Emergence of a New Concept," in Armitage, *Theories of Empire*, 319.

391 "분열된 사람들": Hendrickson, *Peace Pact*, 4.

393 "모든 면에서": 1787년 북서부 조례, Hinderaker, *Elusive Empires*, 231.

394 "자유인 백인": 1790년 귀화법, Hinderaker, *Elusive Empires*, 261.

394 "여러분은 정복당한 부족이다": Hinderaker, *Elusive Empires*, 233; "오지와 그 모든 요새…… 그들을 절멸": John Dickinson의 말, Richter, *Facing East*, 224에서 인용; 워싱턴과 제퍼슨, Mann, *Dark Side of Democracy* chapter 2, 92.

396 "지금 나는 아메리카의": Meinig, *The Shaping of America*, 2:184.

396 '부조리': 앤드류 잭슨의 말, Richter, *Facing East*, 234.

396 "시민의 특권이 없고": *Johnson v. M'Intosh*, 1823.

397 "국내의 종속적 민족들": *Cherokee Nations v. Georgia*, 1831.

398 "8명 중 1명이 사망했다": White, *It's Your Misfortune*, 87에서 수치 인용.

399 "우리는 시민이든 신민이든": Montoya, *Translating Property*, 87.

402 상자글 "우리는 수족에": Mann, *Dark Side of Democracy* chapter 2, 92.

402 "지금부터 미합중국": 1871년 3월의 인디언 세출예산법.

402 "인디언이 스스로": Ostler, *The Plains Sioux*, 130.

404 "어떤 노예도 해방시키지 않고서": Howard Zinn, *A People's History of the United States: 1492~Present* (New York: HarperCollins, 2003), 191.

405 "단지 자유만": Foner, *Nothing But Freedom*, 55.

407 상자글: "성장 중인 거대한 제국": Brooks Adams, *The New Empire* (New York: Macmillan, 1902), xv.

411 "60~80개 '민족'": Johann Gottlieb Georgi and Heinrich Storch의 말, Kappeler, *Russian Empire*, 8, 141.

412 "획득한 특권": Kappeler, *Russian Empire*, 73.

413 "전면적인, 최종적인, 돌이킬 수 없는": Kappeler, *Russian Empire*, 80에 인용된 조약.

413 "66퍼센트가 폴란드 태생": Kappeler, *Russian Empire*, 83에서 수치 인용.

419 "모든 종파에 대한 관용": Crews, *For Prophet and Tsar*, 45.

423 "친절과 정의의": Sunderland, *Taming the Wild Field*, 64.

424 통계 수치: Hoch, *Serfdom and Social Control*, 3.

CHAPTER 10

추천 도서

Bayly, C. A. *Imperial Meridian: The British Empire and the World, 1780~1830.* Harrow, U.K.: Longman, 1989.

Benton, Lauren. *Law and Colonial Cultures* chapter 6.

Bose, Sugata. *A Hundred Horizons: The Indian Ocean in the Age of Global Empire.* Cambridge, MA: Harvard University Press, 2006.

Chanock, Martin. *Law, Custom and Social Order: The Colonial Experience in Malawi and Zambia.* Cambridge: Cambridge University Press, 1985.

Cohn, Bernard. *Colonialism and Its Forms of Knowledge: The British in India.* Princeton: Princeton University Press, 1996.

Cole, Juan. *Colonialism and Revolution in the Middle East: Social and Cultural Origins of Egypt's 'Urabi Movement.* Cairo: American University of Cairo Press, 1999.

Conklin, Alice. *A Mission to Civilize: The Republican Idea of Empire in France and West Africa, 1895~1930.* Stanford: Stanford University Press, 1997.

Daughton, J. P. *An Empire Divided: Religion, Republicanism, and the Making of French Colonialism, 1880~1914.* Oxford: Oxford University Press, 2006.

Davis, David Brion. *The Problem of Slavery in the Age of Revolution.* Ithaca: Cornell University Press, 1975.

Ferrer, Ada. *Insurgent Cuba: Race, Nation, and Revolution, 1868~1898.* Chapel Hill: University of North Carolina Press, 1999.

Gilmartin, David. *Empire and Islam: Punjab and the Making of Pakistan.*

Berkeley: University of California Press, 1988.

Goswami, Manu. *Producing India: From Colonial Economy to National Space.* Chicago: University of Chicago Press, 2004.

Hall, Catherine. *Civilising Subjects: Metropole and Colony in the English Imagination, 1830~1867.* Chicago: University of Chicago Press, 2002.

Holt, Thomas. *The Problem of Freedom: Race, Labor and Politics in Jamaica and Britain, 1832~1938.* Baltimore: Johns Hopkins University Press, 1992.

Kramer, Paul A. *The Blood of Government: Race, Empire, the United States, and the Philippines.* Chapel Hill: University of North Carolina Press, 2006.

McKittrick, Meredith. *To Dwell Secure: Generation, Christianity, and Colonialism in Ovamboland.* Portsmouth, NH: Heinemann, 2002.

Metcalf, Thomas. *Imperial Connections: India in the Indian Ocean Arena, 1860~1920.* Berkeley: University of California Press, 2007.

Robinson, Ronald, and John Gallagher. "The Imperialism of Free Trade." *Economic History Review*, 2nd ser., 6 (1953): 1~15.

Schmidt-Nowara, Christopher, and John Nieto-Phillips, eds. *Interpreting Spanish Colonialism: Empires, Nations, and Legends.* Albuquerque: University of New Mexico Press, 2005.

Stora, Benjamin. *Algeria: A Short History, 1830~2000.* Trans. Jane Marie Todd. Ithaca: Cornell University Press, 2004.

Trautmann, Thomas. *Aryans and British India.* Berkeley: University of California Press, 1997.

Wildenthal, Lora. *German Women for Empire, 1884~1945.* Durham: Duke University Press, 2001.

인용 출처

430 소득 통계 수치: Findlay and O'Rourke, *Power and Plenty* chapter 1, 414.

436 '미개한 나무늘보': 1833년 영국 식민 관료 헨리 테일러(Henry Taylor)의 표현, Holt, *Problem of Freedom*, 74.

437 연한계약 노동 통계 수치: Metcalf, *Imperial Connections*, 136.

448 베트남 관련 수치: Pierre Brocheux and Daniel Hémery, *Indochine, la Colonisation Ambigue, 1858~1954* (Paris: Découverte, 2001), 175.

450 상자글 "어떤 국가도 (……) 국가들의 연합체": W. David McIntyre, *The Commonwealth of Nations: Origins and Impact, 1869~1971*

(Minneapolis: University of Minnesota Press, 1977), 4.

451   경작 제도 수치: Jean Gelman Taylor, *Indonesia: Peoples and Histories* (New Haven: Yale University Press, 2003), 240.

452   상자글 "우리가 반드시 해야 할 일은 (……) 유럽식 제국": Marius Jansen, "Japanese Imperialism: Late Meiji Perspectives," in Ramon Myers and Mark Peattie, eds., *The Japanese Colonial Empire, 1895~1945* (Princeton: Princeton University Press, 1984), 64.

455   회계사 수치: C. W. Newbury, Patrons, *Clients, and Empire: Chieftaincy and Over-Rule in Asia, Africa, and the Pacific* (New York: Oxford University Press, 2003), 84.

457   "아랍인의 황제다": Stora, *Algeria*, 5.

460   크리스토퍼 베일리: Christopher Bayly, "Distorted Development: The Ottoman Empire and British India, circa 1780~1916," *Comparative Studies of South Asia, Africa and the Middle East* 27(2007): 332~344.

465   상자글 "인도가 없었다면": George Curzon, *Persia and the Persian Question* (1892; London: Cass, 1966), 14.

466   GDP 수치: Angus Maddison, *The World Economy: Historical Statistics* (Washington, DC: OECD, 2003), tables 5a−5c, 180~185.

469   프란츠 파농: Frantz Fanon, *The Wretched of the Earth*, trans. Constance Farrington (New York: Grove Press, 1965).

469   레닌: V. I. Lenin, *Imperialism, the Highest Stage of Capitalism* (1916; New York: International Publishers, 1939).

476   앤 스톨러: Ann Laura Stoler, *Race and the Education of Desire: Foucault's History of Sexuality and the Colonial Order of Things* (Durham: Duke University Press, 1995), 177.

479   홉슨: J. A. Hobson, *Imperialism: A Study* (1902; Ann Arbor: University of Michigan Press, 1965).

480   "세계 인구의 4분의 1": Kennedy, *Rise and Fall* chapter 1, 225~226.

489   "인종 장벽": W. E. B. DuBois, *The Souls of Black Folk* (Chicago: A. C. McClurg, 1903), 1.

CHAPTER 11

추천 도서

Barkey, Karen, and Mark Von Hagen, eds. *After Empire: Multiethnic Societies and Nation-Building, the Soviet Union and the Russian, Ottoman, Habsburg Empires*. Boulder, CO: Westview Press, 1997.

Brower, Daniel. *Turkestan and the Fate of the Russian Empire*. New York: Routledge-Curzon, 2003.

Burbank, Jane, and David Ransel, eds. *Imperial Russia: New Histories for the Empire*. Bloomington: Indiana University Press, 1998.

Burbank, Jane, Mark von Hagen, and Anatolyi Remnev. *Russian Empire* chapter 9.

Deringil, Selim. *The Well-Protected Domains: Ideology and the Legitimation of Power in the Ottoman Empire, 1876~1909*. London: Tauris, 1999.

Field, Daniel. *The End of Serfdom: Nobility and Bureaucracy in Russia, 1855~1861*. Cambridge, MA: Harvard University Press, 1976.

Finkel, Caroline. *Osman's Dream* chapter 5.

Friedman, Rebecca. *Masculinity, Autocracy and the Russian University, 1804~1863*. New York: Palgrave Macmillan, 2005.

Hoch, Steven. *Serfdom and Social Control in Russia* chapter 9.

Judson, Pieter M. *Exclusive Revolutionaries: Liberal Politics, Social Experience, and National Identity in the Austrian Empire, 1848~1914*. Ann Arbor: University of Michigan Press, 1996.

_____. *Guardians of the Nation: Activists on the Language Frontier of Imperial Austria*. Cambridge, MA: Harvard University Press, 2006.

Kayali, Hasan. *Arabs and Young Turks: Ottomanism, Arabism, and Islamism in the Ottoman Empire, 1908~1918*. Berkeley: University of California Press, 1997.

Makdisi, Ussama. *The Culture of Sectarianism: Community, History, and Violence in Nineteenth-Century Ottoman Lebanon*. Berkeley: University of California Press, 2000.

Marks, Steven G. *Road to Power: The Trans-Siberian Railroad and Colonization of Asian Russia, 1850~1917*. Ithaca: Cornell University Press, 1991.

Porter, Brian. *When Nationalism Began to Hate: Imagining Modern Politics in*

Nineteenth-Century Poland. New York: Oxford University Press, 2002.

Quataert, Donald. *The Ottoman Empire, 1700~1922.* 2nd ed. Cambridge: Cambridge University Press, 2005.

Stites, Richard. *Serfdom, Society, and the Arts in Imperial Russia.* New Haven: Yale University Press, 2005.

Szporluk, Roman. *Communism and Nationalism: Karl Marx versus Friedrich List.* New York: Oxford University Press, 1988.

Unowsky, Daniel L. *The Pomp and Politics of Patriotism: Imperial Celebrations in Habsburg Austria, 1848~1916.* West Lafayette: Purdue University Press, 2005.

Whittaker, Cynthia. *The Origins of Modern Russian Education: An Intellectual Biography of Count Sergei Uvarov, 1786~1855.* De Kalb: Northern Illinois University Press, 1984.

Wolff, Larry. *Inventing Eastern Europe: The Map of Civilization on the Mind of the Enlightenment.* Stanford: Stanford University Press, 1994.

Wortman, Richard S. *Scenarios of Power: Myth and Ceremony in Russian Monarchy.* Vol. 2. Princeton: Princeton University Press, 2000.

인용 출처

494 "여러분과 우리의 자유를 위해": Porter, *When Nationalism*, 22.

497 "영원한 종교": Barbara Jelavich, *St. Petersburg and Moscow: Tsarist and Soviet Foreign Policy, 1814~1974* (Bloomington: Indiana University Press, 1974), 42.

510 군대 수치: Quataert, *Ottoman Empire*, 63.

511 공무원 수치: Quataert, *Ottoman Empire*, 62.

529 '무시하는 것', Kaufman 장군의 말: Daniel Brower, "Islam and Ethnicity: Russian Colonial Policy in Turkestan," in Brower and Lazzerini, *Russia's Orient* chapter 6, 119.

549 전쟁 사상자: Richard C. Hall, *The Balkan Wars, 1912~1913: Prelude to the First World War* (New York: Routledge, 2000), 135.

CHAPTER 12

추천 도서

Barkey, Karen, and Mark von Hagen, eds. *After Empire* chapter 11.

Bose, Sugata, and Ayesha Jalal. *Modern South Asia: History, Culture, Political Economy*. London: Routledge, 1998.

Fromkin, David. *Europe's Last Summer: Who Started the Great War in 1914?* New York: Knopf, 2004.

_____. *A Peace to End All Peace: The Fall of the Ottoman Empire and the Creation of the Modern Middle East*. New York: Henry Holt, 1989.

Hirsch, Francine. *Empire of Nations: Ethnographic Knowledge and the Making of the Soviet Union*. Ithaca: Cornell University Press, 2005.

Hull, Isabel V. *Absolute Destruction: Military Culture and the Practices of War in Imperial Germany*. Ithaca: Cornell University Press, 2005.

Lohr, Eric J. *Nationalizing the Russian Empire: The Campaign against Enemy Aliens during World War I*. Cambridge, MA: Harvard University Press, 2003.

Lower, Wendy. *Nazi Empire-Building and the Holocaust in Ukraine*. Chapel Hill: University of North Carolina Press, 2005.

Macmillan, Margaret. *Paris 1919: Six Months That Changed the World*. New York: Random House, 2003.

Manela, Erez. *The Wilsonian Moment: Self-Determination and the International Origins of Anticolonial Nationalism*. New York: Oxford University Press, 2007.

Martin, Terry. *The Affirmative Action Empire: Nations and Nationalism in the Soviet Union, 1923~1939*. Ithaca: Cornell University Press, 2001.

Mazower, Mark. *Dark Continent: Europe's Twentieth Century*. New York: Vintage, 1999.

_____. *Hitler's Empire: Nazi Rule in Occupied Europe*. London: Allen Lane, 2008.

Myers, Ramon, and Mark Peattie, eds. *The Japanese Colonial Empire, 1895~1945*. Princeton: Princeton University Press, 1984.

Sinha, Mrinalini. *Specters of Mother India: The Global Restructuring of an Empire*. Durham: Duke University Press, 2006.

Spence, Jonathan. *Search for Modern China* chapter 7.

Young, Louise. *Japan's Total Empire: Manchuria and the Culture of Wartime Imperialism.* Berkeley: University of California Press, 1998.

Zürcher, Erik J. *Turkey: A Modern History.* London: I. B. Tauris, 1993.

인용 출처

552 "우리 세기의 30년 전쟁": Michael Stürmer, *The German Empire, 1870~1918* (New York: Modern Library, 2000), 84.

557 "우리 민족 의식적 유대인들은": Marsha Rozenblitt, "Sustaining Austrian 'National' Identity in Crisis: The Dilemma of the Jews in Habsburg Austria, 1914~1919," in Pieter M. Judson and Marsha L. Rozenblit, eds., *Constructing Nationalities in East Central Europe* (New York: Berghahn Books, 2005), 185.

560 "우리는 무엇보다": Niall Ferguson, *Empire: The Rise and Demise of the British World Order and the Lessons for Global Power* (New York: Basic Books, 2003), 302~303.

561 식민지 병사 수치: Ferguson, *Empire*, 304, and A. S. Kanya-Forstner, "The War, Imperialism, and Decolonization," in J. M. Winter, Geoffrey Parker, and Mary R. Habeck, eds., *The Great War and the Twentieth Century* (New Haven: Yale University Press, 2000), 246.

563 "노동자, 부르주아": Michael Geyer, "German Strategy in the Age of Machine Warfare, 1914~1945," in Peter Paret, ed., *Makers of Modern Strategy: From Machiavelli to the Nuclear Age* (New York: Oxford University Press, 1986), 550~551.

564 "슐리펜 계획": Michael Howard, "The First World War Reconsidered," in J. M. Winter, Geoffrey Parker, and Mary R. Habeck, eds., *The Great War and the Twentieth Century* (New Haven: Yale University Press, 2000), 26.

566 "진정한 인종의 아랍인": Lord Kitchner의 말, Efraim Karsh and Inari Karsh, *Empires of the Sand: The Struggle for Mastery in the Middle East, 1789~1923* (Cambridge, MA: Harvard University Press, 1999), 204~205.

569 토머스 벤더: Bender, *Nation among Nations* chapter 9, 243.

570 인구 수치: MacMillan, *Paris 1919*, 211~219, 241.

571 커즌의 말: Rogers Brubaker, *Nationalism Reframed: Nationhood and the National Question in the New Europe* (New York: Cambridge University

Press, 1996), chapter 6.

571   난민 수치: Mann, *Dark Side of Democracy* chapter 2, 67.

576   "장구한 선진 문명", "위대한 이상": 1919년 그리스 총리 Eleftherios
      Venizelos의 말: Efraim Karsh and Inare Karsh, *Empires of the Sand: The
      Struggle for Mastery of the Middle East, 1789~1923* (Cambridge, MA:
      Harvard University Press, 1999), 94, 330.

577   강제 이주와 사망자 수치(둘 다 부정확한 것으로 악명 높다): Zürcher, *Turkey*,
      164, and Justin McCarthy, *Muslims and Minorities: The Population
      of Ottoman Anatolia and the End of Empire* (New York: New York
      University Press, 1983), 130~133.

579   "100만 제곱마일": John Howard Morrow, *The Great War: An Imperial
      History* (New York: Routledge, 2004), 308.

581   일본의 산업화 수치: Kennedy, *Rise and Fall* chapter 1, 299.

588   상자글 "우리 정부는 옛 튀르크 체제보다 나쁘다": Fromkin, *Peace to End
      All Peace*, 497.

602   '섬멸 작전': C. A. Bayly and T. N. Harper, *Forgotten Armies: The Fall of
      British Asia, 1941~1945* (Cambridge, MA: Harvard University Press,
      2006), 2.

606   사망자 수치: Mann, *Dark Side of Democracy* chapter 2, 186~187.

607   "인종적 열등자들": Mazower, *Dark Continent*, 148, 212.

608   마크 마조워: Mazower, *Hitler's Empire*, 7.

CHAPTER 13

추천 도서

Allina-Pisano, Jessica. *The Post-Soviet Potemkin Village: Politics and Property
      Rights in the Black Earth*. New York: Cambridge University Press, 2008.

Allman, Jean Marie. *The Quills of the Porcupine: Asante Nationalism in an
      Emergent Ghana*. Madison: University of Wisconsin Press, 1993.

Bayly, C. A., and T. N. Harper. *Forgotten Armies: The Fall of British Asia,
      1941~1945*. Cambridge, MA: Harvard University Press, 2006.

Christie, Clive. *A Modern History of Southeast Asia: Decolonization, Nationalism
      and Separatism*. London: Tauris, 1996.

Connelly, Matthew. *A Diplomatic Revolution: Algeria's Fight for Independence and the Origins of the Post-Cold War Era*. New York: Oxford University Press, 2002.

Cooper, Frederick. *Decolonization and African Society: The Labor Question in French and British Africa*. Cambridge: Cambridge University Press, 1996.

Dower, John. *War without Mercy: Race and Power in the Pacific War*. New York: Pantheon, 1986.

Grant, Bruce. *In the Soviet House of Culture*. Princeton: Princeton University Press, 1995.

Guha, Ramachandra. *India after Gandhi: The History of the World's Largest Democracy*. London: Macmillan, 2007.

Hyam, Ronald. *Britain's Declining Empire: The Road to Decolonisation, 1918~1968*. Cambridge: Cambridge University Press, 2006.

Judt, Tony. *Postwar: A History of Europe since 1945*. New York: Penguin, 2005.

Kotkin, Stephen. *Armageddon Averted: The Soviet Collapse, 1970~2000*. New York: Oxford University Press, 2001.

Louis, Wm. Roger. *The British Empire in the Middle East, 1945~1951: Arab Nationalism, the United States, and Postwar Imperialism*. Oxford: Oxford University Press, 1984.

Marr, David. *Vietnam 1945: The Quest for Power*. Berkeley: University of California Press, 1995.

Shepard, Todd. *The Invention of Decolonization: The Algerian War and the Remaking of France*. Ithaca: Cornell University Press, 2006.

Stora, Benjamin. *Algeria, 1830~2000: A Short History*. Trans. Jane Marie Todd. Ithaca: Cornell University Press, 2001.

Westad, Odd Arne. *The Global Cold War: Third World Interventions and the Making of Our Times*. Cambridge: Cambridge University Press, 2005.

인용 출처

621   1943년 12월 8일 프랑스 민족해방위원회의 선언과 1942년 12월 네덜란드 빌헬미나 여왕의 선언: Paul H. Kratoska, "Dimensions of Decolonization," in Marc Frey, Ronald W. Pruessen, and Tai Yong Tan, *The Transformation of Southeast Asia: International Perspectives on Decolonization* (Ardsley: M.

E. Sharpe, 2003), 11, 13; Henri Laurentie, "Pour ou contre le colonialism? Les colonies françaises devant le monde nouveau," *Renaissances*, October 1945, 10.

625 체포와 사망 수치: Bayly and Harper, *Forgotten Armies*, 548.

627 사망 통계 수치: Sugata Bose and Ayesha Jalal, *Modern South Asia: History, Culture, Political Economy* (London: Routledge, 2003), 190.

644 토니 주트: Judt, *Postwar*, 167.

| 도판 |

| 지도 |

루터교도 279, 412
루트비히, 경건왕 137
뤄양 87, 92
뤼거, 카를 539, 540
류리크 284
류리크 왕조 284, 287~290, 294, 298, 304
르네상스 339
르완다 13, 660
르클레르 장군 613
리보니아(인) 291, 412, 416
리비아 536
리비어, 폴 361
리비우 518
리비우스 50, 51
리스본 139, 240, 242, 243, 335
리스트, 프리드리히 522, 523, 531
리우데자네이루 440
리처드슨, 로버트 V. 405
리투아니아 291, 293, 408, 592, 644
링컨, 에이브러햄 404

ㅁ

마누엘 2세 199
마닐라 232, 234, 483
마다가스카르 631
마데이라 236
마드라스 366
마드리드 258, 370, 482
마라(세르비아 공주) 201, 206
마론파 516, 541
마르마라해 198
마르스 69
마르크스, 카를 358, 589
마르크스주의 532, 602, 605
마르텔, 카를 131
마르티니크 346, 580
마리아 테레지아 517
마리-앙투아네트 340
마리어, 헝가리의 187
마야 제국 255

마오리족 449, 450
마왈리 123
마우마우 633
마제파, 이반 412
마젤란, 페르디난드 190
마조워, 마크 608
마카오 238, 309, 326, 449
마케도니아 57, 58, 530, 534, 549
마키아벨리 224
마흐무드 2세 510
만다린 447, 458
만력제 312
만리장성 91, 94, 313
만주 154, 158, 229, 313, 314, 323, 328, 453, 454, 532, 598, 600, 612, 657
만주국 600, 602
만주사변 600
만주족 311, 314~318, 320~322, 324, 330, 445, 582, 583, 612
말라야 449, 611~613, 624, 626
말라야 연방 624, 625
말라카 232, 234, 238, 244, 447
말레이 반도 232, 238
말레이시아 625
말레이인 232, 237, 244, 624
맘루크 왕조 125, 143, 144, 165, 174, 175, 209, 216, 664
메디나 116~119, 125, 216, 538
메로빙거 왕조 131
메르키트족 157
메리 튜더 194
메소포타미아 47, 236, 565, 572, 587
메스티사헤 251
메스티소 251, 254, 258, 371
메이지 452
메카 115~117, 120, 121, 125, 216, 221, 276, 529, 565, 566, 666
메카 순례 117, 276, 529, 666
메흐메드 2세 202, 205, 218
메흐메드 5세 536
멕시코 41, 250, 251, 254, 255, 389, 390,

96, 99, 148, 153, 160, 179, 234, 247, 275,
304~306, 308, 330, 337, 356, 422, 430,
433, 441, 443, 446, 447, 459, 600, 657,
658, 671, 673
중국해 232, 247, 309
중도(中都) 160
중동 14, 48, 169, 172, 564, 565, 571, 579,
620, 635, 640, 642, 676
중앙아메리카 27, 180, 190, 389
중화민국 583
중화인민공화국 656~659
지기스문트 1세 208
GDP(국내총생산) 466
지사 38, 351, 352
지하드 39, 139, 140, 226, 565
진나, 무함마드 알리 626
진(秦)나라 76~90, 94, 175, 307
진(晋)나라 81
진시황(시황제) 84, 86, 89
진주만 공습 611